westermann

Martin Voth, Gernot Hesse

Leistungsprozesse Spedition und Logistik

Lernsituationen

18. Auflage

Bestellnummer 31436

Die in diesem Produkt gemachten Angaben zu Unternehmen (Namen, Internet- und E-Mail-Adressen, Handelsregistereintragungen, Bankverbindungen, Steuer-, Telefon- und Faxnummern und alle weiteren Angaben) sind i. d. R. fiktiv, d. h., sie stehen in keinem Zusammenhang mit einem real existierenden Unternehmen in der dargestellten oder einer ähnlichen Form. Dies gilt auch für alle Kunden, Lieferanten und sonstigen Geschäftspartner der Unternehmen wie z. B. Kreditinstitute, Versicherungsunternehmen und andere Dienstleistungsunternehmen. Ausschließlich zum Zwecke der Authentizität werden die Namen real existierender Unternehmen und z. B. im Fall von Kreditinstituten auch deren IBANs und BICs verwendet.

Zusatzmaterialien zu „Spedition und Logistik. Leistungsprozesse. Lernsituationen"

Für Lehrerinnen und Lehrer:

Material inkl. Lösungen Download: 978-3-427-31438-7

BiBox zum Infohandbuch Einzellizenz für Lehrer/-innen (Dauerlizenz): 978-3-427-85379-4
BiBox zum Infohandbuch Kollegiumslizenz für Lehrer/-innen (Dauerlizenz): 978-3-427-85616-0
BiBox zum Infohandbuch Kollegiumslizenz für Lehrer/-innen (1 Schuljahr): 978-3-427-87712-7

Für Schülerinnen und Schüler:

Informationshandbuch: 978-3-427-31435-6

BiBox zum Infohandbuch Einzellizenz für Schüler/-innen (1 Schuljahr): 978-3-427-31440-0

westermann GRUPPE

© 2022 Bildungsverlag EINS GmbH, Ettore-Bugatti-Straße 6-14, 51149 Köln
www.westermann.de

Das Werk und seine Teile sind urheberrechtlich geschützt. Jede Nutzung in anderen als den gesetzlich zugelassenen bzw. vertraglich zugestandenen Fällen bedarf der vorherigen schriftlichen Einwilligung des Verlages. Nähere Informationen zur vertraglich gestatteten Anzahl von Kopien finden Sie auf www.schulbuchkopie.de.

Für Verweise (Links) auf Internet-Adressen gilt folgender Haftungshinweis: Trotz sorgfältiger inhaltlicher Kontrolle wird die Haftung für die Inhalte der externen Seiten ausgeschlossen. Für den Inhalt dieser externen Seiten sind ausschließlich deren Betreiber verantwortlich. Sollten Sie daher auf kostenpflichtige, illegale oder anstößige Inhalte treffen, so bedauern wir dies ausdrücklich und bitten Sie, uns umgehend per E-Mail davon in Kenntnis zu setzen, damit beim Nachdruck der Verweis gelöscht wird.

> Die Seiten dieses Arbeitshefts bestehen zu 100 % aus Altpapier.
>
> Damit tragen wir dazu bei, dass Wald geschützt wird, Ressourcen geschont werden und der Einsatz von Chemikalien reduziert wird. Die Produktion eines Klassensatzes unserer Arbeitshefte aus reinem Altpapier spart durchschnittlich 12 Kilogramm Holz und 178 Liter Wasser, sie vermeidet 7 Kilogramm Abfall und reduziert den Ausstoß von Kohlendioxid im Vergleich zu einem Klassensatz aus Frischfaserpapier. Unser Recyclingpapier ist nach den Richtlinien des Blauen Engels zertifiziert.

Druck und Bindung: Westermann Druck GmbH, Georg-Westermann-Allee 66, 38104 Braunschweig

ISBN 978-3-427-**31436**-3

Vorwort

Im vorliegenden Lernsituationsband werden die Geschäftsprozesse aus der Praxis des Speditionsmanagements in pädagogisch aufbereiteter Form zur Verfügung gestellt. Das Buch ist handlungssystematisch aufgebaut und begleitet die Auszubildenden bei ihren kaufmännischen Tätigkeiten in einem Modellunternehmen, der GERD BERGER SPEDITION e. K., die im weiteren Verlauf zur INTERSPED GmbH umfirmiert. Das Modellunternehmen wird auf den ersten Seiten dieses Buches im sogenannten **Firmenhandbuch** vorgestellt. Der Haustarif des Modellunternehmens schließt sich an.

Die Auszubildenden finden nachstehende Aufgabentypen vor:

- In den einheitlich aufgebauten **Lernsituationen** erfolgt zunächst jeweils die Darstellung eines betrieblichen Sachverhalts, in welchem den Auszubildenden die Probleme zugänglich gemacht werden und deren Lösung angestoßen wird. Im abschließenden Arbeitsauftrag werden die Auszubildenden aufgefordert, sich aktiv, selbstständig und unter Nutzung der eigenen Praxiserfahrungen mit den aufgeworfenen Problemen auseinander zu setzen und einen Lösungsprozess in Gang zu setzen.

- Die anschließenden **Aufgaben** vertiefen bestimmte Aspekte der jeweiligen Lernsituation und greifen weitere Inhalte auf, die im Zusammenhang mit dem behandelten Thema stehen. Das Spektrum der Aufgaben reicht von einfachen Zuordnungsaufgaben bis hin zu komplexen Situationen mit einem hohen Erarbeitungsanteil.

- In den Lernsituationen 4, 8 sowie 9 bis 25 bildet die jeweils letzte Aufgabe eine **prüfungsnahe Aufgabenstellung**, die primär an den verkehrsträgerspezifischen Teil der IHK-Abschlussprüfungen angelehnt ist. Die angegebenen Punkte für die einzelnen Teilaufgaben summieren sich auf 30, analog zu den schriftlichen Abschlussprüfungen.

- Der anschließende **Selbsttest** führt zusammenfassend die wesentlichen Prozesse und Fachbegriffe an, die die Auszubildenden nach Bearbeitung der Lernsituation beherrschen sollten.

- Den Schluss einer jeden Lernsituation (ab LS 2) bildet eine **Abschlussaufgabe**, die nochmals wichtige Aspekte aufgreift und zusätzlich Themen aus vorausgegangenen Lernsituationen vertieft. Diese Aufgaben haben den Charakter von Leistungsnachweisen und sollten von den Auszubildenden in angemessener Zeit zu lösen sein. Die Abschlussaufgaben bereiten außerdem auf den verkehrsträgerübergreifenden Teil der IHK-Abschlussprüfung vor.

- In den Lernsituationen 23 bis 26 haben die Abschlussaufgaben den Beinamen **Testklausur**, weil sie den Charakter des verkehrsträgerübergreifenden Teils der schriftlichen IHK-Abschlussprüfung widerspiegeln. Hier werden insbesondere die Verkehrsträger Straßengüterverkehr, Luftfrachtverkehr und Seeschifffahrt thematisiert.

Mit der **BiBox** steht umfangreiches digitales Begleitmaterial zur Verfügung. Die Box enthält:

- Das **Informationshandbuch** in digitaler Form
- **Lernlandkarten:** zur Anmoderation der Lernsituationen im Distanzunterricht
- **Digitale Vorlagen**: Es handelt sich um WORD-, EXCEL- und POWERPOINT-Dateien für ausgewählte Lernsituationen. Sie unterstützen den Lernprozess bei der Bearbeitung der Arbeitsaufträge und Aufgaben, in dem sie von formalen Tätigkeiten entlasten und eine Konzentration auf die eigentliche Problemlösung ermöglichen.
- **Interaktive Wissensaufgaben**: Mit diesen Zuordnungsaufgaben kann die Beherrschung zentraler Begriffe aus den Lernsituationen überprüft werden. Bei falschen Lösungen werden Hilfen angeboten. Die Aufgaben bieten eine wichtige Hilfe zur Vorbereitung auf Lernerfolgsmessungen und auf die IHK-Abschlussprüfung.
- **Selbsttests**: Die Selbsttests aus diesem Buch werden in der BiBox zusätzlich in digitaler Form angeboten.

Autoren und Verlag im Frühjahr 2022

Inhaltsverzeichnis

Firmenhandbuch		5
1	Sich den Geschäftspartnern vorstellen	11
2	Einen Speditionsauftrag abwickeln	18
3	Eine Lkw-Sammelgutrelation einrichten	37
4	Einen Sammelladungstransport abwickeln und abrechnen	52
5	Speditionsverträge mit eigenen Fahrzeugen abwickeln	88
6	Ein Nahverkehrsfahrzeug anschaffen und kalkulieren	107
7	Versicherungsbedingungen vergleichen	123
8	Schadensfälle bearbeiten	138
9	Einen grenzüberschreitenden Transport planen	159
10	Gefährliche Güter transportieren	184
11	Den Kombinierten Verkehr Straße/Schiene für den Container-Nachlauf nutzen	201
12	Das Binnenschiff als Transportalternative prüfen	216
13	An der Ausarbeitung eines Lager-Logistikvertrages mitwirken	232
14	Güter mit einem Flugzeug versenden	256
15	Am Luft-Sammelgutverkehr teilnehmen	278
16	Einen Container mit einem Seeschiff versenden	295
17	Am See-Sammelgutverkehr teilnehmen	317
18	Eine See-Exportsendung abfertigen	343
19	Eine Luft-Exportsendung besorgen	374
20	Eine Importsendung verzollen	390
21	Zollpflichtige Ware innerhalb der EU versenden	415
22	Ein Angebot für eine JIS-Belieferung entwickeln	427
23	Ein Angebot für ein Distributionslogistik-Projekt abgeben	453
24	Schadstoffemissionen ermitteln und nachhaltig handeln	470
25	Einen Kundenbesuch vorbereiten	489
26	Eine Verfahrensanweisung entwerfen	506
Inhaltsübersicht zu den Lernsituationen		516
Bildquellenverzeichnis		518

Firmenhandbuch

1 Standort der Unternehmung

Die Gerd Berger Spedition hat im Südwesten Düsseldorfs ihren Standort.

Geschäftsräume der Gerd Berger Spedition in Düsseldorf

2 Daten und Fakten

Firma	Gerd Berger Spedition e. K.
Anschrift	Merkurstraße 14, 40223 Düsseldorf
Rechtsform	Einzelunternehmung
Inhaber	Gerd Berger
USt-Identifikations-Nr.	DE458977344
Handelsregister	Düsseldorf
Finanzamt	Düsseldorf, Steuer-Nr.: 283/0976/6678
Telefon	0211 56742-0
E-Mail	info@berger.de info@intersped.de
Bankverbindung	Commerzbank Düsseldorf IBAN: DE02 3004 0000 4865 0510 00 BIC: COBADEDDXXX
Persönliche Daten	Herr Berger wurde am 22.04.1970 in Neuss geboren. Er besitzt die deutsche Staatsangehörigkeit. Seine Privatwohnung befindet sich in der Bahlenstraße 44 in 40591 Düsseldorf.

3 Geschäftspartner

3.1 Kunden

Neben diversen unterschiedlichen Versendern, die gelegentlich Aufträge erteilen, ist die Gerd Berger Spedition für vier Großkunden tätig.

1 PAPIERFABRIK WENDERING AG, Aachener Straße 4, 40223 Düsseldorf

Das Unternehmen stellt Papier in unterschiedlichen Formaten und Qualitäten her. Die Ware wird auf Paletten (palettiert) zur Verfügung gestellt. Regelmäßig wird die Druckerei ENDERS (siehe unten) mit den Erzeugnissen dieses Kunden beliefert. Aber auch für andere Großabnehmer (Hausdruckereien in Unternehmen und Behörden) erhält Berger Aufträge, den Transport der Papiersendungen zu organisieren.

Bankverbindung   Kreissparkasse Düsseldorf
                 IBAN:
                 DE11 3015 0200 0000 2155 57
                 BIC: WELADED1KSD
Telefon   0211 43566798
E-Mail   info@wendering.de
Umsatzsteuer-
Identifikationsnummer   DE127898843

Mit dem Kunden wurden folgende **Preise** vereinbart:

Transporte Düsseldorf – München	
14 Lademeter	850,00 EUR
7 Lademeter	525,00 EUR
3 Lademeter	350,00 EUR
Die Speditionsversicherungsprämie wird gesondert berechnet; die Preise sind Nettopreise (ohne USt.).	

2 DEGENER & LUTZ GmbH, MASCHINENFABRIK, Holzheimer Weg 33, 41464 Neuss

Zum Produktionsprogramm dieses Unternehmens gehören Antriebsaggregate verschiedenster Art, z. B. Wischermotoren und Lichtmaschinen für die Automobilindustrie, aber auch weitere Ausrüstungsgegenstände für den Fahrzeug- und Motorenbau, z. B. Anlasser, Bremssysteme u. a. Regelmäßig wird die GARTEC AG in Berlin mit Produkten dieses Unternehmens versorgt. Die Güter werden ebenfalls auf Paletten ausgeliefert.

Bankverbindung   Volksbank Neuss
                 IBAN:
                 DE60 3056 0090 0042 4180 33
                 BIC: GENODED1NSS
Telefon   02131 4435521
E-Mail   team@degener-lutz.de
Umsatzsteuer-
Identifikationsnummer   DE238916443

Mit dem Kunden wurden folgende **Preise** vereinbart:

Transporte Neuss – Berlin	
14 Lademeter	700,00 EUR
7 Lademeter	450,00 EUR
3 Lademeter	320,00 EUR
Die Speditionsversicherungsprämie wird gesondert berechnet; die Preise sind Nettopreise (ohne USt.).	

3 SEIDLITZ GmbH, Tierfuttererzeugung, Engerstraße 45, 47800 Krefeld

Das Unternehmen stellt Mastfutter für Tiererzeuger her. Es beliefert landwirtschaftliche Genossenschaften, Großbetriebe und industrielle Mastbetriebe. Die Güter sind in Säcken abgefüllt und auf Paletten gelagert. Regelmäßig sind Transporte zur RAIFFEISENZENTRALE in Hamburg zu organisieren.

Bankverbindung   Sparkasse Krefeld
                 IBAN:
                 DE29 3205 0000 0008 8457 32
                 BIC: SPKRDE33XXX
Telefon   02151 65443
E-Mail   info@seidlitz-tierfutter.de
Umsatzsteuer-
Identifikationsnummer   DE87532845

Mit dem Kunden wurden folgende **Preise** vereinbart:

Transporte Krefeld – Hamburg	
14 Lademeter	650,00 EUR
7 Lademeter	410,00 EUR
3 Lademeter	250,00 EUR
Die Speditionsversicherungsprämie wird gesondert berechnet; die Preise sind Nettopreise (ohne USt.).	

4 ERNST KAULMANN KG, Elektromotoren, Bismarckstraße 18, 42659 Solingen

Die Kommanditgesellschaft stellt Kleinmotoren für Haus-, Garten- und Sportgeräte her. Regelmäßig werden Antriebsmotoren zur GARTEC nach Berlin befördert. Die Güter befinden sich auf Paletten.

Bankverbindung   Deutsche Bank Solingen
                 IBAN:
                 DE49 3428 0032 0041 6788 04
                 BIC: DEUTDEDW342
Telefon   0212 912567
E-Mail   service@ernstkaulmann.com
Umsatzsteuer-
Identifikationsnummer   DE87534812

Mit dem Kunden wurden folgende **Preise** vereinbart:

Transporte Solingen – Berlin	
14 Lademeter	700,00 EUR
7 Lademeter	450,00 EUR
3 Lademeter	320,00 EUR
Die Speditionsversicherungsprämie wird gesondert berechnet; die Preise sind Nettopreise (ohne USt.).	

3.2 Frachtführer

1 EUROTRANS GmbH, Völklinger Straße 21, 40221 Düsseldorf

Der Frachtführer verfügt über zwölf Fahrzeuge (fünf Gliederzüge, vier Gliederzüge nach BDF-Norm, drei Sattelzüge).

Bankverbindung   Düsseldorfer Volksbank
                 IBAN:
                 DE86 3016 0213 0724 5274 55
                 BIC: GENODED1DNE
Telefon   0211 533876
E-Mail   info@eurotrans-gmbh.de
Umsatzsteuer-
Identifikationsnummer   DE328549231

2 MÖLLER-TRANS GmbH, Merowingerstraße 8, 40223 Düsseldorf

Das Unternehmen besitzt zwölf Gliederzüge nach BDF-Norm.

Bankverbindung   SEB Bank
                 IBAN:
                 DE49300101110423387229
                 BIC: ESSEDE5F300
Telefon   0211 87655
E-Mail   dispo@moellertrans.com
Umsatzsteuer-
Identifikationsnummer   DE421658945

3 WERNER FAHRLAND, Transportunternehmen, Plockstraße 46, 40221 Düsseldorf

Der Frachtführer verfügt über sechs Sattelzüge.

Bankverbindung   Kreissparkasse Düsseldorf
                 IBAN:
                 DE57 3015 0200 0000 9674 49
                 BIC: WELADED1KSD
Telefon   0211 238645
E-Mail   transporte@fahrland.de
Umsatzsteuer-
Identifikationsnummer   DE879832481

Preisvereinbarungen für die wichtigsten Relationen		
Neuss – Berlin, Solingen – Berlin		
ganzer Lkw	14 Lademeter:	600,00 EUR
halber Lkw	7 Lademeter:	350,00 EUR
	3 Lademeter:	250,00 EUR
Düsseldorf – München		
ganzer Lkw	14 Lademeter:	750,00 EUR
halber Lkw	7 Lademeter:	450,00 EUR
	3 Lademeter:	300,00 EUR
Krefeld – Hamburg		
ganzer Lkw	14 Lademeter:	550,00 EUR
halber Lkw	7 Lademeter:	300,00 EUR
	3 Lademeter:	200,00 EUR
Die Preise sind Nettopreise (ohne USt.). Jede weitere Belade- oder Entladestelle (maximal drei Stellen) wird mit 120,00 EUR zusätzlich vergütet.		

3.3 Empfänger

1. DRUCKEREI ENDERS GmbH, Hoflacher Straße 16, 81249 München
2. GARTEC AG, Am Bärensprung 188, 13503 Berlin
3. RAIFFEISENZENTRALE, Am Kleinen Kanal 84, 21107 Hamburg
4. weitere unterschiedliche Empfänger in Deutschland, je nach Kundenvorgabe

3.4 Dienstleister

1. DATAKOM COMPUTER GmbH, Ehrenstraße 164, 40479 Düsseldorf
2. DEUTSCHE TELEKOM AG, Niederlassung Düsseldorf, Ulmenstraße 274, 40476 Düsseldorf
3. MANFRED ENDERS, Gebäudereinigung, Klausener Straße 188, 40468 Düsseldorf
4. BÜROCENTER ADLER GmbH, Feuerbachstraße 210, 40223 Düsseldorf
5. COMMERZBANK Düsseldorf, Nordstraße 108, 40223 Düsseldorf, IBAN: DE02 3004 0000 4865 0510 00, BIC: COBADEDDXXX

4 Leistungsangebot

Die Gerd Berger Spedition organisiert Teil- und Komplettladungen vorzugsweise aus dem Großraum Düsseldorf in die Relationen Nord (Relation 1), Ost (Relation 2) und Süd (Relation 3).

5 Mitarbeiter

1. Gerd Berger, Eigentümer
2. Petra Keller, Kauffrau für Büromanagement
3. Marianne Theben, Speditionskauffrau
4. Harry Baumeister, ehemals Lkw-Fahrer
5. Stefan Klaßen, Speditionskaufmann
   Diese vier erfahrenen Fachkräfte wurden von der Helten GmbH übernommen.
6. Karin Albers, 17 Jahre, die Auszubildende beginnt am 01.08.20(0) ihre Ausbildung in der Spedition Berger

Die Auszubildende unterstützt zunächst Frau Keller und wechselt dann die Abteilung.

Haustarif der Gerd Berger Spedition e. K./INTERSPED GmbH

1 Bedingungen

1.1 Anwendung

Dieser Tarif findet Anwendung im innerdeutschen Spediteursammelgutverkehr auf Speditionsverträge zwischen Auftraggeber (Versender) und der Gerd Berger Spedition e. K./INTERSPED GmbH. Er gilt ergänzend zu den Allgemeinen Deutschen Spediteurbedingungen 2017 (ADSp 2017), jeweils neueste Fassung.

1.2 Spediteursammelgut

Spediteursammelgut im Sinne dieses Tarifs liegt vor, wenn die Güter mehrerer Versender von einem Spediteur (Versandspediteur) auf der ganzen Strecke oder auf einem Teil der Strecke bei der Versendung zusammengefasst werden.

1.3 Beschreibung des Leistungsbereichs

Der Leistungsbereich des Spediteursammelgutverkehrs beginnt mit Übernahme des Gutes beim Versender und endet mit Übergabe des Gutes an den Empfänger (Haus-Haus-Leistungsbereich).
Selbstanlieferung und Selbstabholung müssen gesondert vereinbart werden.

1.4 Haus-Haus-Entgelt

Entsprechend dem Haus-Haus-Leistungsbereich wird ein Haus-Haus-Entgelt berechnet.
Das Haus-Haus-Entgelt enthält die Vergütung für folgende Leistungen, soweit sie den normalen Umfang nicht überschreiten:
a) Beförderung innerhalb des in Ziffer 1.3 abgegrenzten Leistungsbereichs,
b) büromäßige Bearbeitung durch den Versand- und Empfangsspediteur.
Das Haus-Haus-Entgelt wird für jede Sendung gesondert anhand der in Ziffer 2.1 dargestellten Haus-Haus-Entgelte berechnet.
Eine Sendung ist das
– von einem Versender
– für einen Empfänger
– vom Spediteur gleichzeitig übernommene Gut.
Der Berechnung des Haus-Haus-Entgelts werden zugrunde gelegt:
– die verkehrsübliche Entfernung in Kilometer und
– das Gewicht der Sendung in Kilogramm.

1.5 Sperrigkeit

Sperrig sind Sendungen, deren Gewicht unter 200 kg je Kubikmeter liegt. Für die Frachtberechnung wird in diesen Fällen ein Mindestgewicht von 200 kg je Kubikmeter angewendet.
Für palettiert übernommene Güter werden der Frachtberechnung folgende Mindestgewichte zugrunde gelegt:
– 400 kg pro Palettenstellplatz (800 mm × 1 200 mm),
– 250 kg pro stapelbare Gitterboxpalette mit Euromaßen,
– 200 kg pro stapelbare Flachpalette mit Euromaßen,
– 100 kg pro stapelbare EURO-Halbpalette.
Pro Lademeter wird ein Mindestgewicht von 1 000 kg berechnet.
Welche Regel anzuwenden ist, richtet sich nach der Vereinbarung mit dem Versender.

1.6 Nebengebühren

Zusätzliche Leistungen und Auslagen werden als Nebengebühren zusätzlich zum Haus-Haus-Entgelt berechnet Maßgebend ist der Nebengebührentarif unter Ziffer 2.2. Soweit die Entgelte für zusätzliche Leistungen nicht im Nebengebührentarif aufgeführt sind, wird ein angemessener Betrag, mindestens aber die Auslagen, berechnet.

1.7 Maut

Die auf Bundesautobahnen und einzelnen Abschnitten von Bundesstraßen erhobene streckenbezogene Straßenbenutzungsgebühr (Lkw-Maut) ist nicht Bestandteil des Haus-Haus-Entgelts oder der Nebengebühren. Die Lkw-Maut wird gemäß der unter Ziffer 2.3 aufgeführten Mauttabelle getrennt abgerechnet.

1.8 Frankaturvorschriften

Erteilt der Auftraggeber im Speditionsauftrag die Frankaturvorschrift „frei Haus", berechnet ihm der Versandspediteur das Haus-Haus-Entgelt sowie gegebenenfalls besondere Entgelte für zusätzliche Leistungen.
Erteilt der Auftraggeber im Speditionsauftrag die Frankaturvorschrift „unfrei/ab Werk", so werden das Haus-Haus-Entgelt sowie gegebenenfalls besondere Entgelte für zusätzliche Leistungen beim Empfänger nachgenommen oder dem Empfänger berechnet.
Werden Incotermklauseln als Frankaturvorschriften verwendet, sind die „C- und D-Klauseln" gleichbedeutend mit „frei Haus" sowie die „E- und F-Klauseln" gleichbedeutend mit „unfrei/ab Werk".

1.9 Umsatzsteuer

Die Tarife enthalten keine Umsatzsteuer (Mehrwertsteuer). Sie ist zusätzlich zu berechnen, soweit nicht steuerliche Befreiungsvorschriften zum Zuge kommen.

2 Tarife

2.1 Haus-Haus-Entgelte

Entfernung in km	Gewicht in kg 1–50 Euro	51–100 Euro	101–200 Euro	201–300 Euro	301–400 Euro
1–100	31,50	53,40	75,60	109,60	140,50
101–200	34,10	59,00	86,90	128,30	166,60
201–300	34,70	60,10	88,60	131,40	171,00
301–400	34,80	60,50	89,40	133,10	173,20
401–500	35,00	61,00	90,50	134,60	175,40
501–600	35,70	61,90	92,20	137,50	179,60
601–700	36,30	63,80	95,90	143,70	188,50
701–800	36,90	64,70	97,80	146,90	192,60
801–1 000	37,50	66,50	101,50	153,20	201,70

Entfernung in km	Gewicht in kg 401–500 Euro	501–600 Euro	601–700 Euro	701–800 Euro	801–900 Euro
1–100	167,90	195,60	229,00	262,10	272,90
101–200	201,70	236,60	277,40	318,00	336,00
201–300	207,00	243,50	285,30	327,40	346,50
301–400	209,60	246,80	289,50	332,10	352,20
401–500	212,60	250,20	293,30	336,50	357,20
501–600	218,50	257,10	301,50	346,00	367,70
601–700	229,40	270,80	317,80	364,80	388,90
701–800	234,90	277,70	325,70	373,80	399,40
801–1 000	246,20	291,20	342,00	392,60	420,70

Entfernung in km	Gewicht in kg 901–1 000 Euro	1 001–1 250 Euro	1 251–1 500 Euro	1 501–2 000 Euro	2 001–2 500 Euro	2 501–3 000 Euro
1–100	303,40	330,80	358,70	369,00	369,90	370,60
101–200	374,20	414,70	454,70	472,70	493,30	511,80
201–300	386,00	428,80	471,00	490,00	513,80	535,20
301–400	392,00	435,70	479,20	498,50	523,90	547,10
401–500	397,80	442,90	487,20	507,10	534,40	558,80
501–600	409,60	456,80	503,40	524,50	554,90	582,40
601–700	433,20	484,70	535,40	558,90	595,90	629,40
701–800	444,80	498,50	551,50	576,20	616,70	652,90
801–1 000	468,40	526,50	583,70	611,00	657,70	699,80

2.2 Nebengebühren

Zusätzlich zum Haus-Haus-Entgelt werden folgende Nebengebühren berechnet:
- **a** Gebühr für Versendernachnahmen: 2 % des Nachnahmebetrages, mindestens 15,30 EUR
- **b** Avisgebühren pro Sendung: 5,10 EUR
- **c** Palettentauschgebühr für
  - genormte Flachpaletten: je Palette 2,60 EUR
  - genormte Gitterboxpaletten: je Palette 10,20 EUR
- **d** Stand- und Wartezeiten von mehr als einer halben Stunde je halbe Stunde: 17,90 EUR
- **e** Versendung gefährlicher Güter
  - Pro Sendung bis 300 kg: 10,20 EUR
  - 301 kg bis 1 000 kg: 15,30 EUR
  - Über 1 000 kg: 20,50 EUR

2.3 Maut

Zusätzlich zum Haus-Haus-Entgelt werden folgende Mautgebühren berechnet:

Mautgebühren* für Sendungen von 1 bis 3000 kg

Gewicht** in kg	Entfernung in km										
	1–100	100–200	201–300	301–400	401–500	501–600	601–700	701–800	801–900	901–1000	1001–1100
1–50	1,00	1,00	1,00	1,00	1,00	1,00	1,00	1,00	1,00	1,00	1,00
51–100	1,00	1,00	1,00	1,00	1,00	1,03	1,22	1,41	1,59	1,78	1,97
101–200	1,00	1,00	1,00	1,31	1,69	2,06	2,44	2,81	3,19	3,56	3,94
201–300	1,00	1,00	1,56	2,19	2,81	3,44	4,06	4,69	5,31	5,94	6,56
301–400	1,00	1,31	2,19	3,06	3,94	4,81	5,69	6,56	7,44	8,31	9,19
401–500	1,00	1,69	2,81	3,94	5,06	6,19	7,31	8,44	9,56	10,69	11,81
501–600	1,00	2,06	3,44	4,81	6,19	7,56	8,94	10,31	11,69	13,06	14,44
601–700	1,00	2,44	4,06	5,69	7,31	8,94	10,56	12,19	13,81	15,44	17,06
701–800	1,00	2,81	4,69	6,56	8,44	10,31	12,19	14,06	15,94	17,81	19,69
801–900	1,06	3,19	5,31	7,44	9,56	11,69	13,81	15,94	18,06	20,19	22,31
901–1000	1,19	3,56	5,94	8,31	10,69	13,06	15,44	17,81	20,19	22,56	24,94
1001–1250	1,41	4,22	7,03	9,84	12,66	15,47	18,28	21,09	23,91	26,72	29,53
1251–1500	1,72	5,16	8,59	12,03	15,47	18,91	22,34	25,78	29,22	32,66	36,09
1501–2000	2,19	6,56	10,94	15,31	19,69	24,06	28,44	32,81	37,19	41,56	45,94
2001–2500	2,81	8,44	14,06	19,69	25,31	30,94	36,56	42,19	47,81	53,44	59,06
2501–3000	3,44	10,31	17,19	24,06	30,94	37,81	44,69	51,56	58,44	65,31	72,19

Mautgebühren* für Sendungen ab 3001 kg

Gewicht** in kg	Entfernung in km										
	1–100	100–200	201–300	301–400	401–500	501–600	601–700	701–800	801–900	901–1000	1001–1100
3001–4000	2,91	8,75	14,60	20,41	26,25	32,10	37,91	43,75	49,60	55,41	61,25
4001–5000	3,74	11,25	18,77	26,24	33,75	41,27	48,74	56,25	63,77	71,24	78,75
5001–6000	4,57	13,75	22,94	32,07	33,00	50,44	59,57	68,75	77,94	87,07	96,25
6001–7000	5,40	16,25	27,11	37,90	47,75	59,61	70,40	81,25	92,11	102,90	113,75
7001–8000	6,23	18,75	31,28	43,73	56,25	68,78	81,23	93,75	106,28	118,73	131,25
8001–9000	7,06	21,25	35,45	49,56	63,75	77,95	92,06	106,25	120,45	134,56	148,75
9001–10000	7,89	23,75	39,62	55,39	71,25	87,12	102,89	118,75	134,62	150,39	166,25
10001–11000	8,72	26,25	43,79	61,22	78,75	96,29	113,72	131,25	148,79	166,22	183,75
11001–12000	9,55	28,75	47,96	67,05	86,25	105,46	124,55	143,75	162,96	182,05	201,25
12001–24000	10,00	30,00	50,00	70,00	90,00	110,00	130,00	150,00	170,00	190,00	210,00

Mautgebühren* für Sendungen über 3 Lademeter

Lademeter	Entfernung in km										
	1–100	100–200	201–300	301–400	401–500	501–600	601–700	701–800	801–900	901–1000	1001–1100
3,10–4,00	3,50	10,50	17,50	24,50	31,50	38,50	45,50	52,50	59,50	66,50	73,50
4,10–5,00	4,50	13,50	22,50	31,50	40,50	49,50	58,50	67,50	76,50	85,50	94,50
5,10–6,00	5,50	16,50	27,50	38,50	49,50	60,50	71,50	82,50	93,50	104,50	115,50
6,10–7,00	6,50	19,50	32,50	45,50	58,50	71,50	84,50	97,50	110,50	123,50	136,50
7,10–8,00	7,50	22,50	37,50	52,50	67,50	82,50	97,50	112,50	127,50	142,50	157,50
8,10–9,00	8,50	25,50	42,50	59,50	76,50	93,50	110,50	127,50	144,50	161,50	178,50
9,10–10,00	9,50	28,50	47,50	66,50	85,50	104,50	123,50	142,50	161,50	180,50	199,50
10,01–14,00	10,00	30,00	50,00	70,00	90,00	110,00	130,00	150,00	170,00	190,00	210,00

*   Beträge in Euro ohne Umsatzsteuer
** frachtpflichtiges Gewicht

Lernsituation 1
Sich den Geschäftspartnern vorstellen

Gerd Berger ist Prokurist bei der Düsseldorfer Niederlassung der HELTEN GmbH & Co. KG – Internationale Spedition – mit Hauptsitz in Hamburg. Das Hamburger Unternehmen möchte seine Düsseldorfer Niederlassung aufgeben, weil es sich auf einen Geschäftsschwerpunkt, die internationale Spedition, konzentrieren will. Für Gerd Berger hätte das den Umzug nach Hamburg und die Beschäftigung in einer schlechter bezahlten Position bedeutet. Herr Berger überlegt daher, sich selbstständig zu machen und die Niederlassung Düsseldorf zu übernehmen. Als langjähriger Kenner der Branche hat er intensive Kontakte zu Versendern, Frachtführern und Kreditinstituten. Vorsichtige Anfragen bei den Kunden brachten zum Ausdruck, dass man grundsätzlich interessiert sei, mit Herrn Berger auch unter veränderten Bedingungen weiter zusammenzuarbeiten.

Nach schwierigen Verhandlungen ist es ihm gelungen, mit der Geschäftsleitung der HELTEN GmbH folgende Vereinbarungen zu treffen:

1 Herr Berger übernimmt die (rechtlich unselbstständige) Zweigstelle Düsseldorf zum 01.07.20(0) in eigener Verantwortung. Dazu pachtet er von der HELTEN GmbH & Co. KG das Grundstück und die Verwaltungsräume.

2 Herr Berger übernimmt den Kundenstamm und führt die bisherigen Geschäftsbeziehungen in eigenem Namen weiter.

Die Risiken, die mit der Selbstständigkeit verbunden sind, sind nach Meinung von Gerd Berger gut überschaubar, weil er sich zunächst auf die reine Spediteurtätigkeit beschränken und keinen eigenen Fuhrpark unterhalten will. Nach der Entscheidung, ein eigenes Unternehmen (die GERD BERGER SPEDITION) zu gründen, waren viele Dinge zu erledigen.

Daten zur GERD BERGER SPEDITION finden Sie vorn in diesem Band, Stichwort: „Firmenhandbuch".

Zunächst hat Herr Berger sein Unternehmen bei der Kommunalverwaltung (Gewerbeamt) und beim Amtsgericht im Handelsregister angemeldet. Die Mitarbeiterinnen und Mitarbeiter wurden über die neue Situation informiert. Alle waren gerne bereit, wie bisher mit Herrn Berger zusammenzuarbeiten, der jetzt allerdings nicht mehr die Position eines Filialleiters, sondern die eines selbstständigen Spediteurs innehat.

In einer gemeinsamen Gesprächsrunde wurden die Aufgaben neu auf die einzelnen Mitarbeiterinnen und Mitarbeiter verteilt.

Herr Berger hat die einzelnen Mitarbeiterinnen und Mitarbeiter jeweils mit der Betreuung einer bestimmten Relation beauftragt, weil er sich davon einen besonders engen Kontakt zu den Kunden verspricht. Aus diesem Grunde sollen auch alle Kunden über die Geschäftsübernahme und die zukünftigen Kundenbetreuer informiert werden. Über das Verfahren war man sich noch nicht ganz einig. In der Diskussion war ein Brief an die Kunden, aber auch ein direktes Gespräch wurde erwogen. Frau Theben schlug vor, eine kleine Werbebroschüre zu entwerfen, die man den Kunden zuschicken oder übergeben könne.

Herr Berger: „Darüber müssen wir uns alle im Klaren sein: Wir haben nicht mehr unsere große Hamburger Zentrale im Rücken, die uns in der Vergangenheit einen großen Teil der Aufträge besorgte. Jetzt müssen wir das allein schaffen. Das bedeutet auch: Wir müssen alles daransetzen, unsere bisherigen Kunden zu halten und neue zu gewinnen. Dazu brauchen wir eine Marketingkonzeption aus einem Guss und viele Ideen, wie wir Kunden auf uns aufmerksam machen und von unserer Leistungsfähigkeit überzeugen können. Das reicht vom attraktiven Briefkopf über Werbebriefe und direkte Kundengespräche bis zur Werbebroschüre."

Frau Theben: „Die Zeiten werden für uns härter. Wir werden uns einiges einfallen lassen müssen."

Arbeitsauftrag (Vorschlag)
Stellen Sie den Kunden die GERD BERGER SPEDITION vor:
1. Informieren Sie die Kunden über den Inhaberwechsel. Beschreiben Sie dabei das Leistungsangebot der Spedition und teilen Sie den Kunden mit, wie die Kundenbetreuung zukünftig organisiert wird. Gestalten Sie den Brief nach den DIN-Vorschriften.
2. Entwickeln Sie einen Werbeplan, der die Spedition bei vorhandenen und neu zu gewinnenden Kunden bekannt macht und die Leistungen des Unternehmens herausstellt. Erstellen Sie eine Übersicht über die wichtigsten Werbemedien und entscheiden Sie, welche Werbemedien in den Werbeplan aufgenommen werden sollen.
3. Erstellen Sie geeignete Werbetexte (z. B. Brief, Anzeige, Plakat, Zeitungsbeilage) und einen Gesprächsleitfaden für ein Kundengespräch.

Informationen zur Werbung befinden sich im Informationshandbuch.

Lernsituation 1 zum Informationshandbuch Seite 16–18, 501-507

Mit dem unten abgebildeten Brief hat die HELTEN GmbH den Kunden bereits die Übernahme des Unternehmens durch Herrn Berger angekündigt.

Brief nach DIN 5008, siehe Informationshandbuch

HS   Helten GmbH & Co. KG
Spedition
Merkurstraße 14
40223 Düsseldorf

Helten GmbH & Co. KG, Merkurstraße 14, 40223 Düsseldorf
Papierfabrik Wendering AG
Frau Thieß
Aachener Straße 4
40223 Düsseldorf

Ihr Zeichen:	th-o
Ihre Nachricht vom:	20(0)-05-29
Unser Zeichen:	be-he
Unsere Nachricht vom:	20(0))-05-23
Name:	
Telefon:	0211 326645-0
E-Mail:	info@Helten.de
USt-IdNr.:	DE203765810
Datum:	10. Juni 20(0)

Filiale Düsseldorf

Sehr geehrte Frau Thieß,

die Helten GmbH & Co. KG ist ein Unternehmen, das seinen Schwerpunkt in der Organisation von Seegütertransporten hat. Wir möchten unsere Aktivitäten auf diesen Bereich konzentrieren. Aus diesem Grund ziehen wir uns aus unseren Filialen im Binnenland zurück und bauen unsere Zentrale in Hamburg erheblich aus.

Die Filiale Düsseldorf wird von unserem langjährigen Filialleiter, Herrn Berger, übernommen.

      Übernahmetermin ist der 01.07.20(0).

Herr Berger ist Ihnen aus vielen Jahren harmonischer geschäftlicher Zusammenarbeit bekannt. Wir würden uns sehr freuen, wenn Herr Berger Sie auch in Zukunft zu seinen Kunden zählen dürfte. Wir bedanken uns an dieser Stelle herzlich für die faire Partnerschaft, mit der wir in der Vergangenheit unsere Geschäfte abgewickelt haben.

Mit freundlichen Grüßen

Franz Helten

– Helten GmbH & Co. KG –

Geschäftsführer:	Amtsgericht Hamburg	Bankkonto:	Geschäftsräume:
Franz Helten	HR-A 396-4491	Kreissparkasse Düsseldorf	Merkurstraße 14
		IBAN: DE55 3015 0200 0000 4467 89	40223 Düsseldorf
		BIC: WELADED1KSD	

Gerd Berger Spedition e.K.

Gerd Berger Spedition, Merkurstraße 14, 40223 Düsseldorf

Ihr Zeichen:
Ihre Nachricht vom:
Unser Zeichen:
Unsere Nachricht vom:

Name:
Telefon: 0221 56742-0
E-Mail: info@berger.de
USt-IdNr.: DE458977344

Datum: _____

Inhaber:
Gerd Berger e. K.

Bankverbindung:
Commerzbank Düsseldorf
IBAN: DE02 3004 0000 4865 0510 00
BIC: COBADEDDXXX

Geschäftsräume
Merkurstraße 14
40223 Düsseldorf

Lernsituation 1 zum Informationshandbuch Seite 16–18, 501–507

Aufgabe 1
Richtfest beim Einfamilienhaus der Familie SCHNEIDER: Mit Stolz, weil man bald in den eigenen vier Wänden wohnen kann, und mit Sorge wegen der hohen Zinsbelastungen, betrachtet man das bisherige Ergebnis der Bautätigkeit und blickt schon etwas wehmütig zurück auf den Herbst des vergangenen Jahres. Damals hatte sich die Familie SCHNEIDER entschlossen, dem Architekturbüro MEINERT den Auftrag zur Planung eines Einfamilienhauses zu übertragen. Viele Planentwürfe wurden diskutiert, zahlreiche Finanzierungspläne durchgerechnet. Vor drei Monaten dann wurde die NIERMANN KG – nach einer Ausschreibung des Projektes – vom Architekten mit der Durchführung des Bauvorhabens beauftragt. Das Ergebnis der bisherigen Bemühungen war ein Rohbau, der in weiteren drei Monaten bezugsfertig sein soll – hoffentlich!

a Beschreiben Sie die Tätigkeiten der drei am Bauvorhaben Beteiligten.

§§ 407 Abs. 1 und 2, 453 Abs. 1 und 2 HGB

b Mit welchem Beteiligten lässt sich Ihrer Meinung nach der Spediteur am besten vergleichen, wenn es um die Beförderung einer Sendung von A nach B geht? Ergänzen Sie dazu die unten stehende Übersicht mit den Beteiligten bei einer Güterbeförderung: Spediteur, Frachtführer und Versender.

Hausbau

Bauherr	Architekt	Bauunternehmer

Transport einer Sendung von A nach B

Aufgabe 2
Stellen Sie die Aufgaben und Tätigkeiten, die Ihr Ausbildungsbetrieb erledigt, in einer Übersicht nach folgendem Muster zusammen:

| Aufgabe/Tätigkeit | Bitte ankreuzen: Tätigkeit als | | | |
	Spediteur	Frachtführer	Lagerhalter	sonstiges
Lkw-Transporte von A nach B		X		

Aufgabe 3
Die GERD BERGER SPEDITION will auch die Frachtführer über den Inhaberwechsel informieren.

Entwerfen Sie ein geeignetes Schreiben.

Beachten Sie die DIN-Regeln für das Abfassen kaufmännischer Briefe.

Aufgabe 4
Kundenfreundliches Verhalten am Telefon sieht Herr Berger als sehr wichtig an. Daher möchte er allen Mitarbeiterinnen und Mitarbeitern die Regeln für das Verhalten am Telefon durch einen Aushang am Schwarzen Brett nahelegen. Als Inhalt des Aushangs stellt er sich vor, dass der Grundsatz „Freundlichkeit ist oberstes Gebot" deutlich herausgestellt wird. Ferner soll der Name der oder des Anrufenden im Gespräch verwendet

Telefonmarketing

werden. Außerdem hält er folgende Reihenfolge bei der Annahme eines Gesprächs für sinnvoll: 1. Gruß, 2. Name des Unternehmens, 3. Name der Mitarbeiterin/des Mitarbeiters und dann 4. einen Satz, der die Dienstbereitschaft zum Ausdruck bringt, z. B.: „Was kann ich für Sie tun?".

Gestalten Sie einen optisch ansprechenden Aushang für das Schwarze Brett in der GERD BERGER SPEDITION. Wenden Sie die Regeln für die Textgestaltung an.

> Informationen zur Textgestaltung im Informationshandbuch, Stichwort: „Gestaltungsmittel"

Aufgabe 5

Frau Bergmann, Mitarbeiterin in der Marketingabteilung der SPEDITION GESTNER, wählt die Nummer der Firma SIEMAG. Das Unternehmen stellt elektronische Bauteile und Telefone her. Aufgrund gelegentlicher kleinerer Aufträge in der Vergangenheit ist bekannt, dass SIEMAG ein hohes Sendungsaufkommen im Kleingutbereich hat, weil auch Endverbraucher beliefert werden.

> Kleingut = Sendungen mit einem Gewicht bis ca. 30 kg, siehe Informationshandbuch, Stichwort: „Kleingut"

SIEMAG:	„Guten Tag, SIEMAG AG, Langer, was kann ich für Sie tun?"
Frau Bergmann:	„Guten Tag, SPEDITION GESTNER, Bergmann. Bitte den Leiter des Versandes."
SIEMAG:	„Einen Augenblick bitte."
Herr Straube:	„Straube."
Frau Bergmann:	„SPEDITION GESTNER, Bergmann, guten Tag, Herr Straube. Vor einigen Tagen haben Sie von uns einen Brief zu unserem neuen Kleingutkonzept IKLO erhalten. Ich möchte heute einmal nachfragen, ob Sie ..."
Herr Straube:	(unterbricht) „Einen Moment, ich verbinde Sie mit Frau Bernau, unserer Abteilungsleiterin."
Frau Bergmann:	„Ja, vielen Dank."
Frau Bernau:	„SIEMAG AG, Bernau, guten Tag?"
Frau Bergmann:	„SPEDITION GESTNER, Bergmann, guten Tag, Frau Bernau. Vor einigen Tagen haben Sie von uns einen Brief zu unserem neuen Kleingutkonzept IKLO erhalten. Ich möchte heute einmal nachfragen, ob Sie Interesse haben, das Konzept einmal näher kennenzulernen."
Frau Bernau:	„Ihren Brief habe ich gelesen – er schien mir aber nicht viel Neues zu beinhalten."
Frau Bergmann:	„Ein 24-Stunden-Service für Ihre Kleingutsendungen bei einem extrem niedrigen Preisniveau – das kann Ihnen kein Mitbewerber bieten."
Frau Bernau:	„Nun ja, unser Hausspediteur hat bisher sehr zuverlässig gearbeitet. Mit seinen Preisen waren wir auch zufrieden."
Frau Bergmann:	„Ich kann mir nicht vorstellen, dass der zu unseren Konditionen arbeiten kann. Bei Ihrem Sendungsaufkommen würden wir Ihr Unternehmen sogar täglich anfahren; auch Wochenendzustellungen wären für uns kein Problem. Unser Außendienstmitarbeiter wird Ihnen gerne das Konzept in allen Feinheiten erläutern – darf er vielleicht in den nächsten Tagen bei Ihnen vorbeischauen?"
Frau Bernau:	„Es tut mir leid, aber ich habe für Wochen keinen Termin mehr frei."
Frau Bergmann:	„Darf ich Ihnen denn noch ein paar Prospekte zuschicken?"
Frau Bernau:	„Das können Sie gerne tun – also dann – auf Wiedersehen."
Frau Bergmann:	„Auf Wiedersehen."

a Die Mitarbeiterin in der Telefonzentrale von SIEMAG, Herr Straube und Frau Bernau, melden sich auf unterschiedliche Art am Telefon. Welches Verfahren ist vorzuziehen?
b Mit welchen Worten eröffnet die Mitarbeiterin der SPEDITION GESTNER ihr Gesprächsthema?
c Wie äußert sie sich über die Mitbewerber?
d Entwickeln Sie für Frau Bergmann eine Gesprächsstrategie, die die Chancen für eine Terminvereinbarung mit Frau Bernau verbessert.

Aufgabe 6

In der Abteilung Kundenservice der Spedition GESTNER findet eine Schulung zu Gesprächsführung statt.

Gespräch Nr. 1

Herr Arnold:	„Heute bis um 12:00 Uhr sollte eine Sendung bei mir eintreffen. Jetzt ist es 16:00 Uhr."
Mitarbeiterin:	„Bitte Ihre Sendungsnummer."
Herr Arnold:	„8455-241-04."
Mitarbeiterin:	„Da müsste ich einmal nachschauen, ob ich Ihre Sendung im System finden kann. Einen Augenblick bitte."

Gespräch Nr. 2

Herr Arnold:	„Heute bis um 12:00 Uhr sollte eine Sendung bei mir eintreffen. Jetzt ist es 16:00 Uhr."
Mitarbeiterin:	„Sagen Sie mir bitte Ihre Sendungsnummer, dann kann ich Ihre Frage sofort klären."
Herr Arnold:	„8455-241-04."
Mitarbeiterin:	„Haben Sie bitte einen kleinen Augenblick Geduld, Herr Arnold. Das System gibt mir gleich den Status Ihrer Sendung an. Wir können dann sofort überlegen, wie Sie schnellstens an Ihre Sendung kommen."

Lernsituation 1 zum Informationshandbuch Seite 16–18, 501–507

a Beurteilen Sie die Aussagen der Mitarbeiterin gegenüber dem Kunden Herrn Arnold.

b Entwickeln Sie zu den nachstehenden weiteren Aussagen der Angestellten kundenfreundliche Formulierungen:

Aussagen	Kundenfreundliche Alternative
„Frau Bergmann ist leider nicht an ihrem Platz."	„Frau Bergmann ist ab 15:00 Uhr wieder erreichbar. Darf sie Sie dann zurückrufen? (Kann ich ihr etwas ausrichten? Möchten Sie eine Nachricht für sie hinterlassen?)"
„Das geht jetzt nicht."	
„Ich glaube, das wird nicht gelingen."	
„Vielleicht gibt es eine Lösung."	
„Ich muss dazu erst Ihre Akte holen."	

Aufgabe 7

Während eines Verkaufsgespräches zeigt ein Kunde Gerd Berger einen Werbebrief der ERKRATHER TRANSPORT-GRUPPE (ETG), deren Hauptsitz sich nur 30 km von der GERD BERGER SPEDITION entfernt befindet.

Auszug aus dem Schreiben:

> **Auch in der Nacht hellwach – ganz Deutschland in 24 Stunden**
>
> Sehr geehrte ...
>
> Kommt Ihnen diese Situation auch bekannt vor: Ihr Kunde fragt an, wo seine dringend erwartete Sendung bleibt – und Sie fragen sich im Grunde dasselbe?
>
> [...]
>
> Sie wünschen sich Kundenzufriedenheit jederzeit! Wir helfen Ihnen dabei, indem wir ein maßgeschneidertes Konzept anbieten, Ihre Kunden in ganz Deutschland jederzeit innerhalb von 24 Stunden beliefern zu können. Unser einzigartiges Sendungsverfolgungssystem bietet Ihnen dabei die Möglichkeit, jederzeit den Status und den Standort Ihrer Sendung abrufen zu können. Wir lassen Sie und Ihre Kunden nicht allein.
>
> Zögern Sie nicht und übergeben Sie uns noch heute Ihre Sendung. Egal in welchem Winkel Deutschlands Ihr Kunde ansässig ist – bereits morgen wird er über Ihre Ware verfügen.
>
> Ab sofort steht **ETG** auch für: **E**ingehaltene **T**ermine – **G**arantiert!

a Die Marketingexperten der ETG haben sich bei der Formulierung des Briefes offensichtlich am AIDA-Konzept orientiert. Erläutern Sie, wofür diese Abkürzung steht.

b Markieren Sie in obigem Briefausschnitt die einzelnen Phasen des AIDA-Konzeptes.

Aufgabe 8

In der Gerd Berger Spedition ist die Zuständigkeit für die Organisation der Teil- und Komplettladungen nach den Relationen Nord, Ost und Süd aufgeteilt (vgl. Firmenhandbuch).

Erstellen Sie eine Übersicht (z. B. nach Bundesländern oder Postleitzahlen), welche eine eindeutige Zuordnung von Empfangsorten bzw. -regionen in diese drei Relationen ermöglicht.

Aufgabe 9

Die Auszubildende Karin Albers in der GERD BERGER SPEDITION möchte sich über die Entfernungen zu den größten Städten im Umfeld der Spedition informieren.

Ergänzen Sie dazu die freien Felder in der nachfolgenden Fahrtzeitenübersicht. Die Durchschnittsgeschwindigkeit eines Lkw beträgt 70 km/h.

Z. B.: Entfernung durch km/h
Beachte: die Nachkommastelle des Ergebnisses mit 60 multiplizieren

Entfernungen/Fahrtzeiten Lkw

	Aachen	Bielefeld	Bonn	Dortmund	Düsseldorf	Duisburg	Essen	Köln	Münster	Wuppertal	**Kilometer**
Aachen		260	90	150	83	115	123	60	212	115	Aachen
Bielefeld	03:43		220	116	181	168	154	197	136	152	Bielefeld
Bonn	01:18	03:09		120	72	92	100	29	176	80	Bonn
Dortmund	02:09	01:40	01:43		70	58	37	95	70	50	Dortmund
Düsseldorf	01:12	02:36				31	38	38	128	33	Düsseldorf
Duisburg	01:39	02:24	01:19	00:50	00:27		25	67	103	51	Duisburg
Essen	01:46	02:12	01:26	00:32	00:33	00:22		73	93	36	Essen
Köln	00:52	02:49	00:25	01:22		00:58	01:03		151	56	Köln
Münster	03:02	03:02		01:00		01:33	01:20			104	Münster
Wuppertal	01:13	02:11	01:09	00:43	00:29	00:44	00:31	00:48	01:30		Wuppertal
Fahrtzeiten	Aachen	Bielefeld	Bonn	Dortmund	Düsseldorf	Duisburg	Essen	Köln	Münster	Wuppertal	

SELBSTTEST LERNSITUATION 1

→ Diese **Prozesse** beherrsche ich (X):

	voll	weit-gehend	eher nicht	gar nicht
Kunden über den Inhaberwechsel informieren und die Kundenbetreuer vorstellen				
ein Leistungsprofil der GERD BERGER SPEDITION (Modellunternehmen) entwickeln und darstellen (reduzierte Marketingbetrachtung)				
einen Werbeplan entwickeln, mit dessen Hilfe die Leistungen des Unternehmens dargestellt werden				
geeignete Werbetexte und einen Gesprächsleitfaden für ein Kundengespräch erstellen				

→ Diese **Begriffe** kenne ich (✓):

- AIDA-Konzept ☐
- Frachtführer ☐
- Kundenorientierung ☐
- Lagerhalter ☐
- Spediteur ☐
- Streuverlust ☐
- Telefonmarketing ☐
- Werbeplan ☐

Lernsituation 2
Einen Speditionsauftrag abwickeln

Es ist Montag, der 01.07.20(0). Der Versandleiter der PAPIERFABRIK WENDERING, Herr Gruber, ruft in der GERD BERGER SPEDITION an:

Herr Gruber: „Guten Tag, Herr Klaßen. Ich brauche morgen Nachmittag um 16:00 Uhr einen Lkw für München."

Herr Klaßen: „Guten Tag, Herr Gruber. Wie viel Tonnen wollen Sie laden?"

Herr Gruber: „22 t für die Druckerei ENDERS. Die genauen Daten faxe ich Ihnen sofort zu. Ich gehe von unseren bisher vereinbarten Preisen aus."

Herr Klaßen: „Das geht in Ordnung."

Herr Gruber: „Okay, auf Wiederhören."

Herr Klaßen: „Auf Wiederhören."

Wenige Minuten später trifft folgende Mitteilung ein:

PAPIERFABRIK WENDERING AG
Aachener Str. 4
40223 Düsseldorf

Gerd Berger
Spedition e.K.
Merkurstraße 14
40223 Düsseldorf

E-Mail: info@wendering.de
Telefon: 0211 43566798

Versandauftrag

			Datum	01.07.20(0)
Zeichen/Nummern	Anzahl/Verpackung	Art des Gutes	Gewicht	Vermerke
WEN1-35	35 Europaletten	Papier	22 t	nicht stapelbar

Empfänger:	Druckerei ENDERS GmbH, Hoflacher Straße 16, 81249 München
Beladestelle:	Aachener Straße 4, 40223 Düsseldorf
Entladestelle:	Hoflacher Straße 16, 81249 München
Abholung:	02.07.20(0), 16:00 Uhr
Anlieferung:	03.07.20(0), 07:00 Uhr
Frankatur:	
Preis:	850,00 EUR netto (ohne Umsatzsteuer)

Ziffer 3 ADSp: Erläuterungen befinden sich im Informationshandbuch; Originaltext im Anhang des Informationshandbuches

Herr Klaßen wird den Versandauftrag zunächst nach Ziffer 3 ADSp auf Vollständigkeit prüfen, damit der Speditionsauftrag entsprechend ausgefüllt und der Wendering AG zur Bestätigung zurückgefaxt werden kann.

Als Frachtführer soll die EUROTRANS GmbH beauftragt werden. Bei 35 Paletten ist allerdings zu prüfen, ob EUROTRANS in der Lage ist, mit ihren Fahrzeugen 35 Paletten auf einem Lkw zu transportieren.

Die GERD BERGER SPEDITION vereinbart mit ihren Frachtführern, dass die Frachtverträge nach dem Handelsgesetzbuch abgewickelt werden.

Informationen zu den Frachtführern, siehe Firmenhandbuch auf den Seiten 6–7

In den Transportauftrag sollen folgende besondere Vereinbarungen aufgenommen werden:
- Sofern Schwierigkeiten auftreten, sind wir sofort zu benachrichtigen.
- Der Ablieferungsnachweis, den der Lkw-Fahrer vom Empfänger erhält, ist uns zu übersenden.
- Frachtvertrag nach HGB

Lkw-Maße, siehe Informationshandbuch; Stichwort: „Lkw-Maße"

Nach Abschluss der Beförderung wird Herr Klaßen der PAPIERFABRIK WENDERING die Rechnung für die Organisation des Transportes übersenden. Da die GERD BERGER SPEDITION mit ihren Frachtführern für die Relation Düsseldorf – München einen Preis von 750,00 EUR vereinbart hat (siehe Firmenhandbuch), kann Herr Klaßen auch berechnen, welche Differenz zwischen Erlös und Aufwand verbleibt.

Arbeitsauftrag (Vorschlag)
Erledigen Sie die Arbeiten, die mit der Organisation des Auftrags verbunden sind:
1. Versandauftrag nach ADSp prüfen (siehe Tabelle Seite 21),
2. Speditionsauftrag erstellen,
3. Beladeplan entwerfen,
4. Fahrtroute Düsseldorf – München ermitteln (Städte, Autobahnen und Autobahnkreuze),
5. Frachtführer EUROTRANS GmbH mit dem Transport der Sendung beauftragen,
6. Rechnung für den Versender erstellen (Rechnung Nr. D0001),
7. Differenz zwischen Erlös und Aufwand ermitteln.

Formulare siehe nachfolgend

Gerd Berger Spedition, Merkurstraße 14, 40223 Düsseldorf

Inhaber: Gerd Berger
Merkurstraße 14
40223 Düsseldorf
Telefon: 0221 56742-0
E-Mail: info@berger.de

Datum: _____

Transportauftrag

Sehr geehrte(r) Herr/Frau,

wie telefonisch besprochen, erhalten Sie folgenden Transportauftrag:

Ladetermin: _____ **Ladezeit:** _____
Ladestelle: _____
_____
Ladung/Inhalt: _____
Empfänger: _____
Liefertermin: _____ **Ladezeit:** _____
Vereinbarte Fracht: _____

Besonderheiten:

Wir bitten um Auftragsbestätigung.

_____
Datum, Unterschrift

Lernsituation 2 zum Informationshandbuch Seite 13–51, 113–118

Speditionsauftrag

1 Versender/Lieferant   2 Lieferanten-Nr.

3 Speditionsauftrag-Nr.

4 Nr. Versender beim Versandspediteur

6 Datum   7 Relations-Nr.

5 Beladestelle

9 Versandspediteur   10 Spediteur-Nr.

Gerd Berger Spedition e. K.
Merkurstraße 14
40223 Düsseldorf
Telefon: 0221 56742-0
E-Mail: info@berger.de

8 Sendungs-/Ladungs-Bezugs-Nr.

11 Empfänger   12 Empfänger-Nr.

13 Bordero-/Ladelisten-Nr.

15 Versendervermerke für den Versandspediteur

14 Anliefer-/Abladestelle

16 Eintreff-Datum   17 Eintreff-Zeit

18 Zeichen und Nr.	19 Anzahl	20 Packstück	21 SF	22 Inhalt	23 Lademittel-gewicht in kg	24 Brutto-gewicht in kg
	25 Summe:	26 Rauminhalt cdm/Lademeter		Summen:	27	28

29 Gefahrgut

UN-Nr. _____   Gefahrgut-Bezeichnung _____

Gefahrzettel-Nr. _____   Verpa-   Tunnel-   Nettomasse _____
                                ckungs- ____   beschrän- ____   kg/l
                                gruppe   kungscode

Hinweise auf Sondervorschriften

30 Frankatur	31 Warenwert für Güterversicherung	32 Versender-Nachnahme

33

_____
Datum, Unterschrift

34 Wir arbeiten ausschließlich auf Grundlage der Allgemeinen Deutschen Spediteurbedingungen 2017 – ADSp 2017. **Hinweis:** Die ADSp 2017 weichen in Ziffer 23 hinsichtlich des Haftungshöchstbetrages für Güterschäden (§ 431 HGB) vom Gesetz ab, indem sie die Haftung bei multimodalen Transporten unter Einschluss einer Seebeförderung und bei unbekanntem Schadenort auf 2 SZR/kg und im Übrigen die Regelhaftung von 8,33 SZR/kg zusätzlich auf 1,25 Millionen Euro je Schadenfall sowie 2,5 Millionen Euro je Schadenereignis, mindestens aber 2 SZR/kg, beschränken.

Speditionsauftrag

Gerd Berger Spedition e. K.

Gerd Berger Spedition e. K., Merkurstraße 14, 40223 Düsseldorf

Inhaber: Gerd Berger
Merkurstraße 14
40223 Düsseldorf
Telefon: 0221 56742-0
E-Mail: info@berger.de
USt-IdNr.: DE458977344

Rechnung Nr.

Kundennummer	Ihr Auftrag Nr.	vom	Datum

Sendung

Zeichen und Nr.	Anzahl	Packstück	Inhalt	Bruttogewicht in kg

Pos.-Nr.	Text			Euro	Euro
	Nettobetrag				
	+ 19 % USt.				
	Bruttobetrag				

Bankverbindung: Commerzbank Düsseldorf, IBAN: DE02 3004 0000 4865 0510 00, BIC: COBADEDDXXX

Inhalt des Versandauftrages (nach Ziffer 3.1.1 ADSp)	Informationen der Wendering AG im Versandauftrag
1. Adressen	
2. Art und Beschaffenheit des Gutes	
3. Rohgewicht	
4. Kennzeichen und Nummern	
5. Anzahl und Art der Packstücke	
6. Besondere Eigenschaften	
7. Lieferfristen	

Lernsituation 2 zum Informationshandbuch Seite 13–51, 113–118

§ 453 HGB
Rechtsgrundlagen des Speditionsvertrages, siehe Informationshandbuch

ADSp-Text, siehe Anhang zum Informationshandbuch

Erläuterungen zu den ADSp im Informationshandbuch, Stichwort: „ADSp"

Aufgabe 1
Die GERD BERGER SPEDITION will ihre Geschäfte nach den Allgemeinen Deutschen Spediteurbedingungen (ADSp) abwickeln.

a Stellen Sie fest, wann der Verkehrsvertrag im Einstiegsfall zwischen BERGER und der WENDERING AG zustande gekommen ist.

b Prüfen Sie, ob die ADSp in der Vertragsbeziehung zwischen BERGER und der WENDERING AG (siehe oben) wirksam geworden sind.

c Beschreiben Sie das Zusammenwirken von HGB und ADSp in Bezug auf den Verkehrsvertrag zwischen BERGER und WENDERING.

d Prüfen Sie auch, ob die Anwendungsbedingungen der ADSp gegeben sind:
- Art des Verkehrsvertrags (Ziffer 2.1 ADSp)
- Personenkreis (Ziffer 2.4 ADSp)
- Ausschlüsse (Ziffer 2.3 ADSp)

Aufgabe 2
Die GERD BERGER SPEDITION hat mit der WENDERING AG und mit dem Frachtführer EUROTRANS unterschiedliche Verträge abgeschlossen.

a Stellen Sie die Vertragsbeziehungen zwischen den Beteiligten der Lernsituation in der unten stehenden Übersicht dar.

b Ergänzen Sie die Übersicht mit den Vertragsgrundlagen, die den Verkehrsverträgen zugrunde liegen.

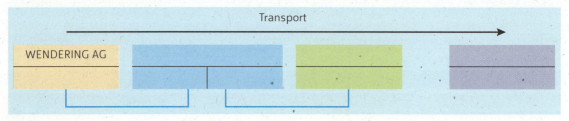

Vertragsbeteiligte am Speditionsvertrag, siehe Informationshandbuch, Stichwort: „Speditionsvertrag"

Aufgabe 3
Die Haushaltsgerätefabrik Friedrich REINDERS erwirbt von der Ernst KAULMANN KG 1 000 Kleinmotoren. Die Lieferbedingung lautet „ab Werk". Daher beauftragt die Firma REINDERS die GERD BERGER SPEDITION, die Motoren bei der Ernst KAULMANN KG abzuholen. BERGER erteilt der MÖLLER-TRANS GmbH den Auftrag, die Beförderung durchzuführen.

Stellen Sie die Vertragsbeziehungen (Kaufvertrag, Speditionsvertrag, Frachtvertrag) grafisch dar.

Verwenden Sie die Begriffe Spediteur, Frachtführer, Absender, Käufer, Versender, Verkäufer, Empfänger, Speditionsvertrag, Kaufvertrag, Frachtvertrag.

Aufgabe 4
Die Firma ANLAGENBAU GmbH, Düsseldorf, beauftragt die GERD BERGER SPEDITION, die Organisation einer Beförderung von Schwergut zur Bauunternehmung MÜLLER, Frankfurt, zu besorgen.

Die Abwicklung geschieht wie folgt:

a **ANLAGENBAU GmbH bis Hafen Düsseldorf:**
Lkw-Unternehmen EUROTRANS im Auftrag von BERGER

b **Umschlag in Düsseldorf und Frankfurt:**
Binnenschiffsspedition LOHBERG, Düsseldorf und Niederlassung Frankfurt/Main; die Aufträge erteilt BERGER.

c **Düsseldorf – Frankfurt:**
RHEINTRANS-Reederei, Duisburg, im Auftrag von BERGER

d **Frankfurt (Hafen) – Empfänger:**
Lkw-Unternehmer KRÜGER, Frankfurt, auf Veranlassung der Spedition LOHBERG in Frankfurt/Main

Stellen Sie die Beteiligten mit ihren Fachbezeichnungen und Vertragsbeziehungen in der nachfolgenden Übersicht dar:

Fachbezeichnungen: Frachtführer, Absender, Erstspediteur, Empfänger, Versender, Zwischenspediteur

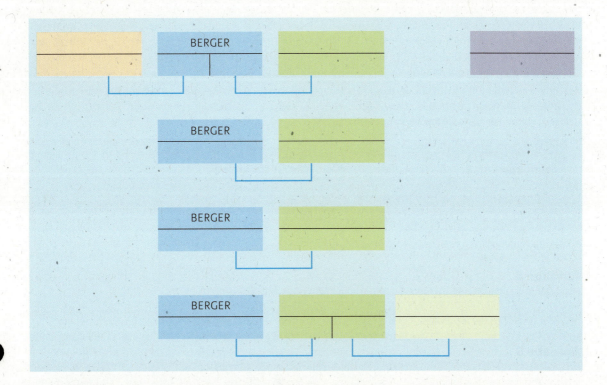

Aufgabe 5
Das Handelsgesetzbuch bestimmt zentrale Verpflichtungen des Frachtführers und des Spediteurs.

a Stellen Sie die Gemeinsamkeiten und die Unterschiede der beiden Vorschriften fest.

b Entwickeln Sie aus dem HGB-Text die Definitionen für den Frachtführer und den Spediteur.

---

§ 407 HGB Frachtvertrag

(1) Durch den Frachtvertrag wird der Frachtführer verpflichtet, das Gut zum Bestimmungsort zu befördern und dort an den Empfänger abzuliefern.
(2) Der Absender wird verpflichtet, die vereinbarte Fracht zu zahlen.
(3) [...]

§ 453 HGB Speditionsvertrag

(1) Durch den Speditionsvertrag wird der Spediteur verpflichtet, die Versendung des Gutes zu besorgen.
(2) Der Versender wird verpflichtet, die vereinbarte Vergütung zu zahlen.
(3) [...]

Aufgabe 6
Eine Sendung besteht aus 10 Paletten. Auf jeder Palette befinden sich 18 Kartons mit je 6 Flaschen. Auf einer Palette sind nebenstehende Kennzeichen zu erkennen:

a Ordnen Sie die Angaben den Kennzeichnungspflichten des Versenders nach Ziffer 6 ADSp zu.

b Nennen Sie weitere Verpackungs- und Kennzeichnungspflichten des Versenders bezogen auf diesen Fall nach Ziffer 6 ADSp.

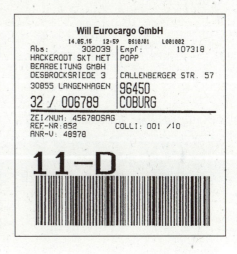

Aufgabe 7
Am 17.07.20(0) ruft der Disponent des Transportunternehmens FAHRLAND in der GERD BERGER SPEDITION an und teilt mit, dass der Auftrag vom 16.07.20(0) nicht ordnungsgemäß erledigt werden konnte.

Lernsituation 2 zum Informationshandbuch Seite 13–51, 113–118

Eine Palette musste leider beim Versender stehen bleiben. Das Fahrzeug sei schon auf dem Weg nach Berlin. Herr Baumeister überprüft sofort den Auftrag von DEGENER & LUTZ und stellt fest, dass in der Tat der Versandauftrag des Kunden lautete, 35 Paletten zur GARTEC AG nach Berlin zu transportieren. Herr Baumeister überlegt, wie er das Problem möglichst kundenfreundlich lösen könnte.

Speditions-
auftrag
– Transport-
(Beförderungs-)
auftrag

a Könnte man nach Ihrer Meinung den Frachtführer für das Problem verantwortlich machen oder fällt der Fehler in den Geltungsbereich der ADSp?
Auszug aus dem **Speditionsauftrag** an BERGER:

Ladung/Inhalt	22 t Motoren/Getriebe (35 Paletten)
Empfänger	GARTEC AG, Am Bärensprung 188, 13503 Berlin

Im **Transportauftrag** hat Herr Baumeister „einen Sattelzug für 22 t" bestellt.

b Entwerfen Sie einen Stichwortzettel für ein Telefonat an die/mit der Versandleiterin von DEGENER & LUTZ, Frau Becker. Bedenken Sie, dass es sich um einen wichtigen Kunden handelt. Entwickeln Sie Vorschläge, wie das Problem gelöst werden kann.

Aufgabe 8
Manche Versender geben in ihren Aufträgen die Frankatur „unfrei" an.
Stellen Sie anhand der Ziffer 10 ADSp fest, wer zur Zahlung des vereinbarten Entgelts an den Spediteur verpflichtet ist, wenn der Empfänger sich weigert, die auf der Sendung ruhenden Kosten zu bezahlen.

Aufgabe 9
Die WALDMÜHLE AG Ulm, die Spezialpapier herstellt, hat einen Auftrag von der BUNDESDRUCKEREI in Berlin erhalten. Frau Sommsen, die Leiterin des Versandes der WALDMÜHLE AG, telefoniert mit dem Disponenten der Spedition SÜDSPED, Ulm, Herrn Kerkfeld:

Frau Sommsen:	„Guten Tag, Herr Kerkfeld."
Herr Kerkfeld:	„Guten Tag, Frau Sommsen. Wie kann ich Ihnen helfen?"
Frau Sommsen:	„Ich habe 46 Europaletten Spezialpapier für die Bundesdruckerei in Berlin, 32,2 t. Die Sendung muss morgen in Berlin sein."
Herr Kerkfeld:	„Das ist kein Problem. Wir können die Sendung noch heute bei Ihnen abholen lassen. Dann ist sie gewöhnlich morgen in Berlin."
Frau Sommsen:	„Sehr schön. Ich denke, es bleibt bei unseren bisherigen Preisvereinbarungen."
Herr Kerkfeld:	„Genau, Ihre Konditionen haben sich nicht geändert."
Frau Sommsen:	„Die Sendung steht abholbereit in unserem Lager. Die genauen Daten faxe ich Ihnen sofort zu."

Herr Kerkfeld erfasst die übermittelten Daten in einem Speditionsauftrag und mailt sie dem Auftraggeber zurück. Außerdem erteilt er noch am selben Tag der ULMER TRANSPORTGESELLSCHAFT den Auftrag, die Sendung bei der WALDMÜHLE AG abzuholen und nach Berlin zu transportieren.

a Begründen Sie, welche Vertragsbeziehungen zwischen der WALDMÜHLE AG, der SPEDITION SÜDSPED und der ULMER TRANSPORTGESELLSCHAFT bestehen.
b Begründen Sie, wann diese Verträge zustande gekommen sind.
c Erläutern Sie, welche Rechtsgrundlagen den Verträgen zugrunde liegen.
d Unterscheiden Sie Speditions**auftrag** und Speditions**vertrag**.
e Stellen Sie fest, welche Terminverpflichtung die Spedition SÜDSPED eingegangen ist.
f Die ULMER TRANSPORT-GESELLSCHAFT will für den Transport ausschließlich Gliederzüge nach BDF-Norm einsetzen. Ermitteln Sie, wie viele Züge eingesetzt werden müssen und wie viele Palettenstellplätze für eine Beiladung noch zur Verfügung stehen.

Auszug aus dem Speditionsauftrag

18 Zeichen und Nr.	19 Anzahl	20 Packstück	21 SF	22 Inhalt	23 Lademittel-Gewicht in kg	24 Bruttogewicht in kg
WAMÜ 0497A 1-46	46	Europaletten	0	Spezialpapier		32 200

g Die Sendung wird nach Angaben der WALDMÜHLE AG unfrei versandt. Erläutern Sie den Begriff „Frankatur" und geben Sie an, was passiert, wenn die BUNDESDRUCKEREI sich weigern sollte, die Beförderungskosten zu bezahlen.
h Wandeln Sie die vorliegende Situation so ab, dass der Empfänger gleichzeitig der Versender wäre. Begründen Sie Ihre Lösung.

Aufgabe 10

In den nachfolgenden Situationen (Pkw-Käufe im selben Autohaus) werden drei unterschiedliche Rechtsebenen (Bürgerliches Gesetzbuch [BGB], Allgemeine Geschäftsbedingungen [AGB], individuelle Vereinbarungen) angesprochen.

a Machen Sie die drei Rechtsebenen deutlich.

> **Situation 1**
>
> Stefan Schuster konnte sich endlich von seiner (angesparten) Ausbildungsvergütung den ersehnten Gebrauchtwagen kaufen. 1 000,00 EUR war der Preis des Fahrzeugs. Der Vertrag mit dem Fahrzeughändler wurde schriftlich geschlossen. Allerdings hatte sich der Händler – weil er Stefan gut kennt und um das Fahrzeug endlich loszuwerden – ausnahmsweise zu einer kostenlosen Inspektion nach den ersten 1 000 km verpflichtet. Dieser Sachverhalt wurde in einem speziellen Feld auf dem vorgedruckten Vertragsformular festgehalten („besondere Vereinbarungen"). Das Formular enthält auf der Rückseite das „Kleingedruckte" des Autohauses.
>
> **Situation 2**
>
> Petra Steinig musste bei ihrem Pkw-Kauf auch diesen Vertrag unterschreiben (es war das gleiche Vertragsformular wie bei Stefan mit reichlich „Kleingedrucktem" auf der Rückseite). Spezielle Vergünstigungen gab es für sie aber nicht.
>
> **Situation 3**
>
> 200,00 EUR bar auf die Hand – und Klaus konnte mit dem Uraltwagen vom Platz fahren. Zulassungsbescheinigungen I und II hatte er natürlich in der Tasche, aber sonst gab's keinen Schriftkram.

b Übertragen Sie den Sachverhalt auf das Fracht- und Speditionsrecht. Erläutern Sie vor allem das Verhältnis vom HGB zu den ADSp.

Aufgabe 11

Ein Lkw der MÖLLER-TRANS GmbH wird mit folgenden Sendungen beladen:

Sdg.-Nr.	Versender	Empfänger	Lademeter
0071	SEIDLITZ GmbH, Krefeld	RAIFFEISENZENTRALE Hamburg, Am Kleinen Kanal 84, 21107 Hamburg	5
0072	SEIDLITZ GmbH, Krefeld	KARL HERMANN OHG, Fangdieckstraße 187, 22549 Hamburg	2
0073	DEGENER & LUTZ, Neuss	AUTO-EXPORT GmbH, Elstorfer Ring 72, 21147 Hamburg	2
0074	DEGENER & LUTZ, Neuss	A & B Handelsgesellschaft mbH, Dürerstraße 144, 22607 Hamburg	2
0075	DEGENER & LUTZ, Neuss	SCHORNSTEIN-SERVICE GmbH, Burgwedel 81, 22457 Hamburg	3

Erstellen Sie für den Transport der oben beschriebenen Sendungen einen Belade- und einen Tourenplan mit dem Ziel, die Abläufe beim Abholen und Zustellen der Sendungen sowie bei der Übernahme der Rückladung zu optimieren. Der Lkw wird von hinten be- und entladen. Es handelt sich um ein Fahrzeug nach BDF-Norm.

Bei der Planung ist zu beachten, dass bei der RAIFFEISENZENTRALE, Hamburg, Rückladung aufzunehmen ist (22 t verschiedene Futtermittel für den RAIFFEISENMARKT, Solingen).
Eine Karte der Postleitzahlgebiete in Hamburg befindet sich auf der nachfolgenden Seite.

Hamburg (Westteil) nach Postleitzahlgebieten

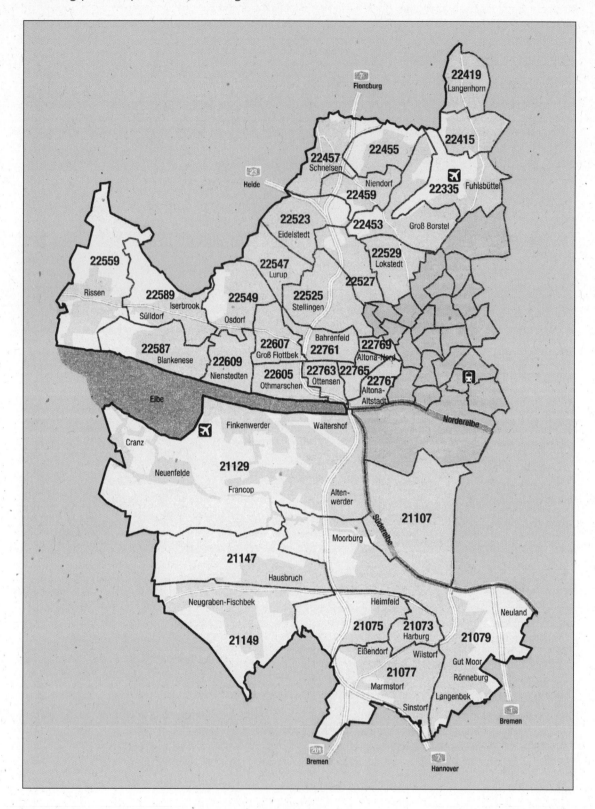

Lernsituation 2 zum Informationshandbuch Seite 13–51, 113–118

Beladeplan			Ladefolge	
Sdg.-Nr.	Versender	Empfänger	Lademeter	Motorwagen/Anhänger

Entladeplan		
PLZ	Ort	Empfänger

Aufgabe 12

Genormte Lademittel und Fahrzeuge rationalisieren die Güterbeförderung. Jeder Spediteur sollte daher die wichtigsten Normmaße kennen.

Fassen Sie mithilfe der Tabelle die Maße für Paletten sowie die wichtigsten Höchstmaße für Lkw zusammen.

Paletten:	Europalette	Gitterboxpalette innen	Gitterboxpalette außen
Lkw:	Gliederzug	Gliederzug BDF-Norm	Sattelzug
Maximale Lastzuglänge außen			
Zur Verfügung stehende Lademeter			
Lastzugbreite außen			
Lastzugbreite innen			
Lastzughöhe außen			
Lastzughöhe innen			
Zulässiges Gesamtgewicht (zGG)			
Maximale Nutzlast			
Maximale Europalettenzahl			

Aufgabe 13

Klaus Kämmerling, Disponent für Teil- und Komplettladungen bei der EUROTRANS GmbH, freut sich über den Auftrag der GERD BERGER SPEDITION über 22 t Papier für München – insbesondere, weil sein Dispositionsplan für mögliche Rückladungen aus dem süddeutschen Raum lukrative Aufträge aufweist. Karl-Heinz Harmsen wird die Tour mit einem MAN-Gliederzug (36 Palettenstellplätze) fahren.

Siehe Einstiegssituation, Seite 18

„Da werde ich eine schöne Tour für unseren Kalle zusammenstellen können", denkt er sich beim Blick auf seinen Plan. Karl-Heinz („Kalle") Harmsen ist mit 56 Jahren dienstältester Fahrer bei EUROTRANS. Nach 30 Jahren „auf dem Bock" in ganz Europa fährt er seit zwei Jahren nur noch innerhalb Deutschlands, um endlich regelmäßig zu Hause sein zu können.

Herr Kämmerling macht sich an die Arbeit, um alle Unterlagen für den Fahrer bereitzuhaben, wenn dieser heute Mittag seinen Dienst antritt. Zunächst druckt er die aktuelle Rückladungsliste aus und erstellt – nach genauer Sichtung des Plans – den Tourenplan mit sämtlichen Be- und Entladestellen. Zur optimalen Planung nimmt er den Stauplan (auf Stellplatzbasis) für den MAN zur Hand und überprüft die Dispositionsmöglichkeiten.

Erstellen Sie den Touren- und Stauplan. Verwenden Sie geeignetes Kartenmaterial.

E U R O T R A N S – Frachtgut in guten Händen

Übersicht Rückladungen
Relation: Süddeutschland

Abteilung Disposition
Aktueller Stand: 02.07.20(0)

Lade-datum	Beladestelle			Entladestelle			Sendung		
	Versender	PLZ	Ort	Empfänger	PLZ	Ort	Anzahl	Packmittel	Gewicht
03./04.07.	GERLING DRUCKMASCHINEN	64295	Darmstadt	LEVERKUSENER DRUCK	51373	Leverkusen	2	Einwegpaletten, 1,50 m · 1,10 m	900 kg
bis 05.07.	PERLMEIER & SOHN	68309	Mannheim	AUTO-EXPORT GmbH	44309	Dortmund	8	Europaletten	3,6 t
bis 04.07.	DASSLER ENTSORGUNGS GmbH	74078	Heilbronn	KAULMANN KG	42659	Solingen	16	Europaletten, stapelbar	1 640 kg
ab 05.07.	KAMINBAU HARK KG	76187	Karlsruhe	PETERSEN & SCHMIDT	42369	Wuppertal	17	Europaletten	6 t
ab 03.07.	GÖTTE PC VERTRIEB	80995	München	FAUST BÜROTECHNIK	47198	Duisburg	10	Europaletten	6 800 kg
03.07. fix	SCHRAUBENFABRIK WASTLER	86899	Landsberg/L.	BÖNTE GROSSHANDEL	67059	Ludwigshafen	7	Europaletten	4,2 t
ab 02.07.	HELBIG & LANG OHG	89081	Ulm	DEGENER & LUTZ	41464	Neuss	6	Europaletten	5 t
04.07. fix	RAIFFEISENZENTRALE	93055	Regensburg	SEIDLITZ GmbH	47800	Krefeld	20	Einwegpaletten	10 t
ab 03.07.	GUMMIWERKE BAMBERG	96052	Bamberg	BÄUMER REIFENSERVICE	33647	Bielefeld	9	Europaletten	3 600 kg

Anlage zur Fahreranweisung: Stauplan

Lkw-Nr. 16/MAN
Datum: 02.07.–05.07.20(0)

Motorwagen

Fahrerhaus

hinten

Anhänger

hinten

Lernsituation 2 zum Informationshandbuch Seite 13–51, 113–118   **29**

EUROTRANS – Frachtgut in guten Händen

Fahreranweisung: Belade- und Tourenplan

Lkw-Nr.:	16/MAN	Kennz. Motorwagen:	D – ET 382	Fahrer:	Harmsen
Palettenplätze:	36	Kennz. Anhänger:	D – ET 114	Datum:	02.07.–05.07.20(0)

Pos.	Beladung Versender	PLZ	Ort	Stell- plätze	Motorwagen/ Anhänger	Entladung Empfänger	PLZ	Ort	Stell- plätze	Motorwagen/ Anhänger
1	WENDERING AG	40223	Düsseldorf	35	Mot./Anh.					
2						Druckerei ENDERS	81249	München	35	Mot./Anh.
3										
4										
5										
6										
7										
8										
9										
10										
11										
12										
13										
14										
15										

Die genauen Adressen der Be- und Entladestellen sind den Frachtbriefen/Speditionsaufträgen zu entnehmen.
Bei Problemen ist unverzüglich die Disposition EUROTRANS zu verständigen, Tel. 0211 533876, Sa./So. und nach 19:00 Uhr: 0170 4422553.

Lernsituation 2 zum Informationshandbuch Seite 13–51, 113–118

Aufgabe 14
Die Berechnung von Lademetern bei der Verwendung von Euroflachpaletten sowie Industrie- und Einwegpaletten gehört zum Tagesgeschäft eines Spediteurs.

Prüfen Sie, ob eine rechnerische Lösung auch ladetechnisch umsetzbar ist.

a Ermitteln Sie die erforderlichen Lademeter für folgende Sendungen (die Paletten sind nicht stapelbar):
   aa 5 Euroflachpaletten,
   ab 18 Industriepaletten,
   ac 8 Euroflachpaletten + 6 Industriepaletten.

b Stellen Sie fest, ob für folgende Sendung eine Wechselbrücke nach BDF-Norm ausreicht (Paletten nicht stapelbar): 12 Euroflachpaletten + 5 Industriepaletten.

c Berechnen Sie die Anzahl der Lademeter (Wechselbrücke, 7,30 m Innenmaß) für folgende, nicht genormte Paletten:
   ca 1 Einwegpalette 1,20 m × 1,40 m (Stapelfaktor „0"),
   cb 1 Einwegpalette 1,10 m × 1,35 m (Stapelfaktor „0"),
   cc 2 Einwegpaletten 1,00 m × 1,60 m (Stapelfaktor „1").

d Ermitteln Sie die Lademeter-Anzahl in einer Wechselbrücke, 7,30 m Innenmaß, für folgende Sendung:
   6 Einwegpaletten, Stapelfaktor 1, mit folgenden Maßen:
   120 cm × 80 cm × 169 cm,
   120 cm × 80 cm × 153 cm,
   110 cm × 110 cm × 132 cm,
   110 cm × 110 cm × 175 cm,
   120 cm × 80 cm × 157 cm,
   120 cm × 80 cm × 70 cm.

Beachten Sie:
- Die Ladehöhe der Wechselbrücke beträgt 2,40 m.
- Es dürfen nur gleich große Paletten übereinander gestapelt werden.

Aufgabe 15
Im Lager einer Spedition wird eine Wechselbrücke nach BDF-Norm (Innenlänge 7,30 m) mit folgenden Sendungen beladen:

Sendung	Anzahl	Packstück	Stapelfaktor	Bruttogewicht/kg
1	4	Industriepaletten	0	4 600
2	7	Euroflachpaletten	0	2 750
3	4	Einwegpaletten 110 × 130 cm	0	3 220

a Ermitteln Sie die Lademeter für die ersten beiden Sendungen.

b Begründen Sie, warum bei Euroflachpaletten – im Gegensatz zu Industriepaletten – unabhängig von ihrer Anzahl grundsätzlich ein gerader Ladungsabschluss erzielt werden kann.

c Stellen Sie fest, ob für die Sendung Nr. 3 noch genügend Platz auf der Wechselbrücke ist.

Aufgabe 16
Ein Wechselbehälter von 7,30 m Länge (Innenmaß) wird im Umschlaglager in Düsseldorf mit neun Euroflachpaletten, nicht stapelbar, für einen Empfänger in Mannheim beladen.

a Berechnen Sie, wie viel Lademeter für die Paletten benötigt werden und wie viel Lademeter bei optimaler Beladung noch für andere Sendungen frei sind.

b Zusätzlich zu den neun Euroflachpaletten sollen auf dem weiteren Weg des Lkw in Köln noch sieben nicht stapelbare Industriepaletten geladen werden. Entscheiden Sie, ob diese Paletten noch – auf den von Ihnen unter Teilaufgabe a ermittelten freien Lademetern – Platz hätten.

c Skizzieren Sie, wie Sie die neun Euro- und die sieben Industriepaletten auf die Wechselbrücke laden würden, wenn alle Paletten bereits in Düsseldorf zur Verfügung stünden.

LM:	1	2	3	4	5	6	7

Aufgabe 17

Die GERD BERGER SPEDITION erhält von der SEIDLITZ GmbH, Engerstr. 45, 47800 Krefeld folgenden Auftrag (siehe nachstehenden Auszug aus dem Speditionsauftrag):

18 Zeichen und Nr.	19 Anzahl	20 Packstücke	21 SF	22 Inhalt	23 Lademittelgewicht in kg	24 Bruttogewicht in kg
SEI 1-14	14	Industriepaletten	0	Rindermastfutter in Säcken		9 600

Empfänger der Sendung ist die RAIFFEISENZENTRALE, Am kleinen Kanal 84, 21107 Hamburg.

Für den Transport plant Frau Theben als Disponentin für die Relation „Nord" den Frachtführer WERNER FAHRLAND ein. Dieser verfügt über sechs Sattelzüge mit der Standard-Ladelänge von jeweils 13,60 m.

Gerade als Frau Theben bei FAHRLAND einen halben Lkw bestellen will, kommt ein Auftrag von der RHEINLAND HAUSGERÄTE AG herein. Die Sendungsdaten lauten:

18 Zeichen und Nr.	19 Anzahl	20 Packstücke	21 SF	22 Inhalt	23 Lademittelgewicht in kg	24 Bruttogewicht in kg
RH 01-40	40	Einwegpaletten	1	Waschmaschinen		4 400
RH 41-72	32	Einwegpaletten LBH je 70×60× 90 cm	1	Wäschetrockner		1 920
Summe:	25 72	26 Rauminhalt cdm/Lademeter		Summen:	27	28 6 320

Die Haushaltsgeräte sind im Auslieferungslager der RHEINLAND HAUSGERÄTE AG in Ratingen zu laden und jeweils zur Hälfte bei zwei Filialen der JUPITER-Elektrohandelskette in Hamburg-Harburg (Entfernung ab Ratingen 385 km) sowie Hamburg-St. Pauli (405 km) anzuliefern.

„Prima" denkt sich Frau Theben, „da kann ich bei FAHRLAND ja doch einen ganzen Sattelzug bestellen."

a Überprüfen Sie Frau Thebens Annahme, dass ein Sattelzug für beide Aufträge ausreicht.

b Ermitteln Sie das Rohergebnis, welches die GERD BERGER SPEDITION mit dieser Tour erzielt. Es gelten folgende Bedingungen:

- Für den Frachtführer FAHRLAND gelten die Preisvereinbarungen gemäß Firmenhandbuch auf Seite 7.
- Für den Kunden SEIDLITZ gelten analog die im Firmenhandbuch auf Seite 6 angegeben Preise.
- Mit der der RHEINLAND HAUSGERÄTE AG gilt nachstehende Preisvereinbarung.

Preise (inkl. Maut) in Euro für den Transport von Haushaltsgroßgeräten innerhalb Deutschlands				
Bruttogewicht je stapelbarer Einwegpalette	Entfernungen			
	bis 200 km	bis 400 km	bis 600 km	über 600 km
bis 100 kg	7,50	10,00	13,00	17,00
ab 101 kg	9,50	12,50	16,00	21,00

c Nehmen Sie an, die Haushaltsgeräte wären nicht nur an zwei, sondern an drei Hamburger Filialen der JUPITER-Elektromärkte auszuliefern. Stellen Sie anhand der Preisvereinbarungen mit FAHRLAND fest, wie sich das Rohergebnis dadurch verändern würde.

Aufgabe 18

Die Beherrschung von Fachbegriffen ist ein wichtiger Teil der beruflichen Erstausbildung. Unterscheiden Sie:

a Verkehrsträger,
b Verkehrsmittel,
c Verkehrswege,
d wirtschaftliche Transportfähigkeit,
e natürliche Transportfähigkeit.

Lernsituation 2 zum Informationshandbuch Seite 13–51, 113–118

Aufgabe 19
Die unten genannten fünf Verkehrsmittel haben unterschiedliche Stärken und Schwächen, wenn sie für Gütertransporte eingesetzt werden.

Ordnen Sie den Verkehrsmitteln nach Ihrer Einschätzung Rangplätze zu. Ergänzen Sie dazu die nachfolgende Übersicht.

	Kapazität	Kosten	Schnelligkeit	Sicherheit	Umweltverträglichkeit	Flexibilität
Eisenbahn						
Lkw						
Binnenschiff	2.					
Flugzeug		1.				
Seeschiff	1.					

Aufgabe 20
Es gehört zu den wichtigen Aufgaben eines Spediteurs, bei der Besorgung von Beförderungen das richtige (beste) Verkehrsmittel auszuwählen. Entscheiden Sie, welche der unten stehenden Verkehrsmittel Sie als Spediteur für die nachfolgend genannten Transporte auswählen würden.

Ergänzen Sie dazu die Tabelle mit den geeigneten Zahlen ① bis ⑥.

Transporte
1. Zuchtrinder von Hamburg nach Teheran ○
2. lebende Affen von Kenia nach Frankfurt ○
3. Rohöl
   a) von Kuwait nach Rotterdam ○
   b) von Rotterdam nach Köln ○
4. Kies von Ludwigshafen nach Düsseldorf ○
5. Eisenerz von Hamburg nach Duisburg ○
6. Bücher von Bielefeld nach Köln ○
7. antike Möbel von London nach Düsseldorf ○

Verkehrsmittel
① Lastkraftwagen (Lkw)   ③ Binnenschiff   ⑤ Flugzeug
② Eisenbahn   ④ Seeschiff   ⑥ Rohrleitungen (Pipeline)

Aufgabe 21
Der Anteil der Verkehrsmittel am gesamten Verkehrsaufkommen verändert sich im Zeitablauf.

Ermitteln Sie die Prozentanteile der einzelnen Verkehrsmittel am gesamten Verkehrsaufkommen und beurteilen Sie die Entwicklung der verschiedenen Verkehrsmittel.

Güterkaufkommen der Verkehrsmittel im Bundesgebiet 1950 bis 2018 in Millionen Tonnen

Quelle: BMVI, abgerufen am 15.10.21 unter https://www.bmvi.de/SharedDocs/DE/Artikel/G/verkehr-in-zahlen.html, Seite 241

Jahr \ Verkehrsmittel	Gesamt	Lkw	Eisenbahn	Binnenschiff	Pipeline	Flugzeug
1950	688,6	407,9	208,8	71,9	0,0	0,0
1960	1691,7	1189,2	317,1	172,0	13,3	0,1
1970	2844,5	2136,9	378,0	240,0	89,2	0,4
1980	3247,1	2571,1	350,1	241,0	84,0	0,9
1990	3487,6	2876,7	303,6	231,6	74,1	1,6
2000	3887,6	3244,2	309,4	242,2	89,4	2,4
2010	3803,5	3125,2	355,7	229,6	88,8	4,2
2019	4.465,7	3.769,7	401,0	205,1	85,1	4,8

Aufgabe 22
Im Zuge einer weiteren Tour nach München disponiert Herr Klaßen den Lkw von dort mit einer weiteren Komplettladung nach Hamburg (Ausfahrt Hamburg-Bahrenfeld), um von dort aus mit leeren Gitterboxpaletten zur GERD BERGER SPEDITION zurückzukehren.

a Listen Sie auch in diesem Fall die Autobahn-Nummern und Autobahnkreuze auf, die der Lkw befahren wird.

b Nennen Sie zehn bedeutende Großstädte, die der Lkw während der Tour von München über Hamburg nach Düsseldorf passiert.

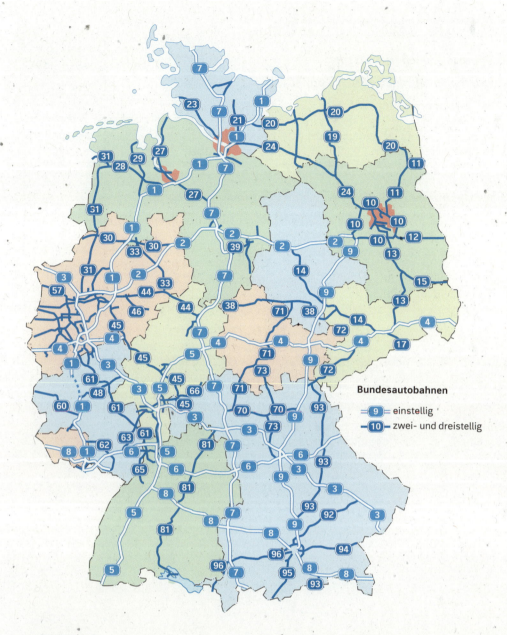

Aufgabe 23
Gemäß der vorherigen Aufgabe hat der Lkw Bundesautobahnen mit ein-, zwei- und dreistelligen Nummern benutzt. Erläutern Sie die Systematik der Autobahn-Nummerierung und gehen Sie dabei auf die Unterscheidung zwischen geraden und ungeraden Nummern ein.

Aufgabe 24
Der Disponent Herr Baumeister erhält von der Papierfabrik WENDERING die Anweisung, nicht wie geplant die Hoflacher Straße 16 in München anzufahren, sondern die 22 t Papierrollen in der Mühlhauser Straße 70 in Augsburg anzuliefern. Herr Baumeister informiert den Fahrer Harmsen telefonisch über diese Änderung. Der Lkw befindet sich zurzeit auf dem Rasthof Spessart/Rohrbrunn an der A 3.

Entwickeln Sie mithilfe eines Routenplanungsprogramms eine neue Fahranweisung für die geänderte Tour.

Lernsituation 2 zum Informationshandbuch Seite 13–51, 113–118

SELBSTTEST LERNSITUATION 2

→ Diese **Prozesse** beherrsche ich (X):

	voll	weit-gehend	eher nicht	gar nicht
einen Versandauftrag nach ADSp prüfen				
einen Speditionsauftrag erstellen				
einen Beladeplan entwerfen				
Lademeter berechnen				
die Fahrtroute Düsseldorf – München ermitteln				
einen Frachtführer mit dem Transport der Sendung beauftragen				
die Rechnung für einen Versender erstellen				
die Differenz zwischen Erlös und Aufwand ermitteln				
speditions- und frachtrechtliche Grundlagen des HGB und der ADSp anwenden				

→ Diese **Begriffe** kenne ich (✓):

Absender	☐	Euroflachpalette	☐	Stapelfaktor	☐
ADSp	☐	Frachtvertrag	☐	Verkehrsmittel	☐
befördern	☐	Frankatur	☐	Verkehrsverträge	☐
besorgen	☐	Lademeter	☐	Verkehrswege	☐
Erstspediteur	☐	Speditionsvertrag	☐	Versender	☐

Lernsituation 2 zum Informationshandbuch Seite 13–51, 113–118

Abschlussaufgabe Lernsituation 2

Situation
Sie sind in der Spedition Becher-Logistik GmbH, Seekoppelweg 35, 24113 Kiel, tätig und erhalten heute den Auftrag, den Transport von Tierfutter von Kiel nach Dresden zu besorgen.
Mit dem Versender wird ein Preis von 62,00 EUR pro **angefangenem** Lademeter vereinbart.
Für den Transport setzen Sie einen Frachtführer ein. Um die Rückladung brauchen Sie sich nicht zu kümmern.

Beteiligte
Versender: Nordfisch KG, Rendsburger Landstraße 407, 24111 Kiel
Empfänger: Scheller GmbH, Tierzucht, Leipziger Straße 89, 01127 Dresden
Frachtführer: Kieler Transportgesellschaft mbH, Skandinaviendamm 310, 24109 Kiel
Von Ihrem Auftraggeber erhalten Sie am 12.09.20(0) folgenden Speditionsauftrag, den Sie noch am selben Tag bestätigen.

Speditionsauftrag (Auszug)

14 Anliefer-/Abladestelle					15 Versendervermerke für den Versandspediteur **Abholung am 14.09.20(0) ab 09:00 Uhr**	
					16 Eintreff-Datum 17 Eintreff-Zeit **Zustellung am 16.09.20(0), bis 16:00 Uhr**	
18 Zeichen und Nr.	19 Anzahl	20 Packstück	21 SF	22 Inhalt	23 Lademittel-Gewicht in kg	24 Brutto-gewicht in kg
NF-Kiel 1–22 **NR-Kiel 23–32**	**22** **10**	**Europal.** **Einwegpal.**	**0** **0**	**Tierfutter** **Tierfutter Maße 110 cm × 90 cm**		**je 460 kg** **Je 420 kg**
Summe:	25 **32**	26 Rauminhalt cdm/Lademeter		Summen:	27	28
30 Frankatur **frei Haus**		31 Warenwert für Güterversicherung			32 Versender-Nachnahme	
33 **12.09.20(0)** *i. A. Thomas* Datum, Unterschrift						

1

a Begründen Sie, wie der Vertrag zwischen der Becher-Logistik GmbH und der Nordfisch KG zustandegekommen ist.
b Stellen Sie fest, welche Vertragsbeziehungen (Vertragsarten) zwischen den Beteiligten Becher-Logistik GmbH, Kieler Transportgesellschaft mbH und Nordfisch KG bestehen.
c Nennen Sie die Rechtsgrundlagen, die den Vertragsarten aus b zugrunde liegen.
d Betrachten Sie die Ziffern 3.1 und 3.1.1 ADSp und erläutern Sie, welche Pflichtangaben des Versenders dem Ausschnitt aus dem Speditionsvertrag zu entnehmen sind.

Lernsituation 2 zum Informationshandbuch Seite 13–51, 113–118

2

Prüfen Sie, ob ein Fahrzeug mit zwei Wechselbrücken ausreicht, um die Sendung nach Dresden aufzunehmen.
Fahrzeugdaten: zwei Wechselbrücken, jeweils 7,45 m Außenlänge, 7,30 m Innenlänge, je 11,8 t Nutzlast

3

a Berechnen Sie den Betrag, den Sie für Ihre Dienstleistung in Rechnung stellen (ohne Umsatzsteuer).
b Begründen Sie, wem Sie die Rechnung übersenden.

4

Bei der Tourenplanung stellen Sie fest, dass noch eine Sendung von Berlin nach Dresden (zwei Industriepaletten, je 600 kg) befördert werden muss.
a Prüfen Sie, ob der Frachtführer die beiden Industriepaletten noch auf seinem Fahrzeug unterbringen kann.
b Listen Sie die Autobahnen auf, die der Fahrer auf dem Weg von Kiel nach Dresden befährt, wenn die Sendung aus Berlin noch mitgenommen werden kann. Nennen Sie auch vier größere Städte, die er auf seinem Weg passiert.

5

Mit dem Frachtführer haben Sie einen Beförderungspreis von 730,00 EUR vereinbart. Berechnen Sie die Differenz zwischen den Erlösen, die Sie von den Versendern erhalten, und dem Frachtentgelt, das vom Frachtführer berechnet wird. Nehmen Sie an, dass die beiden Industriepaletten vom Frachtführer mitgenommen werden und er für die zweite Beladestelle 50,00 EUR zusätzlich zum vereinbarten Beförderungspreis erhält. Für die Berliner Sendung gelten die gleichen Preisvereinbarungen wie für die Sendung aus Kiel (62,00 EUR pro angefangenem Lademeter).

Lernsituation 3
Eine Lkw-Sammelgutrelation einrichten

Nachdem sich die Organisation der Stammkundenaufträge eingespielt hat, bemüht man sich in der GERD BERGER SPEDITION verstärkt um die Gewinnung (Akquirierung) neuer Kunden. Es zeigt sich allerdings, dass es kaum möglich ist, Kunden zu gewinnen, die komplette Ladungen zu versenden haben. Viele Versender zeigen aber Interesse, den Transport kleinerer Sendungen mit Gewichten von unter 1 Tonne durch die GERD BERGER SPEDITION besorgen zu lassen. Insbesondere für den Raum Berlin scheint es sich zu lohnen, kleinere Sendungen zu einer Sammelladung zusammenzustellen, nach Berlin zu befördern und dort von einem Empfangsspediteur verteilen zu lassen.

Siehe Lkw-Sammelgutverkehr im Informationshandbuch

Dem Fernverkehrsunternehmer ist es nicht zuzumuten, im Stadtgebiet oder in den Nachbargemeinden von Berlin zahlreiche kleinere Sendungen mit einem Fernverkehr-Lkw zuzustellen.

Die Voraussetzungen für die Einrichtung einer Sammelgutrelation sind nach Meinung von Herrn Berger gegeben:

- Der Frachtführer MÖLLER-TRANS GMBH könnte mit dem Abholen der Sendungen in Düsseldorf und Umgebung beauftragt werden, weil er über entsprechende Nahverkehrsfahrzeuge verfügt. Für die Fernverkehrsstrecke kommen alle drei Partner-Frachtführer infrage, die zu den bisherigen Konditionen auch Sammelgut nach Berlin fahren würden.
- Eine Umschlaghalle steht in einem Nebengebäude zur Verfügung und könnte angemietet werden.
- Umschlagpersonal ist – zunächst stundenweise – verfügbar.
- Es dürfte keine Schwierigkeiten bereiten, in Berlin einen Empfangsspediteur zu finden. Über die DVZ („Deutsche Verkehrs-Zeitung") z.B. könnte man einen Kontakt anbahnen. Der Empfangsspediteur müsste in der Lage sein, täglich ausreichend Sammelgut für den Raum Düsseldorf zusammenzubekommen, damit die Rückladung für den Lkw gesichert ist.
- Die von allen Versendern gewünschte und im Sammelgutverkehr übliche Transportzeit von 24 Stunden müsste erreichbar sein. 24 Stunden Transportzeit bedeutet, dass eine Sendung, die tagsüber bei einem Versender abgeholt wird, am Folgetag – im Laufe des Tages – beim Empfänger zugestellt wird. Der Hauptlauf vom Versand- zum Empfangsspediteur findet in der Nacht statt.
- Das Sendungsaufkommen, das die Versender angegeben haben, reicht für fünf Sammelladungen pro Woche (pro Tag eine Ladung).

Insgesamt müsste nach Meinung von Herrn Berger ein Sammelgutkonzept entwickelt werden können, das die Versender überzeugt.

Für die weitere Planung geht er von folgenden Annahmen aus:

- Eine Standard-Sammelladung besteht aus ca. 18 Einzelsendungen. Vereinfachend geht Herr Berger von je sechs Sendungen mit einem Gewicht von 200, 500 und 800 kg aus. Die Durchschnittsentfernung zwischen Versender und Empfänger beträgt 530 km. Der Empfangsspediteur hat seinen Sitz in Berlin. Es wird davon ausgegangen, dass je zwei Sendungen aus jeder Gewichtsstufe im Umkreis von bis zu 30 km um den Sitz des Empfangsspediteurs zuzustellen sind, je zwei weitere im Umkreis von bis zu 60 km sowie je zwei im Umkreis bis 90 km.

Der Haustarif der GERD BERGER SPEDITION befindet sich vorn auf den Seiten 8–10.

V1 = Versender 1

- Für die Abrechnung mit den Versendern ist ein Sammelgut-Haustarif entwickelt worden, der sich an den Haustarif einer befreundeten Spedition anlehnt. Erfahrungssätze für die Abrechnung mit einem **Empfangsspediteur** und für das Abholen der Sendungen liegen vor, sodass überschlägig ermittelt werden kann, ob sich die Einrichtung des Sammelgutverkehrs lohnt.

Lernsituation 3 zum Informationshandbuch Seite 205–219

- Den Kunden wird ein Haus-Haus-Entgelt berechnet, und zwar vom Haus des Versenders bis zum Haus des Empfängers.

Die GERD BERGER SPEDITION rechnet mit folgenden Aufwendungen:

- Für das **Abholen** der Sendungen in Düsseldorf (Vorlauf) verlangt der Frachtführer MÖLLER-TRANS 5,00 EUR je **angefangene** 100 kg.
- Die Aufwendungen für den **Hauptlauf** richten sich nach den Preisvereinbarungen mit den Frachtführern (siehe Firmenhandbuch).
- Der Empfangsspediteur berechnet für das **Entladen und Verteilen** (Umschlag) der Sendungen auf seinem Lager in Berlin 1,50 EUR je **angefangene** 100 kg.
- Für den **Nachlauf** von seinem Umschlaglager bis zum Haus des Empfängers berechnet der Empfangsspediteur ein Entgelt nach folgender Vereinbarung.

Firmenhandbuch vorne ab Seite 5

	Verteilungskosten (Nachlauf)		
	Bis 30 km	Bis 60 km	Bis 90 km
Mindestpreis	8,00 EUR	10,00 EUR	12,00 EUR
Bis 300 kg	0,08 EUR/kg	0,09 EUR/kg	0,10 EUR/kg
Bis 600 kg	0,07 EUR/kg	0,08 EUR/kg	0,09 EUR/kg
Bis 900 kg	0,06 EUR/kg	0,07 EUR/kg	0,08 EUR/kg
Bis 1 200 kg	0,05 EUR/kg	0,06 EUR/kg	0,07 EUR/kg
Bis 2 000 kg	0,04 EUR/kg	0,05 EUR/kg	0,06 EUR/kg
Bis 3 000 kg	0,03 EUR/kg	0,04 EUR/kg	0,05 EUR/kg

Ertrags- und Aufwandsrechnung Sammelladung				
Rechnungsposition	Sendungen	Berechnung	Einzelpreis in Euro	Gesamtpreis in Euro
Erträge				
Haus-Haus-Entgelte Ø Entfernung 530 km				
Aufwendungen				
Vorlauf				
Hauptlauf				
EuV				
Nachlauf				
Berechnung Rohergebnis				
Summe Erträge				
– Summe Aufwendungen				
= **Rohergebnis**				

Für die weitere Planung benötigt BERGER vor allem einen Vergleich von erwarteten Aufwendungen und Erträgen für den geplanten Sammelgutverkehr. Falls die Entscheidung zugunsten der Sammelgutrelation ausfällt, wären die Kunden über den Sachverhalt (werbewirksam) zu informieren.

> **Arbeitsauftrag** (Vorschlag)
> Erledigen Sie die Arbeiten, die mit der Einrichtung einer Sammelgutrelation Düsseldorf – Berlin verbunden sind:
> 1. mithilfe eines Vergleichs der zu erwartenden Erträge und Aufwendungen prüfen, ob sich die Einrichtung einer Sammelgutrelation Düsseldorf – Berlin finanziell lohnen wird,
> 2. falls die Entscheidung positiv ausfällt: Anzeige entwerfen (z. B. für die DVZ), in der Sie einen Empfangsspediteur für Berlin suchen oder auf eine entsprechende Anzeige antworten,
> 3. die zeitlichen Abläufe der Lkw-Sammelladung darstellen, um den Kunden Produktvorteile sichtbar zu machen,
> 4. die Transportroute (kürzester Weg) von Düsseldorf nach Berlin planen und dabei Autobahnen, Autobahnkreuze und Großstädte in geografisch sinnvoller Reihenfolge angeben,
> 5. Kunden informieren und auf die Einrichtung der Sammelgutrelation aufmerksam machen.

SAMMELGUTVERKEHR Zeitabläufe für den 24-Stunden-Service		
Tätigkeiten	**Zeit (von – bis)**	**Dauer**
Abholen in Düsseldorf		
Umschlag Düsseldorf		
Hauptlauf		
Umschlag Berlin		
Zustellung Berlin und Umgebung		

	Transportroute Düsseldorf – Berlin				
1	Stadt	*Düsseldorf*	11	Stadt	
2	Autobahn	**A 46**	12	Stadt	
3	Stadt		13	Stadt	
4	Autobahnkreuz		14	Stadt	
5	Autobahn		15	Autobahndreieck	
6	Stadt		16	Autobahn	
7	Stadt		17	Autobahndreieck	
8	Autobahnkreuz		18	Autobahn	
9	Autobahn		19	Stadt	
10	Stadt		20	Stadt	*Berlin*

Aufgabe 1
Nachfolgend ist die Sammelgutrelation Düsseldorf – Berlin der GERD BERGER SPEDITION in allgemeiner Form abgebildet.

a Kennzeichnen Sie in der Übersicht die Tätigkeiten Umschlag bzw. Beförderung.

b Stellen Sie fest, wem die Entgelte bei nachstehenden Frankaturen in Rechnung gestellt werden und tragen Sie diese jeweils bei „Versender" bzw. bei „Empfänger" ein.

b1 frei Haus　　　　b2 unfrei　　　　b3 ab Werk　　　　b4 frei Bestimmungsort

V1 = Versender 1
E1 = Empfänger 1

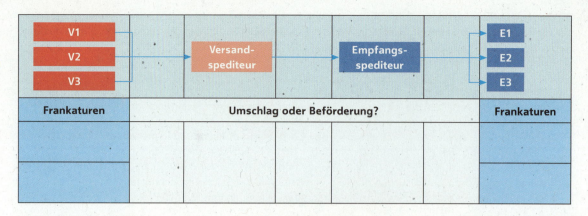

Aufgabe 2

Gelegentlich ist in der GERD BERGER SPEDITION festzustellen, dass das Sendungsaufkommen im Sammelgutverkehr für einen kompletten Lkw nicht ausreicht. In solchen Fällen hat der Betriebsinhaber mit einem befreundeten Spediteur vereinbart, seine Sendungen für Berlin bei der Partnerspedition „beizuladen".

Stellen Sie in der unten stehenden Grafik die Beteiligten, die Vertragsbeziehungen sowie die Vertragsgrundlagen im Sammelgutverkehr dar, wenn folgende Bedingungen gelten:

Die GERD BERGER SPEDITION übergibt ihre Sammelgutsendungen der Spedition RUHR-SPED GmbH in Essen. RUHR-SPED arbeitet mit der BERLINER SPEDITIONSGESELLSCHAFT mbH zusammen, die die Verteilung ihrer Sammelgutsendungen übernimmt. Den Transport nach Berlin führt die LOGTRA GmbH, Essen, aus. Der Vertragspartner der GERD BERGER SPEDITION in Berlin ist die Spedition HOMBERG, die die Verteilung der Sendungen in Berlin durchführt.

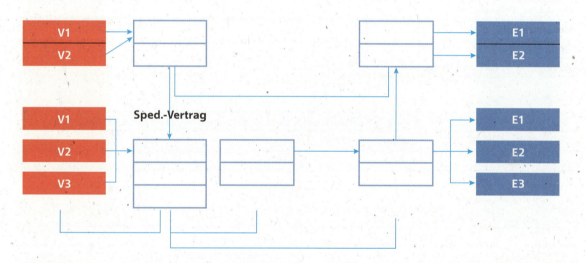

Aufgabe 3

Die Unternehmen REINDERS und KAULMANN hatten einen Kaufvertrag mit der Frankatur „Ab Werk" vereinbart, siehe Aufgabe 3 in Lernsituation 2 auf Seite 22.

Beantworten Sie zu dieser Aufgabe folgende Fragen:

a Wer ist im beschriebenen Fall der „Versender" nach HGB?
b Wer ist „Auftraggeber" im Sinne des Haustarifs der GERD BERGER SPEDITION?
c Wer hat das Entgelt zu bezahlen, wenn Sie annehmen, dass die Beteiligten sich auf den Haustarif der GERD BERGER SPEDITION geeinigt haben?

Aufgabe 4

Haustarif, siehe Seite 8
Leistungsbereich: Ziffer 1.3 der Bedingungen
Leistungsumfang: Ziffer 1.4 der Bedingungen

Bearbeiten Sie anhand des Haustarifs der GERD BERGER SPEDITION folgende Teilaufgaben:

a Nennen Sie die beiden Teile, aus denen der Tarif besteht.
b Definieren Sie die Begriffe
  ba „Sammelgutverkehr" und
  bb „Sendung".
c Beschreiben Sie den Leistungsbereich und den Leistungsumfang, den das Haus-Haus-Entgelt abdeckt.
d Begründen Sie, warum die Selbstabholung nur unter Einschränkungen zugelassen wird.
e Stellen Sie die Zahl der Gewichts- und Entfernungsstufen fest.

Aufgabe 5
Die GERD BERGER SPEDITION rechnet Sammelgutsendungen nach ihrem Haustarif ab.

Errechnen Sie das Entgelt (einschließlich Umsatzsteuer) für folgende Spediteurleistungen:

Sendung 1	Sendung 2	Sendung 3	Sendung 4	Sendung 5	Sendung 6
70 kg	225 kg	1 540 kg	10 kg	3 000 kg	255 kg
450 km	610 km	285 km	850 km	620 km	540 km
	Es handelt sich um Gefahrgut; Entgelt nach den tariflichen Nebengebühren.	Die Sendung ist dem Empfänger zu avisieren.	Versendernachnahme über 1 350,00 EUR	Dem Versender wird eine Wartezeit bei der Beladung von einer Stunde berechnet.	Der Kunde erhält eine Marge von 10 % auf das Haus-Haus-Entgelt.

Aufgabe 6
Die Sperrigkeitsregel lautet 1 m³ = mindestens 200 kg.

Berechnen Sie, welches Gewicht für die Abrechnung der Sendungen (Sdg.) 1–10 zugrunde zu legen ist.

Sdg.	Gewicht kg	Länge	Breite	Höhe	Einheit	Volumen	Einheit cm³ bzw. m³	= m³	· 200 kg	Abrechnung kg
1	24	40	80	50	cm					
2	145	80	80	100	cm					
3	75	75	95	90	cm					
4	295	125	120	95	cm					
5	1000	180	135	180	cm					
6	110	0,8	0,8	1	m					
7	300	0,95	0,95	1,55	m					
8	650	1,55	1,55	1,65	m					
9	180	110	110	100	cm					
10	215	120	80	110	cm					

Aufgabe 7
Die Spedition RHEINSPED GmbH in Duisburg übernimmt von der SILENIUS GmbH in Oberhausen eine Sendung Babywindeln. Die Sendung wird auf fünf stapelbare Euroflachpaletten mit einem Bruttogewicht von jeweils 150 kg übernommen. Die Frankatur lautet „unfrei". Der Empfänger der Sendung ist die JUNIOR Fachmarkt GmbH in 27572 Bremerhaven, Am Seedeich 242.

Die Spedition RHEINSPED GmbH wickelt ihre Sammelgutsendung für Norddeutschland mit dem Empfangsspediteur NORD-LOGISTIK GmbH in Bremen ab. Die Paletten werden getauscht.

Die Sendung ist mit einer Nachnahme in Höhe des Warenwertes von 900,00 EUR belastet und soll aus diesem Grund beim Empfänger avisiert werden. Die Sendung wird auf der Grundlage eines eigenen Haustarifs abgerechnet (siehe unten).

a Ermitteln Sie
   aa das Gewicht, das der Berechnung des Speditionsentgelts zugrunde gelegt wird,
   ab die für die Frachtberechnung maßgebende Entfernung (siehe Entfernungstabelle unten).

b Berechnen Sie
   ba das Haus-Haus-Entgelt,
   bb die Summe der Nebengebühren,
   bc den Betrag, den der Zahlungspflichtige entrichten muss.

c Erstellen Sie die Rechnung für den Empfänger der Sendung.

Entfernungstabelle

Von/nach in km	Oberhausen	Duisburg	Bremen	Bremerhaven
Oberhausen	–	15	264	343
Duisburg	15	–	275	354
Bremen	264	275	–	66
Bremerhaven	343	354	66	–

Haustarif der RHEINSPED GmbH (Auszug)

Entfernung in km	Gewicht in kg	
	901–1 000	1 001–1 250
	Euro	Euro
1–100	302,00	328,00
101–200	354,00	411,00
201–300	382,00	425,00
301–400	392,00	430,00
401–500	402,00	439,00

Nebengebühren (Auszug)
- Gebühr für Versendernachnahmen: 2 % des Nachnahmebetrages, mindestens 15,00 EUR
- Avisgebühren pro Sendung: 5,10 EUR
- Palettentauschgebühr für
  - genormte Flachpaletten: je Palette 2,60 EUR
  - genormte Gitterboxpaletten: je Palette 10,20 EUR

Sperrigkeitsregel (Mindestgewichte):
- 400 kg pro Palettenstellplatz (800 mm × 1 200 mm)
- 200 kg pro stapelbare Flachpalette mit Euromaßen

Lernsituation 3 zum Informationshandbuch Seite 205–219

Rechnungsformular

RHEINSPED GmbH Duisburg

RHEINSPED GmbH, Krefelder Straße 165, 47226 Duisburg

Krefelder Straße 165
47226 Duisburg
Tel.: 02065 98240
E-Mail: info@rheinsped.de

Rechnung Nr. 4553-44

Kundennummer	Ihr Auftrag Nr.	vom	Datum 18.07.20(0)

Pos.-Nr.	Text	EUR	EUR
001	Haus-Haus-Entgelt Oberhausen – Bremerhaven		
002	Nebengebühren		
	Nettobetrag		
	+ 19 % USt.		
	Bruttobetrag		
	Endbetrag		

Bankverbindung: IBAN: DE08 3004 0000 4265 0442 00
Commerzbank Düsseldorf BIC: COBADEFFXXX

Aufgabe 8
Die GERD BERGER SPEDITION versendet vier Sendungen per Sammelguttransport von Düsseldorf zum Empfangsspediteur BIENLE GmbH in Stuttgart. Die Sendungsdaten im Einzelnen lauten:

Anzahl Paletten	Gesamt-Gewicht der Sendung	Versender, Ort	Empfänger, Ort	km
3	600 kg	KAULMANN, Solingen	MAYR, Stuttgart	377
4	750 kg	WENDERING, Düsseldorf	PFLEIDERER, Stuttgart	402
1	420 kg	SEIDLITZ, Krefeld	ZOO-SCHMIDT, Böblingen	444
2	605 kg	OLTMANNS, Düsseldorf	STEINLE, Ludwigsburg	382

Lernsituation 3 zum Informationshandbuch Seite 205-219

a Ermitteln Sie die Haus-Haus-Entgelte gemäß dem Haustarif der Spedition.

Haustarif der GERD BERGER SPEDITION (Auszug)					
Entfernung in km	Gewicht in kg				
	401–500	501–600	601–700	701–800	801–900
...	Euro	Euro	Euro	Euro	Euro
201–300	182,30	214,50	251,30	288,40	305,20
301–400	184,70	217,40	255,00	292,50	310,20
401–500	187,30	220,40	258,40	296,40	314,60
501–600	192,40	226,50	265,60	304,80	323,90
601–700	202,10	238,50	279,90	321,30	342,60
...					

b Berechnen Sie die Abholkosten. Der Nahverkehrsunternehmer RHEINSPED berechnet
  ▍ für Abholungen innerhalb von Düsseldorf: 3,90 EUR pro angefangene 100 kg,
  ▍ für Abholungen außerhalb von Düsseldorf: 5,50 EUR pro angefangene 100 kg.
  Sendungen innerhalb bzw. außerhalb Düsseldorfs werden jeweils zunächst zusammengefasst.

c Prüfen Sie die eingehende Rückrechnung von BIENLE anhand der Übersicht über die vereinbarten Nachlaufkosten. Korrigieren Sie eventuelle Fehler.

BIENLE Speditions GmbH Stuttgart

Preisübersicht Empfangsspedition (**gültig ab 01.01.20(0)**)

1 Entladen und Verteilen (EuV): 1,30 EUR/100 kg
2 Verteilkosten (Nachlauf): Preise pro Sendung

Von kg	Bis kg	Zone 1 (bis 20 km)	Zone 2 (bis 50 km)	Zone 3 (über 50 km)
...	...	...	...	...
401	500	25,00 EUR	33,00 EUR	44,00 EUR
501	600	26,50 EUR	35,00 EUR	47,00 EUR
601	700	28,00 EUR	37,00 EUR	50,00 EUR
701	800	29,50 EUR	39,50 EUR	54,00 EUR
...	...	...	...	...

Auszug aus der Rechnung von BIENLE an BERGER		
Empfänger	km ab BIENLE	Nachlaufkosten
Steinle, Ludwigsburg	26	37,00 EUR
Mayr, Stuttgart	15	28,00 EUR
Zoo-Schmidt, Böblingen	41	44,00 EUR
Pfleiderer, Stuttgart	9	29,50 EUR
	Summe Nachlaufkosten	138,50 EUR
	+ EuV (2075 kg)	26,98 EUR
	Rechnungsbetrag netto	165,48 EUR
	+ USt. 19 %	31,44 EUR
	Rechnungsbetrag brutto	196,92 EUR

Für den Hauptlauf bezahlt BERGER an den Transportunternehmer FAHRLAND 680,00 EUR für die tägliche Tour (= kompletter Lkw) nach Stuttgart.

d Ermitteln Sie das Rohergebnis des gesamten Sammelguttransportes.

e Nach Ermittlung des sehr schwachen Rohergebnisses weist Herr Berger seinen Disponenten Harry Baumeister an, die Kosten zu drücken und bei den Kunden möglichst höhere Preise durchzusetzen. Herr Baumeister erwidert, er sei ein schlechter Disponent, wenn er nicht zunächst mit dispositiven Mitteln die Lage verbessern könne. Unterstützen Sie Herrn Baumeister und unterbreiten Sie ihm drei Vorschläge zur Verbesserung der Situation.

Aufgabe 9

Eine Spedition hat den Auftrag erhalten, die Beförderung von 25 Paletten zu besorgen (siehe Ausschnitt aus dem Speditionsauftrag unten).

a Berechnen Sie die Anzahl der Lademeter, die für den Speditionsauftrag berücksichtigt werden muss.

b Die Sendungen aus dem Speditionsauftrag sollen auf einer genormten Wechselbrücke (Außenlänge 7,45 m, Innenlänge 7,30 m) verladen werden. Stellen Sie fest, wie viele nicht stapelbare Europaletten noch zusätzlich auf dieser Wechselbrücke untergebracht werden können.

Speditionsauftrag (Ausschnitt)

18 Zeichen und Nr.	19 Anzahl	20 Packstück	21 SF	22 Inhalt	23 Lademittelgewicht in kg	24 Bruttogewicht in kg
AK 237-01 – 05	5	Euroflachpaletten	0	Warnmelder WZ12		1 450
AK 341-01	1	Euroflachpaletten	0	Warnmelder WZ31		680
AK 583-01 – 06	6	Industriepaletten	0	Signalanlagen ACX		2 700
AK 592-01 – 02	2	Industriepaletten	0	Signalanlagen AFP		1 020
Summe:	25	26 Rauminhalt cdm/Lademeter		Summen:	27	28

Aufgabe 10

Im Umschlaglager der GERD BERGER SPEDITION stehen die nachstehenden Sendungen zur Verladung bereit.

Ermitteln Sie die benötigten Lademeter:

Sendung	Anzahl	Packstück	Stapelfaktor	Bruttogewicht/kg
1	4	Euroflachpaletten	0	2 000
2	6	Euroflachpaletten	1	2 400
3	8	Industriepaletten	1	4 960
4	12	Euroflachpaletten	1	3 720
	5	Industriepaletten	0	3 200
5	30	Düsseldorfer Paletten	0	6 000
6	12	Gitterboxpaletten	0	4 080

Gitterboxpalette: Außenmaße 1 240 mm × 835 mm × 970 mm

Düsseldorfer Palette = Halbpalette: Maße = 60 cm × 80 cm

Aufgabe 11

Sie rechnen Sammelgutsendungen in der GERD BERGER SPEDITION ab.

a Berechnen Sie für die nachfolgend abgebildete Sendung die Anzahl der Lademeter.

b Prüfen Sie anhand des Haustarifs der GERD BERGER SPEDITION, ob die Sendung vom Volumen her sperrig ist.

c Berechnen Sie das frachtpflichtige Gewicht.

Maße: 120 cm × 120 cm × 150 cm
Gewicht: 250 kg

Aufgabe 12

Ein Versender übergibt Ihnen folgende Packstücke:
eine Kiste, Maße 2,10 m × 1,40 m × 0,9 m, sieben Euroflachpaletten, vier Einwegpaletten, Maße je 110 cm × 135 cm.

a Ermitteln Sie die Fracht, wenn dem Kunden pro Lademeter 85,00 EUR berechnet wird. Die Packstücke können nicht gestapelt werden.

b Prüfen Sie, ob die Packstücke auf eine Wechselbrücke (7,30 m Innenmaß) verladen werden können. Erstellen Sie dazu einen Belegungsplan.

Aufgabe 13

Die im Bordero unten aufgeführten Sendungen sollen auf einer Wechselbrücke mit einer Innenlänge von 7,30 m verladen werden. Die Paletten sind nicht stapelbar.

Prüfen Sie, ob die Sendungen auf die Wechselbrücke passen.

Auszug aus dem Bordero

Pos	Zeichen u. Nummern	Anzahl	Art	Inhalt	Gewicht kg
01	N&U	1	Euroflachpaletten	Dünger	800
02	LAH1-3	3	Euroflachpaletten	Farben	2400
03	DEB	1	Euroflachpaletten	Schulungsmaterial	600
04	MAG1-4	4	Industriepaletten	Verblendung	2300
05	AD	1	Euroflachpaletten	Kataloge	700
06	EL1-3	3	Euroflachpaletten	Sicherungsanlagen	1450
07	BFA1-2	2	Industriepaletten	Filter	1450
08	LA-1 LA-2	2	Euroflachpaletten	Prospekte	1000
09	NMOL	1	Euroflachpaletten	Teppichboden	800
	Summe:	18		Summe:	11500

Aufgabe 14

Ein Versender hat Sammelgut auf Paletten mit stark variierenden Maßen übergeben.

Berechnen Sie die Anzahl der Lademeter, die dem Versender für die Sendungen in Rechnung gestellt werden:

Sendung 1
Stapelfaktor (SF) = 1
- 1 · 120 cm × 80 cm × 180 cm
- 2 · 120 cm × 80 cm × 100 cm
- 1 · 130 cm × 80 cm × 120 cm

Sendung 2
Stapelfaktor (SF) = 1
- 1 · 120 cm × 70 cm × 100 cm
- 1 · 120 cm × 70 cm × 100 cm
- 1 · 85 cm × 80 cm × 120 cm
- 1 · 140 cm × 80 cm × 145 cm
- 1 · 85 cm × 80 cm × 120 cm
- 1 · 70 cm × 65 cm × 80 cm

Sendung 3
Stapelfaktor (SF) = 0
- 2 · 140 cm × 95 cm × 130 cm
- 2 · 115 cm × 90 cm × 125 cm
- 2 · 115 cm × 90 cm × 70 cm
- 2 · 95 cm × 62 cm × 80 cm

Sendung 4
Stapelfaktor (SF) = 1
- 1 · 120 cm × 80 cm × 150 cm
- 1 · 102 cm × 130 cm × 71 cm
- 1 · 102 cm × 130 cm × 111 cm
- 6 · 131 cm × 80 cm × 119 cm

Sendung 5
Stapelfaktor (SF) = 1
- 1 · 70 cm × 77 cm × 136 cm
- 1 · 80 cm × 70 cm × 111 cm
- 1 · 70 cm × 74 cm × 123 cm
- 1 · 76 cm × 80 cm × 93 cm
- 6 · 77 cm × 74 cm × 123 cm

Aufgabe 15

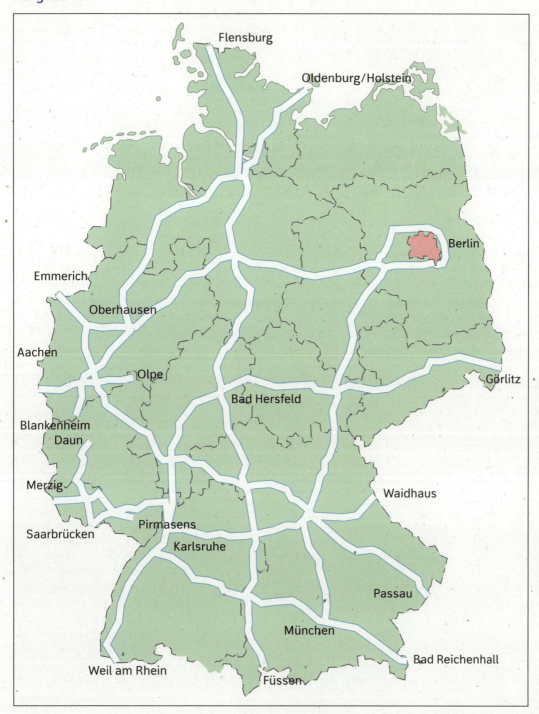

Obige Autobahnskizze stellt die Autobahnen 1 bis 10 mit ihren Anfangs- und Endorten dar. Erstellen Sie eine Tabelle nach unten stehendem Muster, in der Sie bedeutende Großstädte entlang der Autobahnen aufführen.

BAB	Länge (km)	Beginn (Stadt)	Ende (Stadt)	Bedeutende Großstädte
A 1	732			
A 2	486			
A 3	778			
A 4	616			
A 5	445			
A 6	477			
A 7	962			
A 8	497			
A 9	529			

Aufgabe 16

Güterverkehrszentren (GVZ) sind Orte, an denen Verkehrsunternehmen sowie logistikintensive Industrie- und Handelsunternehmen gebündelt vertreten sind. Die räumliche Nähe fördert die Zusammenarbeit und Arbeitsteilung der angesiedelten Unternehmen.

In einem GVZ werden Güter zwischen unterschiedlichen Verkehrsmitteln (z. B. Lkw, Eisenbahn, Binnenschiff, Flugzeug) umgeladen, für Ladungen zusammengestellt und für Transporte vorbereitet.

a Erläutern Sie die Lage der Güterverkehrszentren Berlins.
b Beschreiben Sie die Besonderheiten des Berliner Autobahnnetzes.
c Bestimmen Sie die Fahrtrichtungen der Bundesautobahnen, die an den Berliner Ring anschließen:

BAB	Fahrtrichtung
A 2	
A 9	
A 11	
A 12	
A 13	
A 24	

Aufgabe 17

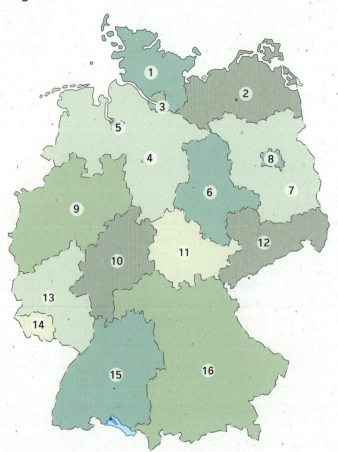

a Nennen Sie die Bundesländer, die der Sammelgut-Lkw von BERGER auf dem Weg von Düsseldorf nach Berlin durchfährt. Nennen Sie auch die jeweiligen Hauptstädte.

b Ermitteln Sie, welche Bundesländer während der Fahrt auf der längsten deutschen Autobahn, der A 7, durchquert werden. Nennen Sie ebenfalls die Hauptstädte.

c Ergänzen Sie die Liste der Bundesländer um die noch fehlenden.

	Nr.	Bundesland	Hauptstadt
a			
b			
c			

SELBSTTEST LERNSITUATION 3

→ Diese **Prozesse** beherrsche ich (X):

	voll	weitgehend	eher nicht	gar nicht
die Ertragskraft einer Sammelladungsrelation abschätzen				
den Haustarif (Sammelguttarif) anwenden				
die zeitlichen Abläufe einer Lkw-Sammelladung darstellen				
Kunden informieren und auf die Einrichtung der Sammelgutrelation aufmerksam machen				

→ Diese **Begriffe** kenne ich (✓):

Abholauftrag ☐	Haus-Haus-Entgelt ☐	Sammelgutausgang ☐
Avisierung ☐	Haustarife ☐	Sammelguteingang ☐
Empfangsspediteur ☐	Nachlauf ☐	Unfrei-Beträge ☐
EuV ☐	Rollkarte ☐	Urversender ☐
Hauptlauf ☐	Rückrechnung ☐	Versandspediteur ☐

Lernsituation 3 zum Informationshandbuch Seite 205-219

Abschlussaufgabe Lernsituation 3

Situation

Sie sind in der Spedition Wagner GmbH, Mathildenstraße 25, 28203 Bremen, mit der Abwicklung einer Sammelladung nach Stuttgart beauftragt. Ihr Empfangsspediteur ist die Heckner & Co. Internationale Spedition, Augsburger Straße 174, 70327 Stuttgart. Den Vor- und Hauptlauf führt die INTER-TRANS GmbH, Charlottenstraße 27, 28203 Bremen, durch.

Die Sammelladung besteht aus folgenden Sendungen:
Sendungen 01 bis 06: neun Europaletten (nicht stapelbar), Gewicht insgesamt 5 400 kg
Sendungen 07 bis 09:

Sdg.	Packstück	Inhalt	Gewicht/ kg	Versender	Empfänger
07	4 Europaletten Stapelbar (SF 1)	Elektro-artikel	je 360	Mobilfunk Großhandel Serverin GmbH Steffensweg 125 28217 Bremen	Elektro-Elitz GmbH Remscheider Straße 12 70376 Stuttgart
08	3 Einwegpaletten 110 cm × 140 cm × 200 cm, nicht stapelbar	Auto-scheiben	je 690	W & C Autoglas GmbH Lange Straße 166 27749 Delmenhorst	S. Kaiser GmbH Jakobstraße 124 70806 Kornwestheim
09	1 Rolle 50 cm × 2,30 m × 50 cm	Teppich-waren	90	Teppichwaren Großhandel Steier KG Pappelstraße 15 28199 Bremen	City-Warenhaus Bauer Lange Straße 15 70173 Stuttgart

1

a Beschreiben Sie den Ablauf des Sammelguttransportes von der Abholung der Sendungen bei den Urversendern bis zur Zustellung bei den Endempfängern.

b Kennzeichnen Sie nachfolgende Beteiligte nach ihrer Rechtsposition (z.B. Empfangsspediteur) und den Vertragsbeziehungen (z.B. Frachtvertrag):

Name	Rechtsposition	Vertrag mit wem?	Vertragsart
Mobilfunk Großhandel	Urversender	Versandspediteur	
Spedition Wagner			
Spedition Wagner			
Spedition Wagner			
INTER-TRANS GmbH			
Heckner & Co.			

c Die Spedition Wagner hat auch die Rechtsposition des vertraglichen Frachtführers. Unterscheiden Sie im vorliegenden Fall den vertraglichen und den ausführenden Frachtführer.

2

Für die Relation Bremen – Stuttgart sind zwei Wechselbrücken vorgesehen. Eine Wechselbrücke ist bereits gefüllt. Prüfen Sie, ob der Platz und die Nutzlast (11,8 t) auf der zweiten Wechselbrücke (Ladelänge 7,30 m) für die Sendungen 01 bis 09 ausreichen. Erstellen Sie neben der rechnerischen auch eine zeichnerische Lösung.

Lernsituation 3 zum Informationshandbuch Seite 205–219

3

Berechnen Sie die Haus-Haus-Entgelte für die Sendungen 07 bis 09. Berücksichtigen Sie dabei folgende Angaben:
- Mit den Versendern ist der Haustarif vereinbart (Auszug siehe unten).
- Entfernung Bremen – Stuttgart: 645 km
- Entfernung Delmenhorst – Kornwestheim 616 km
- Sendung 09 ist auf Sperrigkeit zu prüfen; ggf. ist das frachtpflichtige Gewicht (nicht das tatsächliche) bei der Preisberechnung zugrunde zu legen.

4

a Entwickeln Sie wegen umfangreicher Bauarbeiten auf der A 7 (626 km) zusätzlich einen alternativen Tourenplan über die A 1 (645 km).

b Überprüfen Sie noch einmal Ihre Entgeltberechnung aus Aufgabe 3 und stellen Sie fest, welche Entfernung für die Entgeltberechnung mit dem Versender W & C Autoglas GmbH zugrunde zu legen ist:
- die Entfernung Versandspediteur – Empfangsspediteur (626 km oder 645 km)
- die Entfernung W & C Autoglas GmbH, Delmenhorst – S. Kaiser GmbH, Kornwestheim (616 km)

5

Ermitteln Sie das Rohergebnis aus den Sammelgutsendungen 01 bis 09. Gehen Sie von folgenden Zahlen aus:
- Die Haus-Haus-Entgelte für die Sendungen 01 bis 06 betragen **1 827,60 EUR**.
- Haus-Haus-Entgelte für die Sendungen 07 bis 09: Siehe Aufgabe 3.
- Der Frachtführer berechnet für das Abholen der Sendungen im Vorlauf 2,50 EUR pro **angefangene** 100 kg tatsächliches Gewicht.
- Für den Hauptlauf stellt uns der Frachtführer 720,00 EUR in Rechnung.
- Der Empfangsspediteur berechnet uns
  – für das Entladen und Verteilen 2,40 EUR pro **angefangene** 100 kg tatsächliches Gewicht,
  – für den Nachlauf insgesamt 380,00 EUR.

Haustarif der Spedition Wagner GmbH (Auszug)

Frachtpflichtiges Gewicht bis kg	Entfernung in km						
	1–150	151–300	301–450	451–600	601–750	751–900	901–1 100
	Euro	Euro	Euro	Euro	Euro	Euro	Euro
100	43,40	46,20	47,60	49,00	51,80	53,20	54,60
150	46,20	51,80	53,20	57,40	60,20	63,00	64,40
...	...	...	...	...	...	...	...
1 500	177,80	205,80	214,20	231,00	250,60	264,60	273,00
...	...	...	...	...	...	...	...
2 000	240,80	284,20	298,20	324,80	355,60	378,00	390,60
2 500	246,40	298,20	316,40	347,20	383,60	411,60	427,00

Sperrigkeitsvereinbarung: je Kubikmeter Minimum 200 kg

Lernsituation 4
Einen Sammelladungstransport abwickeln und abrechnen

Die Bemühungen um die Einrichtung einer Sammelgutrelation Düsseldorf – Berlin waren erfolgreich:

- Das Sendungsaufkommen im Raum Düsseldorf wird so hoch eingeschätzt, dass eine tägliche Linie nach Berlin eingerichtet werden kann. MÖLLER-TRANS wird das Abholen der Stückgutsendungen übernehmen.
- Mit dem Eigentümer der Lagerhalle im Nebengebäude hat man sich auf eine langfristige Anmietung der Halle geeinigt.
- Für den Hauptlauf wird ebenfalls MÖLLER-TRANS eingesetzt. Der Preis entspricht der Beförderung Neuss – Berlin.
- Unser Empfangsspediteur in Berlin ist die Spedition HOMBERG, Erdener Straße 45, 14193 Berlin. HOMBERG wird neben dem Umschlag und dem Verteilen unserer Sammelgutsendungen auch dafür sorgen, dass in der Sammelgutrelation Berlin – Düsseldorf täglich ausreichend Sammelgut für den Raum Düsseldorf zur Verfügung steht.

Heute, am 01.09.20(0), ist der erste Transport nach Berlin abzufertigen.

Nachdem alle Kunden über die Tatsache informiert worden waren, dass wir eine Sammelgutrelation nach Berlin einrichten, hatten folgende Kunden den Wunsch geäußert, täglich angefahren zu werden, weil bei ihnen gewöhnlich jeden Tag Stückgutsendungen zum Transport nach Berlin anfallen:

1. WOLTERS GmbH, Bau-Keramik, Eichendorffstraße 18, 40474 Düsseldorf,
2. E + S GmbH, Etiketten, Daneköthen 184, 40627 Düsseldorf.

Die Sendungen haben durchschnittlich ein Gewicht von jeweils 1 bis 2 t und werden normalerweise auf zwei Paletten übergeben.

Zudem hatten drei weitere Kunden in den vergangenen Tagen angerufen, die Sammelgut für Berlin haben, das am 01.09.20(0) abgeholt werden soll. Diese Aufträge wurden sofort in Speditionsauftrags-Formularen festgehalten (siehe den ersten Auftrag auf Seite 53).

Die beiden weiteren Speditionsaufträge haben folgende Daten:

Sped.-Auftr.-Nr.	Datum	Versender	Empfänger	Sendung	Eintreffdatum
000256-20(0)	31.08.20(0)	GIERMEX Bodenbeläge Ludwig-Beck-Straße 24 41466 Neuss	WOHNDESIGN Alexanderstraße 223 10179 Berlin	5 Euroflachpaletten Teppichfliesen, GIE 1–5, 2500 kg, **unfrei**	02.09.20(0)
000257-20(0)	31.08.20(0)	MASCHINENFABRIK G. WERNER Industriestraße 118 40822 Mettmann	W. ENDERS Brunnenbau Fliederweg 143 15517 Fürstenwalde	6 Euroflachpaletten Maschinenteile WE 1–6, 3000 kg, frei Haus	02.09.20(0)

Achtung: Unfrei-Sendung!

Auszug Speditionsauftrag

MÖLLER-TRANS ist mit dem Abholen der Sammelgutsendungen zu beauftragen und mit den notwendigen Informationen (Abholaufträge oder Tourenplan) auszustatten. Wird dem Frachtführer ein Tourenplan übergeben, ist zu berücksichtigen, dass MÖLLER-TRANS über folgende Nahverkehrsfahrzeuge verfügt:

- vier 12-t-Fahrzeuge (zulässiges Gesamtgewicht), die Ladefläche hat eine Länge von 6,20 m und nimmt maximal 15 Euroflachpaletten auf, die Nutzlast beträgt 5,5 t,
- sechs 18-t-Fahrzeuge (zulässiges Gesamtgewicht); 10 t Nutzlast; 7,00 m Ladefläche, 17 Euroflachpaletten.

Für unseren neuen Mitarbeiter im Lager sind in zwei wichtigen Punkten genauere **Anweisungen** für die Arbeitsabläufe im Lager erforderlich:

1. Kontrollarbeiten der Lagermitarbeiter, ob die Versender ihren Pflichten zur **Verpackung** und **Kennzeichnung** der Sendungen nach Ziffer 6 ADSp auch tatsächlich in jedem Fall nachgekommen sind.
2. Arbeiten, die mit der **Schnittstellenkontrolle** nach Ziffer 7 ADSp durch uns zu erledigen sind. Der Lagermitarbeiter muss wissen, wo sich Schnittstellen befinden und was er dort zu tun hat.

Nach dem Eintreffen des Nahverkehrsfahrzeugs können auch die Daten der beiden Sendungen von WOLTERS und E + S in Form von Speditionsaufträgen erfasst werden.

Sped.-Auftr.-Nr.	Datum	Versender	Empfänger	Sendung	Eintreff-datum	
000258-20(0)	01.09.20(0)	WOLTERS GmbH – Bau-Keramik Eichendorffstraße 18 40474 Düsseldorf	BBS BAUSTOFFE Annaberg 122 13127 Berlin	2 Euroflachpaletten Fliesen WO1 u. WO2, 1 700 kg, frei Haus	02.09.20(0)	
000259-20(0)	01.09.20(0)	E + S GmbH – Etiketten Daneköthen 184 40627 Düsseldorf	BÜROBEDARF J. SANDMANN, Sonnenallee 212 12167 Berlin	2 Euroflachpaletten Computer-Etiketten ES1-2, 1 500 kg, frei Haus, Versendernachnahme: 1 480,00 EUR	02.09.20(0)	Achtung: Versendernachnahme!

Lernsituation 4 zum Informationshandbuch Seite 205–232

Siehe Barcode-Technik

Außerdem hat man sich in der SPEDITION BERGER entschlossen, den Kunden sofort mit der Aufnahme des Sammelgutverkehrs ein **Sendungsverfolgungssystem** anzubieten. Dazu ist eine eindeutige Kennzeichnung der Sendung (Codierung) erforderlich. Entsprechende Lesegeräte (Scanner) und Software für den Ausdruck von Scanner-Etiketten sind angeschafft worden. Ein System zur Identifizierung der Sendungen ist aber noch zu entwickeln.

Außerdem sind die Scan-Punkte festzulegen, an denen die Sendungen jeweils erfasst werden, damit den Kunden jederzeit ein Bericht über den Verbleib ihrer Sendung (Status-Report) gegeben werden kann. Die Qualität dieser Sendungsinformationen hängt wesentlich von der Sorgfalt ab, mit der gescannt wird. Auch dies müsste in die Arbeitsanweisung für den Lagermitarbeiter aufgenommen werden.

Bordero = Anweisung des Versandspediteurs an den Empfangsspediteur, wie er mit den Sammelgutsendungen zu verfahren hat, siehe Seite 58

Der Empfangsspediteur HOMBERG erwartet als Grundlage für die Verteilung der Sendungen sowie die Abrechnung ein Bordero. In der Spalte „Rückrechnung" trägt er die entsprechenden Positionen ein.

Für die Unfrei-Sendung (Nr. 256) ist das Beförderungsentgelt gemäß dem Haustarif von Gerd Berger beim Empfänger zu erheben. Ebenso ist die Versendernachnahme (Sendung Nr. 259) beim Empfänger zu kassieren. Beide Beträge werden im Bordero aufgeführt, damit sie auch tatsächlich vom Empfänger erhoben werden können. Entsprechende Felder sind im Formular vorgesehen:

Auszug aus dem Bordero

Sped.-Auftr.-Nr.	Empfänger	Frankatur	Vom Empfänger zu erheben	
			steuerpflichtig	steuerfrei
255	Gärtnerei M. Kersting Fichtenallee 92, 14480 Potsdam	frei Haus		
256	WOHNDESIGN Alexanderstr. 223, 10179 Berlin	unfrei	_____ EUR	
257	(…)	(…)		
258	(…)	(…)		
259	Bürobedarf J. Sandmann Sonnenallee 212, 12167 Berlin	frei Haus		Nachnahme 1 480,00 EUR

Mit allen **Kunden** wird nach dem **Haustarif der GERD BERGER SPEDITION** abgerechnet (siehe Seite 8).
Mit allen Versendern ist außerdem die Berechnung der **Palettentauschgebühr** nach Haustarif (siehe Nebengebühren) vereinbart worden. Die Gebühr erhält der Versandspediteur. Weitere Nebengebühren wurden nicht vereinbart.

Entfernungen

Siehe Preisliste zu den Verteilkosten, Seite 38

	km		km
GERD BERGER SPEDITION – SPEDITION HOMBERG	548	**Nachlauf-Entfernungen in Berlin**	
Düsseldorf – Potsdam	534	■ KERSTING	22
Neuss – Berlin	565	■ WOHNDESIGN	14
Mettmann – Fürstenwalde	579	■ ENDERS	82
Düsseldorf – Berlin	536	■ BBS	23
		■ SANDMANN	10

Der Fernverkehrsunternehmer MÖLLER-TRANS ist mit den nötigen Papieren für den Fernverkehrstransport (Hauptlauf) auszustatten. Außerdem sind die Rechnungen an die Versender zu erstellen.

Lernsituation 4 zum Informationshandbuch Seite 205–232 **55**

Am 03.09.20(0) erhalten wir von MÖLLER-TRANS die Rechnung für das Abholen der Sammelgutsendungen und für den Hauptlauf. Die Rechnung ist noch zu kontrollieren.

MÖLLER-TRANS GmbH
– Güternah- und Güterfernverkehr –
Merowingerstraße 8
40223 Düsseldorf

MÖLLER-TRANS GmbH, Merowingerstraße 8, 40223 Düsseldorf
Gerd Berger Spedition e. K.
Merkurstraße 14
40223 Düsseldorf

Telefon: 0211 87655
E-Mail: service@moellertrans.de
ID-Nr.: DE 421 658 945
Datum: 03.09.20(0)

Rechnung Nr. 443255/20(0)

Position	Text	Euro	Euro
01	Abholen Sammelgut am 01.09.20(0), 11 800 kg, 5,00 EUR/100 kg		590,00
02	Transport Düsseldorf – Berlin am 01.09.20(0), 11 500 kg, Sammelgut		600,00
	Rechnungsbetrag netto		1 190,00
	Umsatzsteuer 19 %		226,10
	Rechnungsbetrag brutto		1 416,10

Bankverbindung: SEB Bank, IBAN: DE49 3001 0111 0423 3872 29, BIC: ESSEDE5F300

Für die Abrechnung sind noch folgende Informationen von Bedeutung (siehe Lernsituation 3):

- Der Nahverkehrsunternehmer MÖLLER-TRANS berechnet uns 5,00 EUR pro **angefangene** 100 kg für das **Abholen** von Sammelgutsendungen.
- Die Aufwendungen für den **Hauptlauf** richten sich nach den Preisvereinbarungen mit den Frachtführern (siehe Firmenhandbuch).
- Der Empfangsspediteur berechnet uns für das **Entladen und Verteilen** (EuV) der Sendungen auf seinem Lager in Berlin 1,50 EUR pro **angefangene** 100 kg.
- Die **Verteilkosten** (Nachlauf) ergeben sich aus der Preisliste (siehe Lernsituation 3), die wir mit der Spedition HOMBERG vereinbart haben.

Damit ist man in der GERD BERGER SPEDITION in der Lage, das Rohergebnis der ersten Ladung mit Sammelgut zu errechnen und mit den Planzahlen (siehe Lernsituation 3) zu vergleichen.

Ertrags- und Aufwandsvergleich Sammelladung			
	Berechnung	Einzelpreis/Euro	**Gesamtpreis/Euro**
Erträge			
Haus-Haus-Entgelte			
Summe Erträge			
Aufwendungen			

Lernsituation 4 zum Informationshandbuch Seite 205–232

> **Arbeitsauftrag** (Vorschlag)
> Erledigen Sie die Arbeiten zur Abwicklung und Abrechnung eines Sammelladungstransportes.
> 1. Erstellen Sie einen Tourenplan für das Abholen der Sammelgutsendungen. Sorgen Sie für einen optimalen Fahrzeugeinsatz.
> 2. Erstellen Sie den Abholauftrag für eine der am 01.09.20(0) abzuholenden Sendungen.
> 3. Entwerfen Sie die Arbeitsanweisungen an die Lagermitarbeiter bezüglich
>   - Kontrolle von Verpackung und Kennzeichnung der Sendung durch den Versender (Ziffer 6 ADSp),
>   - Kontrollarbeiten (Schnittstellenkontrolle) nach Ziffer 7.2 ADSp.
> 4. Entwickeln Sie einen Vorschlag für ein Sendungsverfolgungssystem. Legen Sie die Scan-Punkte fest und schlagen Sie Formulierungen für den jeweiligen Sendungsstatus vor.
> 5. Erstellen Sie das Bordero und nehmen Sie für HOMBERG die Rückrechnung in dem Formular vor.
> 6. Erstellen Sie den Lkw-Frachtbrief für die Sammelgutladung.
> 7. Prüfen Sie die Eingangsrechnung von MÖLLER-TRANS.
> 8. Schreiben Sie die Ausgangsrechnung an einen der Versender.
> 9. Ermitteln Sie das Rohergebnis für die Sammelladung vom 01.09.20(0) und vergleichen Sie das Ergebnis mit der Planung der Sammelgutrelation im Rahmen der Lernsituation 3.

Muster

Abholauftrag

Gerd Berger Spedition e.K.

Datum: _____
Versender: _____
_____
Sendung: _____
Empfänger: _____
Bemerkungen _____
_____

Düsseldorf, den _____ Unterschrift _____

Tourenplan (Abholung)

Nr.	Versender		Anzahl	Packstück	Gewicht
	Postleitzahl	Name, Straße, Ort			
			Summe Packstücke:		Summe Gewicht:

Tourenplan (Abholung)

Nr.	Versender		Anzahl	Packstück	Gewicht
	Postleitzahl	Name, Straße, Ort			
			Summe Packstücke:		Summe Gewicht:

1 Absender (Name, Anschrift)	**FRACHTBRIEF** **für den gewerblichen** **Güterkraftverkehr**
2 Empfänger (Name, Anschrift)	3 Frachtführer (Name, Anschrift)
4 Meldeadresse	5 nachfolgende Frachtführer (Name, Anschrift)
6 Übernahme des Gutes Versandort Beladestelle 8 Ablieferung des Gutes Ort Entladestelle 9 beigefügte Dokumente	7 Vorbehalte und Bemerkungen der Frachtführer

10 Anzahl der Packstücke	11 Zeichen und Nummern	12 Art der Verpackung	13 Bezeichnung des Gutes	14 Bruttogewicht in kg	15 Volumen in m³

16 Gefahrgut-Klassifikation   Nettomasse kg/l
UN-Nr.   offizielle Benennung
Nummer Gefahrzettel   Verpackungsgruppe   Tunnelbeschränkungscode

17 Weisungen des Absenders (Zoll- und sonstige amtliche Behandlung des Gutes)

18 Nachnahme	20 besondere Vereinbarungen
19 Frankatur	

21 ausgefertigt in	am	Gut empfangen am
22 Unterschrift und Stempel des Absenders	23 Unterschrift und Stempel des Frachtführers	24 Unterschrift und Stempel des Empfängers
	25 amtl. Kennzeichen	26 Nutzlast in kg	
Kfz			
Anhänger			

Lernsituation 4 zum Informationshandbuch Seite 205–232

Versandspediteur				Bordero-Nr. Datum: Blatt: Relation:	Frachtführer			Empfangsspediteur		Rückrechnung	
Pos.	Anz.	Art	Zeichen und Nummern	Inhalt	Gewicht kg	Versender	Empfänger	Franka- tur	Vom Empfänger zu erheben		Rückrechnung	
									steuerpfl. Euro	nicht steuerpfl. Euro	Verteilkosten (Nachlauf)/Euro	Sonstiges Euro
								Summe:				
						Summe:						

+ Umsatzsteuer
Zwischensumme
nicht steuerpfl.
Summe gesamt

EuV
Zwischensumme
Umsatzsteuer
Summe gesamt

Gerd Berger Spedition e.K.

Gerd Berger Spedition e. K., Merkurstraße 14, 40223 Düsseldorf

Inhaber: Gerd Berger
Merkurstraße 14
40223 Düsseldorf
Telefon: 0221 56742-0
E-Mail: info@berger.de
USt-IdNr.: DE458977344

Rechnung Nr.

Kundennummer	Speditionsauftrags-Nr.	vom	Datum

Sendung

Zeichen und Nr.	Anzahl	Packstück	Inhalt	Bruttogewicht in kg

Pos.-Nr.	Text	Euro	Euro
	Nettobetrag		
	+ 19 % USt.		
	Bruttobetrag		

Bankverbindung: Commerzbank Düsseldorf, IBAN: DE02 3004 0000 4865 0510 00, BIC: COBADEDDXXX

Lernsituation 4 zum Informationshandbuch Seite 205–232

Düsseldorf (Postleitzahlgebiete) und Umgebung

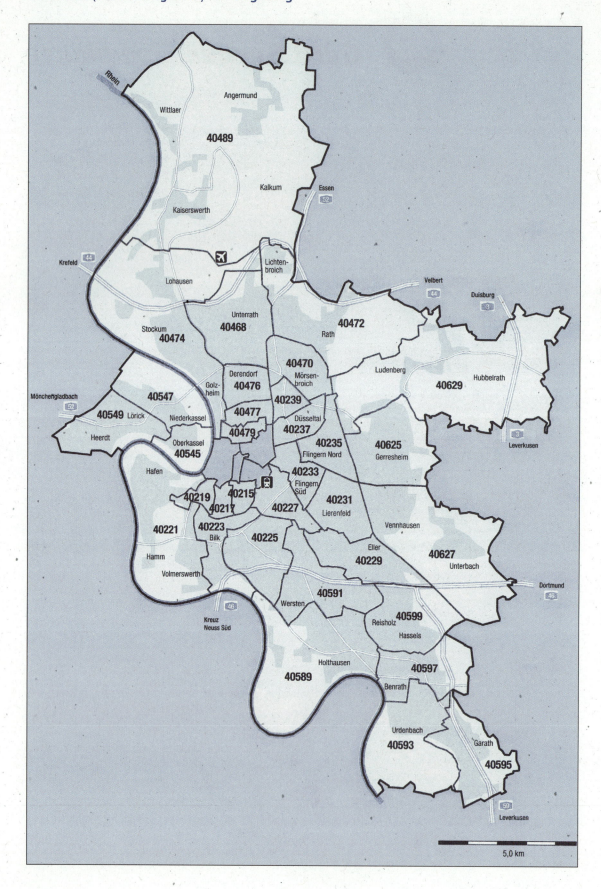

Aufgabe 1
In der Einstiegssituation werden folgende Beteiligte genannt:

K. FAHLING OHG, GERD BERGER SPEDITION, MÖLLER-TRANS, Spedition HOMBERG, Gärtnerei M. KERSTING

Stellen Sie die Vertragsbeziehungen der Beteiligten dar.

Aufgabe 2
Nehmen Sie an, der Versender FAHLING OHG hätte im Speditionsauftrag unten stehende Sendungsbeschreibung gegeben.

Prüfen Sie anhand der Ziffer 3.1.1 ADSp, ob der Versender seine Verpflichtung aus dem Speditionsvertrag erfüllt hätte.

Speditionsauftrag (gekürzt)

			Inhalt		Gewicht in kg
			Blumendünger		2800

Aufgabe 3
Im Arbeitsauftrag 8 haben Sie eine Ausgangsrechnung erstellt.
a Geben Sie an, bis wann die Zahlung für die Ausgangsrechnung eingehen muss.
b Begründen Sie, warum die ADSp diese kurze Zahlungsfrist enthalten.

Siehe Seite 56

Aufgabe 4
Im Sammelgutverkehr werden in der Regel zwei Arten von Verträgen abgeschlossen und zwei Arten von Tätigkeiten (befördern/umschlagen) erledigt.

Ergänzen Sie zum unten abgebildeten Sammelgutverkehr die bestehenden Vertragsarten und die ausgeübten Tätigkeiten.

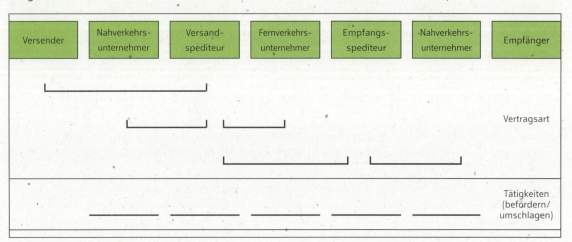

Aufgabe 5
Fortsetzung der Einstiegssituation

a Bereits am Abend des 01.09.20(0) trifft eine Nachricht der Spedition HOMBERG ein. Sie enthält das **Bordero** mit den Sammelgutsendungen, die am nächsten Morgen aus Berlin bei uns eintreffen werden und die im Raum Düsseldorf zu verteilen sind. Sie müssen am 02.09.20(0) ausgeliefert werden. Dazu sind die Sendungen auf **Rollkarten** zu erfassen, die für den Fahrer des Nahverkehrsfahrzeugs festhalten, welche Sendungen auf welcher Tour des Fahrzeugs ausgeliefert werden sollen. Bei den Positionen 03, 06 und 07 des Borderos ist sicherzustellen, dass der Fahrer die Speditionsentgelte und Nachnahmebeträge beim Empfänger einzieht, bevor er die Sendung übergibt. Die Palettentauschgebühren erhält der Versandspediteur. Das Ausrollen der Sendungen am 02.09.20(0) ist zu disponieren.

Bordero von HOMBERG, siehe Seite 63

Rollkarten, siehe Seite 64

Außerdem sind die Sammelgutsendungen am 02.09.20(0) **abzuholen**. Drei Versender sind täglich anzufahren, nämlich
- WOLTERS GmbH, Bau-Keramik, Eichendorffstraße 18, 40474 Düsseldorf, 2 t auf zwei Euroflachpaletten,
- E + S GmbH, Etiketten, Daneköthen 184, 40627 Düsseldorf, 1,2 t auf zwei Euroflachpaletten,
- ALMA AG, Brandschutztechnik, Benninghauser Straße 172, 40591 Düsseldorf, 2 t auf zwei Euroflachpaletten.

Lernsituation 4 zum Informationshandbuch Seite 205–232

Weiterhin sollen bei folgenden Versendern Güter abgeholt werden:

- Papierfabrik WENDERING AG, Aachener Straße 4, 40223 Düsseldorf, eine Palette, 900 kg Papier, Empfänger Druckerei Hanser, Altvaterstr. 94, 14129 Berlin
- KLAUS VOGEL GmbH, Förderanlagen, Jean-Paul-Straße 83, 40470 Düsseldorf, zwei Euroflachpaletten, 1,3 t Maschinenteile, Empfänger RUDOLF MANSCHEID KG, Albanstraße 113, 12277 Berlin
- SILKE ANDERS, Geschenk- und Fan-Artikel, Düsseldorfer Straße 16, 41460 Neuss, eine Palette, 400 kg Geschenkartikel, Empfänger KAUFHAUS HANSE, Am Feldberg, 12621 Berlin
- DHS, Hotelbedarf, Buchenweg 60, 40699 Erkrath, zwei Euroflachpaletten, 1,2 t Reinigungsmittel, Empfänger Hotel Brandenburger Hof, Kurfürstenstraße 12, 10785 Berlin

Tourenplan-Muster, siehe Seite 56

Es ist zu prüfen, ob das Zustellen und Abholen der Sammelgutsendungen mittels zweier separater Nahverkehrs-Touren durchgeführt werden soll oder ob es sinnvoll ist, die Arbeitsvorgänge in einer Tour zu kombinieren. Im Falle der Kombination von Zustellung und Abholung ist es sinnvoll, sich den genauen Ablauf durch eine Übersicht nach folgendem Muster zu veranschaulichen:

Nr.	PLZ	Ort	Zustellung	Abholung	Name	Paletten	Zwischensumme Paletten	Gewicht	Zwischensumme Gewicht
			(ankreuzen)						
	40223	Nordtour		Abfahrt Berger		10		6800	
1			X		xy	2	8	1450	5350
	40223			Ankunft Berger					

Nachnahmen sind zu avisieren. Avis- und Nachnahmegebühr erhält der Empfangsspediteur, die Palettentauschgebühr der Versandspediteur.

Unsere Leistungen, die wir für die Spedition HOMBERG der Sammelgutladung vom 02.09.20(0) erbringen, berechnen wir der Partnerspedition in einer Rückrechnung auf dem Bordero. Das Bordero-Formular befindet sich weiter unten.

b Erstellen Sie die Rückrechnung an die Spedition HOMBERG. Beachten Sie, dass wir für die Avisierung und den Einzug der Nachnahme eine Gebühr nach unserem Haustarif berechnen. Für die Verteilung der Sammelgutsendungen in Düsseldorf gelten die gleichen Konditionen wie für Berlin (siehe Tabelle „Verteilkosten (Nachlauf)" auf Seite 38).

c Berechnen Sie das Rohergebnis, das die GERD BERGER SPEDITION durch den Verteilverkehr in Düsseldorf erzielt hat.

Nachlaufentfernungen in Düsseldorf		
Position	Empfänger	km
01	BINDER	5
02	RAUM & DESIGN	4
03	WALTER	41
04	BÄUMER	13
05	REISE-VERLAGSGESELLSCHAFT	14
06	LAGER	32
07	BAUER	9
08	E + S	14
09	WALTERMANN	6

d Begründen Sie, warum der Nachnahmebetrag über 1 725,00 EUR nicht der Umsatzsteuer unterworfen wird.

e Bei der Organisation von Sammelgutverkehren werden gewöhnlich Abholaufträge, Borderos und Rollkarten erstellt.
Unterscheiden Sie diese drei Papiere.

Lernsituation 4 zum Informationshandbuch Seite 205–232 — 63

Bordero zu Aufgabe 5

Versandspediteur				Bordero-Nr.		Frachtführer				Empfangsspediteur		
Spedition HOMBERG Erdener Straße 45, 14193 Berlin				0001/164 Blatt/Relation	Datum: 01.09.20(0) 1/017	MÖLLER TRANS GmbH Merowinger Straße 8, 40223 Düsseldorf				GERD BERGER SPEDITION e. K. Merkurstraße 14, 40223 Düsseldorf		
										Vom Empfänger zu erheben		Rückrechnung
Pos	Zeichen u. Nummern	Anz.	Art	Inhalt	Gewicht kg	Versender	Empfänger	Frankatur	steuerpfl. Euro	nicht steuerpfl. Euro	Verteilkosten (Nachlauf)/Euro	Sonstiges Euro
01	N & U	1	Euroflach-paletten	Dünger	800	NATUR & UMWELT Pohlstraße 32 10785 Berlin	BINDER GARTENCENTER Comeniusplatz 148 40547 Düsseldorf	frei Haus				
02	LAH1-3	3	Euroflach-paletten	Farben	2400	E. LAHRMANN GmbH Gellertstraße 181 13127 Berlin	RAUM & DESIGN Christophstraße 88 40225 Düsseldorf	frei Haus				
03	DEB	1	Euroflach-paletten	Schulungs-material	600	DRUCKEREI ERNST DEBUS Friedrichstraße 61 12205 Berlin	WALTER EDV-TRAINING Koppelskamp 34 40489 Düsseldorf	frei Haus		Nachnahme 1725,00		
04	MAG1-4	4	Euroflach-paletten	Verblendung	2300	METALLWERKE AG Tillmannsweg 19 14109 Berlin	L. BÄUMER GmbH Hoher Weg 6 40878 Ratingen	frei Haus				
05	AD	1	Euroflach-paletten	Kataloge	700	ACHTERHAUS-DRUCK Bergstraße 26 10115 Berlin	REISE-VERLAGSGES. Fritz-Erler-Straße 57 40595 Düsseldorf	frei Haus				
06	EL1-3	3	Euroflach-paletten	Sicherungs-anlagen	2450	ELSY GmbH Steinstraße 71 14974 Ludwigsfelde	GERD LAGER Ahornstraße 77 40882 Ratingen	unfrei	562,70			
07	BFA1-2	2	Euroflach-paletten	Filter	1450	BFA FILTERTECHNIK Südendstraße 28 12169 Berlin	ERNST BAUER KG Rotdornstraße 24 40472 Düsseldorf	unfrei	508,60			
08	LA-1 LA-2	2	Euroflach-paletten	Prospekte	2000	DRUCKEREI LAGE Baseler Straße 121 13407 Berlin	E + S BÜROTECHNIK Sandstraße 22 40627 Düsseldorf	frei Haus				
09	NMOL	1	Euroflach-paletten	Teppichboden	800	NOLTE GmbH Fußbodentechnik Domstraße 19 14482 Potsdam	GERD WALTERMANN Teppichboden Paulusstraße 181 40237 Düsseldorf	frei Haus				
	Summe:	18		Summe:	13500		Summe:		1071,30	1725,00		
							+ Umsatzsteuer (19 %)		203,55			
							Zwischensumme		1274,85			
							nicht steuerpfl.		1725,00			
							Summe gesamt		**2999,85**			

EuV

Zwischensumme

Umsatzsteuer

Summe gesamt

Rollkarte zu Aufgabe 5

Pos.	Versender	Nr. und Zeichen	Anzahl/ Packstück	Inhalt	Bruttogewicht/kg	Empfänger	Fracht u. Ä. (brutto)	Versender-Nachnahme	Sendung vollzählig und in einwandfreiem Zustand erhalten
							Vom Empfänger zu erheben		
Summe Packstücke									
Summe Gewicht									

GERD BERGER SPEDITION
Merkurstraße 14
40223 Düsseldorf

Rollkarte Nr.

Datum:
Lkw:
Fahrer:

Rollkarten zu Aufgabe 5

GERD BERGER SPEDITION
Merkurstraße 14
40223 Düsseldorf

Rollkarte
Nr.

Datum: Lkw:
                                              Fahrer:

Pos.	Versender	Nr. und Zeichen	Anzahl/ Packstück	Inhalt	Brutto-gewicht/kg	Empfänger	Vom Empfänger zu erheben		Sendung vollzählig und in einwandfreiem Zustand erhalten
							Fracht u. Ä. (brutto)	Versender-Nachnahmen	
Summe Packstücke									
Summe Gewicht									

GERD BERGER SPEDITION
Merkurstraße 14
40223 Düsseldorf

Rollkarte
Nr.

Datum: Lkw:
                                              Fahrer:

Pos.	Versender	Nr. und Zeichen	Anzahl/ Packstück	Inhalt	Brutto-gewicht/kg	Empfänger	Vom Empfänger zu erheben		Sendung vollzählig und in einwandfreiem Zustand erhalten
							Fracht u. Ä. (brutto)	Versender-Nachnahmen	
Summe Packstücke									
Summe Gewicht									

Aufgabe 6

Die Spedition SÜD-SPED betreibt Lkw-Sammelladung. Für den Vor- und Hauptlauf setzt sie sowohl eigene Fahrzeuge als auch fremde Frachtführer ein.

Stellen Sie die Schnittstellen nach ADSp aus der Sicht der Spedition SÜD-SPED in folgenden Situationen fest und begründen Sie jeweils Ihre Lösung:

a SÜD-SPED lässt Sammelgutsendungen bei den Urversendern durch einen fremden Frachtführer abholen und zum eigenen Umschlaglager befördern.
b Die Spedition holt die Sammelgutsendungen mit eigenen Nahverkehrsfahrzeugen bei den Urversendern ab.
c Selbsteintritt im Vorlauf durch SÜD-SPED, Hauptlauf durch einen fremden Frachtführer
d Selbsteintritt im Vor- und Hauptlauf

Aufgabe 7

Ziffer 13.3 ADSp

Der Empfänger einer Sammelgutsendung beklagt sich bei seinem Spediteur, der Sammelgutsendungen mit eigenen Fahrzeugen ausrollt, darüber, dass eine wichtige und wertvolle Sendung dem 17-jährigen Auszubildenden ausgehändigt worden sei. Dieser habe eine Empfangsquittung unterzeichnet, ohne die Sendung genau zu prüfen. Der Empfänger ist der Meinung, einem Jugendlichen dürfe man eine Sendung nicht übergeben.

Prüfen Sie die ADSp daraufhin, ob der Empfänger recht hat.

Aufgabe 8

Die Nordlink GmbH führt Sammelgutverkehre im Direktrelations- und im HUB-Verkehr durch.

a Bestimmen Sie die Schnittstellen aus Sicht der Nordlink GmbH nach ADSp, wenn der Direktrelationsverkehr wie folgt abgewickelt wird (siehe auch Abbildung unten zu Aufgabe **ba**):
Abholung der Sendungen durch einen Nahverkehrsunternehmer, Übernahme in das Lager des Versandspediteurs, Hauptlauf mit eigenem Lkw, Ablieferung beim Empfangsspediteur
b Die Spedition möchte den gesamten Sendungsverlauf lückenlos dokumentieren. Markieren Sie die dafür notwendigen Scan-Punkte im Lkw-Sammelgutverkehr in den folgenden Ablaufdiagrammen mit Nummern:
ba im Direktrelationsverkehr

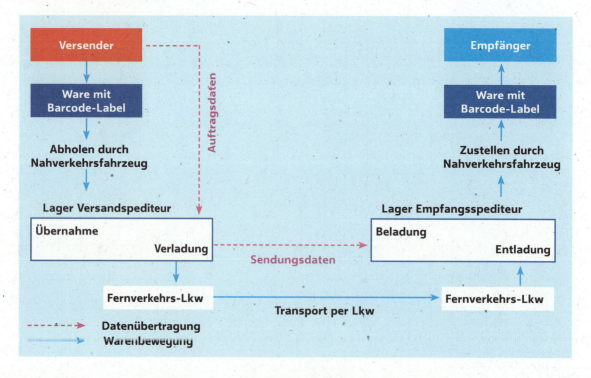

bb im HUB-Verkehr

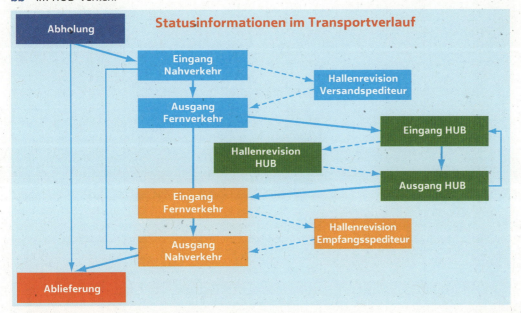

c Bestimmen Sie alle Schnittstellen des HUB-Verkehrs nach ADSp, wenn der HUB-Verkehr wie folgt abgewickelt wird (siehe auch die Abbildung zu Aufgabe **bb**):
Abholung der Sendungen durch fremde Frachtführer (Subunternehmer), Übernahme in das Lager der Nordlink GmbH, Übergabe an Subunternehmer für den Transport zum HUB, Ablieferung im HUB, Übergabe an Subunternehmer für Transport zum Empfangsspediteur, Ablieferung beim Empfangsspediteur, Umschlag beim Empfangsspediteur in Lkw von Subunternehmern für den Nachlauf, Ablieferung vom Empfänger

d Halten Sie fest, welche Kontrollarbeiten die Nordlink GmbH an ihren Schnittstellen nach ADSp durchführen muss.

Aufgabe 9
In der Spedition WAGNER GmbH ist ein Sendungsverfolgungssystem erst im Aufbau. Zurzeit werden die Sendungsdaten an zwei Punkten erfasst, und zwar beim Eingang im Lager der Spedition WAGNER und beim Eintreffen des Fernverkehrs-Lkw im Lager von HECKNER & Co.

a Begründen Sie, welchen Informationswert in dieser Situation ein Statusreport für den Versender hätte.

b Erläutern Sie, wie ein optimales Sendungsverfolgungssystem Ihrer Meinung nach beschaffen sein sollte.

Aufgabe 10
Die Spedition WAGNER rechnet als Versandspediteur mit ihren Kunden nach einem eigenen Haustarif (siehe Seite 69) ab. Die Sendungsdaten sind dem Bordero unten auf Seite 68 zu entnehmen.

a Errechnen Sie unter Verwendung der Tabelle „Entgeltabrechnung für die Versender" auf Seite 70 die Entgelte, die die Versender jeweils tragen müssen (einschließlich Umsatzsteuer). Beachten Sie dabei:
- alle Paletten werden getauscht; Palettentauschgebühren erhält der Versandspediteur,
- Nachnahmesendungen werden avisiert; Avis- und Nachnahmegebühr erhält der Empfangsspediteur,
- die Mindestgewichte nach der Sperrigkeitsvereinbarung.

b Ergänzen Sie die Beträge für die Unfrei-Sendungen im Bordero, die vom Empfänger zu erheben sind, und vervollständigen Sie die Spalte „vom Empfänger zu erheben".

c Erstellen Sie im Bordero die Rückrechnung des Empfangsspediteurs. Gehen Sie von folgenden Vereinbarungen zwischen Versand- und Empfangsspediteur aus:
- Avis- und Nachnahmegebühr nach dem Haustarif der Spedition WAGNER (siehe Seite 69),
- Entladen und Verteilen: 1,40 EUR pro **angefangene** 100 kg,
- Verteilung von Sammelgut (siehe nachfolgende Tabelle):

Von kg	Bis kg	Zone 1 (bis 25 km) Euro	Zone 2 (über 25 km) Euro
31	75	7,50	10,00
...	...	...	...
261	300	20,00	27,00
...	...	...	...
501	600	31,00	42,00
...	...	...	...
901	1000	41,00	55,00
1001	1100	42,00	56,00

Von kg	Bis kg	Zone 1 (bis 25 km) Euro	Zone 2 (über 25 km) Euro
1101	1200	43,00	57,00
1401	1500	48,00	65,00
...	...	...	...
1801	1900	53,00	72,00
...	...	...	...
2001	2500	61,00	82,00
2501	3000	68,00	91,00

Bordero zu Aufgabe 10

Versandspediteur			Bordero-Nr.		Frachtführer		Empfangsspediteur			
Spedition WAGNER GmbH Mathildenstraße 25 28203 Bremen			0001/164		INTER-TRANS GmbH & Co. KG Charlottenstraße 27 28203 Bremen		HECKNER & CO. – Internationale Spedition Augsburger Straße 174 70327 Stuttgart			
			Datum: 27.10.20(0) Blatt/Relation 01/24						**Rückrechnung**	
							Vom Empfänger zu erheben		Verteilkosten (Nachlauf)/Euro	Sonstiges Euro
Pos	Zeichen u. Nummern	Anz.	Art	Inhalt	Gewicht kg	Versender	Empfänger	Frankatur	steuerpfl. Euro	nicht steuerpfl. Euro		
01	HAM1-2	2	Euroflach- paletten	Papier	1 200	W. HAUSMANN KG Papierverarbeitung Hannoversche Straße 68 28309 Bremen	GEORG SCHEUER KG Papierwaren Artusweg 77 70469 Stuttgart	frei Haus				
02	CAT1-4	4	Euro- Gitterbox- paletten	Chemikalien	1 900	CATERING SERVICE GmbH Steffensweg 88 28217 Bremen	FRANK MAURER Oberwiesenstraße 64 70619 Stuttgart	frei Haus				
03	Mofu	1	Euroflach- paletten	Elektroartikel	920	MOBILFUNK GROSSHAN- DEL Pappelstraße 47 28199 Bremen	ELEKTRO-ELITZ GmbH Remscheider Straße 12 70376 Stuttgart	unfrei		Nachnahme: 1 200,00 EUR		
04	BEMO1_3	3	Euroflach- paletten	Zubehörteile	1 500	BEMO Motorrad-Zubehör Ortstraße 124 28237 Bremen	MOTO-MÖLLER Zweiradhandel Scharnhauser Straße 88 73760 Ostfildern	frei Haus				
05	BERN	1	Euro- Gitterbox- paletten	Trockenfrüchte	600	HELMUT BERNDSEN Gastfeldstraße 139 28201 Bremen	MARTINA WEGENER Rosenstraße 17 70839 Gerlingen	frei Haus				
06	MEIN	1	Euroflach- paletten	Ersatzteile	300	JOSEF MEINRAD Dentaltechnik Mohnblumenweg 42 28832 Achim	G. HAUSNER Dental-Technik Jägerstraße 172 70174 Stuttgart	frei Haus				
07	GERÜ1-5	5	Euroflach- paletten	Metallwaren	2 800	GERÜSTBAU GmbH Parkweg 168 28832 Achim	MARAT GmbH Albstraße 155 72764 Reutlingen	frei Haus				
08	W&C1-4	4	Euroflach- paletten	Prospekte	1 050	W & C AUTOGLAS Lange Straße 166 27749 Delmenhorst	S. KAISER GmbH Jakobstraße 124 70806 Kornwestheim	unfrei				
Summe:		21		Summe:	10 270		Summe:					

+ Umsatzsteuer (19%)

Zwischensumme

nicht steuerpfl.

Summe gesamt

EuV

Zwischensumme

Umsatzsteuer

Summe gesamt

Lernsituation 4 zum Informationshandbuch Seite 205–232

Die Entfernungen betragen:

	km		km		km
Bremen – Stuttgart	630	Bremen – Gerlingen	637	Achim – Reutlingen	654
Bremen – Ostfildern	638	Achim – Stuttgart	608	Delmenhorst – Kornwestheim	613

Nachlauf-Entfernungen (Empfangsspediteur – Empfänger)

Pos.	Empfänger	km	Pos.	Empfänger	km
01	SCHEUNER	9	05	WEGENER	26
02	MAURER	10	06	HAUSNER	7
03	ELITZ	5	07	MARAT	47
04	MOTO-MÖLLER	10	08	KAISER	16

d Nehmen Sie weiter an, dass die Spedition WAGNER die ELBE-TRANS, Bremen, mit dem Abholen der Sammelgutsendungen beauftragt. Beantworten Sie bezogen auf die Sendung mit der Positions-Nr. 08 folgende Fragen:
  da Welche Punkte in der Transportkette sind für die Spedition WAGNER Schnittstellen nach ADSp?
  db Welche Kontrollarbeiten bezogen auf die **konkrete Sendung** Nr. 08 sind an dieser bzw. diesen Schnittstellen zu erledigen?

Haustarif der Spedition Wagner GmbH (Auszug)

Frachtpflichtiges Gewicht bis kg	Entfernung in km			
	...	451–600	601–750	751–900
	...	Euro	Euro	Euro
400	...	100,80	109,20	114,80
...	...	...	...	...
600	...	126,00	135,80	142,80
...	...	...	...	...
1 000	...	170,80	184,80	194,60
1 250	...	218,40	235,20	246,40
1 500	...	231,00	250,60	264,60
1 750	...	306,60	333,20	351,40
2 000	...	324,80	355,60	378,00
2 500	...	347,20	383,60	411,60
3 000	...	364,00	401,80	428,40

Nebengebühren

- Palettentauschgebühr:
  – je 2,60 EUR pro Euroflachpalette
  – je 10,20 EUR pro Gitterboxpalette
- Avisgebühr: 5,10 EUR
- Nachnahmegebühr: 2% vom einzuziehenden Betrag, mindestens 15,00 EUR

Sperrigkeitsvereinbarung
je Palettenstellplatz 400 kg

Aufgabe 11

Die Sendung Nr. 03 im Bordero von Aufgabe 10 ist mit einer Nachnahme in Höhe von 1 200,00 EUR belegt. Der Fahrer des Empfangsspediteurs HECKNER & Co. händigt die Sendung dem Empfänger gegen das Versprechen aus, die fälligen Beträge (Nachnahme und Frachtüberweisung) – mangels ausreichenden Bargeldes – am nächsten Tag zu überweisen. Es stellt sich allerdings heraus, dass der Empfänger nicht zahlt und das Geld verloren ist. Die Speditionsverträge unterliegen den ADSp.

a Unterscheiden Sie Nachnahme und Frachtüberweisung.
b Wer hat für die nachzunehmenden Beträge zu haften?

HGB: IV. Abschnitt Frachtrecht

§ 422 Nachnahme

(1) Haben die Parteien vereinbart, dass das Gut nur gegen Einziehung einer Nachnahme an den Empfänger abgeliefert werden darf, so ist anzunehmen, dass der Betrag in bar oder in Form eines gleichwertigen Zahlungsmittels einzuziehen ist.
(2) [...]
(3) Wird das Gut dem Empfänger ohne Einziehung der Nachnahme abgeliefert, so haftet der Frachtführer, auch wenn ihn kein Verschulden trifft, dem Absender für den daraus entstehenden Schaden, jedoch nur bis zur Höhe des Betrages der Nachnahme.

ADSp

10 Frachtüberweisung, Nachnahme

Die Mitteilung des Auftraggebers, der Auftrag sei unfrei abzufertigen oder [...] für Rechnung des Empfängers oder eines Dritten auszuführen, berührt nicht die Verpflichtung des Auftraggebers gegenüber dem Spediteur, die Vergütung sowie die sonstigen Aufwendungen [...] zu tragen. Nachnahmeweisungen z. B. nach § 422 HGB [...] bleiben unberührt.

Lernsituation 4 zum Informationshandbuch Seite 205–232

Zu Aufgabe 10: Entgeltabrechnung für die Versender

Pos.	Gewicht kg	Pal.	km	Haus-Haus-Entgelt/Euro	Neben-gebühren/Euro	Netto-entgelte/Euro	USt./Euro	Bruttoentgelt/Euro	Nachlauf km	Nachlauf-Entgelte/Euro
1										
2										
3										
4										
5										
6										
7										
8										

c Der Empfänger einer Unfrei-Sendung verweigert die Annahme der Sendung. Der Fahrer ruft den Disponenten an, um anzufragen, wie er sich verhalten soll. Der Disponent, der sich an den Versender wendet, erhält die Anweisung, die Sendung zurückzubefördern. Begründen Sie, wer die Kosten für den Hin- und für den Rücktransport zu tragen hat.

Aufgabe 12

Aus der Besorgung einer Sammelladung liegen einer Mitarbeiterin der GERD BERGER SPEDITION die unten stehenden Daten vor.

a Berechnen Sie das Rohergebnis der Sammelladung.

Pos.	Frankatur	Vom Empfänger zu erheben		Rückrechnung (Auszug)	
		steuerpfl. Euro	nicht steuerpfl. Euro	Verteilkosten (Nachlauf)/Euro	Sonstiges Euro
01	frei Haus			84,00	
02	unfrei	479,60		92,00	
03	frei Haus			63,00	
04	frei Haus			43,00	
05	frei Haus			51,00	
	Summe	479,60			
	+ Umsatzsteuer	91,12			
	Zwischensumme	570,72		120,00	EuV
	nicht steuerpfl.				Zwischensumme
	Summe gesamt	570,72			Umsatzsteuer
					Summe gesamt

Weitere Beträge (netto)

	Euro
Haus-Haus-Entgelt für Pos. 01	452,90
Haus-Haus-Entgelt für Pos. 03	480,00
Haus-Haus-Entgelt für Pos. 04	423,20
Haus-Haus-Entgelt für Pos. 05	320,00
Vorlauf	346,00
Hauptlauf	625,00

b Nennen Sie die Leistungen, die durch folgende Entgelte in der Lkw-Sammelladung der GERD BERGER SPEDITION abgedeckt werden:
 1 Haus-Haus-Entgelt (laut Haustarif der GERD BERGER SPEDITION)
 2 E und V
 3 Verteilkosten/Nachlauf

Aufgabe 13

Nach §§ 458–460 HGB arbeitet ein Spediteur für den Teil seines Auftrags, der sich auf die Beförderung bezieht, wie ein Frachtführer. Betrachten Sie unter diesem Gesichtspunkt folgenden Gesprächsausschnitt (Versender Müller, Disponent Gruber):

Herr Müller: „Guten Tag, Herr Gruber."

Herr Gruber: „Guten Tag, Herr Müller. Wie kann ich Ihnen helfen?"

Herr Müller: „Ich habe 350 kg Getriebeteile, die morgen in Hamburg sein müssen."

Herr Gruber: „Das ist kein Problem. Noch heute kann unser Fahrer die Sendung bei Ihnen abholen. Heute Abend geht sie dann zusammen mit anderen Gütern per Lkw nach Hamburg. Morgen gegen Mittag ist die Sendung beim Empfänger."

Herr Müller: „Sehr schön. Wie viel kostet das?"

Herr Gruber: „Wir arbeiten nach unseren Haustarifen, die wir Ihnen erst in der letzten Woche zugeschickt haben. Einen Augenblick bitte, ich rechne Ihnen das eben aus."

Herr Müller: „Schon gut, die Preisliste habe ich geprüft. Sie ist in Ordnung."

Aufgabe 14

Das Sammelgutgeschäft der GERD BERGER SPEDITION ist in den letzten Monaten kontinuierlich ausgeweitet worden. Auf Berlin folgten Sammelgutrelationen nach Hamburg, Frankfurt und München. Alle vier Relationen entwickelten sich gut und waren ein bedeutendes Werbeargument bei den Marketingaktivitäten des Unternehmens. Allerdings mussten viele Kundenaufträge abgewiesen werden, sobald Sammelgutsendungen in Empfangsorte befördert werden sollten, die von der GERD BERGER SPEDITION nicht bedient wurden. Leider war auch keine regionale Häufung festzustellen, die durch die gezielte Einrichtung neuer Sammelgutrelationen hätte aufgefangen werden können. Letztlich – das wurde aus Kundengesprächen immer deutlicher – erwarten die Kunden, dass alle Sendungen eines Versenders von einer Spedition übernommen werden können und dass eine Spedition Transporte innerhalb Deutschlands in 24 oder spätestens 48 Stunden abwickeln kann.

Herr Berger beauftragte daher einige Mitarbeiterinnen und Mitarbeiter, die Frage zu prüfen, wie man sich an eine der bestehenden Sammelgutkooperationen anschließen könne.

Zahlreiche Gespräche mit verschiedenen Kooperationen hatten zum Ergebnis, dass bei zwei Kooperationen Chancen für eine Aufnahme bestehen, und zwar im

DSI-Verbund und

bei **C-LINE**.

In beiden Fällen handelt es sich um Zusammenschlüsse mittelständischer Speditionsunternehmen. Konzeptionell entscheiden sie sich aber offensichtlich deutlich voneinander. Während DSI den Sammelgutverkehr im **Direktverkehr** und als **Begegnungsverkehr** betreibt, wickelt C-LINE die Transporte nach dem **HUB-and-SPOKE-System** und zusätzlich – bei ausreichendem Sendungsaufkommen – im **Direktrelationsverkehr** (vom Versand- zum Empfangsspediteur innerhalb der Sammelgutkooperation) ab. Die Vor- und Nachteile der beiden Konzepte sind einander gegenüberzustellen und in die Entscheidungsfindung für eine der Kooperationen einzubeziehen.

Informationen über Kooperationen befinden sich im Internet, z. B. unter https://www.dpd.com/de/de/, www.ids-logistik.de, www.cargoline.de.

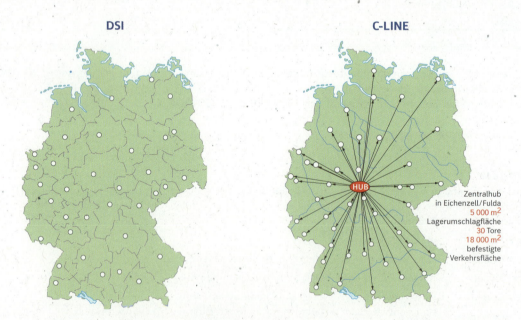

Beide Systeme bieten ihren Kunden eine weitgehend vergleichbare Produktpalette, die von allen Verbundpartnern sichergestellt werden muss. Die nachfolgende Übersicht gibt die Leistungsangebote der Kooperationen beispielhaft wieder.

Typische Produkte der Kooperationen

ONE DAY	ONE DAY bedeutet: ■ die Beförderung von Sendungen bis 2 500 kg, ■ in der Regel 24 Stunden Laufzeit während der Werktage Montag bis Freitag, d. h. Übernahme an Tag „A" und Auslieferung an Tag „B".
EXPRESS 8 (bzw. 10 bzw. 12)	EXPRESS 8 (bzw. 10 bzw. 12): Hinter diesem Namen verbirgt sich eine Logistik-Leistung, die Sendungen bis 2 500 kg mit Expressgarantie befördert und am nächsten Werktag bis 08:00 Uhr (bzw. 10:00 Uhr bzw. 12:00 Uhr) zustellt.
GARANTIE	GARANTIE befördert Sendungen bis 2 500 kg mit Zustellgarantie innerhalb von maximal 24 Stunden während der Werktage.
PICK-UP-Service	Für alle, die sich eine qualifizierte Abwicklung ihrer Abholungen und Retouren wünschen, gibt es den Produkt-PICK-UP-Service. Der Service garantiert durch umfassende organisatorische Maßnahmen ein hohes Maß an Sicherheit und Qualität. Insbesondere das kooperationsweit einheitliche PICK-UP-Service-Formular stellt sicher, dass alle notwendigen Angaben für eine geregelte Abwicklung ohne Zeitverzug bereitstehen.

In der GERD BERGER SPEDITION ist sorgfältig zu prüfen, ob die Leistungen auch erbracht werden können, vor allem in terminlicher Hinsicht. Zumindest für ausgewählte Relationen ist zu ermitteln, ob die betrieblichen Abläufe in der GERD BERGER SPEDITION z. B. die Zustellung einer Sendung am nächsten Tag bis 08:00 Uhr zulassen.

Bei der Fahrzeitberechnung ist zu beachten, dass Lkw-Fahrer nach viereinhalb Stunden Fahrzeit eine Pause von 45 Minuten einlegen müssen und dass die tägliche Lenkzeit bis zu neun Stunden betragen darf, zweimal wöchentlich bis zu zehn Stunden. *(Lenk- und Ruhezeiten, siehe Informationshandbuch)*

Für den HUB-and-SPOKE-Verkehr sind die **Zeitschranken** von Bedeutung, da die ein- und ausgehenden Sendungen im zentralen HUB der C-Line-Kooperation in Eichenzell aufeinander abgestimmt werden müssen. Anhand der nachfolgenden Übersicht mit Zeitschranken für ausgewählte Kooperationspartner kann beispielhaft geprüft werden, ob das Angebot „Express 8" für die GERD BERGER SPEDITION auch zu realisieren ist.

Beispiele:
Düsseldorf – Mannheim
Düsseldorf – Hamburg

Übersicht Zeitschranken C-LINE						
Nr.	Ort	km	Std.	Meldezeit verladene Menge	Zeitschranke Ankunft HUB	Zeitschranke Abfahrt HUB
121	Berlin	441	8	15:00	22:30–23:00	23:30–24:00
	...					
221	Hamburg	424	6	17:00	22:30–23:00	00:30–01:00
	...					
402	Düsseldorf	312	5	18:00	22:30–23:00	00:30–01:00
	...					
681	Mannheim	178	3	19:00	21:30–22:00	01:30–02:00
	...					

Die Kooperationspartner im C-Line-Verbund rechnen mit den Versendern gewöhnlich nach eigenen Haustarifen ab. Die DSI-Kooperation hat für ihre Mitglieder das unten dargestellte Preismodell entwickelt. Zusätzlich können Margen mit Kunden ausgehandelt werden. Anhand von zwei ausgewählten Sendungen ist zu prüfen, welche Erlöse in den beiden Kooperationen erzielt werden, wenn man von den normalen Preislisten ausgeht. Ein weiterer Gesichtspunkt ist die Handhabung des Tarifs (einfach, kompliziert, arbeitsaufwendig, verständlich für den Kunden usw.). *(Tarif, siehe Lernsituation 3 und Informationshandbuch)*

Lernsituation 4 zum Informationshandbuch Seite 205–232

Preismodell im Vergleich (für ausgewählte Relationen)

	C-Line Haustarif der GERD BERGER SPEDITION		DSI-Verbund Sammelgut-Preisliste	
	kg	Erlöse/Euro	kg	Erlöse/Euro
Düsseldorf – Berlin 536 km	70		70	
	300		300	
	600		600	
	900		900	
Düsseldorf – Hannover 270 km	70		70	
	300		300	
	600		600	
	900		900	

Sammelgut-Preisliste der DSI-Kooperation (Auszug, ohne Umsatzsteuer)

Preisliste		Zone I bis 150 km	Zone II bis 350 km	Zone III bis 550 km	Zone IV über 550 km
Gewicht kg	Basispreis Euro	Kilogrammpreis frei Haus Euro	Kilogrammpreis frei Haus Euro	Kilogrammpreis frei Haus Euro	Kilogrammpreis frei Haus Euro
30–50	7,29	0,48	0,62	0,69	0,74
51–70	8,78	0,45	0,59	0,66	0,71
...	...	...	...	...	...
101–200	20,33	0,29	0,39	0,42	0,51
201–300	29,52	0,24	0,33	0,35	0,47
...					
501–750	46,32	0,21	0,27	0,32	0,33
751–1 000	51,77	0,20	0,26	0,30	0,32

Die Kooperation verlangt von ihren Mitgliedern auch eine bestimmte technische Ausstattung, damit Leistungen des Verbundes einheitlich nach außen dargestellt werden können. Dazu gehören vor allem ein elektronisches Auftragserfassungssystem und ein Sendungsverfolgungssystem von der Übernahme der Sendung beim Versender bis zur Ablieferung beim Empfänger.
Die GERD BERGER SPEDITION sieht sich aber in der Lage, diese technischen Anforderungen zu erfüllen.

Aufgabe 15

In einer Sammelgutkooperation sind zwei HUBs eingerichtet worden (siehe nebenstehende Grafik):
- HUB 1: Lehrte (bei Hannover),
- HUB 2: Eichingen (bei Ulm).

a Erläutern Sie den Beförderungsweg, den eine Sammelgutsendung von Potsdam nach Augsburg nimmt. Versand- und Empfangsspediteur haben ihren Sitz in Berlin bzw. in München.
b Begründen Sie, was den Verbund veranlasst, einen zweiten HUB einzurichten.
c Beschreiben Sie vier Vorteile eines HUBs im Sammelgutverkehr.
d Beschreiben Sie eine Situation, in welcher der Berliner Sammelgutspediteur den Direktrelationsverkehr gegenüber der Beförderung über den HUB vorzieht.
e Erläutern Sie die Bedeutung der Zeitschranken innerhalb eines HUB-and-SPOKE-Systems.
f Erläutern Sie die Aussage „Das HUB-and-SPOKE-System führt im Vergleich zum Direktrelationsverkehr zu höheren Kosten."

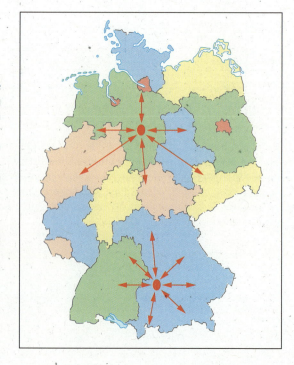

Lernsituation 4 zum Informationshandbuch Seite 205–232 **75**

Aufgabe 16

Nachdem die GERD BERGER SPEDITION der Sammelgutkooperation C-LINE beigetreten ist, haben sich die Geschäfte weiterhin gut entwickelt. Jeder Winkel Deutschlands wird in spätestens 48 Stunden erreicht. Aufgrund des weiterhin hohen Sendungsaufkommens in die vier Relationen Berlin, Hamburg, Frankfurt und München werden diese Empfangsorte von BERGER direkt angefahren. Alle anderen Relationen werden über den Zentral-HUB Eichenzell bei Fulda abgewickelt.

Heute, am 07.07.20(0), „brummt" es wieder besonders: Allein acht Lkw mit insgesamt 245 Paletten fahren nach Eichenzell, um dort ihre Ladung umzuschlagen. Insbesondere die Empfangsniederlassungen
- Hannover (24 Paletten),
- Koblenz (17 Paletten),
- Leipzig (21 Paletten) und
- Nürnberg (19 Paletten)

sind zum wiederholten Male stark vertreten.

„Eigentlich sollten wir diese Stationen direkt anfahren", denkt sich Herr Klaßen, der für Disposition des HUB zuständige Disponent, „zumal die auch meist zahlreiche Sendungen für unser Gebiet haben."

Als Herr Klaßen das Thema während der täglichen Dispositionsbesprechung anspricht, wird Gerd Berger sofort hellhörig: „Wenn wir häufig so große Mengen für diese Relationen haben, dann sollten wir auch die Möglichkeit nutzen, direkt zu fahren. Die Kooperationsvereinbarung lässt das zu und wir haben schließlich kein Geld zu verschenken!"

Er erteilt Herrn Klaßen den Auftrag, eine Vergleichsrechnung zu erstellen, um für jede Relation die kritische Palettenanzahl zu ermitteln, ab der sich ein Direktverkehr lohnt.

Kosteninformation

I. Kosten für kompletten Lkw (Sattelzug, Kapazität 33 Euroflachpaletten)

EUROTRANS GMBH, Düsseldorf: Düsseldorf – Hannover 280,00 EUR
Düsseldorf – Koblenz 190,00 EUR
WERNER FAHRLAND, Düsseldorf: Düsseldorf – Leipzig 540,00 EUR
Düsseldorf – Nürnberg 400,00 EUR

II. Kosten bei Verladung über HUB Eichenzell

1. Der Transport vom Lager Düsseldorf zum HUB Eichenzell kostet 300,00 EUR. Die Kosten werden von BERGER getragen. Bei einer kalkulierten Auslastung von 30 Paletten werden somit pro Palettenstellplatz 10,00 EUR verrechnet.
2. Die Umschlagkosten im HUB werden den Ausgangsniederlassungen mit 1,50 EUR pro 100 kg berechnet. Auswertungen der letzten drei Monate ergeben für BERGER ein durchschnittliches Palettengewicht von 320 kg pro im HUB umgeschlagener Palette.
3. Die Transporte vom HUB zu den Empfangsniederlassungen werden von der Zentraldisposition in Eichenzell organisiert. Die Abrechnung an die Versandstationen erfolgt auf Stellplatzebene. Herrn Klaßen liegt die aktuelle Liste der Verrechnungspreise für die Empfangsstationen vor:

C-LINE Preisübersicht			
Verrechnungspreise für den Transport vom HUB Eichenzell zu den Empfangsstationen (Auszug)			
Empfangsspediteur	**PLZ**	**Ort**	**Verrechnungspreis/Palettenstellplatz**
OSTENDORF TRANSPORTE	30669	Hannover	7,50 EUR
KANNENBERG KG	56072	Koblenz	7,00 EUR
LEIPZIGER TRANSPORTGESELLSCHAFT	04347	Leipzig	8,50 EUR
FRANKENLAND-SPEDITION	90471	Nürnberg	6,00 EUR

Lösungswege: mathematisch oder beispielhaft eine bestimmte Palettenzahl herausgreifen und zwischen Direktverkehr und HUB vergleichen

Lernsituation 4 zum Informationshandbuch Seite 205–232

Aufgabe 17
Als Mitarbeiter/-in der Spedition Homberg, Berlin, liegt Ihnen der nachfolgende Auszug aus einem Bordero vor, das Sie auf Besonderheiten für die Organisation der Sammelladung zum Empfangsspediteur nach Ulm prüfen.

a Position 01:
   aa Erläutern Sie mithilfe der 1.17 und 3.3 ADSp, welche Pflicht der Versender bei der Auftragserteilung hatte.
   ab Erläutern Sie zwei Maßnahmen, mit denen Sie sich auf die Besonderheit dieser Sendung einstellen.

b Position 02:
   ba Geben Sie an, welche Ziffer in Feld 21 des Speditionsauftrages der Kemmer Keramik GmbH eingetragen war.
   bb Die Sendung steht zwar auf dem Bordero für die Sammelladung nach Ulm, sie hätte aber auch als Direktsendung behandelt werden können. Unterscheiden Sie Direktverkehr und Direktrelationsverkehr und machen Sie deutlich, welchen Vorteil sich für die Spedition Homberg aus einer Direktsendung ergibt.
   bc Geben Sie an, wie die Sendung auf der Ladefläche platziert werden sollte, wenn sie als Direktsendung behandelt wird.

c Prüfen Sie, ob die Sendung 3 als sperrige Sendung abgerechnet werden muss. Sperrigkeitsvereinbarung: 1 Kubikmeter mindestens 200 kg.

d Berechnen Sie die Anzahl der Lademeter für die drei Sendungen.

Auszug aus dem Bordero

Pos.	Sendung	Gewicht kg	Versender	Empfänger	Frankatur	Warenwert Euro
01	4 Euro-Flachpaletten Fahrzeugelektronik nicht stapelbar	800	Elektronik Fehr GmbH Pohlstraße 46 10785 Berlin	Kfz-Tuning Günter KG Söflinger Straße 80 89077 Ulm	frei Haus	84 000,00
02	8 Industriepaletten Fußbodenkeramik 1 × stapelbar	6400	Kemmer Keramik GmbH Gellertstraße 181 13127 Berlin	Schmidt-Bau GmbH Benzstraße 32 89129 Langenau	frei Haus	25 800,00
03	4 Einwegpaletten Elektromotoren 110 × 130 × 150 cm nicht stapelbar	1 200	M. Druber GmbH Friedrichstraße 123 12205 Berlin	WALTER Fördertechnik Biberacher Straße 75 88416 Ochsenhausen	unfrei	18 000,00

Aufgabe 18
Ein Fahrer der Spedition Homberg hat bei einem Empfänger in Schwerin eine Komplettladung mit 33 Europaletten abgeliefert und steht nun vor drei Stapeln mit je elf Paletten, die ihm der Empfänger im Rahmen des Palettentausches mitgeben möchte.
Der Fahrer begutachtet die Paletten genau und kommt zu folgendem Ergebnis:

1. 10 Paletten sehen aus, als ob sie frisch aus der Herstellung gekommen sind.
2. Bei 6 Paletten sind einer oder mehrere Klötze stark verdreht bzw. fehlen komplett.
3. 5 Paletten weisen zwar starke Gebrauchsspuren auf, sind aber offensichtlich noch intakt.
4. 5 weitere Paletten sehen auch praktisch neu aus, nur ist das Holz nicht mehr so hell wie bei neuen Paletten.
5. 3 Paletten scheinen zwar schadensfrei, weisen aber starke Verschmutzungen auf.
6. Bei 4 Paletten sind nicht mehr alle Markenzeichen erkennbar.

a Helfen Sie dem Fahrer bei der Zuordnung der Gebrauchsfähigkeit der Europaletten in die Klassen A, B und C bzw. nicht gebrauchsfähig und geben Sie ihm eine Empfehlung, wie er sich in der vorliegenden Situation verhalten soll.
b Beschreiben Sie zwei aktuelle Entwicklungen, bei denen mit Hilfe der Digitalisierung u. a. das Führen von Palettenkonten erleichtert werden soll.

Aufgabe 19
Die Empfänger in der Altstadt einer Kleinstadt werden regelmäßig von den drei ortsansässigen Speditionen beliefert. Insbesondere sechs Adressen werden nahezu täglich von allen drei Unternehmen angefahren.

Aufgrund der schmalen und verwinkelten Gassen und der kaum vorhandenen Parkmöglichkeiten ist das Fahren und Rangieren für die Nahverkehrsfahrer mit

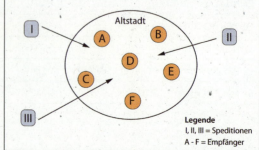

Legende
I, II, III = Speditionen
A – F = Empfänger

erheblichen Schwierigkeiten und zeitlichen Verzögerungen verbunden. Immer wieder müssen Fahrer auch einfach nur warten, bis ein anderes Fahrzeug vor ihnen die Zustellung abgeschlossen hat, damit sie weiterfahren können. Nebenstehende Grafik stellt die Situation schematisch dar.

Eine Analyse der Zustelldaten des letzten Monats ergibt nachstehendes Ergebnis. Die Zahlen zeigen die durchschnittlich täglich zugestellten Paletten der drei Speditionen bei den sechs Empfängern an.

Empfänger	A	B	C	D	E	F	Summe
Spedition I	1	2	0,5	2	0	1	6,5
Spedition II	2	0,5	1	2	1	0,5	7
Spedition III	0,5	2	1	0	2	0,5	6

Für jede einzelne Zustellung kalkulieren die Disponenten aufgrund der eingangs beschriebenen Situation mit ca. 40 Minuten. Das bedeutet, dass die Fahrzeuge bereits um 06:30 Uhr ihr Umschlaglager am Stadtrand verlassen müssen, damit sie – bei 30 Minuten Anfahrt in die Altstadt – bis 11:30 Uhr ihre Tour beendet haben. Jede kleinste Verzögerung kann zur Folge haben, dass einzelne Empfänger nicht mehr beliefert werden können, weil die Lkw die Altstadt ab 11:00 Uhr nicht mehr befahren dürfen.

Die drei Speditionen erwägen nun, das Konzept der City-Logistik anzuwenden.

a Erläutern Sie die wesentliche Zielsetzung dieses Konzepts.

b Berechnen Sie das zeitliche Einsparpotenzial, wenn jede der beteiligten Speditionen nach einem Austausch der Sendungen – für den zusätzliche 45 Minuten einkalkuliert werden müssen – jeweils nur zwei Empfänger beliefert. Ordnen Sie jeder Spedition zwei Empfänger zu und ermitteln Sie die daraus resultierende Palettenanzahl für die drei Zustell-Lkw.

c In der Praxis sind zahlreiche Citylogistik-Projekte nach einiger Zeit gescheitert. Beschreiben Sie, welche Differenzen zwischen den Beteiligten dazu führen können.

Aufgabe 20

Im Zuge der Abholungen von den Kunden kommt es immer wieder vor, dass die Nahverkehrsfahrer auch kleinere Pakete mit Gewichten von bis zu 30 kg mitbringen, um sie in den Sammelgutablauf einschleusen zu können. Leider sind dabei in der Vergangenheit auch schon Sendungen verlorengegangen, was insbesondere im Falle von speziellen Mustersendungen zu sehr großem Ärger geführt hatte.

Gerd Berger erwägt daher, mit einem ortsansässigen KEP-Dienstleister eine Vereinbarung einzugehen: BERGER würde demnach solche Kleinsendungen jeweils am späten Nachmittag durch den Dienstleister abholen lassen, damit dieser sie über sein eigenes Netzwerk am Folgetag termingerecht zustellen kann. Herr Berger sieht ein, dass er als klassischer Sammelgutspediteur die Anforderungen an einen KEP-Dienstleister nicht ohne Weiteres erfüllen kann.

a Erläutern Sie, wofür die drei Buchstaben K, E und P des Kürzels KEP ursprünglich stehen.

b Die KEP-Branche hat in den letzten Jahren starke Wachstumsraten zu verzeichnen. Beschreiben Sie wirtschaftliche Entwicklungen, die zu diesem Wachstum geführt haben.

c Begründen Sie, warum BERGER nicht ohne Weiteres ein konkurrenzfähiges KEP-Konzept anbieten kann.

d Der KEP-Dienstleister, mit dem Herr Berger zuerst in Verhandlungen treten möchte, bietet unter anderem an, die Sendungen „Overnight" oder „Sameday" auszuliefern. Erklären Sie, was unter diesen beiden Angeboten zu verstehen ist.

Aufgabe 21

Bringen Sie die folgenden Schritte beim Ablauf einer KEP-Sendung in die richtige Reihenfolge, indem Sie die genannten Tätigkeiten von 1 bis 10 durchnummerieren.

verwaltungsmäßige und körperliche **Kontrolle** der Sendung im Ausgangsdepot	
Zustellung der Sendung vom Zieldepot durch Subunternehmer an den Kunden	
Weiterleitung der Sendung vom HUB zum Zieldepot	
Vergabe der Depotnummer des Zieldepots auf jedem Packstück	
Zuordnung des Kundenauftrags an den Fahrer, der die Sendung beim Absender abholt	
Entladung der Sendung im HUB in Boxen je nach Zieldepot	
Abholung der Sendung beim Absender und Transport zum Ausgangsdepot	
Anmeldung der Sendung durch den Absender beim Ausgangsdepot	
Kontrolle, ob die Sendung laufzeitgerecht und mängelfrei zugestellt wurde	
Weiterleitung der Sendung vom Ausgangsdepot zum HUB	

Lernsituation 4 zum Informationshandbuch Seite 205–232

Aufgabe 22
Ein Versender möchte von Duisburg aus folgende fünf Sendungen per KEP-Dienst versenden:

	Sendung 1	Sendung 2	Sendung 3	Sendung 4	Sendung 5
Zielort	01099 Dresden	27498 Helgoland	NL-Amsterdam	RUS-Moskau	60549 Frankfurt/M.
Gewicht	18,0 kg	9,5 kg	2,0 kg	23,5 kg	34,0 kg
Maße in cm (LBH)	45 × 25 × 20	110 × 30 × 30	25 × 10 × 15	80 × 70 × 50	65 × 40 × 50
Termin	in 2 Tagen (Donnerstag)	ohne Termin	Nächster Tag: Mittwoch 10:00 Uhr	ohne Termin	Samstag

Ermitteln Sie anhand der nachstehenden Preistabellen der KEP-Dienste „PL" und „Merkur" die Preise für die oben aufgeführten Sendungen. Entscheiden Sie sich für die jeweils günstigere Versandmöglichkeit und ermitteln Sie somit die Gesamtkosten für alle fünf Sendungen.

PL – Paket-Logistik – Der Profi für Ihr Paket				
Preisübersicht				
Gewichtsstaffel	**Zone A** PLZ-Gebiete 2, 3, 4, 5, 6	**Zone B** PLZ-Gebiete 0, 1, 7, 8, 9	**Zone C** Europa I: DK, NL, B, L, F, CH, A	**Zone D** Europa II: übrige europäische Staaten
0–5 kg	6,90 EUR	8,50 EUR	12,50 EUR	22,90 EUR
Über 5–10 kg	8,90 EUR	10,50 EUR	15,90 EUR	28,50 EUR
Über 10–20 kg	11,90 EUR	13,50 EUR	19,50 EUR	35,90 EUR
Über 20–35 kg	15,90 EUR	17,50 EUR	24,90 EUR	41,50 EUR
Expresszuschlag Folgetag, bis 10:00 Uhr sowie samstags	10,00 EUR	12,00 EUR	36,00 EUR	Nicht möglich
Inselzuschlag	7,50 EUR	7,50 EUR	22,00 EUR	39,00 EUR
Sperrgutzuschlag: Volumengewicht*	9,90 EUR	10,90 EUR	26,50 EUR	35,50 EUR

*Berechnung: Länge × Breite × Höhe (in cm) : 5000
Ist das Volumengewicht höher als das tatsächliche Gewicht, wird der Zuschlag erhoben.

In der Praxis erheben die KEP-Dienstleister ihre Volumenzuschläge individuell nach unterschiedlichen Kriterien (vgl. nebenstehende Varianten *Volumengewicht* und *Volumenstaffel*).

Merkur-Paketdienst – Paketlogistik für das 21. Jahrhundert				
Preistafel				
Volumenstaffel (längste + kürzeste Seite)	**National**	**Zone 1** (EU-Staaten)	**Zone 2** (übriges Europa)	**Zone 3** (weltweit)
S-Paket: 0 bis 30 cm	4,50 EUR	13,00 EUR	19,20 EUR	31,60 EUR
M-Paket: > 30 bis 50 cm	6,90 EUR	17,50 EUR	24,80 EUR	39,50 EUR
L-Paket: > 50 bis 80 cm	9,20 EUR	21,80 EUR	29,00 EUR	49,40 EUR
XL-Paket: > 80 bis 120 cm	12,00 EUR	28,00 EUR	36,30 EUR	60,00 EUR
XXL-Paket: bis max. 320 cm	16,50 EUR	38,50 EUR	48,50 EUR	72,50 EUR
Expresszuschlag nur National und Zone 1 ohne Inseln	bis 08:00 Uhr (Mo–Fr)	bis 10:00 Uhr (Mo–Fr)	bis 12:00 Uhr (Mo–Fr)	samstags
S-Paket	20,00 EUR	10,00 EUR	5,00 EUR	8,00 EUR

M-Paket	20,00 EUR	10,00 EUR	5,00 EUR	8,00 EUR
L-Paket	25,00 EUR	12,00 EUR	6,00 EUR	10,00 EUR
XL-Paket	25,00 EUR	12,00 EUR	6,00 EUR	10,00 EUR
XXL-Paket	30,00 EUR	16,00 EUR	8,00 EUR	15,00 EUR
Sperrgutzuschlag	(nicht quaderförmige Sendungen)			9,40 EUR
Schwergutzuschlag	(Sendungen über 31,5 kg bis 40 kg, nur national und Zone 1)			14,00 EUR
Inselzuschlag	(Nord- und Ostfriesische Inseln, Helgoland)			17,50 EUR

Aufgabe 23

Das Amt für Verkehrsmanagement einer Großstadt hat die Leiterinnen und Leiter verschiedener KEP-Dienste und örtlicher Speditionen zu einem Gespräch über die Verkehrsbelastung der Stadt eingeladen. Die Leiterin des Amtes, Frau Brandes, stellt die Problemlage mit ausführlichem Zahlenmaterial dar und fasst am Ende zusammen:

Frau Brandes: „Ich halte noch einmal fest: Die innerstädtische Versorgung des Handels, der Dienstleister und vor allem auch der Privathaushalte muss neu organisiert werden. Die größten Erfolgsaussichten bietet nach Ansicht der Stadt ein kooperatives City-Logistik-Projekt mit einer Kombination aus Multi- und Micro-Hubs. Die Stadt ist bereit, Verkehrsflächen für die Hubs zur Verfügung zu stellen."

a Beschreiben Sie die Funktionsweise eines kooperativen City-Logistik-Projektes mit Multi- und Micro-Hubs.
b Antworten Sie als Vertreter eines Paketdienstes der Amtsleiterin mit einer kritischen Gegendarstellung des geforderten Projektes.

Aufgabe 24

In der Verwaltung einer Großstadt fand man die Idee eines KEP-Dienstleisters nicht besonders überzeugend: Von seinem Multi-Hub am Stadtrand fuhren morgens große Lkw des Dienstleisters mit Paketen aus dem Onlinehandel in die Innenstadt, wo diese in den Seitenstraßen abgestellt wurden. Vor dort wurden die Pakete mit Lastenrädern im Umfeld zugestellt. Das war zwar ein Fortschritt gegenüber der bisherigen Verfahrensweise (Lkw übernahmen die Endzustellung im dichten Stadtverkehr). Trotzdem hat die Verwaltung neue Vorschläge für alle vier in der Stadt aktiven KEP-Dienstleister entwickelt.

1. Vorschlag: kooperatives Micro-Depot (Micro-Hub)

Das Depot kann von allen KEP-Dienstleistern gemeinsam genutzt werden. Per Lkw werden die Pakete morgens angeliefert, von den Zustellern entladen und mit Lastenrädern und E-Cargobikes ausgeliefert. Die Verwaltung empfiehlt dieses Konzept, weil die Zusteller Staus umfahren können, sie müssen nicht mehr in der 2. Reihe parken und benötigen noch nicht einmal einen Führerschein. Die Endzustellung wird dadurch stark vereinfacht. Optimal wäre die Belieferung der Depots mit Elektro-Lkw, die aber leider technisch noch nicht ausgereift sind. Anfangs würde die Stadt die Flächen für die Micro-Depots zur Verfügung stellen, langfristig müssten die Dienstleister eigene Flächen anmieten. Allerdings gibt es einen großen Wettbewerb um freie Flächen in der Innenstadt und die Mieten sind hoch.

2. Vorschlag: Paketstationen

Massiver Ausbau von Paketstationen an Standorten wie Straßenrand, vor Supermärkten, an Knotenpunkten des öffentlichen Nahverkehrs, auch auf Firmen- oder Universitätsgelände. Die Empfänger erhalten einen Öffnungscode per SMS oder E-Mail und können die Pakete selbst abholen. Die Stationen auf öffentlichen Flächen könnte die Stadt unterstützen. Die Anschaffung von teuren Lastenrädern durch die KEP-Dienstleister würde überflüssig.

3. Vorschlag: ÖPNV-Nutzung

Der öffentliche Personennahverkehr, insbesondere das vorhandene Straßenbahnnetz, soll für die Paketzustellung in die Innenstadt genutzt werden. An den Zielpunkten holen die Zusteller die Sendungen aus den Straßenbahnen und stellen sie mit Lastenrädern zu. Leider ist die Kapazität der Straßenbahnen begrenzt. Reine Fracht-Straßenbahnen wären als Alternative denkbar.

a Nehmen Sie zur Endzustellung von Paketsendungen durch Lkw in Seitenstraßen kritisch Stellung.
b Beurteilen Sie die Vorschläge der Stadtverwaltung und entscheiden Sie sich für einen Vorschlag.
c Entwickeln Sie eine eigene kreative (vielleicht sogar etwas utopische) Lösung für die Paketzustellung auf der letzten Meile.

Aufgabe 25

Ein KEP-Dienstleister erprobt für die Endkundenzustellung einen elektrischen Kleintransporter mit folgenden Eigenschaften:

Eingesetzt wird der Transporter in Innenstädten, weil er eine emissionsfreie Zustellung ermöglicht. Der Paketzusteller entnimmt dem Fahrzeug ein Paket und stellt es zu Fuß bei der Empfangsadresse zu. Das Fahrzeug bewegt sich selbstständig zum nächsten Haltepunkt. Dort wartet es auf den Paketzusteller, der das nächste Paket entnimmt. Der Zusteller ist dauerhaft über eine Kommunikationseinheit mit dem Fahrzeug verbunden und kann es auch an einen anderen Haltepunkt bestellen. Die Steuersoftware des Fahrzeugs optimiert die Zustellroute über ein Navigationssystem. Ergibt sich für das Fahrzeug ein nicht lösbare Verkehrssituation (z. B. ein nicht eindeutig identifizierbares Hindernis), schaltet sich die Leitzentrale ein.

a Begründen Sie, ob es sich bei dem Projekt um teilautomatisiertes, vollautomatisiertes oder um autonomes Fahren handelt.
b Beurteilen Sie, ob man das Fahrzeug auch als Transportroboter bezeichnen kann.

Aufgabe 26

Gerd Berger erhält einen Anruf von Peter Zimmermann, dem Versandleiter eines langjährigen Kunden, der regelmäßig bundesweit Sendungen im Gewichtsbereich um 100 kg versendet. Zimmermann beklagt sich über die seiner Meinung nach zu hohen Preise von Berger; Anfragen bei drei Wettbewerbern für zwei typische Sendungen seines Unternehmens hätten zu deutlich niedrigeren Preisen geführt.

Auf Bergers Bitte hin stellt ihm Zimmermann die Tarifauszüge der Wettbewerber zur Verfügung (vgl. Abschnitt 12.6.1 im Informationshandbuch) und nennt ihm die Daten der beiden Mustersendungen ab Firmenstandort Düsseldorf:

Sendung Nr.	Anzahl Packstücke	Bruttogewicht	Empfangsort (PLZ-Bereich)	Entfernung
1	2	100 kg	Bonn (53)	80 km
2	3	90 kg	Bremen (28)	300 km

a Ermitteln Sie für die beiden Mustersendungen die Preise nach den Tarifbeispielen 1 bis 4 gemäß Abschnitt 12.6.1 im Informationshandbuch.
   Hinweise:
   Tarifbeispiel 1: Der angegebene Mindestpreis ist der Basispreis, auf den noch der kg-Preis aufgeschlagen werden muss.
   Tarifbeispiel 2: Hierbei handelt es sich um den Haustarif der GERD BERGER SPEDITION.
   Tarifbeispiel 3: Wie im Beispiel gelten die PLZ-Bereiche ab dem Standort Düsseldorf.
   Tarifbeispiel 4: Hier gilt, dass die Packstücke der beiden Mustersendungen jeweils auf eine Europalette gepackt werden.
b Begründen Sie anhand des Haustarifs der GERD BERGER SPEDITION, warum der Versender die Packstücke nicht grundsätzlich auf einer Europalette verlädt.

Aufgabe 27

Eine Düsseldorfer Spedition fertigt Lkw-Sammelladungen für fünf Empfangsspediteure mit den Standorten München, Hamburg, Berlin, Hannover und Dresden ab. Die Empfangsspediteure rollen die Sendungen an die Endempfänger aus. Ordnen Sie nachfolgende Orte den Empfangsstationen zu:

Meißen, Neustrelitz, Potsdam, Peine, Freiberg, Freising, Bad Aibling, Glückstadt, Bad Oldesloe, Riesa, Helmstedt, Celle, Dachau, Stade, Ludwigsfelde

Empfangsstation	Empfangsorte
München	
Hamburg	
Berlin	
Hannover	
Dresden	

Aufgabe 28

Eine Sammelgutspedition belädt in Wuppertal an einem Tag drei ihrer Lkw mit Sammelgut für die Empfangsspediteure in Hamburg, Stuttgart und Aachen.

Ordnen Sie je vier der nachfolgenden Endempfängerorte den richtigen Relationen zu:
1 Lüneburg, 2 Itzehoe, 3 Göppingen, 4 Euskirchen, 5 Heilbronn, 6 Eschweiler, 7 Ulm, 8 Elmshorn, 9 Monschau, 10 Jülich, 11 Glückstadt, 12 Pforzheim

Relation Hamburg				
Relation Stuttgart				
Relation Aachen				

Lernsituation 4 zum Informationshandbuch Seite 205–232

Aufgabe 29
Die folgenden Autobahnstrecken weisen Lücken auf. Ergänzen Sie die nachstehenden Orte:
Berlin, Siegen, Magdeburg, Neumünster, Bielefeld, Hannover, Weimar, Würzburg

Dortmund		Frankfurt/Main			Nürnberg
Berlin		Hannover			Hamm
Flensburg		Hamburg			Kassel
Frankfurt (Oder)		Halle			Erfurt

Aufgabe 30
Tragen Sie in den weißen Feldern die Namen der jeweiligen Autobahnkreuze ein (Beispiel: A 1 und A 8 treffen sich am Kreuz Saarbrücken).

BAB-Nr.	1	2	3	4	5	6	7	8	9	10
1										
2										
3										
4										
5										
6										
7										
8	Kreuz Saarbrücken									
9										
10										

Aufgabe 31
Ermitteln Sie, welche zweistelligen Autobahnen der Lkw der GERD BERGER SPEDITION bei den folgenden Transporten befährt:

a	Hamburg – Berlin		g	Mönchengladbach – Ludwigshafen	
b	Dortmund – Frankfurt/Main		h	Kassel – Dortmund	
c	Heilbronn – Singen		i	Göttingen – Leipzig	
d	Suhl – Nürnberg		j	Emden – Bottrop	
e	Magdeburg – Dresden		k	München – Deggendorf	
f	Rosenheim – Kufstein		l	Frankfurt/Main – Fulda	

Aufgabe 32 (Prüfungsnahe Aufgabenstellung)

Situation

Sie sind als Mitarbeiter/-in der Hamburger Spedition ELBE-Logistik in der Sammelgutabfertigung tätig. Heute liegt Ihnen das auf der Folgeseite abgebildete Bordero für den Empfangsspediteur Maintrans in Frankfurt/Main vor. Beide Speditionen sind Mitglieder der Sammelgutkooperation CARGO 24. Die tägliche Tour nach Frankfurt übernimmt für gewöhnlich der Frachtführer Mittelstädt.

Da der Sammelgut-Lkw für die Relation Frankfurt oftmals nicht voll ausgelastet ist, haben Sie bereits bei Ihren Kollegen aus der Abteilung Ladungsverkehre nachgefragt, ob dort ein geeigneter Auftrag vorliegt. Nunmehr liegt nachstehende Mitteilung auf Ihren Schreibtisch:

Abs.: Bitter AG, Schaltschranksysteme, Farnhornstieg 4, 22525 Hamburg

An: ELBE Logistik
Dispo Fernverkehr
Osterfelddeich 15
21129 Hamburg
E-Mail: info@bitter-ag.de

x	Dringend	x	Zur Erledigung		Zur Stellungnahme		Zur Kenntnis		Mit Dank zurück

Betreff:	Speditionsauftrag	Seiten:	1	Datum:	14.05.20(0)

Sehr geehrte Damen und Herren,

bitte um Info, ob Sie folgenden Transport organisieren können:

6 Einwegpaletten, Maße (LBH) 145 × 110 × 285 cm, Bruttogewicht je Palette 380 kg
Achtung! Schaltschränke – bitte unbedingt aufrecht transportieren – nicht kippen!

6 Euroflachpaletten Lüftungsgeräte, Bruttogewicht je Palette 250 kg

4 Euroflachpaletten Schienensysteme, Bruttogewicht je Palette 190 kg

Empfänger:
Klinikum St. Simon
Spessartring 18
64287 Darmstadt
Liefertermin: 16.05.20(0), 09:00 Uhr

Die Sendung steht in unserem Auslieferungslager in Hamburg-Harburg, Großmoorbogen 11 bereit und kann am 15.05.20(0) zwischen 08:00 und 18:00 Uhr geladen werden.

Die Rechnung für die Frachtkosten Frei Haus Empfänger bitte an uns.

Mit freundlichen Grüßen

Kramer

i. A. Gerd Kramer

BORDERO

Nr. 60-095-20(0)
Datum: 15.05.20(0)

Relation:
60 / Frankfurt am Main

Versandspediteur:
ELBE Logistik, Osterfelddeich 15, 21129 Hamburg
www.elbe-logistik.de
Tel: 04065656-100, E-Mail: info@elbelogistik.de

Empfangsspediteur:
Spedition MAINTRANS
Gutleutstr. 101
60329 Frankfurt am Main

Frachtführer:
Frank Mittelstädt
Gässtr. 27
25524 Itzehoe

Pos	Zeichen/ Nummer	An-zahl	Art	Inhalt	Gewicht kg	Versender	Empfänger	Fran-katur	Vom Empfänger zu erheben		Rückrechnung	
									steuerfrei Euro	steuerpflichtig Euro	Verteilkosten (Nachlauf)/ Euro	Sonstiges Euro
01	BAU 51-54	4	Euroflach-paletten	Tierfutter in Dosen	1 800	Gebr. Baumann Langelohe 3 25337 Elmshorn	Zoohandlung Seier Merianstr. 7 60316 Frankfurt/M.	frei Haus				
02	IBO 20 1-2	2	Industrie-paletten	Laubbläser	960	IBO Zentrallager Nord Packersweide 12 20539 Hamburg	IBO Baumarkt Hafenallee 22 – 26 63067 Offenbach	frei Haus				
03	BEAG 1-6	6	Einweg-paletten 75 × 135 cm 1 × stapelbar	Werkzeuge	2 400	Buchholzer Eisenwerke AG Bremer Str. 6 – 10 21244 Buchholz in der Nordheide	Gerber & Scholz Fachgroßhandel Canthalstr. 55 63450 Hanau	frei Haus				
04	LFA 10-30	3	Euroflach-paletten	Leder-bekleidung	900	Lederfabrikation Altona Rugenbarg 34 22549 Hamburg	Kaufhaus am Park Schwedenpfad 4 61348 Bad Homburg vor der Höhe	frei Haus				
05	He 100	1	Holzkiste 0,85 × 2,2 m	Wärme-pumpe	1 250	Heppner GmbH Ziegelstr. 163 23556 Lübeck	Alois Halter KG Jean-Monnet-Str. 70 60435 Frankfurt/M.	unfrei				
	Summe:	16		Summe:	7 310		Summen:					

Lernsituation 4 zum Informationshandbuch Seite 205–232

1 (10 Punkte)

Sie nehmen die detaillierte Planung für den heutigen Transport zum Frankfurter Empfangsspediteur MAINTRANS vor. Für gewöhnlich setzt der Frachtführer Mittelstädt auf dieser Relation einen Gliederzug mit Wechselbrücken nach BDF-Norm (Innenlänge je 7,30 m) ein.

1.1 Ermitteln Sie die Lademeter der im Bordero aufgeführten Sendungen.

(**Hinweis:** wenn nicht anders angegeben, sind die Packstücke nicht stapelbar.)

1.2 Überprüfen Sie, ob die verbleibenden Lademeter für die vorliegende Teilladung ausreichen.

1.3 Begründen Sie, welche der nachstehenden Lkw-Aufbauten Sie aufgrund der Sendungsangaben im Speditionsauftrag bei Mittelstädt bestellen müssten:
- Plane
- Tautliner
- Jumbo
- Koffer mit Kühlaggregat

1.4 Beschreiben Sie drei Möglichkeiten, wie aus dem Speditionsauftrag ein gültiger Speditionsvertrag werden kann.

1.5 Geben Sie zwei Maßnahmen an, mit denen der Versender die Einhaltung der Handhabungshinweise gewährleisten kann.

2 (4 Punkte)

Die Sendung auf Position 01 ist mit einer Versender-Nachnahme in Höhe von 1 400,00 EUR belegt.

2.1 Tragen Sie den Nachnahmebetrag an der entsprechenden Position im Bordero ein und begründen Sie Ihre Entscheidung.

2.2 Nennen Sie zwei Nebengebühren, die der Empfangsspediteur Maintrans im Zusammenhang mit der Nachnahmesendung an ELBE-Logistik abrechnen kann.

2.3 Geben Sie dem Fahrer eine Verhaltensempfehlung für den Fall, dass sich der Empfänger weigert, den Nachnahmebetrag zu bezahlen.

3 (3 Punkte)

Für die einzige Unfrei-Sendung im Bordero wird ein Betrag von 224,00 EUR erhoben. Dieser entspricht dem Haustarif von ELBE-Logistik unter Berücksichtigung einer Minusmarge von 20 %.

3.1 Tragen Sie den Betrag von 224,00 EUR an der entsprechenden Position im Bordero ein und begründen Sie Ihre Entscheidung.

3.2 Beschreiben Sie, was in diesem Zusammenhang unter dem Begriff „Marge" zu verstehen ist.

3.3 Berechnen Sie den Betrag, der gemäß Haustarif ohne Marge in Rechnung gestellt würde.

4 (5 Punkte)

Normalerweise fährt der Lkw auf der kürzesten Route über Bad Hersfeld nach Frankfurt. Aufgrund einer nächtlichen Vollsperrung wegen Brückenbauarbeiten entscheidet sich der Fahrer, einen Umweg von rund 100 zusätzlichen Kilometern über Köln in Kauf zu nehmen.

4.1 Nennen Sie die einstelligen Bundesautobahnen (BAB), die der Lkw auf den beiden Strecken jeweils befährt.

Hamburg	a BAB-Nr.:	Bad Hersfeld	b BAB-Nr.:	Frankfurt/Main
Hamburg	c BAB-Nr.:	Köln	d BAB-Nr.:	Frankfurt/Main

4.2 Geben Sie an, an welchen der oben genannten Streckenabschnitte (a, b, c oder d) die nachstehenden Städte liegen.

Dortmund		Wiesbaden		Hannover	
Göttingen		Bremen		Münster	

5 (4 Punkte)

Im Rahmen einer BAG-Kontrolle am Rasthof Lüdenscheid verlangt der Kontrolleur die Frachtbriefe für die beförderten Sendungen.

5.1 Geben Sie an, wofür das Kürzel BAG steht.

5.2 Begründen Sie, ob der Fahrer die Frachtbriefe mit sich führen muss.

5.3 Nennen Sie zwei alternative Papiere, die der Fahrer anstatt eines Frachtbriefes vorlegen könnte.

5.4 Nennen Sie zwei persönliche Papiere, die der Fahrer im Falle einer Kontrolle mit sich führen muss.

Lernsituation 4 zum Informationshandbuch Seite 205–232   **85**

6 (4 Punkte)

Gelegentlich kommt es vor, dass bei ELBE-Logistik für die Relation Frankfurt/Main nur rund 3 Lademeter vorliegen und auch keine passende Teilladung zur Verfügung steht.
Dann nutzt ELBE-Logistik entweder das in der Nähe von Kassel liegende HUB der Kooperation CARGO 24 oder man tritt als Beilader bei der befreundeten Spedition Scholz & Petersen in Erscheinung.

6.1 Beschreiben Sie detailliert den typischen Tourverlauf des Lkw, der unter anderem die 3 Lademeter für Frankfurt zum HUB in Kassel transportiert.

6.2 Begründen Sie, welcher Verkehrsvertrag zwischen ELBE-Logistik und Petersen & Scholz aufgrund des Beilader-Status von ELBE-Logistik geschlossen wird.

SELBSTTEST LERNSITUATION 4

→ Diese **Prozesse** beherrsche ich (X):

	voll	weit-gehend	eher nicht	gar nicht
einen Tourenplan für das Abholen von Sammelgutsendungen erstellen				
Arbeitsanweisungen für Lagermitarbeiter zu den Kontrollarbeiten bezüglich Verpackung und Kennzeichnung von Sendungen formulieren				
einen Vorschlag für ein Sendungsverfolgungssystem entwickeln und die notwendigen Scan-Punkte festlegen				
Schnittstellenkontrollen durchführen				
die Abholung von Gütern im Speditionsnahverkehr organisieren				
das Entgelt für eine Unfrei-Sendung berechnen				
ein Bordero und einen Frachtbrief erstellen				
eingehende Rechnungen vom Frachtführer und Empfangsspediteur prüfen				
das Rohergebnis für eine Sammelladung ermitteln				
den Anschluss an eine Sammelgutkooperation prüfen				
KEP-Dienste für Besorgungsaufträge nutzen				

→ Diese **Begriffe** kenne ich (✓):

autonomes Fahren ☐	KEP-Dienste ☐	Rohergebnis ☐
Begegnungsverkehr ☐	Marge ☐	Sammelgutkooperation ☐
Bordero ☐	Micro-Hub ☐	Schnittstellenkontrolle ☐
Direktrelationsverkehr ☐	NVE-Code ☐	Sendungsverfolgung ☐
Direktverkehr ☐	Palettentauschgebühr ☐	Tracking ☐
HUB and SPOKE ☐	RFID ☐	Verteilkosten ☐

Abschlussaufgabe Lernsituation 4

Situation
Der Empfangsspediteur HOMBERG in Berlin ist Mitglied der Sammelgutkooperation C-Line. Im Zuge der Zusammenarbeit mit GERD BERGER sendet HOMBERG ab sofort regelmäßig Sendungen nach Düsseldorf.

1

Nahverkehrsunternehmer BRAUN aus Berlin holt im Auftrag von HOMBERG für den Potsdamer Kunden KRAMER & SOHN eine Palette mit 601 kg in dessen Auslieferungslager in Frankfurt (Oder) ab. Empfänger ist die SEEWALD KG in Mönchengladbach, die Sendung wird allerdings in das Zweigwerk Leverkusen der SEEWALD KG geliefert. BERGER als Empfangsspediteur in Düsseldorf stellt die Sendung mit eigenem Fahrzeug zu. Im Hauptlauf von Berlin nach Düsseldorf kommt die Spedition TURBOTRANS zum Einsatz.

Entfernungstabelle

km	Berlin	Düsseldorf	Frankfurt/Oder	Leverkusen	M'gladbach	Potsdam
Berlin	–	559	104	562	590	37
Düsseldorf	559	–	625	32	31	529
Frankfurt/Oder	104	625	–	628	625	123
Leverkusen	562	32	628	–	65	532
M'gladbach	590	31	625	65	–	568
Potsdam	37	529	123	532	568	–

Haustarif der Spedition HOMBERG (Auszug)

Entfernung in km	Gewicht in kg				
	401–500	501–600	601–700	701–800	801–900
	Euro	Euro	Euro	Euro	Euro
401–500	212,60	250,20	293,30	336,50	357,20
501–600	218,50	257,10	301,50	346,00	367,70
601–700	229,40	270,80	317,80	364,80	388,90
701–800	234,90	277,70	325,70	373,80	399,10

a Ermitteln Sie das Haus-Haus-Entgelt für die oben genannte Sendung nach dem Haustarif.
b Beschreiben Sie, welche Leistungen das Haus-Haus-Entgelt umfasst.

2

Ermitteln Sie, welchen Betrag GERD BERGER der Spedition HOMBERG für die Sendung aus Aufgabe 1 in Rechnung stellt, wenn folgende Vereinbarungen gelten:

Nachlauf	Bis 30 km	Bis 60 km	Über 60 km
bis 300 kg	0,09 EUR/kg	0,10 EUR/kg	0,11 EUR/kg
bis 600 kg	0,08 EUR/kg	0,09 EUR/kg	0,10 EUR/kg
über 600 kg	0,07 EUR/kg	0,08 EUR/kg	0,09 EUR/kg
EuV: 1,75 EUR je angefangene 100 kg			

3

a Führen Sie alle Vertragsbeziehungen zwischen den Beteiligten aus Aufgabe 1 an.
b Stellen Sie dar, wie sich die Vertragsbeziehungen verändern würden, wenn der Empfänger der Sendung die Spedition HOMBERG mit dem Transport beauftragen würde.

Lernsituation 4 zum Informationshandbuch Seite 205–232

4

Aufgrund stetig steigenden Palettenaufkommens schlägt die Spedition HOMBERG der GERD BERGER SPEDITION die Einrichtung eines Direktrelationsverkehrs in Form eines Begegnungsverkehrs vor.
a Erläutern Sie die Voraussetzungen und die Funktionsweise eines Begegnungsverkehrs.
b Schlagen Sie einen Ort zwischen Berlin und Düsseldorf vor, der als Treffpunkt geeignet wäre.
c Nennen Sie die Vorteile, die sich die Partner von der Einrichtung eines Begegnungsverkehrs versprechen.

5

Der Empfänger SEEWALD ruft in der Disposition von HOMBERG an und fragt nach dem Verbleib seiner Sendung. Mithilfe des Sendungsverfolgungssystems kann sofort eine Auskunft erteilt werden.
a Erläutern Sie, zwischen welchen Schnittstellen sich die Sendung während der Zustelltour befindet und wie die Statusmeldung vermutlich lauten wird.
b Unterscheiden Sie in diesem Zusammenhang die Begriffe „Tracking" und „Tracing".

6

Bei den Sendungen, die der Berliner Versender SCHNEIDER & Co. für das Düsseldorfer Leitgebiet versendet, kommt oftmals der Sperrigkeitsfaktor zum Tragen. Prüfen Sie, ob die nachfolgenden Sendungen gemäß dem Haustarif der Spedition HOMBERG sperrig sind, und welches Gewicht bei der Frachtberechnung jeweils zugrunde gelegt werden muss:
a 1 Palette: 120 cm × 80 cm × 150 cm, 465 kg,
b 1 Kiste: 90 cm × 130 cm × 100 cm, 234 kg,
c 1 Karton: 110 cm × 140 cm × 85 cm, 108 kg.

Sperrigkeitsvereinbarung

1 m^3, Minimum 180 kg

7

Der Disponent von HOMBERG stellt fest, dass in letzter Zeit immer häufiger 20 oder mehr Paletten in die Relation Düsseldorf zu verladen sind. Er stellt sich daher die Frage, ob es nicht sinnvoller sei, diese Partien direkt nach Düsseldorf zu transportieren, anstatt sie über das HUB der Kooperation C-Line in Bad Hersfeld zu verladen.
Unter reinen Kostengesichtspunkten lässt sich diese Frage mathematisch klären. Folgende Informationen stehen für die Berechnung zur Verfügung:

I. Die Kosten für eine Komplettladung (maximal 36 Palettenstellplätze) mit Sammelgut auf der Relation Berlin – Düsseldorf betragen 620,00 EUR.

II. Bei einer Verladung über HUB Bad Hersfeld sind folgende Kostenbestandteile zu berücksichtigen:
   – Der Transport von Sammelgut vom Umschlaglager Berlin nach Bad Hersfeld kostet 360,00 EUR. Die Kosten werden von HOMBERG getragen. Bei einer durchschnittlichen Auslastung von 30 Paletten pro Transport kostet eine Palette somit 12,00 EUR.
   – Die Umschlagkosten im HUB Bad Hersfeld werden den Ausgangsniederlassungen mit 1,50 EUR pro 100 kg berechnet. Das durchschnittliche Palettengewicht der Sendungen von HOMBERG für das Gebiet Düsseldorf beträgt 360 kg.
   – Die Transporte vom HUB zu den Empfangsniederlassungen werden von der Zentraldisposition in Bad Hersfeld organisiert. Die Abrechnung erfolgt auf Stellplatzebene. Für Transporte nach Düsseldorf werden 9,50 EUR pro Palettenstellplatz erhoben.

a Berechnen Sie anhand obiger Informationen die Anzahl an Paletten, ab der sich ein Direkttransport von Berlin nach Düsseldorf lohnt.
b Führen Sie weitere Aspekte an, die eine Entscheidung, ob eine Verladung direkt oder über das Zentral-HUB organisiert wird, beeinflussen.

8

Stellen Sie fest, welche Autobahnen der Lkw auf dem Weg von Berlin zum HUB nach Bad Hersfeld befährt und an welchen Kreuzen er jeweils die Autobahn wechseln muss. Ermitteln Sie weiterhin die zwei fast gleich weiten Alternativen für die Tour von Bad Hersfeld nach Düsseldorf.

Lernsituation 5
Speditionsverträge mit eigenen Fahrzeugen abwickeln

Heute trifft in der GERD BERGER SPEDITION die nachfolgende Mitteilung ein.

WERNER ENDRES GMBH
Obst- und Gemüsekonserven
Neusser Straße 88
41564 Kaarst

Werner Endres GmbH, Neusser Straße 88, 41564 Kaarst
Gerd Berger Spedition e. K.
Merkurstraße 14
40223 Düsseldorf

E-Mail: info@endres.de
Telefon-Nr.: 02131 75598

Transportauftrag

Datum 05.10.20(0)

Wie telefonisch besprochen erhalten Sie folgenden Transportauftrag:

Zeichen/Nummern	Anzahl/Verpackung	Art des Gutes	Gewicht	Vermerke
EN1-26	26 Europaletten	Gemüsekonserven	18 t	
Empfänger	Hellmer Großmarkt, Alsterbogen 89, 24943 Flensburg			
Beladestelle	Neusser Straße 88, 41564 Kaarst			
Entladestelle	Alsterbogen 89, 24943 Flensburg			
Abholung	06.10.20(0), abholbereit im Laufe des Vormittags ab 07:00 Uhr	Anlieferung	Die Sendung muss spätestens am 06.10.20(0) um 20:00 Uhr in Flensburg sein.	
Frankatur	frei Haus	Fracht	650,00 EUR netto	
Sonstige Vereinbarungen	Der Frachtbrief wird von Ihnen ausgestellt.			

Dies ist der erste Auftrag eines neuen Großkunden – so war Frau Theben mit der ENDRES GmbH übereingekommen. Da mit einem hohen Sendungsaufkommen zu rechnen ist, hatte man in der GERD BERGER SPEDITION entschieden, einen eigenen Lkw anzuschaffen und ihn besonders für diesen Kunden einzusetzen. Mehr Flexibilität im Fahrzeugeinsatz und größere Zuverlässigkeit beim Transport mit eigenem Personal waren wichtige Gesichtspunkte, die in der Diskussion um den Selbsteintritt vorgebracht wurden. Natürlich hoffte man auch, das Betriebsergebnis durch die Übernahme von Transporten mit eigenen Fahrzeugen zu verbessern.

Für die Teilnahme am Güterkraftverkehr ist eine Erlaubnis erforderlich, die beim Straßenverkehrsamt beantragt werden muss. Die Erlaubnis soll für die GERD BERGER SPEDITION beantragt werden. Als Verkehrsleiter ist Herr Berger anzugeben.
Herr Berger hat bereits folgende Unterlagen eingeholt bzw. zurechtgelegt:

- sein Zeugnis über die erfolgreiche Prüfung zum Speditionskaufmann vor der Industrie- und Handelskammer Düsseldorf,

- eine Bescheinigung des Finanzamtes und der Stadt Düsseldorf über die steuerliche Zuverlässigkeit des Unternehmens,

- eine Bescheinigung der Krankenkasse, dass die Beiträge zur Sozialversicherung immer pünktlich entrichtet worden sind,

- eine Bescheinigung der Berufsgenossenschaft, dass die Beiträge zur Unfallversicherung ordnungsgemäß bezahlt wurden,

- ein Führungszeugnis des Bundeszentralregisters in Berlin über das Ordnungsamt der Stadt Düsseldorf, aus dem hervorgeht, dass Herrn Berger keine schweren Verstöße im Sinne der Berufszugangsverordnung vorzuwerfen sind,

- eine Bescheinigung (Auskunft) aus dem Gewerbezentralregister (ebenfalls über das Ordnungsamt der Stadt Düsseldorf), dass sich die GERD BERGER SPEDITION keine Vergehen gegen das Gewerberecht hat zuschulden kommen lassen,
- ein Auszug aus dem Handelsregister.

Aufgrund der nachfolgend abgebildeten Bilanz hat die Commerzbank Düsseldorf eine Eigenkapitalbescheinigung ausgestellt.

Bilanz zum 01.09.20(0)

Aktiva		Bilanz der Gerd Berger Spedition e. K., Düsseldorf		Passiva
I. Anlagevermögen		I. Eigenkapital		89 552,00
1. Transportgeräte	15 198,00	II. Fremdkapital		
2. Fahrzeuge	38 970,00	1. langfristige Schulden		
3. Betriebs- und Geschäfts-Ausstattung	36 741,00	1.1 Darlehen		57 000,00
		...		
		2. kurzfristige Schulden		
II. Umlaufvermögen		2.1 Verbindlichkeiten		55 007,00
1. Forderungen	68 692,00	2.2 Bankschulden		
2. Bank	43 994,00	2.3 Umsatzsteuerzahllast		3 596,00
3. Kasse	1 560,00			
	205 155,00			205 155,00

Der Antrag zur Erteilung der Erlaubnis ist an das Straßenverkehrsamt Düsseldorf zu senden. Anschrift: Stadtverwaltung Düsseldorf, Straßenverkehrsamt, Heinrich-Ebert-Straße 61, 40468 Düsseldorf. Das Datum lautet: 15.09.20(0).

Auf der Suche nach einem geeigneten Fahrzeug entschied sich die Spedition für einen Gliederzug mit einem zulässigen Gesamtgewicht von 40 t und einer Nutzlast von 25 t (Motorwagen 12 t, Anhänger 13 t). Die Anschaffung wurde über die Firma AUTOHAUS NIEMEYER, Saarbrücker Straße 106 in 40476 Düsseldorf, abgewickelt. Die Erstellung des Pritschenaufbaus für den Motorwagen und eines geeigneten Anhängers erledigte die Firma FAHRZEUGBAU ROBERT, Rheinbabenstraße 14 in 40476 Düsseldorf. Das Fahrzeug wurde unter dem amtlichen Kennzeichen D-MZ 4883 (Anhänger D-JP 2341) zugelassen und steht einsatzbereit auf dem Gelände der Spedition.

Unsere Kunden sollen darüber informiert werden, dass wir zukünftig mit eigenen Fahrzeugen fahren. Vor allem die Betreuung der Sendungen auf der Transportstrecke durch eigenes Personal soll werblich herausgestellt werden.

Herr Schneider wurde als Fahrer eingestellt. Er ist allerdings neu in diesem Beruf tätig, sodass ihm einige grundlegende Dinge erläutert werden müssen:

- Mitführungspflichten (welche Papiere der Fahrer im Güterkraftverkehr mitzuführen hat),
- sein Verhalten bei der Be- und Entladung der Güter beim Absender bzw. Empfänger,
- Kontrollarbeiten bei der Übernahme der Sendung beim Absender,
- Ladezeit, die dem Absender zur Verfügung steht,
- Verhalten bei Verzögerungen anlässlich der Be- und Entladung,
- Informationen über den Umgang mit dem Frachtbrief,
- Ablieferung und Inkasso,
- eine sorgfältige Erläuterung der Vorschriften zu den Lenk- und Ruhezeiten.

Die Anweisung soll sich nach den Rechten und Pflichten des Frachtführers richten, wie sie im HGB festgelegt sind. Die ADSp 2017 sollen ergänzend hinzugezogen werden, wenn das HGB keine präzisen Aussagen macht. Die Lenk- und Ruhezeiten sind in den EG-Sozialvorschriften geregelt. Die nachfolgende Übersicht gibt die Fundstellen im HGB und in den ADSp 2017 an.

Lernsituation 5 zum Informationshandbuch Seite 80–130, 524-530

Inhalte der Arbeitsanweisung	HGB	ADSp

a Be- und Entladen
   – beförderungssichere Beladung
   – betriebssichere (verkehrssichere) Beladung
   – Entladung
	§412	

b Kontrollarbeiten bei der Übernahme der Sendung beim Absender	§§409, 411	Ziffer 6, 7
c Ladezeit	§412 Abs. 2	Ziffer 11.2
d Verzögerungen bei der Be- und Entladung	§417 Abs. 1, 2	Ziffer 11.4
e Frachtbrief	§§408, 409	
f Ablieferung und Inkasso	§§420 Abs. 1, 422 Abs. 1, 3	Ziffer 13.1 bis 13.3

Qualitätsmanagement, siehe Seite 497

Das Informationsblatt über die Tätigkeiten des Fahrers soll eine erste Arbeitsanweisung sein. Die GERD BERGER SPEDITION plant, die Qualität ihrer Arbeit von dritter Stelle zertifizieren zu lassen. Arbeitsanweisungen sollen daher auf einem Formular erfasst werden, wie es nachfolgend dargestellt wird. Die Arbeitsanweisung muss für den Fahrer verständlich und eindeutig formuliert sein. Dabei müssen die gesetzlichen Vorschriften dargestellt werden, damit der Fahrer seine Verantwortung für die Einhaltung der Lenk- und Ruhezeiten wahrnehmen kann.

Muster (Vorschlag)

Gerd Berger Spedition e. K.

Seite	1 von …		Erstellt:
Ausgabe Nr.	1	**Arbeitsanweisung** **Fahrerverhalten im Güterfernverkehr**	Geprüft:
Ausgabedatum:	04.12.20(0)		Genehmigt:

1 Beladen des Lkw
- Der Absender ist verpflichtet, die Güter auf dem Lkw zu verladen.
- Bei entsprechender Vereinbarung kann der Fahrer diese Aufgabe übernehmen. Die Vereinbarung ist auf dem Abholauftrag vermerkt.
- Der Absender hat die Güter so zu verladen, dass …
- …

2 Kontrollarbeiten bei der Übernahme der Sendung
- Der Fahrer hat die Sendung bei der Übernahme in folgenden Punkten mit den Frachtpapieren (Abholauftrag, Frachtbrief o. a.) zu vergleichen:
  – Anzahl der Packstücke
  – unbeschädigter äußerer Zustand
  – …
…

Die erste Fahrt des Fahrers nach Flensburg soll zum Anlass genommen werden, um mit dem Fahrer zusammen die Lenk- und Ruhezeiten auf diesem Transport (Hin- und Rückfahrt) genau durchzuplanen. Auch die Handhabung des digitalen Tachografen (Fahrtenschreibers) muss ihm in diesem Zusammenhang erklärt werden.

```
h   12:44  12:58
⊙   12:58  13:04
h   13:04  13:20
⊙   13:20  14:39
✗   14:39  15:24
⊙   15:24  15:41
✗   15:41  15:43
----  ------  ------
?   15:43  15:45
----  ------  ---1--
✗   15:45  15:49
----  ------  ------
?   15:49  15:50
----  ------  ---1--
h   15:50  15:58
⊙   15:58  17:22
✗   17:22  17:29
⊙   17:29  17:31
         1 435 km;   558 km
```

Tagesausdruck

Copyright: Kraftfahrt-Bundesamt, Flensburg

Da es sich um den ersten Auftrag eines neuen Kunden handelt, hat Frau Theben sich vorgenommen, die Kundenwünsche besonders sorgfältig zu erfüllen. Insbesondere ist das Fahrzeug so zu disponieren, dass der Ablieferungstermin exakt eingehalten wird – selbstverständlich unter Beachtung der gesetzlich vorgeschriebenen Lenk- und Ruhezeiten.

In der Transportablauf- und Terminplanung sind zwei Rückladungen von Flensburg nach Koblenz und von Koblenz nach Neuss zu berücksichtigen. Absender in Flensburg ist der HELMER GROSSMARKT. In Koblenz laden wir 15 t Motorgehäuse für DEGENER & LUTZ in Neuss.

Sendungsdaten der Rückladungen

1	Rückladung ab Flensburg:
	HELMER GROSSMARKT, Alsterbogen 89, 24943 Flensburg 20 t Konserven, 26 Paletten, zur PRO-Einkaufsgenossenschaft, Alte Burgstraße 147, 56077 Koblenz
2	Rückladung ab Koblenz:
	15 t Motorgehäuse, 17 Paletten, von METALLWERKE SEYER GmbH, In der Laach 22, 56072 Koblenz Empfänger: DEGENER & LUTZ, Holzheimer Weg 33, 41464 Neuss

Für alle Sendungen stimmt die Ablieferungsadresse mit der Empfängeranschrift überein.

Unser Fahrer beginnt mit der Tour am 06.10.20(0) um 07:30 Uhr auf dem Hof der GERD BERGER SPEDITION. Die Tagesruhezeit kann nicht verkürzt werden.

Für die Pflicht zur Be- und Entladung gilt die gesetzliche Regelung. Alle Be- und Entladevorgänge dauern jeweils 30 Minuten und sind in der Zeit von 05:00 bis 20:00 Uhr möglich. Die Durchschnittsgeschwindigkeit beträgt 60 km/h.

Lernsituation 5 zum Informationshandbuch Seite 80–130, 524-530

Entfernungen

Von	Nach	km
Düsseldorf	Kaarst	30
Kaarst	Flensburg	540

Von	Nach	km
Flensburg	Koblenz	660
Koblenz	Koblenz	15
Koblenz	Neuss	150
Neuss	Düsseldorf	15

Muster einer Tourenplanungstabelle (Vorschlag)

Datum	Uhrzeit von	Bis	Ortsangaben, Tätigkeiten	km	Fahrzeit (Std.:Min.)	Pause (Std.:Min.)
06.10.20(0)	07:30	08:00	Abfahrt Düsseldorf	30	0:30	
	08:00	08:30	Ankunft ENDRES, Beladung			0:30
	08:30	12:30	Weiterfahrt	240	4:00	
	12:30	13:00	Pause Höhe Vechta			0:30
	13:00	(…)	Weiterfahrt	(…)		
	(…)	(…)	(…)			

Arbeitsauftrag (Vorschlag)
Schaffen Sie die Voraussetzungen für den Selbsteintritt der GERD BERGER SPEDITION im Güterkraftverkehr.
1. Beantragen Sie die Güterkraftverkehrs-Erlaubnis mit dem unten stehenden Antragsformular. Prüfen Sie dabei, ob die Voraussetzungen der Berufszugangsverordnung erfüllt sind.
2. Erledigen Sie die erforderlichen Arbeiten, damit die der Spedition vorliegenden Aufträge abgefertigt werden können:
   a Disponieren Sie den Auftrag und die Rückladungen in zeitlicher Hinsicht und erstellen Sie einen Tourenplan einschließlich Nennung der zu befahrenden Autobahnen.
   b Erstellen Sie unter Beachtung der gesetzlichen Vorschriften den Frachtbrief für den Transport von Kaarst nach Flensburg.
3. Erstellen Sie eine Anweisung für den Fahrer, in der Sie seine Aufgaben bei der Abwicklung eines Transportes genau beschreiben.
4. Informieren Sie den Kunden ENDRES über den Einsatz eines eigenen Fahrzeugs.

Daten zu Gerd Berger siehe Firmenhandbuch, Seite 5

Hinweis: 2.2 muss nicht ausgefüllt werden, wenn der Unternehmer der Verkehrsleiter ist.

Antrag auf Erteilung einer

Erlaubnis für den gewerblichen Güterkraftverkehr (§ 3 Abs. 1 GüKG)

Gemeinschaftslizenz (Artikel 3 der Verordnung [EWG] Nr. 881/92)

1   Antragstellendes Unternehmen
1.1 Name bzw. Firma und Rechtsform

1.2 Zuständiges Amtsgericht, falls das Unternehmen im Handels- oder Genossenschaftsregister eingetragen ist
----
1.3 Hauptsitz

                        (Straße und Hausnummer)

                (Postleitzahl und Ort, Telefon, Telefax, E-Mail)

2   Antragstellender Unternehmer und Verkehrsleiter
2.1 (Vor und Familienname, abweichender Geburtsname)   (Tag und Ort der Geburt)

     (Anschrift)   (Stellung im Unternehmen)

2.2 _____   _____
   (Vor und Familienname, abweichender Geburtsname)   (Tag und Ort der Geburt)

   _____   _____
   (Anschrift)   (Stellung im Unternehmen)

3 Niederlassungen
3.1 _____
   (Straße und Hausnummer)
3.2 _____
   (Straße und Hausnummer)
   (Bitte alle Niederlassungen angeben, gegebenenfalls in einer ergänzenden Anlage.)

4 Anzahl der benötigten Ausfertigungen/beglaubigten Abschriften
   Entsprechend der Anzahl der eingesetzten Kraftfahrzeuge (Lastkraftwagen und Zugmaschinen/Sattelzug-
   maschinen) werden _____ Ausfertigungen/beglaubigte Abschriften der
   ☐ Erlaubnis
   ☐ Gemeinschaftslizenz beantragt.

5 Fahrzeugliste
   _____   _____
   (Fahrzeugart)   (zulässiges Gesamtgewicht)

   _____   _____
   (Fahrzeugart)   (zulässiges Gesamtgewicht)

   (Bitte führen Sie alle von Ihnen eingesetzten Fahrzeuge auf (gegebenenfalls in einer ergänzenden Anlage),
   und zwar jeweils die Art (Lastkraftwagen, Zugmaschine/Sattelzugmaschine oder Anhänger/Auflieger) und
   das zulässige Gesamtgewicht; bei Sattelzugmaschinen ohne Auflieger bitte das zulässige Gesamtgewicht
   der in der Regel eingesetzten Fahrzeugkombination angeben, wenn es weniger als 40 Tonnen beträgt.)

6 Bereits erteilte Genehmigungen
   Das Antrag stellende Unternehmen ist bereits Inhaber einer:
   ☐ Erlaubnis   mit   ☐ Ausfertigungen
   ☐ Gemeinschaftslizenz   mit   ☐ beglaubigten Abschriften;

   _____   _____
   (Nummer)   (Datum der Erteilung)

   _____   _____
   (Gültigkeitszeitraum)   (Erteilungsbehörde)

7 Bestätigung und Unterschrift
   Hiermit wird bestätigt, dass die vorstehenden Angaben vollständig und richtig sind.

   _____   _____
   (Ort und Datum)   (rechtsverbindliche Unterschrift)

Bitte fügen Sie Ihrem Antrag folgende Unterlagen bei:

1 für den Antrag stellenden Unternehmer:
   a) den Auszug aus dem Handels- oder Genossenschaftsregister (beglaubigte Abschrift), wenn eine
      entsprechende Eintragung besteht,
   b) das Führungszeugnis und die Auskunft aus dem Gewerbezentralregister,
   c) die Unterlagen, die zum Nachweis der finanziellen Leistungsfähigkeit des Betriebes nach § 2 Abs. 2 bis
      4 der Berufszugangsverordnung für den Güterkraftverkehr erforderlich sind
      (Unbedenklichkeitsbescheinigungen des Finanzamts, der Gemeinde, der Träger der Sozialversicherung
      und der Berufsgenossenschaft, deren Stichtage zum Zeitpunkt der Antragstellung nicht länger als drei
      Monate zurückliegen dürfen, sowie Eigenkapitalbescheinigung, gegebenenfalls mit Zusatzbescheini-
      gung, deren Stichtage zum Zeitpunkt der Antragstellung nicht länger als ein Jahr zurückliegen dürfen),
   d) den Nachweis der fachlichen Eignung, falls der Antrag stellende Unternehmer die Güterkraftverkehrs-
      geschäfte selbst führt;
2 für den Verkehrsleiter:
   a) das Führungszeugnis,
   b) die Auskunft aus dem Gewerbezentralregister,
   c) den Nachweis der fachlichen Eignung,
   d) den Nachweis des Beschäftigungsverhältnisses.
   Das Führungszeugnis und die Auskunft aus dem Gewerbezentralregister sind zur Vorlage bei der Erlaub-
   nisbehörde zu beantragen. Sie dürfen nicht älter als 3 Monate sein.

1 Absender (Name, Anschrift)	**FRACHTBRIEF** **für den gewerblichen** **Güterkraftverkehr**
2 Empfänger (Name, Anschrift)	3 Frachtführer (Name, Anschrift)
4 Meldeadresse	5 nachfolgende Frachtführer (Name, Anschrift)
6 Übernahme des Gutes Versandort Beladestelle 8 Ablieferung des Gutes Ort Entladestelle 9 beigefügte Dokumente	7 Vorbehalte und Bemerkungen der Frachtführer

10 Anzahl der Packstücke	11 Zeichen und Nummern	12 Art der Verpackung	13 Bezeichnung des Gutes	14 Bruttogewicht in kg	15 Volumen in m³

16 Gefahrgut-Klassifikation			Nettomasse kg/l	
UN-Nr.	Offizielle Benennung			
Nummer Gefahrzettel	Verpackungsgruppe		Tunnelbeschränkungscode	

17 Weisungen des Absenders (Zoll- und sonstige amtliche Behandlung des Gutes)

18 Nachnahme:	20 Besondere Vereinbarungen
19 Frankatur	

21 Ausgefertigt in	am	Gut empfangen am
22 Unterschrift und Stempel des Absenders	23 Unterschrift und Stempel des Frachtführers	24 Unterschrift und Stempel des Empfängers

	25 amtl. Kennzeichen	26 Nutzlast in kg	
Kfz			
Anhänger			

Lernsituation 5 zum Informationshandbuch Seite 80–130, 524–530

Aufgabe 1
Betrachten Sie noch einmal den Einstiegsfall und beantworten Sie die nachfolgenden Fragen und Aufgaben. Begründen Sie jeweils Ihre Antwort:

a Welche Vertragsart liegt vor (Speditions- oder Frachtvertrag)?
b Wann ist der Vertrag zustande gekommen?
c Wie viele Exemplare werden vom Frachtbrief ausgestellt? Wer erhält ein Exemplar?
d Unterscheiden Sie zwischen Versandort und Beladestelle (siehe Frachtbrief Seite 94).
e Unterscheiden Sie zwischen betriebssicherer und beförderungssicherer Verladung und stellen Sie fest, wer für diese Verladetätigkeiten nach HGB verantwortlich ist.

Aufgabe 2
Herr Schneider, der Fahrer der GERD BERGER SPEDITION, holt die Sendung Gemüsekonserven (26 Europaletten mit Gemüsekonserven, jeweils 16 Kartons pro Palette, in 4 Lagen, mit Schrumpffolie umwickelt) bei der Werner Endres GmbH ab (siehe Einstiegsfall).
Nach der Beladung des Lkw durch einen Lagermitarbeiter erhält er vom Lagerleiter des Unternehmens einen unterschriebenen Frachtbrief ausgehändigt mit der Bitte, den Frachtbrief ebenfalls zu unterschreiben.

> **§ 409 HGB Beweiskraft des Frachtbriefs**
>
> (1) Der von beiden Parteien unterzeichnete Frachtbrief dient bis zum Beweis des Gegenteils als Nachweis für Abschluss und Inhalt des Frachtvertrages sowie für die Übernahme des Gutes durch den Frachtführer.
> (2) Der von beiden Parteien unterzeichnete Frachtbrief begründet ferner die Vermutung, dass das Gut und seine Verpackung bei der Übernahme durch den Frachtführer in äußerlich gutem Zustand waren und dass die Anzahl der Frachtstücke und ihre Zeichen und Nummern mit den Angaben im Frachtbrief übereinstimmen. Der Frachtbrief begründet diese Vermutung jedoch nicht, wenn der Frachtführer einen begründeten Vorbehalt in den Frachtbrief eingetragen hat; der Vorbehalt kann auch damit begründet werden, dass dem Frachtführer keine angemessenen Mittel zur Verfügung standen, die Richtigkeit der Angaben zu überprüfen.
> [...]

a Begründen Sie anhand des § 409 Abs. 1 HGB, welche rechtliche Wirkung mit dieser Unterschrift verbunden ist.
b Geben Sie mithilfe des § 409 Abs. 2 HGB an, welche der folgenden Sachverhalte vom Fahrer durch seine Unterschrift bestätigt werden:

1. korrekte Angabe von Absender- und Empfängeradressen auf den Paletten-Labels
2. Übernahme von 26 Europaletten
3. Übernahme von 16 Karton pro Palette = 416 Karton
4. dass die 26 Europaletten keine äußeren Beschädigungen aufweisen
5. Beschriftung der Palettenlabel mit EN1 bis EN26
6. Übernahme von 13 Paletten Erbsenkonserven und 13 Paletten Karottenkonserven
7. dass die 26 Paletten zusammen 18 t wiegen

c Nehmen Sie an, der Fahrer erhält bei der Abholung zwei am Abend vorher fertig beladene und verplombte Wechselbrücken zur Verfügung gestellt.
Geben Sie dem Fahrer eine Empfehlung, wie er sich verhalten soll, bevor er den Frachtbrief unterschreibt.

Aufgabe 3
Erläutern Sie, welche Verbindlichkeit die Lieferterminangabe im Auftrag von ENDRES für die GERD BERGER SPEDITION hat.

Aufgabe 4
Anlässlich eines neuen Transportes für die ENDRES GmbH erhält die GERD BERGER SPEDITION einen Anruf vom Fahrer, Herrn Schneider. Er berichtet, dass sich die Beladung des Lkw verzögere, weil die Güter noch nicht versandfertig seien. Wenn er noch länger warte, sei die Lieferfrist nicht mehr einzuhalten und eine weitere Sendung, die er abzuholen habe, sei ebenfalls nicht mehr rechtzeitig bis zum Bestimmungsort zu befördern. Herr Schneider möchte von Ihnen wissen, wie er sich verhalten soll.

Informieren Sie sich über Ihre rechtlichen Möglichkeiten und entscheiden Sie sachgerecht, d. h. auch unter Berücksichtigung des Interesses an einer reibungslosen Kundenbeziehung.

Siehe § 417 HGB

Aufgabe 5
Der Fahrer unseres Lkws, Herr Schneider, ruft vom Büro des HELMER GROSSMARKTES, Flensburg, an: Er könne nicht abladen, weil der **Empfänger** wünsche, dass die 18 t Gemüsekonserven nicht hier in Flensburg, sondern zum REWE-Zentrallager in Schleswig befördert werden. Sein Tourenplan sehe aber vor, nach der Ablieferung der Sendung in Flensburg eine andere termingebundene Sendung abzuholen und sofort nach Koblenz zu befördern. Wenn er dem Empfängerwunsch nachkomme, bedeute das einen Umweg von mindestens 90 km; außerdem sei dann der Termin der zweiten Sendung nicht mehr einzuhalten.

a Informieren Sie sich über die Rechtslage.
b Entscheiden Sie, wie der Fahrer sich verhalten soll.

Siehe „Nachträgliche Weisungen" nach § 418 HGB

Lernsituation 5 zum Informationshandbuch Seite 80–130, 524–530

Aufgabe 6
Als unser Fahrer nach längerer Wartezeit endlich das Fahrzeug beim Empfänger an der Rampe ansetzen kann, wird ihm mitgeteilt, dass man im Moment leider keine Zeit zum Entladen habe und er sich noch ein halbes Stündchen gedulden müsse. Um nicht noch mehr Zeit zu verlieren, übernimmt unser Fahrer kurzerhand das Entladen selbst.

Leider passiert unserem Fahrer ein Missgeschick, indem er mit dem Gabelstapler des Empfängers eine andere Sendung rammt und dabei nicht unerheblichen Schaden anrichtet. In einem Telefongespräch, das unser Disponent mit dem Empfänger führt, entwickeln sich zwei unterschiedliche Meinungen, wer für den Schaden aufzukommen habe:

- Der Empfänger ist der Meinung, der Fahrer habe als Erfüllungsgehilfe des Frachtführers gehandelt und sei demnach für den Schaden verantwortlich.
- Unser Disponent vertritt die Ansicht, es sei nicht Aufgabe des Fahrers, Güter zu entladen. Wenn er trotzdem beim Entladen behilflich sei, ist er als Erfüllungsgehilfe des Empfängers zu betrachten.

Klären Sie die Streitfrage mithilfe des Handelsgesetzbuches.

Aufgabe 7
Ein Frachtführer erhält von der Firma ESTRADA Handel-GmbH in Hamburg den Auftrag, Maschinenteile im Gewicht von 5 t beim Hersteller in Mannheim abzuholen und sofort zum Käufer der Ware nach Düsseldorf (MASCHINENBAU GmbH) zu befördern. Begründen Sie, wer verpflichtet ist, die Maschinenteile zu verladen.

Aufgabe 8
Die GERD BERGER SPEDITION vereinbart bei Auftragsannahme mit den Kunden gewöhnlich die ADSp 2017. In der letzten Woche kam es im Rahmen von Be- bzw. Entladevorgängen zu folgenden Situationen:

1. Bei einem Kunden in Aachen sollte ein Sattelzug 33 Europaletten laden. Nachdem sich der Fahrer wie vereinbart um 10:15 Uhr beim Pförtner angemeldet hatte, endete die Beladung des Lkw erst um 13:45 Uhr.
2. Obwohl der Sattelzug bereits 30 Minuten vor dem auf 14:00 Uhr festgelegten Zeitfenster eines Automobilherstellers eintraf, dauerte es bis zur vollständigen Entladung von 30 Gitterboxen bis 15:50 Uhr.
3. Nach der Anmeldung um 08:15 Uhr rangierte der unerfahrene Fahrer eines Gliederzuges 45 Minuten, bis er endlich an der Rampe angesetzt hatte. Um 11:00 Uhr verließ er dann vollbeladen das Firmengelände.

   a Überprüfen Sie, ob der GERD BERGER SPEDITION in den dargestellten Situationen ein Standgeld gemäß Ziffer 11 der ADSp 2017 zusteht.
   b Stellen Sie fest, welche Aussage die Ziffer 11 zur Höhe eines zu zahlenden Standgeldes trifft.

Aufgabe 9
Unterscheiden Sie Selbsteintritt, Sammelladung und Fixkostenspedition und stellen Sie fest, welcher dieser Fälle in der vorliegenden Lernsituation zutrifft.

Aufgabe 10
Nach abgeschlossener Ausbildung in einer Spedition beschließt der Speditionskaufmann Klaus Esser, selbstständiger Unternehmer zu werden. Unter Rückgriff auf Ersparnisse in Höhe von 2 500,00 EUR und mithilfe eines Bankkredits über 50 000,00 EUR kauft er sich einen alten Gliederzug (40 t zulässiges Gesamtgewicht, Preis 40 000,00 EUR), eine gebrauchte Büroeinrichtung (10 000,00 EUR) und beantragt bei der Stadtverwaltung Düsseldorf eine Erlaubnis für den Güterkraftverkehr.

a Nennen Sie jeweils ein Papier, durch das Klaus Esser
   - seine Zuverlässigkeit,
   - seine finanzielle Leistungsfähigkeit,
   - seine fachliche Eignung
   nachweisen kann.

b Schließlich lehnt die Stadtverwaltung den Antrag mit folgenden Begründungen ab:
   1. Die Stadt ist ausreichend mit Unternehmen des Güterkraftverkehrs versorgt.
   2. Der Antragsteller ist zum dritten Mal wegen überhöhter Geschwindigkeit gebührenpflichtig verwarnt worden.
   3. Der Antragsteller hat seine Fachkundeprüfung vor der Industrie- und Handelskammer nur mit „ausreichend" bestanden.
   4. Die Finanzierung des Unternehmens lässt Zweifel an der wirtschaftlichen Leistungsfähigkeit des Antragstellers aufkommen.

Beurteilen Sie die Ablehnung des Antrags durch die Stadtverwaltung anhand der Berufszugangsverordnung.

Aufgabe 11
Die Überwachung der Einhaltung verkehrsrechtlicher Vorschriften ist eine wichtige Verwaltungsaufgabe.

a Kreuzen Sie an, wer für diese Überwachung zuständig ist.

○ Industrie- und Handelskammer   ○ Straßenverkehrsamt
○ Bundesamt für Güterverkehr   ○ Deutscher Speditions- und Logistikverband

b Listen Sie weitere Aufgaben auf, welche die gemäß a) zuständige Behörde ebenfalls wahrnimmt.

Aufgabe 12
Ergänzen Sie die nachfolgende Checkliste zu den Begleitpapieren im Güterkraftverkehr.

	Art des Papiers			Erforderlich für den Transport im Güterkraftverkehr?	
	persönliche Papiere	Fahrzeugpapiere	Beförderungspapiere	ja	nein
Abholauftrag	☐	☐	☐	☐	☐
Lieferschein	☐	☐	☐	☐	☐
Speditionsauftrag	☐	☐	☐	☐	☐
Frachtbrief	☐	☐	☐	☐	☐
Erlaubnis	☐	☐	☐	☐	☐
Zulassungsbescheinigung, Teil I	☐	☐	☐	☐	☐
Führerschein	☐	☐	☐	☐	☐
Bordero	☐	☐	☐	☐	☐

Aufgabe 13
Das Antragsverfahren der GERD BERGER SPEDITION auf Erteilung einer Erlaubnis lief wie erwartet: Das Ergebnis war die nachfolgend abgebildete Erlaubnisurkunde.

a Welche Berechtigung verleiht diese Erlaubnisurkunde?
b Wie viele Fahrzeuge können mit einer Erlaubnis betrieben werden?
c Wem wird die Erlaubnis erteilt?

Aufgabe 14

Bei der GERD BERGER SPEDITION bewirbt sich Peter Müller, um – nach Insolvenz seines eigenen Transportunternehmens – die neu ausgeschriebene Position als Verkehrsleiter in BERGERS Niederlassung in Freiburg einzunehmen. Seiner Bewerbung liegen u. a. folgende Unterlagen bei:

- der Nachweis über die mit „befriedigend" bestandene Abschlussprüfung zum Kaufmann für Spedition und Logistikdienstleistungen im Jahr 20(-9),
- eine Meldebescheinigung von seinem Wohnsitz in Basel (Schweiz),
- ein einwandfreies Führungszeugnis,
- ein Kontoauszug, der einen Kontostand in Höhe von mehr als 9 000,00 EUR belegt,
- ein Auszug aus dem Gewerbezentralregister mit nur einer Eintragung wegen einer vor fünf Jahre erfolgten Manipulation eines digitalen Tachografen,
- der Nachweis über eine kürzlich vor der IHK bestandene Fachkundeprüfung.

Entscheiden Sie anhand der Unterlagen, ob der Bewerber alle Voraussetzungen für die Position eines Verkehrsleiters erfüllt.

Aufgabe 15

Ergänzen Sie nachfolgende Übersicht zu den Lenk- und Ruhezeiten:

Wochentage		Tägliche Lenkzeit in Stunden		Maximale Lenkzeit in Stunden
4	x	9	=	
	x		=	
		Erste Woche:		
		Zweite Woche:		
		Doppelwoche:		

Lenkzeitunterbrechung nach	Tagesruhezeit im Regelfall
Stunden, die Pause beträgt mindestens	Stunden, Verkürzung 3 x pro Woche auf
Minuten.	Stunden.

Aufgabe 16

Werten Sie den nebenstehenden Tagesausdruck aus einem digitalen Kontrollgerät (Auszug) aus:

a Erläutern Sie die Positionen mit den Kreiszahlen ❶ bis ❼.

b Ermitteln Sie die Summen, die das digitale Kontrollgerät in den unter ❽ aufgeführten Positionen ausweisen würde.

c Begründen Sie, ob die Aufzeichnung des Kontrollgerätes in Ortszeit oder in UTC geführt werden.

d Das **Auswertungsprogramm** beginnt in seinem Tätigkeitsprotokoll unter ❸a wie folgt:
? 02:00 04:16 2:16
Am Ende des Tätigkeitsprotokolls lautet die letzte Zeile:
? 18:00 02:00 8:00
Als Gesamtsumme für ? werden 10:17 Stunden ausgewiesen.
Hinweis: Der Tagesausdruck stammt vom 27.03.20(0) = Sommerzeit.
Begründen Sie die Abweichungen vom Tagesausdruck.

e Die Arbeitszeitüberprüfung des Programms erbrachte den unten stehenden Ausdruck. Begründen Sie die Verstöße mit dem Tagesausdruck.

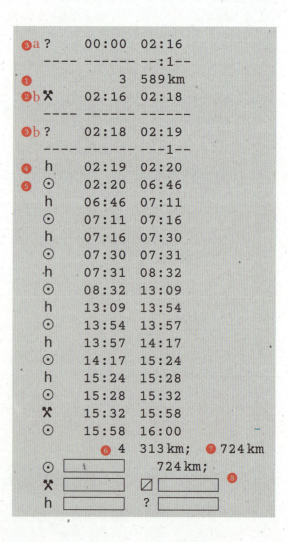

Arbeitszeitprüfung des Fahrers				
Soll	Ist	Diff.	Verstoß	Hinweis
Std.	Std.	Std.		Arbeitsbeginn (Ende einer Tages-/Wochenruhezeit)
10:00	10:25	**0:25**	x	TAGESLENKZEITÜBERSCHREITUNG
				Tageslenkzeit von 9 Std. bzw. 2 x wöchentlich 10 Std. überschritten §8 FPersG i.V.m. §22 FpersV; Art. 6 (1) VO (EG) 3820/85
10:00	10:53	**0:53**	x	TÄGL. ARBEITSZEIT ZU LANG, tägliche Arbeitszeit von max. 10 Std. überschritten. §§22 + 23 ArbZG, §3 ArbZG
				Arbeitsende (Beginn einer Tages-/Wochenruhezeit)
	13:43			Gesamtzeit zwischen ausreichenden Ruhezeiten
11:00	10:16	0:44		Tagesruhezeit verkürzt, Ausgleich notwendig
	10:53			durchschnittliche wöchentliche Arbeitszeit

ArbZG = Arbeitszeitgesetz

FPersG = Gesetz über das Fahrpersonal von Kraftfahrzeugen und Straßenbahnen

i.V.m. = in Verbindung mit

Aufgabe 17
Nachstehend ist ein Ausdruck der Fahrerkarte einer Tour im Begegnungsverkehr dargestellt. Er fand in der Nacht vom 16. auf den 17. Juli 20(0) statt.

a Überprüfen Sie, ob der Fahrer die Lenk- und Ruhezeiten gemäß den EG-Sozialvorschriften eingehalten hat.
b Geben Sie an, welche Tätigkeit sich offensichtlich hinter der dokumentierten Lenkzeit ab 22:16 Uhr verbirgt.
c Ermitteln Sie die Durchschnittsgeschwindigkeit des Lkw während der Tour.
d Geben Sie an, auf welche Zeitzone digitale Kontrollgeräte standardmäßig eingestellt sind.
e Ermitteln Sie die tatsächliche Uhrzeit, zu welcher der Fahrer seine Tour beendet hat.

```
        38 377 km
  ☉    17:05  21:21   04h16
  h    21:21  22:06   00h45
  ✗    22:06  22:16   00h10
  ☉    22:16  22:44   00h28
  h    22:44  22:52   00h08
  ☉    22:52  03:18   04h26
        38 986 km         609 km
```

Aufgabe 18
Herr Schneider, der Fahrer der GERD BERGER SPEDITION, hat einen Fahrauftrag zu erledigen. Die nachfolgende Übersicht gibt den Ablauf des Auftrages wieder.

Aktivität	Dauer	Lenkzeit
Fahrt zum Versender	07:00–07:30	
Mithilfe des Fahrers bei der Beladung	07:30–08:30	
Fahrt zum Empfänger (1. Abschnitt)	08:30–12:30	
Pause auf einem Rastplatz	12:30–13:15	
Fahrt zum Empfänger (2. Abschnitt)	13:15–15:15	
Mithilfe des Fahrers bei der Entladung	15:15–15:45	
Summe Lenkzeit		
Summe Arbeitszeit		

a Ermitteln Sie die Lenkzeit von Herrn Schneider.
b Berechnen Sie seine Arbeitszeit.

Aufgabe 19
Stellen Sie den Arbeitseinsatz eines Lkw-Fahrers (Fahrzeiten, Lenkzeitunterbrechungen, Tagesruhezeiten) in der nachfolgenden Übersicht (nächste Seite) gemäß den EG-Sozialvorschriften dar. Gehen Sie von folgenden Vorgaben aus:

1 Arbeitsbeginn: 15.06., 08:00 Uhr, „normale" Lenk- und Ruhezeiten, „normale" Tagesruhezeit
2 Fortsetzung der Arbeit nach der Tagesruhezeit mit zehn Stunden Lenkzeit und Verkürzung der Tagesruhezeit auf neun Stunden
3 Fortsetzung der Arbeit nach der Tagesruhezeit mit zehn Stunden Lenkzeit und Blockbildung in der Tagesruhezeit (zwei Blöcke: erster Block drei Stunden, zweiter Block neun Stunden)

Lernsituation 5 zum Informationshandbuch Seite 80–130, 524-530

Lenk- und Ruhezeiten (Übersicht zu Aufgabe 19)

Uhrzeit	Lenk- und Ruhezeiten am 15. Juni	Uhrzeit	Lenk- und Ruhezeiten am 16. Juni	Uhrzeit	Lenk- und Ruhezeiten am 17. Juni
00:00		00:00		00:00	
01:00		01:00		01:00	
02:00		02:00		02:00	
03:00		03:00		03:00	
04:00		04:00		04:00	
05:00		05:00		05:00	
06:00		06:00		06:00	
07:00		07:00		07:00	
08:00	Beginn um 08:00 Uhr	08:00		08:00	
09:00		09:00		09:00	
10:00		10:00		10:00	
11:00		11:00		11:00	
12:00		12:00		12:00	
13:00		13:00		13:00	
14:00		14:00		14:00	
15:00		15:00		15:00	
16:00		16:00		16:00	
17:00		17:00		17:00	
18:00		18:00		18:00	
19:00		19:00		19:00	
20:00		20:00		20:00	
21:00		21:00		21:00	
22:00		22:00		22:00	
23:00		23:00		23:00	

Aufgabe 20
Errechnen Sie die UTC-Zeit (Koordinierte Weltzeit) für das digitale Kontrollgerät:

a Deutschland, Ortszeit 10:00 Uhr, Sommerzeit
b Frankreich, Ortszeit 18:00 Uhr, Winter
c Finnland, Ortszeit 15:00 Uhr, Winter
d England, Ortszeit 12:00 Uhr, Sommer
e Griechenland, Ortszeit 22:00 Uhr, Sommer

Aufgabe 21
Stellen Sie fest, welche Arten von Ladungssicherung auf den Abbildungen zu erkennen sind.

Aufgabe 22

Für einen Transport nach München sollen folgende Sendungen verladen werden:
1. 8 Europaletten, Stapelfaktor 1, 3 400 kg Gesamtgewicht
2. 18 Europaletten, nicht stapelbar, 14 200 kg
3. 4 Industriepaletten, nicht stapelbar, 4 400 kg
4. 4 Kisten, 1,20 m × 1,00 m × 0,80 m, Stapelfaktor 1, Gewicht 1 400 kg
5. 2 Kisten, 1,40 m × 1,10 m × 1,35 m, nicht stapelbar, Gewicht 1 300 kg

Für die Beförderung steht ein Sattelzug mit einer Ladelänge von 13,60 m und einer Nutzlast von 25 000 kg zur Verfügung.

Berechnen Sie, ob die Kapazität des Sattelzugs ausreicht, um die Sendungen aufzunehmen. Verwenden Sie für die Lösung die nachfolgende Tabelle.

Sendung	Lademittel	Lademeter	Gewicht/kg
Summe			

Aufgabe 23

Die Nürnberger Transortgesellschaft (NTG) hat für ihren Neubau einen verkehrsgünstigen Standort an der Autobahnabfahrt Nürnberg-Fischbach (x) ausgewählt.

a Notieren Sie die Nummern der drei einstelligen Bundesautobahnen, die sich bei Nürnberg an den drei unten genannten Autobahnkreuzen schneiden.
b Geben Sie für jede Richtung eine Stadt an, die an der jeweiligen Autobahn liegt.
c Geben Sie das Bundesland an, in dem Nürnberg liegt und nennen Sie dessen Hauptstadt.

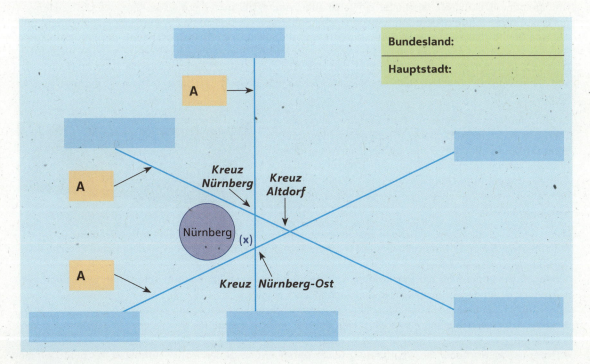

Aufgabe 24

Die Keller Maschinenbau GmbH hat wöchentlich mehrere Komplettladungen zu vergeben. Mit dem eigenen Hausspediteur ist das Unternehmen aber nicht mehr zufrieden, weil dort die Aufträge vorzugsweise per Fax und Telefon abgewickelt werden. In der Keller Maschinenbau GmbH sind aber alle Geschäftsprozesse durchgehend digitalisiert. Das Unternehmen sucht daher alternative logistische Dienstleister. Der Versandleiter hat im Internet zwei Anbieter gefunden, die eine digitale Abwicklung der Versandaufträge versprechen. Ihm ist aber nicht ganz klar, ob es sich jeweils um eine Frachtenbörse oder um eine Spedition (Onlinespedition) handelt. Darum hat er sich die Allgemeinen Geschäftsbedingungen der Anbieter genauer angesehen.

Lernsituation 5 zum Informationshandbuch Seite 80–130, 524–530

AGB Anbieter 1 (Auszug)

1. Für alle Lieferungen und Leistungen aus diesem Vertragsverhältnis gelten ausschließlich die nachstehenden Bedingungen.
2. Wir stellen dem Nutzer gegen ein periodisch zu leistendes Entgelt ein Nutzungsrecht für unsere Benutzerplattform zur Verfügung. Der Umfang des Nutzungsrechts richtet sich nach der individuellen Vereinbarung.
   Der Betrieb der Benutzerplattform läuft über einen Internet-Server. Die Plattform ist ausschließlich per Online-Verbindung erreichbar.
3. …

AGB Anbieter 2 (Auszug)

1. Diese AGB (Kunden-AGB) gelten für alle über unsere Webseite abgeschlossenen Verträge zwischen dem Auftraggeber und uns. Wir verpflichten uns gegenüber dem Auftraggeber, die Versendung der im Auftrag bezeichneten Güter zu besorgen. Der Transport der Güter erfolgt zwischen den im Auftrag angegebenen Adressen.
2. Auf ausdrücklichen Wunsch des Auftraggebers schließen wir eine Güterversicherung ab.
3. Der Auftraggeber muss sich auf der Website mit einem Profil registrieren, um Aufträge aufzugeben.
4. Der Auftraggeber kann einen Auftrag über das entsprechende Formular auf der Website aufgeben. Der Auftrag wird durch einen Klick auf den Button „VERBINDLICH BUCHEN" am Ende des Vorgangs abgegeben. Im Anschluss erhält der Auftraggeber eine Auftragsbestätigung per E-Mail.

---

a Begründen Sie anhand der AGB-Texte, ob es sich bei den Anbietern um eine Frachtenbörse oder um eine Onlinespedition handelt.
b Beschreiben Sie, wie die Verträge mit den Anbietern jeweils zustande kommen.
c Begründen Sie, wie jeweils der Vertrag zur Beförderung der Güter abgeschlossen wird.

Aufgabe 25

Die Spedition INTERSPED verwendet ein Telematik-System, mit dem die meisten Lkw des Unternehmens geortet und ihre Route nachverfolgt werden kann. Außerdem ermöglicht das System eine Beobachtung und Analyse des Fahrverhaltens zum Zwecke der Fuhrparkoptimierung. Die Aufzeichnung der zurückgelegten Strecke sowie der Lenk- und Ruhezeiten wird außerdem für ein elektronisches Fahrtenbuch verwendet. Datenquellen sind der digitale Tachograf und das Navigationsgerät im Lkw, die die Daten aufzeichnen, sodass sie vom Telematik-System ausgelesen und für das gesamte Flottenmanagement genutzt werden können.

Es gibt allerdings ein Problem: Wenn ein Lkw-Fahrer seine Fahrerkarte in den digitalen Tachografen einsteckt, erscheint im Display die Frage, ob der Fahrer der Übermittlung seiner personenbezogenen Daten zustimmt. Gemäß Datenschutz-Grundverordnung (DSGVO) muss der Fahrer in die Weiterverwendung seiner persönlichen Daten einwilligen.

Wenn der Fahrer die Frage mit „Nein" beantwortet, entsteht für INTERSPED ein großes Problem.
Man überlegt daher im Unternehmen, wie man die Zustimmung der Fahrer bekommen kann. Verschiedene Vorschläge werden diskutiert:

1. Wegen der Bedeutung der Fahrerdaten für das Flottenmanagement werden die Daten auch dann verwendet, wenn der Fahrer „Nein" in den Tachografen eingibt.
2. Bei Nichtzustimmung werden dem Fahrer arbeitsrechtliche Konsequenzen angedroht.
3. In die Arbeitsverträge der Fahrer wird eine Klausel aufgenommen, die den Fahrer zur Zustimmung verpflichtet.
4. Jeder Fahrer wird über die Verarbeitung seiner personenbezogenen Daten aufgeklärt mit dem Ziel, ihn zur freiwilligen Nutzung seiner Daten zu bewegen.

a Geben Sie zwei personenbezogene Daten an, die sich aus dem digitalen Tachografen gewinnen lassen.
b Beschreiben Sie die zwei Probleme im Telematik-System, die sich für INTERSPED einstellen, wenn der Fahrer der Weiterverwendung seiner Daten nicht zustimmt.
c Beurteilen Sie die Lösungsvorschläge 1–4 und entscheiden Sie sich für die nach Ihrer Meinung beste Lösung. Berücksichtigen Sie evtl. den Artikel 1 der DSGVO (siehe unten).
d Entwickeln Sie einen eigenen Lösungsvorschlag.

Artikel 1 DSGVO: Gegenstand und Ziele

1. Diese Verordnung enthält Vorschriften zum Schutz natürlicher Personen bei der Verarbeitung personenbezogener Daten [...]
2. Diese Verordnung schützt die Grundrechte und Grundfreiheiten natürlicher Personen und insbesondere deren Recht auf Schutz personenbezogener Daten.

[...]

SELBSTTEST LERNSITUATION 5

Diese **Prozesse** beherrsche ich (X):

	voll	weit-gehend	eher nicht	gar nicht
eine Güterkraftverkehrs-Erlaubnis beantragen				
eine Beförderung im Selbsteintritt zeitlich und geografisch disponieren				
die Sozialvorschriften für das Fahrpersonal beachten				
den Fahrer mit den notwendigen Papieren ausstatten				
wesentliche Bestimmungen zur Ladungssicherung anwenden				
Tagesausdrucke vom digitalen Tachografen auswerten				
eine Arbeitsanweisung für den Lkw-Fahrer zu seinen Rechten und Pflichten nach HGB und ADSp entwerfen				
die Kunden über den Einsatz eigener Fahrzeuge informieren				

Diese **Begriffe** kenne ich (✓):

- ausführender Frachtführer ☐
- beförderungssichere Verladung ☐
- Berufszugangsvoraussetzungen ☐
- betriebssichere Verladung ☐
- Bundesamt für Güterverkehr ☐
- EG-Sozialvorschriften ☐
- Erlaubnis ☐
- fachliche Eignung ☐
- finanzielle Leistungsfähigkeit ☐
- Frachtenbörse ☐
- Güterkraftverkehrsgesetz ☐
- Onlinespedition ☐
- persönliche Zuverlässigkeit ☐
- vertraglicher Frachtführer ☐
- Tageslenkzeit ☐
- Tagesruhezeit ☐

Abschlussaufgabe Lernsituation 5

Situation

Sie sind in der Spedition Rittmer Logistik GmbH, Daimlerstraße 48, 89079 Ulm, mit der Abwicklung von Sammelgutsendungen nach Halle/Saale beauftragt. Ihr Empfangsspediteur ist die Spedition Seifert GmbH, Saalfelder Straße 14, 06116 Halle/Saale.

Beide Speditionen sind Partner in einer Sammelgutkooperation. Der Verbund hat zwei HUBs:
- Nord-HUB in Hannover (wird von allen Verbundspediteuren angefahren für Sendungen, deren Empfänger in Norddeutschland ihren Sitz haben),
- Süd-HUB in Göppingen für süddeutsche Sendungen.

Ein Lkw mit zwei Wechselbrücken enthält ausschließlich Sendungen für den Raum Halle. Daher werden diese Wechselbrücken im Direktrelationsverkehr zum Empfangsspediteur Seifert GmbH befördert.

Weitere Sendungen für den norddeutschen Raum werden im HUB-Verkehr abgewickelt. Eine Wechselbrücke ist bereits beladen. Für die zweite Wechselbrücke sind schon zehn Europaletten vorgesehen. Die nachfolgenden Sendungen sollen ebenfalls auf dieser Wechselbrücke verladen werden.

Sendungsdaten aus den Speditionsaufträgen für das HUB

Nr.	Zeichen und Nummern	Versender	Empfänger	Sendung	Frankatur	Bemerkungen
H34	SIMWO1-2	Simon AG Holzspielzeug Donaustetter Straße 38 89155 Erbach	Elke Erdmann – Spielwaren – Steffensweg 12 28217 Bremen	Spielwaren 2 Euroflachpaletten 450 kg je Palette SF 0	frei Haus	Palettentausch
H35	WLHH1 - 3	Wohnleuchten GmbH Zeppelinstraße 17 89231 Neu-Ulm	Handelshof Logistikzentrum Handelsstraße 12 19061 Schwerin	Leuchten EW-Pal. 1: 110 cm × 90 cm EW-Pal. 2 und 3: je 135 cm × 115 cm, SF 0	frei Haus	
H36	VILO1	Vilokraft KG Nersinger Straße 6 89275 Elchingen	Röttger GmbH Merseburger Straße 18 04229 Leipzig	Tiernahrung 1 Industriepalette nicht stapelbar 150 kg	unfrei	Palettentausch Avisierung

Lernsituation 5 zum Informationshandbuch Seite 80–130, 524-530   **105**

Entfernungen
- Ulm – Halle/Saale: 490 km
- Ulm – Hannover: 560 km
- Erbach – Bremen: 687 km
- Neu-Ulm – Schwerin: 785 km
- Elchingen – Leipzig: 446 km

Ablauf
Der Direktrelationsverkehr nach Halle wird mit eigenem Fahrzeug durchgeführt. Den Vorlauf aller Sammelgutsendungen und die Beförderung zum HUB übernimmt die Weller Transporte KG, Taubriedstraße 33, 89079 Ulm.

1

Betrachten Sie das Vertragsverhältnis zwischen der Spedition Rittmer Logistik GmbH und der Simon AG (siehe Speditionsauftrag H34).
Begründen Sie,
a um welche Vertragsart es sich handelt,
b nach welchen Rechtsgrundlagen dieser Vertrag abgewickelt wird und geben Sie zusätzlich an, ob für die Anwendung dieser Rechtsgrundlagen eventuell bestimmte Voraussetzungen erfüllt sein müssen,
c wer vertraglicher und wer der ausführende Frachtführer ist.

2

Für die zweite HUB-Wechselbrücke sind bereits zehn nicht stapelbare Euroflachpaletten vorgesehen. Berechnen Sie, ob die Sendungen H34 bis H36 auf der Wechselbrücke noch Platz finden. Es stehen Wechselbrücken mit einer Ladelänge von 7,10 bzw. 7,30 m zur Verfügung.

3

Für den Direktrelationsverkehr zwischen der Rittmer Logistik GmbH und dem Versandspediteur in Halle wird überlegt, den Transport als Begegnungsverkehr zu organisieren.
a Beschreiben Sie den Ablauf beim Begegnungsverkehr.
b Der Begegnungsverkehr soll nur durchgeführt werden, wenn beide Fahrer unter Einhaltung der Lenk- und Ruhezeiten nach Rückkehr an ihren Standorten ihre Tagesruhezeiten nehmen können. Legen Sie auf der Strecke Ulm – Halle den Punkt fest, an dem die Wechselbrücken getauscht werden sollen, und überprüfen Sie die Einhaltung der Bedingung.
Die Durchschnittsgeschwindigkeit der Lkw beträgt 60 km pro Stunde.

4

Im Nord-HUB müssen Sendungen spätestens um 23:00 Uhr eintreffen, wenn sie bis 24:00 Uhr umgeschlagen werden sollen. 24:00 Uhr ist die definierte Abfahrtszeit der Lkw zu den Kooperationspartnern im Norden.
a Begründen Sie, warum die Ulmer Spedition in diesem Fall nicht den Süd-HUB anfährt.
b Ermitteln Sie die Abfahrtszeit des Lkw ab Lager des Versandspediteurs in Ulm, damit die Zeitschranke von 23:00 Uhr eingehalten werden kann. Die Durchschnittsgeschwindigkeit des Lkw beträgt 65 km/h.

5

Die Sendung H12 wird im Direktrelationsverkehr von Ulm nach Halle befördert. Den Vorlauf übernimmt die Weller Transporte KG. Die Sendung wird im Lager der Rittmer Logistik GmbH umgeschlagen und im Selbsteintritt nach Halle transportiert.
a Betrachten Sie den Vorlauf: Bei der Beladung unterscheidet das HGB nach beförderungssicherer und betriebssicherer Beladung. Beschreiben Sie diese beiden Pflichten und ordnen Sie sie den Beteiligten zu.
b Betrachten Sie den Umschlag auf dem Lager der Rittmer Logistik GmbH: Begründen Sie, ob bei der Übernahme der Sendung vom Nahverkehrsfahrzeug und bei der Verladung in das eigene Fernverkehrsfahrzeug Schnittstellen nach ADSp vorliegen.

Lernsituation 5 zum Informationshandbuch Seite 80–130, 524-530

6

Der Fahrer der Rittmer Logistik GmbH hat für den Transport nach Halle verschiedene Papiere mitzuführen. Nennen Sie je ein Beförderungs-, Fahrzeug- und persönliches Papier.

7

Der Fahrer der Weller Transporte KG hat mithilfe seines digitalen Tachografen den nebenstehenden Tagesausdruck für die Fahrt von Ulm nach Hannover erstellt.
a Erläutern Sie die Positionen auf dem Tagesausdruck.
b Stellen Sie fest, ob der Fahrer die Lenk- und Ruhezeiten eingehalten hat.

```
A  D         /UL-AC-782
   126 560 km
⊙  12:45  13:05
✗  13:05  13:30
⊙  13:30  17:58
h  17:58  18:48
⊙  18:48  21:55
   127 118 km   558 km
```

Lernsituation 6
Ein Nahverkehrsfahrzeug anschaffen und kalkulieren

Durch das ständig gestiegene Sammelgutaufkommen im Raum Düsseldorf ist der Nahverkehrsunternehmer MÖLLER-TRANS offensichtlich an seine Kapazitätsgrenze geraten. Reibungsloses Abholen und Zustellen von Sammelgutsendungen sind nicht mehr gewährleistet. Vor allem bei eiligen Sendungen oder wenn Sonderfahrten zu erledigen sind, fehlt es an der notwendigen Flexibilität. In der GERD BERGER SPEDITION wurde daher beschlossen, für den Bereich Neuss/Meerbusch einen eigenen Abholbezirk zu bilden. Anfragen bei verschiedenen örtlichen Nahverkehrsunternehmen führten zu mehreren Angeboten. Das günstigste Angebot stammt von der Firma LENZ TRANSPORT GmbH:

LENZ TRANSPORT GmbH

LENZ TRANSPORT GmbH, Ruhrstraße 82, 41469 Neuss

Gerd Berger Spedition e. K.
Merkurstraße 14
40223 Düsseldorf

Ruhrstraße 82
41469 Neuss
Telefon: 02131 774506
E-Mail: info@lenztransporte.de

Datum
14.11.20(0)

Angebot

Sehr geehrter Herr Baumeister,

wie telefonisch besprochen, biete ich an:
- tägliches Abholen und Zustellen von Sammelgut im Raum Neuss/Meerbusch
- Sendungsaufkommen: ca. 12 t (je 6 t Abholung und Zustellung)
- Beförderungsstrecke pro Tag: ca. 160 km
- Beginn: sofort
- Preis pro 100 kg Sammelgut: 3,00 EUR

Der Preis ist abhängig vom angenommenen Sendungsaufkommen und der zurückgelegten Beförderungsstrecke. Sollten sich die Daten grundlegend ändern, wären neue Preisverhandlungen erforderlich.

Über Ihren Auftrag würde ich mich sehr freuen.

Mit freundlichen Grüßen

Lenz

Darüber hinaus ist Herr Baumeister beauftragt worden, dem Angebot zum Vergleich die Kosten gegenüberzustellen, die entstünden, wenn die GERD BERGER SPEDITION ein eigenes Fahrzeug für den Nahverkehr anschaffte. Herr Baumeister hat zu diesem Zweck verschiedene Angebote über Nahverkehrsfahrzeuge eingeholt. Das Angebot des Autohauses NIEMEYER entspricht den Vorstellungen von Herrn Baumeister am besten:

Position	Text	Euro	Euro
01	Nahverkehrsfahrzeug Fahrgestell mit Pritsche, Typ: 1220 4X2, Emissionsklasse EUR 5 Aufbau: Plane mit Spriegel Baujahr: 20(-6) Daten: Gesamtgewicht: 7 490 kg, Nutzlast: 3 000 kg, Motorleistung: 140 PS Bereifung: 1. Achse 2 x 285/70 R 19,5 2. Achse 4 x 285/70 R 19,5	200,00	28 500,00 1 200,00
	Nettobetrag 19 % USt.		29 700,00 5 643,00
	Summe Bruttobetrag		35 343,00

Spriegel = Bügel zum Stützen der Plane

Lernsituation 6 zum Informationshandbuch Seite 132–149, 234–236

Da aus dem Rechnungswesen der Spedition noch keine Zahlen für eigene Fahrzeuge vorliegen, greift Herr Baumeister für die Fahrzeugkostenrechnung auf Musterberechnungen des Verkehrsverbandes Niederrhein zurück, um sich eine Vorstellung von den zu erwartenden Kosten für den Einsatz eines eigenen Fahrzeugs zu verschaffen. Diese Zahlen können auch zunächst der Kalkulation zugrunde gelegt werden, bis man über eigene Zahlen verfügt. Weiterhin nimmt er an, dass das Fahrzeug kontinuierlich mit dem Abholen und Zustellen von Sammelgut ausgelastet ist, und zwar mit zwei Touren täglich, auf denen jeweils 3 t zugestellt und 3 t abgeholt werden. Das Sendungsaufkommen beliefe sich dann auf 12 t, also der Menge, die auch dem Angebot der Lenz Transporte GmbH zugrunde liegt.

So weit wie möglich hat Herr Baumeister aber bereits **Ist-Zahlen** zusammengetragen, die er anstelle der Durchschnittszahlen verwenden will, um die Kostenrechnung realistischer zu machen.

Zahlen für die Kostenrechnung	Durchschnittszahlen des Verkehrsverbandes	Ist-Zahlen
Jahreslaufleistung	40 000 km	
Nutzungsdauer	9 Jahre	
Abschreibung	je 50 % Abnutzung und Entwertung	
Einsatzzeit	8 Stunden am Tag bei 240 Tagen pro Jahr	
Reifenlaufleistung	(Autohaus NIEMEYER) 100 000 km	
Kraftstoffverbrauch	(Autohaus NIEMEYER) 20 l pro 100 km	
Dieselpreis		1,20 EUR pro Liter
Schmierstoffe	3 % der Kraftstoffkosten	
Reparatur/Wartung	2 500,00 EUR	
sonstige Betriebskosten	fallen bis auf Weiteres nicht an	
Fahrerlohn (brutto pro Jahr)		24 485,00 EUR
Weihnachtsgeld		600,00 EUR
Urlaubsgeld		375,00 EUR
Personalfaktor	1,2	
Sozialaufwendungen	26 %	
Spesen	5,00 EUR pro Tag	
Zinssatz auf betriebsnotwendiges Vermögen	7,5 %	
Kfz-Steuer		285,00 EUR
Güterschaden-Haftpflichtversicherung	(nicht auf einzelne Fahrzeuge bezogen, sondern in der Haftungsversicherung des Spediteurs enthalten)	
Maut	fällt nicht an, da Fahrzeug unter 7,5 t	
Verwaltungskosten	25 %	
kalkulatorischer Unternehmerlohn		keiner
kalkulatorische Wagnisse		keine

Für die Versicherung des Fahrzeugs (Haftpflicht- und Kaskoversicherung) hat die Versicherungsgesellschaft, mit der BERGER zusammenarbeitet (W & O Versicherung), das unten stehende Angebot übermittelt. Für die Fahrzeugversicherung ist zu entscheiden, ob das Fahrzeug voll- oder teilkaskoversichert wird. Auch muss über die Dauer der Kaskoversicherung entschieden werden. Häufig werden nur die ersten beiden Nutzungsjahre kaskoversichert. Die Kosten der Versicherung sind dann aber auf die gesamte Nutzungsdauer des Fahrzeugs zu verteilen.

Fahrzeugversicherung (Prämien einschließlich 19 % Versicherungsteuer)

Annahme: Vollkaskoversicherung für das erste und zweite Nutzungsjahr je 2 250,00 EUR = insgesamt 4 500,00 EUR; Kostenverteilung auf neun Nutzungsjahre = 4 500,00 EUR : 9 = 500,00 EUR pro Jahr

Wagnis Nutzlast	Haftpflicht-deckungssummen		Teilkasko				Vollkasko			
	unbegrenzt	2,5 Mio. EUR	ohne	mit 150,00 EUR	mit 500,00 EUR	mit 2500,00 EUR	ohne	mit 150,00 EUR	mit 500,00 EUR	mit 2500,00 EUR
bis 2 t	3 481,8	3 450,9	181,0	99,9	72,4	38,7	1 734,9	1 462,4	1 260,4	852,9
bis 3 t	4 325,1	4 286,8	203,1	107,2	80,4	42,9	1 734,9	1 462,4	1 260,4	852,9
bis 4 t	4 325,1	4 286,8	203,1	107,2	80,4	42,9	1 734,9	1 462,4	1 260,4	852,9
bis 5 t	4 325,1	4 286,8	203,1	107,2	80,4	42,9	1 893,4	1 580,4	1 354,2	916,1
bis 6 t	4 325,1	4 286,8	221,5	116,0	87,0	46,4	1 988,9	1 635,4	1 407,6	951,9
bis 8 t	5 045,2	5 000,4	241,9	125,9	94,4	50,3	2 306,8	1 948,5	1 672,0	1 129,6
bis 10 t	5 045,2	5 000,4	241,9	125,9	94,4	50,3	2 524,6	2 190,1	1 868,0	1 260,8
über 10 t	5 237,9	5 191,5	290,0	149,1	111,8	59,6	2 539,3	2 405,4	1 881,8	1 269,6

Lernsituation 6 zum Informationshandbuch Seite 132–149, 234–236

Als Ergebnis der Kalkulation erhält Herr Baumeister den **Kilometer-** und den **Tagessatz** als Basis für den Vergleich mit dem Angebot der LENZ TRANSPORT GmbH. Damit Fahrzeugkostenrechnungen zukünftig rationell durchgeführt werden können, entwickelt Herr Baumeister mithilfe eines Kalkulationsprogramms ein Formular, das er jederzeit auch für andere Fahrzeugdaten verwenden kann. Er achtet darauf, dass die Tabelle in einen **Eingabe-** und einen **Ausgabeteil** getrennt wird. Der Ausgabeteil soll ausschließlich die Daten aus dem Eingabeteil rechnerisch verwerten und keine manuellen Dateneingaben mehr erfordern.

Fahrzeugkostenrechnung

Eingabeteil

A	Technische Angaben	Lkw
1	Erstzulassung	
2	Kaufdatum	
3	Aufbau	
4	Motorleistung (PS)	
5	Anzahl der Reifen	
6	Gesamtgewicht in Tonnen	
7	Nutzlast in Tonnen	
8	Anzahl der Achsen	

B	Kalkulationsdaten	
9	Jahreslaufleistung (km)	
10	Jahreseinsatzzeit (Tage)	
11	Tageseinsatzzeit (Stunden)	
12	Nutzungsdauer (Jahre)	
13	Reifenlaufleistung	
14	Kraftstoffverbrauch (Liter/100 km)	
15	Kraftstoffpreis (EUR/Liter)	

C	Kapitalwerte	
16	Fahrzeugkaufpreis ohne Reifen	
17	Kaufpreis Bereifung	
18	Umlaufvermögen	
19	Betriebsnotwendiges Vermögen	

Weitere Daten		
Abschreibung Abnutzung		%
Abschreibung Entwertung		%
Schmierstoffe/Öle		%
Reparaturen/Wartung		EUR/Jahr
sonstige Betriebskosten		EUR/Jahr
Fahrerlohn		EUR/Std.
Weihnachtsgeld		EUR/Jahr
Urlaubsgeld		EUR/Jahr
Sozialaufwendungen		%
Personalfaktor		
Spesen		EUR/Tag
Zinssatz		%
Kfz-Steuer		EUR/Jahr
Kfz-Haftpflichtversicherung		EUR/Jahr
Kfz-Kaskoversicherung		EUR/Jahr
Güterschadenhaftpflichtvers.		EUR/Jahr
Maut		EUR/Jahr
Verwaltungskosten		%
kalkulatorischer Unternehmerlohn		%
kalkulatorische Wagnisse		%

Eingaben nur in den beige unterlegten Feldern

Ausgabeteil (Auszug)

D	Kostenrechnung	

	Variable Fahrzeugkosten	Euro/Jahr
20	Abschreibung (Abnutzung)	
21	Kraftstoffkosten	
22	Schmierstoffe/Öle	
23	Reifenkosten	
24	Reparaturen/Wartung	
25	sonstige Betriebskosten	
26	Maut	
27	**km-abhängige Kosten**	

Für die Kalkulation der Zustell- und Abholkosten sind der **Kilometer-** und **Tagessatz** auf ein Gewicht von **100 kg** umzurechnen, damit die Angebotsdaten der LENZ TRANSPORT GmbH vergleichbar werden. Außerdem lassen sich dann die Kosten in unsere bisherige Sammelgutkalkulation einfügen. Eine gewisse Unsicherheit liegt aber noch in der Auslastung des Fahrzeugs. Herr Baumeister hat daher eine Tabelle entwickelt, die die Kosten bei unterschiedlichen Auslastungsgraden und unterschiedlichen Beförderungsstrecken sichtbar macht.

Kilometersatz
Tagessatz
100-kg-Kostensatz

Lernsituation 6 zum Informationshandbuch Seite 132–149, 234–236

Muster

Fahrzeugkosten pro 100 kg bei unterschiedlichen Nutzungsgraden						
Entfernung pro Tag	Transportgewicht pro Tag (kg)					
		4000	6000	8000	10000	12000
90 usw.	km-Kosten					
	Tageskosten					
	gesamt					

Mit Einrichtung der Nahverkehrsrelation Neuss/Meerbusch möchte Gerd Berger seine Abhol- und Zustellbezirke insgesamt neu strukturieren. Das Leitgebiet, für welches die GERD BERGER SPEDITION im Rahmen der Sammelgutkooperation zuständig ist, ist durch folgende Städte begrenzt (vgl. Karte auf Seite 112): **Bottrop – Dinslaken – Geldern – Grenze Niederlande – Mönchengladbach – Grevenbroich – Solingen – Bottrop**. Neben dem Bezirk Neuss/Meerbusch sowie einer Tour, die das Düsseldorfer Stadtgebiet umfasst, plant Herr Berger die Abgrenzung von vier weiteren Nahverkehrsrelationen innerhalb seines Leitgebietes.

Herr Berger ist der Meinung, dass man aufgrund der zunehmenden Unternehmensgröße nicht mehr auf sich allein gestellt sein dürfe, sondern die Unterstützung eines Verbandes suchen solle. Auf eine entsprechende Anfrage hat die Spedition das auf der Seite 113 abgedruckte Antwortschreiben vom Verband Verkehrswirtschaft und Logistik Nordrhein-Westfalen e. V., Düsseldorf, sowie die nachfolgende Beitragstabelle erhalten.

Beitragstabelle für die Mitglieder des Verbands Verkehrswirtschaft und Logistik Nordrhein-Westfalen e. V.
Der Beitrag bemisst sich nach dem Jahresumsatz des Unternehmens. Er beträgt im Jahr:

A	Unternehmen bis zu 150 000,00 EUR Jahresumsatz: 0,2 % vom Umsatz; der Mindestbeitrag beträgt 95,00 EUR pro Jahr.
B	Unternehmen über 150 000,00 EUR bis zu 1 Millionen EUR Umsatz: 0,17 % vom Umsatz; der Höchstbeitrag in dieser Gruppe beträgt 1 050,00 EUR.
C	Ab einem Jahresumsatz in Höhe von 1 Millionen EUR gilt ein Staffelbetrag:

Umsatz	Jahresbeitrag
1,0 Mio. EUR bis 1,5 Mio. EUR	1 125,00 EUR
1,5 Mio. EUR bis 2,0 Mio. EUR	1 200,00 EUR
2,0 Mio. EUR bis 2,5 Mio. EUR	1 250,00 EUR
2,5 Mio. EUR bis 3,0 Mio. EUR	1 300,00 EUR usw.
5,0 Mio. EUR bis 10,0 Mio. EUR	1 650,00 EUR
über 10 Mio. EUR	1 800,00 EUR

Bundesverbandsbeitrag
Zur Finanzierung der Spitzenorganisation **BGL** ist für alle Mitglieder der Fachvereinigung Güterkraftverkehr ein zusätzlicher Beitrag in Höhe von 5,00 EUR je Nutzfahrzeug und Monat zu entrichten. Maximal ist der Beitrag für 25 Fahrzeuge zu leisten.

Der **DSLV** erhebt einen Jahresbeitrag, der nach Betriebsangehörigen (einschließlich Inhaber und Auszubildende) gestaffelt ist. Der Grundbeitrag beträgt 148,00 EUR (ein Betriebsangehöriger). Bei zwei bis fünf Betriebsangehörigen sind 302,00 EUR zu entrichten. Dieser Betrag erhöht sich für **jeden**

- 6.–30. Betriebsangehörigen um 19,50 EUR,
- 31.–100. Betriebsangehörigen um 13,00 EUR,
- über 100. Betriebsangehörigen um 8,00 EUR.

Hat ein Betrieb z. B. 106 Beschäftigte, sind für die ersten fünf Betriebsangehörigen 302,00 EUR zu zahlen. Für die nächsten sechs bis 30 Beschäftigten 25 · 19,50 EUR (= 487,50 EUR) usw. Der Gesamtbeitrag beläuft sich dann auf 1 747,50 EUR pro Jahr.

Die **AMÖ** erhebt einen jährlichen Grundbeitrag und zusätzlich einen lohn- und gehaltssummenabhängigen Beitrag. Der Grundbeitrag beläuft sich auf 450,00 EUR. Bei einer jährlichen Lohn- und Gehaltssumme

- bis 250 000,00 EUR sind 1,5 ‰,
- über 250 000,00 EUR bis 1,25 Millionen EUR 1,45 ‰,
- über 1,25 Millionen EUR 1,3 ‰

der Lohn- und Gehaltssumme als weiterer Beitrag zu entrichten. Maßgebend ist die Lohn- und Gehaltssumme, die der zuständigen Berufsgenossenschaft (z. B. der Berufsgenossenschaft für Fahrzeughaltungen) gemeldet werden.

Daten zur Beitragsberechnung
- Jahresumsatz 20(–1): 1 158 336,00 EUR
- Beschäftigte: 14 Personen
- Lohn- und Gehaltssumme 20(–1): 295 879,00 EUR

Lernsituation 6 zum Informationshandbuch Seite 132–149, 234–236 **111**

Über den beschlossenen Rechtsformwechsel sowie den Eintritt des neuen Geschäftsführers Olaf Decker informiert Gerd Berger seine Mitarbeiter per nachstehendem Aushang:

Hausmitteilung

Mit Beginn des neuen Geschäftsjahres wird unser Unternehmen in eine GmbH umgewandelt.
Die neue Firma lautet:

INTERSPED GmbH

Als weiterer Geschäftsführer tritt zum selben Zeitpunkt in unser Unternehmen ein:

Herr Olaf Decker
geboren am 04.07.1966

Adresse:
Fontanestraße 42
40667 Meerbusch

Düsseldorf, 20.12.20(0)

Gerd Berger

Zur Information: beglaubigter Auszug aus dem Handelsregister

Amtsgericht Düsseldorf						HR B 3174	
Nr. der Eintragung	a) Firma b) Sitz c) Gegenstand des Unternehmens	Grund- oder Stamm- kapital in Euro	Vorstand Persönlich haftende Gesellschafter Geschäftsführer Abwickler	Prokura	Rechtsverhältnisse		a) Tag der Eintragung und Unterschrift b) Bemerkungen
1	a) INTERSPED GmbH b) Düsseldorf c) die Über- nahme speditioneller Tätigkeiten aller Art	150 000,00	Gerd Berger, Kaufmann, Düsseldorf; Olaf Decker, Kaufmann, Meerbusch		Gesellschaft mit beschränkter Haftung. Gesellschaftsvertrag vom 15. November 20(0). Ist nur ein Geschäftsführer vorhanden, so vertritt dieser die Gesellschaft allein. Sind mehrere Geschäftsführer vorhanden, so wird die Gesellschaft jeweils von zwei Geschäftsführern gemeinsam oder von einem Geschäfts- führer in Gemeinschaft mit einem Prokuristen vertreten.		a) 2. Januar 20(+1). b) Bl. 4-22 f SdBd

Arbeitsauftrag (Vorschlag)
Treffen Sie eine Make-or-buy-Entscheidung für das Aufholen von Sammelgut:
1. Vergleichen Sie das Angebot des Nahverkehrsunternehmers mit den Fahrzeugkosten beim Selbst- eintritt.
2. Rechnen Sie den ermittelten Tages- und Kilometersatz in einen 100-kg-Preis (auch bei unterschied- lichen Auslastungsgraden) um.
3. Entscheiden Sie, welchem Verband die Spedition beitreten soll. Begründen Sie Ihre Entscheidung und füllen Sie die Beitrittserklärung aus.
4. Grenzen Sie – neben den Touren in Düsseldorf sowie nach Meerbusch/Neuss – vier geeignete Nah- verkehrsrelationen im Leitgebiet der GERD BERGER SPEDITION ab.

Lernsituation 6 zum Informationshandbuch Seite 132–149, 234–236

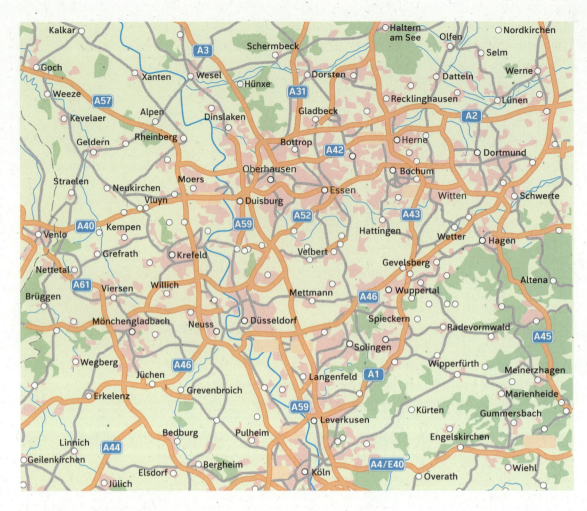

Beitrittserklärung

Verband Verkehrswirtschaft und Logistik
Nordrhein-Westfalen e. V.
Engelbertstraße 11
40233 Düsseldorf

Firma:
Straße: PLZ: Ort:
Telefon: E-Mail:

Hiermit erkläre ich meinen Beitritt zum Verband Verkehrswirtschaft und Logistik Nordrhein-Westfalen e. V.

Fachvereinigung
Fachvereinigung

Mein Unternehmen ist seit   als
gewerblich zugelassen.   (Art der Unternehmung)

– Rechtsform
– Eintragung ins Handelsregister   ja   nein
  Amtsgericht   Nr.
– Inhaber bzw. Geschäftsführer   geboren am:
– Umsatz im Jahre 20 ..   EUR
– bisher schon Mitglied im Verband
  nein
  ja, Fachvereinigung:
  Mitglieds-Nr.

Ort, Datum

rechtsverbindliche Unterschrift, Vor- und Zuname, Stempel

Verband Verkehrswirtschaft und Logistik Nordrhein-Westfalen e. V.

Engelbertstraße 11
40233 Düsseldorf

Verband Verkehrswirtschaft und Logistik Nordrhein-Westfalen e. V.,
Engelbertstraße 11, 40233 Düsseldorf
GERD BERGER Spedition e. K.
Merkurstraße 14
40223 Düsseldorf

Ihre Zeichen:
Ihre Nachricht vom:
Unser Zeichen: hd-bv
Unsere Nachricht vom:

Name:
Telefon: 0211 88654-0
E-Mail: vvwl@info.de

Datum: 15.02.20(0)

Mitgliedschaft

Sehr geehrter Herr Berger,

ich nehme Bezug auf das mit Ihnen geführte Telefonat und darf Ihnen den Verband Verkehrswirtschaft und Logistik Nordrhein-Westfalen e. V. als Berufs- und Arbeitgeberverband für das private Verkehrsgewerbe näherbringen.

Der Verband ist die Interessenvertretung von ca. 2 000 Unternehmen der gewerblichen Verkehrswirtschaft in Nordrhein. Als Dienstleister für unsere Mitglieder stehen wir Ihnen jederzeit mit Rat und Tat zur Seite. Hierbei können wir auf starke Bundesverbände (DSLV, BGL und AMÖ) zurückgreifen, die die Interessen der Kraftwagenspeditionen und Lkw-Frachtführer in Brüssel und Berlin vertreten.

Beim Eintritt in den Verband Verkehrswirtschaft und Logistik Nordrhein-Westfalen e. V. entscheiden Sie sich gleichzeitig für die Mitgliedschaft in einer Fachvereinigung, und zwar

**Fachvereinigung Spedition und Logistik,
Fachvereinigung Güterkraftverkehr oder
Fachvereinigung Möbelspedition.**

Welche Vorteile entstehen Ihnen durch eine Mitgliedschaft? An dieser Stelle kann nur in Form eines kurzen Überblicks dargestellt werden, welche Gegenleistung Sie für Ihren Mitgliedsbeitrag erhalten. Nähere Informationen erhalten Sie von der Fachvereinigung, für die Sie sich entschieden haben:

– regelmäßige und umfassende Information durch unseren Rundschreibdienst und Newsletter-Service
– Organisation von themenbezogenen Diskussions- und Podiumsveranstaltungen
– kostenlose Inanspruchnahme unserer arbeitsrechtlichen Beratung und Vertretung vor Arbeits- und Sozialgerichten
– Als Arbeitgeberverband sind wir Tarifpartner der Gewerkschaft.
– Von unserem Betriebsberatungsdienst können Sie kompetente und fachkundige Unternehmensberatung erhalten.

Selbstverständlich genießen Sie auch Kostenvorteile bei Seminaren durch das gewerbeeigene Bildungswerk Verkehrsgewerbe Nordrhein e. V., über die wir technische und kaufmännische Fort- und Weiterbildung von Fach- und Führungskräften erfolgreich durchführen. Aufgrund unserer hohen Organisationsquote im Land wie auch im Bund konnte in den letzten Jahren erfolgreiche Lobby-Arbeit in Ihrem Interesse durchgeführt werden.

Die Beitragsordnung ist beigefügt.

Es würde uns freuen, wenn Sie durch Ihren Beitritt zum Verband Verkehrswirtschaft und Logistik Nordrhein-Westfalen e. V. die Kraft der Berufsvertretung des Transportgewerbes stärkten.

Mit freundlichem Gruß   Anlagen

R. Pauli
Richard L. Pauli

Lernsituation 6 zum Informationshandbuch Seite 132–149, 234–236

Aufgabe 1
In einer Spedition liegen die in der Tabelle aufgeführten Daten für die Fahrzeugkalkulation vor.

A	Technische Angaben	
1	Erstzulassung	20(0)
2	Kaufdatum	20(0)
3	Aufbau	Pl/Sp
4	Motorleistung (PS)	140
5	Anzahl der Reifen	6
6	Gesamtgewicht in Tonnen	7,5
7	Nutzlast in Tonnen	3,0
8	Anzahl der Achsen	2

B	Kalkulationsdaten	
9	Jahreslaufleistung (km)	45 000
10	Jahreseinsatzzeit (Tage)	240
11	Tageseinsatzzeit (Stunden)	8
12	Nutzungsdauer (Jahre)	9
13	Reifenlaufleistung/km	100 000
14	Kraftstoffverbrauch (Liter/100 km)	20
15	Kraftstoffpreis (EUR/Liter)	0,95

C	Kapitalwerte	
16	Fahrzeugkaufpreis ohne Reifen/EUR	29 000,00
17	Kaufpreis Bereifung/EUR	1 500,00

Berechnen und erläutern Sie folgende Positionen:
a betriebsnotwendiges Vermögen,
b Abschreibung (Abnutzung) = 65 %,
c Abschreibung (Entwertung) = 35 %.

Lösen Sie folgende Aufgaben:
d In der Fahrzeugkostenrechnung des Arbeitsauftrages (Seite 108) ist die Kfz-Steuer mit 285,00 EUR angegeben worden. Überprüfen Sie den Betrag mithilfe der Steuertabelle im Informationshandbuch.
e Unterscheiden Sie:
 ea Kfz-Haftpflichtversicherung,
 eb Kfz-Teilkasko-Versicherung,
 ec Kfz-Vollkasko-Versicherung,
 ed Güterschaden-Haftpflichtversicherung,
 ee Gemeinkosten – Einzelkosten.
f Nehmen Sie an, eine Spedition hat sich entschieden, ihr Nahverkehrsfahrzeug wie folgt zu versichern:
- Erstes und zweites Jahr: Vollkasko mit 500,00 EUR Selbstbeteiligung (Prämie pro Jahr 1250,00 EUR)
- Drittes bis neuntes Jahr: Teilkasko mit 500,00 EUR Selbstbeteiligung (Prämie pro Jahr 80,00 EUR)

Ermitteln Sie den Betrag, der für die Kasko-Versicherung des Fahrzeugs in der jährlichen Kalkulation anzusetzen ist. Die Nutzungsdauer beträgt neun Jahre.
g Erläutern Sie die Berechnung und die Unterscheidung von Kilometer- und Tagessatz.

Aufgabe 2
Die Sammelgutspedition SÜD-LOGISTIK hat für ihr Nahverkehrsfahrzeug eine Tabelle mit 100-kg-Preisen erstellt. Sie geht dabei von folgenden Annahmen aus:

Nutzlast	3,5 t	Kilometer pro Tag und Tour	120 km
Nutzung pro Tag	2,5 t	Tagessatz	225,00 EUR
Kilometersatz	0,33 EUR		

a Berechnen Sie die 100-kg-Kosten.
b Begründen Sie, warum die Spedition als Empfangsspediteur in der Rückrechnung den Nachlauf von Sammelsendungen mit einem 100-kg-Preis gegenüber dem Versandspediteur abrechnet.
c Nennen Sie praxisnahe Abrechnungsalternativen.

Aufgabe 3
Die Spedition Seifert GmbH hat aus der Fahrzeugkostenrechnung die unten aufgeführten Daten ermittelt. Berechnen Sie den Tages-, Stunden und Kilometersatz des Fahrzeugs.

Leistungsdaten des Fahrzeugs	Jahres-Kilometer-Leistung	45 000 km
	Einsatztage pro Jahr	230 Tage
	Einsatzstunden pro Tag	8 Stunden
	Nutzlast	10 t
Kilometerabhängige Kosten		15 750,00 EUR pro Jahr
Zeitabhängige Kosten		66 000,00 EUR pro Jahr

Lernsituation 6 zum Informationshandbuch Seite 132–149, 234–236

Aufgabe 4
Ein Frachtführer kalkuliert für ein Nahverkehrsfahrzeug mit folgenden Kalkulationssätzen, die aus der eigenen Kostenrechnung gewonnen werden konnten: Tagessatz 290,00 EUR, Kilometersatz 0,40 EUR. Das Unternehmen berücksichtigt 10 % Gewinnzuschlag und 19 % Umsatzsteuer.

Berechnen Sie den Angebotpreis für folgende Fahrzeugeinsätze:
a Einsatzzeit zwei Tage, zurückzulegende Strecke 350 km,
b Einsatzzeit fünf Stunden, zurückzulegende Strecke 170 km.
Die tägliche Einsatzzeit des Fahrzeugs beträgt acht Stunden.

Aufgabe 5
In der Fahrzeugkalkulation wird zwischen fixen und variablen Kosten unterschieden. Kennzeichnen Sie die nachfolgend aufgeführten Kostenarten als fix oder variabel.

Kostenarten		
1. Garagenmiete	5. Auszubildendenvergütungen	9. Rechtsanwaltskosten
2. Öl als Schmiermittel	6. TÜV-Gebühren (Kfz)	10. Büromiete
3. Kaskoversicherung	7. Reifenverbrauch	11. Gehälter für das kaufm. Personal
4. Diesel	8. Fahrerlohn	

Aufgabe 6
Ein Verkehrsunternehmen möchte aus den errechneten Tages- und Kilometersätzen eine Tabelle erstellen, die die Fahrzeugkosten in Abhängigkeit von der Einsatzzeit (in Tagen bzw. Teilen davon) und den zurückgelegten Kilometern sichtbar macht (siehe unten stehendes Muster).
Kilometersatz: 0,33 EUR, Tagessatz: 390,00 EUR

a Erstellen Sie die Tabelle.

Güterfernverkehr	Fahrzeug:		40-t-Sattelzug	
variable Fahrzeugkosten pro gefahrenen km in Euro				
Fixkosten pro Einsatztag in Euro			bei **240** Einsatztagen pro Jahr und **12** Einsatz-Stunden pro Tag	

Gefahrene km	Fahrzeugkosten in Euro											
	Einsatzzeit (Fahr-, Warte-, Lade- und Pausenzeit) in Tagen bis											
	0,25	0,50	0,75	1,00	1,25	1,50	1,75	2,00	2,25	2,50	2,75	3,00

b Erstellen Sie aus folgenden Daten mithilfe der oben stehenden Tabelle ein Angebot:
450 km, 1,5 Einsatztage, 20 % Gemeinkostenzuschlag, 10 % Gewinn, 19 % Umsatzsteuer.

Aufgabe 7
Auf Seite 116 sind die Kalkulationsdaten für zwei Fahrzeuge der TRANSLOG GmbH aufgeführt. Ermitteln Sie die Kilometer- und Tagessätze für die beiden Fahrzeuge. Runden Sie alle Beträge zu vollen EUR.

Beachten Sie noch folgende Hinweise:
- Sofern Daten fehlen, sind die üblichen Durchschnittswerte aus der Fahrzeugkostenrechnung (siehe Informationshandbuch) zu verwenden.
- Kfz-Haftpflichtversicherung: Prämien für ein Jahr (p.a.)
- Kaskoversicherung: Der angegebene Betrag ist die Prämie für ein Jahr. Das Fahrzeug wird nur in den ersten beiden Jahren der Nutzung kaskoversichert.

Lernsituation 6 zum Informationshandbuch Seite 132–149, 234–236

	Fahrzeug (polizeiliches Kennzeichen)	D-SV-4988		D-DA-3291	
A	**Technische Daten**	Zug-maschine	Anhänger/Auflieger	Zug-maschine	Anhänger/Auflieger
1	Erstzulassung	20(0)		20(0)	20(0)
2	Kaufdatum	20(0)		20(0)	20(0)
3	Aufbau	Plane + Spr.		Plane + Spr.	Plane + Spr.
4	Motorleistung/Emissionsklasse	97 KW/EUR 5		280 KW/EUR 5	
5	Anzahl der Reifen	6 Stück	–	8	4
6	Gesamtgewicht in Tonnen	7,49		24	16
7	Nutzlast in Tonnen	3,3		16,4	9,4
8	Anzahl der Achsen	3 Stück		4	2
B	**Kalkulationsdaten**				
9	Jahreslaufleistung	50 000 km		120 000 km	120 000 km
10	Jahreseinsatzzeit	235 Tage		235 Tage	235 Tage
11	Tageseinsatzzeit	8 Std.		12 Std.	12 Std.
12	Nutzungsdauer	9 Jahre		9 Jahre	11 Jahre
13	Reifenlaufleistung	80 000 km		140 000 km	180 000 km
14	Kraftstoffverbrauch	19 l/100 km		36,5 l/100 km	
15	Kraftstoffpreis	1,25 EUR		1,25 EUR	
C	**Kapitalwerte**				
16	Fahrzeugkaufpreis ohne Reifen	36 225,00 EUR		94 300,00 EUR	15 750,00 EUR
17	Kaufpreis Bereifung	1 125,00 EUR		400,00 EUR/Stück	437,50 EUR/Stück
18	Umlaufvermögen	500,00 EUR/t		500,00 EUR/t	500,00 EUR/t
19	betriebsnotw. Vermögen				
D	**Kostenrechnung**				
	Variable (km-abhängige) Kosten (Auswertung)				
20	Abschreibung (Abnutzung)				
21	Kraftstoffkosten				
22	Schmierstoffe/Öle				
23	Reifenkosten				
24	Reparaturen/Wartung	3 350,00 EUR		10 000,00 EUR	3 900,00 EUR
25	sonstige Betriebskosten				
26	Maut			11 000,00 EUR	
27	**km-abhängige Kosten**				
	Fixe (zeitabhängige) Kosten (Auswertung)				
28	Fahrerlohn	21 940,00 EUR		24 710,00 EUR	
29	Weihnachtsgeld	1 000,00 EUR		1 050,00 EUR	
30	Urlaubsgeld	350,00 EUR		400,00 EUR	
31	Sozialaufwendungen	24,8 %		24,8 %	
32	*Zwischensumme (28–31)*				
33	Personalfaktor	1,2		1,2	
34	Spesen	8,00 EUR/Tag		18,00 EUR/Tag	
35	**Fahrerpersonalkosten**				
36	Abschreibung (Entwertung)				
37	Verzinsung	7,5 %		7,5 %	7,5 %
38	Kfz-Steuer pro Jahr	285,00 EUR		556,00 EUR	373,00 EUR
39	Kfz-Haftpflichtversicherung/p. a.	3 132,50 EUR		4 152,50 EUR	54,00 EUR
40	Kfz-Kaskoversicherung/p. a.	1 343,00 EUR		3 107,00 EUR	495,00 EUR
41	Güterschadenhaftpflichtvers.	600,00 EUR		0	0
42	**feste Fahrzeugkosten**				
43	**Fahrzeug-Einsatzkosten**				
44	Verwaltungskosten	18 %		18 %	18 %
45	kalkulatorischer U-Lohn	keiner		keiner	keiner
46	kalk. Wagnisse	keine		keine	keine
47	**Gemeinkosten**				
48	**fixe (zeitabhängige) Kosten**				
49	**Gesamtkosten**				

Lernsituation 6 zum Informationshandbuch Seite 132–149, 234–236 **117**

Aufgabe 8
Ein Verkehrsunternehmen möchte eine Übersicht erstellen, aus der hervorgeht, welche Kosten ein Nahverkehrsfahrzeug in Abhängigkeit von der Zeit und der zurückgelegten Strecke verursacht (siehe unten stehendes Muster). Der Kilometersatz beträgt 0,31 EUR, der Stundensatz 35,92 EUR. Erstellen Sie die Übersicht.

Fahrzeugkosten: Güternahverkehr								
Strecke	Einsatzzeitraum in Stunden							
in km	1	2	3	4	5	6	7	8
0								
5								
10								
15								
20								
25								
30								
35								
40								
45								
50								
...								

Aufgabe 9
Anhand von Kalkulationsdaten, die vom Rechnungswesen zur Verfügung gestellt werden, lässt sich z. B. der Kilometersatz eines Fahrzeugs errechnen.

Berechnen Sie

a den Kilometersatz, **b** den Tagessatz, **c** die Fahrzeugeinsatzkosten.

Kalkulationsdaten

Jahreslaufleistung 40 000 km	Jahreseinsatzzeit 240 Tage
Fahrpersonalkosten 39 745,00 EUR	Gemeinkosten 14 200,00 EUR
variable Kosten (Kraftstoff, Reifen, Reparatur u. a.) 9 300,00 EUR	feste Fahrzeugkosten 7 800,00 EUR

Aufgabe 10

Die Gesamtkosten eines Fahrzeuges (130 000 km in 260 Einsatztagen) betragen 150 000,00 EUR pro Jahr. Vervollständigen Sie das nachstehende Schema und ermitteln Sie den km-Satz sowie den Tagessatz, wenn folgende Zusammenhänge gelten:

- Die km-abhängigen Kosten betragen 30 % der Gesamtkosten.
- Die Gemeinkosten betragen 10 % der Gesamtkosten.
- Die Fahrpersonalkosten betragen ein Vierfaches der festen Fahrzeugkosten.

Gesamtkosten =			
km-abhängige Kosten =	Fahrpersonalkosten =	feste Fahrzeugkosten =	Gemeinkosten =
Fahrzeugeinsatzkosten =			Gemeinkosten =
km-abhängige Kosten =	fixe (zeitabhängige) Kosten =		
km-Satz =	Tagessatz =		

Lernsituation 6 zum Informationshandbuch Seite 132–149, 234–236

Aufgabe 11
In der SPEDITION SCHNEIDER GmbH verursachte ein Lkw, Nutzlast 25 t, im letzten Jahr folgende Kosten:

Kosten	Euro
Kraftstoffkosten	20 000,00
Schmierstoffkosten	600,00
Reifenkosten	1 800,00
Abschreibung gesamt (je 50 % variable und fixe Kosten)	14 000,00
Reparaturen	2 500,00
Fahrerlohn einschließlich Nebenkosten (Personalfaktor 1,0)	45 500,00
Kfz-Steuer	1 550,00
Kfz-Versicherung	10 500,00
übrige feste Fahrzeugkosten	4 050,00
allgemeine Verwaltungskosten	11 000,00

Berechnen Sie

a den Kilometer-Satz der variablen Kosten bei einer Jahresfahrleistung von 110 000 km,

b die fixen Kosten je Tag, wenn der Lkw an 240 Arbeitstagen eingesetzt wird,

c die Kosten je 100 kg, wenn der Lkw an den 240 Einsatztagen 185 Fahrten – teils mehrtägig – unternommen hat, bei denen er durchschnittlich zu 80 % ausgelastet war.

Aufgabe 12
Die Spedition INTERSPED stellt ihren Versendern die Maut gesondert in Rechnung. Dies gilt sowohl für Sammelgut als auch für Ladungen. Ermitteln Sie für folgende Sendungen den Rechnungsbetrag (brutto). Verwenden Sie dazu die Mauttabellen aus dem Haustarif im Firmenhandbuch.

Sendung 1 Sammelgut, 235 kg, 250 km, Kundensatz nach Haustarif

Sendung 2 Teilladung, 8 700 kg, 534 km, vereinbarter Preis 430,00 EUR netto

Sendung 3 Teilladung, 6,3 Lademeter, 267 km, vereinbarter Preis 550,00 EUR netto

Aufgabe 13
Verkehrsunternehmen sind in unterschiedlichen Verbänden organisiert. Ordnen Sie in der unten stehenden Tabelle die nachfolgenden Abkürzungen den Textbeschreibungen zu: FIATA, IRU, DSLV, BGL.

	internationaler Zusammenschluss von Verbänden des Güterkraftverkehrs
	Organisation, in der sich nationale Spediteurorganisationen auf internationaler Ebene zusammengetan haben
	Bundesverband von regionalen Spediteur-Fachvereinigungen
	Bundesverband von regionalen Fachvereinigungen des Güterkraftverkehrs

Aufgabe 14
Zur nachfolgenden Rechnung ist am 07.06.20(0) ein Zahlungseingang von 6 071,87 EUR festzustellen.

TRANSLOG GmbH – Cranachstraße 123 – 40235 Düsseldorf

Friedrich Meermann KG
Postfach 122334
35392 Gießen

Rechnung Nr. 737/20(0)   28.05.20(0)

Position	Bezeichnung	Euro
050669	Zollvorlage	5 000,00
050774	Verzollungsprovision	150,00
038765	Frachtvorlage (Frachtführer)	800,00
071212	Auslagen	100,00
	Summe	6 050,00
093444	Güterversicherung	24,50
	Nettobetrag	6 074,50
100435	+ 19 % Umsatzsteuer	185,16
	Bruttobetrag	6 259,66

a Prüfen Sie, ob die Rechnung rechnerisch richtig ist. Wie kommt der Überweisungsbetrag zustande?

b Warum beträgt die Umsatzsteuer nur 185,16 EUR?

c Welchen Betrag erhält der Spediteur letztlich für seine Leistung (Verzollung der Sendung)?

d Beurteilen Sie folgendes Verhalten: Der Kunde überweist am 28.06.20(0) 6 259,66 EUR, weil im Geschäftsleben üblicherweise ein Zahlungsziel von 30 Tagen eingeräumt wird.

Lernsituation 6 zum Informationshandbuch Seite 132–149, 234–236

Aufgabe 15
Vereinzelt kommen im Düsseldorfer Umschlaglager Sendungen an, die nicht für das Düsseldorfer Leitgebiet bestimmt sind, sondern für die benachbarten Leitgebiete mit ihren Niederlassungen in Dortmund, Wesel und Köln.
Bestimmen Sie, welche der Nachbar-Niederlassungen für die nachstehend genannten Empfangsorte zuständig sind:
Hagen, Xanten, Goch, Datteln, Pulheim, Weeze, Wipperfürth, Gummersbach, Gladbeck, Dorsten, Herne, Wegberg, Overath, Hattingen, Werne (siehe Karte auf Seite 112).

Aufgabe 16
Ein Motor wurde auf einem Lkw besonders gesichert. Beschreiben Sie anhand des unten abgebildeten Fotos, wie die Ladung form- und kraftschlüssig gesichert worden ist.

SELBSTTEST LERNSITUATION 6

→ Diese **Prozesse** beherrsche ich (X):

	voll	weitgehend	eher nicht	gar nicht
eine Make-or-buy-Entscheidung für das Aufholen von Sammelgut treffen				
aus vorgegebenen Fahrzeugdaten eine Fahrzeugkalkulation erstellen				
das Angebot eines Nahverkehrsunternehmers mit den Fahrzeugkosten beim Selbsteintritt vergleichen				
den Tages- und Kilometersatz in einen 100-kg-Preis umrechnen				
entscheiden, welchem Verband die Modellspedition beitreten soll				
vier geeignete Nahverkehrstouren geografisch bestimmen				

→ Diese **Begriffe** kenne ich (✓):

- Abnutzung (Fahrzeugkalkulation) ☐
- Entwertung (Fahrzeugkalkulation) ☐
- Einzelkosten ☐
- Fahrzeugeinsatzkosten ☐
- Gemeinkosten ☐
- Kfz-Kasko-Versicherung ☐
- Kfz-Haftpflichtversicherung ☐
- kilometerabhängige Kosten ☐
- Kilometersatz ☐
- Lkw-Maut ☐
- Make-or-buy-Entscheidung ☐
- Tagessatz ☐
- zeitabhängige Kosten ☐

Abschlussaufgabe Lernsituation 6

Situation

Sie sind in der Spedition Rhena Spedition GmbH und Co. KG, Passauer Straße 18, 93055 Regensburg, mit der Abwicklung von Sammelgutsendungen beauftragt. Ihre Sammelgutsendungen werden über den zentralen HUB Ihrer Sammelgutkooperation nach Eichenzell befördert und von dort durch verschiedene Empfangsspediteure bundesweit verteilt.
Weitere Daten:
HUB-Adresse: Zum Lingeshof 15, 36124 Eichenzell
Entfernung zum HUB: 294 km

Für die Fahrten zum HUB und zurück nach Regensburg haben Sie bisher fremde Frachtführer eingesetzt. Sie planen, den HUB zukünftig verstärkt mit eigenen Fahrzeugen anzufahren, weil Laderaum zunehmend knapp und teuer geworden ist.
Mit den Frachtführern hatten Sie folgende Bedingungen vereinbart:

- Preis für die Strecke Regensburg – Eichenzell und zurück einschließlich Maut 740,00 EUR
- Die Sendungen müssen bis 23:00 in Eichenzell eintreffen; definierte Abfahrtszeit in Regensburg ist spätestens 18:00 Uhr.

1

a Berechnen Sie, ob der Kalkulation des Fahrzeugs ein Tagessatz zugrunde gelegt werden kann. Die Durchschnittsgeschwindigkeit des Lkw beträgt wegen der Beförderung in der Nacht 70 km/h.
b Stellen Sie fest, ob die Beförderung innerhalb des vorgegebenen Zeitfensters möglich ist. Machen Sie auch deutlich, ob für schwierige Verkehrsverhältnisse ein Zeitpuffer zur Verfügung steht.

2

Überprüfen Sie im Rahmen einer Make-or-buy-Entscheidung, ob sich der Selbsteintritt auf der Strecke lohnt. Die Fahrzeugkalkulation wurde bereits erstellt; lediglich der Kilometer- und der Tagessatz sind noch zu berechnen. Das Fahrzeug wird an 245 Tagen im Jahr eingesetzt und fährt 147 000 km. Die Fahrzeugkalkulation enthält die Mautkosten (über die geschätzte mautpflichtige Strecke pro Jahr).

	Auswertung Gesamtübersicht	EUR/Jahr	EUR/km	EUR/Tag
50	km-abhängige Kosten	66 381,07		
51	Fahrpersonalkosten	47 234,90		
52	feste Fahrzeugkosten	14 605,89		
53	Fahrzeugeinsatzkosten	128 221,85		
55	Gemeinkosten	33 337,68		
56	fixe (zeitabhängige Kosten)	95 178,47		
57	Gesamtkosten	161 559,54		

Lernsituation 6 zum Informationshandbuch Seite 132–149, 234–236

3

a In einer Musterkalkulation eines Verkehrsverbandes wird empfohlen, die Abschreibung mit 60 % Abnutzung und 40 % Entwertung anzusetzen, weil diese Verteilung eher dem heutigen Fahrzeugeinsatz entspricht.
   aa Begründen Sie, warum es sinnvoll ist, nach Abschreibung für Abnutzung und Entwertung zu unterscheiden.
   ab Erläutern Sie, wie sich die Empfehlung des Verkehrsverbandes begründen lässt.
b Wir entscheiden uns, das Fahrzeug bei einer Nutzungsdauer von neun Jahren für die ersten drei Jahre in Vollkasko zu versichern. Die Versicherungsprämie beträgt pro Jahr 2 700,00 EUR. Berechnen Sie den Betrag, mit dem die Kasko-Versicherung in die Fahrzeugkalkulation eingeht.
c Statt getrennt mit fixen und variablen Kosten zu kalkulieren, könnten wir auch einen einheitlichen Satz anwenden. Ermitteln Sie den Betrag, mit dem wir dann kalkulieren müssten, um die Kosten für den HUB-Verkehr pro Kilometer zu ermitteln. Das Fahrzeug legt im Jahr durchschnittlich 147 000 km zurück.

4

Berechnen Sie, welchen Mautbetrag die Spedition für die Beförderung zum HUB und den Rücktransport aus Eichenzell zu bezahlen hat, wenn von den 588 km 550 km mautpflichtig sind (EUR-5-Fahrzeug mit fünf Achsen und mehr als 18 t zGG).

5

Für acht Sammelgutsendungen steht noch eine Wechselbrücke mit 7,30 m Innenlänge und 11,8 t Ladegewicht zur Verfügung.
Berechnen Sie anhand der nachfolgenden Angaben, ob die Sendungen in der Wechselbrücke untergebracht werden können.

Pos.	Anzahl	Lademittel	Gewicht/kg	Lademeter
1	4	Euroflachpaletten	1 600	
2	2	Industriepaletten	960	
3	2	Euroflachpaletten	540	
4	4	Einwegpalette 115 × 90 cm	1 800	
5	1	Euroflachpaletten	350	
6	1	Industriepaletten	410	
7	4	Euroflachpaletten 1 × stapelbar	2 800	
8	1	Euroflachpaletten	650	

6

Im Selbsteintritt sind wir sowohl für die beförderungssichere als auch für die betriebssichere Beladung verantwortlich. Erläutern Sie dem Lagerpersonal und dem Lkw-Fahrer, worauf sie bei der Beladung zu achten haben.

7

Für die Sendung 1 ist noch der Betrag zu errechnen, der vom Empfangsspediteur beim Empfänger einzuziehen ist.
Sendungsdaten:
Vier Euroflachpaletten, unfrei, 1 600 kg, Regensburg – Dresden = 351 km, mit dem Versender ist der Haustarif der Spedition Rhena vereinbart worden, die Maut wird zusätzlich berechnet, siehe Auszug aus dem Haustarif auf Seite 122. Die Sendung ist mit einer Nachnahme über 2 650,00 EUR belegt. Dem Empfänger werden Palettentauschgebühren, Avisierungsgebühr und die Nachnahmegebühr berechnet.

Lernsituation 6 zum Informationshandbuch Seite 132–149, 234–236

Haustarif der Rhena Spedition GmbH (Auszug)

Frachtpflichtiges Gewicht bis kg	Entfernung in km			
	1–150	151–300	301–450	451–600
	Euro	Euro	Euro	Euro
450	133,40	151,80	158,70	170,20
500	133,40	154,10	161,00	172,50
600	165,60	186,30	195,50	207,00
...	...	...	...	...
1 500	292,10	338,10	351,90	379,50
1 750	391,00	448,50	469,20	503,70
2 000	395,60	466,90	489,90	533,60

Nebengebühren

- Gebühr für Versendernachnahmen: 2 % des Nachnahmebetrages, mindestens 15,30 EUR
- Avisgebühren pro Sendung: 5,10 EUR
- Palettentauschgebühr für
  - genormte Flachpaletten: je Palette 2,60 EUR
  - genormte Gitterboxpaletten: je Palette 10,20 EUR

Mautgebühren* für Sendungen von 1 bis 3 000 kg

Gewicht** in kg	Entfernung in km										
	1–100	101–200	201–300	301–400	401–500	501–600	601–700	701–800	801–900	901–1 000	1 001–1 100
	Euro	Euro	Euro	Euro	Euro	Euro	Euro	Euro	Euro	Euro	Euro
1 251–1 500	1,60	4,80	7,99	11,19	14,38	17,59	20,78	23,98	27,17	30,37	33,56
1 501–2 000	2,03	6,11	10,17	14,25	18,31	22,38	26,44	30,52	34,58	38,66	42,72
2 001–2 500	2,61	7,85	13,07	18,32	23,54	28,78	34,00	39,24	44,46	49,70	54,92

*Beträge in Euro ohne Umsatzsteuer (Mehrwertsteuer)
**Frachtpflichtiges Gewicht

8

Ein Kunde kann nur gewonnen werden, wenn wir die Preisliste seines bisherigen Hausspediteurs verwenden.
Vergleichen Sie die Preise des Hausspediteurs (siehe Tabelle unten) mit dem Haustarif der Spedition Rhena anhand einer Mustersendung mit folgenden Daten: Gewicht 510 kg, Entfernung 480 km.
Entscheiden Sie, ob wir auf die Forderung des Versenders eingehen sollen.

Preisliste		Zone 1	Zone 2	Zone 3	Zone 4
		bis 150 km	bis 350 km	bis 550 km	über 550 km
Gewicht	Basis-Preis	Kilogramm-Preis	Kilogramm-Preis	Kilogramm-Preis	Kilogramm-Preis
kg	Euro	Euro	Euro	Euro	Euro
30– 50	8,86	0,32	0,41	0,51	0,60
51– 70	10,85	0,30	0,39	0,49	0,57
...	...	...	...	...	...
101– 200	18,55	0,19	0,27	0,38	0,45
201– 300	26,68	0,16	0,24	0,34	0,42
...	...	...	...	...	...
501– 750	45,88	0,14	0,18	0,29	0,26
751–1000	53,51	0,13	0,17	0,24	0,22

9

Entwickeln Sie drei unterschiedliche Autobahnrouten von Regensburg nach Eichenzell, um bei Verkehrsproblemen Ausweichstrecken zur Verfügung zu haben.

Lernsituation 7
Versicherungsbedingungen vergleichen

In Versicherungsfragen ist man bei INTERSPED nicht mehr mit der W & O Versicherung zufrieden. In mehreren Fällen, in denen man ein kulantes Verhalten erwartet hatte, erwies sich W & O wenig kundenfreundlich. Schadenersatzzahlungen ließen oft lange auf sich warten, sodass die betroffenen Versender bereits mit einem Wechsel des Spediteurs gedroht haben. Schließlich gibt es in der Versicherung für jeden Versicherungszweig unterschiedliche Ansprechpartner, mit der Folge, dass die Kommunikation sehr schwierig ist.

Dies ist bereits ein Punkt des Angebotsvergleichs, zusammengefasst unter dem Stichwort „Kundenfreundlichkeit".

Herr Berger hat über die Sammelgutkooperation von dem Versicherungsmakler CLEWE gehört, der sich durch Kulanz, kurze Bearbeitungszeiten, schnelle Auszahlung des Schadenersatzes und kundenbezogene Sachbearbeiter, letztlich also durch ein hohes Maß an **Kundenfreundlichkeit**, auszeichnen soll.

Ein Vergleichsangebot von CLEWE liegt bereits vor. Herr Klaßen hat den Auftrag erhalten, wesentliche Angebotsunterschiede in einem Angebotsvergleich einander gegenüberzustellen und die Entscheidung vorzubereiten, ob ein Versicherungswechsel durchgeführt werden soll. In einer Nutzwertanalyse (siehe unten) sollen die Bedingungen quantifiziert werden, um die Entscheidung zu erleichtern.

Vergleich zur Haftungs- und Güterversicherung

Vergleich wesentlicher Punkte der Versicherungsbedingungen

Teil 1: Haftungsversicherung des Spediteurs nach Ziffer 28 ADSp
Die Versicherungsbedingungen stimmen inhaltlich in hohem Maße überein, weil beide die DTV-Verkehrshaftungsversicherungs-Bedingungen zur Grundlage haben. Das heißt vor allem:

- **Gegenstand der Versicherung** ist jeder Verkehrsvertrag (Fracht-, Speditions- und Lagervertrag) des Versicherungsnehmers als Frachtführer im Straßengüterverkehr, als Spediteur oder Lagerhalter, wenn und soweit die damit zusammenhängende Art der Tätigkeit in der **Betriebsbeschreibung** dokumentiert ist. Hierzu zählen auch speditionsübliche logistische Leistungen, wenn diese mit der Beförderung oder Lagerung von Gütern in Zusammenhang stehen.
- Die **Güterschadenhaftpflichtversicherung** nach § 7a Güterkraftverkehrsgesetz ist eingeschlossen.
- Die **Obliegenheiten** vor und nach Eintritt eines Schadensfalls decken sich weitgehend.
- Beide Versicherer verzichten auf den **Regress** gegen den Versicherungsnehmer und seine Arbeitnehmer (Ausnahme vorsätzliches Herbeiführen des Schadens).

Angebotsinhalt	W & O	CLEWE
Prämie	3 Promille vom Jahresumsatz	2,5 Promille vom Jahresumsatz
Kundenfreundlichkeit	Siehe Beschreibung oben	
Vorsorgeversicherung	Maximal 250 000,00 EUR; Ausnahme: „Beförderung und Lagerung von Kraftfahrzeugen, Tabakwaren, Spirituosen, Mobiltelefonen, Unterhaltungselektronik, Personalcomputer sowie Waren aus dem Bereich der Telekommunikation. Die Versicherungsleistung ist in diesen Fällen mit 50 000,00 EUR je Transportmittel bzw. Lagerort begrenzt."	Maximal 250 000,00 EUR; Ausnahme: Tabakwaren, Spirituosen, Kraftfahrzeuge, Mobiltelefone, Computer-Hard- und Software, Unterhaltungselektronik aller Art, wenn deren Warenwert 5 000,00 EUR je Auftrag, Transportmittel oder Lagerort übersteigt
Räumlicher Geltungsbereich	Speditionsverträge: weltweit Lagerverträge: innerhalb Deutschlands Frachtverträge: innerhalb der EU in ihrer jeweils geltenden Ausdehnung	Der Versicherungsschutz erstreckt sich auf Güterversendungen von/nach und innerhalb folgender Länder: Belgien, Deutschland, Finnland usw. (Auflistung der 27 EU-Staaten).

In diesem Jahr erwartet die Spedition einen Jahresumsatz von 1,2 Millionen EUR.

Lernsituation 7 zum Informationshandbuch Seite 59–79

Angebotsinhalt	W & O	CLEWE
Versicherungs-ausschlüsse	Nicht versichert sind: Schäden aus Naturkatastrophen, Krieg, Beschlagnahme, Streik, Schäden an lebenden Tieren und Pflanzen, innerer Verderb, unübliche Vereinbarungen (z. B. Vertragsstrafen und Lieferfristgarantien), vertragliche Haftungserhöhungen, die über die gesetzliche Regelhaftung hinausgehen. Spezielle Güter: Ansprüche aus Schäden an Kraftfahrzeugen, Tabakwaren, Spirituosen, Mobiltelefonen, Unterhaltungselektronik, Personalcomputern sowie Waren aus dem Bereich der Telekommunikation. Die Versicherungsleistung ist in diesen Fällen mit 50 000,00 EUR je Transportmittel bzw. Lagerort begrenzt. Ferner: Schäden an Umzugsgut, Kunstgegenständen, Antiquitäten, Edelmetallen, Edelsteinen, echten Perlen, Geld, Dokumenten, Urkunden	Nicht versichert sind: Schäden aus Naturkatastrophen, Krieg, Beschlagnahme, Streik, Schäden an lebenden Tieren und Pflanzen, innerer Verderb, unübliche Vereinbarungen (z. B. Vertragsstrafen und Lieferfristgarantien), vertragliche Haftungserhöhungen, die über die gesetzliche Regelhaftung hinausgehen. Spezielle Güter: Tabakwaren, Spirituosen, Kraftfahrzeuge, Mobiltelefone, Computer-Hard- und -Software, Unterhaltungselektronik aller Art, wenn deren Warenwert 5 000,00 EUR je Auftrag, Transportmittel oder Lagerort übersteigt. Ferner: Schäden an Umzugsgut, Kunstgegenständen, Antiquitäten, Edelmetallen, Edelsteinen, echten Perlen, Geld, Dokumenten, Urkunden
Begrenzung der Versicherungsleistung (in Euro) a) pro Schadensfall	Güterschäden 1,0 Mio. reine Vermögensschäden 250 000,00 Inventurdifferenzen pro Jahr 500 000,00	**Speditionsverträge** Güterschäden 1,25 Mio. reine Verm.-Schäden 250 000,00 Inventurdiff. pro Jahr 50 000,00 **Frachtverträge** Güterschäden 1,25 Mio. reine Verm.-Schäden 250 000,00
b) pro Schadensereignis	5,0 Mio.	2,0 Mio.
c) pro Versicherungsjahr	5,0 Mio.	4,0 Mio.
d) zusätzliche Begrenzung bei qualifiziertem Verschulden	pro Schadensfall 200 000,00 pro Versicherungsjahr 300 000,00	100 000,00

Teil 2: Güterversicherung für die Auftraggeber nach Ziffer 21 ADSp
Auch bei der Güterversicherung sind viele inhaltliche Übereinstimmungen der Versicherungsbedingungen zu finden, weil wiederum eine gemeinsame Grundlage besteht: die DTV-Güterversicherungsbedingungen 2000 (in der aktuellen Fassung). Wesentlich sind vor allem folgende Aussagen:

- **Gegenstand der Versicherung:** Die Versicherung bezieht sich auf Güter aller Art, die vom Versicherungsnehmer aufgrund eines mit einem Verkehrsvertrag verbundenen Versicherungsauftrages für fremde Rechnung zu versichern sind, insbesondere auf Handelsgüter (Warengruppe A, siehe unten). Eine Ausnahme bilden die Warengruppen B, C und D, die nur eingeschränkt oder gar nicht zu versichern sind.
- **Versicherte Transporte und Lagerungen:** Versichert sind in dem vereinbarten Umfang Transporte mit eigenen oder fremden Transportmitteln jeder Art sowie transportbedingte Zwischenlagerungen bis zur Dauer von höchstens 60 Tagen von und nach sowie an allen Plätzen der Erde.
- Die **Deckungsform** lautet „volle Deckung", die **Reichweite** „Haus-Haus".
- Die verschiedenen **Klauseln** aus den DTV-Güterversicherungsbedingungen 2000 (aktuelle Fassung), z. B. Kriegsklausel, Streik- und Aufruhrklausel und auch die Klausel über den Einschluss von Güterfolge- und reinen Vermögensschäden, können gesondert vereinbart werden.
- Die Versicherer verzichten auf den **Regress** gegen den Versicherungsnehmer (Spediteur) und seine Arbeitnehmer (Ausnahme Vorsatz).

Angebotsinhalt	W & O	CLEWE
Kundenfreundlichkeit	Siehe Beschreibung oben	
versicherte Güter (siehe Tabelle unten; die Warengruppeneinteilungen beider Versicherer stimmen überein)	Warengruppe A ohne besondere Anfrage versicherbar Warengruppe B bis 50 000,00 EUR Güterwert ohne besondere Anfrage Warengruppe C besondere Anfrage vor Risikobeginn Warengruppe D nicht versicherbar	Warengruppe A ohne besondere Anfrage versicherbar Warengruppe B bis 50 000,00 EUR Güterwert ohne besondere Anfrage Warengruppe C besondere Anfrage vor Risikobeginn Warengruppe D nicht versicherbar
Haftungshöchstgrenzen	Warengruppe A: 750 000,00 EUR je Transportmittel bzw. feuertechnisch getrenntem Lager Warengruppe B: 50 000,00 EUR je Transportmittel bzw. feuertechnisch getrenntem Lager Je Schadensereignis für Güterfolge- und reine Vermögensschäden: 100 000,00 EUR	Warengruppe A: 750 000,00 EUR je Transportmittel bzw. feuertechnisch getrenntem Lager Warengruppe B: 50 000,00 EUR je Transportmittel bzw. feuertechnisch getrenntem Lager für Güterfolge- und reine Vermögensschäden: je Schadensfall 100 000,00 EUR je Schadensereignis 200 000,00 EUR pro Versicherungsjahr 400 000,00 EUR
Prämien	siehe Auszüge aus Prämientabellen unten	
Spediteurprovision	10 % der eingenommenen Nettoprämie	keine
Prämienzahlung	monatliche Anmeldung der einzelnen Versicherungsaufträge	Meldung der einzelnen Versicherungsaufträge bis zum 10. des Folgemonats; die Jahresmindestprämie beträgt 1 200,00 EUR.

Warengruppeneinteilung von W & O sowie CLEWE

Warengruppe A	Warengruppe B	Warengruppe C	Warengruppe D
Allgemeine Handelsgüter	Besondere Handelsgüter	Besonders gefährdete Handelsgüter	Nicht versicherbare Handelsgüter
Beispiele: alle Handelsgüter, soweit nicht in Gruppe B bis D aufgeführt	**Beispiele:** alkoholische Getränke, Computerbauteile, Foto- und Filmapparate, Unterhaltungselektronik	**Beispiele:** unverzollter Alkohol, frisches Gemüse, Kunstgegenstände, Mobiltelefone, Schnittblumen, lebende Tiere	**Beispiele:** Antiquitäten, Dokumente, echte Perlen, Edelmetalle, Geld in Münzen und Scheinen, Juwelen, Urkunden, Wertpapiere

Prämientabelle CLEWE

Prämientabelle CLEWE (Auszug)	Warengruppe A in ‰	Warengruppe B in ‰
	Land/Fluss/See	Land/Fluss/See
1. Deutschland	0,70	2,50
2. geografisches Europa, ohne Staaten der ehemaligen UdSSR	1,00	3,50
3. sonstige Staaten	mit dem Versicherer vor Risikobeginn vereinbaren	
4. Lufttransporte	zu 1. 70 % der Prämie, zu 2. 50 % der Prämie	
5. Mindestprämie je Transport	2,50 EUR für innereuropäische, 5,00 EUR für außereuropäische Transporte	
Prämien einschließlich „Klauseln für Güterfolgeschäden und reine Vermögensschäden"		
innerdeutsche Transporte zuzüglich der gesetzlichen Versicherungssteuer von zurzeit 19 %		

Lernsituation 7 zum Informationshandbuch Seite 59–79

Risikowarengruppen siehe Informationshandbuch, Stichwort: „versicherte Güter" und die Warengruppeneinteilung oben auf Seite 125

Prämientabelle W & O Versicherung (Auszug)

1. Land-, See- und Lufttransporte von und nach Deutschland

Warengruppe A
Allgemeine Speditionsgüter, die nicht in der Warengruppe B sowie nicht in der „Auflistung der Waren mit erhöhtem Risikograd (Warenkatalog)" gesondert aufgeführt sind.

Warengruppe B	
■ elektrische Haushaltsgeräte ■ Nahrungsmittel ■ Flüssigkeiten in Flaschen ■ Kosmetikartikel ■ Tabakwaren ■ Spirituosen ■ Arzneien ■ Neumöbel ■ Daten-, Ton- und Musikträger ■ Foto- und Filmapparate	■ Unterhaltungselektronik (z. B. Fernseh-, Video-, Rundfunkgeräte) ■ weiße Ware (z. B. Waschmaschinen, Kühlschränke usw.) ■ Maschinen mit hohem Elektroanteil ■ Computer (Hardware und Software) und Peripheriegeräte ■ temperaturgeführte Güter ■ medizinisch-technische Geräte

	Prämien in Promille	
	Warengruppe A	Warengruppe B
1.1 Deutschland	0,70	1,85
1.2 Andorra, Belgien, Dänemark, Finnland, Frankreich, Großbritannien (mit Nordirland, Kanalinseln und Gibraltar), Irland, Island, Italien mit San Marino, Liechtenstein, Luxemburg, Monaco, Niederlande, Norwegen, Österreich, Portugal, Schweden, Schweiz, Spanien, Vatikan	0,85	2,85
1.3 Polen, Tschechien, Ungarn, Slowakei, Rumänien, Bulgarien, Türkei, Slowenien, Griechenland, Malta, Balkan-Staaten	1,50	4,00
5. Spediteurrabatt	10 %	
7. Mindestprämie je Transport	2,50 EUR	

Güter mit einem Versicherungswert über 100 000,00 EUR sind anfragepflichtig.
Prämien einschließlich „Klauseln für Güterfolgeschäden und reine Vermögensschäden"
bei innerdeutschen Transporten zuzüglich der gesetzlichen Versicherungssteuer von zurzeit 19 %

Nutzwertanalyse

Die Nutzwertanalyse ist ein Verfahren, mit dem man die qualitativen Unterschiede von Angeboten bewerten kann.

Vorgehensweise:

1. Es werden die Angebotsinhalte ausgewählt, die für den Angebotsvergleich betrachtet werden sollen (Spalte „Angebotsinhalte").
2. Die Angebotsinhalte werden nach ihrer Bedeutung gewichtet. Im Beispiel ist die Prämie mit 20 % von 100 % gewichtet worden.
3. Die Angebotsinhalte der Lieferer werden nun mit Punkten von 1 bis 10 bewertet (10 Punkte = Höchstpunktzahl).
4. Bewertungspunkte multipliziert mit der Gewichtungsprozentzahl (z. B. 20 · 10) ergibt die gewichteten Punkte für jeden Angebotsinhalt (z. B. 200).
5. Das Angebot mit der höchsten Punktzahl („Summe") erfüllt die Erwartungen des Spediteurs am besten.

Beispiel einer Nutzwertanalyse (Ausschnitt)

Angebotsinhalte	Gewichtung	WOKI		NOSPE	
	%	Bewertung (1–10 Punkte)	Bewertung · Gewichtung	Bewertung (1–10 Punkte)	Bewertung · Gewichtung
Prämie	20	10	200	1	20
Kundenfreundlichkeit	10	6	60	10	100
Summe	100		615		645

Nutzwertanalyse Haftungsversicherung

Angebotsinhalte	Gewichtung %	W & O VERSICHERUNG		CLEWE	
		Bewertung (1–10 Punkte)	Bewertung · Gewichtung	Bewertung (1–10 Punkte)	Bewertung · Gewichtung
Prämie					
Kundenfreundlichkeit					
Vorsorgeversicherung					
räumlicher Geltungsbereich					
Versicherungsausschlüsse					
Begrenzung der Versicherungsleistung					
Summe	100				

Nutzwertanalyse Güterversicherung

Angebotsinhalte	Gewichtung %	W & O VERSICHERUNG		CLEWE	
		Bewertung (1–10 Punkte)	Bewertung · Gewichtung	Bewertung (1–10 Punkte)	Bewertung · Gewichtung
Kundenfreundlichkeit					
versicherte Güter					
Haftungshöchstgrenzen					
Prämien					
Spediteurprovision					
Prämienzahlung					
Summe	100				

Nachdem sich die Spedition INTERSPED für die Anschaffung eines eigenen Lkws für den Nahverkehr entschieden hat, sind eine Ergänzung der Betriebsbeschreibung und innerhalb eines Monats eine Meldung an die Versicherung notwendig, damit die Vorsorgeversicherung wirksam wird. Herr Klaßen geht davon aus, dass die Art der transportierten Güter identisch ist mit den Gütern, die der Besorgertätigkeit der Spedition zugrunde liegen. Den Anteil des Regionalverkehrs im Selbsteintritt schätzt er auf 5 % vom Frachtumsatz. Die Tätigkeitserweiterung kann der Versicherung mit einem formlosen Schreiben gemeldet werden.

Auszug aus der letzten Betriebsbeschreibung der INTERSPED GmbH

7. Tätigkeitsbeschreibung der **Spedition**

X	Geschäftsbesorgungsspediteur		100	% vom Speditionsumsatz
X	Fixkostenspedition	davon	98	
X	Sammelladung		60	
X	Ladungsverkehr		40	
	Luftfrachtspedition			
	Seehafenspedition			
	Gefahrgutspedition			

Lernsituation 7 zum Informationshandbuch Seite 59–79

Visegrad-Staaten = Polen, Ungarn, Tschechien, Slowakei

▪ räumlicher Geltungsbereich

X	**Deutschland**	100	% vom Speditionsumsatz
	Europa (geografisch)		
	– davon Italien		
	– davon Visegrad-Staaten/Baltikum		
	– davon GUS		
	– davon Rumänien/Bulgarien		
	Länder außerhalb Europas, wenn ja, folgende		
	–		

▪ Schwerpunkte bei speziellen Warengattungen

X	allgemeines Kaufmannsgut	75	% vom Speditionsumsatz
	temperaturempfindliche Güter		
	Gefahrgut		
X	elektronische Güter	10	
	Tabak, Zigaretten, Getreide		
	Tiere		
	Kraftfahrzeuge		
X	Textilien	15	
	[und weitere]		

8. Tätigkeitsbeschreibung der **Frachtführer**

▪ räumlicher Tätigkeitsbereich

Deutschland

	Regionalverkehr bis 150 km		% vom Frachtumsatz
X	Fernverkehr	100	

	Europa (geografisch)		
	– davon Italien		
	– davon Visegrad-Staaten/Baltikum		
	– davon GUS		
	– davon Rumänien/Bulgarien		
	Länder außerhalb Europas, wenn ja, folgende		
	–		

▪ Angaben zu den transportierten Gütern

	allgemeines Kaufmannsgut	85	% vom Frachtumsatz
	temperaturempfindliche Güter		
	Gefahrgut		
	elektronische Güter	5	
	Tabak, Zigaretten, Getreide		
	Tiere		
	Kraftfahrzeuge		
	Textilien	10	
	[und weitere]		

Im Computerprogramm, das die Speditionsaufträge verwaltet, sind für die monatliche Berechnung der Prämien bis zum 29.11.20(0) 634,50 EUR aufgelaufen, ohne Versicherungsteuer. Die Aufträge vom 30. November mit den Speditionsauftragsnummern 002244 bis 002250 müssen noch in der Prämienanmeldung ergänzt werden. Für die Prämienberechnung ist die **Prämientabelle** der W & O-VERSICHERUNG zu verwenden.

Lernsituation 7 zum Informationshandbuch Seite 59–79

Prämienanmeldung Güterversicherung — W & O

Versicherungsnehmer	INTERSPED GmbH, Merkurstraße 14, 40223 Düsseldorf			
Kundennummer 23_NW_4489	Policen-Nr. BE 40-43-0124	Monat	November 20(0)	

Lfd. Nr.	Abgangs-datum	Transport-mittel	Waren-bezeichnung	Gewicht kg	Versicherte Reise von	Versicherte Reise nach	Versiche-rungssumme	Transport Prämie ‰	Transport Prämie in Euro
		Übertrag							634,50
162									

Grundprämie	
+ Versicherungssteuer 19 %	
Bruttoprämie	
– 10 % Spediteurprovision von der Grundprämie	
Zahlungsbetrag	

Speditionsauftrag (gekürzt)

Speditionsauftrag   **INTERSPED GmbH**

1 Versender/Lieferant   2 Lieferanten-Nr.   3 Speditionsauftrags-Nr. 002244-20(0)

K. Fahling OHG
Kolberger Straße 17
40223 Düsseldorf

4 Nr. Versender beim Versand-Spediteur

5 Beladeliste   6 Datum 30.11.20(0)   7 Relations-Nr. 2

8 Sendungs-/Ladungs-Bezugs-Nr.   9 Versandspediteur   10 Spediteur-Nr.

11 Empfänger   12 Empfänger-Nr.

Gärtnerei
M. Kersting
Fichtenallee 92
14480 Potsdam

INTERSPED GMBH
MERKURSTRASSE 14
40223 DÜSSELDORF

Fax   Telefon

13 Bordero-/Ladeliste-Nr.

14 Anliefer-/Abladestelle

15 Versendervermerke für den Versandspediteur

16 Eintreff-Datum 01.12.20(0)   17 Eintreff-Zeit

18 Zeichen und Nr.	19 Anzahl	20 Packstück	21 SF	22 Inhalt	23 Lademittel-gewicht in kg	24 Brutto-gewicht in kg
FAH1 – FAH5	5	Europaletten		Blumendünger in Kanistern		2 300
Summe:	25 5	26 Rauminhalt cdm/Lademeter		Summen: 27	28 2 300	

30 Frankatur frei Haus	31 Warenwert für Güterversicherung 8 250,00 EUR	32 Versender-Nachnahme

Lernsituation 7 zum Informationshandbuch Seite 59–79

Daten der restlichen Aufträge vom 30.11.20(0)

Sped.-Auftr.-Nr.	Datum	Versender	Empfänger	Sendung	Warenwert in Euro
002245-20(0)	30.11.20(0)	GIERMEX Bodenbeläge Ludwig-Beck-Straße 24 41466 Neuss	WOHNDESIGN Alexanderstraße 223 10179 Berlin	1 Rolle Teppichboden, GIE1, 500 kg, unfrei	1 750,00
002246-20(0)	30.11.20(0)	SUNNY GmbH Adolfstraße 112 50679 Köln	REWE-Markt Hauptstraße 49 91301 Forchheim	1 EUR-FP (900 Flaschen) Fruchtsaft, SU1, 700 kg, frei Haus	1 400,00
002247-20(0)	30.11.20(0)	GERD WALTERMANN Teppichboden Paulusstraße 181 40237 Düsseldorf	ELSY GmbH Steinstraße 71 14974 Ludwigsfelde	2 EUR-FP Teppichboden, WA1 – WA2 1 300 kg, frei Haus	keine Versicherung
002248-20(0)	30.11.20(0)	MASCHINENFABRIK G. WERNER Industriestraße 118 40822 Mettmann	W. ENDERS Brunnenbau Fliederweg 143 15517 Fürstenwalde	2 EUR-FP Maschinenteile WE 1-2, 400 kg, frei Haus	16 300,00
002249-20(0)	30.11.20(0)	E + S GmbH, Etiketten, Daneköthen 184 40627 Düsseldorf	BÜROBEDARF J. SANDMANN Sonnenallee 212 12167 Berlin	1 Karton Computer-Etiketten, ES1-2, 80 kg, frei Haus	850,00
002250-20(0)	30.11.20(0)	PAPIERFABRIK WENDERING AG Aachener Straße 4 40223 Düsseldorf	DRUCKEREI ENDERS Hoflacher Straße 16 81249 München	23 Rollen Papier, WEN1-23, 22 500 kg, frei Haus	20 500,00

Problem: Umsatzsteuer

Für den Versender FAHLING OHG ist beispielhaft eine Rechnung zu erstellen. Mit ihm ist der Haustarif der INTERSPED GmbH vereinbart worden. Entfernung Düsseldorf – Potsdam 534 km. Beachten Sie die Maut und die Palettentauschgebühr.

Haustarif, siehe Seite 8

Rechnung (Auszug) für K. FAHLING OHG			
Pos.-Nr.	Text	Euro	Euro

Arbeitsauftrag (Vorschlag)

Erledigen Sie die notwendigen Arbeiten hinsichtlich eines eventuellen Wechsels des Versicherungspartners.
1. Vergleichen Sie die beiden Versicherungsangebote hinsichtlich der Haftungs- und Güterversicherung und entscheiden Sie, bei welcher Versicherungsgesellschaft sich die INTERSPED GmbH zukünftig versichern soll.
2. Melden Sie der W & O VERSICHERUNG die Erweiterung der Betriebstätigkeit. Adresse: W & O VERSICHERUNG, Hakengasse 172, 65931 Frankfurt
3. Vervollständigen Sie die Prämienanmeldung für die Güterversicherung mit W & O.
4. Erstellen Sie die Rechnung mit Versicherungsprämie für den Speditionsauftrag 002244-20(0).

Lernsituation 7 zum Informationshandbuch Seite 59–79

Aufgabe 1
Im Arbeitsauftrag haben Sie sich für ein Versicherungsunternehmen entschieden. Versender, die eine Versicherung ihrer Güter wünschen, werden Sie in Ihrer Prämienanmeldung berücksichtigen.

a Klären Sie in diesem Zusammenhang:
  Wer ist der Versicherungsnehmer?
  Wer ist der Versicherte?
  Wer ist der Versicherer?

Neben der Güterversicherung gibt es weitere Versicherungen, die für einen Spediteur von Bedeutung sind.

b Unterscheiden Sie
- Güterversicherung
- Haftungsversicherung des Spediteurs
- Vorsorgeversicherung
- (Güterschaden-)Haftpflichtversicherung nach § 7a GüKG

Aufgabe 2
Ermitteln Sie die Prämien für die Güterversicherung folgender Sendungen einschließlich Versicherungsteuer:

Verwenden Sie die Prämientabelle auf Seite 126.

Versender	Empfänger	Sendung	Warenwert in Euro	Vers.-Prämie/Euro
E. LAHRMANN GmbH, Gellertstraße 181, 13127 Berlin	RAUM & DESIGN Christophstraße 88, 40225 Düsseldorf	Farben	12 400,00	
DRUCKEREI ERNST DEBUS, Friedrichstraße 61, 12205 Berlin	WALTER EDV-TRAINING, Koppelskamp 34, 40489 Düsseldorf	Schulungsmaterial	600,00	
MILOSTAR AG, Tillmannsweg 19, 14109 Berlin	L. BÄUMER GmbH, Hoher Weg 6, 40878 Ratingen	Wäschetrockner	42 300,00	
ACHTERHAUS-DRUCK, Bergstraße 26, 10115 Berlin	REISE-VERLAGSGES. Fritz-Erler-Straße 57, 40595 Düsseldorf	Kataloge	110 000,00	
ERNST BAUER KG, Rotdornstraße 24, 40472 Düsseldorf	SAVOY HOTEL PRAGUE, Keplerova 6, 118 00 Prague 1, Tschechien	Sicherungsanlagen	32 000,00	
GÄRTNEREI ROSENBLUM, Dinnendahlstr. 4, 40235 Düsseldorf	MÜHLHEIMER GARTENCENTER, Schanzenstr. 1-3, 51063 Köln	Schnittblumen	4 500,00	
GRÜNFELD PHARMAWERKE, Walzwerkstr. 22, 40599 Düsseldorf	A&F GROOTHANDEL KOOLPUTSTRAAT 12, 2018 Antwerpen, Belgien	Medikamente	19 000,00	

Aufgabe 3

Die Köhler Naturkosmetik GmbH in Bamberg ist ein wichtiger Versender der Weber Logistik GmbH. Der Versender hat für alle Transporte eine eigene Transportversicherung abgeschlossen. In seinen Speditionsaufträgen bleibt daher das Feld 31 „Warenwert für Transportversicherung" frei.

a Nennen Sie den Begriff, mit dem dieser Versender mit Blick auf die Güterversicherung des Spediteurs bezeichnet wird.

b Nehmen Sie an, es kommt bei einer Sendung der Köhler Naturkosmetik GmbH zu einem Güterschaden, den die Spedition zu vertreten hat. Beschreiben Sie, in welcher Weise die Haftungsversicherung des Spediteurs wirksam wird.

c Die Haftungsversicherung des Spediteurs ist in Ziffer 28 ADSp geregelt (siehe nachfolgenden Auszug aus den ADSp).

> **28 Haftungsversicherung des Spediteurs**
>
> 28.1 Der Spediteur ist verpflichtet, bei einem Versicherer seiner Wahl eine Haftungsversicherung zu marktüblichen Bedingungen abzuschließen und aufrechtzuerhalten, die mindestens im Umfang der Regelhaftungssummen seine verkehrsvertragliche Haftung nach den ADSp und nach dem Gesetz abdeckt. Die Vereinbarung einer Höchstersatzleistung je Schadenfall, Schadenereignis und Jahr ist zulässig, ebenso die Vereinbarung einer Selbstbeteiligung des Spediteurs.
>
> 28.2 Der Spediteur hat dem Auftraggeber auf Verlangen das Bestehen eines gültigen Haftungsversicherungsschutzes durch die Vorlage einer Versicherungsbestätigung nachzuweisen. Erbringt er diesen Nachweis nicht innerhalb einer angemessenen Frist, kann der Auftraggeber den Verkehrsvertrag außerordentlich kündigen.
>
> 28.3 Der Spediteur darf sich gegenüber dem Auftraggeber auf die Haftungsbestimmungen der ADSp nur berufen, wenn er bei Auftragserteilung einen ausreichenden Versicherungsschutz vorhält.

ca Zu 28.1:
- Erläutern Sie die Formulierung „... die ... seine verkehrsvertragliche Haftung ... nach dem Gesetz ... abdeckt."
- Nennen Sie die Regelhaftungssummen „... nach den ADSp und nach dem Gesetz" für **Güterschäden**.

cb Zu 28.1: Nennen Sie die in den Versicherungsbedingungen üblichen Höchstersatzleistungen für **Güterschäden**
- je Schadensfall,
- je Schadensereignis,
- im Jahr.

Machen Sie die Unterschiede dieser drei Begrenzungen deutlich und nennen Sie die jeweils geltenden üblichen Eurobeträge.

cc Zu 28.3: Nehmen Sie an, die Spedition Weber Logistik hätte keine Haftungsversicherung nach Ziffer 28 ADSp abgeschlossen. Erläutern Sie die Folgen für die Spedition, falls es zu einem Güterschaden im Umschlagslager der Spedition gekommen wäre.

Aufgabe 4

Die Prämientabelle der W & O-Versicherung nimmt u. a. eine Einteilung in verschiedene Ländergruppen vor:

Prämientabelle W & O (Auszug)
1. Deutschland
2. Andorra, Belgien, Dänemark, Finnland, Frankreich, Großbritannien (mit Nordirland, Kanalinseln und Gibraltar), Irland, Island, Italien mit San Marino, Liechtenstein, Luxemburg, Monaco, Niederlande, Norwegen, Österreich, Portugal, Schweden, Schweiz, Spanien, Vatikan
3. Polen, Tschechien, Ungarn, Slowakei, Rumänien, Bulgarien, Türkei, Slowenien, Griechenland, Malta, Balkan-Staaten

a Überprüfen Sie, ob unter den oben genannten Ländern alle 27 EU-Staaten vertreten sind. Ergänzen Sie eventuell fehlende Staaten.

b Konkretisieren Sie die letzte Angabe unter Punkt 3. der Tabelle, indem Sie die Balkan-Staaten auflisten.

c Geben Sie an, welche Staaten zu den baltischen Staaten gehören und welche zu den sogenannten „Visegrad-Staaten" zählen.

d Nennen Sie die vier Mitglieder der EFTA, die ebenfalls alle in der Prämientabelle angeführt werden.

e Bis auf eine Ausnahme bilden alle EU- und EFTA-Staaten gemeinsam den Europäischen Wirtschaftsraum (EWR). Stellen Sie fest, um welches Land es sich bei dieser Ausnahme handelt.

Aufgabe 5

a Ergänzen Sie in der nachstehenden Übersicht der europäischen Hauptstädte die zugehörigen Staaten.
b Entscheiden Sie, ob die Staaten der EU angehören, und tragen Sie das Jahr des EU-Beitritts ein.
c Entscheiden Sie weiterhin durch Ankreuzen, in welchen Staaten der Euro als offizielles Zahlungsmittel gilt.

Nr.	Hauptstadt	Einwohner	Staat	EU seit	Euro
1	Moskau	11 510 500			
2	London	8 173 900			
3	Ankara	5 270 600			
4	Berlin	3 543 600	Deutschland	1957	x
5	Madrid	3 198 600			
6	Kiew	2 816 500			
7	Rom	2 781 600			
8	Paris	2 243 800			
9	Minsk	1 904 300			
10	Wien	1 757 300			
11	Budapest	1 733 600			
12	Warschau	1 711 300			
13	Bukarest	1 677 900			
14	Prag	1 346 700			
15	Sofia	1 204 600			
16	Brüssel	1 160 400			
17	Belgrad	1 092 900			

Nr.	Hauptstadt	Einwohner	Staat	EU seit	Euro
18	Stockholm	868 100			
19	Amsterdam	799 300			
20	Zagreb	790 000			
21	Kischinau	723 500			
22	Riga	699 200			
23	Athen	655 700			
24	Tirana	624 600			
25	Oslo	613 200			
26	Helsinki	604 300			
27	Kopenhagen	549 000			
28	Lissabon	545 200			
29	Vilnius	542 900			
30	Dublin	527 600			
31	Skopje	506 900			
32	Tallinn	417 100			
33	Bratislava	413 100			
34	Sarajevo	311 100			
35	Ljubljana	278 600			
36	Nikosia	276 400			
37	Podgorica	143 700			
38	Bern	137 900			
39	Reykjavik	119 500			
40	Luxemburg	103 600			
41	Valetta	6 300			

SELBSTTEST LERNSITUATION 7

→ Diese **Prozesse** beherrsche ich (X):

- Versicherungsangebote hinsichtlich der Haftungs- und Güterversicherung vergleichen
- der Versicherung eine Erweiterung der Betriebstätigkeit melden
- eine Prämien-Monatsabrechnung für die Güterversicherung erstellen
- eine Rechnung einschließlich Versicherungsprämie schreiben

voll	weit-gehend	eher nicht	gar nicht

→ Diese **Begriffe** kenne ich (✓):

Betriebsbeschreibung	☐	Regress	☐	Versicherungsnehmer	☐
DTV-Verkehrshaftungsversicherung	☐	reine Vermögensschäden	☐	Versicherungsprämie	☐
				Versicherungssteuer	☐
Güterfolgeschäden	☐	Schadensereignis	☐	Versicherungssumme	☐
Güterversicherung	☐	Schadensfall	☐	Versicherungswert	☐
Haftungsversicherung	☐	Unterversicherung	☐	volle Deckung	☐
Jahresmaximum	☐	Versicherer	☐	Vorsorgeversicherung	☐
qualifiziertes Verschulden	☐	Versicherter	☐	Warengruppen	☐

Abschlussaufgabe Lernsituation 7

Situation

Die Spedition JADEFROST in Wilhelmshaven ist Spezialist im Frische- (Temperaturen zwischen 2 °C und 7 °C) und Tiefkühlsegment (minus 18 °C). Transportiert werden vor allem Lebensmittel wie Obst, Gemüse, Fleisch und Molkereiprodukte im Frischebereich sowie tiefgefrorene Backwaren, Pizzen, Gemüse und Convenience-Produkte (= Fertiggerichte).
Vor Kurzem hat JADEFROST die Unternehmenszentrale in das Güterverkehrszentrum (GVZ) des Containerterminals JadeWeserPort verlegt und deutschland- und europaweite

Transporte von 20- und 40-Fuß-Containern von und zum Terminal aufgenommen. Der eigene Lkw-Fuhrpark besteht aus 52 Sattelzugmaschinen, 28 Gliederzügen und zwölf 7,5-Tonnern. Für die beiden genannten Geschäftsfelder kommen ausschließlich die Sattelzugmaschinen mit Container-Lafetten bzw. Kofferaufliegern mit leistungsstarken Kühlaggregaten zum Einsatz. Die Gliederzüge fahren vorwiegend im Komplettladungsverkehr, die 7,5-Tonner im Nahverkehrsbereich mit Frische- und TK-Waren.

1

Für die im Nahverkehr bei JADEFROST eingesetzten Kühlfahrzeuge gelten folgende Kalkulationsdaten:

Nutzlast	3,5 t	Touren pro Tag	2
Auslastung pro Tour	80 %	Kilometersatz	0,34 EUR
Kilometer pro Tour	85 km	Tagessatz	215,00 EUR

a Ermitteln Sie die 100-kg-Kosten.
b Berechnen Sie die 100-kg-Kosten, wenn die Auslastung auf 90 % gesteigert werden kann.

2

Die Sattelzugmaschinen, die JADEFROST im Containerverkehr einsetzt, verursachen inklusive der Container-Lafette folgende Kosten in Euro:

Fahrerlohn inklusive Nebenkosten	48 600,00
Kfz-Versicherung	11 850,00
Reparaturen	3 100,00
Reifenkosten	1 900,00
Kfz-Steuer	1 880,00
Abschreibung (60 % variabel, 40 % fix)	12 600,00
übrige feste Fahrzeugkosten	4 350,00
allgemeine Verwaltungskosten	10 780,00

Für die Berechnung der Kraftstoffkosten gilt:
- 250 Einsatztage
- 580 km gefahrene Kilometer je Einsatztag
- Kraftstoffverbrauch 25 Liter je 100 km
- Kraftstoffpreis 1,42 EUR je Liter Diesel

Die Schmierstoffkosten werden pauschal mit 2,4 % der Kraftstoffkosten kalkuliert.
Berechnen Sie:
a den Kilometersatz,
b den Tagessatz.

3

Für den heutigen Montag liegen Ihnen zwei Container-Transport-Aufträge ins Saarland vor, von denen Sie einen mit eigenem Lkw durchführen werden, während der andere an einen Frachtführer vergeben werden soll. Ein Rücktransport für den eigenen Lkw – 18,6 t Elektromotoren von Kaiserslautern zum EUROGATE-Terminal nach Wilhelmshaven – liegt bereits vor.

Entscheiden Sie anhand der ermittelten Sätze aus Aufgabe 2 sowie der nachstehenden Angaben, welchen der beiden Transporte Sie unter der Zielsetzung eines maximalen Rohergebnisses selbst durchführen werden und welchen Sie dem Frachtführer übergeben. Die Kalkulation endet mit der Bereitstellung des Lkw in Kaiserslautern. Berechnen Sie die Rohergebnisse für beide Transporte.

Auftrag	1 40-Fuß-Ct. Spielwaren	1 40-Fuß-Ct. Textilien
Gewicht	17 700 kg	16 400 kg
Strecke	Wilhelmshaven – Saarlouis	Wilhelmshaven – Homburg/Saar
Kilometer	629	658
Leer-km nach Kaiserslautern	97	42
Durchschnittsgeschwindigkeit	66 km/h	70 km/h
Maut (EUR 5; fünf Achsen, mehr als 18 t zGG)	0,194 EUR/km	0,194 EUR/km
Anteil mautpflichtige Strecke	91 %	96 %
Fixe Selbstkosten/Einsatztag (= 10 Std.)	= Tagessatz in Aufgabe 2*	= Tagessatz in Aufgabe 2*
Fixe Selbstkosten/Stunde	Tagessatz: 10	Tagessatz: 10
Variable Selbstkosten pro km	= km-Satz in Aufgabe 2*	= km-Satz in Aufgabe 2*
Angebot Frachtführer	750,00 EUR	780,00 EUR
Erlös vom Kunden	880,00 EUR	845,00 EUR

*Sollten Sie in Aufgabe 2 zu keinem Ergebnis kommen, rechnen Sie mit einem Tagessatz von 340,00 EUR und einem Kilometer-Satz von 0,42 EUR. Diese Werte sind aber NICHT die Ergebnisse der Berechnungen aus Aufgabe 2!

4

Erstellen Sie eine Tourenplanung – unter Berücksichtigung der Lenk- und Ruhezeiten gemäß den EG-Sozialvorschriften – für den von JADEFROST gemäß Aufgabe 3 selbst durchzuführenden Transport inklusive der Rückladung aus Kaiserslautern (Entfernung Kaiserslautern – Wilhelmshaven 578 km, die Durchschnittsgeschwindigkeit für diese Strecke beträgt 68 km/h).
Der Fahrer startet nach Ableistung seiner wöchentlichen Ruhezeit am Montagmorgen um 06:00 Uhr. Am Zielort im Saarland hält er sich zum Abladen des Containers 30 Minuten auf, die für ihn als Ruhezeit gelten. Eine Verkürzung der Tagesruhezeit ist nicht vorgesehen. Die einstündige Beladung des Lkw in Kaiserslautern kann der Fahrer ebenfalls als Ruhezeit nutzen.

5

Listen Sie die Autobahnen auf, die der Lkw auf seinem Weg zwischen Kaiserslautern und Wilhelmshaven befährt, wenn er u. a. das Kreuz Bliesheim sowie das Kamener Kreuz passiert. Nennen Sie zudem die Autobahnkreuze, an denen ein Autobahnwechsel stattfindet.

6

Beim Rücktransport von Kaiserslautern nach Wilhelmshaven handelt es sich um 31 Elektromotoren von je 600 kg, die der Versender Schäffle Elektronik AG auf Einwegpaletten per 40-Fuß-Standard-Container zur Ramashan Electronics Ltd. nach Kuala Lumpur in Malaysia versenden lässt. JADEFROST hat für den Transport Kaiserslautern – Wilhelmshaven einen Preis von 880,00 EUR vereinbart.
JADEFROST soll für den Lkw-Transport bis Wilhelmshaven eine Güterversicherung bei ihrem Versicherer W & O eindecken.

Speditionsauftrag (Auszug)

18 Zeichen und Nr.	19 Anzahl	20 Packstücke	21 SF	22 Inhalt	23 Lademittel- gewicht in kg	24 Brutto- gewicht in kg
SÄF 101–131	31	EWP	0	Elektromotoren		18 600
25 Summe:	31	26 Rauminhalt cdm / Lademeter		27 Summen:		28 18 600

29 Gefahrgut-Klassifikation			30 Nettomasse kg/l	
UN-Nr.	offizielle Benennung			
Nummer Gefahrzettel		Verpackungsgruppe		Tunnelbeschränkungscode
31 Frankatur	32	33 Warenwert für Güterversicherung (Ziff. 21 ADSp)	34 Versender-Nachnahme	
frei Haus		173 600,00 EUR		

a Berechnen Sie die Prämie für die Güterversicherung gemäß dem nachstehenden Auszug aus der Prämientabelle.

Warengruppe A	Warengruppe B	Warengruppe C	Warengruppe D
Allgemeine Handelsgüter	Besondere Handelsgüter	Besonders gefähr- dete Handelsgüter	Nicht versicher- bare Handelsgüter
alle Handelsgüter, soweit nicht in Gruppe B bis D aufgeführt	alkoholische Getränke, Computerbauteile, Foto- und Filmapparate, Unterhaltungselektronik, Elektro- und Elektronik- waren, (…)	unverzollter Alkohol, frisches Obst und Gemüse, Mobiltele- fone, Schnittblu- men, (…)	Antiquitäten, Juwelen, (…)
Prämie 0,70 Promille zzgl. Versicherungssteuer	Prämie 1,85 Promille zzgl. Versicherungssteuer	auf Anfrage	nicht versicherbar

b Listen Sie sämtliche Positionen der Rechnung auf, die JADEFROST an die Schäffle AG stellt.
c Berechnen Sie die Spediteurprovision, wenn JADEFROST mit W & O 9 % vereinbart hat und erläutern Sie, wofür JADEFROST diese Provision erhält.
d Stellen Sie fest, wer in diesem Fall Versicherter und wer Versicherungsnehmer ist.

7

Nehmen Sie an, der wirkliche Güterwert pro Palette wäre 7 000,00 EUR. Bei Ankunft in Wilhelmshaven stellt sich heraus, dass an einer Palette ein Schaden in Höhe von 4 000,00 EUR entstanden ist. Der zuständige Mitarbeiter von JADEFROST zieht sofort die Polizei sowie einen Havariekommissar hinzu. Die Versicherung wird er nach Vorliegen des entsprechenden Gutachtens informieren.
a Berechnen Sie den Schadenersatz auf Basis der zu niedrig angesetzten Versicherungssumme.
b Beurteilen Sie, ob das Verhalten des Mitarbeiters mit den Pflichten (Obliegenheiten) des Spediteurs nach Eintritt eines Schadensfalls in Einklang steht.

8

Im vergangenen Jahr hat JADEFROST an W & O Prämien zur Haftungsversicherung in Höhe von 48 000,00 EUR bezahlt. Die Schadensersatzleistungen der Versicherung betrugen 30 960,00 EUR.
a Berechnen Sie die Schadenquote in Prozent.
b Unterscheiden Sie Schadensfall und Schadensereignis.
c Beschreiben Sie je zwei technische, personenbezogene sowie kaufmännisch-verwaltende Oblie- genheiten, welche der Haftungsversicherer vom Spediteur zur Schadensverhütung verlangt.

Lernsituation 8
Schadensfälle bearbeiten

Mit den Umsätzen nahm in der Spedition INTERSPED auch die Zahl der Schadensfälle zu. Aus diesem Grund wurde die Sachkompetenz im Schadensrecht in einer eigenen Abteilung gebündelt. Die Leitung der Schadensabteilung übernahm Frau Theben.

Fall 1
Bereits am frühen Morgen des 21.03.20(0) liegt der Entladebericht des Berliner Empfangsspediteurs HOMBERG auf dem Schreibtisch von Frau Theben.

Empfangsspediteur	Entladebericht		Versandspediteur
Spedition HOMBERG GmbH Erdener Str. 45 14193 Berlin	Datum: 21.03.20(0) Relation: 004	Lkw-Ankunft: 06:15 Entladebeginn: 06:30 Entladeende: 07:00	INTERSPED GmbH Merkurstraße 14 40223 Düsseldorf

Pos	Versender	Nr. und Zeichen	Anzahl/Packstücke	Inhalt	Bruttogewicht/kg	Empfänger
001	F. REITER KG Kieler Straße 2 40221 Düsseldorf	REI1 – 3	2 EUR-FP	Kfz-Elektrik	1 500	MAURER & SOHN, Kfz-Werkstatt, Sellerstraße 17, 13353 Berlin
002	GIERMEX GmbH Ligusterweg 38 41470 Neuss	GI1 – 5	5 Rollen	Teppichboden	2 500	Fa. M. WALTHER, Dieselstraße 88, 14482 Potsdam
003	DEUBNER GmbH Dreherstraße 82 40625 Düsseldorf	DEU1 – 5	5 EUR-FP	Farben	4 000	FRIEDHELM SIEBERT, Gebäudesanierung, Eisweg 79, 12623 Berlin
004		usw.				

~~Sendung vollständig und in einwandfreiem Zustand erhalten~~ *Eine Palette von Position 003 fehlt. 21.03.20(0) Brauner*

Datum, Unterschrift des Empfangsspediteurs

Eine Durchschrift des Borderos hat Frau Theben in ihren eigenen Unterlagen.

Auszug aus dem Bordero

INTERSPED GmbH Merkurstraße 14 40223 Düsseldorf	Bordero Nr. 01235 Datum: 20.03.20(0) Relation: 004 Blatt 1	Frachtführer MÖLLER-TRANS GmbH Merowinger Straße 8 40223 Düsseldorf	Empfangsspediteur Spedition HOMBERG GmbH Erdener Straße 45 14193 Berlin

Pos	Versender	Nr. und Zeichen	Anzahl/Packstück	Inhalt	Bruttogewicht/kg	Empfänger	Frankatur	Hinweise
001	F. REITER KG Kieler Straße 2 40221 Düsseldorf	REI1 – 3	2 EUR-FP	Kfz-Elektrik	1 500	MAURER & SOHN Kfz-Werkstatt Sellerstraße 17 13353 Berlin	frei Haus	
002	GIERMEX GmbH Ligusterweg 38 41470 Neuss	GI1 – 5	5 Rollen	Teppichboden	2 500	Fa. M. WALTHER Dieselstraße 88 14482 Potsdam	frei Haus	
003	DEUBNER GmbH Dreherstraße 82 40625 Düsseldorf	DEU1 – 5	5 EUR-FP	Farben	4 000	FRIEDHELM SIEBERT Gebäudesanierung Eisweg 79 12623 Berlin	frei Haus	fix am 21.03.
004		usw.						

Weisungen im Schadensfall

Wegen der Eilbedürftigkeit der Sendung hat Frau Theben den Empfangsspediteur angewiesen, dem Empfänger die vier Paletten auf jeden Fall zuzustellen.
Gegen Mittag trifft der Speditionsauftrag mit der Empfangsquittung des Empfängers Friedhelm Siebert ein.

Lernsituation 8 zum Informationshandbuch Seite 16–21, 52–59, 75–79, 103–108

Durchschrift Speditionsauftrag (Empfangsquittung, gekürzt)

Speditionsauftrag **INTERSPED** GmbH

1 Versender/Lieferant	2 Lieferanten-Nr.	3 Speditionsauftrag-Nr. **08231**	
DEUBNER GmbH Dreherstraße 82 40625 Düsseldorf		4 Nr. Versender beim Versandspediteur	
5 Beladeliste		6 Datum 20.03.20(0)	7 Relations-Nr. 004
8 Sendungs-/Ladungs-Bezugs-Nr.		9 Versandspediteur	10 Spediteur-Nr.
11 Empfänger	12 Empfänger-Nr.	**INTERSPED GMBH** **MERKURSTRASSE 14** **40223 DÜSSELDORF**	
Friedhelm Siebert Gebäudesanierung Eisweg 79 12623 Berlin		Telefon: Fax: 13 Bordero-/Ladeliste-Nr. 01235	
14 Anliefer-/Abladestelle		15 Versendervermerke für den Versandspediteur	
		16 Eintreff-Datum **21.03.20(0) fix**	17 Eintreff-Zeit

18 Zeichen und Nr.	19 Anzahl	20 Packstück	21 SF	22 Inhalt	23 Lademittel- gewicht in kg	24 Brutto- gewicht in kg
DEU – 5	5	EUR-FP		Farben		4 000
Summe:	25	26 Rauminhalt cdm/Lademeter		Summen:	27	28

30 Frankatur **frei Haus**	31 Warenwert für Güterversicherung 24 000,00 EUR	32 Versender- Nachnahme
Sendung vollständig und in einwandfreiem Zustand erhalten	**1 Palette fehlt.** 21.03.20(0)	Schaden bestätigt 21.03.20(0)
Datum, Unterschrift des Empfängers	*Siebert*	*Gerdemann*
34 Es gelten die Allgemeinen Deutschen Spediteurbedingungen 2017 (ADSp 2017).		

Weiterhin erhalten wir von MÖLLER-TRANS folgenden Lieferschein mit unserer Übernahmebestätigung:

Auszug aus einem Gespräch von Frau Theben mit Herrn Theiß, unserem Mitarbeiter im Lager:

Frau Theben: „Herr Theiß, gestern Morgen soll Ihnen der Fahrer von MÖLLER-TRANS fünf Paletten der Deubner GmbH übergeben haben. Wir vermissen eine Palette dieser Sendung."

Herr Theiß: „Gestern Morgen war viel los. Von DEUBNER war auch etwas dabei, aber ob vier oder fünf Paletten – das kann ich Ihnen nicht mehr sagen."

Frau Theben: „Halten Sie denn die Anzahl der übernommenen Packstücke nicht genau fest?"

Herr Theiß: „Natürlich – nur war ja gestern alles durcheinander. Ich habe dem Fahrer gesagt, er solle die Paletten auf die Rampe stellen, ich würde sie nachher weiterverteilen. Am Ende wusste man gar nicht mehr, welche Paletten zusammengehörten.
Ach ja, bei der Beladung des Fernverkehr-Lkws für Berlin fehlte eine Palette. Das habe ich zusammen mit dem Fahrer auf dem Frachtbrief vermerkt."

Frau Theben: „Danke, Herr Theiß, ich weiß Bescheid."

Suche nach dem Schadensort

Frachtbrief (für den Lkw-Fernverkehrstransport)

1 Absender (Name, Anschrift) INTERSPED GmbH, Merkurstraße 14, 40223 Düsseldorf	**FRACHTBRIEF für den gewerblichen Güterkraftverkehr**
2 Empfänger (Name, Anschrift) Spedition HOMBERG GmbH, Erdener Straße 45, 14193 Berlin	3 Frachtführer (Name, Anschrift) MÖLLER-TRANS GmbH, Merowingerstraße 8, 40223 Düsseldorf
4 Meldeadresse	5 nachfolgende Frachtführer (Name, Anschrift)
6 Übernahme des Gutes Versandort: Düsseldorf Beladestelle: Merkurstraße 14	7 Vorbehalte und Bemerkungen der Frachtführer
8 Ablieferung des Gutes Ort: Berlin Entladestelle: Erdener Straße 45	
9 beigefügte Dokumente	

10 Anzahl der Packstücke	11 Zeichen und Nummern	12 Art der Verpackung	13 Bezeichnung des Gutes	14 Bruttogewicht in kg	15 Volumen in m³
28		Paletten	Sammelgut	18 000	
	27 Paletten übernommen 20.03.2(0) Gräber		Bestätigung Theiß		

16 Gefahrgut-Klassifikation Nettomasse kg/l
UN-Nr. ____ offizielle Benennung
Nummer Gefahrzettel ____ Verpackungsgruppe ____ Tunnelbeschränkungscode ____

17 Weisungen des Absenders (Zoll- und sonstige amtliche Behandlung des Gutes)

18 Nachnahme:	20 besondere Vereinbarungen
19 Frankatur: frei Haus	

21 ausgefertigt in Düsseldorf **am** 20.03.20(0)   Gut empfangen am

| 22 Unterschrift und Stempel des Absenders INTERSPED GmbH, Merkurstraße 14, 40223 Düsseldorf Baumeister | 23 Unterschrift und Stempel des Frachtführers MÖLLER-TRANS GmbH, Merowingerstraße 8, 40223 Düsseldorf Gräber | 24 Unterschrift und Stempel des Empfängers |

	25 amtl. Kennzeichen	26 Nutzlast in kg		
Kfz				
Anhänger				

Lernsituation 8 zum Informationshandbuch Seite 16–21, 52–59, 75–79, 103–108

Eine Bitte an MÖLLER-TRANS, in ihrem Lager nach der verschwundenen Palette zu suchen, führt zu keinem Ergebnis. Auch Suchmeldungen an Geschäftspartner des Frachtführers sowie an die weiteren Empfangsspediteure bleiben erfolglos. Damit ist von einem Verlust der Sendung auszugehen.

Damit die Firma Siebert weiterarbeiten kann, wird der Sammelladung nach Berlin am 21.03.20(0) eine von Deubner zur Verfügung gestellte Palette mit Farben hinzugefügt.

Ihren Versicherungsunterlagen kann Frau Theben entnehmen, dass die Sendung der DEUBNER GmbH mit einer Versicherungssumme von 24 000,00 EUR güterversichert war (Versicherungsprämie 19,99 EUR einschließlich Versicherungsteuer). Als Entgelt war mit der Firma DEUBNER ein Festpreis in Höhe von netto 375,00 EUR zuzüglich Versicherungsprämie vereinbart worden. Inzwischen sind auch die Schadensrechnung sowie die Warenrechnung von DEUBNER eingegangen.

Schadensbearbeitung durch INTERSPED

Schadensrechnung

DEUBNER GmbH – Farben und Lacke – Dreherstraße 82, 40625 Düsseldorf

INTERSPED GmbH
Merkurstraße 14
40223 Düsseldorf

Speditionsauftrag vom 20.03.20(0) Nr. 08231
Kunden-Nr. 55433
Rechnung Nr. 12448
Transportdatum: 20.03.20(0)

Schadensrechnung   Nr. 12448-B   26.03.20(0)

Artikel-Nr.	Verpackung	Bezeichnung	Gewicht in kg	Euro
43518	1 Palette	Farben	800	4 800,00
	3 x 5 Malerstunden zu je 32,50 EUR		= 15 · 32,50 EUR	487,50
			Summe	5 287,50

Empfänger: Friedhelm Siebert – Gebäudesanierung –, Eisweg 79, 12623 Berlin
Die Sendung ist von unserem Kunden reklamiert worden, weil eine Palette fehlte. Aufgrund des fehlenden Materials konnten drei Maler, die speziell für die Erledigung eines Terminauftrags beauftragt worden waren, nicht beschäftigt werden. Die trotzdem anfallenden Lohnkosten wurden uns von der Firma Siebert in Rechnung gestellt. Wir müssen Ihnen die Kosten leider weiterbelasten.
Eine Kopie unserer Originalrechnung über die gelieferten Farben an Firma Siebert fügen wir zu Ihrer Information bei.

Erklärung
Wir erklären hiermit wahrheitsgetreu, dass kein anderer Versicherer für den entstandenen Schaden Ersatz geleistet hat.

26.03.20(0) Bentheim
Datum   Unterschrift

Wert	Porto/Verpackung	Nettobetrag	Umsatzsteuer (19 %)	Bruttobetrag
5 287,50		5 287,50		5 287,50

Bankverbindung: Commerzbank Düsseldorf, IBAN: DE35 3004 0000 2365 4510 04, BIC: COBADEFFXXX

Siehe Versicherungsbedingungen in Lernsituation 7

Warenrechnung

DEUBNER GmbH – Farben und Lacke – Dreherstraße 82, 40625 Düsseldorf

Friedhelm Siebert
– Gebäudesanierung –
Eisweg 79
12623 Berlin

Kunden-Nr. 55433
Rechnung Nr. 12448
Frankatur: frei Haus

Rechnung   20.03.20(0)

Artikel-Nr.	Verpackung	Bezeichnung	Gewicht in kg	Euro
43518	5 Paletten	Farbe	4 000	24 000,00

Warenwert	Porto/Verpackung	Nettobetrag	Umsatzsteuer (19 %)	Bruttobetrag
24 000,00		24 000,00	4 560,00	28 560,00

Bankverbindung: Commerzbank Düsseldorf, IBAN: DE35 3004 0000 2365 4510 04, BIC: COBADEFFXXX

Nach Zusammenstellung all dieser Unterlagen und Informationen kann Frau Theben die Schadensmeldung erstellen.

- Policen-Nummer BE 40-43-1124, Schadensnummer des Kunden 015/20(0)
- Wert der Sendung: Anzugeben ist der Warenwert laut Speditionsauftrag; Warengruppe siehe Seite 125.
- Der Versender hat keine eigene Transportversicherung abgeschlossen (siehe Erklärung auf der Schadensrechnung). Ein Schadenssachverständiger wurde nicht hinzugezogen.

Am 05.04.20(0) geht von der Versicherungsgesellschaft ein Betrag von 5 287,50 EUR als Schadenersatz auf das Konto der Spedition INTERSPED ein. Die Versicherung bittet darum, den Schaden mit dem Versicherten zu regulieren.

Hinweise zur Schadensmeldung

Lernsituation 8 zum Informationshandbuch Seite 16–21, 52–59, 75–79, 103–108

> **Arbeitsauftrag 1** (Vorschlag)
> Erledigen Sie die Arbeiten, die mit der Abwicklung des Schadens verbunden sind.
> Mögliche Arbeitsschritte:
> 1. Versender informieren, dass sein Schaden bearbeitet wird,
> 2. Schaden der Versicherung melden (das Formular befindet sich am Ende der Lernsituation),
> 3. den Versicherten über die Höhe des Schadenersatzes informieren.
> Es gelten die Bedingungen der Güterversicherung von W & O, siehe Seite 123.

Fall 2

Fall 2: Unfall mit eigenem Lkw

Am 12.04.20(0) erhält Frau Theben einen Anruf von Herrn Schneider, dem Fahrer unseres Fernverkehr-Lkw, aus dem hervorgeht, dass er auf der Fahrt nach Hamburg einen schweren Unfall hatte. Aufgrund des sehr schlechten Wetters hatte er den Abstand zum vorausfahrenden Fahrzeug unterschätzt. Eine Notbremsung führte zum Verlust der Kontrolle über das Fahrzeug, sodass der Lkw umkippte. Beschädigungen an den Fahrzeugplanen und einsetzender Regen haben die Ladung (24 t Reisekataloge) vollständig ruiniert. Zum Glück gab es keinen Personenschaden und auch andere Fahrzeuge waren nicht betroffen.

Frau Theben informierte sofort den Versender, die RIEDER-DRUCK GmbH. Dort löste die Nachricht große Sorge aus. Zum einen gab es einen Liefertermin, den man aber durch einen beschleunigten Nachdruck vermutlich einhalten kann. Größere Sorge bereitete die Tatsache, dass die RIEDER-DRUCK GmbH auf eine Güterversicherung verzichtet hatte, weil man die gesetzliche Haftung für ausreichend ansah. Der Versender bittet daher Frau Theben, den zu erwartenden Schadenersatz vorab telefonisch mitzuteilen.

- Wert eines SZR am Tag der Sendungsübernahme: 1,0411 EUR
- Mit dem Versender ist ein fester Beförderungspreis (800,00 EUR) vereinbart worden.

Frau Theben sucht zunächst den Speditionsauftrag zu dem Schadensfall heraus (Abbildung gekürzt).

Schadensbearbeitung durch INTERSPED

INTERSPED GmbH

1 Versender/Lieferant	2 Lieferanten-Nr.	3 Speditionsauftrag-Nr. 8545/20(0)
Rieder-Druck GmbH Hochstraße 49 49593 Düsseldorf	1145	
		4 Nr. Versender beim Versand-Spediteur 71443

5 Beladeliste	6 Datum	7 Relations-Nr.
Hochstraße 49, 40593 Düsseldorf	10.04.20(0)	1
8 Sendungs-/Ladungs-Bezugs-Nr.	9 Versandspediteur	10 Spediteur-Nr.

11 Empfänger	12 Empfänger-Nr.
CLUB-Reisen Leiserweg 15 21079 Hamburg	

INTERSPED GMBH
MERKURSTRASSE 14
40223 DÜSSELDORF

Telefon
Fax

13 Bordero-/Ladeliste-Nr.

14 Anliefer-/Abladestelle	15 Versendervermerke für den Versandspediteur
Leiserweg 15 21079 Hamburg	Termin unbedingt einhalten

16 Eintreff-Datum	17 Eintreff-Zeit
12.04.20(0)	ca. 16:00 Uhr

18 Zeichen und Nr.	19 Anzahl	20 Packstück	21 SF	22 Inhalt	23 Lademittel- gewicht in kg	24 Brutto- gewicht in kg
CL1-30	30	EUR-FP		Kataloge		24 000
Summe:	25	26 Rauminhalt cdm/Lademeter		Summen:	27	28

30 Frankatur frei Haus	31 Warenwert für Güterversicherung – keine Versicherung –	32 Versender-Nachnahme

Lernsituation 8 zum Informationshandbuch Seite 16–21, 52–59, 75–79, 103–108   **143**

Einen Tag später trifft die Schadensrechnung des Versenders ein.

Rieder-Druck GmbH   –   Hochstraße 49   –   40593 Düsseldorf

INTERSPED GmbH
Merkurstraße 14
40223 Düsseldorf

Schadensrechnung   Nr. SR Nr. 2/20(0)   12.04.20(0)

	Euro
Transportdatum: 12.04.20(0)	
24 000 kg Kataloge	
Empfänger: CLUB-Reisen, Leiserweg 15, 21079 Hamburg	
Auftrags-Nr. 1145, Speditionsauftrag-Nr. 8545/20(0)	
Aufgrund des Schadensfalls berechnen wir Ihnen	
96 000 Kataloge zum Stückpreis von 3,00 EUR	288 000,00
Einrichtungskosten für den Nachdruck	2 500,00
Summe	290 500,00

Eine Kopie unserer Originalrechnung an CLUB-Reisen, Hamburg, fügen wir zu Ihrer Information bei.

Auszug aus der Warenrechnung

Anzahl	Bezeichnung	Einzelpreis in Euro	Gesamtpreis in Euro
96 000	Reisekataloge	3,00	288 000,00
	Umsatzsteuer 19 %		54 720,00
	Brutto		342 720,00

Frau Theben wird den Schaden der Versicherung melden, sobald sie dem Versender die gewünschte Auskunft gegeben hat und alle Unterlagen vorliegen.

> **Arbeitsauftrag 2** (Vorschlag)
> Geben Sie dem Versender die gewünschte Auskunft.
> Mögliche Arbeitsschritte:
> 1. Rechtslage prüfen, d. h. feststellen, wer für den Schaden aufzukommen hat,
> 2. dem Versender den zu erwartenden Schadenersatz begründet darlegen.

Fälle 3–6
Auch in den folgenden Fällen wünschen die Anspruchsteller sofort Auskunft von INTERSPED:

Fall 3
Beim Zwischenspediteur HOMBERG in Berlin wird eine Sammelgutsendung auf dem Lager beschädigt. Der betroffene Versender fragt an, an wen er seine Schadenersatzansprüche richten solle, an HOMBERG oder an INTERSPED. Für den Versender wurde eine Güterversicherung abgeschlossen. Es liegt Fixkostenspedition vor. §§ 460, 462, 428, 459 HGB

Fall 4
Die Weisung des Versenders (Großhandelsunternehmen), Herkunftszeichen auf einer Sendung zu entfernen, gibt INTERSPED korrekt an ihren Zwischenspediteur in München weiter. Der Zwischenspediteur versäumt es jedoch, die Sendung zu neutralisieren. Der Versender macht glaubhaft, dass der Empfänger durch diesen Fehler direkten Kontakt zum Hersteller aufnehmen konnte und dem Versender dadurch Aufträge entgangen sind. Der Versender will wissen, ob solche Schäden überhaupt ersetzt werden und wer ersatzpflichtig ist. Eine Güterversicherung besteht nicht. §§ 461 Abs. 2, 462 HGB; Ziffer 23.4 ADSp

Lernsituation 8 zum Informationshandbuch Seite 16–21, 52–59, 75–79, 103–108

§§ 459, 431 Abs. 3 HGB; Ziffer 23.4 ADSp

Fall 5

Für die Beförderung eines dringend benötigten Ersatzteils (Fixkostenspedition) hatte INTERSPED eine Terminzusage gegeben. Der Lkw-Fahrer des mit dem Transport beauftragten Frachtführers verursachte leider einen Unfall. Zwar blieben die Ersatzteile unbeschädigt, der Termin wurde aber deutlich überschritten. Die Produktionsstillstandskosten will der Versender ersetzt haben. Die genaue Höhe des Schadens ist ihm zurzeit noch nicht bekannt. Er möchte aber wissen, ob er in jedem Fall und von wem die volle Höhe ersetzt bekommt. Eine Güterversicherung besteht nicht. Mit dem Kunden war ein Beförderungspreis von netto 700,00 EUR vereinbart worden.

§§ 461 Abs. 2, 454 HGB

Fall 6

Die KUHN GmbH – bei INTERSPED ohne Güterversicherung – hatte mit ihrem Kunden einen Kaufvertrag unter der Frankatur „ab Werk" abgeschlossen. Der Käufer hatte aber darum gebeten, dass die KUHN GmbH einen Spediteur mit dem Güterversand beauftragt.

INTERSPED erhielt den Auftrag, diesen Versand (18 t Maschinenteile von Düsseldorf nach Ulm) zu besorgen. Als Vergütung würde INTERSPED eine Provision in Höhe von 10 % der tatsächlichen Transportkosten in Rechnung stellen.

INTERSPED beauftragte EUROTRANS mit der Beförderung. Auf dem Weg nach Ulm verunglückt der Lkw durch eine Unachtsamkeit des Fahrers. Die Güter werden total beschädigt. Für den Auftrag wurde keine Güterversicherung abgeschlossen.

Nun ist der Empfänger am Telefon und kündigt an, INTERSPED für den Schaden haftbar zu machen.

Frau Theben: „Es tut mir leid, aber in diesem Fall können Sie uns als Spediteur für den Schaden nicht verantwortlich machen, weil ..."

> **Arbeitsauftrag 3** (Vorschlag)
> Geben Sie den Anspruchstellern die gewünschte Auskunft.
> Es gelten die Bedingungen zur Haftungs- und Güterversicherung von W & O auf den Seiten 117 bis 119.

Lernsituation 8 zum Informationshandbuch Seite 16–21, 52–59, 75–79, 103–108 **145**

Schadensmeldung	**Güterversicherung**
Versicherungsnehmer	**Schaden-Nr. des Kunden:** **Policen-Nr.:** **Risikojahr:**

(1) Versender: Name:
Straße:
PLZ Ort:

(2) Empfänger: Name:
Straße:
PLZ Ort:

(3) Schadenverursacher: Name:
Straße:
PLZ Ort:

Rohgewicht der beschädigten/verloren gegangenen Waren in kg:

Erhaltenes Speditionsentgelt in Euro	Sendungsgewicht in kg:	
Warengruppe ☐ A ☐ B ☐ C	**Sendungswert in Euro:**	
Versicherungssumme in Euro:	Anmeldemonat der Prämie:	**Berechnete Prämie in Euro:**
Auftrags-Nr.:	Kennzeichen Lkw:	
Auftragsdatum:	Abholungsdatum:	Zustellungsdatum:	Schadendatum:

Erfolgte Umladung?	ja ☐ nein ☐	Verladung durch wen?	Entladung durch wen?
Reine Quittung?	ja ☐ nein ☐	☐ Auftraggeber ☐ Fahrer	☐ Empfänger ☐ Fahrer
Sachverständiger?	ja ☐ nein ☐	**Schadenshöhe lt. Rechnung in Euro:**	Erfolgte Suchmeldung? ja ☐ nein ☐
Sachverständigerkosten in Euro:		**Schadenshöhe geschätzt in Euro:**	Polizei eingeschaltet? ja ☐ nein ☐

Schadensschilderung:

Schadenbereich:	Transport	s ☐ f ☐	Umschlag	s ☐ f ☐	Abholung	s ☐ f ☐
s = selbstverschuldet/f = fremdverschuldet			Lager	s ☐ f ☐	Zustellung	s ☐ f ☐

Anlagen:
Frachtbrief ☐
Speditionsauftrag ☐
Versicherungserklärung ☐
Übernahmequittung ☐
Warenrechnung ☐
Havarie-Zertifikat ☐
Polizeibericht ☐

Bordero ☐
Schadenprotokoll ☐
Ablieferquittung ☐
Schadenrechnung ☐
Wertnachweis ☐
Kostenbeleg ☐
Sonstige ☐

Ort: Datum:

Unterschrift:

Havarie-Zertifikat = Bericht des Havarie-Kommissars über Ursache und Höhe des Schadens

Lernsituation 8 zum Informationshandbuch Seite 16–21, 52–59, 75–79, 103–108

Stichwort: „Schadensabwicklung" im Informationshandbuch

Aufgabe 1
Betrachten Sie noch einmal den oben beschriebenen Fall 1 (DEUBNER):

a Kennzeichnen Sie die Beteiligten, die Rechtsbeziehungen und die Vertragsgrundlagen, einschließlich des Versicherungsvertrags (Versicherter, Versicherer, Versicherungsnehmer), und ordnen Sie in der nachfolgenden Übersicht die unten stehenden Belege den Stellen zu, an denen sie entstanden sind.

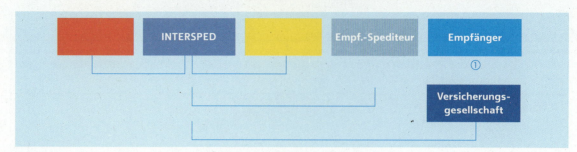

Belege

① Ablieferungsquittung
② Bordero
③ Entladebericht
④ Schadensprotokoll
⑤ Schadensrechnung
⑥ Warenrechnung
⑦ Schadensmeldung an die Speditionsversicherung

b Berechnen Sie den Schadenersatz, wenn die Firma DEUBNER auf eine Güterversicherung verzichtet hätte (Wert eines Sonderziehungsrechts [SZR] 1,1245 EUR).

c Nehmen Sie an, INTERSPED und DEUBNER hätten sich darauf geeinigt, ausschließlich nach den HGB-Bestimmungen zu arbeiten und die ADSp als Allgemeine Geschäftsbedingungen des Speditionsvertrages nicht zuzulassen. Stellen Sie begründet dar, wie hoch in diesem Fall der Schadenersatz ausgefallen wäre (1 SZR = 1,1245 EUR).

Aufgabe 2
Betrachten Sie noch einmal den Fall 2 (Rieder-Druck). Sobald Frau Theben dem Versender die gewünschte Auskunft gegeben hat und alle Unterlagen vorliegen, wird sie der Versicherung den Schaden melden.

a Warum meldet Frau Theben den Schadensfall der Versicherung, obwohl für den Versender keine Güterversicherung besteht?

b Nehmen Sie an, der Versender habe seine Sendung ausreichend güterversichert. In welcher Höhe hätte die Versicherung Schadenersatz geleistet?

Aufgabe 3
Nehmen Sie an, die Empfangsquittung von Seite 139 hätte folgendes Aussehen gehabt:

Durchschrift Speditionsauftrag (gekürzt)

Zeichen und Nr.	Anzahl	Packstück	SF	Inhalt	Bruttogewicht kg
DEU 1–5	5	EUR-FP		Farben	4 000
	25	26		27	28

Summe: Rauminhalt cdm/Lademeter   Summen:

30 Frankatur   31 Warenwert für Güterversicherung   32 Versender-Nachnahme

frei Haus   **24 000,00 EUR**

Sendung vollständig und in einwandfreiem Zustand erhalten

Sendung mangelhaft 21.03.20(0)   Siebert

Datum, Unterschrift des Empfängers
34 Es gelten die Allgemeinen Deutschen Spediteurbedingungen 2017 (ADSp 2017).

a Prüfen Sie anhand des §438 HGB (siehe Seite 147), ob der Vermerk des Empfängers als Schadensanzeige ausreicht.

b Was hätte der Empfänger unternehmen müssen, wenn er beim Entladen der Paletten (am Tag nach der Anlieferung, am 22.03.20[0]) festgestellt hätte, dass in einem Karton nur vier statt sechs Dosen Farbe enthalten sind?

> **§ 438 HGB Schadensanzeige**
>
> (1) Ist ein Verlust oder eine Beschädigung des Gutes äußerlich erkennbar und zeigt der Empfänger oder der Absender dem Frachtführer Verlust oder Beschädigung nicht spätestens bei Ablieferung des Gutes an, so wird vermutet, dass das Gut vollständig und unbeschädigt abgeliefert worden ist. Die Anzeige muss den Verlust oder die Beschädigung hinreichend deutlich kennzeichnen.
> (2) Die Vermutung nach Absatz 1 gilt auch, wenn der Verlust oder die Beschädigung äußerlich nicht erkennbar war und nicht innerhalb von sieben Tagen nach Ablieferung angezeigt worden ist.
> (3) Ansprüche wegen Überschreitung der Lieferfrist erlöschen, wenn der Empfänger dem Frachtführer die Überschreitung der Lieferfrist nicht innerhalb von einundzwanzig Tagen nach Ablieferung anzeigt.
> (4) Eine Schadensanzeige nach Ablieferung ist in Textform zu erstatten. Zur Wahrung der Frist genügt die rechtzeitige Absendung.
> (5) Werden Verlust, Beschädigung oder Überschreitung der Lieferfrist bei Ablieferung angezeigt, so genügt die Anzeige gegenüber demjenigen, der das Gut abliefert.

Aufgabe 4
Spediteure können bei ihrer Auftragsabwicklung für drei Schadensarten haftbar gemacht werden.

Kennzeichnen Sie die unten stehenden Schäden als:

① Güterschäden,   ② Güterfolgeschäden,   ③ reine Vermögensschäden.

a Während des Transports geht ein Teil der Güter verloren (vermutlich durch Diebstahl). ○

b Aus Versehen wird ein zu niedriger Nachnahmebetrag eingezogen. Der Restbetrag ist nicht mehr zu bekommen. ○

c Durch einen Unfall wird die gesamte Ladung eines Lkw mit Baumaterialien zerstört. Darüber hinaus können Handwerker, die auf diese Güter gewartet haben, nicht tätig werden. Der Bauunternehmer verlangt für die zu zahlenden Löhne Schadenersatz. ○

d Durch einen Fehler des Spediteurs verzögert sich ein Gütertransport. Als Folge verfällt eine Importlizenz des Auftraggebers, der darum auf das Geschäft verzichten muss. ○

e Ein Auftraggeber macht entgangenen Gewinn geltend, weil eine dem Spediteur übergebene Sendung verloren gegangen ist. ○

f Ein Spediteur war mit der Neutralisierung einer Sendung beauftragt worden. Weil dies unvollständig geschah, konnte der Käufer der Ware direkten Kontakt mit dem Hersteller aufnehmen und den Großhändler (als Auftraggeber des Spediteurs) umgehen. Der Großhändler macht den Spediteur wegen des ihm entstandenen Schadens haftbar. ○

Aufgabe 5
Frachtführer und ihnen gleichgestellte Spediteure (z. B. im Selbsteintritt) sind von der Haftung befreit, wenn ein unabwendbares Ereignis Ursache des Schadens war.

Stellen Sie fest, ob ein Spediteur im Selbsteintritt sich in den nachfolgenden Fällen auf ein „unabwendbares Ereignis" berufen kann oder ob er für den Schaden jeweils nach HGB und ADSp haften muss.

a Anhaltende Regenfälle haben Feuchtigkeit in den Lkw-Laderaum eindringen lassen und einen Nässeschaden verursacht.

b Ein nächtliches Hochwasser am Rhein führt zu einer Überschwemmung des Lkw-Parkplatzes. Der Lkw steht bis zum Fahrerhaus unter Wasser. Die Lkw-Ladung wird stark beschädigt.

c Ein schwerer Herbststurm hat einen Lkw umgeworfen und Güterschäden herbeigeführt.

d Ungewöhnlich starker Nebel im November mit einer Sichtweite unter 10 m hat zu einem Auffahrunfall geführt, der auch einen Güterschaden zur Folge hatte.

Lernsituation 8 zum Informationshandbuch Seite 16–21, 52–59, 75–79, 103–108

Gütertransportversicherung, siehe Informationshandbuch, Stichwort „Transportversicherung"

Aufgabe 6
Ein Versender hat eine eigene Gütertransportversicherung abgeschlossen. Welche Aussage ist in diesem Fall richtig?

1. Der Spediteur wird auf die Haftungsversicherung verzichten, weil die Güter bereits durch die Gütertransportversicherung abgesichert sind.
2. Der Versender wird auf den Abschluss einer Güterversicherung durch den Spediteur verzichten, weil die Gütertransportversicherung im Schadensfall Ersatz leistet.
3. Der Versender wird die Güterversicherung durch den Spediteur zusätzlich zur eigenen Gütertransportversicherung abschließen, weil er dann auch Güterfolge- und reine Vermögensschäden abgedeckt hätte.

Aufgabe 7
Ein wichtiger Versender von INTERSPED, der hochwertige elektronische Geräte herstellt, verlangt, dass INTERSPED seine Haftung zukünftig auf 40 SZR (Maximalwert innerhalb des Haftungskorridors) ausweitet. Wie soll sich INTERSPED Ihrer Meinung nach verhalten?

Bedenken Sie, dass INTERSPED sowohl im Selbsteintritt fährt als auch fremde Frachtführer einsetzt.

Aufgabe 8
Ordnen Sie die Texte den Verschuldensarten zu, und bestimmen Sie die haftungsrechtlichen Konsequenzen.

Verschuldensarten	① – ③		A – B
① Fahrlässigkeit	○	wer die im Verkehr erforderliche Sorgfalt in ungewöhnlich hohem Maße verletzt	○
② grobe Fahrlässigkeit	○	wer die im Verkehr erforderliche Sorgfalt außer Acht lässt	○
③ Vorsatz	○	wer bewusst und gewollt schädigt oder einen voraussehbaren Schaden billigend in Kauf nimmt	○
	○	wer leichtfertig und in dem Bewusstsein handelt, dass ein Schaden mit Wahrscheinlichkeit eintreten wird	○

Haftungskonsequenzen

A eingeschränkte Haftung nach HGB
B unbegrenzte Haftung nach BGB

Aufgabe 9
Die Spedition NORDLOGISTIK soll den Transport von Messegut von Kiel nach Frankfurt zur ISH (Messe für Bad, Gebäudetechnik, Energietechnik, Klimatechnik & erneuerbare Energien) besorgen. Wegen der großen Bedeutung des Messeauftritts für den Kunden sind in einer Vorbesprechung u. a. Haftungsfragen zu klären. Dabei werden folgende fiktive Fälle betrachtet:

Fall 1: Der Lkw kann die Güter aufgrund technischer Probleme nicht zum Messebeginn abliefern. Der wichtige Eröffnungstag wird verpasst, Umsätze gehen verloren.

Fall 2: Der Außendienstmitarbeiter sagt zum Kunden in der Vorbesprechung:
„Ich garantiere Ihnen, dass die Messegüter pünktlich auf Ihrem Messestand verfügbar sind."
Tatsächlich werden die Güter aber durch einen Dispositionsfehler des Spediteurs fehlgeleitet und tauchen erst nach Abschluss der Messe wieder auf.

Fall 3: Es kommt durch ein Fehlverhalten des Fahrers zu einem Unfall. Dabei werden Messegüter beschädigt. Der Unfall führt zu einer Transportverzögerung, sodass der Liefertermin nicht eingehalten werden kann. Der Messeauftritt bleibt wegen fehlender Ausstellungsstücke in den ersten Tagen unvollständig.

a Erläutern Sie dem Versender für die Schadensfälle die Haftungssituation der Spedition.

b Geben Sie dem Versender eine begründete Versicherungsempfehlung.

Wenn die NORDLOGISTIK den Besorgungsauftrag für das Messegut erhält, ist für das Unternehmen auch die Haftungsversicherung von Bedeutung.

c Unterscheiden Sie die Haftungs- und die Güterversicherung nach folgenden Merkmalen:
- Wer ist der Versicherte?
- Welche Aufgabe hat die Versicherung?
- Wer bezahlt die Versicherungsprämie?

Aufgabe 10

Die Spedition SPREEWALD-LOGISTIK lässt sich bei der Zustellung von Sammelgutsendungen beim Empfänger die Ablieferung auf einem mobilen Datenerfassungsgerät per Unterschrift bestätigen. Die GENTEC GmbH unterschreibt den Empfang einer Sendung, reklamiert aber am folgenden Tag einen Schaden an der Sendung. Der Schaden sei nach Aussage des Empfängers deutlich sichtbar in Form einer äußeren Beschädigung des Pakets erkennbar. Die Spedition SPREEWALD-LOGISTIK erkennt die Schadenmeldung aber nicht an und verweist auf die ohne jeden Vorbehalt erteilte Empfangsquittung.

a Prüfen Sie, welche Aussage § 438 HGB (siehe Seite 147) zu diesem Sachverhalt trifft.

b Klären Sie den Sachverhalt.

Stichwort: „Schadensanzeige" § 438 HGB

Aufgabe 11

Nehmen Sie an, Sie hätten zu entscheiden, welches Datum für den Wert eines Sonderziehungsrechts im Schadensfall anzuwenden ist. Ihnen stehen drei Daten zur Verfügung:

1 Datum des Vertragsabschlusses: 18.06.20(0),
2 Datum der Sendungsübergabe: 20.06.20(0),
3 Datum des tatsächlichen Schadeneintritts: 21.06.20(0).

Begründen Sie, welches Datum für Sie am besten geeignet ist, wenn Sie eine Regelung finden müssen, bei der im Schadensfall immer ein **eindeutiges** Datum vorliegt.

Aufgabe 12

Ergänzen Sie die unten stehenden Übersichten auf Seite 150 und Seite 151

a zur Haftung nach HGB und ADSp,

b zur Haftung des Frachtführers bei einer abweichenden Vereinbarung.

Lernsituation 8 zum Informationshandbuch Seite 16–21, 52–59, 75–79, 103–108

Zu Aufgabe 12 a: Haftung nach HGB und ADSp im Überblick

HGB		ADSp
Organisierender Spediteur	**Frachtführerhaftung**	**gelten für alle Verkehrsverträge**
Schadensart nach § 461 Abs. 1:	Schadensart nach § 425	Schadensart nach Ziffer 23.1
Haftungsprinzip:	Maximum nach § 431 Abs. 1*	Maximum nach Ziffer 23.1.1
Maximum:	Schadensart nach § 425	Maximum pro Schadenfall (Ziffer 23.1.3)
Schadensart nach § 461 Abs. 2:	Maximum nach § 431 Abs. 3	bzw. Maximum pro Schadenereignis (Ziffer 23.5)
Haftungsprinzip:	Schadensart nach § 422 Abs. 3	bzw. Schadensart nach Ziffer 23.4
Maximum:	Maximum:	Maximum: bzw.
Sonderfälle der Spediteurshaftung:	Schadensart nach § 433	
§ 458:	Maximum:	
§ 459:	Haftungsprinzip:	
§ 460:	*Korridorlösung nach § 466 Abs. 2	
In allen Fällen haftet der Spediteur als... hinsichtlich....		

Lernsituation 8 zum Informationshandbuch Seite 16–21, 52–59, 75–79, 103–108 **151**

Haftung des Frachtführers

b Ergänzender Text im Transportauftrag eines Spediteurs (der Text ist durch Fettschrift optisch hervorgehoben):

> **Änderung**
> Wir arbeiten auf Grundlage des HGB. Abweichend zum **§ 431 Abs. 1 und 2 HGB** gilt eine Haftungsvereinbarung gemäß **§ 449 HGB in Höhe von 40 SZR je Kilogramm Rohgewicht.** Wir setzen voraus, dass alle Haftungsversicherungen vollständig eingedeckt sind. Soweit Sie einer Haftungsausdehnung **auf 40 SZR je Kilogramm** nicht zustimmen, erbitten wir Ihren schriftlichen Widerspruch.

HGB-Text	Inhalt der HGB-Paragrafen	Rechtsebenen des Frachtvertrages
§ 425 Haftung für Güter- und Verspätungsschäden (1) Der Frachtführer haftet für den Schaden, der durch Verlust oder Beschädigung des Gutes in der Zeit von der Übernahme zur Beförderung bis zur Ablieferung oder durch Überschreitung der Lieferfrist entsteht.	**Haftung für** 1. 2. 3.	I. Haftungshöhe:
§ 431 Haftungshöchstbetrag (1) Die [...] zu leistende Entschädigung wegen Verlust oder Beschädigung der gesamten Sendung ist auf einen Betrag von 8,33 Rechnungseinheiten für jedes Kilogramm des Rohgewichts der Sendung begrenzt. (3) Die Haftung des Frachtführers wegen Überschreitung der Lieferfrist ist auf den dreifachen Betrag der Fracht begrenzt.	**Haftungshöhe** zu 1. zu 2. zu 3.	II. Haftungshöhe:
§ 449 Abs. 2 (vereinfachte, veränderte Fassung) ▪ Von den §§ 425, 431 u. a. kann nur in individuellen Vereinbarungen abgewichen werden. ▪ In vorformulierten Vertragsbedingungen kann die Haftungshöhe nach § 431 Abs. 1 und 2 [nicht Abs. 3] auf einen Betrag zwischen **2 und 40 SZR pro Bruttokilogramm** begrenzt werden.	**abweichende Vereinbarungen** zu	III. Haftungshöhe:

Lernsituation 8 zum Informationshandbuch Seite 16–21, 52–59, 75–79, 103–108

Aufgabe 13
Die WALTER SPEDITIONSGESELLSCHAFT mbH hat einen Besorgungsauftrag über die Beförderung von Haushaltswaren von Stuttgart nach Hamburg erhalten. Aufgrund eines von unserem Lkw-Fahrer verursachten Verkehrsunfalls kommt es zu einem Schaden an der Sendung. 18 Paletten werden zerstört.

Auszug aus dem Speditionsauftrag

18 Zeichen und Nr.	19 Anzahl	20 Packstück	21 SF	22 Inhalt	23 Lademittelgewicht kg	24 Bruttogewicht kg
	30	Europaletten	0	Haushaltswaren		19 500

Der Wert der Sendung wurde mit 183 000,00 EUR angegeben. Jede Palette hat das gleiche Gewicht und den gleichen Güterwert. 1 SZR = 1,2260 EUR.
Ermitteln Sie den Schadenersatz für die Sendung.

Aufgabe 14
Die Spedition GLAGOW in Halle hat mit dem Versender HANSER OPTIK GmbH die Versendung von optischen Geräten von Halle nach Freiburg zu einem festen Preis vereinbart. Der Speditionsvertrag enthält außerdem eine Terminvereinbarung mit Zustellung der Sendung am 14.05.20(0), 10:00 Uhr. Die Beförderung wird durch das Transportunternehmen SCHNEIDER LOGISTIK im Auftrag von GLAGOW durchgeführt.
Stellen Sie fest, wie sich die Haftungssituation in folgenden Fällen darstellt, in denen der Versender Schadenersatz wegen Lieferfristüberschreitung geltend macht.
Fall 1: Der Disponent der Spedition GLAGOW hat dem Transportunternehmen aus Versehen einen falschen Abholtermin für die Sendung übermittelt. In der Folge wurde der vereinbarte Zustelltermin überschritten.
Fall 2: Aufgrund eines Motorschadens am Fahrzeug der SCHNEIDER LOGISTIK kommt es zu einer verspäteten Zustellung der Sendung beim Empfänger.

Aufgabe 15 (Prüfungsnahe Aufgabenstellung zu den Lernsituationen 5–8)

Situation
Sie sind als Mitarbeiter/-in der Spedition SÜDLOGISTIK GmbH, München, in der Abteilung Nationaler Güterkraftverkehr tätig. Von Ihrem Kunden, der BERGMOSER MASCHINENFABRIK GmbH, München, erhalten Sie die nachfolgend aufgeführten Speditionsaufträge. Für die Beförderung setzen Sie einen eigenen Lastzug mit zwei Wechselbrücken ein. Ladelänge je Wechselbrücke 7,30 m, Europalettenbreite, Nutzlast je Wechselbrücke 11 500 kg.

Speditionsaufträge (Auszüge)

Nr.	Empfänger	Anzahl	Packstück	Inhalt	Bruttogewicht in kg
765/01	SENTAG Fahrzeugbau AG Adolfstraße 11 50679 Köln	1	Stück	Fräsmaschine, auf Holzpalette, 3,00 m × 2,10 m × 1,80 m (L × B × H)	5 800
		1	Kiste	Steuerungsmodul, 2,30 m × 2,20 m × 1,80 m (L × B × H)	2 700
		1	Kiste	Zubehör, 2,35 m × 2,05 m × 1,80 m (L × B × H)	2 400
765/02	M. Schöller GmbH Robert-Bosch-Straße 43 50769 Köln	1	Stück	Fräsmaschine, auf Holzpalette, 2,30 m × 2,00 m × 1,80 m	4 800

Die Sendungen 765/01 und 765/02 müssen mit einem Kran be- und entladen werden.

Lernsituation 8 zum Informationshandbuch Seite 16–21, 52–59, 75–79, 103–108   **153**

1 (5 Punkte)

1.1 Kurzfristig erhalten Sie von der BERGMOSER MASCHINENFABRIK GmbH noch einen weiteren Speditionsauftrag für eine Sendung nach Frankfurt/M. (siehe unten).
Überprüfen Sie rechnerisch, ob diese Sendung noch auf den Lastzug nach Köln verladen werden kann oder ob ein anderes Fahrzeug eingesetzt werden muss.

Speditionsauftrag (Auszug)

Nr.	Empfänger	Anzahl	Packstück	Inhalt	Bruttogewicht in kg
765/03	ZEBRUS Energietechnik GmbH Hakengasse 177 65931 Frankfurt/M.	26	Euroflachpaletten	Maschinenteile, 1 x stapelbar	je 240

1.2 Begründen Sie, welchen Aufbau die Wechselbrücken mit Blick auf die Speditionsaufträge 765/01 und 765/02 haben müssen.

1.3 Geben Sie an, wer nach dem HGB für die betriebssichere Verladung der drei Sendungen verantwortlich ist.

2 (4 Punkte)

2.1 Die BERGMOSER MASCHINENFABRIK GmbH beauftragt Sie, für die Sendung aus dem Speditionsauftrag 765/02 eine Güterversicherung nach Ziffer 21 ADSp abzuschließen. Der Warenwert ist im Speditionsauftrag mit 65 000,00 EUR angegeben.
Berechnen Sie die Versicherungsprämie mithilfe des nachfolgenden Auszugs aus den Versicherungsbedingungen.

Güterversicherung – Bedingungen (Auszug)

Warengruppen
Warengruppe A: allgemeines Speditionsgut, soweit nicht in den Gruppen B bis D aufgeführt
Warengruppe B: besondere Handelsgüter, z. B. Werkzeuge und Maschinen, Computerbauteile, Foto- und Filmapparate, Unterhaltungselektronik, Artikel aus Glas, Keramik, Porzellan, verpackte Neumöbel
Warengruppe C: besonders gefährdete Handelsgüter, z. B. Mobiltelefone, Kunstgegenstände, frisches Gemüse
Warengruppe D: nicht versicherbare Handelsgüter, z. B. Edelmetalle, Antiquitäten, Wertpapiere
Prämien

Geltungsbereich	Warengruppe A in ‰	Warengruppe B in ‰
Deutschland, Österreich, Schweiz	0,70	2,50
übriges Europa	1,00	3,50

Mindestprämie 2,50 EUR
innerdeutsche Transporte zuzüglich der gesetzlichen Versicherungssteuer von zurzeit 19 %

2.2 Während die Güter der BERGMOSER MASCHINENFABRIK GmbH nach Ziffer 21 ADSp versichert werden, verpflichtet die Ziffer 28 ADSp die SÜDLOGISTIK GmbH zum Abschluss einer Haftungsversicherung.
Erläutern Sie die Aufgabe der Haftungsversicherung.

3 (6 Punkte)

Der Versender hat als spätesten Ablieferungstermin für die Sendung der M. Schöller GmbH (Speditionsauftrag 765/02) den 06.06.20(0), 13:00 Uhr angeben.
Überprüfen Sie, ob die Einhaltung des gewünschten Entladetermins möglich ist. Erstellen Sie mithilfe der abgebildeten Tabelle (siehe unten) einen Tourenplan, der alle anfallenden Tätigkeiten umfasst.
Beachten Sie dabei folgende Daten:

- Entfernungen:
  - Spedition SÜDLOGISTIK – BERGMOSER MASCHINENFABRIK 31 km
  - München – Frankfurt/M. 403 km
  - Frankfurt/M. – Köln (SENTAG Fahrzeugbau) 186 km
  - Köln (SENTAG Fahrzeugbau) – Köln (M. Schöller GmbH GmbH) 15,5 km
- Die Durchschnittsgeschwindigkeit des Lkw beträgt 62 km/h.

Lernsituation 8 zum Informationshandbuch Seite 16–21, 52–59, 75–79, 103–108

- Der Fahrer beginnt die Fahrt am 05.06.20(0) um 09:30 Uhr nach einer Tagesruhezeit.
- Er benötigt 30 Minuten Anfahrt zum Beladeort, die Beladung ist nach einer Stunde abgeschlossen. Für den Fahrer ist die Beladezeit Arbeitszeit, außerdem hat er in dieser Woche seine Möglichkeiten der Lenkzeitverlängerung bereits ausgenutzt. Die Tagesruhezeit wird nicht verkürzt.
- Für jeden Entladevorgang planen Sie 45 Minuten ein (Arbeitszeit des Fahrers).

Datum	Uhrzeit (von – bis)	Tätigkeiten (Lenkzeit, sonstige Arbeitszeit, Lenkzeitunterbrechung)	Dauer (Stunden, Minuten)	km
05.06.20(0)	09:30 bis 10:00 Uhr	Anfahrt, Lenkzeit		

4 (2 Punkte)

Der Lkw fährt auf seiner Autobahntour von München nach Köln unter anderem an folgenden Städten vorbei:

Frankfurt am Main, Ingolstadt, Nürnberg, Wiesbaden, Würzburg.

Bringen Sie diese fünf Städte in die richtige Reihenfolge. Geben Sie für die Städte Ingolstadt, Wiesbaden und Würzburg jeweils die Nummer der Bundesautobahn an, auf der der Lkw diese Städte passiert.

5 (5 Punkte)

Während des Transports wird der Lkw in einen Unfall verwickelt. Dabei werden die Kiste mit dem Steuerungsmodul und die Kiste mit Zubehör von Speditionsauftrag 765/01 völlig zerstört. Der Wert der zerstörten Sendungsteile beträgt insgesamt 55 000,00 EUR. Ebenso wird die Fräsmaschine von Speditionsauftrag 765/02 komplett beschädigt.

5.1 Ermitteln Sie für die betroffenen Sendungen den jeweiligen Schadenersatz in Euro, den der Auftraggeber erhält.
1 SZR = 1,22 EUR

5.2 Geben Sie an, um welche Schadensart es sich bei den Beschädigungen handelt.

Nehmen Sie an, die Schadensrechnung der BERGMOSER MASCHINENFABRIK zu Speditionsauftrag 765/01 (Steuerungsmodul und Zubehör) enthielte folgende Position:

1 Steuerungsmodul, Rechnungspreis	35 800,00 EUR
+ Zuschlag für eilige Neuanfertigung	3 580,00 EUR
Schadenersatz	39 380,00 EUR

5.3 Begründen Sie, welche Schadensart bei dem Zuschlag vorliegt und ob Südlogistik für diesen Schaden haftbar gemacht werden kann.

Lernsituation 8 zum Informationshandbuch Seite 16–21, 52–59, 75–79, 103–108

6 (2 Punkte)

Bei Ablieferung der 26 Euroflachpaletten aus dem Speditionsauftrag 765/03 bei der ZEBRUS Energietechnik GmbH verlangt der Empfänger vom Fahrer die Entladung des Fahrzeugs. Dieser weigert sich. Daraufhin ruft der Empfänger bei Ihnen an und bittet um Auskunft.

Begründen Sie, wer nach HGB zur Entladung des Fahrzeugs verpflichtet ist.

7 (6 Punkte)

Den drei Speditionsaufträgen der BERGMOSER MASCHINENFABRIK an SÜDLOGISTIK waren harte Preisverhandlungen vorausgegangen. Da die Maschinenfabrik für SÜDLOGISTIK ein wichtiger Kunde war, wollte man den Auftrag unbedingt haben. Man einigte sich schließlich auf einen Fixpreis für alle drei Speditionsaufträge in Höhe von 1 295,00 EUR.

Erstellen Sie eine Nachkalkulation für die Aufträge. Berücksichtigen Sie dabei folgende Daten:

Die SÜDLOGISTIK GmbH kalkuliert mit einem Tagessatz von 460,00 EUR. Für die Aufträge sind 1,1 Tagessätze anzurechnen.

Der Kilometersatz beträgt 0,56 EUR (siehe Kilometerangaben in der Lösung von Aufgabe 3).

Der Lkw hat die Fahrzeugkategorie EURO 6 und 5 Achsen.

Von der insgesamt zurückgelegten Strecke (siehe Aufgabe 3) sind 605 km mautpflichtig.

Auf die Fahrtkosten ist ein Zuschlag für Verwaltungsgemeinkosten in Höhe von 20 % zu berücksichtigen.

Auf die Zwischensumme wird ein Gewinn von 15 % aufgeschlagen.

Lkw-Mautsätze in Cent pro Kilometer

Fahrzeugkategorie	7,5 t bis unter 12 t zGG	12 t bis 18 t zGG	Mehr als 18 t zGG und weniger als 4 Achsen	Mehr als 18 t zGG, 4 und mehr Achsen
EURO 0, 1	15,6	20,3	24,6	26,0
EURO 2	14,5	19,2	23,5	24,9
EURO 3	13,4	18,1	22,4	23,8
EURO 4	10,1	14,8	19,1	20,5
EURO 5	9,0	13,7	18,0	19,4
EURO 6	7,9	12,6	16,9	18,3

SELBSTTEST LERNSITUATION 8

Diese **Prozesse** beherrsche ich (X):

- einen Schadensfall abwickeln
- die jeweilige Rechtslage bei einem Schadensfall prüfen
- einen Schaden der Versicherung melden
- Versendern die zu erwartenden Schadenersatzleistungen begründet darlegen
- das Zusammenwirken von Haftungsbestimmungen nach HGB und ADSp fallbezogen nutzen
- die HGB-Regelungen zur Spediteurhaftung bei Selbsteintritt, Sammelladung und Fixkostenspedition anwenden
- prüfen, ob in vorgegebenen Situationen ein unabwendbares Ereignis vorliegt

	voll	weitgehend	eher nicht	gar nicht

Diese **Begriffe** kenne ich (✓):

Fahrlässigkeit ☐	Haftungskorridor ☐	Sonderziehungsrecht (SZR) ☐
Gefährdungshaftung ☐	qualifiziertes Verschulden ☐	unabwendbares Ereignis ☐
grobe Fahrlässigkeit ☐	reiner Vermögensschaden ☐	Verschuldenshaftung ☐
Güterfolgeschaden ☐	Schadensmeldung ☐	Vorsatz ☐
Güterschaden ☐	Selbsteintritt ☐	Wertersatz ☐

Abschlussaufgabe Lernsituation 8

Situation
Sie sind Mitarbeiter/-in der Spedition Bartel Logistik GmbH, Hanseatenstraße 28, 18146 Rostock, und haben folgende Beförderungen zu organisieren:

1. 4,9 t Schiffsausrüstung von der Rabenow KG, Schiffsausrüster, Gielandstraße 17, 18147 Rostock, zur Duisburger Schiffswerft, Schlickstraße 12, 47138 Duisburg. Die Sendung besteht aus folgenden Teilsendungen:
   - 8 Europaletten, Stapelfaktor 1
   - 4 Einwegpaletten, 100 cm × 110 cm × 150 cm (L × B × H), nicht stapelbar
   - 1 Kiste, 180 cm × 115 cm × 140 cm (L × B × H), nicht stapelbar

2. Der Sattelzug wird aufgefüllt mit Sammelgut im Direktrelationsverkehr für unseren Empfangsspediteur, der Spedition Meyer GmbH & Co. KG, Gutenbergstraße 17, 47443 Moers.

Ablauf
Die Sendung für Duisburg wird wegen der Größe als Teilladung direkt mit einem Sattelzug beim Versender vorgeholt und zunächst zum Lager der Spedition Bartel befördert. Dort wird Sammelgut bis zur Beladegrenze (13,6 Lademeter) zugeladen. Die gewichtsmäßige Beladegrenze wird nicht überschritten. Der komplett beladene Lkw wird mit einem Fahrer besetzt, der seine Tagesruhezeit gerade beendet hat. Er fährt zunächst zum Empfangsspediteur, um dort das Sammelgut zu entladen. Die Zeitschranke für den Sammelguteingang ist 06:00 Uhr.
Nach der Entladung des Sammelgutes wird die Teilladung zum Empfänger nach Duisburg befördert und entladen. Rückladung steht bei einem Versender in Essen zur Verfügung.

1

Beim Vorholen der 4,9 t Schiffsausrüstung ruft der Fahrer Sie an, weil der Lagerleiter der Rabenow KG ihn aufgefordert hat, den Lkw zu beladen, denn er sei „für die betriebssichere Beladung des Fahrzeugs" nach Gesetz verpflichtet. Erklären Sie dem Fahrer den Sachverhalt und sagen Sie ihm, wie er sich verhalten soll.

2

Berechnen Sie, wie viele Lademeter die Teilladung in Anspruch nimmt und wie viele Lademeter für das Sammelgut (auf Europaletten, nicht stapelbar) noch zur Verfügung stehen.

Lernsituation 8 zum Informationshandbuch Seite 16–21, 52–59, 75–79, 103–108

3

a Stellen Sie fest, wann der Lkw in Roststock abfahren muss, um die Zeitschranke beim Empfangsspediteur einhalten zu können. Berücksichtigen Sie dabei folgende Daten:
Entfernungen: Spedition Bartel, Rostock – Empfangsspediteur Meyer, Moers: 578 km
Durchschnittsgeschwindigkeit: 68 km/h

b Prüfen Sie, ob der Fahrer noch bis zum Beladeort der Rückladung in Essen fahren kann, bevor er seine Tagesruhezeit einlegt.
Entfernungen: Spedition Meyer GmbH – Duisburger Schiffswerft: 16 km, Duisburg – Essen 25 km

4

Nennen Sie zwei persönliche Papiere, ein Fahrzeugpapier und zwei Beförderungspapiere, die der Fahrer mitführen muss.

5

Leider waren bei den Sendungen nach Moers und Duisburg einige Schäden zu beklagen.

Schaden 1: Eine Sendung bleibt aus Versehen auf unserem Lager stehen und wird dadurch verspätet zugestellt. Eine Lieferfristvereinbarung, die wir mit dem Versender getroffen haben, wird dadurch nicht eingehalten. Der Empfänger macht den Versender für die Produktionsausfallkosten haftbar, die er uns weiterberechnet. Die Sendung wurde durch uns nicht güterversichert. Mit dem Versender hatten wir einen Festpreis von 575,00 EUR vereinbart.
Daten aus der Schadensrechnung:
Gewicht der Sendung: 480 kg, Stillstandskosten aufgrund fehlender Bauteile: 3 400,00 EUR

Schaden 2: Während der Fahrt von Rostock nach Moers hat unser Fahrer die Geschwindigkeit eines vorausfahrenden Lkw unterschätzt, sodass er sehr scharf bremsen musste, um einen Auffahrunfall zu vermeiden. Eine der gestapelten Paletten kippte trotz sorgfältiger Ladungssicherung um. Die Sendung der Rabenow KG war nicht güterversichert. Der Schadensrechnung des Versenders, die einige Tage später eintrifft, sind folgende Daten zu entnehmen:
Gewicht der Palette: 470 kg, Wert der Güter: 4 200,00 EUR.

Schaden 3: Auf dem Lager des Empfangsspediteurs kommt es zu einem Umschlagschaden, weil ein Lagermitarbeiter unvorsichtig mit dem Gabelstapler umging. Der Versender wendet sich wegen der Schadensabwicklung an uns. Für die Sendung haben wir eine Güterversicherung abgeschlossen, die Güterfolgeschäden und reine Vermögensschäden einschließt. Daten aus der Schadensrechnung:
Gewicht der Palette: 510 kg, Wert der Sendung: 5 650,00 EUR, Höhe des Schadens 3 100,00 EUR; Löhne für beauftragte Handwerker, die aufgrund des Schadens nicht tätig werden konnten: 740,00 EUR

a Berechnen Sie die Schadenersatzleistungen für die Versender in den Fällen 1–3.
b Ermitteln Sie den Betrag, über den die Güterversicherung im Fall 3 Regress auf den Empfangsspediteur nimmt.

Der Wert eines Sonderziehungsrechts am Tag der Sendungsübernahme beträgt 1,115 EUR.

6

Mit der Rabenow KG haben wir als Entgelt einen Preis von 65,00 EUR pro Lademeter und die anteilige Weiterbelastung der Maut vereinbart. Tarifentfernung 558 km, Maut-Kilometer: 530 km; verwenden Sie die Mauttabelle im Informationshandbuch.
Erstellen Sie die Rechnung für die Rabenow KG.

7

Entwickeln Sie zwei Routenpläne für die Strecke von Rostock nach Moers. Eine Route sollte den Raum Bremen wegen des hohen Verkehrsaufkommens umfahren. Geben Sie nur die Autobahnnummern an.

8

Aufgrund des eingetretenen Schadens fragt die Rabenow KG an, was es gekostet hätte, die Sendung zu versichern. Die Schiffsausrüstung enthält u. a. elektronische nautische Geräte. Der Güterwert beträgt 68 000,00 EUR.

a Berechnen Sie die Versicherungsprämie anhand der Prämientabelle von W & O.
b Unterscheiden Sie Versicherungswert und Versicherungssumme.
c Erstellen Sie eine neue Rechnung, die die Prämie für die Güterversicherung einschließt.

Lernsituation 9
Einen grenzüberschreitenden Transport planen

Frau Schäfer von der Firma KAULMANN KG im Gespräch mit Herrn Berger:

Frau Schäfer: „Wir haben vor, arbeitsintensive Teile unserer Produktion nach Litauen zu verlagern. Es erscheint uns angesichts der niedrigen Löhne lohnend, einige Elektromotoren-Typen dort zusammensetzen zu lassen. Das attraktive Angebot eines litauischen Partnerunternehmens in Kaunas liegt uns vor."

Herr Berger: „Es freut mich, dass Sie an uns gedacht haben. Wir werden Sie selbstverständlich bei Ihren Planungsüberlegungen unterstützen."

Frau Schäfer: „Wir sehen die Hauptprobleme in den Beförderungszeiten und in den Transportkosten. Wir müssen ein Taktverfahren entwickeln, das einen reibungslosen Transport der Einzelteile nach Litauen und den Rücktransport der fertigen Motoren nach Solingen sicherstellt. Außerdem dürfen die Transportkosten die Einsparungen bei den Löhnen natürlich nicht aufzehren."

Herr Berger: „Welchen Umfang werden die Transporte voraussichtlich haben?"

Frau Schäfer: „In der Anfangsphase gehen wir von einem Lkw pro Woche mit rund 25 t Ladung aus. Dieselbe Menge müsste pro Woche auch wieder zurücktransportiert werden. Wir benötigen daher von Ihnen eine realitätsnahe Tourenplanung, die ausreichende Pufferzeiten enthält, weil wir die Aus- und Einlagerung in unseren heimischen Produktionsprozess einbinden wollen."

Herr Berger: „Ich bin überzeugt, wir werden Ihnen einen akzeptablen Tourenplan erarbeiten können."

Frau Schäfer: „In Bezug auf die Kosten erwarten wir von Ihnen einen Festpreis pro Tour. Ob Sie einen osteuropäischen oder einen deutschen Frachtführer einschalten oder ob Sie den Transport selbst durchführen wollen, ist für uns nicht relevant. Entscheidend ist aber die Terminsicherung, weil unser gesamter Produktionsprozess von der reibungslosen Versorgung mit diesen Elektromotoren abhängt. Daher möchten wir auch erfahren, welche Schadenersatzleistungen wir zu erwarten haben, wenn Terminüberschreitungen stattfinden oder beschädigte Motoren eintreffen, die unser Produktionsband stilllegen. Unsere Vorratshaltung an Halbfertigprodukten wollen wir auf einen kleinen Notvorrat reduzieren."

Herr Berger: „Wir arbeiten im grenzüberschreitenden Verkehr nach CMR. Eventuell werden wir die Transporte selbst durchführen. Ich schlage Ihnen vor, dass wir anhand angenommener Schadensfälle die Haftungssituation deutlich machen. Falls erforderlich, machen wir Ihnen auch Versicherungsvorschläge."

Frau Schäfer: „Je konkreter, desto besser."

Herr Berger: „Ich benötige noch einige weitere Daten, um das Projekt zu kalkulieren und durchzuplanen."

Frau Schäfer: „Die genauen Daten faxe ich Ihnen heute Nachmittag zu."

Herr Berger: „Sehr schön. Lassen Sie uns zwei Tage Zeit, dann liegt unser detailliertes Angebot auf Ihrem Schreibtisch. Ihre Ansprechpartnerin für dieses Projekt ist Frau Keller."

Am Nachmittag trifft eine Nachricht der KAULMANN KG mit näheren Daten ein:

Daten Litauen	
Empfänger:	DAVAINIS & NEKROSIUS, Gruodzio 17, 3000 Kaunas, Litauen
Güter:	Teile von Elektromotoren
Gewicht:	ca. 25 t
Güterwert:	Hintransport: ca. 75 000,00 EUR, Rücktransport ca. 150 000,00 EUR
Frequenz:	wöchentlich eine Hin- und Rücktour
Besondere Vereinbarungen:	Die Liefertermine sind unbedingt einzuhalten.
Besondere Risiken:	Die Güter werden kontinuierlich in der laufenden Produktion in Solingen benötigt. Ein Bandstillstand würde zu Ausfallkosten in Höhe von rund 250 000,00 EUR pro Woche führen.

Lernsituation 9 zum Informationshandbuch Seite 83–92, 150–171

Tipp: Routenplaner einsetzen, z. B. Map & Guide

Länderprofil Litauen / Lietuvos Respublika – LT		UTC +2
Fläche / Einwohner	65 300 km² / 2,8 Mio.	
Staatsform	Parlamentarische Republik	
Hauptstadt	Vilnius (Wilna)	
Seehafen	Klaipėda (Memel)	
Flughäfen	Vilnius, Kaunas, Palanga	
Straßennetz	75 000 km befestigte Straßen	
Landesvorwahl	+370	
Internet	.lt – Verbreitung 79,7 %	
Sprache	Litauisch (Amtssprache), sowie Russisch, Englisch, Deutsch	
Handelspartner	Plätze 1–4: Russland, Deutschland, Polen, Lettland	
Währung	Euro	
Bruttoinlandsprodukt	27 000,00 EUR pro Einwohner	
Inflation	2,4 %	
Arbeitslosigkeit	6,2 %	
Wettbewerbsfähigkeit	Rang 39 von 141 Ländern gemäß *Global Competitive Index*	
Korruptionsindex	Rang 38 von 180 Ländern gemäß *Corruption Perception Index*	

Für den Fall, dass INTERSPED ein eigenes Fahrzeug für den grenzüberschreitenden Verkehr einsetzen sollte, stellt Frau Keller vorsorglich alle notwendigen Daten für die Fahrzeugkalkulation sowie die Tourenplanung zusammen. Weiterhin liegt ihr auch bereits das Angebot eines litauischen Frachtführers für den wöchentlichen Rundlauf vor.

Fremder Frachtführer oder Selbsteintritt?

Danielius Vartei Transport UAB

Veiverin 120
Kaunas 44211
Lietuva

INTERSPED GmbH
Merkurstraße 14
40223 Duesseldorf
Germany

Tel: 00370-7-28837
E-Mail: dvartei.lt

04.06.20(0)

Dear Mrs Keller,

Offer

Thank you for your enquiry of 28 May 20(0). I can offer you

- 16.50-m-trailer
- transport from Solingen (Germany) to Kaunas (Lithuania), approx. 25 tons per week
- length of transportation: approx. 3 days
- price: 1 950,00 EUR
- return from Kaunas to Solingen, approx. 25 tons per week, length of transportation: approx. 3 days, price: 1 950,00 EUR

I would be very pleased to receive your order.

Yours sincerely

Vartei

Danielus Vartei Transport UAB

Fahrplan (jeweils Ortszeit)

Klaipéda – Kiel				Kiel – Klaipéda				
Departs from Klaipéda	Arrives to Kiel		Ferry	Departs from Kiel	Arrives to Klaipéda		Ferry	
Monday	24:00	Wednesday	08:00	KAUNAS	Monday	13:00	Tuesday	14:00	PALANGA
Wednesday	24:00	Friday	08:00	REGINA	Tuesday	16:00	Wednesday	18:00	REGINA
Thursday	24:00	Saturday	08:00	KAUNAS	Wednesday	16:00	Thursday	18:00	KAUNAS
Saturday	24:00	Monday	06:00	PALANGA	Friday	16:00	Saturday	18:00	REGINA
Sunday	24:00	Tuesday	08:00	REGINA	Saturday	16:00	Sunday	18:00	KAUNAS
Akzeptierte Ladung: rollende Ladung wie z. B. Lkw, Trailer sowie Container und Stückgut									

Zeitverschiebung:
D = UTC +1
Lt = UTC +2
Sommerzeit: in beiden Ländern + eine Stunde

Preise der Fähren

Kiel – Klaipéda 550,00 EUR
Klaipéda – Kiel 550,00 EUR

Daten für die Fahrzeugkostenrechnung

A	Technische Daten	Bemerkungen	Zugmaschine	Anhänger/Auflieger	Zug
1	Erstzulassung	Jahr	20(0)	20(0)	
2	Kaufdatum	Jahr	20(0)	20(0)	
3	Aufbau			Auflieger	
4	Motorleistung/Schadstoffklasse EUR 5	PS	440 PS		
5	Anzahl der Reifen	Stück	6	6	12
	Gesamtgewicht in Tonnen	Tonnen	18*	22*	40
	Nutzlast in Tonnen	Tonnen			26
	Anzahl der Achsen	Stück	2	3	5
B	**Kalkulationsdaten**				
	Jahreslaufleistung	km	130 000	130 000	
	Jahreseinsatzzeit	Tage	240	240	
	Tageseinsatzzeit	Stunden	12	12	
	Nutzungsdauer	Jahre	9	11	
	Reifenlaufleistung	km	200 000	240 000	
	Kraftstoffverbrauch	Liter/100 km	29		
	Kraftstoffpreis	EUR/Liter	1,20		
C	**Kapitalwerte**				
	Fahrzeugkaufpreis ohne Reifen	EUR	79 248,00	24 575,00	103 823,00
	Kaufpreis Bereifung	EUR	1 752,00	1 425,00	3 177,00
	Umlaufvermögen	EUR			
	betriebsnotwendiges Vermögen	EUR			

*Das Gesamtgewicht wird rechnerisch auf Zugmaschine und Auflieger verteilt.

Schmierstoffe: 3 % der Kraftstoffkosten, siehe Seite 108 und Musterkalkulation im Informationshandbuch

Lernsituation 9 zum Informationshandbuch Seite 83–92, 150–171

Weitere Kalkulationszahlen

	Bemerkungen	Zugmaschine	Anhänger/Auflieger	Zug
Abschreibung Abnutzung	%	50	50	
Abschreibung Entwertung	%	50	50	
Reparatur/Wartung	EUR/Jahr	7 500,00	2 500,00	10 000,00
Fahrerlohn (brutto pro Jahr)	EUR/Jahr	23 400,00		
Weihnachtsgeld	EUR/Jahr	600,00		
Urlaubsgeld	EUR/Jahr	375,00		
Sozialaufwendungen	%	26		
Personalfaktor		1,2		
Spesen	EUR/Tag	23,00		
Zinssatz betriebsnotwendiges Vermögen	%			7,5
Kfz-Steuer	EUR/Jahr	556,00	373,00	929,00
Kfz-Haftpflichtversicherung in EUR/Jahr	100%/unbegrenzt	5 667,00	229,00	5 896,00
Kfz-Kaskoversicherung (500,00 EUR Selbstbeteiligung, Vollkasko für 2 Jahre)	EUR/Jahr	4 546,00	1 142,00	5 688,00
Maut (anteilig für die deutsche Strecke)	EUR/Jahr	9 000,00		
Verwaltungskosten	%			26
kalkulatorischer Unternehmerlohn				keiner
kalkulatorische Wagnisse				keine

Mautgebühren

Litauen			Polen		
Mauterhebung für Lkw und Busse bei Nutzung der Autobahnen mittels Kauf einer zeitlich begrenzten Vignette			auf bestimmten Strecken für Lkw ab 3,5 t, abhängig von zulässigem Gesamtgewicht, der Schadstoffklasse und der gefahrenen km; Bezahlung in bar (auch EUR oder USD möglich) an den Mautstationen oder mittels Transponder		
Lkw über 12 t zGG	**Schadstoffklasse**		**Mautgebühren auf der polnischen A 2 (Streckenabschnitte zwischen Grenzübergang Frankfurt (Oder) und Warschau**		
	Euro I–III	ab Euro IV			
Tag	11,00 EUR	11,00 EUR	Rzepin – Nowy Tomysl (85 km) 40 PLN	Nowy Tomysl – Posen (45 km) 160 PLN	Posen – Konin (75 km) 320 PLN
Woche	37,00 EUR	37,00 EUR			
Monat	107,00 EUR	75,00 EUR	Konin – Warschau = 193 km · 0,27 PLN/km		
Jahr	1 071,00 EUR	753,00 EUR	Umrechnungskurs: 1,00 EUR = 4,52 PLN (polnischer Zloty)		

Haftung nach CMR

Um die Haftungsrisiken für den Versender, aber auch für INTERSPED, abschätzen zu können, hat Frau Keller einige fiktive Standard-Störfälle des Frachtvertrags zusammengestellt. Mithilfe dieser angenommenen Situationen sollen den Beteiligten die Risiken transparent gemacht werden. Frau Keller legt ihren Berechnungen einen SZR-Kurs von 1,2233 EUR zugrunde. Außerdem hat sie bei ihrer Versicherung um ein Angebot für den Litauenverkehr gebeten (siehe Seite 163).

Situation 1

Der Fahrer des Lkw verursacht auf der Fahrt von Kaunas nach Solingen einen Unfall mit Totalschaden an den Gütern im Wert von 150 000,00 EUR. Außerdem kommt es zu einem Produktionsstillstand beim Auftraggeber in Solingen. Dieser Schaden beträgt 225 000,00 EUR.

Situation 2

Wegen mangelhafter Verstauung der Ladung im Sattelanhänger verrutscht die Ladung während des Seetransports von Litauen nach Deutschland aufgrund starken Seegangs. Teile der Ladung kippen um und werden beschädigt. Vereinbarungsgemäß wurde das Fahrzeug vom Lkw-Fahrer beladen. Angenommener Schaden: zwei Paletten mit 2 000 kg Gewicht im Wert von 12 000,00 EUR; kein Güterfolgeschaden.

Situation 3

Der litauische Frachtführer überschreitet die vereinbarte Lieferzeit um drei Tage, weil er technische Probleme mit seinem Fahrzeug hat. Der Produktionsausfall in Solingen führt zu Kosten in Höhe von 50 000,00 EUR.

Lernsituation 9 zum Informationshandbuch Seite 83–92, 150–171

Siehe auch die Versicherungsbedingungen von W & O in der Lernsituation 7, Seite 123

Von der W & O-VERSICHERUNG hat Frau Keller folgendes Angebot erhalten:

Versicherungsobjekt	25 t Elektroteile (Litauen)
Güterwert	75 000,00 EUR
Vermögensschäden	250 000,00 EUR
Transport	Solingen – Kaunas (Litauen) per Lkw und zurück; Seefähre eingeschlossen
Güterwert Rückladung	150 000,00 EUR

Angebot

Sehr geehrte Frau Keller,

vielen Dank für Ihr Interesse an unserem Leistungsangebot für Ihren grenzüberschreitenden Güterkraftverkehr. Gemäß unseren Bedingungen für die Güterversicherung bieten wir Ihnen an:

Leistungen:	Güterversicherung von der Übernahme der Sendung in Solingen bis zur Ablieferung auf dem Betriebsgelände in Kaunas (Litauen), Haus – Haus und umgekehrt Kaunas – Solingen, Transport per Lkw bzw. Lkw – Seeschiff – Lkw.	
Versicherungssumme:	Güterschäden:	150 000,00 EUR
	Güterfolge- und reine Vermögensschäden:	250 000,00 EUR
	Versicherungssumme:	400 000,00 EUR
Prämie:	3,5 Promille von der Versicherungssumme	
Begrenzung der Versicherungsleistung:	Güterschäden 150 000,00 EUR	
	Güterfolge- und reine Vermögensschäden 250 000,00 EUR	

Mit freundlichen Grüßen

Hartland

– Hartland –

Im Falle einer Entscheidung für den Selbsteintritt im Litauenverkehr ist der Versicherung das neue Risiko zu melden und die Betriebsbeschreibung ist anzupassen (Umsatzanteil Litauenverkehr 6 %).

Auszug aus der bisherigen Betriebsbeschreibung

7. Tätigkeitsbeschreibung der **Frachtführer**
- räumlicher Tätigkeitsbereich

Deutschland

X	Regionalverkehr bis 150 km	5	% vom Frachtumsatz
X	Fernverkehr	95	
	Europa (geografisch)		
	– davon Italien		
	– davon Visegrad-Staaten/Baltikum		
	– davon GUS		
	– davon Rumänien/Bulgarien		
	Länder außerhalb Europas, wenn ja, folgende		
	–		

Arbeitsauftrag (Vorschlag)

Unterbreiten Sie dem Kunden ein Angebot für den grenzüberschreitenden Güterkraftverkehr:
1. Ermitteln Sie mithilfe einer Fahrzeugkalkulation den km- und den Tagessatz für den eigenen Lkw (Zugmaschine und Auflieger).
2. Treffen Sie eine Make-or-buy-Entscheidung für den Litauen-Verkehr unter Berücksichtigung alternativer Transportrouten (Fähren/Landtransport).
3. Klären Sie die Haftungs- und Versicherungssituation.
4. Melden Sie im Falle des Selbsteintrittes die Ausweitung der Tätigkeiten an die Versicherung.

Genehmigung/Erlaubnis für grenzüberschreitenden Güterkraftverkehr?

Siehe Lernsituation 7, Seite 123

Lernsituation 9 zum Informationshandbuch Seite 83–92, 150–171

Aufgabe 1
Im Angebot der Versicherungsgesellschaft zum Litauentransport fehlt der Hinweis auf die Versicherungsteuer.

Klären Sie diesen Sachverhalt.

Aufgabe 2
Die Firma KAULMANN KG hat einen Großkunden in Stockholm (Schweden) gewonnen, der einmal pro Woche mit Elektromotoren beliefert werden möchte. Für diese Anfrage wird INTERSPED die Beförderungszeiten ermitteln und dem Kunden die Beförderungskosten als Fixpreis mitteilen. Da eine fixe Rückladung nicht vorliegt, müsste INTERSPED im Falle des Selbsteintritts selbst dafür sorgen.

Die Auftragsdaten lauten:
- Empfänger: SVENSKA Motor AB, Asögatan 152, 11632 Stockholm, Schweden
- Güter: 20 t Elektromotoren
- Güterwert: ca. 125 000,00 EUR
- Frequenz: wöchentlich

Auf Anfrage nennt ein schwedischer Frachtführer (STS-Carrier aus Stockholm) für einen 16,50-m-Sattelzug mit 20 t Ladung, Strecke Solingen – Stockholm über Travemünde – Trelleborg, einen Komplettpreis in Höhe von 1 700,00 EUR, Transportzeit ca. 30 Stunden.

Aus der Schiffsliste der HL-Reederei Lübeck lassen sich folgende Fahrtzeiten ablesen:

Lübeck – Trelleborg (S)	Abfahrt Lübeck (Travemünde)	Ankunft Trelleborg
täglich	22:00 Uhr	06:00 Uhr
	02:30 Uhr	10:30 Uhr
Trelleborg (S) – Lübeck	**Abfahrt Trelleborg**	**Ankunft Lübeck (Travemünde)**
täglich	10:00 Uhr	18:00 Uhr
	14:30 Uhr	22:30 Uhr

Nach Auskunft der Reederei beträgt der Preis für eine Überfahrt (16,50-m-Trailer) 400,00 EUR.

Treffen Sie auf Basis der Kalkulationsdaten für den Litauen-Transport aus dem Arbeitsauftrag eine Make-or-buy-Entscheidung für diese Transportanfrage.

Aufgabe 3
Das Unternehmen DEGENER & LUTZ will auf einer Messe in Mailand neue Ausrüstungsteile für Fahrzeuge ausstellen. Die Messe ist von großer Bedeutung für das Italiengeschäft des Unternehmens. Außerdem ist es wichtig für das Image des Unternehmens, auf der Mailänder Automobilausstellung vertreten zu sein. Aus diesen Gründen ist der Gütertransport nach Italien mit hohen Risiken verbunden, die DEGENER & LUTZ abgesichert sehen möchten.

Güter:	8 Europaletten (3 000 kg) Kfz-Teile als Messegut
Risiken	Güterwert: 50 000,00 EUR Schaden, der entsteht, wenn die Güter nicht auf dem Messestand ausgestellt werden könnten (250 000,00 EUR)

INTERSPED hat bereits angeboten, die acht Paletten zu einem Frachtpreis von 420,00 EUR von Neuss nach Mailand zu befördern.

a Geben Sie dem Kunden DEGENER & LUTZ Auskunft, bis zu welcher Höhe die Risiken über die CMR-Haftung abgedeckt sind (1 SZR = 1,2112 EUR)
- bei Beschädigung,
- bei Verlust,
- bei Lieferfristüberschreitung.

b Geben Sie Ihrem Kunden eine Empfehlung hinsichtlich der Abdeckung der angeführten Risiken.

Aufgabe 4

Bei einem Transport von Düsseldorf nach Belgien muss der Empfänger den Verlust einer Sendung mit zwei Teppichrollen feststellen. Der Auftraggeber schickt daraufhin folgende Schadensrechnung an die INTERSPED GmbH:

HIERMES-Textilbeläge – Alte Landstraße 66 – 40489 Düsseldorf

INTERSPED GmbH
Merkurstraße 14
40223 Düsseldorf

Schadensrechnung   Nr. SR 162   26.05.20(0)

	Euro
Transportdatum: 23.05.20(0)	
2 560 kg Teppiche	
Empfänger: S. a. M. VERSCHUERTEN, Grootestraat 88, B-Leopoldsburg	
Auftrags-Nr. 1278/5, Speditionsauftrag-Nr. 7288/20(0)	
Unser Kunde hat den Verlust von zwei Teppichrollen reklamiert. Der Schaden ist während des Transports entstanden. Er wurde auf dem Frachtbrief dokumentiert.	
Aufgrund des Schadensfalls berechnen wir Ihnen	
Art.-Nr. 488788 Nehrabad, Gewicht 38 kg	1 392,00
Art.-Nr. 488779 Kadjar, Gewicht 32 kg	1 405,00
	2 797,00
Eine Kopie unserer Originalrechnung an S. a. M. VERSCHUERTEN fügen wir zu Ihrer Information bei.	

Eine Prüfung des Vorgangs erbrachte folgendes Ergebnis:

- Die Sendung wurde laut CMR-Frachtbrief komplett vom Auftraggeber übernommen.
- Die Sendung war während des Transports ausschließlich in Gewahrsam von INTERSPED.
- Der Fahrer konnte die Sendung nicht vollständig ausliefern.
- Suchmeldungen bei verschiedenen Empfangsspediteuren, die für eine Fehlverladung infrage kämen, blieben erfolglos.
- Der Kunde hat keine Güterversicherung abgeschlossen.

Der Schaden wurde der Versicherung von INTERSPED gemeldet. Gleichzeitig wurde der Versender benachrichtigt, dass der Schaden der Versicherung weitergeleitet worden ist und bearbeitet wird. Nach Prüfung aller Unterlagen teilt die Versicherung vier Wochen später mit, dass sie Schadenersatz nach CMR leistet. Der Wert eines Sonderziehungsrechts (SZR), das für die Schadensberechnung herangezogen wird, betrug zum Zeitpunkt der Sendungsübernahme 1,2243 EUR. Der Betrag wird in den nächsten Tagen auf ein Konto von INTERSPED überwiesen.

Herr Klaßen, der für Versicherungsfragen zuständig ist, will der Firma HIERMES sofort mitteilen, dass der Schaden im Umfang der CMR-Haftung ersetzt wird.

Sie teilen daher der Firma HIERMES die Höhe des Schadenersatzes telefonisch mit und kündigen eine Gutschrift für den Kunden an. Machen Sie dem Kunden bei der Gelegenheit die Vorzüge der Güterversicherung deutlich.

Aufgabe 5

Der Besitzer eines italienischen Restaurants in Düsseldorf, Velio Pifferi, hat der Spedition INTERSPED den Auftrag erteilt, eine Sendung mit Einrichtungsgegenständen zur Dekoration seines Lokals (Bilder, Tonkrüge u. Ä.) von Italien nach Düsseldorf zu befördern.
Sendungsdaten und Vertragsvereinbarungen: 135 kg Sammelgut von Brescia nach Düsseldorf, vereinbarte Fracht 187,00 EUR. Aus Kostengründen verzichtet der Versender auf den Abschluss einer Güterversicherung. Die ADSp sind AGB des Verkehrsvertrags.
Leider ist die Sendung zwischen der Übergabe an den von uns beauftragten Lkw-Frachtführer EUROTRANS in Brescia und dem Eintreffen in Düsseldorf verloren gegangen.
Unser Auftraggeber ist über den Verlust sehr empört und beklagt den Verlust wertvoller Kunstgegenstände (5 000,00 EUR). Außerdem könne er nun sein Lokal nicht stilecht zum vorgesehenen Termin wiedereröffnen, was mindestens einen Schaden durch Umsatzverluste in Höhe von 2 500,00 EUR zur Folge hätte.

Lernsituation 9 zum Informationshandbuch Seite 83–92, 150–171

a Begründen Sie, wer in diesem Fall schadenersatzpflichtig ist.
b Erläutern Sie dem Auftraggeber, mit welchem Schadenersatz er zu rechnen hat.
c Ermitteln Sie die Kosten, die für den Kunden entstanden wären, damit der komplette Schaden abgedeckt gewesen wäre.

1 SZR zum Zeitpunkt der Übernahme der Sendung 1,2217 EUR.

Aufgabe 6
Die CMR-Haftung wird als „Gefährdungs- oder Obhutshaftung" bezeichnet, die durch den möglichen Verweis auf ein „unabwendbare Ereignis" eingeschränkt wird.
a Erläutern Sie diese Aussage.
b Beurteilen Sie folgenden Fall:

> Ein Spediteur hatte den Auftrag, die Beförderung von 2 743 Kartons mit elektronischen Geräten (Wert 131 490,00 USD) von Bremen nach Moskau zu besorgen. Die Sendung wurde auf drei Lkw verladen und im Selbsteintritt transportiert. Zwei Lkw erreichten ihr Ziel unbehelligt. Der dritte Lkw wurde auf dem Streckenabschnitt von Minsk nach Moskau von Polizisten angehalten, der Fahrer zum Aussteigen gezwungen, mit einer Pistole bedroht, mit einem Polizeiauto weggeschafft und für längere Zeit festgehalten. Der Lkw mit seiner Ladung ist bis heute verschwunden.
> Im Nachhinein wurde festgestellt, dass es sich bei den Polizisten um verkleidete Kriminelle handelte und dass auch das Polizeifahrzeug lediglich eine Attrappe war.
> Die Versicherung des Spediteurs lehnt einen Schadenersatz ab mit der Begründung, es handele sich um ein unabwendbares Ereignis.

Aufgabe 7

Art. 12 CMR; siehe auch § 418 Abs. 4 HGB.

Nehmen Sie an, der schwedische Empfänger der Elektromotoren der KAULMANN KG (siehe Aufgabe 2) habe die Sendung bereits im Voraus bezahlt. Die KAULMANN KG erteilt INTERSPED zwar noch den Beförderungsauftrag, die Sendung läuft aber ab Werk zulasten des Empfängers. Die SVENSKA Motor AB möchte daher sicherstellen, dass die KAULMANN KG nicht mehr über die Sendung nachträglich verfügen kann.
a Machen Sie deutlich, wer welches Frachtbrief-Exemplar bekommt.
b Erläutern Sie die beiden Verfahren nach CMR, die dem Empfänger die Sicherheit geben, dass der Absender nicht mehr über die rollende Ware verfügen kann.

Aufgabe 8
Eine Spedition möchte ihre bisher nur auf Deutschland beschränkte Geschäftstätigkeit auf internationale Lkw-Transporte ausweiten. Um sich einen Überblick über die verschiedenen Genehmigungen zu verschaffen, hat der Speditionsleiter nachstehende Übersicht zu unterschiedlichen Aspekten ihres Einsatzes erstellt:

Aspekt	EU-Lizenz	CEMT-Genehmigung	Bilaterale Genehmigung
Geografische Verbreitung			
Anwendung			
Gültigkeitsdauer			
Ausgebende Stelle			

a Unterstützen Sie den Speditionsleiter, indem Sie die Tabelle mit den betreffenden Informationen ergänzen.
b Stellen Sie fest, warum die in Deutschland ansässige Spedition für ihre internationalen Transporte keine Drittstaatengenehmigung verwenden kann.

Aufgabe 9
Das Bundesamt für Güterkraftverkehr (BAG) kontrolliert Lkw unter anderem darauf, ob sie jeweils die richtige Berechtigung mitführen. Nachstehende Papiere kommen für gewöhnlich infrage:

① Erlaubnis   ② Gemeinschaftslizenz   ③ CEMT-Genehmigung
④ bilaterale Genehmigung   ⑤ Drittstaatengenehmigung   ⑥ keines der angegebenen Papiere

Bei einer Kontrolle auf einem Autobahnparkplatz am Frankfurter Kreuz hat das BAG die nachstehenden Fahrzeuge überprüft. Geben Sie – unter Nennung der betreffenden Ziffer – an, welche der genannten Berechtigungen die Fahrer jeweils vorweisen müssen.

a		französischer Unternehmer mit Gütern von Freiburg nach Hannover
b		deutscher Unternehmer mit Sammelgut von Nürnberg nach Dortmund
c		russischer Unternehmer mit Autoteilen von Mannheim nach Moskau
d		Lkw eines Offenbacher Konservenproduzenten, der frisches Gemüse mit eigenen Fahrzeugen bei seinen Vertragslandwirten aus der Region abholt
e		deutscher Unternehmer mit einer Komplettladung von Hamburg über die Schweiz nach Italien
f		deutscher Unternehmer mit Ware von Leipzig über Frankreich und Spanien nach Marokko
g		Frankfurter Paketdienst mit einem 2,8-t-Lkw auf dem Weg ins Zustellgebiet nach Darmstadt
h		tschechischer Unternehmer mit Ware von Prag nach Brüssel
i		deutscher Unternehmer, Transport von Saarbrücken nach Minsk
j		türkischer Unternehmer mit Textilien von Ankara nach Köln
k		deutscher Unternehmer mit Hilfsgütern von Düsseldorf in die Republik Moldau
l		iranischer Unternehmer mit Maschinenteilen von Duisburg nach Teheran
m		deutscher Unternehmer mit einer Komplettladung Tiefkühlfisch aus Norwegen für den Frankfurter Großmarkt

Aufgabe 10

Der INTERSPED liegt ein Speditionsauftrag über den Transport von 32 Europaletten Motorenteile von Bochum nach Genf vor. Der Versender wünscht vorab einen Fixpreis. Der zuständige Disponent wird einen Euro-6 Sattelzug mit 40 t zGG im Selbsteintritt einsetzen und hat diesbezüglich bereits folgende Daten zusammengestellt:

- Entfernung Bochum – Grenze Weil am Rhein: 560 km, davon 532 km mautpflichtig
- Entfernung Grenze Basel – Genf: 255 km, LSVA-pflichtig
- 1,5 Einsatztage

a Geben Sie an, welche Berechtigung für diesen Transport erforderlich ist.

b Kalkulieren Sie den Fixpreis unter Berücksichtigung folgender Kalkulationsdaten:
- Tagessatz: 385,00 EUR
- km-Satz: 0,36 EUR/km
- Zuschlag für Verwaltungskosten und Gewinn: 18 %
- Kurs: 1,00 EUR = 1,071 SFR

Mauttabelle und LSVA: vgl. Informationshandbuch

c In Genf stehen dem Disponenten zwei Rückladungen zur Auswahl: eine nach Zürich, die andere ins französische Mülhausen. Beide Orte liegen jeweils 280 km von Genf entfernt, der Erlös für beide Transporte ist mit jeweils 480,00 EUR identisch.

Begründen Sie, warum sich der Disponent ohne zu Zögern für den Transport nach Mülhausen entscheidet.

Aufgabe 11

Der Disponent einer international tätigen Spedition hat für seinen langgedienten Fahrer Stefan Bauer und dessen neuen Euro-6 Sattelzug eine zweiwöchige Europareise zusammengestellt. Die Tour beginnt in Dortmund mit einer Komplettladung nach Dresden. Anschließend steht eine Leerfahrt nach Breslau an, um von dort aus die in der Tabelle angeführten weiteren Komplettladungen zu befördern.

a Geben Sie zu jedem Zielort das Land an und entscheiden Sie, ob es sich bei den Transporten um einen „normalen" grenzüberschreitenden Verkehr, einen Dreiländerverkehr oder einen Kabotage-Verkehr handelt. Begründen Sie, ob die jeweilige Kabotage erlaubt oder verboten ist.

b Ermitteln Sie die Gesamtkilometer der Tour und stellen Sie fest, mit welcher Durchschnittsgeschwindigkeit Stefan Bauer mindestens fahren müsste, um in der vorgesehenen Doppelwoche das Ziel in Essen erreichen zu können.

Startort	Zielort	Land (Zielort)	km	Bemerkung
Dortmund	Dresden	Deutschland	515	nationaler Güterkraftverkehr
Dresden	Breslau		269	*Leerfahrt*
Breslau	Danzig			
Danzig	Minsk			
Minsk	Kiew			
Kiew	Lemberg			
Lemberg	Budapest			
Budapest	Györ			
Györ	Wien			*Leerfahrt*
Wien	Salzburg			
Salzburg	Essen			

Aufgabe 12
Ergänzen Sie die Übersicht zur Haftung nach HGB, CMR und ADSp (siehe Seite 169).

Zu Aufgabe 12: Haftung nach HGB, CMR und ADSp im Überblick

HGB		CMR	ADSp
Organisierender Spediteur	**Frachtführerhaftung**		**gelten für alle Verkehrsverträge**
	Haftung für		
Schadensart nach **§ 461 Abs. 1:**	Schadensart nach **§ 425**	Schadensart nach **Artikel 17**	Schadensart nach **Ziffer 23.1**
Haftungsprinzip:			
Maximum nach **§ 431 Abs. 1***	Maximum nach **Artikel 23 Abs. 3**	Maximum nach **Ziffer 23.1.1**	
Maximum:	Schadensart nach **§ 425**	Schadensart nach **Artikel 17**	Maximum pro Schadenfall **(Ziffer 23.1.3)** bzw.
Schadensart nach **§ 461 Abs. 2:**	Maximum nach **§ 431 Abs. 3**	Maximum nach **Artikel 23 Abs. 5**	Maximum pro Schadenereignis **(Ziffer 23.5)** bzw.
Haftungsprinzip:	Schadensart nach **§ 422 Abs. 3**	Schadensart nach **Artikel 21**	Schadensart nach **Ziffer 23.4**
	Maximum:		
Maximum:	Schadensart nach **§ 433**	Maximum:	Maximum: bzw.
Sonderfälle der Spediteurshaftung:			
§ 458:	Maximum:	Haftungsprinzip:	
§ 459:			
§ 460:	*Korridorlösung nach **§ 466 Abs. 2**		
In allen Fällen haftet der Spediteur als …. hinsichtlich ….			

Aufgabe 13

Eine Spedition kann die nachfolgenden Daten aus der Fahrzeugkostenrechnung entnehmen.

A	Technische Angaben	
1	Erstzulassung	
2	Kaufdatum	
3	Aufbau	
4	Motorleistung PS	140
5	Anzahl der Reifen	6
6	Gesamtgewicht in t	7,5
7	Nutzlast in t	3
8	Anzahl der Achsen	2
B	**Kalkulationsdaten**	
9	Jahreslaufleistung/km	50 000
10	Jahreseinsatzzeit (Tage)	240
11	Tageseinsatzzeit (Stunden)	8
12	Nutzungsdauer/Jahre	9
13	Reifenlaufleistung/km	100 000
14	Kraftstoffverbrauch (Liter/100 km)	20
15	Kraftstoffpreis (EUR/Liter)	0,95
C	**Kapitalwerte**	
16	Fahrzeugkaufpreis ohne Reifen	29 000,00 EUR
17	Kaufpreis Bereifung	1 500,00 EUR
18	Umlaufvermögen	
19	betriebsnotwendiges Vermögen	

Weitere Kalkulationsdaten	
Fahrerlohn	27 000,00 EUR
Weihnachtsgeld	700,00 EUR
Urlaubsgeld	400,00 EUR
Sozialaufwand	26 %
Personalfaktor	1,1
Spesen	5,00 EUR
Zinsen	6,50 %
Kfz-Steuer	347,70 EUR
Haftpflichtversicherung	3 900,00 EUR
Kfz-Kasko pro Jahr	1 150,00 EUR
Kaskolaufzeit	2 Jahre
Maut	– EUR
kalk. Unternehmerlohn	– EUR
kalk. Wagnisse	– EUR
Zuschlag Verwaltungskosten	20,00 %
sonstige Betriebskosten	0
Reparatur	2 500,00 EUR
Schmierstoffe/Öle	3,00 %
Güterschadenversicherung	– EUR

Ermitteln Sie jeweils die Beträge, die in der Fahrzeugkostenrechnung eines Jahres anzusetzen sind (fehlende Angaben richten sich nach der Musterkalkulation im Informationshandbuch):

a das betriebsnotwendige Vermögen
b die Kraftstoffkosten
c die Abschreibung für die Abnutzung des Fahrzeugs bei einer Aufteilung von 65 % Abnutzung und 35 % Entwertung
d die Reifenkosten
e die Verzinsung
f die Kfz-Kaskoversicherung

Erläutern Sie, wie man

g den Tagessatz,
h den Kilometersatz
ermittelt.

Aufgabe 14

INTERSPED hat regelmäßig Beförderungen von Düsseldorf nach Mailand zu organisieren. In der Spedition wird daher überlegt, ob man zukünftig am **Kombinierten Verkehr Straße/Schiene** teilnehmen soll. Insbesondere die Diskussion um die Belastung der Umwelt durch Lkw-Transporte lässt es dem Unternehmen ratsam erscheinen, verstärkt auf Schienentransporte zu setzen. Außerdem verspricht man sich einen Image-Gewinn, wenn man auf die Teilnahme am Bahnverkehr verweisen kann. Die zunehmende Größe des Unternehmens und das damit verbundene gestiegene Interesse der Öffentlichkeit an den Verhaltensweisen von INTERSPED machen es notwendig, sich öffentlich als umweltbewusstes und verantwortlich handelndes Unternehmen darzustellen.

Lernsituation 9 zum Informationshandbuch Seite 83–92, 150–171

Trotzdem sollen aber Umweltgesichtspunkte nur ein Entscheidungskriterium sein; insbesondere die Kosten dürfen nicht außer Acht gelassen werden. Frau Theben erhält den Auftrag, folgende Gesichtspunkte zu klären:

- Teilnahmebedingungen
- technische Anforderungen und Ablauf
- Kostenvergleich Kombinierter Verkehr – reiner Lkw-Verkehr
- Vergleich der Beförderungszeiten
- Umweltbelastungen
- Vor- und Nachteile des kombinierten Verkehrs Straße/Schiene

Informationen über die Spedition INTERSPED

- Fahrzeuge mit den technischen Erfordernissen des Kombinierten Verkehrs stehen zur Verfügung oder können auf einfache Weise umgerüstet werden.
- Für die Relation Düsseldorf – Mailand ist in beiden Richtungen annähernd gleiches Ladungsaufkommen vorhanden (paariger Verkehr). Ein Empfangsspediteur in Mailand existiert, der ohne Umstellungsschwierigkeiten am Kombinierten Verkehr teilnehmen kann und will.
- Zu prüfen ist lediglich der Kombinierte Verkehr mittels Wechselbehälter, und zwar eine Kombisendung in Form von zwei Wechselbehältern mit einer Außenlänge von je 7,45 m, einer Breite von 2,50 m und einem zulässigen Gesamtgewicht von je 16,5 t.
- Die Relation Düsseldorf – Mailand wurde bisher wöchentlich im Regelfall mit eigenen Fahrzeugen bedient. Im Einzelfall (fehlende Kapazitäten) wurde auch ein fremder Frachtführer eingeschaltet. Der Frachtführer berechnete für den Transport 960,00 EUR (ohne Umsatzsteuer).

Internetadressen:
www.kombi-verkehr.de
www.uirr.com

INTERSPED-Zahlen für die Kalkulation eines Lkw-Transportes Düsseldorf – Mailand

Kilometersatz: 0,32 EUR
Tagessatz: 383,61 EUR
Stundensatz (bei zwölf Einsatzstunden pro Tag): 31,97 EUR

Für die Lkw-Fahrt Düsseldorf – Mailand (1 000 km) sind 1,5 Tagessätze in der Kalkulation zu berücksichtigen.

Beförderungszeiten im bisherigen Lkw-Verkehr:
Sonntag: 22:00 Uhr Abfahrt Düsseldorf
Dienstag: 07:00 Uhr Ankunft Mailand

Annahmen und Sachverhalte für den Einsatz des Kombinierten Verkehrs

- Vorlauf (Düsseldorf – Köln): eine Stunde, 40 km
- Nachlauf (Terminal Mailand bis Empfangsspediteur): eine Stunde, 50 km
- Die Nachlauf-Kosten werden INTERSPED vom Empfangsspediteur berechnet, aus Gründen der Vereinfachung werden die Stunden- und Kilometer-Sätze von INTERSPED zugrunde gelegt.
- Der Bahnhof Busto Arsizio hat dieselben Öffnungszeiten wie der Kölner Bahnhof.

Hinweise, wie der Fahrplan zu lesen ist, befinden sich im Informationshandbuch.

Kombifahrplan (Ausschnitt)					KÖLN	
	von Köln				Profile	
Öffnungszeiten Bahnhof: Mo–Fr 05:00–21:30 Uhr Sa 05:30–12:00 Uhr	Abfahrts-tage (1 = Montag)	Annahme-schluss	Lauftage (B = nächster Tag)	Ablade-beginn	Wechselbehälter ≤ 2,55 m Breite	Wechselbehälter ≤ 2,60 m Breite
					Profilnummer	Profilnummer
Empfangsbahnhof						
I-Busto Arsizio (Mailand)	2–4	11:15	B	07:30	C 50	C 380
I-Busto Arsizio (Mailand)	1–5	12:45	B	09:30	C 50	C 364
I-Busto Arsizio (Mailand)	1–5	16:30	B	10:30	C 50	C 364
I-Busto Arsizio (Mailand)	1–4	18:45	B	15:00	C 50	C 364
I-Busto Arsizio (Mailand)	5	18:45	D	05:00	C 50	C 364
I-Busto Arsizio (Mailand)	1–4	22:30	B	18:00	C 50	C 364
I-Busto Arsizio (Mailand)	5	22:30	D	05:00	C 50	C 364
I-Busto Arsizio (Mailand)	6	11:45	C	15:30	C 50	C 380

Lernsituation 9 zum Informationshandbuch Seite 83–92, 150–171

Preisliste des Kombiverkehr-Operateurs (Auszug, ohne Umsatzsteuer)

Köln – Busto Arsizio (Mailand)	Preise in Euro				
	Gesamtgewicht der Ladeeinheit				
Außenlänge der Ladeeinheit	bis 8 t	bis 16,5 t	bis 22 t	bis 34 t	über 34 t
bis 6,15 m/20' (20-Fuß-Container)	252	355	433	591	670
bis 7,82 m	292	394	433	591	670
bis 9,15 m/30'	331	433	591	591	670
bis 10,90 m	552	591	788	788	788
bis 12,19 m/40'	394	591	630	630	788
bis 13,75 m/45'	552	591	788	788	788

Hinweis: Hierbei handelt es sich um fiktive Preise.

Preisermittlung: Der Brutto-Preis ergibt sich aus der Außenlänge und dem Gewicht pro Ladeeinheit.

Kalkulationsschema bei Selbsteintritt

					Euro
km-abhängige (variable) Kosten:		km ·		EUR/km =	
+ zeitabhängige (fixe) Kosten		Einsatztage ·		EUR Tagessatz =	
= **Selbstkosten**				=	

Kalkulation fremder Frachtführerleistungen

a) **Lkw-Frachtführer**

	Euro
vereinbarter Preis	

b) **Kombiverkehr-Operateur/Eisenbahn**

		Euro	Euro
Vorlauf:	Stundensatz		
	+ km-Satz		
	= Vorlaufkosten		
Hauptlauf	laut Preisliste		
Nachlauf	Stundensatz		
	+ km-Satz		
	= Nachlaufkosten		
	Summe (Vorlauf, Hauptlauf, Nachlauf)		

Siehe Lernsituation 24, Seite 470

CO_2-Belastung

Lkw-Transport: 1 000 km, Dieselverbrauch 32 l pro 100 km, CO_2-Ausstoß 2,6 kg CO_2 pro Liter Diesel

Kombinierter Transport:

- zwei Wechselbehälter, Durchschnittsgewicht jeweils 12 t
- Vorlauf: 40 km, EUR-5-Fahrzeug, 60 g CO_2 pro Tonnenkilometer (tkm)
- Hauptlauf: 950 km, Eisenbahn, 21 g/tkm
- Nachlauf: 50 km EUR-5-Fahrzeug, 60 g CO_2/tkm

Aufgabe 15

Eine Spedition hat vier Motorfahrzeuge und acht Sattelauflieger. Sie betreibt mit diesen Fahrzeugen einen regelmäßigen Verkehr von Duisburg in den Raum Mailand. Rückladung aus der Region Mailand für Duisburg ist vorhanden.

Durch eine Kombination von reinem Straßen- und Kombiniertem Verkehr gelingt es der Spedition, in einem Rundlauf mit vier Motorfahrzeugen acht Sattelauflieger nach Italien und zurück zu transportieren. Ein italienischer Empfangsspediteur wird nicht in Anspruch genommen.

Stellen Sie den Rundlauf der Fahrzeuge grafisch dar.

Lernsituation 9 zum Informationshandbuch Seite 83–92, 150–171

Aufgabe 16

Die Spedition GLOBAL-LOGISTICS, Duisburg, ist Gebietsspediteur für die Automobilwerke AG in Wolfsburg. Es ist Aufgabe der Spedition, bei verschiedenen Zulieferern Fahrzeugteile und Fahrzeugkomponenten abzuholen, zu Komplettladungen zusammenzustellen und sie zu einem Automobilwerk in Barcelona, Spanien, zu befördern. Die AUTOMOBILWERKE AG schreibt vor, die Teile in Wechselbrücken (7,82 m Länge, 16,5 t Gesamtgewicht) im Kombinierten Verkehr Straße/Schiene zu befördern. Vertragspartner für den Bahntransport ist die Kombiverkehr KG, die den Umschlag in den Terminals und die eigentliche Schienenbeförderung als Spediteur besorgt.

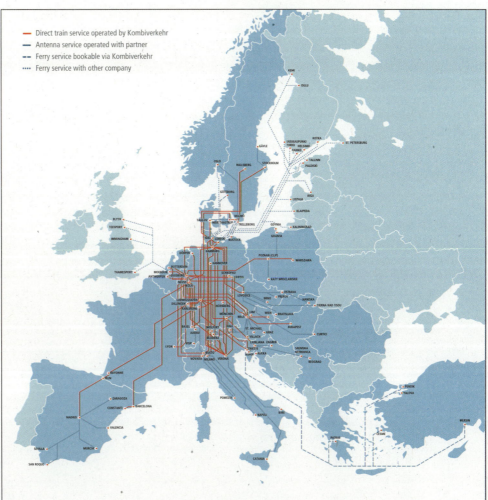

Die beladenen Wechselbrücken werden mit eigenen Fahrzeugen per Lkw zum Umschlagterminal Köln befördert und dort auf Bahnwaggons umgeschlagen für einen Transport im Ganzzug nach Barcelona. Am Empfangsterminal werden die Wechselbrücken durch einen spanischen Spediteur per Lkw abgeholt und entweder

- zum Lager des spanischen Spediteurs in Barcelona oder
- direkt zum Automobilwerk transportiert.

a In welchem Vertragsverhältnis stehen GLOBAL-LOGISTICS und die KOMBIVERKEHR KG?

b Welche Rechtsposition nimmt die KOMBIVERKEHR KG ein, wenn sie ihre Leistungen nach der unten stehen Preisliste abrechnet?

c Ermitteln Sie den Preis, den die KOMBIVERKEHR KG für einen Wechselbehälter Köln – Barcelona berechnet.

d Welchen spätesten Anlieferungstermin am Terminal Köln nennt der Disponent von GLOBAL-LOGISTICS seinem Lkw-Fahrer für Dienstag, den 12.11.20(0), welchen frühesten Abholtermin am Umschlagterminal in Barcelona kann er dem Empfangsspediteur avisieren?

e Welche Eckhöhe darf der Wechselbehälter im Höchstfall haben?

f Stellen Sie fest, welche Haftungshöchstgrenzen bei **Güterschäden** für die Beförderung der Wechselbehälter von der Abholung beim Versender bis zur Zustellung beim Automobilwerk in Barcelona in folgenden Fällen gelten.

- Ein Schaden tritt während des Lkw-Transports im Vorlauf auf.
- Ein Schaden entsteht während der Bahnbeförderung.

Verwenden Sie den unten abgedruckten Auszug aus den UIRR-Bedingungen für internationale kombinierte Verkehre.

g Die AUTOMOBILWERKE AG verlangt die Beförderung mit der Bahn vor allem, um sich als umweltbewusstes Unternehmen in der Öffentlichkeit darzustellen. Erläutern Sie drei Gründe, die die Auffassung der AUTOMOBILWERKE AG unterstützen.

Lernsituation 9 zum Informationshandbuch Seite 83–92, 150–171

Preisliste der Kombiverkehr KG

Köln Eifeltor – Barcelona					
Preise in Euro je Richtung **Außenlänge der Ladeeinheit**	Gesamtgewicht der Ladeeinheit				
	bis 8 t	bis 16,5 t	bis 22 t	bis 34 t	über 34 t
bis 6,15 m/20'	378	533	650	887	1 005
bis 7,82 m	438	591	650	887	1 005
bis 9,15 m/30'	497	650	887	887	1 005
bis 10,90 m	828	887	1 182	1 182	1 182
bis 12,19 m/40'	591	887	945	945	1 182
bis 13,75 m/45'	828	887	1 182	1 182	1 182

Hinweis: Hierbei handelt es sich um fiktive Preise.

Kombifahrplan Köln (Ausschnitt)					KÖLN
	von Köln				Profile
	Abfahrtstage	Annahmeschluss	Lauftage	Abladebeginn	Wechselbehälter ≤ 2,50 m Breite **Profilnummer**
1	2	3	4	5	6
E-Constanti (Tarragona)	6	11:45	C	08:00	C 45
E-Granollers (Barcelona)	1–5	18:00	C	08:00	C 45
E-Granollers (Barcelona)	6	11:45	C	08:00	C 45
E-Jundiz (Vitoria)	1, 3, 5	18:00	C	09:00	C 45

Allgemeine Bedingungen der Internationalen Vereinigung der Gesellschaften für den Kombinierten Verkehr Schiene-Straße (UIRR)

Artikel 8 Haftung der UIRR Gesellschaft [...]
8.3   Wenn festgestellt ist, dass Verlust oder Beschädigung zwischen Annahme und Auslieferung der Ladeeinheit durch die beteiligten Eisenbahnunternehmen eingetreten sind, finden auf die Haftung der UIRR-Gesellschaft und auf deren Einschränkungen die Bestimmungen der „Einheitlichen Rechtsvorschriften für den Vertrag über die internationale Eisenbahnbeförderung von Gütern (CIM)" Anwendung, welche den „Anhang B zum Übereinkommen über den internationalen Eisenbahnverkehr (COTIF)" bilden, und zwar in der bei Inkrafttreten des UIRR-Vertrages geltenden Fassung.

8.4   Außerhalb der Beförderung auf der Schiene gemäß Art. 8.3 ist die Entschädigungspflicht der UIRR-Gesellschaft für Verlust oder Beschädigung der Ladeeinheit und ihres Gutes auf 8,33 Sonderziehungsrechte (SZR), wie sie durch den Internationalen Währungsfonds definiert sind, je fehlendem oder beschädigtem Kilogramm Bruttogewicht begrenzt. Außerdem ist die Höhe der Entschädigung auf 300 000 SZR je Ladeeinheit einschließlich des darin befindlichen Gutes [...] begrenzt. [...]

Quelle: © UIRR Internationale Vereinigung für den kombinierten Verkehr Schiene-Straße (Hrsg.): 1996–2007 Allgemeine Geschäftsbedingungen der UIRR. In: www.uirr.com. Online verfügbar unter: www.uirr.com/de/component/downloads/downloads/135.html, S. 7 [16.08.2021].

Aufgabe 17
Nachstehende Karte zeigt ausgewählte wichtige Grenzübergänge zu Deutschlands Nachbarländern. Bestimmen Sie, welcher der dargestellten Grenzübergänge auf den nachstehenden Autobahnrouten passiert werden muss.

a A 7 Richtung Dänemark
b A 3 Richtung Niederlande
c A 93 Richtung Österreich
d A 44 Richtung Belgien
e A 12 Richtung Polen
f A 8 Richtung Österreich
g A 8 Richtung Luxemburg
h A 6 Richtung Tschechien

Lernsituation 9 zum Informationshandbuch Seite 83–92, 150–171

Aufgabe 18
Entscheiden Sie, welche Staaten ein Lkw auf dem jeweils schnellsten Weg auf folgenden Routen passiert:
a von Amsterdam nach Lissabon
b von Rom nach Stockholm
c von Berlin nach Tirana
d von Oslo nach Ankara

Aufgabe 19
Ermitteln Sie, welche Staaten auf welchem Meer durch die nachstehenden Fährverbindungen verbunden werden:

	Fährverbindung	Staaten	Meer
a	Ancona – Patras		
b	Calais – Dover		
c	Kiel – Oslo		
d	Cherbourg – Rosslare		
e	Odessa – Varna		
f	Felixstowe – Zeebrügge		
g	Algeciras – Tanger		
h	Helsinki – Tallinn		
i	Bilbao – Portsmouth		

Aufgabe 20
Entscheiden Sie, in welchen Staaten die nachstehend genannten europäischen Wirtschaftszentren liegen, und nennen Sie wichtige Städte, die in sich den jeweiligen Regionen befinden.

	Wirtschaftszentrum	Staat	Städte
a	Elsaß-Lothringen		
b	Lombardei/Piemont		
c	Oberschlesisches Industrierevier		
d	Rhein-Neckar-Dreieck		
e	Nordböhmen		
f	Randstad		
g	Themsegebiet		
h	Katalonien		

Aufgabe 21
Nachstehende Abbildung zeigt die acht wichtigsten Alpentransitstrecken für den Straßenverkehr:

Hauptrouten einschließlich Grenzübergänge

Route	Verbindung	Grenzübergänge (gemäß Nummerierung oben)
Fréjus-Route	Grenoble – Turin	1 Modane/Fréjus
Mont Blanc-Route	Genf – Turin/Mailand	2 Chamonix/Courmayeur
St.- Bernhard-Route	Basel – Turin	3 Martigny/Aosta
		4 Weil a. R./Basel
St.- Gotthard-Route	Basel – Mailand	4 Weil a. R./Basel
		6 Chiasso/Como
Bernardino-Route	Bregenz – Mailand	5 Hörbranz
		6 Chiasso/Como
Brenner-Route	München – Verona	7 Kiefersfelden/Kufstein
		8 Brennerpass/Brennero
Tauern-Route	Salzburg – Villach	9 Bad Reichenhall/Schwarzbach
	Richtung Italien	10 Villach/Tarvisio
	Richtung Slowenien	11 Villach/Karawankentunnel (Jesenice)
Phyrn-Route	Passau – Maribor	12 Suben (Passau)
		13 Spielfeld (Sentilj)

Nennen Sie die Alpenüberquerung, die ein Lkw auf dem jeweils kürzesten Weg zwischen folgenden Städten benutzt:

Nr.	Start	Ziel	Alpentransitstrecke
a	Augsburg	Bologna	
b	Ulm	Genua	
c	Regensburg	Zagreb	
d	Zürich	Parma	
e	Genua	Lyon	
f	Nürnberg	Ljubljana	

Aufgabe 22 (Prüfungsnahe Aufgabenstellung)

Situation
In der Spedition Panavia GmbH mit Sitz in Kassel sind Sie für die Disposition internationaler Lkw-Verkehre zuständig. Der Fuhrpark der Spedition besteht aus 45 Sattelzügen mit üblicher Ladelänge sowie 28 Gliederzügen mit Wechselbrücken nach BDF-Norm. Alle Fahrzeuge verfügen über ein zulässiges Gesamtgewicht von 40 t sowie Schadstoffnorm EURO 5.
Heute liegt Ihnen der nachstehende Speditionsauftrag vor, den die Panavia GmbH im Selbsteintritt durchführen wird.

PANAVIA GmbH, Internationale Spedition, Lindenbergstr. 52, 34123 Kassel					
Speditionsauftrag					Kassel, 22.01.20(0)
Versender Hessen-Stahlbau GmbH Rudolphstr. 15 34131 Kassel			**Empfänger** Werkzeug-Großhandel Oberlechner Kasernengasse 44 9580 Villach Österreich		
Markierung	**Anzahl und Art der Packstücke**	**SF**	**Maße (cm)**	**Inhalt**	**Bruttogewicht**
HS 201	4 Holzgestelle	0	je 225 × 130	Drehbänke	4 200 kg
HS 202	8 Einwegpaletten	0	je 120 × 120	Geräteschränke	2 400 kg
HS 203	21 Euroflachpaletten	1		Werkzeugkoffer	3 150 kg
Summe	**33 Colli**				**9 750 kg**
Warenwert:	127 000,00 EUR	Abholung:		25.01.20(0) Fix-Termin	
Frankatur	frei Haus	Anlieferung:		26.01.20(0) Fix-Termin 10:00 Uhr	

1 (5 Punkte)
Sie planen, für den vorliegenden Auftrag einen Gliederzug mit zwei Wechselbrücken (je 7,30 m Innenlänge) einzusetzen. Ermitteln Sie rechnerisch die Anzahl der Lademeter, welche die vorliegende Sendung in Anspruch nimmt und erstellen Sie einen Beladeplan.

2 (3 Punkte)
Sie beraten Ihren Kunden hinsichtlich der Haftungssituation im vorliegenden Fall (1 SZR = 1,22 EUR).
2.1 Begründen Sie, welche Rechtsgrundlage zwingend anzuwenden ist.
2.2 Geben Sie an, in welcher Höhe die Spedition Panavia haftet, wenn der vereinbarte Liefertermin wegen eines Motorschadens nicht eingehalten werden kann.
2.3 Ermitteln Sie die Höchsthaftung, wenn die komplette Ladung durch einen Verkehrsunfall zerstört wird.

3 (5 Punkte)
Während der Beladung bei der Hessen-Stahlbau GmbH schaut sich er Fahrer genau an, ob alle Vorschriften eingehalten werden.
3.1 Unterscheiden Sie betriebssichere sowie beförderungssichere Beladung und geben Sie an, wer jeweils dafür verantwortlich ist.
3.2 Geben Sie jeweils eine Möglichkeit der formschlüssigen sowie der kraftschlüssigen Ladungssicherung an.

Lernsituation 9 zum Informationshandbuch Seite 83–92, 150–171 **179**

4 (5 Punkte)

Tragen Sie in die unterlegten Felder der nachstehenden Übersicht folgende Angaben ein:
- die Nummern der einstelligen Bundesautobahnen zwischen Kassel und Würzburg sowie zwischen München und Salzburg,
- die Namen der Städte, an denen sich die A3 und die A9 sowie auf der Alternativstrecke die A7 und die A8 kreuzen,
- den Namen des deutsch-österreichischen Grenzübergangs bei Salzburg,
- den Namen des ersten bekannten Tunnels, der auf der Autobahn zwischen Salzburg und Villach durchfahren wird.

1	Stadt	Kassel			*Alternativstrecke zwischen Würzburg und München:*
2	BAB-Nummer				
3	Stadt	Würzburg	3	Stadt	Würzburg
4a	BAB-Nummer	3	4b	BAB-Nummer	7
5a	Stadt		5b	Stadt	
6a	BAB-Nummer	9	6b	BAB-Nummer	8
7	Stadt	München	7	Stadt	München
8	BAB-Nummer				
9	Grenzübergang				
10	Stadt	Salzburg			
11	Tunnel				
12	Tunnel	Katschbergtunnel			
13	Stadt	Villach			

5 (5 Punkte)

Sie disponieren die Tour nach Villach mithilfe der nachstehenden Tabelle.

5.1 Prüfen Sie, ob der vorgegebene Liefertermin unter Einhaltung der Lenk- und Ruhezeiten gemäß den EG-Sozialvorschriften eingehalten werden kann, wenn der Fahrer das Gelände der Hessen-Stahlbau GmbH am 25.01.20(0) um 09:30 Uhr mit dem beladenen Lkw verlässt.
Gehen Sie von folgenden Bedingungen aus:
- Die Anfahrt zu von der Panavia GmbH zur Hessen-Stahlbau GmbH dauert 30 Minuten.
- Die Beladung dauert 1 Stunde und gilt für den Fahrer als sonstige Arbeitszeit.
- Die Entfernung vom Versender in Kassel zum Empfänger in Villach beträgt 816 km.
- Die Durchschnittsgeschwindigkeit des Lkw beträgt 68 km/h.
- Eine Verlängerung der Tageslenkzeit ist zulässig.
- Eine Aufteilung oder Verkürzung der Tagesruhezeit ist nicht zugelassen.
- Der Fahrer startet die Tour nach Beendigung seiner Wochenruhezeit.

08:00	08:30	Anfahrt zum Kunden	Lenkzeit
08:30	09:30	Beladung	sonstige Arbeitszeit
09:30			

5.2 Beschreiben Sie – zeichnerisch oder in Worten – mit welchen Piktogrammen die Lenkzeit und die sonstige Arbeitszeit im Tagesausdruck der Fahrerkarte wiedergegeben werden.

5.3 Geben Sie – neben dem Be- bzw. Entladen – zwei weitere Tätigkeiten an, die der sonstigen Arbeitszeit zugerechnet werden.

Lernsituation 9 zum Informationshandbuch Seite 83–92, 150–171

6 (4 Punkte)

Berechnen Sie das Rohergebnis für den vorliegenden Transport unter Berücksichtigung nachstehender Bedingungen:

Preisvereinbarung mit dem Kunden (inklusive Maut):	122,50 EUR je angefangenem Lademeter
Kilometersatz für den eingesetzten Lkw:	0,97 EUR
Tagessatz:	307,00 EUR
Maut in Deutschland:	laut Tabelle für 605 km
Maut und Tunnelgebühren in Österreich:	112,00 EUR
Abzurechnende Einsatzzeit:	1,5 Tage

Lkw-Mautsätze in Cent pro Kilometer

Fahrzeugkategorie	7,5 t bis unter 12 t zGG	12 t bis unter 18 t zGG	Ab 18 t zGG und weniger als 4 Achsen	Ab 18 t zGG und ab 4 Achsen
EURO 0, 1	15,6	20,3	24,6	26,0
EURO 2	14,5	19,2	23,5	24,9
EURO 3	13,4	18,1	22,4	23,8
EURO 4	10,1	14,8	19,1	20,5
EURO 5	9,0	13,7	18,0	19,4
EURO 6	7,9	12,6	16,9	18,3

7 (3 Punkte)

Für den weiteren Einsatz des Lkw nach der Entladung beim Werkzeug-Großhandel Oberlechner liegt Ihnen ein Auftrag über eine Komplettladung von Villach nach Wien vor. Anschließend könnten Sie in Wien zwei Teilladungen nach Belgrad aufnehmen, um schließlich von Belgrad aus eine Sendung in die serbische Großstadt Novi Sad zu befördern.

7.1 Unterscheiden Sie eine Teilladung von einer Komplettladung.

7.2 Geben Sie an, bei welchen der genannten Transporte es sich um Kabotage-Verkehre handelt und beurteilen Sie, ob deren Durchführung der Panavia GmbH erlaubt ist.

Lernsituation 9 zum Informationshandbuch Seite 83–92, 150–171 **181**

SELBSTTEST LERNSITUATION 9

→ Diese **Prozesse** beherrsche ich (X):

	voll	weit-gehend	eher nicht	gar nicht
eine Make-or-buy-Entscheidung für den grenzüberschreitenden Güterkraftverkehr treffen				
ein Angebot für einen Kunden erstellen				
die Haftung- und Versicherungssituation für ausgewählte fiktive Haftungsfälle auf der Grundlage der CMR feststellen				
die Teilnahmebedingungen am grenzüberschreitenden Güterkraftverkehr klären				
die Sperrpapierfunktion des CMR-Frachtbriefes situativ anwenden				
die Teilnahme am Kombinierten Verkehr Straße-Schiene prüfen				
Fahrpläne und Preislisten im Kombinierten Verkehr anwenden				
eine grenzüberschreitende Tourenplanung unter Einbeziehung von Fähren vornehmen				

→ Diese **Begriffe** kenne ich (✓):

- bilaterale Genehmigung ☐
- CEMT-Genehmigung ☐
- CMR ☐
- CMR-Haftung ☐
- Dreiländerverkehr ☐
- Drittstaatengenehmigung ☐
- EU-Lizenz ☐
- Fixkostenspediteur ☐
- gebrochener Verkehr ☐
- Interesse an der Lieferung (CMR) ☐
- Kabotage-Verkehr ☐
- Kombinierter Verkehr ☐
- Lkw-Profile ☐
- multimodaler Transport ☐
- Reklamationsfristen (CMR) ☐
- Sonntagsfahrverbot ☐
- Transitverkehr ☐
- unabwendbares Ereignis (CMR) ☐
- unimodaler Verkehr ☐
- Wechselverkehr ☐
- Werterhöhung (CMR) ☐

Abschlussaufgabe Lernsituation 9

Situation
Sie sind in der Spedition Rabenow-Logistik GmbH, Scharfenberger Straße 19, 01139 Dresden, tätig und erhalten heute den Auftrag, den Transport von Fräsmaschinen von Dresden nach Belgrad zu besorgen. Mit dem Versender wird ein Preis von 140,00 EUR netto pro **angefangenem** Lademeter vereinbart (ohne Versicherungsprämie, falls notwendig).
Für den Transport setzen Sie einen serbischen Frachtführer ein, der die Sendung als Rückladung übernimmt.

Beteiligte
Versender: DMF Schürmann GmbH, Maschinenfabrik, Leipziger Straße 89, 01127 Dresden
Empfänger: Jugo-Import-Export, Mije Kovačevića 88, 11000 Belgrad, Serbien
Frachtführer: MILŠPED d.o.o., Savski nasip 7, 11070 Beograd, Serbien
Von Ihrem Auftraggeber erhalten Sie am 12.08.20(0) folgenden Speditionsauftrag:

Speditionsauftrag (Auszug)

14 Anliefer-/Abladestelle				15 Versendervermerke für den Versandspediteur **Abholung am 14.08.20(0) ab 09:00 Uhr**		
				16 Eintreff-Datum 17 Eintreff-Zeit **Zustellung spätestens am 16.08.20(0), 12:00 Uhr**		
18 Zeichen und Nr.	19 Anzahl	20 Packstück	21 SF	22 Inhalt	23 Lademittelgewicht in kg	24 Bruttogewicht in kg
DMF-JIE 1-3	3	unverpackt	0	CNS-Fräsmaschinen 2 × 2,35 × 2,25 m (L × B × H)		je 4050 kg
DMF-JIE -EU1-20	20	EUR-Pal.	1	Zubehör		je 180 kg
DMF-JIE -IN1-6	6	Ind.-Pal.	0	Montageteile 1 m × 1,20 m (L × B)		je 180 kg
Summe:	25 29	26 Rauminhalt cdm/Lademeter Summen:			27	28
30 Frankatur frei Haus			31 Warenwert für Güterversicherung 85 000,00 EUR		32 Versender-Nachnahme ------------	
33 12.08.20(0) *i. A. Sommer* Datum, Unterschrift						

1
a Stellen Sie fest, welche Vertragsbeziehungen zwischen den Beteiligten Rabenow Logistik GmbH, DMF Schürmann GmbH, Jugo-Import-Export und MILŠPED bestehen.
b Begründen Sie, welche Vertragsgrundlage dem Transport von Dresden nach Belgrad zugrunde liegt.

2
Der Frachtführer kommt mit einem Wechselbrückenfahrzeug nach Dresden. Prüfen Sie, ob das Fahrzeug ausreicht, die Sendung nach Serbien aufzunehmen.
Fahrzeugdaten: zwei Wechselbrücken, jeweils 7,45 m Außenlänge, 7,30 m Innenlänge, 11,8 t Nutzlast

3

a Der Fahrer wird die Strecke Dresden – Brünn (Brno) – Bratislava – Budapest – Belgrad wählen. Nennen Sie die Länder, durch die die Strecke führt.

b Stellen Sie fest, welche dieser Länder zur EU gehören.

4

Überprüfen Sie, ob der angegebene späteste Ablieferungstermin eingehalten werden kann, wenn Sie folgende Daten zu berücksichtigen haben:

- Der Fahrer beginnt die Fahrt um 08:30 Uhr nach einer Tagesruhezeit.
- Die Anfahrt zum Versender beträgt 30 Minuten.
- Die Beladung beträgt 60 Minuten und ist um 10:00 Uhr beendet; der Fahrer hilft nicht mit.
- Die Fahrtstrecke Dresden – Belgrad beträgt 1 200 km; das Fahrzeug erreicht gewöhnlich eine Durchschnittsgeschwindigkeit von 60 km/h.
- keine Verlängerung der normalen Tageslenkzeit und keine Verkürzung der normalen Tagesruhezeit

5

Der Versender wünscht, dass die Spedition eine Güterversicherung für die Sendung abschließt, falls die Haftung der Beteiligten nicht ausreicht, um einen Totalschaden zu ersetzen.

a Beschreiben Sie die Haftungssituation für den Transport und ermitteln Sie die Haftungshöhe (1 SZR = 1,05 EUR).

b Beraten Sie den Kunden in dieser Frage und ermitteln Sie in jedem Fall die Höhe der Versicherungsprämie (Warengruppe A, vgl. Prämientabelle der W&O-Versicherung in Lernsituation 7), die der Kunde letztlich zu bezahlen hätte.

c Der Versender teilt Ihnen mit, dass in einem ähnlichen Fall bei deutlich niedrigerem Güterwert ein anderer Spediteur trotz ausreichender Haftung empfohlen hat, eine Güterversicherung abzuschließen. Begründen Sie diese Empfehlung des Spediteurs.

6

Erläutern Sie, mit welcher(n) Berechtigung(en) der ausländische Frachtführer den Transport durchführen darf.

7

a Erstellen Sie die Rechnung für den Versender (einschließlich Versicherung, falls notwendig). Die Umsatzsteuer wird nicht beachtet.

b Berechnen Sie das Rohergebnis, das der Spedition aus dem Besorgungsauftrag verbleibt, wenn mit dem Frachtführer ein Fixpreis von 1 700,00 EUR vereinbart worden ist.

c Wie hoch wäre das Rohergebnis, wenn die Spedition Rabenow-Logistik im Selbsteintritt führe und mit einem Kilometersatz von 0,60 EUR und einem Tagessatz von 580,00 EUR rechnete. Rückladung wäre vorhanden. Mautzahlungen bleiben unberücksichtigt.

8

Der Transport nach Belgrad lief nicht ohne Probleme ab. Durch einen Unfall, den der Lkw-Fahrer verursacht hat, wird eine der Fräsmaschinen so stark beschädigt, dass sie unbrauchbar ist. Der Schaden beträgt 24 000,00 EUR.

a Ermitteln Sie den Schadenersatz, der zu zahlen ist, falls erforderlich: 1 SZR = 1,05 EUR.

b Beschreiben Sie den Ablauf des Schadenersatzes, wenn eine Güterversicherung abgeschlossen worden wäre.

Lernsituation 10
Gefährliche Güter transportieren

Internetadresse Bundesverkehrsministerium: https://www.bmvi.de/DE/Home/home.html, Stichwort: „Gefahrgut"

Zunehmend hatten Versender in den vergangenen Monaten angefragt, ob INTERSPED auch in der Lage sei, gefährliche Güter zu transportieren. Oft waren es nur geringe Bestandteile einer Sendung, die unter die Gefahrgutvorschriften fielen. INTERSPED musste solche Sendungen aber ablehnen, weil das Unternehmen nicht über das nötige Know-how und die erforderliche Sachausstattung verfügte. Daher wurde Herr Klaßen gebeten, sich zum Gefahrgutbeauftragten schulen zu lassen, damit er zukünftig die Organisation von Gefahrgutsendungen übernehmen könne.

In der letzten Woche hat Herr Klaßen den erforderlichen Schulungsnachweis als Gefahrgutbeauftragter erhalten. Damit war das Unternehmen in der Lage, sich auch auf diesem immer bedeutsamer werdenden Gebiet zu betätigen.

Heute liegen Herrn Klaßen folgende Gefahrgutsendungen vor:

Liegt eine freigestellte Menge von Gefahrgut vor?

Sendung 1

Versender	DEGENER & Lutz, Holzheimer Weg 33, 41464 Neuss
Empfänger	GARTEC AG, Am Bärensprung 188, 13503 Berlin
Bezeichnung des Gutes	960 kg (Nettomasse) Farbe in 12-l-Eimern, 80 Eimer (Feinstblech) auf einer Europalette Bruttogewicht 980 kg, zusammen mit 26 Europaletten Fahrzeugkomponenten (18 t)
Gefahrgutbezeichnung	FARBZUBEHÖRSTOFFE UN-Nummer 1263, Nummer des Gefahrzettel-Musters 3, Verpackungsgruppe II, Tunnelbeschränkungscode (D/E)
Abholdatum	04.05.20(0)
Organisatorischer Ablauf	Die Güter werden mit eigenem Fernverkehrsfahrzeug abgeholt und nach Berlin transportiert. Wegen des Gefahrgutes wurde mit dem Absender vereinbart, dass unser Fahrer den Lkw belädt. Entladen wird durch den Empfänger.

Sendung 2

Versender	NRC-Chemie, Bürgerstr. 20, 40219 Düsseldorf
Empfänger	FISCHER & THOMES GmbH, Chemische Reinigung, Ritter Straße 128, 12167 Berlin
Bezeichnung des Gutes	20 Kanister Reinigungsmittel zu je 16 kg Nettomasse, 16,5 kg brutto
Gefahrgutbezeichnung	CHLORWASSERSTOFFSÄURE UN-Nummer 1789; Nummer des Gefahrzettels 8, Verpackungsgruppe II, Tunnelbeschränkungscode (E)
Abholdatum	04.05.20(0)
Organisatorischer Ablauf	Vorlauf: MÖLLER-TRANS Umschlag Düsseldorf: eigenes Lager von INTERSPED Hauptlauf bis Berlin: MÖLLER-TRANS Umschlag Berlin: Spedition HOMBERG, Berlin Nachlauf: Spedition HOMBERG

Sendung 3

Versender	K. Fahling OHG, Kolberger Str. 17, 40599 Düsseldorf
Empfänger	Gärtnerei M. Kersting, Fichtenallee 92, 14480 Potsdam
Bezeichnung des Gutes	48 Dosen (Innenverpackung) Wühlmausgas zu je 500 g (Nettomasse), verpackt in 1 Karton (Außenverpackung), Bruttogewicht 25 kg
Gefahrgutbezeichnung	CALZIUMCARBID UN-Nummer 1402, Nummer des Gefahrzettels 4.3, Verpackungsgruppe II, Tunnelbeschränkungscode (D/E)
Abholdatum	04.05.20(0)
Organisatorischer Ablauf	siehe Sendung 2

Lernsituation 10 zum Informationshandbuch Seite 171–204

Herr Klaßen hat vor allem folgende Aufgaben:

- Er muss die **Kennzeichnung** und **Bezettelung** der Gefahrgüter, wie sie vom Versender vorgenommen worden sind, überprüfen.
- Er muss dafür sorgen, dass das Gefahrgut in den Beförderungspapieren richtig beschrieben wird (**Dokumentation**).
- Alle beteiligten **Fahrzeuge** müssen für die Beförderung von Gefahrgut **ausgerüstet** sein. Herr Klaßen hat daher sicherzustellen, dass die beteiligten Frachtführer nur geeignete Fahrzeuge einsetzen. Die eigenen Fahrzeuge von INTERSPED sind noch nicht für Gefahrguttransporte geeignet. Sie sollen aber für diesen Einsatz entsprechend ausgerüstet werden.
- Das **Fahrpersonal** muss die nötige **Qualifikation** für den Gefahrguttransport haben. Unser Fahrer, Herr Schneider, besitzt einen Gefahrgutschein für alle Gefahrgutklassen, ausgenommen Klasse 1 und 7.
- Die Gefahrgutbestimmungen beim eigentlichen Transport (vom Verpacken, Verladen bis zum Entladen und Auspacken) sind zu beachten (**Durchführung der Beförderung**).

Detaillierte Informationen über den Umgang mit den drei Gefahrgutsendungen kann Herr Klaßen dem unten abgebildeten Auszug aus dem Verzeichnis der gefährlichen Güter des ADR entnehmen.

Damit Herr Klaßen jederzeit einen Überblick darüber hat, welche Aufgaben er bei den Sendungen jeweils nach den Gefahrgutbestimmungen zu übernehmen hat, hat er sich eine Übersicht zu den drei Transporten erstellt.
Vorab wird er aber prüfen, ob bei den Sendungen eventuell Freistellungen von geringen Mengen Gefahrgut zum Tragen kommen.

Fünf Gesichtspunkte:
– Kennzeichnung und Bezettelung
– Dokumentation
– Ausrüstung des Fahrzeugs
– Qualifikation des Fahrpersonals
– Durchführung der Beförderung

Muster für die erste Sendung

Sendung 1 Neuss – Berlin	
Aktivität	Pflichten im Einzelnen
1. Kennzeichnung und Bezettelung	
2. Dokumentation	
3. Qualifikation des Fahrers sicherstellen	
4. Ausrüstung des Fahrzeugs	
5. Durchführung der Beförderung	

Arbeitsauftrag (Vorschlag)
Planen Sie die Organisation der Gefahrguttransporte nach den oben beschriebenen fünf Gesichtspunkten.

Tabelle A Verzeichnis der gefährlichen Güter (Auszug, gekürzt)

UN-Nummer	Benennung und Beschreibung	Klasse	Klassifizierung	Verpackungsgruppe	Gefahrzettel	Sondervorschriften	Begrenzte und freigestellte Mengen		Verpackung			Beförderungskategorie (Tunnelbeschränkungscode)	Sondervorschriften für die Beförderung			Betrieb	Nummer zur Kennzeichnung der Gefahr	UN-Nummer
									Anweisungen	Sondervorschriften	Zusammenpackung		Versandstücke	lose Schüttung	Be- und Entladung, Handhabung			
	3.1.2	2.2	2.2	2.1.1.3	5.2.2	3.3	3.4	3.5.1.2	4.1.4	4.1.4	4.1.10	1.1.3.6 (8.6)	7.2.4	7.3.3	7.5.11	8.5	5.3.2.3	
(1)	(2)	(3a)	(3b)	(4)	(5)	(6)	(7a)	(7b)	(8)	(9a)	(9b)	(15)	(16)	(17)	(18)	(19)	(20)	(1)
1133	KLEBSTOFFE mit entzündbarem flüssigem Stoff	3	F1	III	3		5 L	E1	P001 IBC03 LP01...	PP1	MP19	3 (D/E)	V12				30	1133
1263	FARBE (einschließlich Farbe, Lack, Emaille, Beize, Schellack, Firnis, Politur ...)	3	F1	II	3	163 367 640C 650	5 L	E2	P001	PP1	MP19	2 (D/E)				S2	33	1263
1402	CALCIUMCARBID	4.3	W2	II	4.3		500 g	E0	P410		MP14	2 (DE)	V1			S2 S20	423	1402
1950	DRUCKGASPACKUNGEN, giftig	2	5T		2.2 + 6.1	190	120 ml	E0	P207 LP200	PP87	MP9	1 (D)			CV9			1950
1789	CHLORWASSERSTOFFSÄURE	8	C1	II	8	520	1 L	E2	P001 IBC02		MP15	2 (E)	V14				80	1789
1789	CHLORWASSERSTOFFSÄURE	8	C1	III	8	520	5 L	E1	P001		MP15	3 (E)					80	1789
1830	SCHWEFELSÄURE mit mehr als 51 % Säure	8	C1	II	8		1 L	E2	P001 IBC02		MP15	2 (E)	V12				80	1830
2315	POLYCHLORIERTE BIPHENYLE, FLÜSSIG	9	9M2	II	9	305	1 L	E2	P906 IBC02		MP15	0 (D/E)		VC1 VC2 AP9	CV1 CV13 CV28	S19	90	2315
2794	BATTERIEN (AKKUMULATOREN), NASS, GEFÜLLT MIT SÄURE, elektrische Sammler	8	C11		8	295 598	1 L	E0	P801			3 (E)		VC1 VC2 AP8			80	2794
3264	ÄTZENDER SAURER ANORGANISCHER FLÜSSIGER STOFF, N.A.G.	8	C1	I	8	274	0	E0	P001		MP8 MP17	1 (E)				S20	88	3264

* Die fehlenden Spalten 10–14 beziehen sich auf Tanks.

1 Absender (Name, Anschrift)	**FRACHTBRIEF für den gewerblichen Güterkraftverkehr**
2 Empfänger (Name, Anschrift)	3 Frachtführer (Name, Anschrift)
4 Meldeadresse	5 nachfolgende Frachtführer (Name, Anschrift)
6 Übernahme des Gutes Versandort _____ Beladestelle 8 Ablieferung des Gutes Ort _____ Entladestelle 9 beigefügte Dokumente	7 Vorbehalte und Bemerkungen der Frachtführer

10 Anzahl der Packstücke	11 Zeichen und Nummern	12 Art der Verpackung	13 Bezeichnung des Gutes	14 Bruttogewicht in kg	15 Volumen in m³

16 Gefahrgut-Klassifikation		Nettomasse kg/l
UN-Nr. _____ offizielle Benennung _____		
Nummer Gefahrzettel ____ Verpackungsgruppe ____ Tunnelbeschränkungscode ____		

17 Weisungen des Absenders (Zoll- und sonstige amtliche Behandlung des Gutes)

18 Nachnahme: _____ 19 Frankatur _____	20 besondere Vereinbarungen

21 ausgefertigt in	am	Gut empfangen am
22 Unterschrift und Stempel des Absenders	23 Unterschrift und Stempel des Frachtführers	24 Unterschrift und Stempel des Empfängers
	25 amtl. Kennzeichen	26 Nutzlast in kg	
Kfz			
Anhänger			

Lernsituation 10 zum Informationshandbuch Seite 171–204

Aufgabe 1

Gefahrgut wird nicht nur auf der Straße befördert, sondern auch mit anderen Verkehrsträgern, für die jeweils international einheitliche Vorschriften gelten.

Ergänzen Sie die Abkürzungen für folgende Gefahrgutvorschriften in der Übersicht:

	Verordnung über die innerstaatliche und grenzüberschreitende Beförderung gefährlicher Güter auf der Straße, mit Eisenbahnen und auf Binnengewässern
	europäisches Übereinkommen über die internationale Beförderung gefährlicher Güter auf der Straße
	Verordnung über die Beförderung gefährlicher Güter mit Seeschiffen
	International Maritime Dangerous Goods Code
	IATA Dangerous Goods Regulations

Aufgabe 2

INTERSPED erhält den Auftrag, eine Sendung mit Gefahrgut von Düsseldorf nach Ulm zu besorgen. Im Speditionsauftrag wird die Sendung wie folgt beschrieben: 28 Europaletten; 15 680 kg; UN 1133 KLEBSTOFFE, 3, III, (D/E)

Versender: Baade-Chemie, Düsseldorf

Empfänger: TUME-Baumärkte, Zentrallager Süd, Ulm

Die Sendung wird durch INTERSPED vom Versender mit eigenem Fahrzeug abgeholt und direkt zum Empfänger befördert.

In der nachfolgenden Tabelle werden die wesentlichen Tätigkeiten beschrieben, die bei dem Transport anfallen.

a Geben Sie in der Tabelle an, wer zu der jeweiligen Tätigkeit verpflichtet ist, und ergänzen Sie die Rechtsposition des Verpflichteten nach **Gefahrgutrecht**.

Tätigkeit	Verpflichteter	Rechtsposition
Klassifizieren, Kennzeichnen und Bezetteln der Gefahrgüter; Verpacken und Bereitstellen der Gefahrgutsendung für die Abholung; notwendige Informationen und Begleitpapiere liefern		
Überprüfen der Verpackung auf Beschädigung; Beachten der Vorschriften über die Verladung (z. B. Zusammenladeverbote und Ladungssicherung) und Verladen der Sendung		
Prüfen, ob die Gefahrgutsendung zum Transport zugelassen ist; schriftliche Weisungen und die erforderliche Gefahrgutausrüstung bereithalten sowie Kennzeichnung des Fahrzeugs; Transport der Sendung zum Empfänger		
Entladen der Sendung und das Fahrzeug nach dem Entladen reinigen		

Die **Sendung 1** aus dem Einstiegsfall wird in einer Straßenkontrolle von der Polizei angehalten. Die Polizei beanstandet, dass die Ladung unzureichend gesichert sei.

b Stellen Sie fest, wer für die Sicherung der Ladung verantwortlich war.

c Vergleichen Sie hinsichtlich der Be- und Entladeverantwortung Fracht- und Speditionsrecht mit dem Gefahrgutrecht.

Aufgabe 3

Im ADR werden die Sicherheitspflichten für die Beteiligten an der Beförderung gefährlicher Güter genau definiert. Ordnen Sie die nachstehend genannten Pflichten zu, indem Sie die jeweilige Ziffer in die Kästchen eintragen: Absender (1), Beförderer (2), Empfänger (3).

☐ Der Beteiligte hat sich zu vergewissern, dass die Fahrzeuge nicht überladen sind.

☐ Der Beteiligte hat nur Verpackungen, Großverpackungen usw. zu verwenden, die für die Beförderung der betreffenden Güter zugelassen und geeignet sowie mit den im ADR vorgeschriebenen Kennzeichnungen versehen sind.

☐ Der Beteiligte hat sich zu vergewissern, dass die für die Fahrzeuge vorgeschriebenen Großzettel (Placards) und Kennzeichnungen angebracht sind.

☐ Der Beteiligte hat die in den gemäß ADR vorgesehenen Fällen vorgeschriebene Reinigung und Entgiftung von Fahrzeugen und Containern vorzunehmen.

☐ Der Beteiligte hat die Vorschriften über die Versandart und die Versandbeschränkungen zu beachten.

☐ Der Beteiligte hat sich zu vergewissern, dass die vorgeschriebenen Unterlagen in der Beförderungseinheit mitgeführt werden.

Aufgabe 4

INTERSPED hat heute telefonisch einen Auftrag der WOLTERS GmbH, Düsseldorf, für die Besorgung eines Transportes von drei Paletten Spezial-Fliesenreiniger zum Empfänger BBS Baustoffe in Berlin erhalten. INTERSPED wird den Transport als Sammelladung im Selbsteintritt durchführen.

Sendungsdaten: 3 Euroflachpaletten zu je 720 kg Bruttogewicht, pro Palette 24 Karton mit jeweils 6 Kanistern, die Nettomasse des Gefahrgutes beträgt pro Palette 710 l, Zeichen und Nummer: BBS 01–BBS 03, nicht stapelbar.

Es handelt sich um Gefahrgut mit der Kennzeichnung UN 3264 (siehe Verzeichnis der gefährlichen Güter auf Seite 186).

Da INTERSPED Sendungen mit diesem Gefahrgut schon häufiger organisiert hat, verzichtet die Mitarbeiterin der WOLTERS GmbH, Frau Kemmler, auf weitere Gefahrgutangaben. Herr Klaßen von INTERSPED wird die Auftragsdaten im System erfassen und den ausgefüllten Speditionsauftrag an Frau Kemmler senden mit der Bitte um Bestätigung per E-Mail.

a Ergänzen Sie den nachfolgenden Ausschnitt aus dem Speditionsauftrag mit den erforderlichen Daten zur Sendung. Verwenden Sie zusätzlich die Gefahrgutdaten aus dem Verzeichnis der gefährlichen Güter auf Seite 186.

Speditionsauftrag (Ausschnitt)

18 Zeichen und Nr.	19 Anzahl	20 Packstück	21 SF	22 Inhalt	23 Lademittelgewicht in kg	24 Bruttogewicht in kg
	25 Summe:	26 Rauminhalt cdm/Lademeter		Summen:	27	28

29 Gefahrgut

UN-Nr. _____   Gefahrgut-Bezeichnung _____

Gefahrzettel-Nr. _____   Verpackungsgruppe _____   Tunnelbeschränkungscode _____   Nettomasse kg/l _____

Hinweise auf Sondervorschriften

b Prüfen Sie, ob die WOLTERS GmbH mit der Bestätigung des Speditionsauftrages ihre Verpflichtungen aus Ziffer 3 ADSp erfüllt hat.

ADSp (Auszug)

3 Pflichten des Auftraggebers bei Auftragserteilung; Informationspflichten, besondere Güterarten

[...]

3.2 Bei gefährlichem Gut hat der Auftraggeber rechtzeitig dem Spediteur in Textform die Menge, die genaue Art der Gefahr und – soweit erforderlich – die zu ergreifenden Vorsichtsmaßnahmen mitzuteilen. Handelt es sich um Gefahrgut im Sinne des Gesetzes über die Beförderung gefährlicher Güter oder um sonstige Güter, für deren Beförderung oder Lagerung besondere gefahrgut- oder abfallrechtliche Vorschriften bestehen, so hat der Auftraggeber die für die ordnungsgemäße Durchführung des Auftrags erforderlichen Angaben, insbesondere die Klassifizierung nach dem einschlägigen Gefahrgutrecht, mitzuteilen und spätestens bei Übergabe des Gutes die erforderlichen Unterlagen zu übergeben.

[...]

Lernsituation 10 zum Informationshandbuch Seite 171–204

c Betrachten Sie noch einmal im Verzeichnis der gefährlichen Güter die Einträge zu UN 3264.
  - **ca** Spalte (2): Erläutern Sie die n.a.g.-Eintragung in der Benennung und Beschreibung des Gefahrgutes.
  - **cb** Spalte (3a): Geben Sie die grundlegende Eigenschaft dieser Klasse an.
  - **cc** Spalte (4): Kennzeichnen Sie den Gefahrengrad, der von dem Gefahrgut ausgeht.
  - **cd** Spalte (5): Jeder Kanister und auch jeder Karton ist mit dem Gefahrzettel 8 versehen worden. Begründen Sie, ob auch die mit Folie gewickelten Paletten (= Umverpackung) bezettelt werden müssen (siehe nachfolgenden ADR-Text).

> **ADR 2021: Teil 5 – Vorschriften für den Versand**
>
> **5.1.2 Verwendung von Umverpackungen**
> **5.1.2.1 a)** Sofern nicht alle für die gefährlichen Güter in der Umverpackung repräsentativen Kennzeichen und Gefahrzettel [...] sichtbar sind, muss die Umverpackung
> (i) mit dem Ausdruck „UMVERPACKUNG" gekennzeichnet sein [...] und
> (ii) für jedes einzelne in der Umverpackung enthaltene gefährliche Gut mit dem Kennzeichen der UN-Nummer sowie mit den [...] für Versandstücke vorgeschriebenen Gefahrzetteln und übrigen Kennzeichen versehen sein.
> [...]

  - **ce** Spalte (7a): Beschreiben Sie, welche Informationen allgemeiner Art aus dieser Spalte abzulesen sind und welche Bedeutung die Zahl „0" an dieser Stelle hat.
  - **cf** Spalte (7b): Beschreiben Sie den allgemeinen und den speziellen (E0) Informationsgehalt der Spalte.
  - **cg** Spalte (8): Begründen Sie, ob der spezielle Fliesenreiniger auch in einem IBC befördert werden dürfte.
  - **ch** Spalte (20): Erläutern Sie, welche Information Sie dieser Spalte entnehmen können.

Aufgabe 5
Im Gefahrgutverzeichnis (siehe Seite 186) ist auch das Gefahrgut UN 1263 aufgeführt.

a Geben Sie die grundlegende Eigenschaft der Gefahrgutklasse 3 an.

b Erläutern Sie, welcher Gefahrengrad durch die Verpackungsgruppe II beschrieben wird.

c Beschreiben Sie, welche Informationen Sie aus den Eintragungen in Spalte (7a) und (7b) entnehmen können.

Aufgabe 6
Gefahrgutklassen sollen die grundlegenden Eigenschaften von Gefahrgütern verdeutlichen. Für den Umgang mit Gefahrgütern ist es sinnvoll, sich diese Eigenschaften zu merken. Eine Hilfe bietet die Bündelung ähnlicher Klassen und die Kurzbeschreibung ihrer wichtigsten Eigenschaften.

Klassen	Bezeichnung	Bündelung	Bezeichnung in Kurzform
1	explosive Stoffe und Gegenstände mit Explosivstoff	1	explosiv
2	Gase	2	
3	entzündbare flüssige Stoffe	3	
4.1	entzündbare feste Stoffe, selbstzersetzliche Stoffe, polymerisierende und desensibilisierte explosive feste Stoffe	4	
4.2	selbstentzündliche Stoffe		
4.3	Stoffe, die in Berührung mit Wasser entzündbare Gase entwickeln		
5.1	entzündend (oxidierend) wirkende Stoffe	5	
5.2	organische Peroxide		
6.1	giftige Stoffe	6	
6.2	ansteckungsgefährliche Stoffe		
7	radioaktive Stoffe	7	
8	ätzende Stoffe	8	
9	verschiedene gefährliche Stoffe und Gegenstände	9	

Ergänzen Sie die Spalte „Bezeichnung in Kurzform" mit prägnanten, gut merkbaren Bezeichnungen. Eine Hilfe bieten vielleicht die Bedeutungen der Ziffern in den orangefarbenen Tafeln (siehe Informationshandbuch).

Aufgabe 7
Die Tankwagen einer Güterkraftverkehrsunternehmung sind u. a. mit den folgenden Kennzeichnungen (Bild 1 und 2) ausgestattet.

Bild 1 Bild 2

a Benennen Sie die Kennzeichen in Bild 1 und Bild 2.

b Beschreiben Sie, worüber die Ziffern in Bild 1 allgemein gesehen Auskunft geben.

c Erläutern Sie die Aufgabe von Bild 2.

Aufgabe 8
Bei einem Versender legt unser Fahrer Herr Schneider seine ADR-Bescheinigung vor, deren Rückseite hier abgebildet ist.

a Stellen Sie fest, welche Gefahrgutklassen Herr Schneider gemäß der Bescheinigung nicht befördern darf und geben Sie den Grund dafür an.

b Bei dem Versender sollen je zwei Paletten mit Feuerzeugen sowie Zündhölzern geladen werden. Geben Sie an, zu welchen Gefahrgutklassen diese Waren gehören.

GÜLTIG FÜR KLASSE(N) ODER UN-NUMMERN	
IN TANKS	AUSGENOMMEN IN TANKS
9.	10.
2, 3, 4.1, 4.2, 4.3, 5.1, 5.2, 6.1, 6.2, 8, 9	2, 3, 4.1, 4.2, 4.3, 5.1, 5.2, 6.1, 6.2, 8, 9

Aufgabe 9
Gefahrgüter werden u. a. mit einem Tunnelbeschränkungscode beschrieben. Der Code bringt die Eignung des Gefahrguts zum Ausdruck, Tunnel einer bestimmten Kategorie zu passieren.

Ergänzen Sie in der Spalte „erlaubt" die Tunnelkategorien, die bei den genannten Tunnelbeschränkungscodes durchfahren werden dürfen.

Arten und Hierarchie der Tunnelbeschränkungscodes (TBC)		
TBC	Beschränkung	Erlaubt
B	Durchfahrt verboten durch Tunnel der Kategorie B, C, D und E	
C5000D	Wenn die gesamte Nettoexplosivstoffmasse je Beförderungseinheit – größer als 5000 kg ist: Durchfahrt verboten durch Tunnel der Kategorie C, D und E; – kleiner als 5000 kg ist: Durchfahrt verboten durch Tunnel der Kategorien D und E.	
C/E	Beförderung in Tanks: Durchfahrt verboten durch Tunnel der Kategorien C, D und E Anderer Transport: Durchfahrt verboten durch Tunnel der Kategorie E	
D/E	Aeförderung in Tanks: Durchfahrt verboten durch Tunnel der Kategorien D und E Anderer Transport: Durchfahrt verboten durch Tunnel der Kategorie E	

Aufgabe 10
Zu einer Sammelladung gehört auch eine Gefahrgutsendung mit folgenden Daten:
900 kg, UN 1133 KLEBSTOFFE, 3, III, (D/E)

a Prüfen Sie, ob es sich um eine begrenzte Menge Gefahrgut je Beförderungseinheit handelt, sodass die Beförderungseinheit nicht kennzeichnungspflichtig ist. Siehe auch UN 1133 im Verzeichnis der gefährlichen Güter oben.

b Falls es sich um eine begrenzte Menge Gefahrgut je Beförderungseinheit handelt: Stellen Sie fest, welche Gefahrgutmaßnahmen in diesem Falle zu ergreifen sind.

Aufgabe 11
Drei Gefahrgutsendungen sollen im Rahmen einer Sammelladung befördert werden:

Nr. 1: 10 kg UN 1903 DESINFEKTIONSMITTEL, FLÜSSIG, ÄTZEND, N.A.G., 8, I, (E)

Nr. 2: 100 kg UN 2790 ESSIGSÄURE, LÖSUNG, 8, II, (E)

Nr. 3: 280 kg UN 1869 MAGNESIUMLEGIERUNGEN, 4.1, III, (E)

Prüfen Sie, ob eine begrenzte Menge Gefahrgut je Beförderungseinheit vorliegt oder ob die Beförderungseinheit kennzeichnungspflichtig ist.

Aufgabe 12
Ein Nahverkehrsfahrer holt folgende Sendungen in einem Rundlauf bei zwei Versendern ab:

1 240 kg UN 1165 DIOXAN, Gefahrzettel Nr. 3, Verpackungsgruppe II, TBC (D/E)

2 255 kg UN 3066 FARBE, Gefahrzettel Nr. 8, Verpackungsgruppe III, TBC (E)

Erläutern Sie die Handhabung und die Funktion der Tabelle zu den Höchstgrenzen begrenzter Mengen Gefahrgut je Beförderungseinheit anhand der Sendungsdaten und der Ergebnistabelle.

Ergebnistabelle

	Gefahrgut 1	Gefahrgut 2	Summe
Menge			
Multiplikationsfaktor			
Punktzahl			

Aufgabe 13
Im Regelfall kann man aus der Verpackungsgruppe eines Gefahrgutes dessen Beförderungskategorie ableiten. Folgende Sendungen mit Gefahrgütern weisen im Verhältnis Verpackungsgruppe – Beförderungskategorie Besonderheiten auf.

1 300 kg UN 2315 POLYCHLORIERTE BIPHENYLE, FLÜSSIG, 9, II, (DE)

2 35 Liter UN 2794 BATTERIEN (AKKUMULATOREN), NASS, GEFÜLLT MIT SÄURE, 8, (E)

a Berechnen Sie für jedes Gefahrgut die ADR-Punkte (siehe den Auszug aus dem Verzeichnis der gefährlichen Güter oben).

b Begründen Sie, ob die beiden Sendungen zusammen auf einer Beförderungseinheit zur Kennzeichnungspflicht führen.

Aufgabe 14
Bei einem Versender stehen drei Packstücke zum Versand bereit.

a Stellen Sie fest, ob es sich dabei jeweils um begrenzte Mengen Gefahrgut (Limited Quantities) im Sinne des ADR handelt. Falls keine begrenzte Menge vorliegt, prüfen Sie auch, ob eventuell eine geringe (begrenzte) Menge Gefahrgut pro Beförderungseinheit gegeben ist.

Hinweis zu UN 1950: In Spalte 7b des Verzeichnisses unten ist „E0" aufgeführt, d. h.: „In freigestellten Mengen nicht zugelassen". Dies hat aber keinen Einfluss auf die Frage, ob LQ oder eine begrenzte Menge pro Beförderungseinheit vorliegt.

Versandstück 1
vier Dosen Farbe zu je 1 l
UN 1263 FARBE, 3, II, (D/E)

Versandstück 2
drei Druckgaspackungen, giftig, zu je 100 ml
UN 1950 DRUCKGASPACKUNGEN, 2, (D)
(keine Verpackungsgruppe)
drei Flaschen Schwefelsäure zu je 500 ml
UN 1830 SCHWEFELSÄURE 8, II, (C/D)

Versandstück 3 (Tray)
acht Druckgaspackungen, giftig, zu je 150 ml
UN 1950 DRUCKGASPACKUNGEN, 2, (D)
(keine Verpackungsgruppe)

b Prüfen Sie, ob die Versandstücke 1–3 richtig gekennzeichnet sind.

c Begründen Sie, welche Gefahrgutmaßnahmen für den Transport dieser Versandstücke erforderlich sind,
  ca soweit es sich um begrenzte Mengen von Gefahrgut handelt (Limited Quantities),
  cb soweit eine geringe (begrenzte) Menge Gefahrgut pro Beförderungseinheit vorliegt.

Aufgabe 15

Tunnelbeschränkungscodes machen es erforderlich, bei der Tourenplanung von Gefahrgütern die Kategorien der Tunnel auf der Fahrtstrecke zu beachten.

Bestimmen Sie den Fahrweg für einen Gefahrguttransport von Erfurt nach Bamberg mit folgender UN-Nummer:

UN 2418 SCHWEFELTETRAFLUORID; 2.3 (8), (D)

Geben Sie an, welche Straßentunnel auf der Route liegen und welche Tunnelcodes diese aufweisen. Entscheiden Sie anschließend, ob der Transport auf dieser Route durchgeführt werden kann und zeigen Sie eventuelle Alternativen auf.

Aufgabe 16 (Prüfungsnahe Aufgabenstellung)

30 Punkte = 60 Minuten

Situation

Sie sind Mitarbeiter/-in der Spedition WEISSGERBER in Nürnberg und erhalten folgenden Besorgungsauftrag: die Bergwacht im russischen Sotchi lässt einen Hubschrauber von der SCHWARZ HELICOPTER AG in Nürnberg in die Olympiastadt an der Nordostküste des Schwarzen Meeres befördern. Das Fluggerät ist für Rettungseinsätze im Ski- und Wandergebiet in den Bergen rund um Sotchi vorgesehen.

Man hat sich darauf geeinigt, den Transport per Lkw durchzuführen, da ein 3000-km-Flug an den Zielort etwa das Doppelte an Treibstoff verbrauchen würde. Für die Lkw-Beförderung wird der Hubschrauber auf ein Spezialgestell mit den Maßen (LBH) 9,60 × 2,25 × 2,95 m befestigt.

Zusammen mit dem Hubschrauber und einer Gitterbox mit Ersatzteilen für das Fluggerät hat die russische Bergwacht 80 Paar Ski und 120 Airbag-Rucksäcke zum Lawinenschutz geordert.

WEISSGERBER wird den Transport aufgrund des hohen Sendungswertes im Selbsteintritt durchführen. Der vereinbarte Frachtpreis beträgt 4 250,00 EUR.

Der CMR-Frachtbrief wurde bereits erstellt (Auszug):

6 Kennzeichen und Nummern	7 Anzahl der Packstücke	8 Art der Verpackung	9 Offizielle Benennung für die Beförderung	10 Statistiknummer	11 Bruttogewicht in kg	12 Umfang in m³
W 01	1	Gestell	Helikopter SH 120 B		1055	
W 02	1	Gitterbox 124 × 83,5 cm	Ersatzteile		475	
W 03	2	Einwegpaletten 200 × 80 cm	80 Paar Alpin-Ski		640	
W 04	4	Europaletten	Airbag-Rucksäcke		300	
	8				2470	
UN-Nummer	Offizielle Benennung		Gefahrzettel Nr.	Verpackungsgruppe	Tunnelbeschränkungscode	Nettomasse kg/l
UN 0503	AIRBAG-MODULE, PYROTECHNISCH		1.4	II	(E)	108 kg

1 (5 Punkte)

Zunächst bestimmt der Disponent, welche Route der Lkw nach Sotchi nehmen wird.

1.1 Bestimmen Sie die Nummer der Bundesautobahn, die der Lkw mit dem Hubschrauber auf dem Weg von Nürnberg zur tschechischen Grenze Richtung Pilsen bzw. Prag befährt und benennen Sie den entsprechenden deutsch-tschechischen Grenzübergang.

1.2 Auf dem weiteren Weg nach Sotchi befährt der Lkw die in der Tabelle angeführten Länder. Nennen Sie die jeweiligen Hauptstädte und beurteilen Sie zu jedem Staat, ob er der EU angehört oder nicht.

Land	Hauptstadt	EU-Mitglied	Kein EU-Mitglied
Tschechien			
Slowakei			
Ukraine			
Russland			

2 (4 Punkte)

Für den anstehenden Transport stehen WEISSGERBER Sattelzüge mit nachstehenden Aufbauten (alle mit einer Innenlänge von 13,60 m) zur Verfügung:
- Kofferaufbau
- Tautliner
- Megatrailer

2.1 Ermitteln Sie zeichnerisch, ob die Ladelänge von 13,60 m für die Gesamtsendung ausreicht. Die Packstücke sind alle nicht stapelbar.

2.2 Begründen Sie, für welche der drei Aufbauformen sich WEISSGERBER entscheiden sollte.

3 (3 Punkte)

Für den Transport wurde ein CMR-Frachtbrief ausgestellt.

3.1 Stellen Sie fest, welche beiden Ausfertigungen des Frachtbriefes dem Fahrer mitgegeben werden.

3.2 Geben Sie an, welche Genehmigung für den vorliegenden Transport benötigt wird.

3.3 Aufgrund der langen Transportzeit fragt der Kunde an, in welcher Höhe WEISSGERBER im Falle einer Lieferfristüberschreitung haften muss. Erteilen Sie ihm die entsprechende Auskunft.

4 (4 Punkte)

Ein Teil der Sendung besteht aus Airbag-Rucksäcken, die der Gefahrgut-Klasse 1.4 zugeordnet sind.

4.1 Stellen Sie anhand der Gefahrgutinformationen sowie der nachstehenden Tabellen fest, ob im vorliegenden Fall eine geringe Menge je Beförderungseinheit vorliegt.

	Beförderungskategorie	Multiplikator
Multiplikatoren:	1	50
	2	3
	3	1

Höchstgrenzen geringer Mengen Gefahrgut je Beförderungseinheit (Auszug)

Beförderungskategorie	Stoffe oder Gegenstände Verpackungsgruppe oder Klassifizierungscode/-gruppe oder UN-Nummer	Höchstzulässige Gesamtmenge je Beförderungseinheit (in kg oder Liter)
1	Stoffe und Gegenstände, die der Verpackungsgruppe I zugeordnet sind und nicht unter die Beförderungskategorie 0 fallen, sowie Stoffe und Gegenstände der folgenden Klassen: [...]	20
2	Stoffe und Gegenstände, die der Verpackungsgruppe II zugeordnet sind und nicht unter die Beförderungskategorie 0, 1 oder 4 fallen, sowie Stoffe und Gegenstände der folgenden Klassen: [...]	333
3	Stoffe und Gegenstände, die der Verpackungsgruppe III zugeordnet sind und nicht unter die Beförderungskategorie 0, 2 oder 4 fallen, sowie Stoffe und Gegenstände der folgenden Klassen: [...]	1 000

4.2 Nennen Sie – unabhängig von Ihrem Ergebnis zu 4.1 – vier wesentliche Befreiungen von den Gefahrgutvorschriften, zu denen das Vorliegen einer geringen Menge je Beförderungseinheit bei der Transportabwicklung führt.

4.3 Nehmen Sie an, dass der Fahrer für den Transport einen gültigen ADR-Schein benötigt, dessen Rückseite nebenstehend abgebildet ist.

Erläutern Sie, warum der Transport mit dem vorliegenden Schein nicht durchgeführt werden darf.

GÜLTIG FÜR KLASSE(N) ODER UN-NUMMERN	
IN TANKS	AUSGENOMMEN IN TANKS
9. 2, 3, 4.1, 4.2, 4.3, 5.1, 5.2, 6.1, 6.2, 8, 9	10. 2, 3, 4.1, 4.2, 4.3, 5.1, 5.2, 6.1, 6.2, 8, 9

5 (3 Punkte)

Der Fahrer bringt für den Transport nach Sotchi die abgebildete stoffbezogene Warntafel an seinem Lkw an.

90 / 0503

5.1 Bestimmen Sie, wofür – allgemein – die Ziffern im oberen Feld stehen.
5.2 Führen Sie an, welche Gefahr durch das Voranstellen eines „X" im oberen Feld angezeigt wird.
5.3 Beurteilen Sie, ob es notwendig ist, die Tafel in dieser Form für den vorliegenden Transport anzubringen.

6 (2 Punkte)

Das vorliegende Gefahrgut weist den Tunnelbeschränkungscode E auf. Der Fahrer vermutet daraufhin, er dürfe während des Transportes nur durch Tunnel der Kategorie E fahren.

6.1 Stellen Sie fest, ob der Fahrer mit seiner Vermutung richtig liegt.
6.2 Erläutern Sie allgemein die Bedeutung der Tunnelkategorien A und E.

7 (5 Punkte)

Der Routenplaner gibt für die gewählte Strecke von Nürnberg nach Sotchi eine Entfernung von 3136 km an. Der Fahrer startet die Tour mit dem beladenen Lkw am Sonntag Abend um 22:00 Uhr nach Ableistung seiner Wochenruhezeit.

7.1 Ermitteln Sie, welche Durchschnittsgeschwindigkeit der Lkw mindestens erreichen muss, damit der Fahrer im Rahmen seiner maximal erlaubten wöchentlichen Lenkzeit das Fahrtziel Sotchi erreicht.

7.2 Beschreiben Sie, welches Problem sich aufgrund der EG-Sozialvorschriften zu den Lenk- und Ruhezeiten ergibt, wenn der Fahrer in der Folgewoche die komplette Strecke von Sotchi nach Nürnberg zurückfahren möchte.

7.3 Bereits nach wenigen Stunden Fahrtzeit gerät der Lkw in eine Polizeikontrolle. Die dabei erfolgte Auswertung der Fahrerkarte ergibt folgendes Ergebnis (Auszug):

(1)	☉	21:04	01:31	04h27
(2)	h	01:31	02:16	00h45
(3)	☉	02:16	03:21	01h05
(4)	✗	03:21	03:33	00h12

7.3.1 Interpretieren Sie die Piktogramme in den Zeilen (1), (2) und (4).

7.3.2 Beschreiben Sie inhaltlich den Eintrag in Zeile (2).

7.4 Bei Ankunft des Lkw in Sotchi (UTC +3) ist es nach Ortszeit 16:30 Uhr.

7.4.1 Geben Sie an, welche Uhrzeit zu diesem Zeitpunkt der digitale Tachograf des Lkw anzeigt.

7.4.2 Nennen Sie die zu diesem Zeitpunkt in Nürnberg gültige Uhrzeit.

8 (4 Punkte)

Da die Kufen des Hubschraubers leicht verkratzen, fragt der Absender SCHWARZ HELICOPTER an, ob es möglich sei, noch einen Karton mit zwölf Eimern Farbe à 3 Liter auf dem Transport nach Sotchi mitzugeben.

8.1 Überprüfen Sie anhand des nachstehenden ADR-Auszuges, ob es sich dabei ggf. um eine begrenzte Menge (Limited Quantity) handelt.

8.2 Geben Sie an, wie der Karton im Fall einer Limited Quantity gekennzeichnet werden müsste.

8.3 Stellen Sie fest, ob sich Ihr Ergebnis zu 4.1/Vorliegen einer Geringen Menge je Beförderungseinheit durch die Mitnahme der zwölf Eimer ändert.

ADR Tabelle A Verzeichnis der gefährlichen Güter (Auszug)

UN-Nummer	Benennung und Beschreibung	Klasse	Klassifizierungscode	Verpackungsgruppe	Gefahrzettel	Sondervorschriften	Begrenzte und freigestellte Mengen		[...]
(1)	(2)	(3a)	(3b)	(4)	(5)	(6)	(7a)	(7b)	[...]
1262	...	...	...	...	...	...	...	...	...
1263	FARBE	3	F1	II	3		5 L	E 2	[...]
1264	...	...	...	...	...	...	...	...	...

SELBSTTEST LERNSITUATION 10

➔ Diese **Prozesse** beherrsche ich (X):

	voll	weit-gehend	eher nicht	gar nicht
prüfen, ob eine geringe Menge Gefahrgut vorliegt				
anhand der Gefahrgutliste des ADR feststellen, wie die Gefahrgutsendungen gekennzeichnet und bezettelt werden müssen				
ein Beförderungspapier nach Gefahrgutrecht erstellen				
eine Gefahrgutbeförderung organisieren				
entscheiden, ob eine freigestellte Menge Gefahrgut je Beförderungseinheit, eine begrenzte Menge (Limited Quantities) oder eine freigestellte Menge (Excepted Quantities) vorliegt				
eine Punkteberechnung bei freigestellten Mengen je Beförderungseinheit durchführen				
eine Tourenplanung unter Berücksichtigung von Tunnelrestriktionen vornehmen				

➔ Diese **Begriffe** kenne ich (✓):

- ADR ☐
- Beförderungskategorie ☐
- Excepted Quantities ☐
- Fahrzeugausrüstung ☐
- freigestellte Mengen ☐
- Gefahrgutbeauftragter ☐
- Gefahrgutklassen ☐
- gefährliche Güter ☐
- Gefahrzettel ☐
- GGVSEB ☐
- IBC ☐
- Kennzeichnung (Gefahrgut) ☐
- Limited Quantities ☐
- orangefarbene Tafel ☐
- Placards ☐
- schriftliche Weisungen ☐
- Tunnelbeschränkungscode ☐
- UN-Nummer ☐
- Verpackungsgruppe ☐
- Zusammenladen ☐
- Zusammenpacken ☐

Abschlussaufgabe Lernsituation 10

Situation
Die Spedition Wagner GmbH in Bremen führt regelmäßig Sammelgutverkehre nach Stuttgart durch. Wegen des hohen Sendungsaufkommens wählt die Spedition den Direktrelationsverkehr. Alternativ können Sammelgutverkehre auch über das HUB der Sammelgutkooperation SLT in Kassel abgewickelt werden.
Für den Transport am 22.11.20(0) sind Sendungen zusammengestellt worden (siehe Bordero unten).

1
a Begründen Sie, warum zwischen der Spedition Wagner und dem Versender W. Hausmann KG (siehe Bordero, Position 01) ein Speditionsvertrag besteht, obwohl die Spedition Wagner den Transport im Selbsteintritt durchführt.
b Begründen Sie, warum zwischen dem Versand- und dem Empfangsspediteur ein Speditionsvertrag vorliegt, obwohl der Empfangsspediteur Güter umschlägt und auch im Nachlauf selbst befördert.
c Frachtführer treten in der Position eines vertraglichen und eines ausführenden Frachtführers auf. Machen Sie diese Unterscheidung anhand der Spedition Wagner im vorliegenden Fall deutlich.
d Unterscheiden Sie den Direktrelations- und den HUB-Verkehr im Rahmen der Sammelgutorganisation.

2
a Ermitteln Sie, ob die Sendungen 01 bis 07 auf eine Norm-Wechselbrücke mit einer Ladelänge von 7,30 m verladen werden können.
b Entwickeln Sie einen Vorschlag für den Fall, dass ein Lkw ausgelastet ist und noch zwei weitere Paletten in dieselbe Relation befördert werden müssen.

3
Der Sammelladungsverkehr wird gelegentlich als Begegnungsverkehr organisiert.
a Erläutern Sie das Verfahren.
b Beschreiben Sie zwei Vorteile, die sich aus dem Begegnungsverkehr für die Spedition Wagner ergeben.

4
Im Bordero sind eine Nachnahme- und eine Unfrei-Sendung aufgeführt. In diesem Zusammenhang spricht man von Nachnahmesendung und Frachtüberweisung.
a Unterscheiden Sie die beiden Begriffe.
b Berechnen Sie für die Sendung 07 den Betrag, der in die Spalte „vom Empfänger zu erheben – steuerpflichtig" einzutragen ist.
Mit dem Versender ist der Haustarif der Spedition Wagner vereinbart worden, einschließlich Palettentauschgebühr (siehe Tarifauszug auf Seite 69). Die Entfernung Delmenhorst – Kornwestheim beträgt 613 km.
c Ermitteln Sie den Betrag, der vom Empfänger der Sendung 07 letztlich durch den Empfangsspediteur eingezogen werden muss.

5
Die Sammelladung enthält auch zwei Gefahrgutsendungen.
a Stellen Sie begründet fest, ob die Gefahrgüter als geringe Menge Gefahrgut pro Beförderungseinheit versendet werden können.
b Erläutern Sie die gefahrguttechnischen Konsequenzen aus Ihrer Lösung zu a.
c Begründen Sie, unter welchen Umständen die beiden Gefahrgutsendungen als LQ-Sendungen behandelt werden könnten.
d Erläutern Sie die TBC-Angabe (D/E) zu Gefahrgut 1170.

Versandspediteur				Bordero-Nr.	00245/04		Frachtführer				Empfangsspediteur			
Spedition Wagner GmbH Mathildenstraße 25 28203 Bremen				Datum: Blatt: Relation:	22.11.20(0) 01 24		Spedition Wagner GmbH Mathildenstraße 25 28203 Bremen				Heckner & Co. – Internationale Spedition Augsburger Straße 174 70327 Stuttgart			
											Vom Empfänger zu erheben		Rückrechnung	
Pos.	Zeichen u. Nummern	Anz.	Art	Inhalt	Gewicht kg	Versender	Empfänger			Frankatur	steuerpfl. Euro	nicht steuerpfl. Euro	Verteilungskosten (Nachlauf)/Euro	Sonstiges
01	HAM1-2	2	Euro- flachpa- lette	Papier	1 200	W. Hausmann KG Papierverarbeitung Hannoversche Straße 68 28309 Bremen	Georg Scheuer KG Papierwaren Artusweg 77 70469 Stuttgart			frei Haus				
02	CAT1-4	1	Euro- flachpa- lette	Ethanol ADR 1170	210	Catering Service GmbH Steffensweg 88 28217 Bremen	Frank Maurer Oberwiesenstraße 64 70619 Stuttgart			frei Haus		**Nachnahme: 2 200,00 EUR**		
03	Mofu	1	EUR-FP	Elektroartikel	920	Mobilfunk Großhandel Pappelstraße 47 28199 Bremen	Elektro-Elitz GmbH Remscheider Straße 12 70376 Stuttgart			frei Haus				
04	BEMO1_3	4	Einweg- paletten, je 1,10 m × 1,30 m	Zubehörteile	3 200	BEMO Motorrad-Zubehör Ortstraße 124 28237 Bremen	MOTO-Möller Zweiradhandel Scharnhauser Straße 88 73760 Ostfildern			frei Haus				
05	BERN	1	Euro- flachpa- lette	Chlorwasser- stoffsäure ADR 1789	300	H. Berndsen GmbH Gastfeldstraße 139 28201 Bremen	Martina Wegener Rosenstraße 17 70839 Gerlingen			frei Haus				
06	GERÜ1-5	3	Industrie- paletten	Metallwaren	1 800	Gerüstbau GmbH Parkweg 168 28832 Achim	MARAT GmbH Albstraße 155 72764 Reutlingen			frei Haus				
07	W&C1-4	2	Euro- flachpa- lette	Autoscheiben	980	W & C Autoglas Lange Straße 166 27749 Delmenhorst	S. Kaiser GmbH Jakobstraße 124 70806 Kornwestheim			unfrei				
Summe:		14								Summe:				

+ Umsatzsteuer
Zwischensumme
nicht steuerpfl.
Summe gesamt

EuV
Zwischensumme
Umsatzsteuer
Summe gesamt

Tabelle A Verzeichnis der gefährlichen Güter (Auszug aus ADR)

UN-Nummer	Benennung und Beschreibung	Klasse	Klassifizierungscode	Verpackungsgruppe	Gefahrzettel	Sondervorschriften	Begrenzte und freigestellte Mengen	Verpackungsanweisungen	Sondervorschriften für die Verpackung	Sondervorschriften für die Zusammenpackung	...
	3.1.2	2.2	2.2	2.1.1.3	5.2.2	3.3	3.4.6/3.5.1.2	4.1.4	4.1.4	4.1.10	
(1)	(2)	(3a)	(3b)	(4)	(5)	(6)	(7a)	(7b)	(8)	(9a)	(9b)	10-14
...	...	...	...	...	...	...	...	...	...	...	...	
1170	ETHANOL, LÖSUNG	3	F1	III	3	144 601	5 L	E1	P001 IBC03		MP19	
...	...	...	...	...	...	...	...		...	...	...	
1789	CHLOR-WASSER-STOFF-SÄURE	8	C1	II	8	520	1 L	E2	P001 IBC02		MP15	

Fortsetzung der Tabelle

Beförderungs-kategorie (Tunnelbeschränkungscode) 1.1.3.6 (8.6)	Sondervorschriften für die Beförderung				Nummer zur Kennzeichnung der Gefahr	UN-Nummer
	Versandstücke 7.2.4	Lose Schüttung 7.3.3	Be- und Entladung, Handhabung 7.5.11	Betrieb 8.5	5.3.2.3	
(15)	(16)	(17)	(18)	(19)	(20)	(1)
...	...	...	...	...	...	...
3 (D/E)				S2	30	1170
...				...	...	...
2 (E)					80	1789

> **ADR: Teil 1 Allgemeine Vorschriften**
>
> 1.1.3.6.4 Wenn gefährliche Güter, die verschiedenen in der Tabelle festgelegten Beförderungskategorien angehören, in derselben Beförderungseinheit befördert werden, darf die Summe
> – der Menge der Stoffe und Gegenstände der Beförderungskategorie 1, multipliziert mit 50,
> – der Menge der Stoffe und Gegenstände der Beförderungskategorie 2, multipliziert mit 3, und
> – der Menge der Stoffe und Gegenstände der Beförderungskategorie 3
> 1 000 nicht überschreiten.

6

Der Empfangsspediteur hat bei der Übernahme der Sendung auf seinem Lager eine Schnittstellenkontrolle durchzuführen.
a Begründen Sie das Vorliegen einer Schnittstelle bei der Übernahme der Sendung nach ADSp.
b Erläutern Sie die Prüfarbeiten, die an einer Schnittstelle zu erledigen sind.
c Machen Sie deutlich, ob die Spedition Heckner & Co. noch weitere Schnittstellen zu beachten hat.
d An Schnittstellen werden Sendungen heute im Regelfall eingescannt. Zukünftig soll die RFID-Technologie an die Stelle der Barcodetechnik treten. Erläutern Sie den Unterschied zwischen diesen beiden Techniken.

7

Bei der Schnittstellenkontrolle im Sammelguteingang stellt der Empfangsspediteur fest, dass die Sendung 07 äußere Beschädigungen aufweist. Außerdem muss Heckner & Co. mitteilen, dass die Sendung 04 durch Unachtsamkeit seines Lagerpersonals beschädigt worden ist.
Nach der Recherche stellt man in der Spedition Wagner fest, dass die Sendung 07 während des Hauptlaufs zu Schaden gekommen ist.
a Berechnen Sie den maximalen Schadenersatz, mit dem die betroffenen Versender in beiden Fällen rechnen können (1 SZR = 1,2254 EUR).
Begründen Sie Ihre Lösung mit Ziffer 23 ADSp.
b Spediteure, die sich auf die ADSp berufen wollen, müssen eine Versicherung abschließen, die sich auch um die Regulierung der beiden Schadensfälle gekümmert hätte. Erläutern Sie diese Versicherung näher.

Lernsituation 11
Den Kombinierten Verkehr Straße/Schiene für den Container-Nachlauf nutzen

Die PAPIERFABRIK WENDERING AG, Düsseldorf, hat die INTERSPED GmbH beauftragt, den Import von vier Containern mit Zellulose aus den USA zu besorgen. Die Frankatur der Sendung lautete CIF Rotterdam. Die Organisation des Nachlaufs war im Auftrag enthalten. Allerdings sollten die vier Container nun nicht zum Hauptwerk nach Düsseldorf, sondern zur Produktionsstätte nach Gliwice in Polen weitergeleitet werden. Daher wünscht der Versender ein neues Angebot für den Nachlauf.

Gewöhnlich lässt die Spedition Container im Nachlauf per Lkw zu den Empfangsorten befördern. Sendungsumfang und Beförderungsstrecke legen es aber vermutlich nahe, für den Transport die Bahn zu wählen.

Aufgrund einer Anfrage bei POLZUG INTERMODAL GmbH, Hamburg, über Kosten für den Transport von vier 20'-Containern ab Übernahme Containerterminal Seehafen Rotterdam bis zur Auslieferung an den Empfänger (Fixpreis) werden INTERSPED folgende Daten übermittelt:

POLZUG INTERMODAL GmbH
Railrates from RSC[1] Rotterdam
Oneway prices in EUR to/from Polish terminals

	20' containers, tank containers up to 7,82 m				40' containers, tank containers up to 13,75 m		
	< 8 t gwt[2]	< 16,5 t gwt	< 22 t gwt	< 32 t gwt	< 8 t gwt	< 16,5 t gwt	< 32 t gwt
Poznan	400	500	560	710	700	740	930
Gliwice	410	510	570	720	720	760	950
Warszawa	410	510	570	720	720	760	950
Slawkow/Katowice	420	520	580	730	730	770	960

[1] RSC = Rail Service Center (Umschlagterminal für den Kombinierten Verkehr Straße/Schiene)
[2] gwt = gross weight
Wir arbeiten nach den Allgemeinen Bedingungen der Internationalen Vereinigung der Gesellschaften für den Kombinierten Verkehr Straße/Schiene (UIRR).

POLZUG INTERMODAL GmbH
Rotterdam – Gliwice

Train	Departure (= Day A)	Booking deadline	Ready for loading	Loading deadline	Arrival
42315	Monday/Thursday	previous day 15:00 h (for Mo. Departure: Fri. 15:00 h)	day A 06:00 h	day A 21:15 h	day D

Nebengebühren:
Lkw-Vorlauf
Seehafen-Containerterminal
Rotterdam bis RSC: 70,00 EUR pro Container
Kranung:
– RSC Rotterdam: 40,00 EUR pro Container
– Terminal Kontenerowi Gliwice: 35,00 EUR pro Container
Lkw-Nachlauf in Polen:
bis 35 km Entfernung 60,00 EUR pro Container
ab 35 bis 70 km Entfernung 129,00 EUR pro Container
Depotgebühr Leercontainer: 75,00 EUR pro Container
(Nebengebühren werden durch POLZUG in Rechnung gestellt.)

Nach Auskunft unseres Seehafenspediteurs in Rotterdam beträgt die THC Seehafen-Containerterminal Rotterdam zurzeit 135,00 EUR pro Container. Die THC sind mit in den Angebotspreis einzukalkulieren.

Lernsituation 11 zum Informationshandbuch Seite 162–171, 316–330

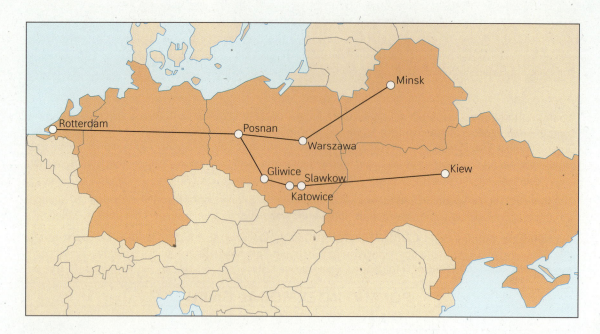

Beteiligte:

- Auftraggeber (Importeur): PAPIERFABRIK WENDERING AG, Aachener Straße 4, 40223 Düsseldorf
- Empfänger der Sendung: WENDERING-PAPIER, Bojkowska 74, 44–100 Gliwice, Polen (Entfernung zum Umschlagterminal Gliwice 8 km)
- MTO: Spedition POLZUG INTERMODAL GmbH, Burchardkai 17, 21129 Hamburg
- Eisenbahnfrachtführer: RAIL CARGO NL, Pleinweg 147, 3088 GC Rotterdam
- Umschlagterminals Kombinierter Verkehr:
  - Rail Service Center Rotterdam (RSC), Albert-Plesmanweg 200, 3088 GC Rotterdam
  - Terminal Kontenerowi, 44-100 Gliwice, Polen

Sendungsdaten:

Zellulose
Tara: 2 300 kg pro Container
Nettogewicht: 22 000 kg pro Container

Im Falle einer Lkw-Beförderung kalkuliert INTERSPED mit folgenden Daten pro Lkw:

Lkw Rotterdam – Gliwice	
Einsatztage	3
km	1 275
Tagessatz	410,00 EUR
Kilometersatz	0,52 EUR
Maut deutsche Strecke	0,183 EUR/km für 620 km

Arbeitsauftrag (Vorschlag)

Erstellen Sie ein Angebot für die WENDERING AG für den Nachlauf von vier Containern ab CIF Rotterdam bis zum Endempfänger in Gliwice unter preislichen und terminlichen Gesichtspunkten:

1. Ermitteln Sie die Kosten für eine Beförderung der Container per Bahn und per Lkw.
2. Vergleichen Sie die Beförderungszeiten.
3. Erstellen Sie das Angebot für den Versender. Auf die Kosten werden 20 % Gemeinkostenzuschlag und 10 % Gewinn aufgeschlagen. Der so ermittelte Preis wird auf volle 50,00 EUR aufgerundet. Der Auftraggeber wünscht einen Fixpreis.

Aufgabe 1
In der Einstiegssituation haben Sie ein Angebot für den Nachlauf von 4 Containern ab Rotterdam („CIF Rotterdam") erstellt. Begründen Sie, wer aufgrund des INCOTERMS® 2020 die Kosten für die Entladung der Container im Hafen Rotterdam und die Nachlaufkosten zu tragen hat.

Aufgabe 2
Gehen Sie davon aus, dass die WENDERING AG der INTERSPED GmbH den Besorgungsauftrag für den Kombinierten Verkehr Straße/Schiene erteilt hat.

a Beschreiben Sie den Ablauf der Beförderung im Kombinierten Verkehr vom Containerterminal in Rotterdam bis zur Ankunft beim Empfänger.

b POLZUG hat den nachfolgenden Frachtbrief für den Eisenbahntransport ausgestellt, der als Auszug abgebildet ist. Erläutern Sie die Eintragungen in den Feldern 1, 4, 10, 16 und 20

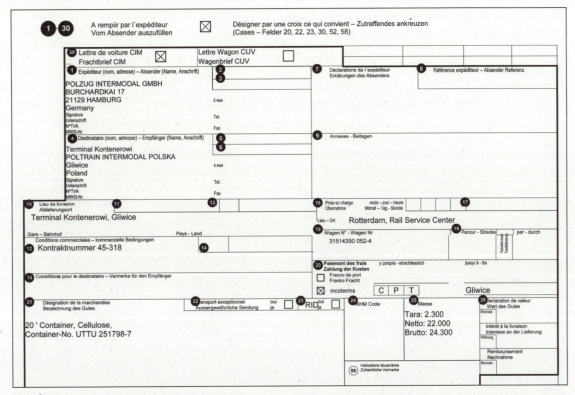

c Erläutern Sie anhand des nachfolgenden Auszugs aus den AGB der UIRR, wie die Haftung für Güterschäden geregelt ist.

Allgemeine Geschäftsbedingungen der Internationalen Vereinigung der Gesellschaften für den Kombinierten Verkehr Schiene-Straße (UIRR)

Artikel 8 Haftung der UIRR Gesellschaft

8.3 Wenn festgestellt ist, dass Verlust oder Beschädigung zwischen Annahme und Auslieferung der Ladeeinheit durch die beteiligten Eisenbahnunternehmen eingetreten sind, finden auf die Haftung der UIRR-Gesellschaft und auf deren Einschränkungen die Bestimmungen der „Einheitlichen Rechtsvorschriften für den Vertrag über die internationale Eisenbahnbeförderung von Gütern (CIM)" Anwendung, welche den „Anhang B zum Übereinkommen über den internationalen Eisenbahnverkehr (COTIF) bilden, und zwar in der bei Inkrafttreten des UIRR-Vertrages geltenden Fassung.

8.4 Außerhalb der Beförderung auf der Schiene gemäß Art. 8.3 ist die Entschädigungspflicht der UIRR-Gesellschaft für Verlust oder Beschädigung der Ladeeinheit und ihres Gutes auf 8,33 Sonderziehungsrechte (SZR), wie sie durch den Internationalen Währungsfonds definiert sind, je fehlendem oder beschädigtem Kilogramm Bruttogewicht begrenzt. [...]

Quelle: © UIRR Internationale Vereinigung für den kombinierten Verkehr Schiene-Straße (Hrsg.): 1996–2007 Allgemeine Geschäftsbedingungen der UIRR. In: www.uirr.com. Online verfügbar unter: www.uirr.com/de/component/downloads/downloads/135.html, S. 7 [16.08.2021].

d Die in den Ziffern 8.3 und 8.4 der UIRR-AGB festgelegte Haftung im Kombinierten Verkehr wird auch als Netzwerkprinzip bezeichnet. Erläutern Sie diese Regelung und gehen Sie dabei auch auf die Rechtsposition von POLZUG als MTO (Multimodal Transport Operator) ein.

e Beschreiben Sie jeweils zwei Vorteile, die für den reinen Lkw-Verkehr bzw. für den Kombinierten Verkehr sprechen.

Aufgabe 3

Die INTERSPED GmbH will für die Sammelgutrelation Düsseldorf – München prüfen, ob der Hauptlauf sinnvoll mit der Eisenbahn durchgeführt werden kann. Die sich abzeichnende Überlastung des Straßennetzes, die öffentlich erhobenen Forderungen von Politikern, mehr Transporte über die Schiene zu führen, und auch ökologische Gesichtspunkte haben die Mitarbeiterinnen und Mitarbeiter der INTERSPED GmbH veranlasst, diese Alternative zu überdenken. Hinzu kommt, dass ein Eisenbahnunternehmen in letzter Zeit Angebote macht, die nicht nur preislich interessant, sondern vor allem auch mit festen Terminzusagen verbunden sind.

Die Bahn wäre bereit, eine vorhandene Gleisanlage so weit zu verlängern, dass die INTERSPED GmbH über einen eigenen Gleisanschluss im Lager verfügte.

Prüfen Sie, ob das Ladungsverkehr-Angebot des Eisenbahnunternehmens in die Sammelgutorganisation der INTERSPED GmbH sinnvoll eingebunden werden könnte.

Die Prüfung soll beispielhaft anhand folgender Sendungsdaten erfolgen:

- 25 t Sammelgut von Düsseldorf nach München (623 km zu unserem Empfangsspediteur SÜDSPED, Boschetsrieder Straße 79, 81379 München)
- Die Sendung ist am Dienstag, 12.06.20(0) zwischen 18:00 und 20:00 Uhr übergabebereit an den Frachtführer.
- Der Empfangsspediteur in München hat einen eigenen Gleisanschluss.
- Abgangsbahnhof ist Düsseldorf-Hafen, Empfangsbahnhof ist München-Süd.

Bei der Organisation der Lkw-Sammelladung von INTERSPED ist folgender Zeitablauf festzustellen:

	Lkw-Sammelladung	
	Datum	Uhrzeit
Zustellen der Vortagssendungen	12.06.	07:00–13:00 Uhr
Aufholen neuer Sendungen		13:00–18:00 Uhr
Umschlag Versandspediteur und Übergabe an den Fernverkehrs-Lkw		18:00–20:00 Uhr
Fernverkehrstransport (Hauptlauf)		20:00–06:00 Uhr
Umschlag Empfangsspediteur	13.06.	06:00–07:00 Uhr
Zustellung beim Endempfänger		07:00–13:00 Uhr

Organisatorische Anpassungen sind möglich, allerdings sollte den Kunden der bisherige 24- bis 48-Stunden-Service erhalten bleiben.

	Bahnbeförderung	
	Datum	Uhrzeit
Zustellen der Vortagssendungen		
Aufholen neuer Sendungen		
Umschlag Versandspediteur		
Hauptlauf		
Umschlag Empfangsspediteur		
Zustellung beim Endempfänger		

Dem Fahrplan des Eisenbahnfrachtführers entnehmen Sie folgende Informationen:

Fahrplan-Auszug

von:	Düsseldorf Hafen
nach:	München Süd
Datum:	Di, 12.06.
Zeit:	16:00 Uhr (Abfahrt)

Verbindungen

Versandort/Empfangsort	Datum	Zeit	Dauer	Bemerkungen
Düsseldorf Hafen München Süd	Di, 12.06. Do, 14.06.	ab 17:35 Uhr bis 09:31 Uhr	39:56	Verkehrstage: Mo - Mi Streckenklasse: D4 Tarifentfernung: 623 km
Düsseldorf Hafen München Süd	Di, 12.06. Do, 14.06.	ab 21:05 Uhr bis 09:31 Uhr	36:26	Verkehrstage: Mo - Mi Streckenklasse: D4 Tarifentfernung: 623 km

Aufgabe 4
Nehmen Sie an, die Spedition INTERSPED hat den Bahn-Sammelgutverkehr probeweise aufgenommen (25 t Sammelgut nach München). Ein Bahn-Waggon trifft auf dem Gelände von INTERSPED ein und hat folgendes Anschriftenbild und Lastgrenzenraster:

Anschriftenbild

31	RIV
80	D-DB
453 8 465-5	
Habbiins	
344	

ABC-Raster (Lastgrenzenraster)

	A	B	C	D
S	37,5	45,0	55,0	63,0
120	0,00			

Erläutern Sie die Bedeutung der angegebenen Zeichen.

Aufgabe 5
Die Spedition NORDLOG GmbH, Hamburg, ist eine Lkw-Sammelladungsspedition. Das Sendungsaufkommen für die Sammelgutrelation Hamburg – Nürnberg ist so hoch, dass täglich zwei 7,45-m-Wechselbrücken im Direktverkehr zum Empfangsspediteur nach Nürnberg abgefertigt werden können. In der Gegenrichtung ist das Sendungsaufkommen gleich hoch.
Von RAIL CARGO liegt ein Angebot vor, eine schnelle Zugverbindung von Hamburg-Billwerder nach Nürnberg-Containerbahnhof für den Sammelgutverkehr zu nutzen. RAIL CARGO setzt einen Zug für diese Strecke ein, der mit einer Geschwindigkeit von bis zu 140 km/h an fünf Tagen in der Woche fährt.

Fahrplan

	Nord → Süd		Süd → Nord	
Station	Annahmeschluss	Bereitstellung	Annahmeschluss	Bereitstellung
Hamburg Billwerder Ubf	19:55			04:40
Nürnberg Containerbahnhof		04:25	20:10	

Ubf = Umschlagsbahnhof

Lernsituation 11 zum Informationshandbuch Seite 162–171, 316–330

Preisliste
Die nachfolgend abgebildeten Preise gelten für Ladeeinheiten bis 7,82 m Gesamtlänge und bis 16 000 kg Gesamtgewicht je Stellplatz inklusive aller Umschläge.

Auswahl	Von – nach	Abfahrtsdatum	Annahmeschluss	Bereitstellzeit	Freie Stellplätze	Preis pro Stellplatz für den Schienentransport/Euro	Vor-/Nachlauf
	HH-NBG	Thu, 23.04.20(0)	19:55	04:25	2	240,00	möglich
Auswahl	HH-NBG	Fri, 24.04.20(0)	19:55	04:25	2	240,00	möglich
Auswahl	HH-NBG	Mon, 27.04.20(0)	19:55	04:25	4	240,00	möglich
Auswahl	HH-NBG	Tue, 28.04.20(0)	19:55	04:25	4	240,00	möglich
Auswahl	HH-NBG	Wed, 29.04.20(0)	19:55	04:25	2	240,00	möglich

Beförderungsstrecken

	km	Zeit
NORDLOG GmbH, Hamburg – Umschlagterminal Hamburg-Billwerder	12	30 Min.
Lkw-Transport NORDLOG GmbH, Hamburg, bis Empfangsspediteur Nürnberg	615	12 Std.
Nürnberg-Containerbahnhof – Empfangsspediteur Nürnberg	15	30 Min.

KW = Kalenderwoche

Kosten

- **für die reine Lkw-Beförderung**
  Beförderung im Selbsteintritt: ein Tagessatz zu 460,00 EUR, Kilometersatz 0,55 EUR

- **für den Bahntransport im Kombinierten Verkehr**
  Vorlauf zum Bahnhof: ½ Stundensatz (Stundensatz = 1/12 Tagessatz) + Kilometersatz
  Hauptlauf für zwei Wechselbrücken laut Preisliste
  Nachlauf: Preisvereinbarung mit dem Empfangsspediteur: 45,00 EUR pro Fahrt

KW	Ankünfte	Verspätet	Quote
16	5	0	100 %
15	5	0	100 %
14	5	0	100 %
13	5	0	100 %
12	5	1	80 %
11	5	1	80 %
10	5	1	80 %
09	5	1	80 %
08	5	2	60 %
07	4	0	100 %
	49	6	87,8 %

Zeitliche Abläufe im Sammelgutverkehr der NORDLOG GmbH, Hamburg

- Verteilen des Sammelguteingangs: ab 08:00 Uhr (und teilweise Aufholen von Sammelgut)
- Aufholen der Sammelgutsendungen bei den Versendern: ab 12:00 Uhr
- Umschlag und Verteilen der Sendungen auf die Sammelgutrelationen: bis 17:00 Uhr

Die NORDLOG GmbH kann ihren Versendern eine 24-Stunden-Zustellung mit einer Erfolgsquote von 98 % bieten.

a Vergleichen Sie das Angebot von RAIL CARGO mit dem bisherigen reinen Lkw-Sammelgutverkehr nach unten stehenden Gesichtspunkten und treffen Sie eine Entscheidung, ob die NORDLOG GmbH auf das Angebot von RAIL CARGO eingehen soll:
- Maße der Ladeeinheiten
- Gewicht der Ladeeinheiten
- Preise
- Beförderungszeit
- Einbindung in die Sammelgutabläufe der NORDLOG GmbH
- Termintreue

b ba Definieren Sie den Begriff „Kombinierter Verkehr".
  bb Kombinierter Verkehr wird nicht nur mit Wechselbrücken betrieben. Nennen Sie zwei weitere Arten von Ladeeinheiten.
  bc Kombinierter Verkehr und multimodaler Verkehr werden häufig synonym (gleichbedeutend) gebraucht. Prüfen Sie, ob im Falle einer Entscheidung für das RAIL CARGO Angebot multimodaler Verkehr im Sinne des Handelsgesetzbuches vorliegt.

c Jeder Wechselbehälter muss mit einer Codenummer (Profilnummer) ausgestattet sein. Erläutern Sie die Aufgabe dieser Kennzeichnung.

d In Deutschland existieren 46 Umschlagbahnhöfe für Kombinierten Verkehr, unter anderem in: Regensburg, Hannover, Erfurt, Kiel, Lübeck, Nürnberg, München, Hamburg.
Ordnen Sie die Terminalstandorte in nord-südlicher Richtung.

e RAIL CARGO verlangt von seinen Vertragspartnern die Teilnahme am Frachtenausgleichsverfahren. Erläutern Sie dieses Verfahren.

Aufgabe 6

Orden Sie die Städte
- Stockholm,
- Malmö,
- Hamburg,
- Köln,
- Antwerpen,
- Rotterdam,
- Berlin,
- Warschau,
- Prag,
- Bratislava,
- Barcelona,
- Lyon,
- Basel,
- Mailand,
- München,
- Wien,
- Salzburg,
- Budapest,
- Ljubljana und
- Bologna

auf der Karte zu.

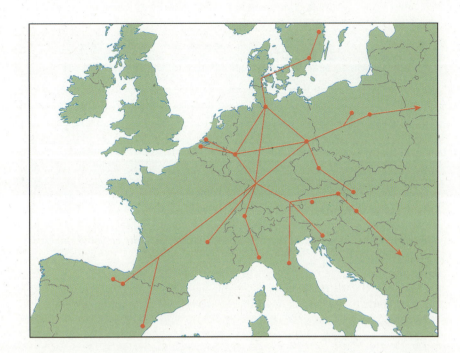

Aufgabe 7

In der Spedition INTERSPED GmbH geht die Anfrage ein, ob es zukünftig möglich ist, regelmäßig einen Containertransport mit IT-Produkten aus China mit der Bahn zu besorgen. Liefergeschwindigkeit und -sicherheit sowie Umweltschutz stehen laut Auftraggeber für eine solche Entscheidung im Vordergrund. Der erste Transport von Monitoren soll von Xiangtang (Shanghai) nach Hamburg durchgeführt werden. Weitere Lieferanten sind in Peking.

Nach einer Recherche von INTERSPED stehen folgende Informationen auf dem Notizblatt des Disponenten:

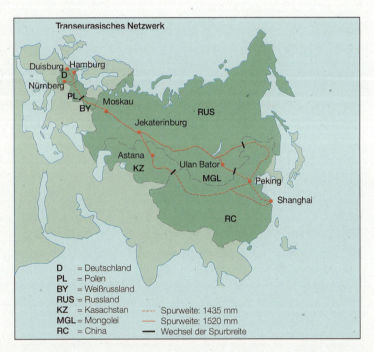

- Waren, die in West- und Nordostchina produziert werden, haben lange Laufzeiten innerhalb Chinas zu den Häfen.
- Die Winter an der Bahnstrecke sind hart, das könnte den Inhalt unserer Container beschädigen.
- Keine Gefahr durch Piraterie. Wegen der kürzeren Transportzeit wird die Bindung von Kapital halbiert. Die Verbindung führt je nach Strecke durch mindestens fünf Länder, daher könnten beispielsweise Zollprobleme auftreten. Die Spurbreite in Russland ist anders als in China und Deutschland, daher müssen die Container zweimal umgeladen werden.
- Trans Eurasia Express, Zugverbindung zwischen Deutschland und China, 10 000 km
- Transportzeit: Schienenverkehr 17 Tage, Luftverkehr 24 Stunden, Seeverkehr 35 Tage
- CO_2-Emission: 5 % der Emissionen im Luftverkehr
- Bahnverkehr ist kostengünstiger als Luftverkehr. Ein 20'-Container wird für 4 000,00 EUR per Bahn befördert.

Lernsituation 11 zum Informationshandbuch Seite 162–171, 316–330

Um einen ersten Eindruck über die Verkehrsalternativen zu bekommen, fassen Sie die Erkenntnisse in folgender Matrix zusammen:

Alternative	Flugverkehr	Bahnverkehr	Seeverkehr
Kriterium	Note	Note	Note
Kosten/Kapitalbindungskosten			
Schnelligkeit			
Zuverlässigkeit			
Umweltschutz			
Paarigkeit			
Summe			

Bewerten Sie durch Vergabe von jeweils 1–3 Punkten, inwieweit die alternativen Transportstrecken den Kriterien gerecht werden:
1 = ausreichend, 2 = befriedigend, 3 = gut
Addieren Sie die Punktzahlen der einzelnen Kriterien zu einer Gesamtpunktzahl.

Aufgabe 8

Die Spedition Hemmert hat den Auftrag erhalten, zwei Stahlwalzen (je 36 210 kg) von Göttingen nach Moskau zu befördern. Die Beförderungsstrecke wird in vier Abschnitte aufgeteilt:

1. D: Göttingen – Frankfurt/Oder
2. PL: Kunowice – Malaszewice
3. BY: Brest – russische Grenze
4. RU: russische Grenze – Moskau

Der Versender wünscht für den Besorgungsauftrag einen Fixpreis. Zu diesem Zweck hat die Spedition vom Eisenbahnfrachtführer ein Preisangebot eingeholt.

Raten pro 1 000 kg von nach			Sonstige Kosten	
Göttingen	Frankfurt/Oder	39,50 EUR	Umladekosten Brest	810,00 EUR
Kunowice	Malaszewice	27,10 EUR	Ladungssicherung Brest	600,00 EUR
Brest	Cherepovets	110,00 EUR		

Auf die ermittelten Kosten ist noch ein Zuschlag in Höhe von 20 % für Allgemeine Verwaltungskosten und Gewinn aufzuschlagen.

a Berechnen Sie den Fixpreis für den Versender.
b Begründen Sie, warum in Brest (Grenzort Belarus) eine Umladung und erneute Sicherung der Sendung notwendig ist.
c Nach der Umladung ist die Ladung erneut zu sichern. Dazu werden die Walzen zunächst mit Zurrgurten befestigt. Anschließend werden die Güter an den Kopfenden des Wagens mit Kanthölzern gegen Verrutschen gesichert. Nennen Sie die beiden Verfahren zur Ladungssicherung, die hier angewendet worden sind.

30 Punkte = 60 Minuten

Aufgabe 9 (Prüfungsnahe Aufgabenstellung)

Situation
Sie sind Mitarbeiter/-in der Spedition Schäfer GmbH, Köln, und bearbeiten einen Besorgungsauftrag des Automobilzulieferers Continet AG, Köln. Das Unternehmen beliefert einen türkischen Automobilproduzenten mit Autoteilen, 44 t Teile für den Automobilbau. Die Spedition Schäfer legt ihren Geschäften die ADSp zugrunde.

Beteiligte
Versender: Continet AG, Brühler Straße 43, 50968 Köln
Spediteur: Schäfer GmbH, Dürener Straße 18, 50674 Köln
Empfänger: TOFAS, Türk Otomobil Fabrikasi A.S., Yeni Yalova Yolu Cad. No: 574 16369 Bursa, Turkey

Frachtführer:
- Köln – Passau: RAIL CARGOSYSTEM
- Passau – Sopron (Ungarn): Rail Cargo Austria (RCA)
- Sopran – Svilengrad (Bulgarien): Balkanzugsystem
- Svilengrad – Bursa (Türkei): Eksper Rail

1 (2 Punkte)

Erläutern Sie beispielhaft die nachfolgend beschriebenen Vertragsbeziehungen hinsichtlich Vertragsart (Speditionsvertrag/Frachtvertrag) und der Vertragsgrundlage:
- Continet AG – Schäfer GmbH
- Schäfer GmbH – RAIL CARGOSYSTEM

2 (4 Punkte)

Für die Bestellung des Wagens bei RAIL CARGOSYSTEM haben Sie aus dem Güterwagenkatalog den Wagentyp „Hiirrs" in die engere Wahl gezogen.

2.1 Prüfen Sie, ob die Getriebe, die auf 60 Europaletten untergebracht sind und 44 t wiegen, in einen Wagen vom Typ Hiirrs passen. Verwenden Sie dazu die nachfolgenden technischen Spezifikationen und das Lastgrenzenraster für diesen Wagen. Die Paletten sind nicht stapelbar.

Technische Spezifikation

Gattungszeichen mit Bauartennummer	Hiirrs
Ladelänge in mm	25 260
Ladebreite in mm	2 600

Lastgrenzenraster für Hiirrs

	A	B	C	D
s	32,0	40,0	50,0	58,0
120	00,0			

2.2 Stellen Sie anhand des Lastgrenzenrasters begründet fest, welche Streckenklasse von Köln bis Bursa vorliegen muss, damit der Transport mit dem Wagentyp durchgeführt werden kann.

3 (4 Punkte)

Aufgrund des hohes Güterwerte von 510 000,00 EUR möchte der Versender wissen, ob eine Transportversicherung abzuschließen ist, oder ob die Haftung der Spedition Schäfer GmbH bzw. die Frachtführerhaftung ausreicht, um den gesamten Güterwert abzudecken.

3.1 Erläutern Sie die Haftung für den Transport nach Bursa. Gehen Sie davon aus, dass die Spedition mit dem Versender einen festen Preis für die Beförderung vereinbart hat.

3.2 Berechnen Sie die maximale Haftungshöhe und geben Sie dem Versender eine Empfehlung.
- Wert eines Sonderziehungsrechts am Tag der Sendungsübernahme: 1,21 EUR

4 (5 Punkte)

Als Beförderungspapier wird ein CIM-Frachtbrief ausgestellt (siehe abgebildeten Frachtbriefauszüge unten).

4.1 Im Feld 1 ist die Spedition Schäfer eingetragen und nicht die Continet AG. Begründen Sie, warum der Eintrag korrekt ist.

4.2 Erklären Sie die Aufgabe des NHM Codes in Feld 24.

4.3 Im Feld 26 hätte der Wert des Gutes deklariert werden können. Beschreiben Sie die Wirkung, die von einem Eintrag in Feld 26 ausgeht und begründen Sie, warum ein Eintrag im vorliegenden Fall nicht sinnvoll ist.

CIM-Frachtbrief Auszug 1

CIM-Frachtbrief Auszug 2

5 (4 Punkte)

Die beteiligten Eisenbahngesellschaften berechnen die Fracht von Köln über Passau bis Sopron (H) nach den unten aufgeführten Preislisten. Die Strecke Sopron – Bursa wird mit den Frachtführern individuell ausgehandelt.

Berechnen Sie die Frachtkosten für den Wagen mit den Getrieben (Gewicht 44 t) nach den beiden Preislisten.

Entfernungen:

Köln – Passau: 677 km

Passau – Sopron: 372 km

Preislisten (Auszüge)

	Deutsche Strecke (Köln – Passau)			
Sendungsgewicht in t	10 t	15 t	20 t	25 t
Entfernung bis km	Euro je 1 000 kg			
100	30,10	24,10	21,10	20,10
110	31,70	25,40	22,10	21,10
120	33,20	26,60	23,30	22,10
130	34,70	27,70	24,20	23,10
140	36,20	29,00	25,40	24,10
150	37,80	30,20	26,40	25,20
...	...	...	...	...
450	76,70	61,40	53,70	51,10
500	81,20	65,00	56,80	54,10
550	86,00	68,80	60,20	57,30
600	90,60	72,50	63,30	60,30
650	94,90	75,90	66,40	63,20
700	99,00	79,30	69,30	66,00
750	102,40	81,90	71,60	68,20
800	104,60	83,70	73,30	69,80
850	107,10	85,70	75,00	71,40
900	109,30	87,50	76,50	72,90
...	...	...	...	...

Lernsituation 11 zum Informationshandbuch Seite 162–171, 316–330

Strecke Passau – Sopron Frachtsätze in Euro/1 000 kg				
und →	Nickelsdorf		Sopron	
zwischen	10 t	15 t	20 t	25 t
Passau Hbf	60,43	46,57	42,28	40,44
Salzburg Hbf	62,48	48,01	43,66	41,77

6 (6 Punkte)

Die Autoteile müssen pünktlich beim türkischen Autohersteller eintreffen. Da Transporte dieser Art bisher immer innerhalb von acht Werktagen abgewickelt worden sind, hat man auf die Vereinbarung einer Lieferfrist verzichtet. Die am 20.04.20(0) an den Frachtführer (RAIL CARGOSYSTEM) übergebene Sendung ist allerdings erst am 30.04.20(0) beim Empfänger angekommen. Als Grund nannte RAIL CARGOSYSTEM, dass ein Frachtführer in der Lieferkette die Wagen nicht rechtzeitig übernehmen konnte, weil ihm Lokomotiven fehlten. Sie prüfen daher, ob Sie Schadenersatzansprüche geltend machen können.

Daten
- Entfernung Köln – Bursa: 2 800 km
- vereinbarte Fracht mit allen Frachtführern: 5 300,00 EUR
- Kalenderdaten

April 20(0)						
Woche	Mo	Di	Mi	Do	Fr	Sa	So
14			1	2	3	4	5
15	6	7	8	9	10	11	12
16	13	14	15	16	17	18	19
17	20	21	22	23	24	25	26
18	27	28	29	30			

6.1 Stellen Sie anhand der Auszüge aus der CIM (siehe unten) begründet fest, ob grundsätzlich ein Haftungsanspruch wegen Verspätung möglich ist.

6.2 Berechnen Sie die Lieferfrist, die den Frachtführern für die gesamte Beförderungsstrecke zur Verfügung steht.

6.3 Ermitteln Sie die maximale Höhe des Schadenersatzes.

Auszug aus den „Einheitlichen Rechtsvorschriften für den Vertrag über die internationale Eisenbahnbeförderung von Gütern" (CIM)

Artikel 16 – Lieferfristen
§ 1 Die Lieferfrist wird zwischen dem Absender und dem Beförderer vereinbart. Fehlt eine Vereinbarung, darf die Lieferfrist jedoch nicht länger sein als diejenige, die sich aus den §§ 2 bis 4 ergibt.
§ 2 Vorbehaltlich der §§ 3 und 4 betragen die Höchstlieferfristen:
   a) für Wagenladungen
      – Abfertigungsfrist 12 Stunden,
      – Beförderungsfrist je angefangene 400 km 24 Stunden;
   b) für Stückgut …
§ 3 (hier nicht relevant)
§ 4 Die Lieferfrist beginnt mit der Übernahme des Gutes; … Die Lieferfrist ruht an Sonntagen und gesetzlichen Feiertagen.

Artikel 23 – Haftungsgrund
§ 1 Der Beförderer haftet für den Schaden, der durch gänzlichen oder teilweisen Verlust oder durch Beschädigung des Gutes in der Zeit von der Übernahme des Gutes bis zur Ablieferung sowie durch Überschreitung der Lieferfrist entsteht, unabhängig davon, welche Eisenbahninfrastruktur benutzt wird.

Artikel 26 – Aufeinander folgende Beförderer
Wird eine Beförderung, die Gegenstand eines einzigen Beförderungsvertrages ist, von mehreren aufeinander folgenden Beförderern durchgeführt, so tritt jeder Beförderer dadurch, dass er das Gut mit dem Frachtbrief übernimmt, in den Beförderungsvertrag nach Maßgabe dieses Frachtbriefes ein und übernimmt die sich daraus ergebenden Verpflichtungen. In diesem Fall haftet jeder Beförderer für die Ausführung der Beförderung auf der ganzen Strecke bis zur Ablieferung.

Artikel 33 – Entschädigung bei Überschreitung der Lieferfrist
§ 1 Ist durch die Überschreitung der Lieferfrist ein Schaden, einschließlich einer Beschädigung, entstanden, so hat der Beförderer eine Entschädigung zu zahlen, die höchstens das Vierfache der Fracht beträgt.

7 (2 Punkte)

Der Zug durchfährt auf der Fahrt von Köln nach Bursa folgende Länder:

Deutschland – Österreich – Ungarn – Rumänien – Bulgarien – Türkei

Nehmen Sie an, aufgrund von Problemen auf der Zugstrecke muss der Zug unter anderem die Länder Serbien, Kroatien, Slowenien und Bosnien-Herzegowina passieren.

Bringen Sie beteiligten Länder – Beginnend mit Deutschland – in die richtige Reihenfolge.

8 (3 Punkte)

Erläutern Sie drei Vorteile einer Bahnbeförderung gegenüber dem Lkw oder dem Binnenschiff.

SELBSTTEST LERNSITUATION 11

Diesen **Prozess** beherrsche ich (X):

	voll	weitgehend	eher nicht	gar nicht
ein Angebot für einen Container-Nachlauf erstellen				
die Kosten für eine Beförderung von Containern per Bahn und per Lkw berechnen				
die Beförderungszeiten einer Bahn- und Lkw-Beförderung vergleichen				
geeignete Güterwagen für bestimmte Transporte auswählen				
den Entfernungsanzeiger der Bahn für die Transportorganisation verwenden				
begründet entscheiden, ob ein Sammelguthauptlauf mithilfe des kombinierten Verkehrs Straße – Schiene organisiert werden soll				

Diese **Begriffe** kenne ich (✓)

ALB ☐	Eigentumsmerkmal ☐	Logistikzug ☐
Anschriftenbild ☐	Ganzzug ☐	NHM-Code ☐
CIM ☐	Gattungsbuchstaben ☐	RIV ☐
COTIF ☐	Kennbuchstaben ☐	Streckenklassen ☐
DIUM ☐	Lastgrenzenraster ☐	

Abschlussaufgabe Lernsituation 11

Situation
Sie sind Mitarbeiter/-in in der Spedition Hamburger Transportgesellschaft mbH und bearbeiten einen Besorgungsauftrag der Alpin-Holzwerke GmbH, Haidestraße 23, 1110 Wien, Österreich. Das Unternehmen bezieht 52 000 kg entrindetes Nadelholz in Stämmen von einem skandinavischen Lieferanten. Das Holz ist per Bahn vom Versandbahnhof Hamburg – Süd zum Empfangsbahnhof Wien-Nordwestbahnhof zu befördern. Sie beauftragen die RAIL CARGOSYSTEM mit der Durchführung des Transportes.

1
Erläutern Sie die Vertragsbeziehungen zwischen der Hamburger Transportgesellschaft mbH, den Alpin-Holzwerken und RAIL CARGOSYSTEM und begründen Sie, nach welchen rechtlichen Grundlagen die Verträge abgewickelt werden.

2
Mit dem Beförderungsauftrag an RAIL CARGOSYSTEM nehmen Sie am Einzelwagenladungsverkehr der Bahn teil. Erläutern Sie diese Form der Zugbildung im Vergleich zum Ganzzugverkehr und nennen Sie einen wesentlichen Nachteil des Einzelwagenverkehrs.

3
Sie haben den Umschlagsbetrieb im Hafen Hamburg beauftragt, das Holz auf bahneigene vierachsige Drehgestellflachwagen vom Typ „Roos" (Gattung R) umzuladen. Begründen Sie die Auswahl dieses Wagentyps anhand von drei Kriterien; bedienen Sie sich dabei der Informationen aus dem Güterwagenkatalog der RAIL CARGOSYSTEM:

Drehgestellflachwagen mit vier Radsätzen, Stirnwänden und Rungen, jedoch ohne Seitenwände

Wagenausrüstung:
- vier Radsätze
- Stirnwände
- unterschiedliche positionierbare Rungen (= senkrechte Stützen an den Wagenseiten)
- ohne Seitenwände
- fest installierte Niederbindeeinrichtungen

4
Die Bahn stellt einen Wagen mit folgendem Lastgrenzenraster zur Verfügung:

	A	B	C
s	37,0 t	45,0 t	53,0 t
120		00,0 t	

Auf der Beförderungsstrecke gilt durchgehend die Streckenklasse C.
Begründen Sie die Eignung des Wagens für den Holztransport aufgrund des Lastgrenzenrasters.

5

Auf der deutschen Strecke wird der Zug ab Hamburg-Süd folgende Städte passieren (siehe Karte):
Regensburg, Hannover, Würzburg, Passau, Kassel, Nürnberg.
Bringen Sie die Städte ab Hamburg Süd in die richtige Reihenfolge.

6

Sie bestellen den Waggon beim Kunden-Service-Zentrum von RAIL CARGOSYSTEM. Nennen Sie vier Angaben, die bei der Bestellung des Wagens erforderlich sind.

7

Berechnen Sie anhand der nachfolgenden Daten den Übernahmesatz, den die Hamburger Speditionsgesellschaft mbH dem Kunden berechnet.

Abrechnungsdaten
Der Umschlagsbetrieb berechnet Ihnen einen Umschlagssatz von pauschal 300,00 EUR pro Waggon.
Mit RAIL CARGOSYSTEM haben Sie für diesen Transport folgende Frachtvereinbarung getroffen:
- Basisfracht für den Wagen 720,00 EUR
- 1,40 EUR pro Kilometer für die Gesamtentfernung gemäß DIUM

Beförderungsstrecke und Entfernungen Hamburg-Süd – Wien Nordwestbahnhof (laut DIUM)

Land	Von Bahnhof/Grenzpunkt		Nach Bahnhof/Grenzpunkt		Entfernung
	Nummer	Name	Nummer	Name	km
DE	010801	Hamburg-Süd	0460	Passau Hbf	816
AT	0460	Passau Hbf	012583	Wien Nordwestbahnhof	300
					1 116

Dem Kunden haben Sie einen festen Übernahmesatz angeboten. Dieser setzt sich zusammen aus den Umschlags- und Beförderungskosten zuzüglich eines Zuschlag von 25 % für Verwaltungskosten und Gewinn.

8

Der Wagen wird im Rangierbahnhof Nürnberg Rbf ausgesetzt, da sich die Ladung erheblich verschoben hat und der Wagen nun eine Betriebsgefährdung darstellt. Begründen Sie, wie Sie sich gegenüber dem Eisenbahnfrachtführer verhalten. Beachten Sie den nachfolgenden Hinweis.

Hinweis: Vor Transportbeginn hat der Wagenmeister der RAIL CARGOSYSTEM den Wagen im Anschlussgleis des Umschlagsbetriebes ohne Beanstandung abgenommen. Neben dem technischen Zustand des Wagens kontrollierte der Wagenmeister auch, ob die Beladung und die Ladungssicherung den Beladevorschriften entsprachen und dieser Wagen somit sicher im Regelzugverkehr befördert werden konnte.

9

Zwar können Sie im Augenblick noch nicht erkennen, ob der Ladungsverschub zu einer Lieferverzögerung führt. Vorsichtshalber prüfen Sie aber, bis zu welchem Termin die Sendung in Wien ankommen muss und welche Schadenersatzforderungen Sie evtl. für Ihren Kunden stellen können.

Woche	Mo	Di	Mi	April 20(0)			
				Do	Fr	Sa	So
14			1	2	3	4	5
15	6	7	8	9	10	11	12

Hinweis: Die Sendung ist am 06.04.20(0) um 08:00 Uhr vom Eisenbahnfrachtführer in Hamburg übernommen worden.

a Berechnen Sie die Lieferfrist, die RAIL CARGOSYSTEM für die Beförderungsstrecke zur Verfügung steht.

b Stellen Sie anhand der Rechtsgrundlage (siehe nachfolgende Auszüge) begründet fest, ob ein Haftungsanspruch wegen Verspätung möglich ist.

c Ermitteln Sie die maximale Höhe des Schadenersatzes.

Artikel 16 – Lieferfristen

§ 1 Die Lieferfrist wird zwischen dem Absender und dem Beförderer vereinbart. Fehlt eine Vereinbarung, darf die Lieferfrist jedoch nicht länger sein als diejenige, die sich aus den §§ 2 bis 4 ergibt.

§ 2 Vorbehaltlich der §§ 3 und 4 betragen die Höchstlieferfristen:
  a) für Wagenladungen
    – Abfertigungsfrist 12 Stunden,
    – Beförderungsfrist je angefangene 400 km 24 Stunden;
  b) ...

§ 3 ...

§ 4 Die Lieferfrist beginnt mit der Übernahme des Gutes; ... Die Lieferfrist ruht an Sonntagen und gesetzlichen Feiertagen.

Artikel 23 – Haftungsgrund

§ 1 Der Beförderer haftet für den Schaden, der durch gänzlichen oder teilweisen Verlust oder durch Beschädigung des Gutes in der Zeit von der Übernahme des Gutes bis zur Ablieferung sowie durch Überschreitung der Lieferfrist entsteht, unabhängig davon, welche Eisenbahninfrastruktur benutzt wird.

Artikel 33 – Entschädigung bei Überschreitung der Lieferfrist

§ 1 Ist durch die Überschreitung der Lieferfrist ein Schaden, einschließlich einer Beschädigung, entstanden, so hat der Beförderer eine Entschädigung zu zahlen, die höchstens das Vierfache der Fracht beträgt.

10

Der Umschlagsbetrieb im Hamburger Hafen hat die Sendung sowohl kraftschlüssig als auch formschlüssig gesichert. Machen Sie diese beiden Arten der Ladungssicherung anhand der Abbildung in Aufgabe 3 deutlich.

Lernsituation 12
Das Binnenschiff als Transportalternative prüfen

Die Fellerhoff Antriebstechnik AG stellt hochwertige Wälzlager für Windenergieanlagen her. Den dafür erforderlichen Präzisionsstahl bezieht sie aus den USA. In 40-Fuß-Containern wird die Ware per Seeschiff nach Rotterdam befördert, dort auf Sattelzüge umgeschlagen und nach Köln transportiert. Pro Woche trifft 1 Container im Werk ein (40-Fuß-Standard-Container).

Beteiligte Lkw-Beförderung

- Spedition: INTERSPED GmbH, Merkurstraße 14, 40223 Düsseldorf
- Versender: Fellerhoff Antriebstechnik AG, Bernhard-Günther-Straße 16, 50735 Köln

Sendungsdaten

- Spezialstahl für Wälzlager
- USA – Rotterdam per Seeschiff in 40-Fuß-Containern (Standard)
- Umschlag in Rotterdam und Nachlauf per Sattelzug nach Köln
- durchschnittliches Ladungsgewicht eines Containers: 22,5 t, Containergewicht: 3 780 kg, Gewicht Sattelzug 13,5 t
- Rücklauf des Containers nach Köln in das Containerdepot

Daten zum Lkw-Transport

- Ankunft Rotterdam: ECT Delta Terminal, Europaweg 875, LD Rotterdam (Maasvlakte), Niederlande
- Strecke Rotterdam – Köln: 310 km; Rückfahrt (leer): Fellerhoff AG Köln – Container-Depot Köln – Düsseldorf: 50 km
- Beförderungszeiten:
  - Durchschnittsgeschwindigkeit auf der Hauptstrecke: 65 km/h; die vorgeschriebene Lenkzeitunterbrechung ist zu beachten.
  - Be- und Entladen: je 1 Stunde + 1 Stunde entladen im Container-Depot
  - Nachlauf Fellerhoff AG Köln – Container-Depot Köln – Düsseldorf: 1,5 Stunden
- Kosten: Tagessatz 400,00 EUR (stundengenau von 12 Gesamtstunden berechnen), Kilometersatz 0,60 EUR, Maut für 100 km mautpflichtige Strecke: 0,183 EUR pro km (Euro 6, 5 Achsen, mehr als 18 t zGG)
- Für die Berechnung des Netto-Angebotspreises wurde ein Gewinn von 15 % auf die Gesamtkosten zugeschlagen (ein Verwaltungskostenzuschlag ist im Tagessatz enthalten).

Aus Imagegründen hat die Fellerhoff Antriebstechnik AG ein Umweltmanagementsystem nach DIN ISO 14001 eingeführt.

Auszug aus der Umwelterklärung der Fellerhoff Antriebstechnik AG

Verantwortungsbewusstsein gegenüber der Umwelt
Wir sind uns unserer Verantwortung gegenüber unserer Umwelt bewusst. Umweltschutz ist fester Bestandteil unserer Unternehmenspolitik und für alle Mitarbeiter verbindlich.
…

Umweltauswirkungen erfassen und kontinuierlich reduzieren
Wir erfassen, beurteilen und dokumentieren die Auswirkungen unseres Unternehmens auf die Umwelt und verpflichten uns, Umweltbelastungen durch einen kontinuierlichen Verbesserungsprozess zu vermeiden, zu verringern und/oder zu beseitigen.

Umweltfreundliches Logistikkonzept
Der Lkw-Verkehr ist ein CO_2-Emittent mit erheblichen Umweltauswirkungen. Insbesondere die Beschaffung von Rohstahl ist daher möglichst auf die umweltfreundlichen Verkehrsträger Eisenbahn oder Binnenschiff zu verlagern.
…

Alle Abteilungen des Unternehmens sind aufgefordert, den Inhalt der Umwelterklärung in ihrem Tagesgeschäft auch zu realisieren. Die Abteilung Beschaffung hat sich deshalb an die Spedition INTERSPED gewandt, um in einem Gespräch die Möglichkeit zu sondieren, die Container zukünftig per Binnenschiff von Rotterdam nach Köln zu befördern, wobei allerdings Beförderungszeiten und Kosten vergleichbar bleiben müssen. Andererseits würde es sich in der nächsten Umwelterklärung gut machen, wenn durch die Verkehrsverlagerung deutliche CO_2-Einsparungen ausgewiesen werden könnten.

INTERSPED hat zugesagt, beide Beförderungsarten zu vergleichen und die Daten für eine Entscheidung durch die Fellerhoff Antriebstechnik zusammenzustellen.

INTERSPED wendet sich an die RCT Rhein-Container-Terminal GmbH mit der Bitte um ein Angebot. Wenige Tage später liegen die Daten auf dem Tisch von Frau Theben.

Angebotsdaten Binnenschiffstransport
Rotterdam – Köln

1 Konditionen Binnenschiff (ohne Bunkerzuschlag, ohne Maut)

Zustellzone	20' Lastlauf	20' Rundlauf	40' Lastlauf	40' Rundlauf
10 km (Zone 1)	285,00 EUR	390,00 EUR	345,00 EUR	485,00 EUR
20 km (Zone 2)	300,00 EUR	405,00 EUR	360,00 EUR	500,00 EUR
30 km (Zone 3)	315,00 EUR	420,00 EUR	375,00 EUR	515,00 EUR
40 km (Zone 4)	330,00 EUR	435,00 EUR	390,00 EUR	530,00 EUR
50 km (Zone 5)	345,00 EUR	450,00 EUR	405,00 EUR	545,00 EUR
60 km (Zone 6)	355,00 EUR	460,00 EUR	415,00 EUR	555,00 EUR
70 km (Zone 7)	365,00 EUR	470,00 EUR	425,00 EUR	565,00 EUR
80 km (Zone 8)	375,00 EUR	480,00 EUR	435,00 EUR	575,00 EUR
90 km (Zone 9)	385,00 EUR	490,00 EUR	445,00 EUR	585,00 EUR
100 km (Zone 10)	395,00 EUR	500,00 EUR	455,00 EUR	595,00 EUR

Entfernung Terminal – Fellerhoff 9 km, siehe „Daten zum Binnenschiffstransport", Seite 218

Lastlauf
Vorher genannte Raten verstehen sich frei geladen Binnenschiff im Seehafenterminal, Lkw-Gestellung entsprechend der Zustell-Entfernung und Rücklieferung des Leercontainers bis frei Ankunft Lkw am Terminal RCT Köln, (ohne Bunker-/Dieselzuschlag, ohne Maut).

Rundlauf
Vorher genannte Raten verstehen sich frei geladen Binnenschiff im Seehafenterminal, Lkw-Gestellung entsprechend der Zustellentfernung und Rücklieferung des Leercontainers bis frei Ankunft Terminal Seehafen (ohne Bunker-/Dieselzuschlag, ohne Maut).

2 Maut-Zuschlag im kombinierten Verkehr

Zustellzone	Zuschlag	Zustellzone	Zuschlag
10 km (Zone 1)	4,00 EUR	60 km (Zone 6)	24,00 EUR
20 km (Zone 2)	8,00 EUR	70 km (Zone 7)	28,00 EUR
30 km (Zone 3)	12,00 EUR	80 km (Zone 8)	32,00 EUR
40 km (Zone 4)	16,00 EUR	90 km (Zone 9)	36,00 EUR
50 km (Zone 5)	20,00 EUR	100 km (Zone 10)	40,00 EUR
		ab 101 km	0,40 EUR/km

Lernsituation 12 zum Informationshandbuch Seite 330–341

3 Bunkerzuschlag

Pro Laufrichtung					
Gasölpreis	20'	40'	Gasölpreis	20'	40'
47,64 EUR/100 l	– EUR	– EUR	74,87 EUR/100 l	13,25 EUR	19,25 EUR
52,18 EUR/100 l	1,00 EUR	2,00 EUR	79,40 EUR/100 l	16,50 EUR	23,50 EUR
56,72 EUR/100 l	2,25 EUR	4,25 EUR	83,94 EUR/100 l	19,75 EUR	27,75 EUR
61,25 EUR/100 l	3,50 EUR	6,50 EUR	88,48 EUR/100 l	23,00 EUR	32,00 EUR
65,79 EUR/100 l	6,75 EUR	10,75 EUR	93,02 EUR/100 l	26,25 EUR	36,25 EUR
70,33 EUR/100 l	10,00 EUR	15,00 EUR	97,56 EUR/100 l	29,50 EUR	40,50 EUR

Gemäß dem durch CBRB (Centraal Bureau voor de Rijn- en Binnenvaart) publizierten Gasöl-Durchschnittspreis des jeweiligen Vormonats kommt ab einem Gasölpreis von 47,65 EUR/100 Liter für den Folgemonat der Publizierung oben genannte Zuschlag-Staffelung für alle Raten zur Anwendung. Jede weitere Veränderung des Gasölpreises um 4,54 EUR/100 Liter führt zu einer Erhöhung oder Senkung der Zuschläge gemäß oben stehender Tabelle.

Für den Bunkerzuschlag ist von einem aktuellen Gasölpreis von 71,90 EUR pro 100 Liter auszugehen.

4 Beförderungszeiten
Die Beförderung eines Containers auf der Strecke Rotterdam – Köln und umgekehrt ist richtungsabhängig:

- Mit dem Strom (Köln – Rotterdam): ca. 16–18 Stunden
- Gegen den Strom (Rotterdam–Köln): ca. 32–34 Stunden. Es ist aber zu bedenken, dass das Binnenschiff z. B. am Freitagabend in Rotterdam beladen werden könnte. Es träfe dann am Sonntag in Köln ein. Der Container könnte folglich am Montag beim Empfänger zugestellt werden.

5 Weitere Konditionen
- Be- und Entladezeit 2 Stunden frei, danach je angefangene ½ Stunde 20,00 EUR
- Dieses Angebot gilt vom 01.01.20(0) bis zum 31.12.20(0) und ersetzt alle früheren.

Daten zum Binnenschiffstransport
- Vertraglicher Frachtführer: RCT Rhein-Container-Terminal GmbH, Boltensternstraße 148, 50735 Köln
- Preise und Konditionen: siehe oben (Angebotsdaten Binnenschiffstransport)
- Die Beförderungsstrecke Rotterdam – Köln Hafen beträgt 340 km.
- Für den Lkw-Nachlauf (Köln – Fellerhoff Antriebstechnik AG) ist eine Stunde für den Containerumschlag in Köln und eine Stunde für den Lkw-Transport anzusetzen (9 km). Ferner je eine Stunde für den Rücktransport des Leercontainers (9 km) und für den Umschlag im Depot.
- INTERSPED schlägt auf die Beförderungskosten einen Zuschlag von 25 % für Verwaltungskosten und Gewinn auf.

CO_2-Berechnungen für Lkw und Binnenschiff

Siehe Deutscher Speditions- und Logistikverband e. V. DSLV, Berechnung von Treibhausgasemissionen in Spedition und Logistik gemäß DIN EN 16258 – Begriffe, Methoden, Beispiele, 2. aktual. Aufl., Bonn 2013

Durchschnittliche Treibhausgasemissionen (CO_2-Emissionen) pro Tonnenkilometer:

Lkw: 59 g CO_2/tkm
Binnenschiff: 34 g CO_2/tkm

Hinweise:
- Es ist das Gewicht der Ladung und der Lademittel (hier Container) zugrunde zu legen.
- Leerfahrten sind in der Durchschnittswertung enthalten, sodass für alle Transportstrecken das gleiche Gewicht verwendet werden kann.

Vergleich der externen Kosten
Externe Kosten sind Kosten, die nicht in den Marktpreisen enthalten sind und demnach nicht vom Verursacher getragen werden. Diese Kosten trägt im Regelfall die Allgemeinheit.

Externe Kosten des Verkehrs sind folgende:

- Lärmkosten (gesundheitliche Beeinträchtigungen, Verlust an Lebensqualität)
- Kosten, die durch Unfälle entstehen, z. B. Kosten für die Rehabilitation von Unfallopfern, Produktivitätsverluste

- Kosten durch Klimagase, z. B. aufgrund von Krankheiten, die sie auslösen
- Kosten durch Luftschadstoffe (gesundheitliche Schäden)

Gehen Sie für Container-Transporte von folgenden durchschnittlichen Vergleichszahlen aus:

Verkehrsmittel	Cent je Tonnenkilometer
Lkw	1,64
Eisenbahn	1,10
Binnenschiff	0,27

Arbeitsauftrag
Erstellen Sie auf der Basis der oben aufgeführten Daten ein Alternativangebot für die Fellerhoff Antriebstechnik AG, das die Beförderung der Container per Binnenschiff vorsieht. Betrachten Sie im Vergleich des Binnenschiffstransports mit der Lkw-Beförderung mindestens folgende Aspekte:
- Kosten der Beförderung
- Beförderungszeiten
- CO_2-Emissionen
- Vergleich der externen Kosten von Lkw und Binnenschiff

Aufgabe 1

Für den Fall, dass Wasserstraßen einen niedrigen Wasserstand haben, können Binnenschiffe nicht bis zu ihrer Kapazitätsgrenze ausgelastet werden. Dies führt zu höheren Kosten pro Ladungseinheit. Über den Kleinwasserzuschlag werden die Auftraggeber (Absender) an diesen Kosten beteiligt.
Stellen Sie begründet fest, inwieweit ein Wasserstand von 2,40 m (Pegel Duisburg) die Vergleichsrechnung aus dem Arbeitsauftrag beeinflusst.

Kleinwasserzuschlag (KWZ) für beladene Container, Pegel Duisburg-Ruhrort (Abfahrtstag 05:00 Uhr): Für Verschiffungen ≤ 2,00 m Pegel besteht keine Übernahme-Garantie. Zuschläge unterliegen der freien Vereinbarung. KWZ basiert auf dem Pegelstand des Pegels Duisburg-Ruhrort am Abfahrtstag um 05:00 Uhr ab dem letzten Hinterland- oder Seehafenterminal. Informations-Plattform: ELWIS (www.elwis.de)

Pegel	20'	40'
2,70 m–2,51 m	12,50 EUR	25,00 EUR
2,50 m–2,26 m	25,00 EUR	50,00 EUR
2,25 m–2,01 m	37,50 EUR	62,50 EUR
≤ 2,00 m	freie Vereinbarung	freie Vereinbarung

Aufgabe 2

Im günstigsten Fall können die eintreffenden Import-Container sofort wieder mit Export-Gütern via Rotterdam beladen werden, sodass sich ein Container-Rundlauf (2 x Lastlauf) organisieren ließe.
Erstellen Sie ein Alternativ-Angebot (Lkw, Binnenschiff) für die Fellerhoff Antriebstechnik AG. Betrachten Sie dabei ausschließlich den Preis.

Berücksichtigen Sie noch folgende Hinweise:
- Für den Binnenschiffstransport sind 2 Lastläufe zum Preis von insgesamt 600,00 EUR anzuwenden.
- Ab Rotterdam ist wieder Rückladung für den Lkw vorhanden.

Aufgabe 3

Gehen Sie von folgender Situation aus: Nachdem der Container bei der Fellerhoff Antriebstechnik AG entladen worden ist, muss er leer zurück zum Containerdepot der See-Reederei in Rotterdam befördert werden.
Ermitteln Sie die Angebotspreise für einen Lkw- und einen Binnenschiffsrundlauf.

Aufgabe 4

Betrachten Sie die nachfolgenden Informationen (1. und 2.) und beschreiben Sie die Auswirkungen dieser Regelungen auf die Versorgung der Fellerhoff Antriebstechnik AG mit Spezialstahl.

> **1. Straßenverkehrsordnung (StVZO) § 34 (Auszug)**
>
> (6) Bei Fahrzeugkombinationen (Züge und Sattelkraftfahrzeuge) darf das zulässige Gesamtgewicht unter Beachtung der Vorschriften für Achslasten, Anhängelasten und Einzelfahrzeuge folgende Werte nicht übersteigen:
>
> ...
>
> 5. Fahrzeugkombinationen mit mehr als 4 Achsen — 40,00 t
>
> 6. Sattelkraftfahrzeug, bestehend aus dreiachsiger Sattelzugmaschine mit zwei- oder dreiachsigem Sattelanhänger, das im kombinierten Verkehr [...] einen ISO-Container von 40 Fuß befördert — 44,00 t
>
> **2. Regelungen aufgrund der Straßenverkehrsordnung und der Ferienreiseverordnung**
>
> Lkw-Vor- und -Nachläufe im kombinierten Verkehr sind von den bestehenden Fahrverboten an Sonn- und Feiertagen sowie an Samstagen während der Ferienzeit ausgenommen.

Aufgabe 5

Die Fellerhoff Antriebstechnik AG plant aufgrund steigender Nachfrage nach Wälzlagern, das vorhandene Zweigwerk in Olpe auf die Wälzlager-Produktion umzustellen. Der Bedarf an Spezialstahl wird auf ca. 22,5 t pro 14 Tage gerechnet.

Die RCT Rhein-Container-Terminal GmbH hat für den Transport per Binnenschiff und per Lkw ein Angebot unterbreitet:

Angebot Rotterdam – Olpe via RCT Rhein-Container-Terminal

Container	Art	Verkehrsmittel	Rate	Maut	BAF/Diesel
20'	Lastlauf	Binnenschiff	375,00 EUR	32,00 EUR	exklusiv
20'	Rundlauf	Binnenschiff	480,00 EUR	32,00 EUR	exklusiv
40'	Lastlauf	Binnenschiff	435,00 EUR	32,00 EUR	exklusiv
40'	Rundlauf	Binnenschiff	575,00 EUR	32,00 EUR	exklusiv
20'/40'	Lastlauf	Lkw	550,00 EUR	32,00 EUR	xxx
20'/40'	Rundlauf	Lkw	695,00 EUR	32,00 EUR	xxx

Bunkerzuschlag

Gasölpreis	20'	40'
63,54 EUR/100 l	6,75 EUR	10,75 EUR
65,81 EUR/100 l	6,75 EUR	10,75 EUR
68,08 EUR/100 l	10,00 EUR	15,00 EUR
70,35 EUR/100 l	10,00 EUR	15,00 EUR
72,62 EUR/100 l	13,25 EUR	19,25 EUR
74,89 EUR/100 l	13,25 EUR	19,25 EUR
77,16 EUR/100 l	16,50 EUR	23,50 EUR
79,43 EUR/100 l	16,50 EUR	23,50 EUR
81,70 EUR/100 l	19,75 EUR	27,75 EUR

Für den Bunkerzuschlag ist von einem Gasölpreis von 71,90 EUR pro 100 Liter auszugehen.

Erstellen Sie ein weiteres Angebot für den Transport eines 40-Fuß-Containers von Rotterdam nach Olpe alternativ per Lkw und per Binnenschiff. Berücksichtigen Sie noch folgende Sachverhalte:

- Auch für Olpe gilt, dass der Container vom Empfänger leer zum Containerdepot nach Köln befördert werden muss.
- Die RCT Rhein-Container-Terminal GmbH hat auch einen Preis für den reinen Lkw-Transport von Rotterdam nach Olpe angegeben. Berücksichtigen Sie diesen Preis bei ihren Angeboten.
- Wird der Lkw-Transport von INTERSPED im Selbsteintritt durchgeführt, gelten folgende Daten: Tagessatz 400,00 EUR (stundengenau von 12 Gesamtstunden berechnet,), Kilometersatz 0,60 EUR,

- Maut: 0,183 EUR pro km, Durchschnittsgeschwindigkeit 65 km/h
- Lkw-Entfernung Rotterdam – Olpe: 325 km, 170 km mautpflichtige Strecke
- Lkw-Rückfahrt Olpe – Containerdepot Köln – Düsseldorf (Leerfahrt): 110 km, 100 km mautpflichtige Strecke, Zeit 2 Stunden; Umschlag im Depot 1 Stunde.

Aufgabe 6
Die Raiffeisen Handelsgesellschaft mbH Krefeld hat 600 t Getreide an die Pfälzische Mühlenwerke KG in Mannheim verkauft. Die Frankatur lautet Frei gestaut Abgangsschiff [A/S] Duisburg.

a Geben Sie an, wer die in der nachfolgenden Tabelle aufgeführten Kosten aufgrund der vereinbarten Frankatur zu tragen hat. Tragen Sie dazu die Buchstaben „A" oder „E" in die 2. Spalte der Tabelle ein.
A = Absender
E = Empfänger

b Ergänzen Sie die 3. Spalte der Tabelle entsprechend für den Fall, dass die Frankatur Frei Ankunftsschiff Mannheim vereinbart worden wäre.

Kosten	Frei gestaut Abgangsschiff [A/S] Ladehafen	Frei Ankunftsschiff Löschhafen
	A oder E	A oder E
Vorlauf		
Umschlag Beladen		
Ufergeld Ladehafen		
evtl. Liegegeld Ladehafen		
Fracht		
Umschlag Löschen		
Ufergeld Löschhafen		
evtl. Liegegeld Löschhafen		
Nachlauf		

Aufgabe 7
Die NIEDERRHEINISCHE SANDWERKE GmbH, Hafenstraße 17, 40213 Düsseldorf, beauftragt die Spedition INTERSPED am 10. Aug. 20(0), die Beförderung von 1 500 t Bausand zur Bauunternehmung J. MÜLLER KG, Friedberger Landstraße 85, 60327 Frankfurt/M., zu besorgen. Die Sendung muss am 17.08.20(0) im Frankfurter Hafen eintreffen. Da der Versender sein Lager im Düsseldorfer Hafen hat und auch der Firmensitz des Empfängers sich nur wenige Kilometer vom Frankfurter Hafen entfernt befindet, entschließt man sich bei INTERSPED, für den Transport ein Binnenschiff einzusetzen.

Der Versender wünscht einen Festpreis für folgende Leistungen:

- Umschlag im Düsseldorfer Hafen
- Transport der Sendung von Düsseldorf nach Frankfurt/M.
- Umschlag im Frankfurter Hafen
- Lkw-Transport der 1 500 t Sand mit Nahverkehrsfahrzeugen vom Hafen Frankfurt zum Empfänger

Anfragen bei Redereien, Umschlagsbetrieben und Nahverkehrsunternehmen erbrachten folgende Ergebnisse:

- Umschlag Düsseldorf (UMSCHLAGSGESELLSCHAFT mbH, Düsseldorf): 1,20 EUR netto pro Tonne, Umschlagsort: Hafenbecken 3, Kran 8
- Binnenschiffstransport: siehe Angebot unten
- Umschlag Frankfurt (MAIN-TERMINAL-GMBH Frankfurt): 1,25 EUR netto pro Tonne
- Lkw-Beförderung Frankfurt Hafen – Empfänger (Nahverkehrsunternehmer KRÜGER, Frankfurt/M.): sechs 24-t-Fahrzeuge für die Dauer der Ladezeit im Rundlauf, Entfernung 8 km, Dauer 9 Stunden, Stundensatz 67,50 EUR

Reederei RHEINTRANS GmbH, Schifferheimstr. 45, 47119 Duisburg	
Angebot	Datum: 11.08.20(0)
	Uhrzeit: 11:16 Uhr
	Telefon: 0203 499765
	Ansprechpartner: Herr Görres

Tonnage:	1 500 t
Material:	Sand
Verpackung:	lose
Transportweg:	von Düsseldorf nach Frankfurt
Anlieferung:	frei gestaut Binnenschiff Düsseldorf (in das Schiff)
Frankatur:	frei Ankunftsschiff Frankfurt/M.
Fracht:	8,00 EUR pro t, zuzüglich Ufergeld in Höhe von 0,50 EUR/t
Transportversicherung:	keine
Ladezeit:	nach BinSchLV
Liegegeld:	nach BinSchLV
Termin Anlieferung:	14.08.20(0) in Düsseldorf Hafen
Termin Ankunft:	17.08.20(0) in Frankfurt Hafen
Sonstiges:	Die Lade- und Löschbereitschaft wird jeweils einen Tag vor Termin angezeigt.
	Transportdokument: Ladeschein nach HGB

Über Ihren Auftrag würden wir uns sehr freuen.

Clausen

Für internationale Binnenschiffsbeförderungen gilt das Budapester Übereinkommen (CMNI), für nationale Transporte die IVTB. Lade- und Löschzeiten sowie Liegegelder unterliegen der BinSchLV. Bei Speditionsgeschäften arbeiten wir ausschließlich aufgrund der Allgemeinen Deutschen Spediteurbedingungen 2017 (ADSp 2017).

---

a Stellen Sie fest, welche Vertragsart und welche Rechtsgrundlage(n) folgenden Vertragsbeziehungen zugrunde liegen:
  aa NIEDERRHEINISCHE SANDWERKE GmbH – INTERSPED
  ab INTERSPED – Reederei RHEINTRANS GmbH
b Erstellen Sie ein Angebot für die NIEDERRHEINISCHE SANDWERKE GmbH. Berücksichtigen Sie, dass INTERSPED auf die ermittelten Kosten 25 % für Verwaltungskosten und Gewinn aufschlägt.
c Die Entladung des Binnenschiffs in Frankfurt hat 9 Stunden gedauert. Berechnen Sie, wie viel Zeit dem Umschlagsbetrieb nach BinSchLV zur Verfügung gestanden hätte.
d Über den Binnenschiffstransport hat die Reederei einen Ladeschein ausgestellt (siehe unten).
  da Geben Sie an, ob es sich um einen Namens- oder Orderladeschein handelt.
  db Begründen Sie, warum es sich bei dem Ladeschein um ein Wertpapier handelt.
  dc Der Ladeschein wird auch als Traditionspapier bezeichnet. Erläutern Sie diese Aussage.

Lernsituation 12 zum Informationshandbuch Seite 330–341   **223**

Wir haben empfangen von	**REEDEREI RHEINTRANS GmbH**
INTERSPED GmbH Merkurstraße 14 40223 Düsseldorf	Schifferheimstr. 45, 47119 Duisburg
	Ladeschein
bestimmt für J. Müller KG, Friedberger Landstraße 85, 60327 Frankfurt	Die Auslieferung der Güter erfolgt nur gegen Rückgabe des ordnungsgemäß übertragenen Original-Ladescheins
zur Verladung mit MS Heimatland	Kapitän Marwald

nachstehend bezeichnete Güter zum Transport von

Düsseldorf	Ladestelle	Rheinhafen, Kai 12 B	nach
Frankfurt/M.	Löschstelle	Ostufer, Nordbecken, Kran 4	

Preisvereinbarung: 8,00 EUR pro t

Zeichen	Nummer	Zahl	Bezeichnung der Ware	Gewicht/kg
			Sand, lose geschüttet	1 500 000

Für Stückzahl, Maß, Gewicht, Inhalt, Beschaffenheit, Wert, Größe, Zeichen und Nummern ist die Reederei nicht verantwortlich.

Wir verpflichten uns, die aufgeführten Güter auszuliefern aufgrund der Internationalen Verlade- und Transportbedingungen für Binnenschifffahrtstransporte (IVTB), welche Absender und Empfänger annehmen.

Es wurden __1__ Original-Ladeschein und __1__ Kopie ausgestellt.

Ausgefertigt in | Düsseldorf | am | 20(0)-08-14

Baumeister   *Clausen*
(Unterschrift des Absenders)   (Unterschrift der Reederei)

Aufgabe 8
540 t Profilstahl sind in ein Binnenschiff zu verladen. Die Ladezeit richtet sich nach BinSchLV.
Berechnen Sie die Kosten für die Verladung anhand des Auszugs aus dem Haustarif des Umschlagsbetriebs.

Auszug aus dem Haustarif

Das Umschlagsentgelt setzt sich aus dem Kran-Stundensatz zuzüglich Tonnensatz und Stundenlohn für die Arbeitsleistung zusammen.		
1. Kranleistungen		
	Stundensatz (ohne Lohnkosten)	**Tonnensatz**
Bis 1 500 t Haken- und Greifergut	140,00 EUR	0,33 EUR
Über 1 500 t Haken- und Greifergut	130,00 EUR	0,30 EUR
2. Arbeitsleistungen		
Stauen	38,00 EUR/Std.	
Kran, Stapler	38,00 EUR/Std.	

Aufgabe 9

Für die Beladung eines Binnenschiffs mit 1 260 t Kokskohle wird wegen eines Ausfalls des Ladekrans eine Ladezeit von 35 Stunden benötigt. Der Frachtführer verlangt daraufhin Liegegeld wegen Überschreitung der Ladefrist nach BinSchLV (siehe Auszug unten). Das Schiff hat eine Tragfähigkeit von 1 500 t.

a Berechnen Sie die Höhe des Liegegeldes nach BinSchLV.
b Ein Schiff mit einer Tragfähigkeit von 2 400 t wird mit 2 160 t Kokskohle beladen. Die Ladezeit beginnt am 15.08.20(0) um 06:00 Uhr und endet am 18.08.20(0) um 17:30 Uhr. Verladen wird täglich von 06:00 bis 20:00 Uhr.
  ba Berechnen Sie die Überschreitung der Ladezeit nach BinSchLV.
  bb Ermitteln Sie die Höhe des Liegegeldes nach BinSchLV.

Auszug: Verordnung über die Lade- und Löschzeiten sowie das Liegegeld in der Binnenschifffahrt (BinSchLV)

> **§ 4 BinSchLV Liegegeld**
>
> (1) Das dem Frachtführer geschuldete Standgeld (Liegegeld) beträgt bei einem Schiff mit einer Tragfähigkeit bis zu 1 500 Tonnen für jede angefangene Stunde, während der der Frachtführer nach Ablauf der Lade- oder Löschzeit wartet, 0,05 Euro je Tonne Tragfähigkeit. Bei einem Schiff mit einer Tragfähigkeit über 1 500 Tonnen beträgt das für jede angefangene Stunde anzusetzende Liegegeld 75,00 Euro zuzüglich 0,02 Euro für jede über 1 500 Tonnen liegende Tonne.
> [...]

Aufgabe 10

Das Binnenschiff MS Magdeburg hat eine Tragfähigkeit von 1 300 t.

a Berechnen Sie den Tageskostensatz unter Berücksichtigung folgender Angaben:
- Pro Jahr entstehen die unten aufgeführten Kosten.
- Betriebstage: 365 Tage abzüglich 60 Ruhetage

Kosten pro Jahr	Euro
Personalkosten	120 000,00
Treib- und Schmierstoffe	105 000,00
Steuern/Versicherungen	25 000,00
Reparaturen	26 000,00
Verwaltungskosten	12 000,00
Abschreibungen	35 000,00

b Ermitteln Sie den Angebotspreis für einen Auftrag zur Beförderung von 1 200 t Chemikalien, der sechs Betriebstage in Anspruch nimmt. Berücksichtigen Sie dabei einen Gewinnzuschlag von 15 %.
c Berechnen Sie den Tonnensatz für diesen Auftrag.

Aufgabe 11

Binnenwasserstraßennetz, siehe Seite 229

Nennen Sie die Bundeswasserstraßen, an denen folgende Städte liegen.

Städte	Wasserstraßen	Städte	Wasserstraßen
Karlsruhe		Aschaffenburg	
Wolfsburg		Recklinghausen	
Ingolstadt		Brandenburg	
Münster		Würzburg	
Oldenburg		Ulm	
Cochem		Schweinfurt	
Heidelberg		Nordenham	
Rheine		Glückstadt	
Eisenhüttenstadt		Dorsten	

Aufgabe 12
Geben Sie für die folgenden Binnenschiffsverkehre die zu benutzenden Wasserstraßen in der richtigen Reihenfolge an:

a Hamburg – Dresden,

b Neuss – Plochingen,

c Dortmund – Berlin,

d Emmerich – Regensburg,

e Trier – Minden,

f Meppen – Bremerhaven,

g Nürnberg – Gelsenkirchen.

Aufgabe 13
Ordnen Sie die Orte den Wasserstraßen-Schnittpunkten zu:

Orte	Wasserstraßen-Schnittpunkte
1 Bamberg	a Mittellandkanal/Dortmund-Ems-Kanal
2 Bergeshövede	b Elbe/Elbe-Lübeck-Kanal
3 Dörpen	c Weser/Mittellandkanal
4 Kelheim	d Donau/Main-Donau-Kanal
5 Lauenburg	e Main/Main-Donau-Kanal
6 Lüneburg	f Dortmund-Ems-Kanal/Küstenkanal
7 Minden	g Hunte/Küstenkanal
8 Oldenburg	h Elbe/Elbe-Seiten-Kanal

Aufgabe 14
Geben Sie an, über welche Wasserwege die folgenden Verkehre erfolgen und ob es sich um Tal-, Berg- oder Kanalfahrten handelt:

Verkehre	Berg-Tal-Kanalfahrt
Kohle von Karlsruhe nach Mainz	
Coils von Osnabrück nach Braunschweig	
Steine von Dresden nach Magdeburg	
Baustoffe von Kelheim nach Nürnberg	
Futtermittel von Brake nach Nordenham	
Holz von Potsdam nach Brandenburg	
Container von Aschaffenburg nach Würzburg	
Erze von Gelsenkirchen nach Oberhausen	

Aufgabe 15
Der Dispositionsleiter von INTERSPED beschäftigt sich anhand folgender Situationen mit dem europäischen Wasserstraßennetz.

a Bei einer Lkw-Beförderung von Kaarst nach Flensburg über-(bzw. unter-)quert der Lkw der INTERSPED GmbH einige bedeutende Binnenschifffahrtsstraßen. Ermitteln Sie, welche dies sind und zwischen welchen Orten in Deutschland sie schiffbar sind.

b INTERSPED bekommt verstärkt Aufträge für Touren nach Österreich. Auf der Suche nach Transportalternativen stellt Herr Berger sich die Frage, ob es eigentlich auch einen Wasserweg nach Österreich gibt. Helfen Sie ihm, indem Sie die Binnenschifffahrtsstraßen von Düsseldorf nach Linz/Österreich aufführen.

c Auch der Empfangsspediteur HOMBERG in Berlin hat gelegentlich mit Binnenschifffahrtsaufträgen zu tun. Ermitteln Sie, über welche Wasserwege Berlin mit dem west- bzw. osteuropäischen Wasserstraßensystem verbunden ist.

Aufgabe 16 (Prüfungsnahe Aufgabenstellung)

30 Punkte = 60 Minuten

Situation
Sie sind Mitarbeiter/-in der Binnenschiffsspedition Robert Schaffner GmbH und erhalten den Auftrag, Mineralölerzeugnisse vom Hafen Frankfurt am Main zum Seehafen Rotterdam zu besorgen.

Beteiligte
- Spediteur: Robert Schaffner GmbH, Riederhofstraße 126, 60314 Frankfurt am Main
- Versender: EDESSA GmbH, Leunastraße 77, 65929 Frankfurt am Main
- Frachtführer: Main-Reederei Sanders GmbH, Schmickstraße 15, 60314 Frankfurt am Main
- Empfänger: Oil Trading Netherlands B.V., Luxemburgweg 34, 3198 LG Europoort, Rotterdam, Niederlande

Informationen zur Sendung
- 9 000 Fässer Mineralölerzeugnisse, je 120 kg
- Bruttogewicht: 1 080 t
- Beförderungsablauf: Verladen der Sendung in das Binnenschiff, Beförderung ab Hafen Frankfurt bis zum Seehafen Rotterdam
- Den Vorlauf bis zum Hafen Frankfurt am Main übernimmt der Versender.
- Die Beladung des Schiffes wird von der Schaffner GmbH organisiert.
- Da eigener Schiffsraum aktuell nicht verfügbar ist, beauftragt die Robert Schaffner GmbH die Main-Reederei Sanders GmbH mit der Durchführung des Transportes.

1 (2 Punkte)
Für die Organisation des Transportes hat die Schaffner GmbH verschiedene Verkehrsverträge abzuschließen.
Begründen Sie, welche Verkehrsverträge die Spedition
- mit der EDESSA GmbH und
- mit der Main-Reederei Sanders GmbH

abgeschlossen hat.

2 (4 Punkte)
Die Main-Reederei weist in ihren Geschäftspapieren darauf hin, dass sie „... nach CMNI bzw. nach IVTB ..." arbeitet. Unterscheiden Sie die beiden Vertragsgrundlagen.

3 (4 Punkte)
Der Versender fragt an, ob er die Sendung versichern muss, oder ob die Haftung des Frachtführers ausreicht, den Güterwert im Schadensfall zu ersetzen. Prüfen Sie, ob die Frachtführerhaftung den Güterwert abdeckt.
Wert der Sendung: 132,00 EUR pro Fass
Wert eines Sonderziehungsrechts: 1,223 EUR

4 (1 Punkt)
Stellen Sie mithilfe des Auszugs aus der BinSchLV fest, wie viel Zeit dem Versender für die Beladung des Binnenschiffes zur Verfügung steht.

Lade- und Löschzeitenverordnung – BinSchLV

Abschnitt 1: Trockenschifffahrt

§ 1 Beginn der Ladezeit
(1) Hat der Frachtvertrag die Beförderung von anderem als flüssigem oder gasförmigem Gut zum Gegenstand, so beginnt die Ladezeit nach Ablauf des Tages, an dem der Frachtführer die Ladebereitschaft dem Absender oder der vereinbarten Meldestelle anzeigt.
[...]

§ 2 Dauer der Ladezeit
(1) Die Ladezeit beträgt eine Stunde für jeweils 45 Tonnen Rohgewicht der für ein Schiff bestimmten Sendung. [...]
(2) Bei der Berechnung der Ladezeit kommen folgende Zeiten nicht in Ansatz:
1. Sonntage und staatlich anerkannte allgemeine Feiertage an der Ladestelle,
2. an Werktagen die Zeit zwischen 20.00 Uhr und 6.00 Uhr,
3. die Zeit, in der aus Gründen, die dem Risikobereich des Frachtführers zuzurechnen sind, das Verladen jeder Art von Gut unmöglich ist.
[...]

5 (9 Punkte)

Der Versender wünscht einen Fixpreis für den Transport. Die Binnenschiffsspedition ermittelt den Angebotspreis auf der Grundlage der Kalkulationsdaten des eigenen Binnenschiffs MS Offenbach. Für die Beladung verwendet die Robert Schaffner GmbH die Preisliste der Binnenumschlagsspedition Hafen-Umschlagsbetrieb Neuber KG.

Kalkulationsdaten Transport		Preisliste Umschlag (Auszug)	
Kosten pro Jahr für	in Euro	Entgelte für Kranleistungen (ohne Lohnkosten)	Stundensatz in Euro
Personalkosten	76 000,00	bis 1 500 t Haken- und Greifergut	105,00
Treib- und Schmierstoffe	61 000,00	über 1 500 t Haken- und Greifergut	100,00
Reparaturen	25 000,00	**Arbeitsleistung (Stundensätze)**	
Versicherungen	17 000,00	Kran, Stapler, Frontlader	35,00
Verwaltungskosten	11 000,00	(je Arbeitnehmer/Stunde)	
Abschreibungen	45 000,00	**Sonstige Kosten**	
Zinsen	23 000,00	Ufergeld pro Tonne	0,30
sonstige Kosten	32 000,00		

5.1 Berechnen Sie den Kostensatz pro tatsächlichen Betriebstag (Einsatztag).
- Mögliche Betriebstage im Jahr: 365
- Arbeitsfreie Sonntage: 52
- Arbeitsfreie Feiertage: 11

5.2 Sie kalkulieren für den Auftrag mit einer Dauer von vier Tagen. Für Gemeinkosten und Gewinn schlagen Sie auf die Selbstkosten 20 % auf.
Berechnen Sie den Angebotspreis für den Binnenschiffstransport.

5.3 Kalkulieren Sie mithilfe der „Preisliste Umschlag" die Kosten für das Beladen des Binnenschiffs. Schlagen Sie auf die Selbstkosten ebenfalls 20 % Zuschlag für Gemeinkosten und Gewinn auf.

5.4 Ermitteln Sie den Frachtsatz pro Ladungstonne (Beladung + Beförderung).

6 (3 Punkte)

Nehmen Sie an, dass die Ladezeit (siehe Teilaufgabe 4) wegen technischer Probleme am Kran um sechs Stunden überschritten worden ist. Die Tragfähigkeit des eingesetzten Binnenschiffs beträgt 1 300 t.

6.1 Berechnen Sie das Liegegeld (Standgeld), das dem Frachtführer für diese Zeitüberschreitung zusteht.

6.2 Nehmen Sie weiter an, dass das Binnenschiff eine Tragfähigkeit von 2 000 t hat. Berechnen Sie für diese Situation das Liegegeld.

Lernsituation 12 zum Informationshandbuch Seite 330–341

> **§ 4 BinSchLV Liegegeld**
>
> (1) Das dem Frachtführer geschuldete Standgeld (Liegegeld) beträgt bei einem Schiff mit einer Tragfähigkeit bis zu 1 500 Tonnen für jede angefangene Stunde, während der der Frachtführer nach Ablauf der Lade- oder Löschzeit wartet, 0,05 Euro je Tonne Tragfähigkeit. Bei einem Schiff mit einer Tragfähigkeit über 1 500 Tonnen beträgt das für jede angefangene Stunde anzusetzende Liegegeld 75 Euro zuzüglich 0,02 Euro für jede über 1 500 Tonnen liegende Tonne.
> […]

7 (6 Punkte)

Die Reederei Rheintrans GmbH hat auf Wunsch der INTERSPED GmbH über die Sendung einen Ladeschein ausgestellt.

Auszug aus dem Ladeschein

Main-Reederei Sanders GmbH Schmickstraße 15, 60314 Frankfurt am Main	
Ladeschein	
Wir haben empfangen von:	EDESSA GmbH, Leunastraße 77, 65929 Frankfurt am Main
Bestimmt für:	Oil Trading Netherlands B.V., Luxemburgweg 34, 3198 LG Europoort, Rotterdam, Niederlande
… Meldeadresse:	GES Bevrachting B.V., Albert Plesmanweg 69G, 3088 GA Rotterdam
… Frachtvorschrift: …	frei gestaut A/S Rotterdam
Dieser Ladeschein ist ein Wertpapier. Die Auslieferung des Gutes erfolgt nur gegen Rückgabe des gezeichneten Original-Ladescheins. Order-Ladescheine müssen ordnungsgemäß indossiert sein. Es wurden 3/drei Originale ausgestellt. …	

7.1 Beschreiben Sie die Aufgabe der Meldeadresse.

7.2 Begründen Sie anhand der Frachtvorschrift (Frankatur), wer die Kosten der Binnenschiffsbeförderung zu tragen hat.

7.3 Begründen Sie, wodurch der Ladeschein zu einem Wertpapier wird.

7.4 Erläutern Sie die Aussage „Order-Ladescheine müssen ordnungsgemäß indossiert sein".

7.5 Geben Sie begründet an, wie viele Original-Ladescheine die INTERSPED GmbH erhält, indem Sie den Ausdruck „3/drei" näher betrachten.

7.6 Begründen Sie, ob es sich bei dem oben dargestellten Ladeschein um einen Namens- oder Orderladeschein handelt.

8 (1 Punkt)

Siehe Karte zu den Bundeswasserstraßen auf der nächsten Seite.

Auf dem Weg von Frankfurt am Main nach Rotterdam befährt das Binnenschiff folgende Wasserstraßen:

Waal – Main – Maas – Rhein

Bringen Sie die Wasserstraßen – beginnend mit Frankfurt am Main – in die richtige Reihenfolge.

Lernsituation 12 zum Informationshandbuch Seite 330–341 **229**

BUNDESWASSERSTRASSEN
- Klassifizierung der Binnenwasserstraßen des Bundes

Quelle: Kartographie: Fachstelle für Geoinformationen Süd, Regensburg, zur Verfügung gestellt gemäß GeoNutzV
Bundeswasserstraßen, die eine Länge von unter 5 km aufweisen, sind maßstabsbedingt teilweise nicht dargestellt.
Karte W 161 k

SELBSTTEST LERNSITUATION 12

→ Diesen **Prozess** beherrsche ich (X):

	voll	weit- gehend	eher nicht	gar nicht
ein Angebot für einen Lkw- und einen Binnenschiffstransport kalkulieren				
die CO_2-Belastung beider Beförderungsvarianten errechnen				
die externen Kosten einer Lkw- und einer Binnenschiffsbeförderung vergleichen				
die Bestimmungen der BinSchLV bei einer Auftragsabwicklung anwenden				
die Vertragsgrundlagen HGB und IVTB anwenden				
die Kosten eines Binnenschiffes kalkulieren				
den Schadenersatz nach CMNI berechnen				

→ Diese **Begriffe** kenne ich (✓):

- ADN ☐
- ARA-Häfen ☐
- BinSchLV ☐
- CMNI ☐
- Fehlfracht ☐
- IVTB ☐
- Kleinwasserzuschlag ☐
- Koppelverband ☐
- Ladezeit (Binnenschifffahrt) ☐
- Liegegeld ☐
- Löschzeit ☐
- Motorgüterschiffe ☐
- Partikuliere ☐
- Schubverband ☐

Lernsituation 12 zum Informationshandbuch Seite 330–341

Abschlussaufgabe Lernsituation 12

Situation
Sie sind in der Rhein-Schifffahrts-Spedition GmbH, Rheinkaistraße 22, 68159 Mannheim, tätig und haben einen Binnenschiffstransport zu besorgen.

Beteiligte
Versender: Pfälzische Mühlenwerke KG, Friedrichsplatz 77, 68156 Mannheim
Empfänger: Baum Spedition N.V., St.-Pietersvliet 45, 2000 Antwerpen

Sendungsdaten
Ladung: 1 200 t Getreide, Güterklasse II, Gesamtbefrachtung
Ladeort: Lagerhausstraße 14, 68169 Mannheim; das Getreide wird vom Versender am eigenen Lagerhaus und mit eigenem pneumatischen Förderer an Bord des Binnenschiffes verladen. Die Bereitschaftskosten für das Binnenschiff trägt der Versender.
Löschort: Antwerpen, Kattendijkdok 14
Frankatur: frei Ankunftsschiff Antwerpen Kattendijkdok 14; der Empfänger entlädt mit eigenem pneumatischen Förderer; die Bereitschaftskosten für das Binnenschiff trägt der Versender.

Sie entscheiden, die Beförderung im Selbsteintritt durchzuführen. Dazu setzen Sie das Motorschiff Minja mit einer Transportkapazität von 1 350 t ein.

1

Erläutern Sie im Zusammenhang mit dem Transport von Getreide drei Vorteile des Binnenschiffs gegenüber der Beförderung mit der Eisenbahn und dem Lkw.

2

Bringen Sie die nachfolgend genannten Orte in die richtige Reihenfolge, die das Binnenschiff auf dem Weg von Mannheim nach Antwerpen auf dem deutschen Streckenteil passiert:
Wesel, Koblenz, Emmerich, Köln, Mainz, Bonn, Düsseldorf.

3

Der Versender wünscht einen Festpreis von der Spedition. Berücksichtigen Sie die nachfolgenden Daten zur Berechnung des Fixpreises:
Lade-/Lösch- und Beförderungszeiten
Ladezeit: einen Tag (durch den Einsatz pneumatischer Förderer)
Fahrzeit: fünf Tage
Löschzeit: ein Tag

Ufer- und Hafenliegegeld Mannheim und Antwerpen:

	Mannheim	Antwerpen
Ufergeld	Euro	Euro
für Güter der Güterklasse I und II pro angefangene Tonne Bruttogewicht	0,54	0,68
für Güter der Güterklasse III und IV pro angefangene Tonne Bruttogewicht	0,47	0,60
...		
Hafengeld		
für Wasserfahrzeuge für die ersten 7 Kalendertage je Tonne Tragfähigkeit	0,02	0,03

Entfernung Mannheim – Antwerpen: 650 km
Variable Kosten
Gasölverbrauch: 50 l pro Stunde, 1 l Gasöl 0,60 EUR + 10 % Aufschlag für Schmierstoffe, Einsatzzeit pro Tag: 14 Stunden

Fixe Kosten pro Jahr

	Euro
Personalkosten	60 000,00
Reparaturen	20 000,00
Versicherung	15 000,00
Sonstige Kosten	20 000,00
Abschreibung	45 000,00
Zinsen	20 000,00

Einsatztage pro Jahr: 300 Tage
Zuschlag für allgemeine Verwaltungskosten: 10 %
Zuschlag für Gewinn (auf die Zwischensumme): 15 %

4

Der Versender hat den kalkulierten Fixpreis akzeptiert und den unterschriebenen Speditionsauftrag übersandt. Sie bestätigen den Auftrag und faxen ihn an den Versender zurück.
a Erläutern Sie drei Verfahren, wie im Verkehrsgewerbe Speditionsverträge zustande kommen können.
b Begründen Sie, warum zwischen dem Versender und der Spedition Rhein-Schifffahrts-Spedition GmbH ein Speditionsvertrag vorliegt, obwohl die Spedition den Transport des Getreides selbst durchführt.

5

Die Beförderung der Sendung wickeln wir nach CMNI (Budapester Übereinkommen) ab.
a Erläutern Sie die Rechtsgrundlage.
b Grenzen Sie das CMNI gegenüber den IVTB ab.

6

Der Versender wünscht als Frachtdokument einen Ladeschein. Gewöhnlich wird lediglich ein Frachtbrief ausgestellt. Erläutern Sie den Unterschied zwischen diesen beiden Dokumenten.

7

Wegen mangelnder Sorgfalt beim Abdecken der Ladeluken kommt es zu einem Nässeschaden bei einem Teil der Sendung. 25 t Getreide sind dadurch unbrauchbar geworden.
a Berechnen Sie den maximalen Schadenersatz, auf den wir uns einstellen müssen, Wert eines Sonderziehungsrechts am Tag der Sendungsübernahme 1,1012 EUR.
b Nach CMNI gilt die vermutete Verschuldenshaftung (Verschuldenshaftung mit umgekehrter Beweislast). Erläutern Sie dieses Haftungsprinzip.

8

Mit dem Versender haben wir als Lade- und Löschzeit jeweils einen Tag (von 06:00 bis 20:00 Uhr) vereinbart. Nehmen Sie an, wir wären mit dem Versender übereingekommen, dass für das Laden und Löschen die Bestimmungen der BinSchV (Verordnung über die Lade- und Löschzeiten sowie das Liegegeld in der Binnenschifffahrt) gelten sollen.
a Errechnen Sie die Dauer der Lade- und Löschzeit gemäß BinSchV für die 1 200 t Getreide.
b Nehmen Sie weiter an, dass die Beladung des Schiffes am 23.04.20(0) um 06:00 Uhr beginnt. Aufgrund technischer Probleme beim Umschlag ist die Beladung erst am 25.04.20(0) um 12:00 Uhr beendet. Berechnen Sie die Höhe des Liegegeldes, das wir in diesem Falle dem Versender berechnen können.

9

Das Motorschiff Minja ist ein Trockengüterschiff. Das Getreide hätte auch in einem Schubverband transportiert werden können. Beschreiben Sie diese Art der Formationsbildung in der Binnenschifffahrt.

Lernsituation 13
An der Ausarbeitung eines Lager-Logistikvertrages mitwirken

Die RAAB GmbH produziert Fruchtsäfte, die vorzugsweise an große Handelsketten ausgeliefert werden. Bisher wurde der Vertrieb über ein eigenes Lager am Produktionsstandort in Koblenz und hauptsächlich im Werkverkehr organisiert.

Die Unternehmensleitung plant nun, das Lager aufzugeben und sich ganz auf das Kerngeschäft, die Produktion hochwertiger, aber auch preisgünstiger Fruchtsäfte, zu konzentrieren. Im Rahmen einer Ausschreibung des Projekts hat INTERSPED den Auftrag erhalten, ein Konzept für das Outsourcing der Getränkelogistik zu entwickeln und in Kooperation mit dem Hersteller einen Lager-Logistikvertrag auszuarbeiten.

Ziel des Vertrags ist es, dass INTERSPED die komplette Lagerung der Fertigprodukte im eigenen Lager übernimmt und für die Verteilung der Produkte an die Empfänger sorgt. Dabei geht es um rund 19 000 Paletten pro Jahr. Außerdem ist Displaymaterial zu lagern, auf Anforderung zusammenzubauen und in den Handelsbetrieben aufzustellen. Zurzeit wird an einer detaillierten Leistungsbeschreibung als Anlage zum Lagervertrag gearbeitet. Dazu werden Formulierungsvorschläge zu den einzelnen Punkten entwickelt, ausgetauscht und diskutiert. Frau Keller und Herr Baumeister sind bei INTERSPED das Projekt-Team „RAAB", das – wegen der Bedeutung des Auftrags – immer in enger Abstimmung mit der Geschäftsleitung arbeitet. Heute sind folgende vier Punkte der Leistungsbeschreibung näher zu betrachten:

to display (engl.) = zur Schau stellen

1 Wareneingang
- Erfassung von Ankunftszeit, Lkw-Nummer, Spediteur usw. auf Warenannahmebestätigung durch INTERSPED
- Prüfung der Bestellung über Wareneingangs-Avis, ggf. Information an die Sachbearbeitung und Klärung mit Raab
- Belegprüfung (Lieferschein)
- Entladung des Lkw
- Warenvereinnahmung

Gestellung der Ware auf Wareneingangsfläche zur Wareneingangskontrolle
- Wareneingangskontrolle auf Vollzähligkeit, Unversehrtheit der Ware, Palettenqualität und Mindesthaltbarkeitsdatum (MHD)
- Erfassung der Sendung im Lagerverwaltungssystem von INTERSPED aufgrund der Lieferscheine
- Zuordnung von Lagerplätzen durch das Lagerverwaltungssystem
- Ausdruck der Stellplatzlabel mit eindeutiger Paletten-ID im Lagerbüro (= kaufmännische Tätigkeit)
- Einlagerung auf den vorgesehenen Lagerplätzen mithilfe der Stellplatzlabel
- Rückmeldung an Raab über den Wareneingang per DFÜ
- Mit der Rückmeldung ist die Ware für ausgehende Aufträge verfügbar.

ID = Identifikationsnummer

Auch: Prozesskostenrechnung

Über diesen Punkt der Leistungsbeschreibung ist Einigung erzielt worden, sodass die Abläufe im Rahmen einer Transaktionskostenabrechnung kalkulatorisch erfasst werden können. Dazu sind die oben beschriebenen Abläufe der Leistungsbeschreibung in einzelne Teilschritte (Transaktionen) zu zerlegen, mit dem voraussichtlichen Zeitaufwand zu belegen und mit den Faktoreinsatzkosten zu bewerten. Zum Schluss werden den ermittelten direkten Kosten noch allgemeine Verwaltungskosten und der Gewinn zugerechnet. Ziel ist es, den Preis pro Palette für die Arbeiten beim Wareneingang zu ermitteln.

Das Formular befindet sich auf Seite 233.

Die nachfolgenden Basisdaten sind der Kalkulation zugrunde zu legen:

Basisdaten	
Anzahl Paletten pro Lkw	36
kaufmännische Mitarbeiter/-innen (pro Stunde inklusive Lohnnebenkosten)	22,00 EUR
gewerbliche/-r Mitarbeiter/-in (pro Stunde inklusive Lohnnebenkosten)	16,00 EUR
Arbeitstage pro Jahr	250
Verteilzeiten	19 %
Zeiten der Abwesenheit	18 %
Stapler je Stunde	5,00 EUR
allgemeine Verwaltungskosten	10 %
Gewinn	5 %

Wareneingangsprozesse					
Tätigkeit/Transaktion	Minuten	Faktor	Minuten/WE	Euro/WE	Euro/Palette
Tätigkeit/Transaktion	Minuten	Faktor	Minuten/WE	Euro/WE	Euro/Palette

Musterberechnung im Informationshandbuch

WE = Wareneingang

Lernsituation 13 zum Informationshandbuch Seite 350–380

2 Lagerung

RAAB hat dem Projektteam bei INTERSPED die Sendungsstruktur mitgeteilt (siehe Tabelle unten). Anhand der Tabelle sowie des Lageplans zum Lager (siehe nächste Seite) sind folgende Entscheidungen zu treffen:

- Wird das Lager als Fest- oder als Freiplatzsystem geführt?
- Durchführung einer ABC-Analyse mit dem Ziel einer Einteilung der Produkte nach dem Kriterium der Umschlagshäufigkeit
- Aufnahme der Klassifizierung in den Stammdatensatz
- Aufteilung der Lagerfläche für die A-, B- und C-Produkte sowie das Displaymaterial
- Für welche Produkte ist die Bodenlagerung und für welche die Regallagerung vorzuziehen?
- Bei Bodenlagerung: Boden-Blocklagerung oder Boden-Zeilenlagerung?
- Festlegung der Meldebestände, die für die einzelnen Artikel im System zu hinterlegen sind

Informationen für die Berechnung des Meldebestandes

Die durchschnittlichen Auslagerungsmengen pro Tag sind der Tabelle zu entnehmen. Die Lieferzeit (Herstellung der Ware und Transport vom Werk in Koblenz bis zum INTERSPED-Lager in Düsseldorf) beträgt für alle Artikel fünf Tage. Der Mindestbestand ist abhängig von der A-B-C-Klassifizierung und der täglichen Ausgangsmenge:

- bei A-Artikeln wird die achtfache tägliche Ausgangsmenge als Mindestbestand vorgehalten,
- bei B-Artikeln die fünffache tägliche Ausgangsmenge und
- bei C-Artikeln das Dreifache des täglichen Lagerausgangs.

Die Ergebnisse zu Mindest- und Meldebestand sind jeweils zu ganzen Zahlen aufzurunden.

Produkte	Wareneingang Anzahl Vollpaletten	Ø Auslagerung in Paletten pro Tag (kommissioniert)	Ø Lagerbestand	Umschlagshäufigkeit	ABC-Position	Mindestbestand	Meldebestand
Apfelsaft	3 100	12,4	290				
Multivitamin	750	3,0	110				
Orangensaft	2 800	11,2	330				
Multivital	950	3,8	220				
Kirschsaft	2 500	10,0	275				
Apfelschorle	1 300	5,2	100				
Tropic	600	2,4	55				
Grapefruit	550	2,2	50				
Fit	450	1,8	75				
Johannisbeere	1 900	7,6	400				
Orange-Mango	550	2,2	120				
ACE-Karotte	450	1,8	85				
Bananensaft	900	3,6	150				
Rhabarber	250	1,0	70				
Traubensaft	1 950	7,8	420				
Summe	**19 000**	**76,0**	**2 750**				

Das Bruttogewicht der Vollpaletten/Euroflachpaletten im Wareneingang beträgt bei allen Produkten 345 kg.

Etwa viermal pro Jahr finden in Kooperation von RAAB mit den Handelsbetrieben gemeinsame Verkaufsförderungsaktionen statt, bei denen die Fruchtsäfte in den Filialen in Displays präsentiert werden. Das benötigte Material – bis zu 30 Europaletten – wird dann jeweils nach Vorgabe von RAAB direkt vom Hersteller bei INTERSPED angeliefert. Dort müssen die Displays aufgebaut und mit den unterschiedlichen Fruchtsäften bestückt werden.

Lageplan des Lagers für die RAAB-Produkte

EP = Europaletten

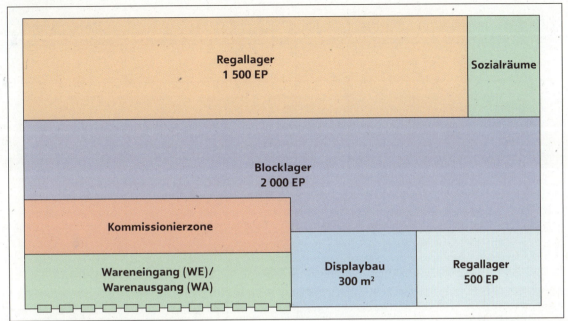

Weitere Daten zum Lager:
- Gesamtfläche 4 200 m²
- Regale: Höhe 6,50 m
- drei oder vier Böden

3 Warenausgang

- Buchung, Dokumente erstellen
- Endverpackung: Paletten in Stretchfolie wickeln und mit Versandetikett versehen
- Beladen des Lkw für Sammelgutkooperation C-Line
  - Überprüfen des Transportmittels auf Sauberkeit und Dichtheit
  - Verladen
- Nach der Beladung: Entgegennahme der Lieferpapiere und Warenübernahme durch den Fahrer quittieren lassen
- Rückmeldung abgearbeiteter Aufträge an RAAB

Auch bezüglich des Ablaufs im Warenausgang - nach Abschluss der Kommissionierung - ist Einigung erzielt worden, sodass auch hier der Transaktionspreis ermittelt werden kann. Es gelten die Basisdaten aus der Kalkulation des Wareneingangs mit dem Unterschied, dass im Rahmen der Auslieferung der Fruchtsäfte durchschnittlich 8 Paletten pro Lkw befördert werden.

Zudem soll bis zur nächsten gemeinsamen Sitzung eine Ergänzung als Text formuliert werden, der beinhaltet, dass die Auslagerung nach dem FIFO-Verfahren durchgeführt werden muss und dass im Warenausgang nur artikelreine oder Sandwich-Paletten verwendet werden dürfen. Diesbezüglich muss auch dargelegt werden, wie eine ausreichende Mindesthaltbarkeitsdauer der Getränke sichergestellt werden kann. Wichtig ist, dass bestimmte Restlaufzeiten nicht unterschritten werden, weil der Handel sonst die Annahme der Ware verweigert.

Lernsituation 13 zum Informationshandbuch Seite 350–380

Warenausgangsprozesse (WA)					
Tätigkeit/Transaktion	Minuten	Faktor	Minuten/WA	Euro/WA	Euro/Palette

4 Displaybau
RAAB erwartet, dass regelmäßig in den Einzelhandelsfilialen der Handelsketten Displaymaterial zu den Getränken aufgestellt wird. Das Material ist auf dem Lager der INTERSPED GmbH zusammenzustellen und vorzubereiten. Die Fahrer der zustellenden Fahrzeuge müssen die Displays in den Filialen aufstellen. Auch dieser Sachverhalt – einschließlich eines Vorschlags, wie dieser Mehrwertdienst (Value-added Service) bezahlt werden soll – ist noch in den Leistungskatalog aufzunehmen.

Mit der Übernahme der Lageraufgaben für die RAAB GmbH muss INTERSPED bestimmte Investitionen tätigen. Unter anderem sind Flurfördermittel anzuschaffen. Es ist noch zu entscheiden, welcher Typ (oder welche Typen) von Flurfördermitteln am besten für die Bewegung von Paletten mit Getränken in einer Lagerhalle geeignet sind.

Arbeitsauftrag (Vorschlag)
Bearbeiten Sie die Punkte 1–4 der Leistungsbeschreibung und treffen Sie eine Investitionsentscheidung hinsichtlich der Flurfördermittel.

Aufgabe 1
Nehmen Sie an, INTERSPED hätte sich im Getränkelager von RAAB nicht für das Festplatz-, sondern für das Freiplatzsystem entschieden.

Ordnen Sie die nachfolgenden Aussagen jeweils dem Festplatz- bzw. dem Freiplatzsystem zu:

Aussagen	Festplatzsystem	Freiplatzsystem
kürzere Transportwege/kürzere Suchzeiten		
bessere Ausnutzung der vorhandenen Lager-/Regalfläche		
Kapazitätsprobleme bei ungewöhnlich großen Wareneingängen		
höheres Risiko bei Großschäden im Lager		

Aufgabe 2
Folgende Werte der Beschaffungsgüter wurden im Jahr 20(-1) erfasst.

Gut Nr.	Wert/Euro	Gut Nr.	Wert/Euro	Gut Nr.	Wert/Euro
1001	125 680,00	1008	4 125,00	1015	4 820,00
1002	15 246,00	1009	92 145,00	1016	148 652,00
1003	112 568,00	1010	6 856,00	1017	45 897,00
1004	5 912,00	1011	6 512,00	1018	6 000,00
1005	157 960,00	1012	27 412,00	1019	112 111,00
1006	4 236,00	1013	6 231,00	1020	87 236,00
1007	17 865,00	1014	5 672,00		

Analysieren Sie die Güter mithilfe der ABC-Analyse. Gehen Sie dabei folgendermaßen vor:

a Sortieren Sie die Werte anhand ihres Wertbeitrags und ermitteln Sie die einzelnen Wertanteile.

b Teilen Sie die Güter in A-, B- und C-Güter ein.

c Stellen Sie das Ergebnis grafisch dar (x-Achse: sortierte Güter, y-Achse: summierter Wertbetrag).

Aufgabe 3
Für den Artikel Nr. 0053 sind im vergangenen Jahr folgende Lagerbestandswerte erfasst worden:

Lagerbestände im Jahr 20(-1)					
Datum	Bestand (in Stk.)	Datum	Bestand (in Stk.)	Datum	Bestand (in Stk.)
1. Jan.	230	6. Mai	32	9. Sep.	75
15. Jan.	182	20. Mai	231	23. Sep.	19
29. Jan.	134	3. Jun.	176	7. Okt.	230
12. Feb.	75	17. Jun.	125	21. Okt.	160
26. Feb.	28	1. Jul.	73	4. Nov.	117
11. März	235	15. Jul.	34	18. Nov.	72
25. März	183	29. Jul.	220	2. Dez.	8
8. Apr.	128	12. Aug.	176	16. Dez.	240
22. Apr.	74	26. Aug.	118	30. Dez.	156

Vorgegeben ist ein Meldebestand von 75 Stück. Die Gesamtumschlagsmenge betrug 1 450 Stück.

a Stellen Sie den Lagerbestandsverlauf grafisch dar und markieren Sie den Meldebestand.

b Berechnen Sie den durchschnittlichen Lagerbestand mit der einfachen und der erweiterten Formel und tragen Sie beide Werte in die Grafik ein. Begründen Sie den Unterschied und fassen Sie zusammen, worauf in der Praxis zu achten ist.

c Berechnen Sie die Lagerumschlaghäufigkeit und die durchschnittliche Lagerdauer.

d Ermitteln Sie die Lagerreichweite für den 1. Januar, den 29. Januar und den 12. Februar.

Aufgabe 4
Das Lager aus Aufgabe 3 ist Eigentum der Spedition. Folgende Kosten wurden für das Jahr 20(-1) erfasst:

Kosten	Euro
Abschreibungen auf Gebäude	10 000,00
Zinsen	8 000,00
Kosten für Betriebsstoffe	16 500,00
Kosten für Reinigung	2 500,00
Kosten für Lagerpersonal + Nebenkosten	58 000,00
Anzahl der Lagerbewegungen	8 055

Folgende Auslastungszahlen werden für 20(0) festgestellt:

Auslastung	%
1. Quartal	90
2. Quartal	95
3. Quartal	85
4. Quartal	70

Zahl der Palettenstellplätze: 1 000

a Ermitteln Sie den Lagerkostensatz (Sachkosten) pro Palettenstellplatz.

b Ermitteln Sie den Lagerkostensatz für den Fall, dass nur die aktuellen Auslastungszahlen der Quartale bekannt sind. Errechnen Sie dazu den Lagerkostensatz
- für das erste Quartal,
- für die ersten beiden Quartale usw.

Begründen Sie die Unterschiede.

c Ermitteln Sie die Kosten pro Lagerbewegung.

Aufgabe 5
Die Spedition LOGSPED betreibt für die SÜSSWAREN AG die Lagerhaltung für die gesamte Produktion (Schokoladenprodukte unterschiedlichster Art). Die Produkte werden nach den Anweisungen der SÜSSWAREN AG an den Handel ausgeliefert. Der Hersteller informiert nun die Spedition darüber, dass zukünftig nicht mehr artikelreine, sondern auch Mischpaletten angeliefert werden. Der Spediteur bittet darum, wenigstens Sandwich-Paletten zu verwenden.

Begründen Sie den Wunsch des Spediteurs.

Aufgabe 6
Stefan Bode, der Einkaufsleiter der SB-Warenhaus-Kette SUPERKAUF, und Frau Keller von der Spedition INTERSPED befinden sich in einem Gespräch über die Warenversorgung der Filialen. Die Einkaufsabteilung der SB-Warenhaus-Kette bestellt Waren bei einer Vielzahl von Lieferanten, INTERSPED holt die Waren bei den Lieferanten ab und beliefert die Filialen direkt (Direktbezug).

Warenversorgung im Direktbezug (vereinfachte Darstellung)

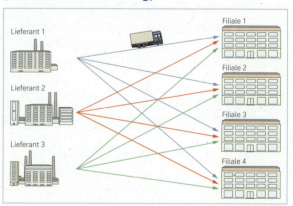

Herr Bode: „In unseren Filialen gibt es große Probleme. Wenn am Tag ein Dutzend Lkw Waren anliefern, muss dafür Personal abgestellt werden, das im Verkauf fehlt. Vielfach werden die Waren zunächst im Filial-Lager abgestellt, weil die Zeit fehlt, die Waren in die Verkaufsregale einzuräumen. Gleichzeitig fehlen die Produkte im Verkauf. Damit verlieren wir Umsatz. Außerdem sind viele Lkw kaum ausgelastet. Wenn ein 40-Tonner mit drei Paletten die Filiale anfährt, ist das nicht nur wegen der Kosten, sondern auch aus Umweltschutzgründen nicht zu verantworten. Ich habe es kontrolliert: 70 % der Lkw liefern nur eine bis zwei Paletten ab. Bei jedem Lkw müssen wir aber die Wareneingangskontrolle durchführen, der Arbeitsaufwand ist bei den kleineren Sendungen nicht wesentlich geringer. Wartende Lkw blockieren auch die Kundenparkplätze – abgesehen davon, dass Wartezeiten Geld kosten. Ich brauche Ihnen das nicht zu sagen, schließlich stellen Sie uns regelmäßig Standgeld in Rechnung."

Warenversorgung über ein Zentrallager (vereinfachte Darstellung)

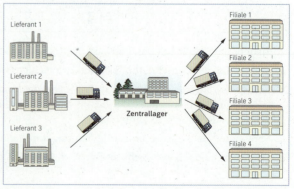

Frau Keller: „Wir sind da allerdings großzügig; nur extrem lange Standzeiten berechnen wir Ihnen weiter. Aber Sie haben natürlich recht, der Direktbezug von Waren beim Lieferanten ist nicht wirtschaftlich. Ich vermute, Sie wollen die Warenanlieferung stärker bündeln."

Herr Bode: „Ja, die Filialen reagieren auf den Notstand nämlich mit erhöhten Bestellmengen, was die Situation weiter verschärft und auch zu einer unvertretbaren Kapitalbindung führt. Wir überlegen derzeit ein neues Konzept, bei dem die Filialen von einem Lkw zweimal in der Woche mit Waren versorgt werden."

Frau Keller: „Das verlangt aber die Einrichtung eines Zentrallagers."

Herr Bode: „Genau. Wir sind uns aber noch nicht darüber im Klaren, ob wir das Zentrallager in eigener Regie führen oder ob wir diese Aufgabe einem Spediteur übergeben."

Frau Keller: „Wir sind natürlich daran interessiert, die Lagerhaltung für Sie zu übernehmen. Wir können Ihnen auch unterschiedliche Varianten eines solchen Zentrallagers anbieten, nämlich

  1. ein bestandsgeführtes Lager,

  2. ein Transitlager oder

  3. ein Cross-Docking-Lager.

Diese Lagertypen ließen sich auch als Mischform betreiben – ganz wie es Ihren Ansprüchen an die Warenversorgung Ihrer Filialen entspricht."

Herr Bode: „Das klingt interessant. Für die Entscheidungsfindung benötige ich von Ihnen aber eine genauere Ausarbeitung, die die Vorteile für unsere Zentrale, die Filialen und auch für die Lieferanten sichtbar macht. Ach ja, Umweltüberlegungen werden immer wichtiger."

Frau Keller: „In einer Woche haben Sie unser Konzept."

Frau Keller hat von Herrn Bode noch einige Informationen erhalten:

Warenversorgung der Filialen von SUPERKAUF

- Die Filialen werden zweimal pro Woche mit Ware beliefert (bisher einmal pro Woche von durchschnittlich 20 Lieferanten).
- Das Zentrallager wird von allen Lieferanten zweimal pro Woche mit Komplettladungen ganzer Lkw versorgt (34 Palettenstellplätze).
- Auch Umweltgesichtspunkte sind zu beachten. Vereinfachte Annahmen zu den Beförderungsstrecken:
    - Bisher betrug die Entfernung Lieferant – Filiale im Durchschnitt 100 km.
    - Das Zentrallager wird in der Mitte zwischen Lieferanten und Filialen angesiedelt (Durchschnittsentfernung 50 km).
    - Der Rücktransport wird nicht beachtet.

Für die Frage, ob SUPERKAUF das Zentrallager in eigener Regie übernehmen soll oder ob das Unternehmen einen Spediteur mit dieser Aufgabe beauftragt, hat sich Frau Keller einige Stichpunkte notiert, aus denen sie eine Empfehlung für das Filialunternehmen entwickeln will:

Eigenes Lager

- volle Kontrolle über alle Abläufe
- größere Flexibilität, z. B. bei kurzfristigen Nachlieferungen und Sonderbestellungen
- intensiverer Kontakt zu Lieferanten und den eigenen Filialen
- eigenes Personal ...

Lagerhaltung durch einen Spediteur

- Es muss keine teure Lagerhalle errichtet und keine Stapler und Kommissionierfahrzeuge müssen angeschafft werden.
- Der Spediteur ist Experte für Logistiknetzwerke.
- Die Zentrale des SB-Warenhauses kann sich auf ihre eigentlichen Aufgaben (Führung eines Handelsunternehmens, Förderung von Verkauf und Kundenservice in den Filialen) konzentrieren ...

Für die Unterscheidung von Transit- und Cross-Docking-Lager will Frau Keller folgende Grafik zur Veranschaulichung verwenden.

Lernsituation 13 zum Informationshandbuch Seite 350–380

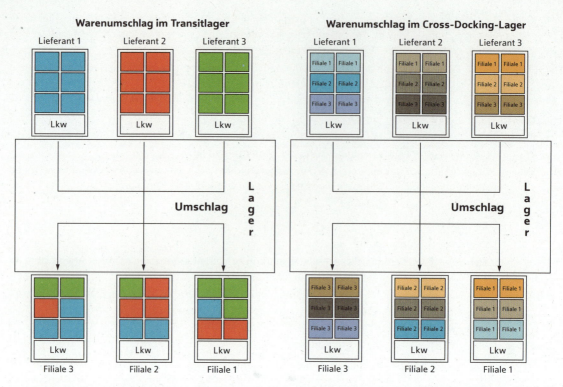

Entwickeln Sie ein Konzept für die Warenversorgung der Filialen von SUPERKAUF, das die Einrichtung eines Zentrallagers vorsieht. Machen Sie in diesem Konzept die Vorteile für alle Beteiligten deutlich.

Beteiligte

- Filialen
- Gesamtunternehmen
- Lieferanten
- Öffentlichkeit (aus Umweltschutzgründen)

Aufgabe 7

Die Filialen der SB-Warenhauskette können über das Zentrallager versorgt werden oder durch eine Streckenlieferung.

Treffen Sie für die Fälle a und b eine sinnvolle Entscheidung.

a Alle Märkte nehmen im März an der Frühjahrsaktion „Alles für den Garten" teil. Dazu wird auf den Parkplätzen ein Zelt aufgebaut. Die gesamte Warenausstattung der Zelte übernimmt ein Großhändler für Pflanzenbedarf. Dazu ist für jeden Markt ein kompletter Lkw notwendig.

b In der Spargelzeit holt die Zentrale Angebote von Spargelbauern und Genossenschaften im regionalen Umfeld der Märkte ein und schließt die Kaufverträge ab. Die Verträge sorgen dafür, dass jeweils drei bis vier Märkte für die Dauer der Spargelsaison mit frischem Spargel versorgt werden.

Warenversorgung über Streckenlieferung (vereinfachte Darstellung)

c In den Märkten sollen Fitnessgeräte eines Herstellers auf gesonderter Verkaufsfläche besonders herausgestellt werden (Shop-in-the-Shop). Dazu erhalten alle Märkte eine Erstausstattung mit Geräten und Präsentationsmaterial. Die Erstausstattung erfordert pro Markt einen ganzen Lkw.

Aufgabe 8

Nachdem die Möller AG, ein Hersteller von elektronischen Bauteilen für die Unterhaltungsindustrie, vor zwei Jahren die gesamten Logistikaktivitäten ausgelagert hatte, stellt man fest, dass die hohen Erwartungen an die Zusammenarbeit mit dem externen Dienstleister nicht erfüllt werden konnten.
Daher wird in Erwägung gezogen, ein Insourcing vorzunehmen.

a Definieren Sie den Begriff Insourcing.

b Listen Sie mögliche Ursachen auf, die zur Unzufriedenheit mit dem externen Dienstleister geführt haben.

c Einer Untersuchung zufolge betrachten immer mehr Unternehmen die Logistik mittlerweile als Kernkompetenz. Belegen Sie diese Aussage an einem Beispiel.

Aufgabe 9
Die METALLWERKE AG hat aufgrund günstiger Weltmarktpreise einen größeren Posten Zinn eingekauft. Für die Finanzierung des Geschäfts muss das Unternehmen einen Bankkredit aufnehmen. Die Bank verlangt als Sicherheit ein Warenwertpapier über die eingelagerten Güter. INTERSPED hat den Auftrag erhalten, die Güter einzulagern, weil die Lagerkapazitäten der METALLWERKE AG nicht ausreichen. Über die Einlagerung ist ein Namenslagerschein auszustellen (siehe unten).

Namenslagerschein

Namenslagerschein
gemäß §475c HGB

Lagerschein-Nr. _____   Lagerbuch-Nr. _____
Am _____ lagerten wir für _____
in _____ oder dessen auf der Rückseite legitimierten Rechtsnachfolger ein:

Anzahl	Nummer	Zeichen	Art	Benennung der Ware	Angegebenes	Ermitteltes
	der Packstücke				Bruttogewicht in kg	

in Buchstaben: _____ kg

Gefahrgut-Klassifikation   Nettomasse kg/l _____
UN-Nr. _____   offizielle Benennung _____
Nummer Gefahrzettel _____   Verpackungsgruppe _____

Lagerung: Die Ware ist zurzeit eingelagert,
☐ a) getrennt von anderen Partien
☐ b) als Teil einer größeren Partie
in unserem Lager _____ Straße

Wir sind zur Umlagerung des Gutes berechtigt. Bei Umlagerung in andere als oben genannte Läger wird der Einlagerer benachrichtigt.
Wir sind im Allgemeinen nicht verpflichtet, Arbeiten zur Erhaltung der Ware vorzunehmen.

Versicherung: Die Ware ist für die Dauer der Lagerung
☐ durch uns versichert.
☐ nicht durch uns versichert.

Art	Wert des Gutes/ Euro	Prämie monatlich/Euro
Elementarrisiken (Feuer, Wasser, Einbruchdiebstahl)		

Lagerkosten: Auf der Ware ruhen zurzeit folgende Kosten:
Lagergeld in Höhe von EUR _____ je _____ seit _____
Frachtvorlage EUR _____ Sonstiges: _____

Die Auslieferung der Ware oder eines Teils derselben erfolgt nur gegen Vergütung der darauf ruhenden Kosten.
Auslieferung: Wir verpflichten uns, die Ware nur gegen Rückgabe dieses Lagerscheins nach Maßgabe der aus dem Schein ersichtlichen Bedingungen an den Einlagerer oder dessen legitimierten Rechtsnachfolger auszuliefern. Bei Teilauslieferungen ist der Lagerschein zwecks Abschreibung vorzulegen. Wir sind berechtigt, aber nicht verpflichtet, eine besondere Prüfung der Legitimation vorzunehmen.
Rechtsgrundlage: Wir arbeiten ausschließlich auf Grundlage der Allgemeinen Deutschen Spediteurbedingungen 2017 (ADSp 2017).

_____, den _____
                                    Stempel und Unterschrift des Lagerhalters

Lernsituation 13 zum Informationshandbuch Seite 350–380

Rückseite des Formulars

Datum	Abschreibungen						
	Anzahl	Nummer	Zeichen	Art	Benennung der	Gewicht	Unterschrift des
	der Packstücke				Ware	kg	Lagerhalters

Abtretungserklärung

Alle Rechte und Pflichten aus diesem Lagerschein übertragen wir hierdurch auf:

_____

_____

_____ , den _____ _____
                                                              Unterschrift

Daten über das eingelagerte Gut

- 120 000 kg Zinn, Wert 360 000,00 EUR
- Lagerschein-Nr. 12/20(0), Lagerbuch-Nr. 1288/20(0), Datum der Einlagerung: 17.04.20(0)
- Einlagerer: METALLWERKE AG, Steinstraße 177, 40655 Düsseldorf
- Lagerort: Wehrstraße 14, 40599 Düsseldorf; die Güter werden nicht mit anderen Produkten vermischt
- Lagerkosten: Lagergeld 2,70 EUR pro 100 kg und pro Monat
- Die Ware ist gegen Elementarrisiken zu versichern. Die Prämie beträgt nach Rückfrage bei der Versicherung 0,4 ‰ pro Monat zuzüglich Versicherungsteuer.

Füllen Sie den Lagerschein nach den Wünschen des Einlagerers aus und erstellen Sie die Rechnung für den ersten Lagermonat (vom 17.04. bis 16.05.20[0]).

INTERSPED GmbH

Internationale Spedition
Merkurstraße 14
40223 Düsseldorf
Telefon: 0221 56742-0
ID-Nr.:   DE 458 977 344
E-Mail: info@intersped.de

Empfänger:

_____
_____
_____

Datum: _____

Rechnung Nr.

Position	Text	Euro	Euro

Spediteurrechnungen sind sofort und ohne Abzug fällig.
Bankverbindung: Commerzbank Düsseldorf, IBAN: DE02 3004 0000 4865 0510 00, BIC: COBADEDDXXX

Aufgabe 10
Am 17.05.20(0) benötigt der Einlagerer (METALLWERKE AG, siehe Aufgabe 8) für die laufende Produktion 5 000 kg des eingelagerten Metalls. Mit einem Werks-Lkw werden die Güter bei INTERSPED abgeholt. Der Fahrer legt den oben ausgefüllten Namenslagerschein zwecks Abschreibung vor.
Vermerken Sie anstelle des Lagerhalters die Warenentnahme auf dem Lagerschein (siehe Seite 242).

Aufgabe 11
Am 18.05.20(0) übergibt die METALLWERKE AG den Namenslagerschein der Stadtsparkasse Düsseldorf, Uferstraße 12, 40682 Düsseldorf, als Sicherheit für den oben genannten Kredit (siehe Aufgabe 9). Die Bank verlangt die Abtretung der Ansprüche aus dem Lagerschein.

a Füllen Sie die Abtretungserklärung auf dem Lagerschein aus (siehe Einstiegsfall oben).

b Welche Ansprüche (in Kilogramm Lagergut) an den Lagerhalter hat die Bank mit der Abtretungserklärung erworben? Beachten Sie die Teilauslieferung vom 17.05.20(0) (siehe Aufgabe 10).

Aufgabe 12
HGB und ADSp regeln die Rechte und Pflichten aus einem Lagervertrag. Prüfen Sie die Rechtslage nach HGB (Auszüge siehe unten) und nach ADSp für folgende Fälle:

a Der Lagerhalter stellt bei seinen regelmäßigen Prüfungen fest, dass sich beim Lagergut Schäden andeuten.

b Der Einlagerer möchte das eingelagerte Gut besichtigen. Ist er dazu berechtigt?

c Ein interessierter Käufer möchte das Gut besichtigen.

d Der Einlagerer möchte einige Proben am Gut entnehmen, um die Qualität der Ware zu prüfen.

e Der Lagerhalter lagert die Güter vorübergehend bei einem befreundeten Spediteur ein, damit er Umbauarbeiten in seinem Lager vornehmen kann.

f Der Lagerhalter möchte den Lagervertrag wegen Umbauarbeiten kündigen.

§ 471 HGB Erhaltung des Gutes
(1) Der Lagerhalter hat dem Einlagerer die Besichtigung des Gutes, die Entnahme von Proben und die zur Erhaltung des Gutes notwendigen Handlungen während der Geschäftsstunden zu gestatten. Er ist jedoch berechtigt, [...] die zur Erhaltung des Gutes erforderlichen Arbeiten selbst vorzunehmen.
(2) Sind nach dem Empfang Veränderungen an dem Gut entstanden oder zu befürchten, die den Verlust oder die Beschädigung des Gutes oder Schäden des Lagerhalters erwarten lassen, so hat der Lagerhalter dies dem Einlagerer [...] unverzüglich anzuzeigen und dessen Weisungen einzuholen. Kann der Lagerhalter innerhalb angemessener Zeit Weisungen nicht erlangen, so hat er die angemessen erscheinenden Maßnahmen zu ergreifen. [...]

§ 472 HGB Versicherung, Einlagerung bei einem Dritten
(1) Der Lagerhalter ist verpflichtet, das Gut auf Verlangen des Einlagerers zu versichern. [...]
(2) Der Lagerhalter ist nur berechtigt, das Gut bei einem Dritten einzulagern, wenn der Einlagerer ihm dies ausdrücklich gestattet hat.

§ 473 HGB Dauer der Lagerung
(1) Der Einlagerer kann das Gut jederzeit herausverlangen. Ist der Lagervertrag auf unbestimmte Zeit geschlossen, so kann er den Vertrag jedoch nur unter Einhaltung einer Kündigungsfrist von einem Monat kündigen [...]
(2) Der Lagerhalter kann die Rücknahme des Gutes nach Ablauf der vereinbarten Lagerzeit oder bei Einlagerung auf unbestimmte Zeit nach Kündigung des Vertrags unter Einhaltung einer Kündigungsfrist von einem Monat verlangen. [...]

Aufgabe 13
HGB und ADSp regeln die Haftung des Lagerhalter-Spediteurs. Stellen Sie fest, ob ein Lagerhalter in den nachfolgend beschriebenen Fällen für den jeweils entstandenen Schaden haften muss (1 SZR = 1,1545 EUR).

Fälle
1 Durch einen Kurzschluss in der Stromversorgung des Lagergebäudes kommt es zu einem Brand, der Teile der eingelagerten Güter vernichtet (35 t, Wert 415 000,00 EUR).
2 Bei der monatlichen Bestandsermittlung in einem Lager wird ein Minderbestand festgestellt. Die Ursache ist nicht mehr ausfindig zu machen (250 kg, Wert 2 500,00 EUR).
3 Durch einen Einbruchdiebstahl werden wertvolle DVD-Player entwendet. Das Gebäude war mit einer Diebstahlsicherung ausgestattet. Trotzdem wurden die Güter entwendet. Den Lagerhalter trifft keine Schuld.
4 Beim Umschlag von Sendungen aus dem Umschlaglager in den Fernverkehr-Lkw entstehen Schäden an einer Sendung. Der Schaden ist vom Lagerpersonal zu vertreten (800 kg, Wert 2 100,00 EUR).

Aufgabe 14

Ein Lagerhalter hatte in der letzten Woche gleich mehrere Schadensfälle zu verzeichnen (1 SZR = 1,1680 EUR):

a Zunächst fiel eine Palette, die ein Staplerfahrer im Palettenregal in 6 Meter Höhe zu schräg abgesetzt hatte, herunter und beschädigte zwei weitere Paletten, die darunter auf dem Boden standen. Sämtliche Waren, die drei verschiedenen Kunden gehörten, wurden dabei komplett zerstört. Die Sendungsdaten im Einzelnen:
  - Palette 1: fünf TV-Flachbildschirme, 120 kg, Wert 6 300,00 EUR
  - Palette 2: Blumenvasen aus Porzellan, 290 kg, Wert 2 850,00 EUR
  - Palette 3: Büro-Ablagekörbe aus Plastik, 100 kg, Wert 400,00 EUR.

b Nach Abschluss der Inventur für einen Getränkeabfüller stellte man mit Schrecken fest, dass insgesamt Spirituosen im Wert von 14 000,00 EUR fehlten. Die Anzahl der fehlenden Flaschen summiert sich zu einem Gesamtgewicht von 840 kg.

c Nach einem nur kurzzeitigen Ausfall der Klimaanlage im temperierten Teil des Lagers waren fünf Paletten mit Wurstwaren verdorben. Die Paletten mit einem Gewicht von je 440 kg hatten einen Warenwert in Höhe von je 2 650,00 EUR.

d Nach einem vierstündigen Stromausfall können zwei Paletten mit dringend benötigten Teilen für die Produktion eines Automobilherstellers nur verspätet ausgeliefert werden. Der entstandene Schaden durch die Verzögerungen in der Produktion wird auf 42 500,00 EUR beziffert.

Ermitteln Sie für alle Schadensfälle die Höchsthaftung des Lagerhalters nach Ziffer 24 ADSp.

Aufgabe 15

Die WEBER Hausgeräte AG sucht einen Lagerstandort für ihr neues Auslieferungslager für den süddeutschen Raum. Nach einem längeren Auswahlverfahren sind zwei konkrete Alternativen übrig geblieben:

- eine Fläche in einem bereits erschlossenen Gewerbegebiet an der Autobahnausfahrt Nürnberg-Mögeldorf (A 9),
- ein Grundstück auf der „Grünen Wiese" in der Gemeinde Schnelldorf/Landkreis Ansbach an der Autobahnausfahrt Schnelldorf (A6).

Die endgültige Entscheidung soll unter anderem mittels einer Nutzwertanalyse gefällt werden. Die maßgeblichen Kriterien wurden bereits festgelegt und sind in der nachstehenden Tabelle aufgeführt.

Kriterien	Gewichtung in %	Nürnberg		Schnelldorf	
		Punkte	Gewichtung · Punkte	Punkte	Gewichtung · Punkte
Grundstückspreise					
Gewerbesteuerhebesatz					
Autobahnanschluss					
Nähe zu Binnenhäfen/Flughäfen					
digitale Infrastruktur/Internet					
Personalkosten/Lohnniveau					
soziales und kulturelles Umfeld					
Anschluss an öffentl. Nahverkehr					
Summe	100	---		---	

a Gewichten Sie die Kriterien hinsichtlich ihrer Bedeutung für die geplante Investition der WEBER Hausgeräte AG; die Summe der Gewichtungen sollte 100 % ergeben.

b Bewerten Sie die beiden Standortalternativen anhand von Internetrecherchen oder begründeten Annahmen auf einer Punkteskala von 5 (sehr geeignet) bis 1 (total ungeeignet).

c Multiplizieren Sie für jedes Kriterium die Gewichtung mit der vergebenen Punktzahl.

d Summieren Sie die Punkte und interpretieren Sie das Ergebnis.

e Begründen Sie, warum der Nutzwertanalyse ein großes Maß an Subjektivität nachgesagt wird.

Aufgabe 16

Die Scheffler Logistik GmbH unterhält ein Dauerlager für verschiedene Kunden. Zu Beginn des neuen Geschäftsjahres wird der Lagerkostensatz für 100 kg Lagergut pro Monat anhand der Zahlen aus dem zurückliegenden Geschäftsjahr ermittelt.

a Kalkulieren Sie den Lagerkostensatz für 100 kg Lagergut auf der Grundlage der nachfolgenden Zahlen:

Einlagerung

Lohnkosten pro Stunde	65,00 EUR
durchschnittliches Einlagerungsgewicht pro Palette	450,00 kg
Einlagerungszeit pro Palette	6,00 Min.

Auslagerung

Lohnkosten pro Stunde	65,00 EUR
durchschnittliches Auslagerungsgewicht	450,00 kg
Auslagerungszeit pro Palette	5,00 Min.

Lagerungskosten

Abschreibung	22 000,00 EUR pro Monat
Zinsen	36 000,00 EUR pro Halbjahr
Reparaturen	8 000,00 EUR pro Monat
Versicherungen	33 000,00 EUR pro Vierteljahr
Energie/Reinigung	204 000,00 EUR pro Jahr
Verwaltungskosten, kaufmännisch	5 000,00 EUR pro Monat
durchschnittlich belegte Fläche	4 500,00 m²
durchschnittlicher Lagerbestand	2 200 000,00 kg

Lagerverwaltungskosten

durchschnittlicher Lagerbestand	2 200 000,00 kg
monatliche Arbeitsstunden Lagerverwaltungspersonal	240,00 Std.
Personalkosten pro Stunde	75,00 EUR

b Ergänzen Sie die nachfolgende Übersicht mit den Zahlen aus Teilaufgabe a.

Kalkulationsschema	Pro 100 kg in Euro
Einlagerungskosten	
+ Auslagerungskosten	
+ Lagerungskosten	
+ Lagerverwaltungskosten	
= Lagerkosten für 100 kg	

Aufgabe 17

Die Spedition INTERSPED unterhält für einen Industriekunden ein Dauerlager für Holzfurniere im Umfang von 500 Palettenstellplätzen.

Daten

Eröffnungsbestand 01.01.	400 Pal.	Anzahl Palettenplätze	500
Schlussbestand 31.12.	450 Pal.	Anzahl Lagereingänge	24/Jahr (= zweimal pro Monat)
Vierteljahresbestände		Anzahl Arbeitstage im Jahr	290
– 31.03.	375 Pal.	Anzahl der Lagerausgänge	290 (= täglich 1 Sendung mit Ø 15 Pal.)
– 30.06.	425 Pal.	Davon einwandfrei erledigt	285
– 30.09.	500 Pal.	Palettenausgänge*)	4 350/Jahr (= 290 · 15 Paletten)
	600 Pal.	Lagerkosten (ohne Personal)	10 000,00 EUR (500 Stellplätze)
Ø-Gewicht pro Palette			
Ø-Wert pro Palette	1 000,00 EUR	Personalkosten (brutto)	13 600,00 EUR (für Ein- und Ausgänge)

*) Umschlagsmenge = Anzahl der ausgelagerten Paletten

Berechnen Sie:

a Ø-Lagerbestand (möglichst genau),
b Lagerumschlag (Umschlaghäufigkeit),
c Ø Lagerdauer,
d Lagerreichweite am 30.06.,
e Lieferbereitschaftsgrad,
f Lagerkostensatz (pro Palette),
g Kosten pro Lagerbewegung,
h Auslastungsgrad.

Lernsituation 13 zum Informationshandbuch Seite 350–380

Aufgabe 18

Halbjährlich werden in der Spedition INTERSPED die Konditionen für die Kunden im Dauerlager überprüft. Zurzeit werden pro 100 kg Lagergut und pro Monat 2,70 EUR netto (ohne USt.) in Rechnung gestellt. Die letzte Preiserhöhung liegt zwei Jahre zurück. Berechnungsgrundlage ist der durchschnittliche Lagerbestand des Monats. Der Preis umfasst
- die Einlagerung,
- die Lagerung für einen Monat und
- die Auslagerung.

Grundlage für die Kalkulation sind die Personalkosten, und zwar die Kosten der Lagerarbeiter und der kaufmännischen Angestellten, soweit sie mit der Lagerverwaltung befasst sind. Auf die Personalkosten werden die übrigen Kosten des Lagers (Gemeinkosten, z. B. Bürobedarf, Energiekosten, Beiträge u. Ä.) als Prozentzuschlag aufgeschlagen.

Um die Kosten pro Stunde errechnen zu können, sind zunächst die effektiven Leistungsstunden der Lagerarbeiter und des kaufmännischen Personals nach folgenden Daten zu ermitteln:

Daten	Lagerarbeiter	Angestellter
Arbeitswochen im Jahr	52	52
Arbeitstage pro Woche	5	5
Arbeitszeit pro Tag (Std.)	8	8
ø-Urlaub im Jahr	22	25
ø-Krankentage im Jahr	10	5
Gesetzliche Feiertage im Jahr	11	11
Unproduktive und Leerlaufzeit: 20 % von 8 Std. = 1,6 Std. pro Tag		
Bruttogehalt	1 750,00 EUR	2 250,00 EUR
Auszahlungen pro Jahr	12,5	13
Sozialabgaben (vom Bruttogehalt)	21,6 %	21,6 %
Zuschlag für übrige Lagerkosten (von der Zwischensumme)	50 %	50 %
Leistungsstunden	gesucht	gesucht

Der Preis wird am Beispiel einer durchschnittlichen Sendung von 50 000 kg berechnet, die eingelagert wird, einen Monat im Lager verweilt und anschließend ausgelagert wird.

Daten für eine 50 000-kg-Sendung

1. Umschlagskosten
   - Einlagerung: 10 000 kg pro Stunde (voll palettiert)
   - Auslagerung: 2 500 kg pro Stunde (teilpalettiert)
2. Lagerungskosten
   - Lagerungskosten pro Monat (Kosten für den Lagerraum + übrige Lagerungskosten) (Gemeinkosten): 3 000,00 EUR
   - ø-Lagerbestand: 1 000 000 kg
3. Lagerverwaltungskosten (kaufm. Tätigkeiten)
   - Einlagerung: 2 Std. für 50 000 kg
   - Auslagerung: 4 Std. für 50 000 kg
   - Lagerung: 2 Std. · 20 Tage bezogen auf den ø-Lagerbestand
4. Gewinnzuschlag – 20 % der Selbstkosten

Der 100-kg-Preis soll alle durch die Lagerhaltung entstehenden Kosten abdecken und zusätzlich einen Gewinnzuschlag von 20 % auf den Selbstkostenpreis erbringen.

Überprüfen Sie den Preis für 100 kg Lagergut. Falls der bisherige Preis nicht mehr ausreicht: Machen Sie einen Vorschlag für eine Preisanpassung und informieren Sie die Kunden.

Mögliche Arbeitsschritte:
1. effektive Leistungsstunden eines Lagerarbeiters und eines kaufmännischen Angestellten berechnen (errechnete Zahlen zu ganzen Stunden runden)
2. Kosten pro Leistungsstunde eines Lagerarbeiters und eines kaufmännischen Angestellten ermitteln
3. den 100-kg-Preis kalkulieren
4. über eine Anpassung des gegenwärtigen 100-kg-Preises entscheiden
5. Schreiben an die Einlagerer entwerfen
   Formulierungshilfen: Preisstabilität, Kostensteigerungen, sorgfältige Kalkulation, neue Preisvereinbarung, gewohnter Service

1. Mögliche Leistungsstunden für einen Lagerarbeiter pro Jahr

	Arbeitswochen	·	____ Tage =	____	Tage ·	____	Std. =	____ Std.
−	Urlaub		ø ____		Tage ·	____	Std. =	____ Std.
−	Krankheit		ø ____		Tage ·	____	Std. =	____ Std.
−	Gesetzliche Feiertage			____	Tage ·	____	Std. =	____ Std.
				____	Tage ·	____	Std. =	____ Std.
−	unproduktive Zeit und Leerlaufzeit (____%)				Tage ·	____	Std. =	____ Std.
	effektive Leistungsstunden				Tage		Std. =	____ Std.

1. Mögliche Leistungsstunden für eine(n) kaufmännische(n) Angestellte(n) pro Jahr

	Arbeitswochen	·	____ Tage =	____	Tage ·	____	Std. =	____ Std.
−	Urlaub		ø ____		Tage ·	____	Std. =	____ Std.
−	Krankheit		ø ____		Tage ·	____	Std. =	____ Std.
−	Gesetzliche Feiertage			____	Tage ·	____	Std. =	____ Std.
				____	Tage ·	____	Std. =	____ Std.
−	unproduktive Zeit und Leerlaufzeit (____%)				Tage ·	____	Std. =	____ Std.
	effektive Leistungsstunden				Tage		Std. =	____ Std.

2. Berechnung der Personalkosten eines Lagerarbeiters

____ EUR/Monat · ____	Auszahlungen pro Jahr	=	____ EUR
	+ Sozialabgaben ____ %		____ EUR
	Zwischensumme		____ EUR
	+ übrige Lagerkosten ____ %		____ EUR
	Summe		____ EUR
Kosten pro Stunde	:	=	____ EUR

2. Berechnung der Personalkosten einer/eines kaufmännischen Angestellten

_____ EUR/Monat · _____ Auszahlungen pro Jahr =		EUR
+ Sozialabgaben _____ %		EUR
Zwischensumme		EUR
+ übrige Lagerkosten _____ %		EUR
Summe		EUR
Kosten pro Stunde : _____ =		EUR

3. Kalkulationsschema für die Kalkulation des 100-kg-Preises

	Euro
1. Umschlagskosten	
Einlagerung $\dfrac{50\,000}{10\,000}$ Std. · _____ EUR $\dfrac{}{50\,000}$ · 100 =	
Auslagerung $\dfrac{50\,000}{}$ Std. · _____ EUR $\dfrac{}{50\,000}$ · 100 =	
2. Lagerungskosten	
$\dfrac{\text{Lagerkosten in Euro}}{\text{ø-Lagerbestand in kg}} \quad \dfrac{}{1\,000\,000}$ · 100 =	
3. Lagerverwaltungskosten	
Einlagerung _____ Std. · _____ EUR = $\dfrac{}{50\,000}$ · 100 =	
Auslagerung _____ Std. · _____ EUR = $\dfrac{}{50\,000}$ · 100 =	
Lagerung _____ Std. · _____ EUR · 20 Tage = _____ EUR	
$\dfrac{}{1\,000\,000}$ · 100 =	
Selbstkostenpreis	
+ 20 % Gewinnzuschlag	
Nettopreis für 100 kg Lagergut	

Aufgabe 19
Ergänzen Sie die Übersicht auf Seite 249 zu verschiedenen Haftungsregelungen.

Zu Aufgabe 19: Haftung nach HGB, CMR und ADSp (einschließlich Lagerhaltung) im Überblick

HGB	CMR	ADSp	
		gelten für alle Verkehrsverträge (Ziffer 1.14)	
Organisierender Spediteur	Frachtführerhaftung	Speditions- und Frachtverträge	Verfügte Lagerung
Schadensart nach § 461 Abs. 1:	Schadensart nach § 425	Schadensart nach Artikel 17	Schadensart nach Ziffer 23.1.1	Schadensart nach Ziffer 24.1
Haftungsprinzip:	Max. nach § 431 Abs. 1*	Max. nach Artikel 23 Abs. 3	Maximum nach Ziffer 23.1.1	Maximum nach Ziffer 24.1.1
Maximum:	Schadensart nach § 425	Schadensart nach Artikel 17	Max. je Schadenfall (Ziffer 23.1.3)	Max. je Schadenfall (Ziffer 24.3)
Schadensart nach § 461 Abs. 2:	Max. nach § 431 Abs. 3	Max. nach Artikel 23 Abs. 5	bzw. Max. je Schadenereignis (Ziffer 23.5)	bzw. Max. je Schadenereignis (Ziffer 24.4)
Haftungsprinzip:	Schadensart nach § 422 Abs. 3	Schadensart nach Artikel 21	Schadensart nach Ziffer 23.4	Schadensart nach Ziffer 24.3
Maximum:	Maximum:	Maximum:	bzw. Maximum:	Maximum:
Schadensart nach § 433				
Sonderfälle der Spediteurshaftung:				
§ 458:	Maximum:			
§ 459:				
§ 460:	Haftungsprinzip:		Schadensart nach Ziffer 24.1.3	
In allen Fällen haftet der Spediteur als... hinsichtlich...	* Korridorlösung nach § 466 Abs. 2		Maximum:	

Aufgabe 20

INTERSPED lagert Computerbildschirme für einen PC-Filialisten. Der Tagesumsatz beträgt 50 Stück. Der Höchstbestand im Lager bei INTERSPED beträgt 750 Bildschirme. Als Mindestbestand werden drei Tagesumsätze angesehen, die Lieferzeit beträgt fünf Werktage.

a Berechnen Sie mathematisch den Meldebestand sowie die maximale Bestellmenge.

b Ermitteln Sie den Meldebestand und die maximale Bestellmenge, wenn die Lieferzeit auf zwei Tage verkürzt werden kann.

c Zeichnen Sie die Lagerbewegungskurve für die ersten 30 Tage. Der Bestand am Tag 0 beträgt 450 Stück. Kennzeichnen Sie Mindest-, Melde- und Höchstbestand und markieren Sie die Bestellzeitpunkte gemäß Ihren Berechnungen in a.

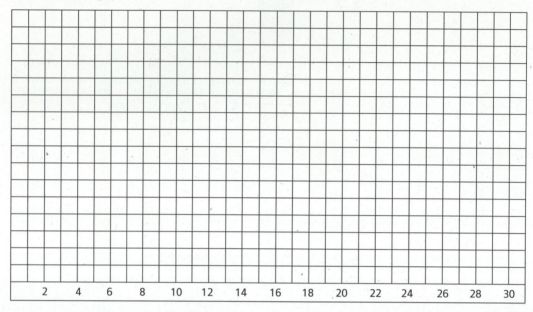

Aufgabe 21 (Prüfungsnahe Aufgabenstellung)

Situation

Sie sind als Mitarbeiter/-in der Spedition Schrader GmbH im Bereich der logistischen Dienstleistungen eingesetzt. Mit der Global Spielwaren GmbH hat die Spedition einen Vertrag abgeschlossen, der die komplette Übernahme des Lagers des Spielzeugherstellers zum Gegenstand hat.

1 (4 Punkte)

Die Global Spielwaren GmbH hat ihr Lager aufgegeben, weil dieses nur im Weihnachtsgeschäft ausgelastet war. In der übrigen Jahreszeit war die Lagerfläche oft nur zur Hälfte belegt.

1.1 Begründen Sie, wie sich die Kostensituation des Spielwarenherstellers ändert, nachdem er die Lagerhaltung auf den Spediteur übertragen hat.

1.2 Erläutern Sie einen weiteren Vorteil, der sich für den Hersteller durch die Übertragung der Lagerhaltung auf einen Spediteur ergibt.

2 (4 Punkte)

Die Spedition Schrader hat mit der Global Spielwaren GmbH einen Lagerlogistikvertrag abgeschlossen.

2.1 Geben Sie vier Vertragsinhalte an, die gewöhnlich in einem solchen Vertrag geregelt werden.

2.2 Rechtsgrundlagen des Vertrages sind das HGB und die ADSp. Begründen Sie, warum die ADSp für einen Lagerlogistikvertrag anwendbar sind.

Lernsituation 13 zum Informationshandbuch Seite 350–379

3 (5,5 Punkte)

Die Produkte des Spielwarenherstellers werden in Form artikelreiner Paletten angeliefert und nach dem System der chaotischen Lagerhaltung (Freiplatzsystem) eingelagert. Dabei kommen sowohl die Boden- als auch die Regallagerung zum Einsatz.

3.1 Geben Sie – neben der artikelreinen Form - zwei weitere Alternativen an, wie Güter auf Paletten angeliefert werden können, und erklären Sie diese drei Möglichkeiten.

3.2 Erläutern Sie das System der chaotischen Lagerhaltung und nennen Sie einen entscheidenden Vorteil.

3.3 Erläutern Sie, wann für die Produkte des Spielwarenherstellers die Bodenlagerung und wann die Regallagerung sinnvoll ist.

4 (3 Punkte)

Dem Lagerverwaltungsprogramm können nachfolgende Zahlen für drei Artikel entnommen werden:

Artikel	Lagerausgang pro Jahr (Paletten)	Durchschnittlicher Lagerbestand (Paletten)	Umschlagshäufigkeit	ABC-Position
Bausätze	800	200		
Gesellschaftsspiele	290	150		
Puppen	125	55		

In Abhängigkeit von der Umschlagshäufigkeit werden die Güter in der Nähe der Kommissionierzone (A-Produkte) oder weiter entfernt (B- und C-Produkte) eingelagert.

Für die Klassifizierung als A-, B- oder C-Produkt gilt folgende Einteilung:

A	B	C
Umschlagshäufigkeit > 3	Umschlagshäufigkeit >= 2	Umschlagshäufigkeit < 2

4.1 Ermitteln Sie die Umschlagshäufigkeit für die drei Produkte und ergänzen Sie die Tabelle.

4.2 Kennzeichnen Sie die Produkte als A-, B- oder C-Produkte und tragen Sie das Ergebnis in die Tabelle ein.

5 (6 Punkte)

Die Spedition Schrader GmbH wird für den Auftraggeber die Abholung der Güter beim Auftraggeber, die Lagerung der Güter, die Kommissionierung und Etikettierung sowie den Versand zu den Spielwareneinzelhändlern übernehmen.

Für die Kalkulation der Lager- und Logistikkosten stehen der Spedition folgende Daten zur Verfügung:

Einlagerung pro Monat:	120 000,00 kg
Auslagerung pro Monat:	120 000,00 kg
Durchschnittlicher Lagerbestand pro Monat:	170 000,00 kg
Gabelstapler-Stunden für die Einlagerung:	1,00 Std. täglich
Gabelstapler-Stunden für die Auslagerung:	1,50 Std. täglich
Kosten Gabelstapler einschließlich Lohnkosten:	50,00 EUR/Std.
Arbeitstage pro Monat:	20 Tage
Abschreibung Lagerhalle pro Jahr:	140 000,00 EUR
Reparaturkosten Lagerhalle pro Jahr:	11 000,00 EUR
Versicherungsprämie pro Monat:	310,00 EUR
Energiekosten vierteljährlich:	9 400,00 EUR
Lagerverwaltungsstunden für den Auftraggeber monatlich:	16,00 Std.
Lagerverwaltungskosten pro Stunde:	41,00 EUR
Anteil des durchschnittlichen Lagerbestandes der Global Spielwaren GmbH an der gesamten Lagerfläche der Spedition Schrader:	15,00 %
Kosten für die Kommissionierung und Etikettierung pro 100 kg:	0,40 EUR

Berechnen Sie jeweils für 100 kg:

5.1 die monatlichen Einlagerungskosten,
5.2 die monatlichen Auslagerungskosten,
5.3 die monatlichen Lagerungskosten,
5.4 die monatlichen Lagerverwaltungskosten,
5.5 die monatlichen Selbstkosten.

6 (2 Punkte)

Ermitteln Sie den Gewinn/Verlust, den die Spedition Schrader erzielt, wenn Sie den durchschnittlichen Lagerbestand der Global Spielwaren GmbH zugrunde legen (siehe Aufgabe 5).

Mit dem Auftraggeber haben Sie einen monatlichen Preis von 5,50 EUR pro 100 kg vereinbart.

7 (3 Punkte)

Im Rahmen der Bestandsverwaltung hat die Spedition Schrader die Pflicht, die Meldebestände der Produkte zu überwachen. Dazu werden die Meldebestände in das Lagerverwaltungsprogramm eingegeben. Für einen neuen Artikel (Spiel-Roboter) liegen folgende Daten vor:
- Der Mindestbestand von 35 Stück darf bei diesem Artikel nicht unterschritten werden.
- Durchschnittlich werden von dem Produkt täglich 10 Stück ausgeliefert.
- Die Lieferzeit beträgt fünf Tage.

7.1 Erläutern Sie den Begriff „Meldebestand".
7.2 Berechnen Sie den Meldebestand.
7.3 Erläutern Sie zwei Nachteile, die ein zu hoher Lagerbestand für die Global Spielwaren GmbH mit sich bringt.

8 (1,5 Punkte)

Für die Lagerung ist das FIFO-Prinzip vorgesehen. Geben Sie an, was FIFO ausgeschrieben bedeutet und erläutern Sie, warum dieses Prinzip für die Produkte der Global Spielwaren GmbH eingesetzt werden sollte.

9 (1 Punkt)

Im Lager der Spedition Schrader werden durch ein Verschulden des Gabelstaplerfahrers vier Paletten mit Spielwaren vollständig beschädigt. Das Gesamtgewicht beträgt 1 600 kg. Die Güter hatten einen Wert von 8 500,00 EUR.

Wert eines Sonderziehungsrechts: 1,25 EUR

Berechnen Sie den Schadenersatz, den die Spedition leisten muss.

SELBSTTEST LERNSITUATION 13

Diese **Prozesse** beherrsche ich (X)

	voll	weitgehend	eher nicht	gar nicht
Elemente eines Lager-Logistikvertrages als Leistungsbeschreibung formulieren				
über eine Prozesskostenrechnung (Transaktionskostenrechnung) einen Preis pro Palette für die Einlagerung kalkulieren				
über die Art der Lagerung (Boden- oder Regallagerung) begründet entscheiden				
die Warenverteilung innerhalb eines Festplatzsystems mithilfe einer ABC-Analyse festlegen				
den Preis pro Palette für den Warenausgang über eine Prozesskostenrechnung bestimmen				
eine Lösung für die Kontrolle der Mindesthaltbarkeitsdauer der Produkte entwickeln und dabei das FIFO-Prinzip anwenden				
entscheiden, welche Flurfördermittel für den Auftrag angeschafft werden sollen				
Lagerkennzahlen anwenden				
die Bestimmungen des HGB und der ADSp hinsichtlich der Lagerhaltung nutzen				
den Lagerschein als Wertpapier im Lagerhaltergeschäft des Spediteurs einsetzen				
die Konditionen eines Lagervertrages kalkulatorisch überprüfen				

Diese **Begriffe** kenne ich (✓):

- ABC-Analyse ☐
- Bodenlagerung ☐
- Cross-Docking-Lager ☐
- Dauerlager ☐
- durchschnittliche Lagerdauer ☐
- durchschnittlicher Lagerbestand ☐
- Einlagerer ☐
- Festplatzsystem ☐
- FIFO ☐
- Flurfördermittel ☐
- Lagerhalter ☐
- Lagerlogistik ☐
- Lagerungskosten ☐
- Lagerreichweite ☐
- Lagerschein ☐
- Lagerversicherung ☐
- LIFO ☐
- Meldebestand ☐
- Mindestbestand ☐
- optimaler Lagerbestand ☐

Abschlussaufgabe Lernsituation 13

Situation

Die Spedition HESSENKRAFT GmbH in Hanau betreibt neben dem klassischen Speditionsgeschäft mehrere Lagerhallen, in denen Sie für Ihre Kunden, vor allem aus dem Groß- und Einzelhandel, logistische Dienstleistungen durchführt.
HESSENKRAFT plant aktuell, in der soeben frei gewordenen Halle 11 das Regionallager der Gartencenterkette COMPOSTA zu übernehmen. Die einzulagernden Waren werden in der Regel per Komplett-Lkw angeliefert, eingelagert und je nach Abruf in die COMPOSTA-Filialen im Großraum Frankfurt/Main ausgeliefert.

1

Erläutern Sie, welche der FÜNF grundsätzlichen Lagerfunktionen HESSENKRAFT mit der Übernahme der Tätigkeiten für COMPOSTA erfüllt.

2

Für die unterschiedlichen Düngersorten, die COMPOSTA vertreibt, wird vor der Einlagerung in Halle 11 eine ABC-Analyse durchgeführt.
Folgende Daten liegen vor (Jahreswerte – jeweils bezogen auf eine 2-kg-Verkaufseinheit):

Sorte	Ø-Lagerbestand	Umschlagsmenge	Umschlaghäufigkeit	ABC
Grünpflanzendünger	820	15 580		
Blühpflanzendünger	850	14 025		
Rosendünger	780	7 410		
Tomatendünger	150	4 350		
Rasendünger	480	16 800		
Kakteendünger	110	1 265		
Rhododendrondünger	780	7 800		
Obstgartendünger	230	4 140		

Führen Sie eine ABC-Analyse nach dem Kriterium der Umschlaghäufigkeit durch. Bilden Sie anhand Ihrer Ergebnisse eine sinnvolle Abgrenzung zwischen A-, B-, und C-Gütern.

Nehmen Sie kritisch Stellung zu der Entscheidung, die Umschlaghäufigkeit als Kriterium der Einteilung nach A-, B- und C-Gütern heranzuziehen.

3

Berechnen Sie für die Produkte Rosendünger und Tomatendünger die durchschnittliche Lagerdauer in Tagen.

4

Der durchschnittliche Tagesabsatz an Kabeltrommeln in den COMPOSTA-Filialen beträgt 30 Stück. Der Höchstbestand im Lager bei HESSENKRAFT beträgt 900 Trommeln. Als Mindestbestand werden vier Tagesabsätze angesehen, die Lieferzeit beträgt sieben Werktage.
a Berechnen Sie den Meldebestand sowie die höchstmögliche Bestellmenge.
b Ermitteln Sie Meldebestand und höchstmögliche Bestellmenge, wenn die Lieferzeit auf drei Tage verkürzt werden kann.
c Beschreiben Sie, durch welche Maßnahmen die Lieferzeit wie in b verkürzt werden kann.
d Ermitteln Sie Meldebestand und höchstmögliche Bestellmenge, wenn die Lieferzeit nach wie vor sieben Werktage beträgt, der Tagesumsatz jedoch auf 42 Kabeltrommeln ansteigt.

5

Gleich im ersten Monat der Zusammenarbeit mit COMPOSTA kommt es in Halle 11 zu drei Schadensfällen. Begründen Sie, ob und, wenn ja, in welcher Höhe HESSENKRAFT als Lagerhalter in den nachfolgend beschriebenen Fällen für den jeweils entstandenen Schaden nach ADSp haften muss (1 SZR = 1,1824 EUR):
a Aufgrund einer Unaufmerksamkeit fährt ein Staplerfahrer gegen ein Regal, worauf eine eingelagerte Palette (650 kg) aus 7 m Höhe herunterfällt. Die Ware im Wert von 7 500,00 EUR wird komplett zerstört.

b Beim Umladen einer Sendung vom Fernverkehrs-Lkw auf einen Nahverkehrs-Lkw wird eine Palette mit 710 kg durch einen Lagerarbeiter beschädigt. Der Schaden beträgt 3 950,00 EUR.
c Die erste Inventur ergibt einen Minderbestand von acht Paletten mit insgesamt 5,5 t Ware. Die Paletten sind nicht mehr aufzufinden. Der Gesamtwert der Ware beträgt 71 000,00 EUR.

6

Einige Düngersorten werden von COMPOSTA per Container aus Chile via Bremerhaven importiert und von dort per Lkw nach Hanau transportiert.

Beschreiben Sie zwei alternative Routen von Bremerhaven nach Hanau, indem Sie die Nummern der zu befahrenden Autobahnen auflisten. Nennen Sie bedeutende Großstädte an den Strecken.

7

Am 05.01.20(0) wird für die Nahverkehrstour Offenbach-Süd nachstehende Rollkarte bei HESSEN-KRAFT erstellt.
a Berechnen Sie die Lademeter, die der Fahrer für diese Tour einplanen muss.
b Erläutern Sie die Bedeutung der Rollkarte als Begleitpapier im Sammelgutverkehr.
c Beschreiben Sie drei weitere mögliche Begleitpapiere im Sammelgutverkehr.
d Ermitteln Sie, ob es sich bei Sendung Nr. 4 um eine freigestellte Menge Gefahrgut je Beförderungseinheit handelt.
e Beschreiben Sie den Weg, den die Sendung Nr. 5 vom Versender zum Empfänger zurücklegt.
f In der Summenzeile wird die „Anzahl Colli" angegeben. Beschreiben Sie, was darunter zu verstehen ist.

Rollkarte (Auszug)

HESSENKRAFT GmbH Rheinstraße 12 – 16 63452 Hanau	Rollkarte Tour 026 Offenbach-Süd		Datum: 05.01.20(0) Fahrzeug: 1615 Kennzeichen: OF-HK 225	
Nr.	Versender	Empfänger	Sendung	Bemerkungen	Quittung
1	COMPOSTA Gartengroßhandel Lager Hessenkraft Rheinstraße 12 – 16 63452 Hanau	COMPOSTA Filiale 156 Dieselstraße 66 63071 Offenbach	1 Europalette Kabeltrommeln 200 kg		
2	COMPOSTA Gartengroßhandel Lager Hessenkraft Rheinstraße 12 – 16 63452 Hanau	COMPOSTA Filiale 161 Spessartblick 170 63150 Heusenstamm	4 Displaypaletten je 90 cm × 55 cm Düngersortiment 600 kg		
3	COMPOSTA Gartengroßhandel Lager Hessenkraft Rheinstraße 12 – 16 63452 Hanau	COMPOSTA Filiale 149 Mittelseestraße 1 63065 Offenbach	7 Displaypaletten je 90 cm × 55 cm Düngersortiment 1 050 kg		
4	COMPOSTA Gartengroßhandel Lager Hessenkraft Rheinstraße 12 – 16 63452 Hanau	COMPOSTA Filiale 149 Mittelseestraße 1 63065 Offenbach	1 Europalette Pflanzenschutz- mittel 350 kg	*Gefahrgut* UN 2929 PIRIMOR GRANULAT, 6.1, VG II, (D/E)	
5	Bergheim AG Uhlandstraße 25 40237 Düsseldorf	Lange & Braun KG Neckarstraße 2 63071 Offenbach	2 Gitterboxen Maschinenteile 1 300 kg		
Anzahl Colli: 15			**Gesamtgewicht: 3 500 kg**		

8

Die COMPOSTA GmbH hat mit HESSENKRAFT ein permanentes Tracking and Tracing vereinbart.
a Erläutern Sie die beiden einzelnen Begriffe Tracking sowie Tracing.
b Welche Voraussetzung nach ADSp muss HESSENKRAFT erfüllen, damit ein permanentes Tracking and Tracing erfolgen kann?

Lernsituation 14
Güter mit einem Flugzeug versenden

Von immer mehr Versendern erhält die INTERSPED GmbH regelmäßig Luftfrachtsendungen. Bisher wurden die Aufträge an die befreundete Spedition HEITMANN vergeben. Da das Luftfrachtaufkommen stetig wächst, im Lkw-Bereich aber eher eine Stagnation festzustellen ist, möchte man die Luftfrachtaufträge bei der INTERSPED GmbH zukünftig selbst erledigen. Aus diesem Grunde hat sie sich zunächst beim Luftfahrtbundesamt (LBA) um eine Zulassung zum reglementierten Beauftragten beworben. Nach Abschluss des erfolgreichen Zertifizierungsverfahrens hat INTERSPED die Zulassungsnummer DE/RA/48963-01/0326 erhalten. Herr Elfers wird zukünftig für Luftfrachtsendungen zuständig sein.

Sendung 1

Der erste Auftrag, der in eigener Regie abgefertigt werden soll, hat laut Speditionsauftrag vom Dienstag, den 06.07.20(0), folgende Daten:

Versender	ERNST KAULMANN KG, Bismarckstraße 18, 42659 Solingen
Empfänger	COMPLEJO METALLURGICO, Avenida Libertad 34, Mexico City, Mexico
Termin	spätestens am 11.07.20(0)
Versand	per Luftfracht von Düsseldorf nach Mexiko-Stadt, Güter werden in Mexiko vom Empfänger am Flughafen abgeholt
Warenbeschreibung	Elektromotoren (electric motors)
Nettogewicht	280 kg
Bruttogewicht/Dimensionen	290 kg/10 Kartons zu je 50 cm × 60 cm × 70 cm und 29 kg
Wert der Sendung	6 500,00 EUR
Dokumente	AWB, ein Original, zwei Kopien
Rechnung	an Versender
Nachrichten an Versender	Versanddaten mit Ankunftszeit der Sendung am Empfangsflughafen: – local time Mexico City – local time Düsseldorf (Mexico City: UTC −5, Düsseldorf: UTC +2)

Der Versender wünscht noch eine Vorkalkulation (als Fixpreis), in der folgende Kostenbestandteile zu berücksichtigen sind:

- Vorlaufkosten Solingen – Düsseldorf (Abrechnung nach Haustarif, 47 km),
- Luftfracht Düsseldorf – Mexiko City,
- Nebengebühren.

Die Sendung ist von KAULMANN beim Zollamt in Solingen für die Ausfuhr angemeldet worden. Die Zollpapiere werden dem Lkw-Fahrer von MÖLLER-TRANS mitgegeben, der die Sendung in Solingen abholt.

Hinweis für den Luftfrachtbrief: Die ERNST KAULMANN KG ist kein bekannter Versender.

Generell gilt für die Abwicklung von Luftfrachtsendungen:

Anhand des IATA Air Cargo Guide ist zunächst die geeignete Flugverbindung zu ermitteln, sodass der Transport nach den Wünschen der Kunden abzuwickeln ist.

Um eine ausreichende Haftung des Luftfrachtführers sicherzustellen, ist zu prüfen, ob eine Lieferwertangabe im Luftfrachtbrief erforderlich ist (1 SZR = 1,2346 EUR). Wenn ja, so ist die Prämie im AWB einzutragen und dem Versender zu berechnen.

Luftfrachtsendungen werden wie Sammelgut behandelt, welches nach der Abholung beim jeweiligen Versender über das Lager der INTERSPED GmbH umgeschlagen und von MÖLLER-TRANS auf der Nahverkehrstour „404/Düsseldorf-Nord" zum Flughafen Düsseldorf befördert wird. MÖLLER-TRANS hat den Status eines Zugelassenen Transporteurs.

Vor der Übergabe an die Luftverkehrsgesellschaft ist nachzuweisen, ob die Sichere Lieferkette zu jedem Zeitpunkt eingehalten wurde.

Sendung 2

Ein zweiter Auftrag vom 06.07.20(0) weist folgende Daten auf:

Versender	WAKIA-Chemie GmbH, Industriestraße 88, 41460 Neuss
Empfänger	JBC INCORPORATED; 2-7-4 Hamamuta-Cho, Minuta-Ku Tokyo 106, Japan
Termin	schnellstens
Versand	per Luftfracht von Düsseldorf nach Tokio/Narita, Güter werden in Tokio vom Empfänger am Flughafen abgeholt
Warenbeschreibung	Aromate Gefahrgutinformationen: – UN 1197, EXTRACTS, FLAVOURING, LIQUID, Klasse 3, Verpackungsgruppe II – Art der Verpackung: 9 × 3 H1 – Verpackungsvorschrift 307 – Sendung darf nur in einem Frachtflugzeug befördert werden. – Handling Information: „9/nine cans dangerous goods as per attached Shipper's Declaration – Cargo Aircraft Only"
Nettogewicht	9 · 30 l (= 9 · 30 kg)
Bruttogewicht/Dimensionen	288 kg/9 Kanister zu je 30 cm × 25 cm × 40 cm
Wert der Sendung	18 000,00 EUR
Dokumente	AWB, ein Original, drei Kopien
Rechnung	an Versender
Nachrichten an Versender	Versanddaten mit Ankunftszeit der Sendung: – local time Tokyo – local time Düsseldorf (Tokyo: UTC +9, Düsseldorf UTC +2)

Auch für diesen Kunden ist eine Vorkalkulation zu erstellen. Die Vorlaufkosten sind gemäß Haustarif (Entfernung Neuss – Düsseldorf 20 km, durchgeführt ebenfalls von MÖLLER-TRANS) zu ermitteln. Für die Gefahrgutabfertigung (DGR Handling Fee) werden dem Versender 100,00 EUR berechnet und im AWB aufgeführt. Die Gebühr erhält der Luftfrachtführer.

Hinweis für den Luftfrachtbrief: Die WAKIA-Chemie GmbH ist bekannter Versender (LBA-Registrierung DE/KC/46227-01/0325).

Für beide Aufträge gilt: Den Kunden wird als Luftfracht der offizielle IATA-Tarif berechnet. Diese Raten erscheinen auch im AWB. Weiterhin werden den Versendern folgende Nebengebühren in Rechnung gestellt (und im AWB ausgewiesen):

- AWB-Fee: 20,00 EUR
- Fuel Surchage: 0,85 EUR/kg (vom tatsächlichen Gewicht)
- Security Surchage: 0,15 EUR/kg (vom tatsächlichen Gewicht)

Fuel und Security Surcharge INTERSPED in gleicher Höhe an die Carrier bezahlen.

IATA-Tarife (TACT)

Auszug aus dem Luftfrachttarif		
Düsseldorf	DE	DUS
	KGS	EUR
Mexico City	M	38,24
MEX	N	5,20
	100	4,11
	300	3,56
	500	3,40

Auszug aus dem Luftfrachttarif		
Düsseldorf	DE	DUS
	KGS	EUR
Tokyo	M	76,69
NRT	N	15,18
	45	10,96
	100	7,62
	200	5,54
	300	4,48

KGS = Kilogramm
NRT = Narita International Airport

Während den Versendern der offizielle TACT berechnet wird, stellt Herr Elfers Preisanfragen an verschiedene Luftfrachtführer mit nachstehendem Ergebnis (siehe Preisvergleich). Er wird nach Möglichkeit den preisgünstigsten Carrier auswählen.

Zum Schluss hält Herr Elfers alle Tätigkeiten bis zur abflugbereiten Übergabe an den Luftfrachtführer („ready for carriage") in einem Ablaufplan fest. Dieser soll später für ähnliche Besorgungsaufträge verwendet werden.

Lernsituation 14 zum Informationshandbuch Seite 237–280

LH = Lufthansa,
IB = Iberia,
AM = Aero México,
KE = Korean Air,
NH = All Nippon Airways

Preisvergleich in Euro (Abflug DUS)

MEX	LH Euro	IB Euro	AM Euro
M	60,00	50,00	45,00
N	4,50	4,70	4,80
+45	4,10	4,15	4,00
+100	3,55	3,45	3,75
+300	3,00	3,05	3,20
+500	2,70	2,75	2,85

NRT	LH Euro	KE Euro	NH Euro
M	65,00	50,00	55,00
N	12,30	12,25	12,80
+45	9,35	9,60	9,05
+100	6,20	6,25	6,45
+300	3,65	3,90	3,75
+500	3,30	3,40	3,35

Flugplan: Auszug aus dem Air Cargo Guide

M1F = McDonnell Douglas MD-11 (freighter),
MAD = Madrid,
320 = Airbus A 320,
747 = Boeing 747,
767 = Boeing 767

Origin: **DUS** Earliest Departure: 06.07.20(0)
Destination: **MEX** Latest Departure: 13.07.20(0)

No.	Flight		Origin	Dest	Date	Dept Time	Arr Time	Stops	Equipment	Days of Op	Elapsed
1	AM 2608	✈	DUS	MEX	06/07	10:05	14:45	0	767	-2-4-6-	11:40
2	LH 498	✈	DUS	MEX	06/07	13:15	18:00	0	747	1234567	11:45
3	IB 3503	✈	DUS	MAD	06/07	19:25	21:55	0	320	1234567	02:30
↳	Via IB 6403	✈	MAD	MEX	07/07	12:30 +1	16:45 +1	0	747	1234567	11:15
4	LH 8240	✈	DUS	MEX	07/07	14:25	21:55	1	M1F	--3-5--	14:30
5	LH 8238	✈	DUS	MEX	12/07	20:50	04:25 +1	1	M1F	1------	14:35

Origin: **DUS** Earliest Departure: 06.07.20(0)
Destination: **NRT** Latest Departure: 13.07.20(0)

ICN = Seoul-Incheon,
777 = Boeing 777,
74F = Boeing 747 Freighter

No.	Flight		Origin	Dest	Date	Dept Time	Arr Time	Stops	Equipment	Days of Op	Elapsed
1	LH 710 [NH]	✈	DUS	NRT	06/07	13:50	07:50 +1	0	777	1234567	11:00
2	NH 4252	✈	DUS	NRT	06/07	13:50	07:50 +1	0	777	1234567	11:00
3	LH 8022	✈	DUS	NRT	08/07	11:10	11:25 +1	1	74F	---4---	17:15
4	KE 506	✈	DUS	ICN	08/07	12:00	08:30 +1	1	M1F	---4---	13:30
↳	Via KE 223	✈	ICN	NRT	09/07	17:40 +1	19:40 +1	0	74F	12345--	02:00
5	LH 714	✈	DUS	NRT	09/07	17:10	11:10 +1	0	74F	----5-7	11:00
6	LH 8022	✈	DUS	NRT	11/07	11:30	11:45 +1	1	74F	------7	17:15

Arbeitsauftrag (Vorschlag)
Organisieren Sie die Lufttransporte nach Mexiko und Tokio.
1. Lufttransport nach Mexiko und Tokio besorgen:
   a Vorkalkulation beider Aufträge,
   b Flugverbindung ermitteln und Versanddaten an Versender schicken,
   c Sicherheitsstatus der Sendungen für den Luftfrachtbrief feststellen,
   d AWBs erstellen,
   e Versendererklärung für Gefahrgut (Shippers declaration for dangerous goods) ausfüllen,
   f Rechnung an Versender erstellen.
2. Ablaufplan für Luftfracht-Besorgungsaufträge erstellen
3. Rohergebnis berechnen, das die INTERSPED GmbH bei der Luftfracht erzielt

Shipper's Name and Address		Shipper's Account Number	Not Negotiable **Air Waybill** Issued by
			Copies 1, 2 and 3 of this Air Waybill are originals and have the same validity.
Consignee's Name and Address		Consignee's Account Number	It is agreed that the goods described herein are accepted in apparent good order and condition (except as noted) for carriage SUBJECT TO THE CONDITIONS OF CONTRACT ON THE REVERSE HEREOF. ALL GOODS MAY BE CARRIED BY ANY OTHER MEANS INCLUDING ROAD OR ANY OTHER CARRIER UNLESS SPECIFIC CONTRARY INSTRUCTIONS ARE GIVEN HEREON BY THE SHIPPER, AND SHIPPER AGREES THAT THE SHIPMENT MAY BE CARRIED VIA INTERMEDIATE STOPPING PLACES WHICH THE CARRIER DEEMS APPROPRIATE. THE SHIPPER'S ATTENTION IS DRAWN TO THE NOTICE CONCERNING CARRIER'S LIMITATION OF LIABILITY. Shipper may increase such limitation of liability by declaring a higher value for carriage and paying a supplemental charge if required.
Issuing Carrier's Agent Name and City			Accounting Information
Agent's IATA Code		Account No.	
Airport of Departure (Addr. of First Carrier) and Requested Routing			Reference Number / Optional Shipping Information

To	By First Carrier	Routing and Destination	to	by	to	by	Currency	CHGS Code	WT/VAL PPD COLL	Other PPD COLL	Declared Value for Carriage	Declared Value for Customs

Airport of Destination	Requested Flight / Date	Amount of Insurance	INSURANCE – If carrier offers insurance, and such insurance is requested in accordance with the conditions thereof, indicate amount to be insured in figures in box marked "Amount of Insurance".

Handling Information

SCI

(For USA only): These commodities, technology or software were exported from the United States in accordance with the Export Administration Regulations. Diversion contrary to USA law prohibited.

No. of Pieces RCP	Gross Weight	kg lb	Rate Class / Commodity Item No.	Chargeable Weight	Rate / Charge	Total	Nature and Quantity of Goods (incl. Dimensions or Volume)

Prepaid / Weight Charge / Collect	Other Charges
Valuation Charge	
Tax	
Total Other Charges Due Agent	Shipper certifies that the particulars on the face hereof are correct and that insofar as any part of the consignment contains dangerous goods, such part is properly described by name and is in proper condition for carriage by air according to the applicable Dangerous Goods Regulations.
Total Other Charges Due Carrier	
	Signature of Shipper or his Agent
Total Prepaid / Total Collect	
Currency Conversion Rates / CC Charges in Dest. Currency	Executed on (date) at (place) Signature of Issuing Carrier or its Agent
For Carrier's Use only at Destination / Charges at Destination / Total Collect Charges	

ORIGINAL 3 (FOR SHIPPER)

Air Waybill

Issued by

Copies 1, 2 and 3 of this Air Waybill are originals and have the same validity.

Shipper's Name and Address	Shipper's Account Number
Consignee's Name and Address	Consignee's Account Number

It is agreed that the goods described herein are accepted in apparent good order and condition (except as noted) for carriage SUBJECT TO THE CONDITIONS OF CONTRACT ON THE REVERSE HEREOF. ALL GOODS MAY BE CARRIED BY ANY OTHER MEANS INCLUDING ROAD OR ANY OTHER CARRIER UNLESS SPECIFIC CONTRARY INSTRUCTIONS ARE GIVEN HEREON BY THE SHIPPER, AND SHIPPER AGREES THAT THE SHIPMENT MAY BE CARRIED VIA INTERMEDIATE STOPPING PLACES WHICH THE CARRIER DEEMS APPROPRIATE. THE SHIPPER'S ATTENTION IS DRAWN TO THE NOTICE CONCERNING CARRIER'S LIMITATION OF LIABILITY. Shipper may increase such limitation of liability by declaring a higher value for carriage and paying a supplemental charge if required.

Issuing Carrier's Agent Name and City

Accounting Information

Agent's IATA Code | Account No.

Airport of Departure (Addr. of First Carrier) and Requested Routing | Reference Number | Optional Shipping Information

| To | By First Carrier | Routing and Destination | to | by | to | by | Currency | CHGS Code | WT/VAL PPD COLL | Other PPD COLL | Declared Value for Carriage | Declared Value for Customs |

Airport of Destination | Requested Flight / Date | Amount of Insurance

INSURANCE – If carrier offers insurance, and such insurance is requested in accordance with the conditions thereof, indicate amount to be insured in figures in box marked "Amount of Insurance".

Handling Information

SCI

(For USA only): These commodities, technology or software were exported from the United States in accordance with the Export Administration Regulations. Diversion contrary to USA law prohibited.

No. of Pieces RCP	Gross Weight	kg lb	Rate Class / Commodity Item No.	Chargeable Weight	Rate / Charge	Total	Nature and Quantity of Goods (incl. Dimensions or Volume)

Prepaid / Weight Charge / Collect | Other Charges

Valuation Charge

Tax

Total Other Charges Due Agent

Total Other Charges Due Carrier

Shipper certifies that the particulars on the face hereof are correct and that **insofar as any part of the consignment contains dangerous goods, such part is properly described by name and is in proper condition for carriage by air according to the applicable Dangerous Goods Regulations.**

Total Prepaid / Total Collect

Signature of Shipper or his Agent

Currency Conversion Rates / CC Charges in Dest. Currency

For Carrier's Use only at Destination | Charges at Destination | Total Collect Charges

Executed on (date) _____ at (place) _____ Signature of Issuing Carrier or its Agent

ORIGINAL 3 (FOR SHIPPER)

SHIPPER'S DECLARATION FOR DANGEROUS GOODS

Shipper

Air Waybill No.

Page   of   Pages

Shipper's Reference Number
(optional)

Consignee

Two completed and signed copies of this Declaration must be handed to the operator.

WARNING

Failure to comply in all respects with the applicable Dangerous Goods Regulations may be in breach of the applicable law, subject to legal penalties.

TRANSPORT DETAILS

This shipment is within the limitations prescribed for: *(delete non-applicable)*

| PASSENGER AND CARGO AIRCRAFT | CARGO AIRCRAFT ONLY |

Airport of Departure:

Airport of Destination:

Shipment type: *(delete non-applicable)*
| NON-RADIOACTIVE | RADIOACTIVE |

NATURE AND QUANTITY OF DANGEROUS GOODS

Dangerous Goods Identification				Quantity and type of packing	Packing Inst.	Authorization
UN or ID No.	Proper Shipping Name	Class or Division (Subsidiary Risk)	Packing Group			

Additional Handling Information

I hereby declare that the contents of this consignment are fully and accurately described above by the proper shipping name, and are classified, packaged, marked and labelled/placarded, and are in all respects in proper condition for transport according to applicable international and national governmental regulations. I declare that all of the applicable air transport requirements have been met.

Name/Title of Signatory

Place and Date

Signature
(see warning above)

Aufgabe 1
Stellen Sie fest, an welchen Positionen INTERSPED durch die Rechnung an KAULMANN verdient.

Aufgabe 2
Betrachten Sie noch einmal den unten stehenden Flugplan Düsseldorf – Tokio.

a Beschreiben Sie, wie die Zeilen 1 und 2 zusammenhängen.

b Geben Sie die Bedeutung des Eintrages „+1" bei der Arrival Time an.

c Beschreiben Sie den Ablauf des Fluges bei Verbindung Nr. 4.

Origin:	DUS				Earliest Departure:		06.07.20(0)		
Destination:	NRT				Latest Departure:		13.07.20(0)		

No.	Flight		Origin	Dest	Date	Dept Time	Arr Time	Stops	Equipment	Days of Op	Elapsed
1	LH 710 [NH]	✈	DUS	NRT	06/07	13:50	07:50 +1	0	777	1234567	11:00
2	NH 4252	✈	DUS	NRT	06/07	13:50	07:50 +1	0	777	1234567	11:00
3	LH 8022	✈	DUS	NRT	08/07	11:10	11:25 +1	1	74F	---4---	17:15
4	KE 506	✈	DUS	ICN	08/07	12:00	08:30 +1	1	M1F	---4---	13:30
↳	Via KE 223	✈	ICN	NRT	09/07	17:40 +1	19:40 +1	0	74F	12345--	02:00
5	LH 714	✈	DUS	NRT	09/07	17:10	11:10 +1	0	74F	----5-7	11:00
6	LH 8022	✈	DUS	NRT	11/07	11:30	11:45 +1	1	74F	------7	17:15

d Nehmen Sie an, Sie hätten sich für die Flugverbindung Nr. 4 entschieden. Ergänzen Sie den nachfolgenden Ausschnitt aus dem AWB mit den zugehörigen Routing-Angaben.

Aufgabe 3
Die Spedition HEITMANN, die in der Vergangenheit die Luftfrachtaufträge der INTERSPED GmbH erledigt hat, hat den Status eines IATA-Agenten.

a Geben Sie an, welche Vertragsbeziehungen zwischen Versender, der Spedition HEITMANN als IATA-Agent und dem Carrier im Falle einer Direktsendung bestehen.

b Nennen Sie drei Tätigkeiten, die die Spedition HEITMANN als IATA-Agent durchführt, um eine Sendung „ready for carriage" abzufertigen.

c Die IATA teilt die Erde in Traffic Conference Areas auf. Geben Sie die geografische Einteilung wieder.

d Stellen Sie fest, zu welchen Konferenzgebieten Mexiko und Japan gehören.

Aufgabe 4
Die Luftfrachtspedition HEITMANN hatte in der vergangenen Woche einige besondere Aufträge abzuwickeln.

Begründen Sie, warum sich die nachfolgend genannten Güter für einen Lufttransport eignen und kennzeichnen Sie deren Eigenschaften in allgemeiner Form.

1 Blumen aus Israel für den europäischen Markt

2 Zuchtpferde aus Deutschland für Saudi-Arabien

3 dringend benötigte Ersatzteile aus den USA für eine Bohrinsel in der Nordsee (Gewicht 1,5 t)

4 12 kg Computerchips im Wert von 80 000,00 EUR aus Japan für einen Computerhersteller

Aufgabe 5
Die IATA und die ICAO sind die beiden wichtigsten Organisationen im weltumspannenden Luftverkehr. Ordnen Sie die nachfolgenden Aufgaben den beiden Organisationen zu:

① Förderung der internationalen Zivilluftfahrt

② Festlegung einheitlicher Tarife und Dokumente

③ Ausbau der internationalen Luftverkehrseinrichtungen (Flughäfen, Flugsicherung)

④ Förderung der Sicherheit im internationalen Luftverkehr

⑤ Erarbeitung einheitlicher Beförderungsbedingungen

⑥ Entwicklung von Zulassungsrichtlinien für IATA-Agenten

Aufgabe 6

Eine Luftverkehrsgesellschaft nennt in einem Prospekt nebenstehende Vorzüge des Luftverkehrs.

Schnelligkeit	Netzdichte
Sicherheit	hohe Kapazität
Zuverlässigkeit	hohe Frequenz

a Erläutern Sie diese Vorzüge des Luftverkehrs näher.

b Die Luftverkehrsgesellschaft nennt als weiteren Vorzug:

günstige Kosten im Vergleich zu alternativen Verkehrsträgern

Begründen Sie diesen Vorteil des Luftfrachtverkehrs anhand der nachfolgend abgebildeten Vergleichsrechnung:

Frachtkostenvergleich Luft-/Oberflächenversand Stuttgart – New York	Kosten in Euro	
	Luftfracht	Oberflächenversand
Wert ab Werk	5 857,50	5 857,50
Versandkosten		
▪ Verpackung	40,00	104,75
▪ Transport zum Abgangs(flug)hafen, Abfertigung	17,68	37,80
▪ Fracht	305,00	132,00
▪ Transport vom Bestimmungs(flug)hafen, Abfertigung	36,50	104,10
▪ Einfuhrabgaben	709,58	720,00
▪ Versicherung	9,30	57,28
Einstandspreis	6 975,55	7 013,43
Kalk. Zinsen für gebundenes Kapital während der Transportzeit	4,90	22,35
Gesamtkosten	6 980,45	7 035,78
Kostenvorteil	55,33	
Zeitvorteil	14 Tage	

Aufgabe 7

Eine Luftfrachtsendung ist von Frankfurt/Main nach Sydney (Australien) zu befördern.
Sendungsdaten:

- Zwei Kartons optische Geräte mit jeweils folgenden Maßen: 83 cm × 55 cm × 45 cm
- Das Gesamtgewicht der Sendung beträgt 60 kg.

  a Berechnen Sie die Luftfracht unter Anwendung des nebenstehenden Tarifs und unter Berücksichtigung folgender Nebengebühren: Fuel Surcharge 0,85 EUR/kg, Security Surcharge 0,15 EUR/kg, AWB-Gebühr 20,00 EUR.

  b Erläutern Sie die im nebenstehenden Tarif dargestellten übrigen Frachtraten und begründen Sie jeweils, warum diese hier nicht angewendet werden.

  c Die Abflugzeit für den Flug LH 778 ab Frankfurt (UTC +1) nach Sydney (UTC +10) ist am 12. März um 22:10 Uhr, die Maschine macht einen vierstündigen Zwischenstopp in Bangkok. Die reine Flugzeit beträgt 18 Stunden und 50 Minuten.
  Nennen Sie den Tag und die Uhrzeit (Ortszeit), wann die Sendung des Kunden in Sydney planmäßig eintrifft.

FRANKFURT		DE	FRA
EUR	EUR		KGS
SYDNEY		AU	
		M	84,40
		N	15,85
		45	11,37
		100	7,32
		300	6,10
		500	5.67
	9709	100	5,92
		/C	4,49
5		/B 2000	9 719,53
8		/B 1000	4 864,72

9709 CHEMICALS, CHEMICAL PRODUCTS. DRUGS, COSMETICS. PHARMACEUTICALS, ESSENTIAL OILS, RESINS

Aufgabe 8

Die OPTIMAX GmbH möchte an einer internationalen Messe in Singapur teilnehmen. Zum Versand kommen hochwertige Messgeräte im Wert von 21 500,00 EUR, verpackt in drei Kisten mit folgenden Abmessungen und Einzelgewichten:

- erste Kiste 120 cm × 110 cm × 80 cm; 80 kg,
- zweite Kiste 110 cm × 100 cm × 100 cm; 120 kg,
- dritte Kiste 80 cm × 80 cm × 90 cm; 110 kg.

Singapore SG	KGS	Euro
	M	38,35
	N	2,16
	100	1,54
	300	1,45
	500	1,38

Berechnen Sie die Luftfracht und berücksichtigen Sie dabei folgende Nebengebühren:

- Security Surcharge 0,15 EUR/kg tatsächliches Gewicht,
- Fuel Surcharge 0,65 EUR/kg tatsächliches Gewicht.

Aufgabe 9

270 kg medizinisches Gerät sind von Frankfurt/Main nach Nairobi in Kenia zu versenden.

a Berechnen Sie die Luftfracht und berücksichtigen Sie folgende Nebengebühren:
- Fuel surcharge 0,55 EUR/kg/act. weight,
- Security Surcharge 0,15 EUR/kg/act. weight,
- AWB-Fee 20,00 EUR.

b Beurteilen Sie, ob Sie bei der alternativen Frachtberechnung mit der Schnittmengenberechnung leichter zu einem Ergebnis kommen.

Schnittmenge = Gewichtsgrenze

Frankfurt Euro	Euro	DE	FRA
			KGS
Nairobi	KE	M	76,70
		N	14,10
		45	10,70
		100	4,50
		300	3,80
		500	3,30

Aufgabe 10

Sie erhalten den Auftrag, vier Kisten Kosmetika von Düsseldorf nach Detroit, USA, zu versenden. Maße: 120 cm × 80 cm × 210 cm je Kiste, Bruttogewicht der Gesamtsendung 905 kg.

a Berechnen Sie die Luftfracht aufgrund der nebenstehenden Ratenvereinbarung und der nachfolgenden Angaben über Nebengebühren:
- Fuel surcharge 0,95 EUR/kg/act. weight,
- Security Surcharge 0,15 EUR/kg/act. weight,
- AWB-Fee 20,00 EUR.

b Stellen Sie fest, wer die jeweiligen Beträge erhält (Carrier oder Luftfrachtagent).

	Raten in Euro	
Detroit	USA	MIN	65,00
		−100	2,50
		+100	2,25
		+500	2,20
		+1 000	2,10

Aufgabe 11

Sie haben die Aufgabe, für mehrere Sendungen die Frachtentgelte nach TACT zu ermitteln.

Sendungen

1. Frankfurt – Dubai	87,6 kg	L = 100 cm, B = 80 cm, H = 60 cm
2. Frankfurt – Seoul	159,3 kg	L = 120 cm, B = 123 cm, H = 80 cm
3. Frankfurt – Sydney	420 kg	L = 171 cm, B = 142 cm, H = 110 cm

Tarife

TACT									
Frankfurt	DE	FRA	Frankfurt	DE	FRA	Frankfurt	DE	FRA
	KGS	EUR		KGS	EUR		KGS	EUR
Dubai	M	76,69	Seoul	M	76,69	Sydney	M	84,36
	N	4,56		N	14,01		N	15,74
	100	3,46		45	9,74		45	11,37
	500	2,91		100	6,68		100	7,32
				200	4,87		300	6,17
				300	4,33		500	5,57
							800	5,07

a Stellen Sie fest, welche Schritte notwendig sind, um diese Aufgabe zu lösen.

b Ermitteln Sie jeweils die günstigsten Tarife.

Aufgabe 12

Eine Sendung Zeitungen (279,7 kg), Maße 100 cm × 100 cm × 90 cm, soll von Frankfurt/Main nach Madrid transportiert werden.

a Prüfen Sie, ob eine der angegebenen Spezialraten anzuwenden ist und berechnen Sie anschließend die Luftfracht.

b Ergänzen Sie den nachfolgenden Ausschnitt aus dem AWB.

No. of Pieces RCP	Gross Weight	Kg Lb	Rate Class	Commodity Item No.	Chargeable Weight	Rate Charge	Total	Nature and Quantity of Goods (incl. Dimensions or Volume)

Lernsituation 14 zum Informationshandbuch Seite 237–280

TACT			
Frankfurt	DE	FRA	
	KGS	EUR	
Madrid	M	38,00	
	N	3,22	
	100	3,07	
	500	2,91	
7104	100	1,89	
7107	45	1,44	
9710	45	2,07	
9735	45	2,12	

General List of Descriptions (Auszüge)	
7104	MAGAZINES, PERIODICALS – PUBLISHED ONCE WEEKLY OR AT LONGER INTERVALS – BOOKS EXCLUDING PHOTOGRAPHS
7107	NEWSPAPERS
9710	PRINTED MATTER, PAPER – INCLUDING PHOTOGRAPHIC, SENSITIZED PAPER
9735	FOODSTUFFS, SPICES, BEVERAGES, TOBACCO, SKINS, LEATHER, FLOWERS, PLANTS, OILS, WOOD MANUFACTURES, TEXTILES, CHEMICALS, DRUGS, PHARMACEUTICALS, PAINTS

Aufgabe 13
Drei ULD Container (AVM 1217, AVM 1728, AVM 2230), Elektrobauteile, Bruttogewicht insgesamt 3 534 kg, Leergewicht pro ULD 126 kg, sollen von Düsseldorf nach Detroit befördert werden.
Ergänzen Sie den Ausschnitt aus dem Luftfrachtbrief.

Ratenauszug

Bulk unitization charges Düsseldorf		DE	DUS
		CARRIER	LH Cargo
Detroit	Pivot weight		800,00 kg
	Charge of pivot weight per unit	B	6 815,00 EUR
	Over pivot rate	C	4,73 EUR

Ausschnitt aus dem Luftfrachtbrief

No. of Pieces RCP	Gross Weight	Kg Lb	Rate Class / Commodity Item No.	Chargeable Weight	Rate / Charge	Total	Nature and Quantity of Goods (incl. Dimensions or Volume)

Aufgabe 14
Sie sind Mitarbeiter/-in der SÜDSPED Luftfracht GmbH und haben heute die Besorgung eines Luftfrachtauftrages von Frankfurt nach Shanghai Pudong International Airport (PVG) zu vervollständigen, siehe dazu den nachfolgenden Ausschnitt aus dem AWB.

a Berechnen Sie das Volumengewicht für die Sendung und tragen Sie den errechneten Wert in den AWB ein.

b Begründen Sie, warum der Auftraggeber einen Lieferwert eingetragen hat. Der Wert eines SZR zum Zeitpunkt der Sendungsübernahme beträgt 1 SZR = 1,2940 EUR.

c Berechnen Sie:
   ca die Luftfracht (siehe Auszug aus dem TACT),
   cb den Wertzuschlag für die Lieferwertangabe,
   cc Fuel Surcharge 0,75 EUR/kg/act. weight,
   cd Security Surcharge 0,15 EUR/kg/act. weight.

d Ergänzen Sie den AWB mit den errechneten Werten und füllen Sie auch den Abrechnungsteil des Luftfrachtbriefs aus. Berücksichtigen Sie noch die AWB Fee von 20,00 EUR.

e Berechnen Sie Ankunftszeit (local time) des Flugzeugs in Pudong (Shanghai), wenn für Shanghai UTC +8, für Frankfurt UTC +2 gilt.

f Erläutern Sie weitere, für die Organisation wichtige Informationen, die Sie dem Flugplan entnehmen können.

Auszug aus dem IATA-Luftfrachttarif			
Frankfurt		DE	FRA
EUR		KGS	EUR
PUDONG	CN	M	76,69
		N	11,70
		45	7,90
		100	4,40
		300	3,75
		500	3,60

Lernsituation 14 zum Informationshandbuch Seite 237–280

Origin:	FRA		Earliest Departure:	10.09.20(0)
Destination:	PVG		Latest Departure:	...09.20(0)

No.	Flight		Origin	Dest	Date	Dept Time	Arr Time	Stops	Equipment	Days of Op	Elapsed
1	LH 728	✈	FRA	PVG	10/09/..	17:30	???	0	77F	1234567	09:25
2	LH 8088	✈	FRA	PVG	10/09/..	19:50	???	0	77F	1234567	09:25

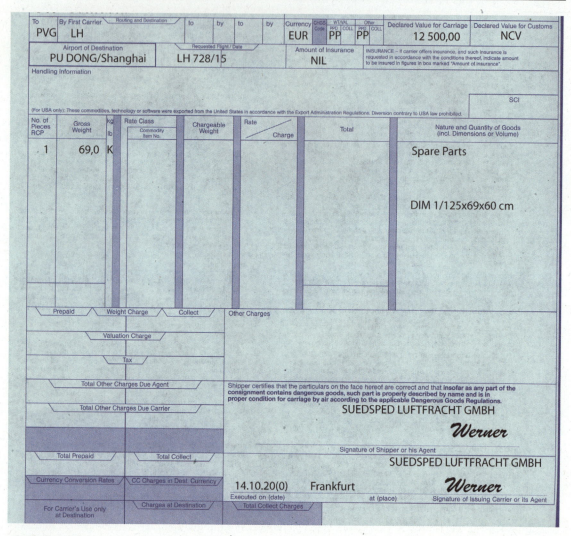

Aufgabe 15

Sie sind Mitarbeiter/-in der Spedition INTERSPED GmbH. Mit der Luftfrachtgesellschaft CARGO INTERNATIONAL Ltd. besteht auf der Relation Frankfurt – London Heathrow eine Kontraktrate über 80 t pro Monat. Der Kilogrammpreis beträgt 1,41 EUR. Mit den Versendern wird nach TACT abgerechnet.

TACT			
Frankfurt	DE		FRA
EUR	KGS		EUR
London LHR	M		38,00
	N		3,22
	100		3,07
	500		2,91

Gewichtsverteilung

KGS	
M	180 Sendungen/Gesamtgewicht 0,450 t
N	32 000 kg
100	21 000 kg
500	27 000 kg

a Berechnen Sie die Gesamtmenge der im letzen Monat versendeten Güter auf dieser Relation.

b Ermitteln Sie die Auslastungsquote in Prozent.

c Berechnen Sie das Rohergebnis für diese Relation.

d INTERSPED rechnet die Luftfrachten mit der Airline CARGO INTERNATIONAL Ltd. über CASS ab. Erläutern Sie diesen Vorgang.

Auszug aus dem Luftfrachttarif (TACT = The Air Cargo Tariff)		
Frankfurt	DE	FRA
EUR	KGS	EUR
Perth	M	84,36
	N	14,65
	45	10,27
	100	6,77
	300	5,95
	500	5,40
	800	4,91

Aufgabe 16

Ein Stammkunde versendet regelmäßig Sendungen nach Perth, Australien. Sie werden beauftragt, das Verfahren zur Ermittlung der Frachtraten zu vereinfachen, indem Sie eine Tabelle erstellen, aus der hervorgeht, ab welchem Gewicht sich das Auflasten der Sendung lohnt.

a Erstellen Sie die Tabelle.

b Stellen Sie zudem den Verlauf des Tarifs grafisch dar, indem Sie auf der x-Achse die Kosten und auf der y-Achse das Gewicht abbilden.

Hinweis: Die erste Schwelle (X_1) besteht im Erreichen des Minimumgewichts.

Aufgabe 17

Für den Transport einer Sendung mit Motorteilen (Junction Box, 69 kg) ist das Router-Label für den Luftfrachtversand zu erstellen. Luftfrachtführer ist die PAKISTAN AIRLINE, Airline-Code 214. Die Sendung ist für Karachi (KHI) bestimmt und besteht aus einem Packstück. Der Luftfrachtbrief hat die Nummer 7557 3831. Im Label soll auch noch das Gewicht an geeigneter Stelle eingetragen werden. Die Barcodes sind bereits auf dem Label enthalten.

a Ergänzen Sie die freien Felder mit den erforderlichen Angaben.

b Schlüsseln Sie den 16-stelligen Barcode in seine Bestandteile auf.

Aufgabe 18

Ihnen liegt nachstehender AWB für eine Kleinsendung nach Mexico City vor.

a Erläutern Sie folgende Bezeichnungen/Eintragungen im unten stehenden Ausschnitt aus dem AWB:

- P
- NVD
- NCV
- M
- Gross Weight, Chargeable Weight
- SPX, KC
- RAC, MYC, SCC

b Machen Sie den Zusammenhang zwischen den Eintragungen im Feld „Handling Information" und dem Gross Weight von 0,6 kg deutlich.

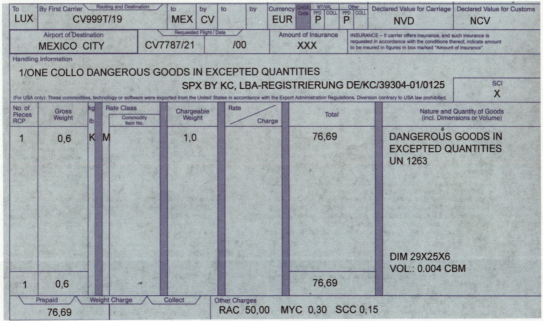

c Füllen Sie die Kopfzeile des AWB auf der Grundlage folgender Daten aus: Abgangsflughafen: Frankfurt (FRA), Fluggesellschaft: Cargolux Airlines International S.a. (Nummern-Code: 172, two letter airline code: CV), AWB-Nummer: 6743 – 3568.

Aufgabe 19

Die INTERSPED Luftfracht GmbH erhält am Dienstag, 22.11.20(0), nachmittags den Auftrag, einen Schaltschrank (Gewicht 270 kg; Maße LBH 108 × 125 × 218 cm) per Luftfracht von München nach Atlanta zu versenden. Der Schaltschrank ist wegen der eingebauten Messgeräte erschütterungsempfindlich und darf nicht gekippt werden.

INTERSPED ist aufgefordert, die unverpackte Sendung durch eine angemessene Versandverpackung „ready for carriage" zu machen.

Anhand des Air Cargo Guide wurde nachstehende Flugverbindung ausgewählt:

| •2•4••7 | 2020 MUC | 2350 ATL | LH 6388 | 74F | ✈ | 0 |

Die Daten des eingesetzten Flugzeugtyps liegen vor:

Boeing 747-400 F		Lademaße Main Deck	
Länge	70,60 m	max. Innenhöhe	244 cm
Spannweite	64,40 m	Bugladeklappe (max. Breite/Höhe)	244 cm/244 cm
Höhe	19,40 m	seitl. Ladeklappe (max. Breite/Höhe)	340 cm/304 cm
Reichweite	8 230 km	Lademaße Lower Deck	
max. Frachtgewicht	112,6 t	max. Innenhöhe	163 cm
max. Startgewicht	396,9 t	seitl. Ladeklappe (max. Breite/Höhe)	264 cm/168 cm

a Bestimmen Sie anhand des Flugplans, an welchem Wochentag die Sendung voraussichtlich den Empfänger in Atlanta erreichen wird.

b Ermitteln Sie die reine Flugzeit von Flug LH 6388 (Atlanta = UTC −6).

c Schlagen Sie eine Verpackungsmöglichkeit vor, die die Vorgaben des Versenders hinsichtlich der Empfindlichkeit der Sendung erfüllt.

d Schlagen Sie geeignete Maßnahmen vor, mit denen ein vorschriftsmäßiges Handling der empfindlichen Ware gewährleistet werden kann.

e Begründen Sie, auf welchem Deck des Flugzeugs der Schaltschrank befördert werden sollte.

Aufgabe 20

Die DATA Control GmbH ist ein aufstrebendes Unternehmen im Bereich der Mess- und Regeltechnik. Zunehmend müssen auch Kunden im Ausland beliefert werden.

Das Unternehmen fragt bei der Intersped GmbH an, wie das Unternehmen am besten die Sicherheitsanforderungen für Luftfrachtsendungen erfüllen kann.

a Beraten Sie das Unternehmen über die bestehenden Möglichkeiten, Luftfrachtsendungen „sicher" zu machen.

b Geben Sie der DATA Control GmbH eine begründete Empfehlung unter Zeit- und Kostengesichtspunkten.

Aufgabe 21

Ein Unternehmen aus Köln versendet täglich Sendungen per Luftfracht in alle Welt. Die nachstehend angeführten Städte finden sich besonders häufig als Destinationen.

Geben Sie die Länder an und ermitteln Sie mithilfe der Zeitzonenkarte die Zeitzone sowie die jeweilige Ortszeit, wenn es beim Versender in Köln (= UTC +1) 09:00 Uhr ist.

	Stadt	Land	Zeitzone	Uhrzeit
a	Shanghai			
b	Buenos Aires			
c	Dakar			
d	St. Petersburg			
e	Vancouver			
f	Mumbai			
g	Melbourne			
h	Miami			

Aufgabe 22
Nennen Sie das jeweilige IATA-Konferenzgebiet.

Grönland		Hawaii		Australien	
Malediven		Vereinigte Arabische Emirate		Israel	
Island		Südafrika		Teneriffa	

Aufgabe 23
Im Auftrag Ihres Vorgesetzten sollen Sie eine Telefonkonferenz mit zwei internationalen Partnern in Chicago und São Paulo arrangieren. Bei beiden Geschäftspartnern beginnt um 09:00 Uhr Ortzeit der Arbeitstag. Stellen Sie fest, um wie viel Uhr (Ortszeit Düsseldorf, UTC +1) das Gespräch frühestens beginnen kann.

Aufgabe 24
a Ergänzen Sie die Tabelle der weltweit größten Frachtflughäfen jeweils mit den Staaten, den IATA-Konferenzgebieten sowie den Zeitzonen.

Die größten internationalen Flughäfen nach Frachtaufkommen 2019

Nr.	Fracht in 1000 t	Flughafen	3-Letter-Code	Staat	IATA-Traffic Conference: TC ...	Zeitzone: UTC +/−
1	4810	Hongkong	HKG			
2	4320	Memphis	MEM			
3	3630	Shanghai	PVG			
4	2780	Louisville	SDF			
5	2760	Seoul/Incheon	ICN			
6	2740	Anchorage	ANC			
7	2510	Dubai	DXB			
8	2210	Doha	DOH			
9	2180	Taipeh	TPE			
10	2100	Tokio/Narita	NRT			
11	2100	Paris/Charles de Gaulle	CDG			
12	2090	Miami	MIA			
13	2090	Frankfurt/Main	FRA			
14	2060	Singapur	SIN			
15	1960	Peking	PEK			
16	1920	Guangzhou	CAN			
17	1760	Chicago/O´Hare	ORD			
18	1670	London/Heathrow	LHR			
19	1590	Amsterdam	AMS			
20	1330	Bangkok	BKK			

b Tragen Sie die oben genannten 20 Frachtflughäfen in die nachfolgende Karte ein.

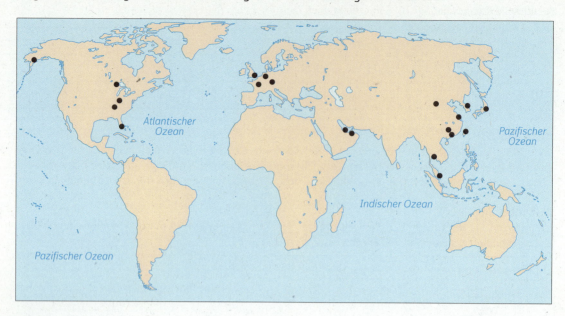

Aufgabe 25
Dem Plan für einen Flug von Frankfurt nach San Francisco (SFO) können Sie folgende Daten entnehmen:

Flugplan (Auszug)

Origin:	FRA			Earliest Departure:				
Destination:	SFO			Latest Departure:				

No.	Flight	Origin	Dest	Date	Dept Time	Arr Time	Stops	Equip-ment	Days of Op	Elapsed
1		FRA	SFO		09:55	12:20	0			

Frankfurt = UTC +1, San Francisco (SFO) = UTC −8

Berechnen Sie

a die Flugdauer (kein Zwischenstopp),

b die Ankunftszeit am Flughafen San Francisco nach deutscher Zeit.

Aufgabe 26
Berechnen Sie für einen Flug von Frankfurt nach Tokio (Flughafen Narita, NRT)

a die Flugdauer,

b die Ankunftszeit am Flughafen Tokio nach deutscher Zeit.

Flugplan (Auszug)

Origin:	FRA			Earliest Departure:				
Destination:	NRT			Latest Departure:				

No.	Flight	Origin	Dest	Date	Dept Time	Arr Time	Stops	Equip-ment	Days of Op	Elapsed
1		FRA	NRT		13:30	08:35 +1	0			

Frankfurt = UTC +1, Tokio (NRT) = UTC +9

Aufgabe 27
Ein Flugzeug startet am 20.12. in Sydney (UTC +10 Stunden) um 21:00 Uhr Ortszeit. Nach 13 Stunden Flug über den Pazifik landet es in San Francisco (UTC −8).

a Nennen Sie Datum und Uhrzeit (Ortszeit) bei Landung.

b Geben Sie den Zeitpunkt der Landung in Ortszeit Deutschland an.

Aufgabe 28

Berechnen Sie die örtlichen Ankunftszeiten von Frachtflugzeugen, wenn diese von Frankfurt/Main (UTC +1) zu den genannten Uhrzeiten starten. Tragen Sie des Weiteren das Zielland ein.

	Abflug Ortszeit Frankfurt/M.	Flugzeit in Std.	Zeitzone UTC ...	Zielort	Ankunft Ortszeit	Zielland
a	11:00	11	+ 9	Tokio		
b	04:00	9	– 3	Rio de Janeiro		
c	19:00	12	+ 2	Kapstadt		
d	01:00	5	+ 3,5	Teheran		
e	20:30	6	– 5	Montreal		
f	14:00	7	+ 1	Kinshasa		
g	07:00	7	– 6	Atlanta		
h	23:00	3,5	+ 2	Istanbul		
i	09:00	13	+ 7	Djakarta		
j	22:30	15	– 10	Hawaii		

Aufgabe 29

Vergleichen Sie das Recht des Absenders auf nachträgliche Weisungen/nachträgliche Verfügungen nach HGB und Montrealer Übereinkommen anhand der nachfolgenden Textauszüge:

§ 418 HGB Nachträgliche Weisungen

(1) Der Absender ist berechtigt, über das Gut zu verfügen. Er kann insbesondere verlangen, dass der Frachtführer das Gut nicht weiterbefördert oder es an einem anderen Bestimmungsort, an einer anderen Ablieferungsstelle oder an einen anderen Empfänger abliefert. Der Frachtführer ist nur insoweit zur Befolgung solcher Weisungen verpflichtet, als deren Ausführung weder Nachteile für den Betrieb seines Unternehmens noch Schäden für die Absender oder Empfänger anderer Sendungen mit sich zu bringen droht. Er kann vom Absender Ersatz seiner durch die Ausführung der Weisung entstehenden Aufwendungen sowie eine angemessene Vergütung verlangen; der Frachtführer kann die Befolgung der Weisung von einem Vorschuss abhängig machen.

(2) Das Verfügungsrecht des Absenders erlischt nach Ankunft des Gutes an der Ablieferungsstelle. Von diesem Zeitpunkt an steht das Verfügungsrecht nach Absatz 1 dem Empfänger zu [...]

Artikel 12 MÜ Verfügungsrecht über die Güter

(1) Der Absender ist unter der Bedingung, dass er alle Verpflichtungen aus dem Frachtvertrag erfüllt, berechtigt, über die Güter in der Weise zu verfügen, dass er sie am Abgangs- oder Bestimmungsflughafen sich zurückgeben, unterwegs während einer Landung aufhalten, am Bestimmungsort oder unterwegs an eine andere Person als den ursprünglich bezeichneten Empfänger abliefern oder zum Abgangsflughafen zurückbringen lässt. Dieses Recht kann nur insoweit ausgeübt werden, als dadurch der Luftfrachtführer oder die anderen Absender nicht geschädigt werden; der Absender ist zur Erstattung der durch die Ausübung dieses Rechts entstehenden Kosten verpflichtet.

(2) Ist die Ausführung der Weisungen des Absenders unmöglich, so hat der Luftfrachtführer ihn unverzüglich zu verständigen.

(3) Kommt der Luftfrachtführer den Weisungen des Absenders nach, ohne die Vorlage der diesem übergebenen Ausfertigung des Luftfrachtbriefs [...] zu verlangen, so haftet er unbeschadet seines Rückgriffsanspruchs gegen den Absender dem rechtmäßigen Besitzer des Luftfrachtbriefs [...] für den daraus entstehenden Schaden.

(4) Das Recht des Absenders erlischt mit dem Zeitpunkt, in dem das Recht des Empfängers nach Artikel 13 entsteht [...]

Artikel 13: Ablieferungsanspruch des Empfängers nach Eintreffen der Güter am Bestimmungsort

Lernsituation 14 zum Informationshandbuch Seite 237–280

Aufgabe 30 (Prüfungsnahe Aufgabenstellung)

30 Punkte = 60 Minuten

Situation

Sie sind Mitarbeiter/-in in der Luftfrachtabteilung der BAVARIA SPEDITION in München und erhalten am Donnerstag, den 28. Oktober 20(0) folgenden Auftrag:

- Versender: Haindl Filtersysteme AG, Rosenheimer Str. 247, 81617 München
- Empfänger: Ghana National Water Systems, 55 Kakramadu Road, Accra, Ghana
- Warenbeschreibung: Spezialfilter für Meerwasserentsalzungsanlagen
- Bruttogewicht und Dimensionen:
  - Packstück 1: 490 kg, Maße (LBH)   155 × 100 × 161 cm, Rechnungswert 8 255,00 EUR
  - Packstück 2: 425 kg, Maße (LBH)   150 × 105 × 172 cm, Rechnungswert 7 450,00 EUR
  - Packstück 3: 865 kg, Maße (LBH)   205 × 145 × 151 cm, Rechnungswert 12 675,00 EUR
- Besondere Hinweise: zerbrechlich, nicht kippen, nicht stapeln, keine Umladung im Hauptlauf
- Termine: **Eilsendung** – Abholung beim Versender am Freitag 29.10.20(0) ab 12:00 Uhr, Ablieferung am Zielflughafen spätestens am Sonntag 31.10.20(0), 12:00 Uhr

1 (2 Punkte)

Nennen Sie die am Luftfrachtvertrag beteiligten Unternehmen und die beschreiben Sie die Funktion der BAVARIA Spedition in diesem Zusammenhang.

2 (4 Punkte)

Die BAVARIA SPEDITION ist als IATA-Agent akkreditiert.

2.1 Nennen Sie zwei Aufgaben der IATA.
2.2 Nennen Sie einen Vorteil, den eine Spedition durch die Ernennung zum IATA-Agenten erwirbt.
2.3 Erläutern Sie zwei Tätigkeiten, welche die BAVARIA SPEDITION vornehmen könnte, um die Sendung als „ready for carriage" zu deklarieren.

3 (3 Punkte)

Aufgrund der Dringlichkeit des vorliegenden Auftrags prüfen Sie zunächst den Air Cargo Guide für die Relation München – Accra.

LH = Lufthansa, MS = Egypt Air, IB = Iberia Líneas Aéreas de España, MAD = Madrid; Ghana = UTC

Origin:	MUC			Earliest Departure:		29.10.20(0)			
Destination:	ACC			Latest Departure:		04.11.20(0)			

No.	Flight		Origin	Dest	Date	Dept Time	Arr Time	Stops	Equipment	Days of Op	Elapsed
1	LH 923	✈	MUC	ACC	29/10	11:25	18:05	0	767	123-5-7	
2	IB 0556	✈	MUC	MAD	29/10	23:15	01:50 +1	0	777	1-3-5--	
↳	Via IB 3108	✈	MAD	ACC	30/10	07:00	13:30	0	747	-2-4-6-	
3	LH 2474	✈	MUC	ACC	30/10	20:10	05:00 +1	1	32F	-2-4-6-	
4	MS 1898	✈	MUC	ACC	30/10	23:20	12:55 +1	1	M1F	--3--6-	

3.1 Wählen Sie unter den gegebenen zeitlichen Restriktionen für die vorliegende Sendung die geeignete Flugverbindung aus dem Air Cargo Guide.

3.2 Ermitteln Sie die reine Flugzeit des von Ihnen gewählten Fluges. (**Hinweis:** Die im Flugplan angegebenen Stopps betragen jeweils 2:30 Stunden.)

4 (2 Punkte)

Im Rahmen Ihrer Planung für den anstehenden Transport finden Sie heraus, dass eine weitere Flugverbindung nach Ghana existiert, bei der die Sendungen durch die italienische Fluglinie ALITALIA zunächst per Luftfrachtersatzverkehr von München nach Mailand transportiert werden. Von dort aus werden sie anschließend in einem Frachtflugzeug nach Accra befördert.

Beschreiben Sie diese besondere Form der Luftfrachtbeförderung und nennen Sie einen Grund für ihren Einsatz auf der Teilstrecke von München nach Mailand.

5 (4 Punkte)

Die drei Packstücke sollen auf einer Luftfracht-Palette befördert werden. Zur Verfügung stehen folgende Typen:

- eine Standard-Palette (88", IATA-Code PAG) mit einer nutzbaren Fläche von 304 · 210 cm
- eine Standard-Palette (96", IATA-Code PMC) mit einer nutzbaren Fläche von 304 · 230 cm

5.1 Bestimmen Sie, welche Palette anhand der oben angegebenen Sendungsmaße für die Packstücke am besten geeignet ist.

5.2 Begründen Sie, ob die Palette auf dem Main Deck oder dem Lower Deck das Flugzeuges verladen werden sollte.

6 (3 Punkte)

Für die Strecke München – Accra gilt nachstehender Tarif (Auszug aus dem TACT):

Munich	MUC		
Accra	ACC	KGS	EUR
		M	71,35
		N	9,92
		100	7,78
		500	6,52
	/C		5,25
PAG	/B	1500	4 652,00
PMC	/B	2000	5 970,00

Prüfen Sie anhand des Tarifes, ob der von Ihnen in Aufgabe 5 gewählte Palettentyp auch aus Kostengesichtspunkten der geeignetere ist.

7 (8 Punkte)

Der Versender Haindl Filtersysteme ist Bekannter Versender, die BAVARIA SPEDITION ist als Reglementierter Beauftragter registriert. Im Regelfall befördert BAVARIA Luftfrachtsendungen in eigenen verschließbaren Fahrzeugen mit Kofferaufbauten.

7.1 Erläutern Sie anhand der vorliegenden Situation den Begriff „Sichere Lieferkette".

7.2 Nennen Sie zwei Voraussetzungen, die BAVARIA erfüllen musste, um den Status als Reglementierter Beauftragter zu erhalten.

7.3 Bei der vorliegenden Sendung setzen Sie für den Transport zum Flughafen kurzfristig einen Frachtführer ein, der – entgegen seiner ursprünglichen Zusage – nicht den Status eines Zugelassenen Transporteurs aufweist.
Beschreiben Sie, welche Konsequenzen sich daraus für die Einhaltung der Sicheren Lieferkette ergeben.

7.4 Geben Sie an, welche Behörde in Deutschland die Zulassung zum Reglementierten Beauftragten erteilt.

8 (2 Punkte)

Der Versender möchte aufgrund der Dringlichkeit der Sendung in der Lage sein, den Sendungsstatus jederzeit überprüfen zu können.

Zeigen Sie ihm unter Nennung des Fachbegriffs eine Möglichkeit auf und schlagen Sie ein Sendungsmerkmal vor, welches zur Identifizierung notwendig ist.

9 (2 Punkte)

Laut Flugplan finden sich zwei Flugverbindungen nach Accra, bei denen ein Zwischenstopp durchgeführt wird: Flug LH 2474 landet in Rabat (Marokko), Flug MS 1898 legt einen Stopp in Kairo (Ägypten) ein.

9.1 Bestimmen Sie die Lage von Ägypten und Marokko, indem Sie die entsprechende Kennzahl aus nachstehendem Landkartenausschnitt notieren.

9.2 Nennen Sie das IATA-Konferenzgebiet, in dem sich beide Staaten befinden.

Lernsituation 14 zum Informationshandbuch Seite 237–280

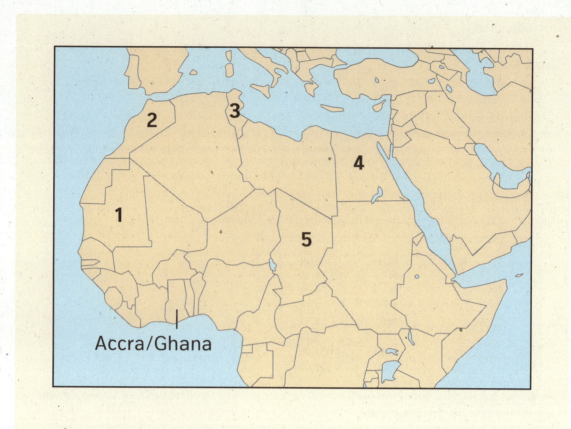

Accra/Ghana

SELBSTTEST LERNSITUATION 14

→ Diese **Prozesse** beherrsche ich (X)

	voll	weit-gehend	eher nicht	gar nicht
Lufttransporte organisieren				
Aufträge vorkalkulieren				
Luftfrachtbriefe erstellen				
eine Versendererklärung für Gefahrgut schreiben				
die Rechnungen für Versender erstellen				
einen Ablaufplan zu Besorgungsaufträgen erstellen				
das Rohergebnis aus den Aufträgen ermitteln				
Flugpläne lesen und für die Transportorganisation nutzen				
Flugzeiten unter Beachtung der UTC-Zeit berechnen				
Luftfrachten nach IATA-Vorgaben ausrechnen				
Nebengebühren berechnen				

→ Diese **Begriffe** kenne ich (✓):

- Air Cargo Guide ☐
- AWB ☐
- Container- und Palettenraten ☐
- Direktverkehr ☐
- Fuel Surcharge ☐
- IATA ☐
- Mindestfrachtraten ☐
- Montrealer Übereinkommen ☐
- Normalrate ☐
- Over Pivot Rate ☐
- Pivot Weight ☐
- Quantity Rates ☐
- Ready for Carriage ☐
- Security Surcharge ☐
- Spezialraten ☐
- TACT ☐
- UTC ☐
- Warenklassenraten ☐

Lernsituation 14 zum Informationshandbuch Seite 237–280   **275**

Abschlussaufgabe Lernsituation 14

Situation
Die Spedition LOG-Master GmbH, Frankfurt, versorgt die Produktionsstätten des Baumaschinenherstellers Gutherr AG, Frankfurt, mit unterschiedlichen Bauteilen (Schrauben, Kabel, Einbauteile, elektronische Komponenten usw.), die von verschiedenen Zulieferern abgeholt, im Lager zu produktionsbezogenen Sendungen zusammengestellt und zu den Produktionsstätten in Deutschland und in Spanien befördert werden. Das Herstellwerk in Spanien wird dreimal wöchentlich per Lkw versorgt.
Bei der letzten Zustellung, heute am Montag, den 17.01.20(0), fehlten durch ein Versäumnis des Lagerpersonals wichtige Einbaukomponenten. Das Werk kann nicht bis zur nächsten Lieferung am 19.01.20(0) warten. Es wird daher überlegt, die fehlenden Teile per Luftfracht nach Spanien zu befördern, damit sie dort noch am Dienstag, den 18.01.20(0), möglichst früh eintreffen. Die Kosten für den Sondertransport hat die Spedition zu tragen.
Sie haben die Aufgabe, diesen Transport zu organisieren und die Kosten zu ermitteln.

Daten
Spedition: Spedition LOG-Master GmbH, Elisabethenstraße 82, 60594 Frankfurt/M.
Herstellerwerk in Spanien: SEJAT S. a., Zona Franca C/2, No. 1, Barcelona, E-08040, Spain
Sendungsdaten: Bauteile für Baumaschinen, 340,00 kg, Maße: 165 cm × 110 cm × 100 cm

1

Die Spedition LOG-Master GmbH erledigt für ihren Auftraggeber Gutherr AG vor allem folgende Dienstleistungen:

- Abholen der Bauteile bei verschiedenen Zulieferern im In- und Ausland,
- Einlagerung der Bauteile,
- produktionsbezogene Kommissionierung nach Angaben des Herstellers,
- produktionsvorbereitende Arbeiten wie Verkabelung von Steuereinheiten,
- Transport der Materialien zu den Produktionsstätten,
- Rückführung des Leergutes.

Stellen Sie begründet fest, ob es sich bei diesen Tätigkeiten um speditionsübliche oder um speditionsunübliche Tätigkeiten handelt.

2

Für die Organisation des Transportes haben Sie den Flugplan mit den Abflügen von Frankfurt zurate gezogen und sind dabei auf zwei Verbindungen gestoßen, die Ihnen geeignet erscheinen.

Origin:	FRA	Earliest Departure:	18.01.20(0)
Destination:	BCN	Latest Departure:	...01.20(0)
Airline:			

No.	Flight		Origin	Dest	Date	Dept Time	Arr Time	Stops	Equipment	Days of Op	Elapsed
1	LH 1124	✈	FRA	BCN	18/09/..	07:35	09:35	0	320	1234567	02:00
2	LH 1130	✈	FRA	BCN	18/09/..	11:00	13:00	0	74F	-2-----	02:00

Begründen Sie die Vor- und Nachteile der beiden Flugverbindungen zur Lösung des Versorgungsproblems.
LH = Lufthansa, 320 = Airbus 320, 74F = Boeing 744-400 Freighter

3

Ermitteln Sie anhand der nebenstehenden Preisvereinbarung mit dem Luftfrachtführer und den nachfolgenden Gebühren die Kosten, die (ausschließlich) an die Luftverkehrsgesellschaft zu zahlen sind.
- MY = 0,75 EUR/kg actual weight
- SC = 0,15 EUR/kg actual weight
- AWB-Gebühr 10,00 EUR

Begründen Sie Ihren Lösungsweg.

Frankfurt	DE	FRA
	KGS	EUR
Barcelona BCN	ES	
	M	62,50
	N	2,20
	45	1,90
	300	1,80
	500	1,70

4

a Füllen Sie den nachfolgenden Ausschnitt aus dem Luftfrachtbrief sinnvoll aus.
Produktbezeichnung: assemblies for construction equipment
Sicherheitsstatus: SPX by KC
Regulated Agent: LOG-Master, LBA-Registration DE/KC/17944-02/0324

b Erläutern Sie den Zusammenhang von Regulated Agent und Known Consignor mit den Luftsicherheitskontrollen. Beschreiben Sie in diesem Zusammenhang auch die Bedeutung des Eintrags „SPX".

c Erläutern Sie zwei Funktionen des AWB, die bei dieser Beförderung relevant sind.

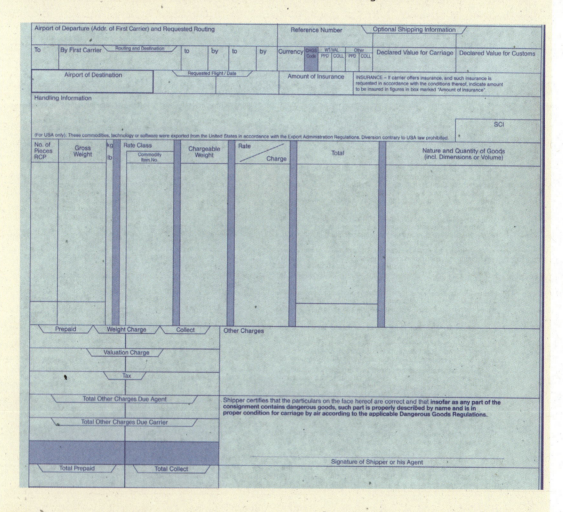

5

Berechnen Sie die anteiligen Kosten der Luftfrachtsendung an einem normalen Lkw-Transport anhand folgender Daten und vergleichen Sie die Kosten für den Lkw- und Lufttransport (reine Luftfracht, ohne Vor- und Nachlauf).
Frachtführer-Entgelt einschließlich Maut (fremder Frachtführer): 2 150,00 EUR
Durchschnittsgewicht einer Lkw-Ladung (zwei Wechselbrücken): 21 000 kg

6

In der Spedition wird überlegt, die Lkw-Beförderung im Selbsteintritt durchzuführen. Ermitteln Sie die Kosten einer Lkw-Beförderung Frankfurt – Barcelona mithilfe folgender Informationen:

Entfernung:	1 365 km
Durchschnittsgeschwindigkeit:	65 km/h
Tagessatz:	490,00 EUR
Kilometer-Satz:	0,60 EUR
Maut D, F, ES:	210,00 EUR

Gehen Sie bei der Berechnung der Einsatztage (volle Tage) davon aus, dass die Lenkzeit nicht verlängert und die Tagesruhezeit nicht verkürzt wird.

7

Als weitere Alternative zur Lkw-Beförderung wird die Teilnahme am kombinierten Verkehr erwogen. Berechnen und vergleichen Sie aus den nachfolgenden Angaben
a die Beförderungszeit und
b die Kosten der Beförderung.
Der spanische Empfangsspediteur würde für den Nachlauf inklusive Umschlag ab KV-Terminal 180,00 EUR berechnen.

Beförderungszeiten KV

Abfahrt	täglich	
Vorlauf (30 km)	1	Stunde
Umschlag KV-Terminal	1	Stunde
Abfahrtszeit	18:00	Uhr
Lauftage	C	
Abladebeginn	08:00	Uhr
Umschlag KV-Terminal	1	Stunde
Nachlauf	1	Stunde

Kosten

Preis Hauptlauf	610,00	EUR pro Wechselbrücke
Anzahl der Wechselbrücken	2,00	
Lkw-Einsatzstunden pro Tag	12,00	Stunden
Kosten Nachlauf für beide Wechselbrücken	180,00	EUR
Tagessatz Wechselbrücke	70,00	EUR

c Geben Sie eine begründete Empfehlung für die LOG-Master GmbH.
d Klären Sie folgende Probleme für den Fall, dass die Spedition sich für den Kombinierten Verkehr entscheidet:
  da Begründen Sie, in welchem Vertragsverhältnis die Spedition zu dem Operateur des Kombinierten Verkehrs (z. B. Kombiverkehr KG) stünde.
  db Stellen Sie begründet fest, welche Haftungshöchstgrenzen bei Güterschäden für die Beförderung der Wechselbehälter vom Lager des Spediteurs bis zur Zustellung beim Empfänger in Barcelona in folgenden Fällen gelten:
  - Ein Schaden tritt während des Lkw-Transports im Vorlauf auf.
  - Ein Schaden entsteht während der Bahnbeförderung.

Lernsituation 15
Am Luft-Sammelgutverkehr teilnehmen

Die Luftfrachtspedition HEITMANN, die in der Vergangenheit Luftfrachtaufträge für die INTERSPED GmbH besorgt hat, ist von der INTERSPED GmbH gekauft worden. Die Firma des übernommenen Unternehmens lautet nun INTERSPED LUFTFRACHT GmbH. Der Firmensitz bleibt erhalten: Flughafenstraße 68, 40474 Düsseldorf. Auch das Personal und die Räumlichkeiten von HEITMANN werden übernommen, sodass die personellen, sachlichen und auch finanziellen Voraussetzungen erhalten bleiben, um als IATA-Agent weiterhin tätig zu sein. Alle Luftfrachtaktivitäten der INTERSPED GmbH werden ab sofort in dem rechtlich selbstständigen Unternehmen gebündelt. Herr Neuberger wird das Unternehmen wie bisher leiten, unterstützt von seinen beiden Mitarbeiterinnen Frau Webers und Frau Castner.

Dies bedeutet auch, dass der eingespielte Luft-Sammelgutverkehr nun zum Leistungsangebot von INTERSPED gehört. Christian Rauter, seit einem Jahr Auszubildender bei der INTERSPED GmbH, soll für einige Monate das Luftfrachtgeschäft kennenlernen. Er wird damit beauftragt, eine Luftfracht-Sammelladung von Düsseldorf nach Chicago abzuwickeln. Folgende Daten liegen heute, am Mittwoch, den 14.07.20(0), von fünf Versendern vor:

	Sendung 1	Sendung 2	Sendung 3	Sendung 4	Sendung 5
Produktbeschreibung	Electrodes	Tools	Textiles	Injection Instruments	Spare Parts
Gewicht in kg	5	45	80	30	850
Maße in cm	30 × 30 × 20	60 × 40 × 40	200 × 90 × 95	70 × 40 × 45	120 × 80 × 150
Güterwert in Euro	800,00	1 600,00	3 150,00	1 400,00	7 725,00
Versender	BAUER ELEKTROTECHNIK GmbH, Normannenstraße 11, 41462 Neuss	HCR-Apparatebau, Fröbelstraße 32, 40625 Düsseldorf	ZANDER – Technische Textilien, Paulistraße 132, 40597 Düsseldorf	JEVIC-Medizintechnik, Münsterstraße 14, 40476 Düsseldorf	ÖKO-THERM GmbH, Ebertstraße 9, 40595 Düsseldorf
Empfänger	VYSIS, Inc. 3100 Woodcreek Downers Grove, IL 60515-5400	METRA 547 W. Jackson Blvd Chicago, IL 60661-5717	LOEBER MOTORS, Inc. 1111 N. Clark St. Chicago, IL 60610	NORTHWESTERN HEALTHCARE 980 N. Michigan Ave. Chicago, IL 60601	CHICAGO RIVET & MACHINE Co. 901 Frontenac Rd. Naperville, IL 60563

Die bei einer Ausfuhr notwendige zolltechnische Ausfuhrabfertigung wird später betrachtet.

Alle fünf Sendungen stehen abholbereit zur Verfügung. Den Versendern sind aber zunächst die Dokumente (hier die AWBs) zwecks Kontrolle zu übermitteln, damit nicht etwa die gesamte Sammelladung liegen bleibt, weil die Unterlagen einer Sendung nicht korrekt sind.

Einen Teil seiner Arbeit zur Erstellung der Dokumente hat Christian bereits erledigt. Vier House-Air-Waybills für die Sendungen 1–4 sind erstellt. Für die Sendung Nr. 5 ist das House-AWB noch auszufüllen.

Zusatzinformationen zum House-AWB

- Die House-AWB-Nummer (Kopfzeile rechts) setzt sich zusammen aus:
  - dem 3-Letter-Code für INTERSPED LUFTFRACHT: ISL,
  - der vierstelligen Ziffer 4000 (abgeleitet aus der Postleitregion 40 für Düsseldorf),
  - der laufenden Nummer des AWB für 20(0), im vierten House-AWB war das die Nr. 0484.
- In der Kopfzeile oben links wird die Master-AWB-Nummer eingetragen.
- Der Versender ÖKO-THERM ist bekannter Versender.
- Luftfrachtführer ist die LUFTHANSA (IATA-Code: LH).
- Zielflughafen ist Chicago O'Hare (Code: ORD).
- Der vorgesehene Flugtermin muss noch anhand des Flugplans festgelegt werden. Daraus ergibt sich auch die Flugnummer.
- Alle Frachten werden vorausbezahlt (prepaid, PP). Die Nachlaufkosten in den USA werden vom Empfänger getragen.
- Frachtraten und Gebühren werden im House-AWB nicht genannt, stattdessen der Vermerk: „AS AGREED".
- Den Versendern erscheint die Haftung der beteiligten Frachtführer ausreichend.
- Die AWBs werden am Tag vor dem Abflug unterschrieben.

Wenn alle House-AWBs erstellt sind, werden die Sendungen auf dem Master-AWB als Sammelladung erfasst.

Informationen für den Master-AWB
- Die AWB-Nr. lautet 020 DUS 2440 4355 (020 für LUFTHANSA CARGO, DUS für Flughafen Düsseldorf).
- Luftfrachtführer: LUFTHANSA CARGO, Airport Düsseldorf, 40474 Düsseldorf
- Adresse des Empfangsspediteurs: CASI – Chicago Air Shipping INC, 10000 W. O'Hare, Chicago, IL 60666
- Unser IATA-Agentur-Code lautet: 23-4 7445/3012.
- Die Sammelladung besteht aus fünf Packstücken.
- Als Frachtrate ist der IATA-Tarif (TACT) zuzüglich vereinbarter Nebengebühren anzugeben.
- In der Spalte „Name and Quantity of Goods" ist einzutragen: „CONSOLIDATED CARGO AS PER ATTACHED MANIFEST". Die Sammelgutsendung hat den Sicherheitsstatus „Secured for Passengers Aircraft", Zulassungsnummer DE/RA/48963-01/0326.

Anschließend ist das **Cargo-Manifest** zu erstellen, das die Einzelsendungen auflistet und als Anlage zum Master-AWB dient. Die Manifest-Nr. lautet: DUS/CHI 024.

Versanddaten
Die möglichen Versanddaten sind dem nachfolgenden Ausschnitt aus dem Flugplan zu entnehmen. Bei der Zeitplanung ist zu beachten, dass

- der Versender einen halben Tag braucht, um die Versanddokumente zu prüfen und uns sein Okay zu übermitteln,
- der Vorlauf über den Sammelgutverkehr von der INTERSPED GmbH abgewickelt wird. Wenn das Okay der Versender bis 12:00 Uhr bei INTERSPED vorliegt, wird die Sendung noch am selben Tag abgeholt und am nächsten Morgen am Flughafen Düsseldorf zugestellt.

Air Cargo Guide (Auszug)

Origin:	DUS	Earliest Departure:	17.07.20(0)
Destination:	ORD	Latest Departure:	...07.20(0)
Airline:			

No.	Flight		Origin	Dest	Date	Dept Time	Arr Time	Stops	Equipment	Days of Op	Elapsed
1	LH 6502	✈	DUS	ORD	17/07/..	08:35	10:30	0	777	1-34-6-	09:55
2	LH 3501	✈	DUS	ORD	17/07/..	10:15	12:15	0	747	--3---	10:00

Chicago = UTC-6

Raten
Nachfolgend ist die Ratenvereinbarung der INTERSPED LUFTFRACHT GmbH mit der LUFTHANSA für die Relation Düsseldorf – Chicago abgebildet. Die „offiziellen" IATA-Tarife befinden sich daneben.
Darunter befindet sich ein Ausschnitt aus dem Haustarif für Sammelgut-Luftfrachtsendungen, der den Kunden vor einigen Monaten zugeschickt worden war. Auf der Basis dieser Preisliste werden alle Luftfrachtsendungen dieser Relation abgewickelt. Der Vorlauf ist in den Preisen nicht enthalten.
Hinweis: In der Luft-Sammelladung wird wie in der Lkw-Sammelladung abgerechnet: jede Einzelsendung mit dem Versender, die Gesamtsendung mit dem Frachtführer.

Ratenvereinbarung Lufthansa

Düsseldorf		DE	DUS
		KGS	EUR
Chicago	USA	M	50,00
		– 100	1,40
		+ 100	1,20
		+ 500	1,10
		+ 1 000	1,00

Auszug aus dem Luftfrachttarif der IATA (TACT = The Air Cargo Tariff)

Düsseldorf		DE	DUS
		KGS	EUR
Chicago	USA	M	76,69
		N	2,69
		100	2,53
		300	2,42
		500	2,31

Die Ratenvereinbarung erhöht sich um folgende Zuschläge:
- Fuel Surcharge 0,95 EUR/kg (actual weight),
- Security Surcharge 0,15 EUR/kg (actual weight).

Lernsituation 15 zum Informationshandbuch Seite 252–280

Sammelgut-Preisliste DUS – ORD		
Düsseldorf	DE	DUS
	KGS	EUR
Chicago	USA M	40,00
	– 45	2,40
	+ 45	1,80
	+ 100	1,60
	+ 500	1,40
	+ 1000	1,20

Die Raten erhöhen sich um folgende Nebengebühr und Zuschläge:
- AWB-Fee 15,00 EUR,
- Fuel Surcharge 0,95 EUR/kg (actual weight),
- Security Surcharge 0,15 EUR/kg (actual weight).

Sind die Dokumente erstellt und mit den Versendern abgeglichen sowie die Versanddaten ermittelt und mit dem Luftfrachtführer vereinbart, erhalten die Versender die genauen Flugdaten (Abflug, Ankunft). Dann können die Güter plangemäß an den Luftfrachtführer übergeben werden, der sie in das Flugzeug einlädt.

Luftfrachtberechnung nach Gewicht oder nach Volumenkilogramm

Die Berechnung der Spediteurleistungen an die Versender soll beispielhaft an der **Rechnung** für die Sendung Nr. 5 dargestellt werden. Der Vorlauf wird nach dem Haustarif von INTERSPED abgerechnet (Entfernung 40 km).

Schließlich ist das **Rohergebnis** dieser Luftfracht-Sammelladung zu ermitteln. Die Berechnung soll sich nur auf die Luftfracht beziehen, nicht auf den Vorlauf, da diese Leistung nicht von der INTERSPED LUFTFRACHT erbracht wird.

Für die Berechnung des Rohergebnisses ist es sinnvoll, sich eine übersichtliche Tabelle anzulegen, z. B. nach folgendem Muster:

Rohergebnis Luftfracht-Sammelladung Köln – Chicago (nur Luftfracht, ohne Nebengebühren)

Sendung Nr.	Gewicht kg	Maße cm	Volumen-kilogramm	Frachtpflichtiges Gewicht	Euro pro kg	Gesamtbetrag in Euro
1	5	30 × 30 × 20	3	5	MIN	40,00
2	45					

Ein Schaden wird gemeldet

Siehe Lernsituation 14

Leider lief der erste von der INTERSPED GmbH allein abgewickelte Luftfrachtspeditionsauftrag nicht ohne Probleme. Die ERNST KAULMANN KG informiert uns heute telefonisch darüber, dass dem Empfänger statt zehn Kartons nur neun Kartons ausgeliefert worden sind. Der Empfänger hat den Schaden sofort bei der LUFTHANSA in Mexico City reklamiert. Der Versender schickt uns vorab eine Kopie des Luftfrachtbriefs mit dem Vermerk des Empfängers.

Ausschnitt aus dem AWB

Issuing Carrier's Agent Name and City			Accounting Information					
Agent's IATA Code		Account No.	Received: 9 Cases					
			Lost: 1 Case					
Airport of Departure (Address of first Carrier) and requested Routing Issuing Carrier's Agent Name and City **Düsseldorf**			Mexico City, 09.07.20(0) J. Conzales					
to **MEX**	By first Carrier/ Routing and Destination **Lufthansa Cargo**	to	by	to	by	Currency **EUR**	CHGS Code	WT//VAL PPD Coll. **PP**	Other PPD Coll. **PP**	Declared Value for Carriage **NVD**	Declared Value for Customs **NCV**

Mexiko hat das Montrealer Übereinkommen ratifiziert.

Die ERNST KAULMANN KG beziffert den Schaden auf 650,00 EUR. Sie möchte sichergehen, dass der Schaden auch ersetzt wird. Sie bittet daher um einen telefonischen Rückruf, in dem kurz dargestellt wird, welcher Haftungs- oder Versicherungsschutz besteht und wie das weitere Vorgehen bei der Schadensbearbeitung aussehen wird. Die Schadens- und die Originalrechnung wird der Versender in wenigen Tagen bei uns einreichen.

Eine Prüfung der Sachlage im Hause INTERSPED führt zu dem Ergebnis, dass der Luftfrachtführer die ordnungsgemäße Übernahme von zehn Kartons (je 29 kg) im Absender-Original des AWB bestätigt hat.

Herr Neuberger wird den Kunden über den Sachverhalt informieren, Wert eines SZR: 1,2119 EUR.

Arbeitsauftrag (Vorschlag)
Besorgen Sie Versendungen im Luft-Sammelgutverkehr:

1. Versanddaten ermitteln und die zeitliche Planung für die Luftfracht-Sammelladung durchführen,
2. House-AWB für Sendung Nr. 5 ausstellen,
3. Master-AWB erstellen,
4. Cargo-Manifest anlegen,
5. Rechnung für den Versender ÖKO-THERM GmbH erstellen,
6. Rohergebnis der Sammelgutsendung (nur Frachterlöse und -aufwendungen betrachten) errechnen und interpretieren,
7. Mitteilung an die ERNST KAULMANN KG über den Schadensfall.

INTERSPED LUFTFRACHT
IATA Accredited Agent
Code: 23-4 7445/3012

Flughafenstr. 68
40474 Düsseldorf
Germany

Telefon: +49 (0) 211 4234 530
E-Mail: info@intersped-luftfracht.de

Cargo Consolidation

Manifest No.:

Master-AWB:

Consigned to:

Date:

Page: 1 of 1

Airport of Departure:

Airport of Destination:

Flight:

No.	HAWB	Pcs/pack.	Weight kg	Contents incl. dims.	Shipper Name and Address	Consignee Name and Address	Incoterm®	CC PP
Total								

Air Waybill

Not Negotiable

Air Waybill
Issued by

Copies 1, 2 and 3 of this Air Waybill are originals and have the same validity.

Shipper's Name and Address | Shipper's Account Number

Consignee's Name and Address | Consignee's Account Number

It is agreed that the goods described herein are accepted in apparent good order and condition (except as noted) for carriage SUBJECT TO THE CONDITIONS OF CONTRACT ON THE REVERSE HEREOF. ALL GOODS MAY BE CARRIED BY ANY OTHER MEANS INCLUDING ROAD OR ANY OTHER CARRIER UNLESS SPECIFIC CONTRARY INSTRUCTIONS ARE GIVEN HEREON BY THE SHIPPER, AND SHIPPER AGREES THAT THE SHIPMENT MAY BE CARRIED VIA INTERMEDIATE STOPPING PLACES WHICH THE CARRIER DEEMS APPROPRIATE. THE SHIPPER'S ATTENTION IS DRAWN TO THE NOTICE CONCERNING CARRIER'S LIMITATION OF LIABILITY. Shipper may increase such limitation of liability by declaring a higher value for carriage and paying a supplemental charge if required.

Issuing Carrier's Agent Name and City | Accounting Information

Agent's IATA Code | Account No.

Airport of Departure (Addr. of First Carrier) and Requested Routing | Reference Number | Optional Shipping Information

To | By First Carrier | Routing and Destination | to | by | to | by | Currency | CHGS Code | WT/VAL PPD COLL | Other PPD COLL | Declared Value for Carriage | Declared Value for Customs

Airport of Destination | Requested Flight / Date | Amount of Insurance | INSURANCE – If carrier offers insurance, and such insurance is requested in accordance with the conditions thereof, indicate amount to be insured in figures in box marked "Amount of Insurance".

Handling Information | SCI

(For USA only): These commodities, technology or software were exported from the United States in accordance with the Export Administration Regulations. Diversion contrary to USA law prohibited.

No. of Pieces RCP	Gross Weight kg/lb	Rate Class / Commodity Item No.	Chargeable Weight	Rate / Charge	Total	Nature and Quantity of Goods (incl. Dimensions or Volume)

Prepaid | Weight Charge | Collect | Other Charges

Valuation Charge

Tax

Total Other Charges Due Agent

Total Other Charges Due Carrier

Shipper certifies that the particulars on the face hereof are correct and that **insofar as any part of the consignment contains dangerous goods, such part is properly described by name and is in proper condition for carriage by air according to the applicable Dangerous Goods Regulations.**

_____
Signature of Shipper or his Agent

Total Prepaid | Total Collect

Currency Conversion Rates | CC Charges in Dest. Currency

For Carrier's Use only at Destination | Charges at Destination | Total Collect Charges

Executed on (date) _____ at (place) _____ Signature of Issuing Carrier or its Agent

ORIGINAL 3 (FOR SHIPPER)

Air Waybill

Not Negotiable

Air Waybill
Issued by

Copies 1, 2 and 3 of this Air Waybill are originals and have the same validity.

Shipper's Name and Address	Shipper's Account Number

Consignee's Name and Address	Consignee's Account Number

It is agreed that the goods described herein are accepted in apparent good order and condition (except as noted) for carriage SUBJECT TO THE CONDITIONS OF CONTRACT ON THE REVERSE HEREOF. ALL GOODS MAY BE CARRIED BY ANY OTHER MEANS INCLUDING ROAD OR ANY OTHER CARRIER UNLESS SPECIFIC CONTRARY INSTRUCTIONS ARE GIVEN HEREON BY THE SHIPPER, AND SHIPPER AGREES THAT THE SHIPMENT MAY BE CARRIED VIA INTERMEDIATE STOPPING PLACES WHICH THE CARRIER DEEMS APPROPRIATE. THE SHIPPER'S ATTENTION IS DRAWN TO THE NOTICE CONCERNING CARRIER'S LIMITATION OF LIABILITY. Shipper may increase such limitation of liability by declaring a higher value for carriage and paying a supplemental charge if required.

Issuing Carrier's Agent Name and City	Accounting Information

Agent's IATA Code	Account No.		

Airport of Departure (Addr. of First Carrier) and Requested Routing	Reference Number	Optional Shipping Information

To	By First Carrier	Routing and Destination	to	by	to	by	Currency	CHGS Code	WT/VAL PPD COLL	Other PPD COLL	Declared Value for Carriage	Declared Value for Customs

Airport of Destination	Requested Flight / Date	Amount of Insurance	INSURANCE – If carrier offers insurance, and such insurance is requested in accordance with the conditions thereof, indicate amount to be insured in figures in box marked "Amount of Insurance".

Handling Information

SCI

(For USA only): These commodities, technology or software were exported from the United States in accordance with the Export Administration Regulations. Diversion contrary to USA law prohibited.

No. of Pieces RCP	Gross Weight	kg/lb	Rate Class / Commodity Item No.	Chargeable Weight	Rate / Charge	Total	Nature and Quantity of Goods (incl. Dimensions or Volume)

Prepaid	Weight Charge	Collect	Other Charges

Valuation Charge

Tax

Total Other Charges Due Agent

Total Other Charges Due Carrier

Shipper certifies that the particulars on the face hereof are correct and that insofar as any part of the consignment contains dangerous goods, such part is properly described by name and is in proper condition for carriage by air according to the applicable Dangerous Goods Regulations.

Signature of Shipper or his Agent

Total Prepaid	Total Collect

Currency Conversion Rates	CC Charges in Dest. Currency

Executed on (date)   at (place)   Signature of Issuing Carrier or its Agent

For Carrier's Use only at Destination	Charges at Destination	Total Collect Charges

ORIGINAL 3 (FOR SHIPPER)

Lernsituation 15 zum Informationshandbuch Seite 252–280

Aufgabe 1
Wie in der Lernsituation beschrieben, hatte INTERSPED die Luftfrachtspedition HEITMANN übernommen und konnte somit kurzfristig unter dem Namen INTERSPED LUFTFRACHT GmbH als IATA-Agent am Markt auftreten.

a Beschreiben Sie, welchen Aufwand die INTERSPED GmbH hätte betreiben müssen, wenn sie mit eigenen Ressourcen einen IATA-Agenturvertrag angestrebt hätte.

b Begründen Sie, warum INTERSPED das Cargo Manifest bei der vorliegenden Consolidation nach Chicago unbedingt vorab versenden muss.

Aufgabe 2

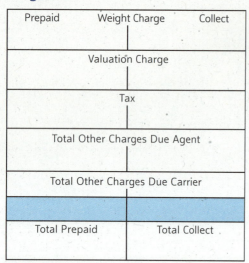

Die Kosten eines Lufttransports sind wie folgt aufzuteilen und entsprechend im Luftfrachtbrief zu vermerken:

Absender:
- AWB-Fee 20,00 EUR
- Fuel Surcharge 18,00 EUR
- Security Surcharge 6,00 EUR

Empfänger:
- Fracht 370,00 EUR
- Gebühr für Lieferwertangabe 21,25 EUR

Aufgabe 3
Eine Luftfrachtsendung (Frachtführer: LUFTHANSA) von Hamburg nach Ankara wiegt 16 kg und hat einen Wert von 4 200,00 EUR, 1 SZR = 1,2219 EUR.

a Geben Sie den Betrag an, den der Luftfrachtführer bei einem Totalschaden ersetzt.

b Berechnen Sie den Betrag, den der Absender selbst tragen muss.

c Der Absender möchte die gesetzlich festgelegte Haftungsbeschränkung des Carriers aufheben.

   ca Geben Sie an, welche Eintragung dann auf dem Frachtbrief vorgenommen werden muss.

   cb Berechnen Sie den Wertzuschlag, der dann zu entrichten ist.

Aufgabe 4
Die Spedition INTERSPED hat die Besorgung folgender Importsendungen übernommen:

Sendung 1:
Fünf Kisten Kunstgegenstände aus Bangkok nach Düsseldorf, Gewicht je Kiste 36 kg,
Empfänger: Kunsthandlung WESSING GmbH, Düsseldorf,
Versand am 22.04.20(0),
Ankunft und Übergabe der Sendung an INTERSPED am 24.04.20(0).
Der Mitarbeiter der Spedition INTERSPED, der die Sendung am Flughafen von der Luftverkehrsgesellschaft übernimmt, stellt fest, dass zwei Kisten starke äußerliche Beschädigungen aufweisen.
Am 25.04.20(0) erhält INTERSPED von der Kunsthandlung WESSING die Mitteilung, dass in den beiden beschädigten Kisten und in einer weiteren dritten Kiste erhebliche Mängel an den Gütern festzustellen sind.

Sendung 2:
Zwei Kartons Druckpatronen aus Los Angeles (USA) nach Düsseldorf, Gewicht der Sendung je 22 kg.
Die Sendung war am 23.04.20(0) in Los Angeles dem Luftfrachtführer übergeben worden. Laut Flugplan sollte die Sendung am 24.04.20(0) um 04:50 Uhr in Düsseldorf ankommen.
Die Sendung trifft aber zum vorgesehenen Zeitpunkt nicht ein. Der Luftfrachtspediteur in den USA übermittelt den Luftfrachtbrief, aus dem die Übergabe der Sendung an die Luftverkehrsgesellschaft hervorgeht. Die Airline sichert zu, verschiedene Suchaufträge zu starten, um den Verbleib der Sendung herauszufinden. INTERSPED will das Ergebnis der Suche abwarten, bevor der Verlust der Sendung reklamiert wird.

Sendung 3:
Ein Karton mit Vakuumpumpen von Stockholm nach Düsseldorf, Gewicht der Sendung 45 kg.
Die Sendung wurde am 23.04.20(0) dem Luftfrachtführer in Stockholm übergeben.
Flugdaten: Abflug Stockholm: 23.04.20(0), 08:35 Uhr
           Ankunft Düsseldorf: 23.04.20(0), 10:50 Uhr

Die Sendung trifft allerdings am 23.04.20(0) nicht ein, sondern aufgrund einer Fehlverladung durch den Luftfrachtführer erst am 30.04.20(0).

Der Empfänger der Sendung verweist darauf, dass für die Pumpen die Luftfracht nur deshalb gewählt wurde, weil man die Pumpen dringend in der Produktion benötigte. Er kündigt Schadenersatzforderungen wegen erheblicher Stillstandskosten an.

Stellen Sie in den Fällen 1–3 fest, was INTERSPED nach dem Montrealer Übereinkommen unternehmen muss, um die Ansprüche seiner Kunden zu wahren.

Aufgabe 5

a Berechnen Sie die Erlöse (Gesamtbetrag), die die Spedition INTERSPED für die nachfolgenden Sendungen nach Sydney von den Versendern erhält.

b Mit der Luftverkehrsgesellschaft hat INTERSPED für ihre Sammelgutsendungen eine Gewichtsrate von 4,70 EUR/kg vereinbart. Ermitteln Sie das Rohergebnis, das die Spedition allein aus den Frachterlösen erzielt.

c INTERSPED liefert die Consolidation als fertig gepackte Luftfrachtpalette (Referenz-Nr. ULD97531LH) am Flughafen an. Geben Sie die beiden im Feld „Nature and Quantity of Goods" möglichen Einträge an

Frankfurt		DE	FRA
EUR		KGS	EUR
Sydney		AU	
		M	85,00
		N	11,50
		45	9,30
		100	5,80
		300	4,95
		500	4,40

Sendung Nr.	Gewicht kg	Maße cm	Volumen-kilogramm	Frachtpflichtiges Gewicht	Euro pro kg	Alternative Frachtberechnung	Gesamtbetrag in Euro (Erlöse)
1	320	150 × 110 × 100					
2	5	40 × 40 × 20					
3	45	80 × 60 × 50					
4	1100	150 × 110 × 110					
5	120	100 × 100 × 80					
6	80	100 × 60 × 60					

Aufgabe 6

Sie erhalten den Auftrag, einen Karton mit Tauchpumpen von Frankfurt nach Sydney zu versenden. Berechnen Sie die reinen Frachtkosten (ohne Nebengebühren) anhand des nachfolgenden Auszugs aus dem TACT. Die Sendung wird auf einer Einwegpalette befördert.

Sendungsdaten:

Gewicht: 56 kg

Maße (L × B × H): 55 × 65 × 90 cm

Höhe der Palette: 10 cm

Frankfurt		DE	FRA
		KGS	EUR
Sydney	NS	AU	
		M	84,30
		N	15,70
		45	11,35
		100	7,30
		300	6,10
		500	5,60

Aufgabe 7

Eine Tierhandlung in München importiert eine Sendung Zierfische aus Vietnam. Die Tiere werden von Singapore Airlines in einem Behälter mit den Maßen 50 × 60 × 75 cm (Gewicht: 125 kg) transportiert.

a Ermitteln Sie die Luftfrachtkosten und nehmen Sie die notwendigen Eintragungen in dem abgebildeten AWB-Ausschnitt vor (*Umrechnungskurs: 1,00 EUR = 1,6737 SGD/Singapur Dollar*).

Da Nang International/Vietnam DAD			
Munich/Germany		KGS	SGD
MUC		M	129,00
		N	16,70
		45	14,95
		100	13,39
		300	11,91
		500	10,70
	7109	100	10,08
	/C		4,31
5	/B	2 000	9 156,80
8	/B	1 000	4 536,40
7109	SPICES, TOBACCO, FOODSTUFFS, OILS, PLANTS		
Class Rates			
Magazines, Periodicals			67 %
Live Animals			180 %

No. of Pieces RCP	Gross Weight	kg / lb	Rate Class / Commodity Item No.	Chargeable Weight	Rate / Charge	Total	Nature and Quantity of Goods (incl. Dimensions or Volume)

b Während die Frachtkosten für die Zierfische vom Empfänger in München getragen werden, schickt der Versender in Vietnam auf eigene Kosten noch ein Bündel Fachzeitschriften in englischer Sprache für den Freund tropischer Fische mit (55 kg, Maße 70×96×52 cm). Ermitteln Sie auch für diese Sendung die Luftfrachtkosten gemäß vorliegendem Tarif.

c. Erläutern Sie die Bedeutung der für die obigen Sendungen anzuwendenden Raten.

Aufgabe 8

Ein Juwelier in Wiesbaden bezieht eine Sendung mit Schmuck im Wert von 215 000,00 EUR aus Toronto (Kanada). Die gut verschlossene Holzkiste mit den Maßen 66×42×35 cm wiegt 34 kg. Dem Luftfrachttransport von Toronto nach Frankfurt liegt folgender Tarif zugrunde:

Toronto/Canada	KGS	USD
Frankfurt/Main	M	81,60
FRA	N	10,25
	45	8,55
	100	7,88
	300	6,74
	500	5,70

Hinsichtlich des Transportes wertvoller Güter gelten nachstehende Verladebedingungen (Auszug) des Carriers:

> Valuable Cargo Items have a declared value of at least 8 000 USD or the declared value is more than 1 200 USD per gross kilogram. Shipments of high value must meet the following requirements:
> - A specific description must appear on all documents
> - No indication of the nature or value of the contents appear on the outer packaging
> - Shipments must be packaged in metal or wooden boxes
> - Goods of high value may not be included in shipments with regular articles

- Shipments will not be accepted more than 4 hours prior to scheduled flight's departure time
- The shipper must guarantee that the consignee will pick up the goods within 4 hours after the scheduled flight's arriving time

a Übersetzen Sie die oben stehenden Verladebedingungen sinngemäß und begründen Sie die Notwendigkeit der angesprochenen Maßnahmen.

b Berechnen Sie die kompletten Luftfrachtkosten in Euro, wenn für Wertfracht gemäß den obigen Bestimmungen 200 % der Normalrate abgerechnet werden sowie folgende sonstige Zuschläge gelten:
- Fuel Surcharge   1,34 USD/kg act. weight,
- Security Surcharge   0,28 USD/kg act. weight.

(1 EUR = 1,31 USD)

Aufgabe 9

Ein Industriebetrieb in Hannover erwartet ein dringend benötigtes Ersatzteil von einem Lieferanten aus Atlanta/Georgia (USA). Auf die Nachfrage einer Mitarbeiterin bezüglich der Ankunftszeit des Fluges am Flughafen Hannover wird ihr der folgende Auszug aus dem entsprechenden Air Cargo Guide zugeschickt, mit dem Hinweis, dass die Sendung mit der Transferverbindung befördert wird.

Origin:	ATL			Earliest Departure:		02.03.20(0)			
Destination:	HAJ			Latest Departure:		05.03.20(0)			

No.	Flight		Origin	Dest	Date	Dept Time	Arr Time	Stops	Equipment	Days of Op	Elapsed
(...)											
7	SN 752	✈	ATL	BRU	02/03	23:40	17:20 +1	1	M1F	12345--	17:40
↳	Via SN 3054	🚚	BRU	HAJ	03/03	20:15	05:45 +1	0	RFS	-23456-	09:30
(...)											

Atlanta = UTC–6

Beschreiben Sie anhand der Informationen aus dem Flugplan detailliert den Weg des Ersatzteils vom Flughafen Atlanta zum Empfänger nach Hannover. Begründen Sie, warum für die Strecke Brüssel (BRU) – Hannover 9,5 Stunden benötigt werden.

Aufgabe 10

Die Preisstrukturen der Luftfrachtgesellschaften unterliegen steten Veränderungen. Sich ändernde Rahmenbedingungen sowie der Wettbewerbsdruck veranlassen die Carrier zu ständigen Anpassungen der Luftfracht-Nebengebühren.

Berechnen Sie für die nachstehenden Sendungen von Frankfurt/Main nach Dublin (Irland) zunächst die Luftfracht gemäß dem TACT. Anschließend berechnen Sie die von den drei infrage kommenden Fluggesellschaften unterschiedlich erhobenen Nebengebühren.

- Sendung 1: Maße 20 × 30 × 40 cm, 5 kg
- Sendung 2: Maße 45 × 60 × 70 cm, 26 kg

TACT		
Frankfurt	DE	FRA
	KGS	EUR
Dublin (DUB)	M	66,00
	N	4,58
	45	4,12
	100	3,80
	300	3,51

a Lufthansa Cargo berechnet die Gebühren wie gewöhnlich nach dem tatsächlichen Gewicht, aber mit einem Minimum-Betrag:

Fuel Surcharge: 0,90 EUR/kg act. weight, min. 6,40 EUR

Security Surcharge: 0,20 EUR/kg act. weight, min. 2,90 EUR

b British Airways berechnet die Gebühren nach dem frachtpflichtigen Gewicht:

Fuel Surcharge: 0,85 EUR/kg charg. weight

Security Surcharge: 0,15 EUR/kg charg. weight

c Die irische Fluggesellschaft Aer Lingus fasst die Gebühren zu einem sogenannten Luftfracht-Zuschlag zusammen:

Airfreight Surcharge: 1,15 EUR/kg act. weight

Aufgabe 11

Die Luftverkehrsgesellschaft Indian Air akzeptiert keine Unfrei-Sendungen. Daher soll der Auftrag eines Kunden der INTERSPED GmbH als Back-to-back-Luftfrachtsendung befördert werden. Es handelt sich um 310 kg Antriebsgurte, die von Düsseldorf nach Mumbai (Indien) per Luftfracht befördert werden sollen. Beteiligte:

- Versandspediteur: INTERSPED GmbH Düsseldorf
- Versender: WALTER BAUER KG – Antriebstechnik, Düsseldorf
- Empfänger: PRADI TECHNOLOGIES LTD, 125 Andheri East, Mumbai 400057
- Empfangsspediteur: CORPORATE FORWARDING LTD, 44 Netaji Subana Road, Mumbai – 400 023
- Luftverkehrsgesellschaft: INDIAN AIR, Mumbai

a Nennen Sie jeweils den Absender und den Empfänger im Master- und im House-AWB.

b Geben Sie an, wer im Master- und im House-AWB als Luftfrachtführer eingetragen ist.

c Begründen Sie, welcher der beiden Luftfrachtbriefe „collect", welcher „prepaid" gestellt ist.

d Beschreiben Sie den Ablauf der Back-to-back-Luftfrachtbeförderung nach Mumbai.

Aufgabe 12

In der Spedition INTERSPED liegt erstmals ein Auftrag für eine Luftbeförderung nach Botswana vor. Frau Castner wird sich daher zunächst erkundigen, welche Importbestimmungen für dieses Land gelten.

a Nennen Sie sechs Bestimmungen, die Sie dem Auszug aus den TACT-Rules entnehmen können.

b Prüfen Sie, ob die nachfolgend genannten Informationsquellen geeignet sind, weitere Informationen über Botswana zu erhalten:
1 Außenhandelsjahrbuch der Sparkassen,
2 Länderinformationen des Auswärtigen Amtes,
3 IHK-Außenhandelsinformationen (Länderschwerpunkte bei bestimmten IHKs),
4 DSLV,
5 iXPOS – Das Außenwirtschaftsportal.

TACT-Rules (Auszug)

Botswana (BW)

2. IMPORT

2.1. GENERAL

2.1.1. Packing

Consignment has to be packed adequately.

2.1.2. Marking

Packages in a consignment must show exact weight, airport of destination, consignee's address and shipper's address.

2.1.3. Routing

Goods to Botswana must be transhipped in Harare, Johannesburg or Cape Town.

Language on documents English.

Other requirements

Measures and weights: Metric System.

Consignee's Telephone Number must appear on the Air Waybill.

2.2. DOCUMENTARY REQUIREMENTS

2.2.1. Commercial consignments

Combined certificates of Invoice and Value and Origin.

Import and Export Licences for certain goods ...

Aufgabe 13

Ein Versender beabsichtigt erstmals, eine Sendung für einen Geschäftspartner in Kanada als Luftfracht abfertigen zu lassen.
Während Ihrer Abwesenheit hat der Exportsachbearbeiter des Kunden angefragt, welche Auswirkungen die Eintragungen in den Feldern des Luftfrachtbriefes **Amount of Insurance** und **Declared Value for Carriage** im Schadensfall haben.

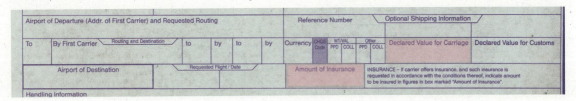

Stellen Sie zur Vorbereitung Ihres Rückrufes wesentliche Unterschiede zwischen der Transportversicherung und der Warenwerterhöhung mithilfe der nachstehenden Tabelle dar.

Sendungsdaten: Gewicht 250 kg
Warengruppe A (gemäß Prämientabelle im Informationshandbuch)
Warenwert 10 000,00 EUR
1 SZR = 1,1455 EUR

Verwenden Sie eine Tabelle nach folgendem Muster:

	Declared Value for Carriage	Amount of Insurance
abgedeckte Strecke		
Höchsthaftung		
Prämie		
sonstige Einschränkungen		
Eintragung im Frachtbrief		

Aufgabe 14

Ergänzen Sie die leeren Felder bzw. die Fragezeichen (??).

Datum	Von	Zone	Nach	Zone	Abflug	Dauer	Ankunft
01.06.20(0)	Frankfurt	UTC ??	New York	UTC −5	08:30		10:40
01.08.20(0)	Hamburg	UTC ??	Tokyo	UTC +9	13:40	11:00	
01.11.20(0)	London	UTC	Kairo	UTC +2		05:15	22:55
02.11.20(0)	Singapur	UTC +8	Zürich	UTC +1	23:55		06:10 +1
03.11.20(0)	Seattle	UTC −8	Moskau	UTC +3		10:15	17:45

Abflug und Ankunft jeweils local time

Aufgabe 15

Ordnen Sie die folgenden Länder, die ein Flugzeug auf kürzestem Weg überfliegt, den unten stehenden Flugrouten zu (jeweils nur ein Land).

Algerien, China, Dänemark, Indonesien, Kroatien, Kanada, Mauretanien, Norwegen, Polen, Venezuela

Route von	Über	Nach
a) Rom		Moskau
b) Frankfurt/Main		Dakar
c) London		Helsinki
d) Lissabon		Nairobi
e) Düsseldorf		Moskau
f) Paris		New York
g) Chicago		São Paulo
h) Tokio		Delhi
i) Singapur		Sydney
j) Stockholm		Reykjavik

Aufgabe 16 (Prüfungsnahe Aufgabenstellung)

30 Punkte = 60 Minuten

Situation

Die COLOGNE AIRFREIGHT GmbH ist am Flughafen Köln-Bonn als IATA-Agent tätig und besitzt den Status eines Reglementierten Beauftragten (LBA-Registration No. DE/RA/25209-01/1225).

Als Mitarbeiter/-in der Exportabteilung von COLOGNE AIRFREIGHT liegt Ihnen das folgende Cargo-Manifest vor. Die Luftfracht-Sammelladung (Consolidation) soll am Freitag, den 12.02.20(0) um 14:00 Uhr am Flughafen Köln dem Luftfrachtführer übergeben werden.

COLOGNE AIRFREIGHT GmbH IATA Accredited Agent Code: 44-2 3004/9215		Oststr. 25, 51147 Köln, Germany		Telefon: +49 (0) 221 741 010 E-Mail: info@cologneairfreight.de	
CARGO Consolidation		**Manifest No.: CGN/GIG 031**		**Master-AWB:** **020 CGN 3350 4741**	
Consigned to:		BLC Ar & Oceano Ltda. Rua Setenta e Quatro 47 Ilha do Governador Rio de Janeiro RJ 21941-900 Brasilien		Date:	20(0)-02-11
					Page:	1 of 1
Airport of Departure: CGN		Airport of Destination: GIG		Flight: LH 4701	
No.	HAWB	Pcs/Pack.	Weight kg	Contents incl. dims.	Shipper Name and Address	Consignee Name and Address	Incoterm®	CC PP
1	COL-5000 0687	1	12	Operation Instruments 69 300 cm³	Gerber Medizintechnik Vogelweide 4 56077 Koblenz	Hospital Municipal Avda. Graca Aranha 1 20030-002 Rio de Janeiro RJ	DAT	PP
2	COL-5000 0688	1	284	Electric motors 972 000 cm³	Berghoff & Krögel KG Steinkopfstr. 88 51065 Köln	Teixeira Duarte SA Rua do Passeio 62 20021-290 Rio de Janeiro RJ	CIP	PP
3	COL-5000 0689	1	140	Spare Parts 216 000 cm³	JHS Maschinenbau Blücherstr. 112 53115 Bonn	Sonaecom do Brasil Rua Castro Alves 130 20124-058 Rio de Janeiro RJ	CPT	PP
4	COL-5000 0690	2	90	Shoes and Boots 577 500 cm³	Ebel Schuhmanufaktur Brauweilerstr. 1–5 50859 Köln	Centro Comercial Niterói Rua Ary Parreiras 25 24230-322 Icarai, Niterói CEP	DAP	PP
Total		5	526					

1 (4 Punkte)

Geben Sie die beiden Beförderungspapiere an, die neben dem Cargo Manifest bei einer Luftfracht-Sammelladung eingesetzt werden.

Nennen Sie zudem die Verkehrsverträge, die mit diesen beiden Papieren dokumentiert werden sowie die jeweiligen Vertragspartner.

2 (5 Punkte)

Mit den Kunden rechnet COLOGNE AIRFREIGHT nach folgender Sammelgut-Preisliste ab:			Mit Lufthansa Cargo hat COLOGNE AIRFREIGHT folgende Raten vereinbart:			Der IATA-Tarif (TACT) lautet:		
Cologne	**KGS**	**EUR**	**Cologne**	**KGS**	**EUR**	**Cologne**	**KGS**	**EUR**
Rio de Janeiro/GIG			**Rio de Janeiro/GIG**			**Rio de Janeiro/GIG**		
	M	105,00		M	95,00		M	115,00
	N	8,32		N	8,00		N	9,50
	45	7,77		100	6,20		45	8,95
	100	7,12		500	4,50		100	7,88
	300	6,52	/C		4,12		300	7,05
	500	5,94	LD3 /B	500	2 300,00		500	6,62
						Class Rates		
						Drugs, Medicaments 75 %		

2.1 Berechnen Sie die Beträge, die die Versender der Sendungen 0687 sowie 0690 gemäß Tarif an COLOGNE AIRFREIGHT zahlen. Die Maße (LBH) der Sendungen lauten:
- COL 5000 0687: 55 × 30 × 42 cm
- COL 5000 0690: 70 × 55 × 75 cm je Packstück

2.2 Ermitteln Sie das Rohergebnis dieser Consolidation. Verwenden Sie die von Ihnen ermittelten Erlöse der Sendungen 0687 und 0690 sowie die gegebenen Erlöse der anderen beiden Sendungen:
- COL 5000 0688: 1 956,00 EUR (Maße [LBH]: 90 × 80 × 135)
- COL 5000 0689:   996,80 EUR (Maße [LBH]: 60 × 60 × 60)

3 (1 Punkt)

Für den anstehenden Luftfrachttransport gilt folgender Flugplan:

Origin:	CGN		Earliest Departure:	12.02.20(0)
Destination:	GIG		Latest Departure:	18.02.20(0)

No.	Flight		Origin	Dest	Date	Dept Time	Arr Time	Stops	Equipment	Days of Op	Elapsed
1	LH 892	✈	CGN	GIG	12/02	11:50	19:50	0	747	12345--	12:00
2	O6 1192 [LH]	✈	CGN	GIG	12/02	11:50	19:50	0	747	12345--	12:00
3	UA 1887	✈	CGN	ATL	12/02	13:40	15:05	0	777	-2345--	08:25
↳	Via UA 6024	✈	ATL	GIG	12/02	22:00	04:10 +1	0	767	-2345--	05:10
4	LH 4701	✈	CGN	GIG	14/02	23:00	10:15 +1	1	74F	-2--5-7	15:15
5	LH 2924	✈	CGN	GIG	17/02	03:05	11:10	0	M1F	--3----	12:05

LH = Lufthansa, O6 = Avianca do Brasil, UA = United Airlines; Rio de Janeiro = UTC –3

Begründen Sie anhand der vorliegenden Informationen, warum Flug LH 4701 für diesen Transport ausgewählt wurde.

4 (4 Punkte)

Bei COLOGNE AIRFREIGHT wird erwogen, die vier Sendungen der vorliegenden Sammelladung in einem LD3-Container an Lufthansa Cargo zu übergeben. Der Container weist eine Grundfläche (Innenmaß) von 146 × 144 cm auf, bei einer Innenhöhe von 160 cm.

4.1 Überprüfen Sie zeichnerisch, ob die Packstücke in dem LD3-Container Platz finden. Die Packstücke dürfen weder gekippt noch gestapelt werden.

4.2 Ermitteln Sie anhand der Tarifangaben aus Aufgabe 2, ob sich der Versand in dem LD3-Container im Vergleich zu einer „losen" Übergabe der Packstücke für COLOGNE FREIGHT aus Kostengesichtspunkten lohnen würde.

5 (4 Punkte)

Füllen Sie die freien Felder des nachstehenden Master-AWB-Ausschnittes mit den Daten der Consolidation.
(**Hinweis:** Die gesamte Sammelgutsendung ist als „sicher für Passagier- und Nurfrachtflugzeuge" eingestuft.)

Handling Information							
No. of Pieces RCP	Gross Weight	Kg Lb	Rate Class	Chargeable Weight	Rate Charge	Total	Nature and Quantity of Goods (incl. Dimensions or Volume)
			Commodity Item No.				

6 (6 Punkte)

Nach der Landung in Rio de Janeiro wird festgestellt, dass sich die Sendung von Gerber Medizintechnik (Wert: 1 450,00 EUR) nicht an Bord des Flugzeuges befindet. Am Abflughafen Köln-Bonn hatte Lufthansa Cargo die Übernahme der Sendung bestätigt *(1 SZR = 1,2211 EUR)*.

6.1 Nennen Sie die maßgebliche Rechtsgrundlage für diesen Schadensfall.
6.2 Nennen Sie die Frist, ab der eine Sendung endgültig als verloren gilt.
6.3 Ermitteln Sie den Betrag, mit dem der Luftfrachtführer für diesen Schaden zu haften hat.
6.4 Bestimmen Sie den Betrag, der demnach ungedeckt bleibt.
6.5 Beschreiben Sie, wie ein Absender die Haftungsbeschränkung des Carriers aufheben kann.
6.6 Ermitteln Sie die Prämie, die der Absender dafür zu entrichten hat.

7 (4 Punkte)

Kurz bevor die Sammelladung dem Luftfrachtführer übergeben werden soll, ruft ein weiterer Versender an, der dringend ein Paket (42 kg; Maße 20 × 35 × 40 cm) mit Medikamenten nach Rio de Janeiro versenden möchte. Da es sich dabei für COLOGNE AIRFREIGHT um einen Neukunden handelt, soll nach dem IATA-Tarif (siehe Aufgabe 2) abgerechnet werden.

7.1 Berechnen Sie den Preis, den der Kunde gemäß TACT zu zahlen hat.
7.2 Ermitteln Sie, wie sich das Rohergebnis der vorliegenden Consolidation verändert, wenn COLOGNE AIRFREIGHT diesen Auftrag noch annimmt und der Sammelladung hinzufügt.

8 (2 Punkte)

Aufgrund einer Terrorwarnung wird der brasilianische Luftraum kurzfristig für den zivilen Flugverkehr komplett gesperrt. Nennen Sie zwei Staaten im Süden Südamerikas, die Flug LH 4701 als Ausweichziele ansteuern könnte.

SELBSTTEST LERNSITUATION 15

Diese **Prozesse** beherrsche ich (X):

	voll	weit-gehend	eher nicht	gar nicht
eine Versendung im Luftsammelladungsverkehr besorgen				
ein House- und ein Master-AWB ausstellen				
ein Cargo-Manifest anlegen				
Versanddaten ermitteln und die zeitliche Planung für die Luftfracht-Sammelladung durchführen				
IATA-Tarife, Haustarife und Vereinbarungen mit Luftfrachtführern anwenden, um Luftfrachtkosten und -erlöse zu berechnen				
eine Rechnung für einen Versender erstellen				
das Rohergebnis einer Sammelgutsendung errechnen				
eine Mitteilung an Versender über einen Schadensfall verfassen				
die Haftungsregelungen des Montrealer Übereinkommens fallbezogen anwenden				

Diese **Begriffe** kenne ich (✓):

Cargo-Manifest ☐   House-AWB ☐   Sea-Air-Verkehr ☐
Consol-Sendung ☐   Luftfrachtersatzverkehr ☐   Wertangabe ☐
Haus-Haus-Verkehr (Luftfracht) ☐   Luftfrachtversicherung ☐
   Master-AWB ☐

Lernsituation 15 zum Informationshandbuch Seite 252–280 **293**

Abschlussaufgabe Lernsituation 15

Situation
Die ODERTRANS Speditions-GmbH in Frankfurt/Oder hat sich zum Luftfracht-Spezialisten im östlichen Brandenburg entwickelt. Über das Abfertigungsbüro am Flughafen Berlin-Schönefeld (künftig Berlin-Brandenburg International) wickelt ODERTRANS zahlreiche Luftfracht-Sendungen in alle Welt ab. Aktuell liegen nachstehende Sendungen vor, die alle per Luftfrachtsammelladung nach Toronto gesendet werden. Als Carrier ist Air Canada vorgesehen.

Sdg. Nr.	Anz.	Art	Inhalt	Absender	Empfänger	Gewicht kg
1	1	Karton	Ersatzteile	Megatron AG Industriestraße 3 15517 Fürstenwalde	Process Products Ltd. 920 Caledonia Road Toronto, Ontario MB3 6JY Canada	15
2	1	Palette	Präzisionsgeräte	Optomed GmbH Stralsunder Weg 17 16321 Bernau b. Berlin	Acklands Granger Inc. 90 West Beaver Creek Road London, Ontario L4B 1G8 Canada	158
3	1	Kiste	Wurstwaren	Metzgerei Berghorst Auf der Weihe 20 15907 Lübben	Saveway Superstore 1400 O'Connor Drive Oshawa, Ontario, L76 NX3 Canada	41
4	1	Paket	Schmuck	Van der Graf GbR Bergstraße 77 16816 Neuruppin	Bert Gerger Jewellery 44 University Avenue Toronto, Ontario MB9 1QH Canada	4

1

Beschreiben Sie, warum sich gerade die in diesem Transport zusammengefassten Sendungen besonders für den Luftweg eignen.

2

a Ermitteln Sie anhand nachstehender Tabelle sowie der Tarifangaben die Erlöse der einzelnen Sendungen.
b Berechnen Sie das Rohergebnis der Sammelladung.

Sdg. Nr.	Gewicht Kg	Maße cm	Vol.-kg	Berechnungsgrundlage	Euro pro kg	Gesamtbetrag
1	15	20 × 30 × 40				
2	158	90 × 100 × 120				
3	41	40 × 40 × 80				
4	4	15 × 20 × 25				

Mit den Kunden rechnet **ODERTRANS** nach folgender Luftfracht-Sammelgut-Preisliste ab:

Toronto YYZ	KGS	EUR
	M	52,25
	N	4,50
	45	3,90
	100	2,60
	300	2,25
	500	1,55

Mit Air Canada hat **ODERTRANS** nachstehende Raten vereinbart:

Toronto YYZ	KGS	EUR
	M	49,00
	N	3,30
	100	1,90
	500	1,20

CDG = Flughafen Paris-Charles de Gaulle, SXF = Flughafen Berlin-Schönefeld, YYZ = Flughafen Toronto
Toronto = UTC –5

3

Ermitteln Sie, auf welchen Bundesautobahnen der jeweilige Vorhol-Lkw die Sendungen im Falle einer Direktanlieferung zum Flughafen Berlin-Schönefeld bringt. Beschreiben Sie den Gesamtverlauf der ermittelten Autobahnen.

4

Für die Verbindung Berlin-Schönefeld – Toronto liegt nachstehender Frachtflugplan vor:

| Origin: | SXF | Earliest Departure: | 19.01.20(0) |
| Destination: | YYZ | Latest Departure: | 25.01.20(0) |

No.	Flight		Origin	Dest	Date	Dept Time	Arr Time	Stops	Equipment	Days of Op	Elapsed
1	AC 1894	✈	SXF	YYZ	19/01	12:00	13:40	0	747	12-45--	07:40
2	LH 5006 [AC]	✈	SXF	YYZ	19/01	12:00	13:40	0	747	12-45--	07:40
3	AF 0556	✈	SXF	CDG	19/01	19:30	21:00	0	321	-2345--	01:30
↳	Via AF 3108	✈	CDG	YYZ	20/01	06:20	07:35	0	D10	--3456-	07:15
5	AC 1899	✈	SXF	YYZ	20/01	23:50	02:00 +1	0	D8F	--3--6-	08:10
6	AC 6952	✈	SXF	YYZ	24/01	13:30	19:10	1	747	------7	[...]

a Ermitteln Sie die geeignetste Flugverbindung, wenn alle Sendungen spätestens dienstags um 18:00 Uhr im Umschlaglager ODERTRANS bereitstehen, wobei vor allem die Sendung 1 schnellstmöglich zum Empfänger gelangen soll.
b Erläutern Sie, welchen Weg eine Ware bei Inanspruchnahme der Transferverbindung nimmt.
c Unterscheiden Sie die ersten beiden Flugverbindungen des vorliegenden Flugplans.

5

a Ermitteln Sie die Flugzeit für die Flugverbindung Nr. 6 in Aufgabe 4 und begründen Sie, warum diese länger ist als bei den anderen Flügen.
b Stellen Sie fest, in wie viele Zeitzonen Kanada unterteilt ist, und notieren Sie die Differenzen zur UTC-Zeit.
c Nennen Sie die Traffic Conference Areas, denen Deutschland bzw. Kanada angehören.

6

Erläutern Sie, warum ODERTRANS als Luftfrachtspediteur in der vorliegenden Situation die Rechtsposition eines Frachtführers einnimmt.

7

Der Versender von Sendung Nr. 4 möchte von Ihnen wissen, ob die Luftfrachtführerhaftung für den Schmuck im Wert von 55 000,00 EUR ausreicht.
Erklären Sie ihm, mit welchem Eintrag im AWB er die Haftung des Luftfrachtführers erhöhen kann und welche Prämie er dafür zu entrichten hat (1 SZR = 1,1818 EUR).

8

Nehmen Sie an, die Sendung Nr. 1 (Wert: 2400,00 EUR) wäre in Verlust geraten,
a im Umschlaglager bei ODERTRAINS in Frankfurt/Oder,
b auf dem Weg zum Flughafen Berlin-Schönefeld,
c während des Lufttransportes,
d während des Lkw-Nachlaufes in Toronto.
Ermitteln Sie in allen Fällen, nach welcher Haftungsgrundlage der Schaden abgewickelt wird und wie hoch der jeweilige Schadensersatz wäre (1 SZR = 1,1818 EUR).

9

Der Flughafen in Toronto ist zum Zeitpunkt der planmäßigen Landung wegen eines verdächtigen Gepäckstückes für mehrere Stunden gesperrt.
Ermitteln Sie drei mögliche Ausweichflughäfen, die maximal eine Flugstunde von Toronto entfernt liegen, und notieren Sie deren 3-Letter-Codes.

Lernsituation 16
Einen Container mit einem Seeschiff versenden

Zeitschiene	Ereignisse/Tätigkeiten
28.06.20(0)	Die Maschinenfabrik DEGENER & LUTZ GmbH hat mit ihrem Kunden, BROWN & CO. Ltd., 584 South Maryland Avenue, Chicago, USA, einen Kaufvertrag über Kfz-Zubehör (Geschwindigkeitsmesser, Tank- und Öldruckanzeigen) abgeschlossen. Dem Vertrag sind u. a. folgende Regelungen zu entnehmen:

Gewicht der Sendung	15 500 kg
Volumen der Sendung	22 m³
Wert	190 000,00 EUR
Transport	per Lkw von Neuss nach Bremerhaven Ende Juli 20(0)
	per Seeschiff von Bremerhaven nach Chicago
	per Lkw vom Kai in Chicago zum Lager des Importeurs
Rechnung	DEGENER & LUTZ zahlt die gesamten Kosten der Beförderung.
Verpackung	Versand in einem Container

Zeitschiene	Ereignisse/Tätigkeiten
01.07.20(0)	Der Versandleiter der Maschinenfabrik, Herr Häuser, und Frau Theben von der Spedition INTERSPED sitzen heute, am 01.07.20(0), in einem Beratungsgespräch zusammen, weil INTERSPED die Besorgung des Transports übernehmen soll. In dem Gespräch werden Details des Transportablaufs geklärt und in einem Speditionsauftrag festgehalten.

Frau Theben: „Ich gehe davon aus, dass wir Ihnen den Container besorgen und die Beförderung als FCL/FCL-Transport bis zum Haus des Empfängers organisieren, damit wir keine zusätzliche Schnittstelle in der Transportkette haben. Über den Seehafenspediteur im Bestimmungshafen würden wir auch den Nachlauf besorgen."

Herr Häuser: „Ja, das entspricht sicherlich auch dem Wunsch unseres Vertragspartners in Chicago."

Frau Theben: „Sind die Güter irgendwie besonders beschaffen, z. B. sperrig oder sehr schwer oder besonders empfindlich?"

Herr Häuser: „Die Güter sind einzeln stoßsicher verpackt. Besonderheiten liegen nicht vor."

Frau Theben: „Also bestellen wir für Sie bei der Reederei einen ganz normalen 20-Fuß-Container zusammen mit der Schiffsbuchung. Der Container steht Ihnen drei Stunden lang kostenlos zur Beladung zur Verfügung. Kommen Sie damit hin?"

Herr Häuser: „Auf jeden Fall."

Frau Theben: „Gut. Als Verschiffungshafen schlage ich Ihnen Bremerhaven vor, weil wir dort Kontakt zu einem Seehafenspediteur haben, der Ihre Sendung vor Ort und in Chicago betreut."

Herr Häuser: „Einverstanden."

Frau Theben: „Wünschen Sie, dass wir die Sendung versichern?"

Herr Häuser: „Nein, alle unsere Exportsendungen sind durch eine eigene Transportversicherung gegen Güterschäden abgedeckt. Die Versicherung reicht aus."

Frau Theben: „Welches Versandpapier wünschen Sie?"

Herr Häuser: „Wir müssen ein Reederei-Bill-of-Lading in dreifacher Ausfertigung vorlegen, und zwar als reines An-Bord-Konnossement. Um die Ausfuhrabfertigung brauchen Sie sich nicht zu kümmern, das werden wir erledigen. Aber ich hätte gerne von Ihnen einen festen Angebotspreis, der alle Kosten des Auftrages enthält, damit ich besser kalkulieren kann."

Frau Theben: „Gerne. Ich werde gleich unsere Vereinbarungen in einem Speditionsauftrag festhalten. Den Auftrag schicke ich Ihnen zusammen mit dem Haus-Haus-Preis zu. Außerdem werde ich noch die Schiffsroute und die genaue Abfahrtszeit des Schiffs heraussuchen. Sie finden dann alle Details zum Transport im Speditionsauftrag. Wenn Sie einverstanden sind, bitte ich Sie, den Auftrag zu unterschreiben und an mich zurückzusenden. Alles Weitere läuft dann automatisch ab."

Herr Häuser: „Okay. Ich höre von Ihnen."

Lernsituation 16 zum Informationshandbuch Seite 281–315

	Nach dem Gespräch hat Frau Theben die Unterlagen der Reederei herausgeholt, um die Schiffsroute zu ermitteln, die Abfahrtszeit des Seeschiffs festzustellen und um die Seefrachten zu berechnen.
	<table><tr><th colspan="5">Schiffsliste der TRANS-WORLD-Reederei (Monat Juli 20[0])</th></tr><tr><th>Canada + Chicago</th><th>Bremerhaven</th><th>Montreal</th><th>Toronto</th><th>Chicago</th></tr><tr><td>Fortune</td><td>03.07.</td><td>11.07.</td><td>13.07.</td><td>16.07.</td></tr><tr><td>Green Cape</td><td>10.07.</td><td>18.07.</td><td>20.07.</td><td>23.07.</td></tr><tr><td>Diamond Land</td><td>17.07.</td><td>25.07.</td><td>27.07.</td><td>30.07.</td></tr><tr><td>Providence Bay</td><td>24.07.</td><td>01.08.</td><td>03.08.</td><td>06.08.</td></tr><tr><td>Silverfjord</td><td>31.07.</td><td>08.08.</td><td>10.08.</td><td>13.08.</td></tr><tr><td colspan="5">Ladeschluss im Seehafen: im FCL/FCL-Verkehr ein Tag vor Schiffsabfahrt</td></tr></table>
02.07.20(0)	Nach telefonischen Anfragen oder aufgrund gültiger Preislisten ergeben sich folgende Preise für einzelne Leistungen, die mit dem Transport verbunden sind (1,00 EUR = 1,2374 USD): 1. Vorlaufkosten Neuss – Bremerhaven per Lkw: 400,00 EUR 2. Verwiegen des Containers (VGM): 50,00 EUR 3. Terminal-Handling-Charges (THC) in Bremerhaven: 150,00 EUR 4. Seefracht Autoteile Bremerhaven – Chicago einschließlich Container-Gestellung: 850,00 USD 5. 10% CAF auf die Seefracht 6. BAF: 190,00 USD 7. Terminal-Handling-Charges im Hafen Chicago: 240,00 USD 8. Nachlauf Hafen Chicago – Lager Importeur: 180,00 USD 9. B/L-Gebühr: 18,75 EUR 10. ISPS-Zuschlag: 15,00 EUR Auf die Positionen 1 bis 10 wird ein Zuschlag von 20% für die Gemeinkosten aufgeschlagen. Der so ermittelte Zwischenwert wird noch um einen Gewinnzuschlag von 5% erhöht. Noch an diesem Tag wird dem Versender der Speditionsauftrag mit dem Haus-Haus-Festpreis zugeschickt.
07.07.20(0)	Der Speditionsauftrag trifft ein. Der Versender hat ihn unterschrieben. Somit können die nötigen Beförderungs- und Besorgungsaufträge erteilt werden.

Formulare siehe unten

		Kalender: Juli 20(0)			
KW	26	27	28	29	30
MO		7	14	21	28
DI	1	8	15	22	29
MI	2	9	16	23	30
DO	3	10	17	24	31
FR	4	11	18	25	
SA	5	12	19	26	
SO	6	13	20	27	

Arbeitsauftrag (Vorschlag)
Erledigen Sie die erforderlichen Arbeiten, die mit der Organisation des Seetransports verbunden sind. Verwenden Sie dabei die nachfolgenden Formulare. Beschreiben Sie zudem den Seeweg, den das Seeschiff von Bremerhaven nach Chicago zurücklegt.

Weitere Partner bei der Organisation des Auftrags:

- Das Transportunternehmen WERNER FAHRLAND, Plockstraße 35, 40221 Düsseldorf, verfügt über Lastzüge, die Container transportieren können.
- Unser Partnerspediteur in Bremerhaven ist die INTERPORT Seehafenspedition, Steubenstraße 43, 27568 Bremerhaven. INTERPORT hat auch eine Niederlassung in Chicago (INTERPORT FORWARDERS AGENT, P.O.B. 34556, Chicago, USA), sodass er die weitere Behandlung der Sendung im Bestimmungshafen übernehmen kann.
- TRANS-WORLD-REEDEREI, Gustav-Adolf-Straße 78, 28217 Bremen

07.07.20(0) (Fortsetzung)	Die Aufträge werden erteilt: Vorlauf, Seehafenspediteur, Reederei (Container-Gestellung + Buchung der Reise). Der Leercontainer (Nr. EISU 135442-0) kann nach Auskunft der Reederei im Containerlager Duisburg, Erzstraße 44, 47119 Duisburg, abgeholt werden (Formulare siehe unten). Die Lade-Referenz-Nr. für den Leercontainer (zur Identifizierung bei der Abholung) lautet QC2245-77. Empfangsadresse ist die Anschrift von INTERPORT Bremerhaven.
22.07.20(0)	FAHRLAND holt den Container in Duisburg ab und transportiert ihn zum Versender, wo der Container beladen wird. Die Sendung ist von DEGENER & LUTZ beim Zollamt in Düsseldorf für die Ausfuhr angemeldet worden. Die Zollpapiere werden dem Lkw-Fahrer mitgegeben, damit er sie beim Hafenzollamt in Bremerhaven vorlegen kann. Der Container trifft auf der Container-Freight-Station in Bremerhaven ein. Der Seehafenspediteur übernimmt die weitere Organisation, einschließlich Verwiegen des Containers. Er wird vor allem dafür sorgen, dass der Container am nächsten Tag, das ist der Ladetag, für die Beladung in das Schiff bereitsteht.
23.07.20(0)	Der Container wird in das Schiff geladen. Die Reederei stellt das B/L aus und übergibt es dem Seehafenspediteur.
28.07.20(0)	Vom Seehafenspediteur erhält INTERSPED folgendes Seekonnossement:

TRANS-WORLD-REEDEREI
Hamburg/Bremen

Bill of Lading
Nr. BR227-88-54

Shipper
INTERSPED GmbH
MERKURSTRASSE 14
40223 DUESSELDORF
as Agent of
DEGENER & LUTZ GmbH
HOLZHEIMER WEG 33
41464 NEUSS

Voyage-No. 3874
ECB-No. HLCU3-12171882
Shipper's Reference 1075/6599
Carrier:

Consignee:
BROWN & CO. LTD.
584 South Maryland Avenue
CHICAGO, IL 60628, USA

Trans-World-Reederei
Europe – North America Services

Notify address

Ocean vessel: PROVIDENCE BAY
Port of loading: Bremerhaven
Port of discharge: CHICAGO

Container Nos, Marks and Nos.	Number and kind of packages; Description of goods	Gross weight (kg)	Measurement (cbm)
EISU 135442-0	1 x 20' STANDARD-CONTAINER, S.T.C. MOTOR VEHICLE ACCESSORIES (TACHOMETER, TANK INDICATOR, OIL PRESSURE INDICATOR) AS PER TARIFF-NO. 83850000 TOTAL:	15 500 KGS	
	SHIPPED ON BOARD		
	FREIGHT PREPAID	TRANS-WORLD-REEDEREI 23.07.20(0) *GERDES*	

S.T.C. = said to contain (Inhalt wie angegeben; durch den Verfrachter nicht überprüft)

Received by the Carrier in apparent good order and condition the goods or packages specified herein and to be discharged at the above mentioned port of discharge. The weight, measure, marks, numbers, quality, contents and value, being particular furnished by the Shipper, are not checked by the Carrier on loading. The Shipper, Consignee and the Holder of this Bill of Lading hereby expressly accept and agree to all printed, written or stamped provisions, exceptions and conditions of this Bill of Lading, including those on the back hereof.
In witness whereof the Carrier or his Agent has signed Bills of Lading all of this tenor and date, one of which being accomplished, the others to stand void. Shippers are requested to note particularly the exceptions and conditions of this Bill of Lading with reference to the validity of the insurance upon their goods.

Movement: FCL/FCL	Total No. of Containers received by the Carrier: -1-	No. of original Bs/L: 3/3
Freight payable at: Bremerhaven	Place and date of issue: Bremerhaven; 23.07.20(0)	
Original	*Kaiser*	**Trans-World-Reederei Bremen**

08.08.20(0)	Die Rechnung (Nr. 4688) für den Versender wird erstellt und abgeschickt. **Hinweis:** Die Ausfuhr (der Export) von Gütern in ein Drittland (= Land, das nicht zur Europäischen Union gehört) ist umsatzsteuerfrei. Auch grenzüberschreitende Güterbeförderungen zwischen dem Inland und einem Drittland sind von der Umsatzsteuer befreit, weil sie mit der Ausfuhr in Zusammenhang stehen.

Formulare zur Erledigung des Arbeitsauftrags

Speditionsauftrag International					
☐ Land	☐ Luft	☐ See		☐ Direktsendung	☐ Sammelladung

Versender/Shipper	Beladestelle	**INTERSPED GmbH** *Internationale Spedition* Merkurstr. 14 40223 Düsseldorf Tel.: 0211 56742-0 E-Mail: info@intersped.de
Empfänger/Consignee	Entladestelle	Notify/zur Weiterleitung an:

Datum Abholung:	Frankatur/Incoterm®:
Datum Anlieferung:	Warenwert:
Verschiffungs-/Abflughafen, Verladung:	Transportversicherung: ☐ Ja ☐ Nein
Bestimmungs(flug)hafen, Ankunft:	Referenz-Nr.:

Zeichen/Nummern	Anzahl	Verpackung	Inhalt	Gewicht	Maße/Volumen
Gesamt:					

Gefahrgut gemäß ADR/IMDG/DGR:	☐ Nein	☐ Ja, gemäß beiliegender Erklärung

Hinweise/weitere Vorschriften:	Papiere/Anlagen:
	Ort, Datum, Unterschrift

Wir arbeiten ausschließlich auf Grundlage der Allgemeinen Deutschen Spediteurbedingungen 2017 – ADSp 2017 –.
Hinweis: Die ADSp 2017 weichen in Ziffer 23 hinsichtlich des Haftungshöchstbetrages für Güterschäden (§ 431 HGB) vom Gesetz ab, indem sie die Haftung bei multimodalen Transporten unter Einschluss einer Seebeförderung und bei unbekanntem Schadenort auf 2 SZR/kg und im Übrigen die Regelhaftung von 8,33 SZR/kg zusätzlich auf 1,25 Millionen Euro je Schadenfall sowie 2,5 Millionen Euro je Schadenereignis, mindestens aber 2 SZR/kg, beschränken.

Empfänger		FROM
		INTERSPED *GmbH*
		Internationale Spedition
		Merkurstraße 14
		40223 Düsseldorf
	Telefon:	0221 56742-0
	E-Mail:	info@intersped.de
	Datum:	

Buchung Container-Transport (einschließlich Container-Gestellung)

von _____ nach _____

Sehr geehrte(r) Herr/Frau,

wie telefonisch besprochen, erhalten Sie folgenden Auftrag:

Versender, Ort	
Container-Typ	
Inhalt, Gewicht	
Schiff	
Datum Abfahrt	
Datum Ankunft	
Preis	

Besonderheiten:

- Bitte senden Sie uns eine Buchungsbestätigung.
- B/L-Instruktionen folgen nach Beladung.

Unterschrift

Wir arbeiten ausschließlich auf Grundlage der Allgemeinen Deutschen Spediteurbedingungen 2017 – ADSp 2017 –.
Hinweis: Die ADSp 2017 weichen in Ziffer 23 hinsichtlich des Haftungshöchstbetrages für Güterschäden (§ 431 HGB) vom Gesetz ab, indem sie die Haftung bei multimodalen Transporten unter Einschluss einer Seebeförderung und bei unbekanntem Schadenort auf 2 SZR/kg und im Übrigen die Regelhaftung von 8,33 SZR/kg zusätzlich auf 1,25 Millionen Euro je Schadenfall sowie 2,5 Millionen Euro je Schadenereignis, mindestens aber 2 SZR/kg, beschränken.

Empfänger

INTERSPED GmbH
Internationale Spedition
Merkurstraße 14
40223 Düsseldorf

Telefon: 0221 56742-0
E-Mail: info@intersped.de
Datum:

Abholauftrag Containertransport von　　　nach

Sehr geehrte(r) Herr/Frau,

wie telefonisch besprochen, erhalten Sie folgenden Auftrag:

Container-Typ	
Container-Nr.	
Übernahme Leercontainer	
Lade-Referenz-Nr.	
Datum	
Zeit	
Ladeadresse	
Datum	
Zeit	
Empfangsadresse	
Datum	
Zeit	
vereinbarter Preis	

Besonderheiten:

Unterschrift

Wir arbeiten ausschließlich auf Grundlage der Allgemeinen Deutschen Spediteurbedingungen 2017 – ADSp 2017 –.
Hinweis: Die ADSp 2017 weichen in Ziffer 23 hinsichtlich des Haftungshöchstbetrages für Güterschäden (§ 431 HGB) vom Gesetz ab, indem sie die Haftung bei multimodalen Transporten unter Einschluss einer Seebeförderung und bei unbekanntem Schadenort auf 2 SZR/kg und im Übrigen die Regelhaftung von 8,33 SZR/kg zusätzlich auf 1,25 Millionen Euro je Schadenfall sowie 2,5 Millionen Euro je Schadenereignis, mindestens aber 2 SZR/kg, beschränken.

Von	disposition@intersped.de
An	post@interport.de
Betreff	Speditionsauftrag

Standardtext ↓ ☐ ☐ K U F A▲ A▼ ≡ ☺ ... Kopie (CC) >> Blindkopie (BCC) >>

Sehr geehrte Damen und Herren,
wie telefonisch besprochen, erhalten Sie folgenden Auftrag:

INTERSPED GmbH
Internationale Spedition
Merkurstr. 14
40223 Düsseldorf
Tel.: 0211 56742-0

Wir arbeiten ausschließlich auf Grundlage der Allgemeinen Deutschen Spediteurbedingungen 2017 – ADSp 2017 –.
Hinweis: Die ADSp 2017 weichen in Ziffer 23 hinsichtlich des Haftungshöchstbetrages für Güterschäden (§ 431 HGB) vom Gesetz ab, indem sie die Haftung bei multimodalen Transporten unter Einschluss einer Seebeförderung und bei unbekanntem Schadenort auf 2 SZR/kg und im Übrigen die Regelhaftung von 8,33 SZR/kg zusätzlich auf 1,25 Millionen Euro je Schadenfall sowie 2,5 Millionen Euro je Schadenereignis, mindestens aber 2 SZR/kg, beschränken.

Empfänger

INTERSPED GmbH
Internationale Spedition
Merkurstraße 14
40223 Düsseldorf
Telefon: 0221 56742-0
E-Mail: info@intersped.de
Datum:

Rechnung Nr.

Positon	Text	EUR	EUR
	Rechnungsbetrag		
	Spediteurrechnungen sind sofort und ohne Abzug fällig.		
	Bankverbindung: Commerzbank Düsseldorf, IBAN: DE02 3004 0000 4865 0510 00, BIC: COBADEDDXXX		

Aufgabe 1
Im Einstiegsfall haben Sie einen Containertransport per Seeschiff nach Chicago organisiert. Stellen Sie die Beteiligten und deren Vertragsbeziehungen in der nachfolgenden Übersicht dar:

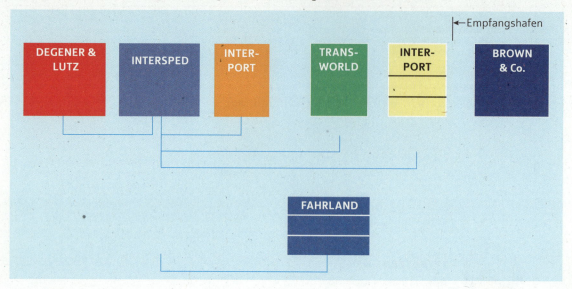

Aufgabe 2
Nach dem Eintreffen des Seeschiffs in Chicago sind weitere Arbeiten bis zur Zustellung des Containers an den Empfänger zu organisieren.

Beschreiben Sie die weiteren Abläufe des Exportgeschäfts ab Ankunft des Seeschiffs in Chicago.

Aufgabe 3
Auf Seite 303 ist ein Konnossement über eine Containerbeförderung von Hamburg nach New York abgebildet.

Erledigen Sie dazu die nachfolgenden Teilaufgaben.

a Beantworten Sie die nachfolgenden Fragen:
   aa Handelt es sich um ein Order- oder um ein Namenskonnossement?
   ab Liegt ein Übernahme- oder ein Bordkonnossement vor?
   ac Kann man von einem reinen oder von einem unreinen Konnossement sprechen?
   ad Wer hat die Fracht bezahlt?
   ae Liegt eine Stückgutsendung für See-Sammelladung oder eine Sendung für komplette Container vor?
b Erläutern Sie den Vermerk „S.T.C." im Konnossement.
c Erläutern Sie die Felder des nachfolgenden Formulars, die mit den Zahlen ① bis ⑦ versehen sind.
d Im Text des Konnossements ist folgende Formulierung zu finden:

> IN WITNESS WHEREOF the number of original Bills of Lading stated below all of this tenor and date has been signed, one of which being accomplished the others to stand void.

Nennen Sie die Fachbezeichnung für diese Formulierung.

Carrier: OCL Shipping, Hamburg	Bill of Lading	Original

Shipper:
KOTEX-TEXTILIEN
Gütsdorfer Weg 33
50567 Koeln

OCL Shipping

Carrier's Reference:	B/L-No.:	Page:
1075/09	HLCZ1-897723	

Export References:

Consignee (not negotiable unless consigned to order):
TO ORDER

Forwarding Agent:
INTERSPED
MERKURSTRASSE 14
40223 DUESSELDORF

Consignee's Reference:

Notify Address (Carrier not responsible for failure to notify; see clause 20 (1) hereof):
LTS - CORPORATION   ①
21 ROBINSON DRIVE
USA - WEST CALDWELL; NJ 07006

Place of Receipt:

Vessel(s): SUNRISE BAY ②   **Voyage-No.:**

Place of Delivery:

Port of Loading: HAMBURG ③

Port of Discharge: NEW YORK ④

Container Nos., Seal Nos.; Marks and Nos.	Number and Kind of Packages, Description of Goods	Gross Weight:	Measurement:
YUCU 135442-0 YUCU 133405-0 EMCU 903478-1 ⑤	1 x 40' GENERAL-CONTAINER, S.T.C. 1 x 40' FLATRACK-CONTAINER, S.T.C. 1 x 40' HARDTOP-CONTAINER, S.T.C. LAMINATION PLANT AND PARTS TOTAL: SHIPPED ON BOARD 01.03.20(0) FREIGHT PREPAID	24 592 KGS	

Shipper's declared Value (see clause 7(2) and 7(3)):

Total No. of Containers received by the Carrier:	Packages received by the Carrier:
- 3 -	

Movement: FCL/FCL ⑥	Currency:

Charge	Rate	Basis	Wt/Vol/Val	P/C	Amount

Above Particulars as declared by Shipper. Without responsibility or warranty as to correctness by Carrier (see clause 11)

RECEIVED by the Carrier from the Shipper in apparent good order and condition (unless otherwise noted herein) the total number or quantity of Containers or other packages or units indicated in the box opposite entitled "Total No. of Containers/Packages received by the Carrier" for Carriage subject to all the terms and conditions hereof INCLUDING THE TERMS AND CONDITIONS ON THE REVERSE HEREOF AND THE TERMS AND CONDITIONS OF THE CARRIER'S APPLICABLE TARIFF from the Place of Receipt or the Port of Loading, whichever is applicable, to the Port of Discharge or the Place of Delivery whichever is applicable. One original Bill of Lading, duly endorsed, must be surrendered by the Merchant to the Carrier in exchange for the Goods or a delivery order. In accepting this Bill of Lading the Merchant expressly accepts and agrees to all its terms and conditions whether printed, stamped or written, or otherwise incorporated, notwithstanding the non-signing of this Bill of Lading by the Merchant.
IN WITNESS WHEREOF the number of original Bills of Lading stated below all of this tenor and date has been signed, one of which being accomplished the others to stand void.

Place and date of issue:
HAMBURG, 01.03.20(0)

Freight payable at: ⑦ HAMBURG	Number of original Bs/L:

OCL Shipping Hamburg

Kaiser

Total Freight Prepaid	Total Freight Collect	Total Freight

Aufgabe 4

Die Maschinenfabrik TURBOTRON, Duisburg, erteilt der Spedition INTERSPED, Düsseldorf, den Auftrag, eine Schiffsturbine nach Helsinki, Finnland, zu transportieren. INTERSPED holt die in einem Container untergebrachte Turbine beim Hersteller ab und transportiert sie per Lkw nach Hamburg bis zum Container-Stellplatz. Im Hamburger Hafen übernimmt die Spedition INTERPORT nach Ankunft des Schiffs die Verladung der Sendung in das Seeschiff.
Die Reederei DEUTSCH-FINNISCHE LINIE (DFL) führt im Auftrag von INTERSPED den Transport durch. Empfänger ist die BALTIC-Werft in Helsinki, die den Container mit eigenem Fahrzeug im Empfangshafen abholt. Für den Transport im Seeschiff wurde das unten stehende Konnossement (Auszug) erstellt. Das Papier ist von der INTERSPED GmbH nach Weisung des Auftraggebers zu versenden.

Wir haben empfangen von

Absender:
INTERSPED GmbH
Merkurstraße 14
40223 Düsseldorf

Empfänger
BALTIC-Werft
Höyrylaiva 8
00431 Helsinki
Finnland

Schiff: M/S Jütland
Ladhafen: Hamburg   Löschhafen: Helsinki

Marke/NR	ANZAHL/Verpackung	Bezeichnung der Ware	Gewicht (kg)
2248745B	1 Container	Schiffsturbine	15 000

Verladen in anscheinend guter äußerlicher Beschaffenheit mit oben genanntem Schiff. Die Güter sind im Bestimmungshafen dem genannten Empfänger oder dessen Vertreter gegen Zahlung der Fracht, Nachnahme usw. auszuliefern. Mit der Erfüllung eines der Original-Konnossemente sind die übrigen erledigt.

Mit der Entgegennahme dieses Konnossements erklärt sich der Ablader persönlich und zugleich für den Befrachter und Empfänger ausdrücklich mit allen seinen Bedingungen (siehe Rückseite) einverstanden.

Fracht zahlbar in   Hamburg

Anzahl der Originale: drei/3

Original

Ort und Tag der Ausstellung
Hamburg, 20.09.20(0)

Geseke
(Unterschrift der Reederei)

Stellen Sie die Beteiligten mit ihren Fachbezeichnungen (deutsch/englisch) sowie die Vertragsbeziehungen grafisch dar. Ergänzen Sie anschließend den Weg, den das Konnossement im Rahmen des Transportablaufs nimmt, und beschreiben Sie den organisatorischen Ablauf des Transports.

Aufgabe 5

In der Spedition INTERSPED trifft heute, am 16.02.20(0), ein Auftrag des Versenders JEVIC-Medizintechnik, Münsterstraße 14, 40476 Düsseldorf, über den Transport von 8 900 kg medizinisches Gerät per Container von Düsseldorf über Hamburg nach Hongkong ein.
Weitere Daten:

- Containerrundlauf: FCL/FCL (CY/CY)
- Für den Versender gelten die Preisvereinbarungen vom 02.01.20(0) (siehe unten).

a Ermitteln Sie anhand der unten dargestellten Schiffsliste folgende Daten für die Abwicklung des Transports:
   aa Beladedatum Container
   ab Beladeort Container
   ac Anlieferung Verschiffungshafen (wählen Sie das frühestmögliche Verschiffungsdatum)
   ad Name des Seeschiffs
   ae ETS
   af ETA
b Berechnen Sie anhand der Preisvereinbarungen den Nettobetrag, der dem Versender für die Besorgung des Transports in Rechnung gestellt wird.

Auszug aus der Schiffsliste Seehafen Hamburg (HANJIN SHIPPING)

Hongkong	Voyage no.	Closing	Hamburg	Hongkong
Xin Qing Dao	29	23.01.	26.01.	19.02.
CSCL Oceania	11	30.01.	02.02.	25.02.
CSCL Asia	17	06.02.	09.02.	04.03.
Xin Lian Yun	7	14.02.	17.02.	12.03.
CSCL Seattle	9	22.02.	25.02.	20.03.
CSCL Europe	13	28.02.	03.03.	26.03.

Preisvereinbarungen vom 02.01.20(0) mit der JEVIC-Medizintechnik	
Vorlauf Düsseldorf – Hamburg, 410 km	400,00 EUR netto
Maut für 390 Kilometer (Euro 5, 4 Achsen, mehr als 18 t zGG)	0,194 EUR/km
Seefracht Hamburg – Hongkong	280,00 USD
CAF	6,4 %
BAF	180,00 USD/TEU
ISPS-Zuschlag	
▪ LCL	3,00 EUR pro Sendung
▪ FCL	15,00 EUR pro Container
THC Hamburg	153,00 EUR

1,00 EUR = 1,2334 USD

Aufgabe 6
Das Konnossement ist eine Urkunde über einen abgeschlossenen Seefrachtvertrag.

a Begründen Sie, warum man das Konnossement als Wertpapier bezeichnet:
1. weil auf ihm der Wert der beförderten Güter besonders ausgewiesen ist,
2. weil der Verfrachter die Sendung nur gegen Rückgabe des Original-Konnossements ausliefert,
3. weil das Eigentum an dem Konnossement dem Eigentum am Gut gleichkommt.

b Stellen Sie fest, welche Aussagen auf ein Namens-, welche auf ein Orderkonnossement zutreffen:
1. Das Papier wird durch Zession übertragen.
2. Der Erwerber des Papiers kann sich auf den Inhalt des Konnossements berufen.
3. Das Papier bietet die größere Sicherheit.
4. Bei einer Weitergabe wird der Herausgabeanspruch übertragen.

Aufgabe 7
Dem Frachtbrief und dem Konnossement werden unten stehende Aufgaben (Funktionen) zugeschrieben. Machen Sie die Konnossement-Funktionen anhand der Abwicklung der Exportsendung von DEGENER & LUTZ deutlich.

Frachtbrief	Konnossement	
Übernahmebescheinigung	Übernahmebescheinigung	Wertpapier
Beweisurkunde	Beweisurkunde	Verfügungspapier
Begleitpapier	Begleitpapier (als Kopie)	Sicherungspapier
Sperrpapier		Handelspapier

Aufgabe 8
Die WAKIA-CHEMIE ist ein Unternehmen, das eine breite Palette chemischer Grundstoffe und Fertigprodukte herstellt. Die Konsistenz der Güter ist sehr unterschiedlich. Sie reicht von flüssig, pastenförmig, granuliert und pulverisiert bis zu festen Kunststoffteilen und Metallen. Teilweise sind auch aggressive Chemikalien, leicht entzündliche und temperaturempfindliche Produkte für die Produktion zu beschaffen oder zu den Kunden zu befördern.

a Wählen Sie geeignete Container-Typen für die Beförderung der nachfolgend beschriebenen Produkte aus.
1. Methylalkohol (giftig, flüssig)
2. PVC in Pulverform
3. geschreddertes Kunststoffmaterial, das wiederverwertet werden soll
4. feste Stoffe, bei denen sich während längerer Lagerung giftige Gase bilden können
5. Spritzgussmaschine für die Produktion von Kunststoffteilen, Maße 4 m x 6 m
6. geschäumtes Isoliermaterial
7. sperrige, großflächige Kunststoffteile für den Fahrzeugbau
8. schwere, kunststoffbeschichtete Metallplatten, die beim Be- und Entladen des Containers gekrant werden müssen
9. organische Verbindungen für die Lebensmittelindustrie, die aus Gründen der Haltbarkeit bei +7 °C gelagert werden müssen

b Bestimmen Sie den Container-Typ anhand der nachfolgend angeführten allgemeinen Beschreibungen:
  1 eine 20′ oder 40′ lange Kiste ohne besondere Ausstattungsmerkmale
  2 ein Container, der für flüssige Produkte eingesetzt wird
  3 ein Container mit eigener Temperaturregelung
  4 Er ist oben und an den Seiten offen.
  5 Das Stahldach ist abnehmbar.
  6 Eine abnehmbare Plane deckt den Container ab.
  7 Rohkaffee benötigt während des Containertransportes frische Luft.

Aufgabe 9
Für einen Seetransport sollen in einem Container 96 Fässer mit folgenden Maßen verstaut werden: Durchmesser 0,36 m, Höhe 0,90 m, Nettogewicht 13 440 kg, Bruttogewicht 14 560 kg, nicht stapelbar. Stellen Sie fest, ob für den Transport ein 20-Fuß-Container ausreicht oder ob ein 40-Fuß-Container erforderlich ist.

Aufgabe 10
Container können an unterschiedlichen Stellen be- und entladen werden. Man unterscheidet vier Arten. Stellen Sie die vier Arten des Containerrundlaufs grafisch dar, indem Sie die Reichweite beim jeweiligen Verlademodus einzeichnen.

Vorschlag:

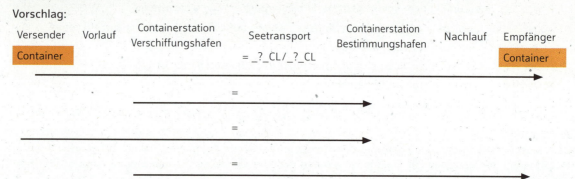

Aufgabe 11
Die Spedition INTERSPED GmbH besorgt die Versendung eines Containers mit Chemikalien von Neuss nach Bandung, Indonesien.
Die Spedition übernimmt auch die Organisation des Container-Vor- und Nachlaufs (Merchant's Haulage).
Im Verlauf der Transportorganisation treffen die unten stehende Buchungsbestätigung und das weiter unten abgebildete Konnossement (siehe Seite 308) ein.

Booking Confirmation

001	TO	INTERSPED GMBH	
002	ATTN	MRS THEBEN	AGENT:
003	RE	CONFIRMATION	SEA & AIR INTERNATIONAL
			JL THARIN 216
004	OUR REF.	IN44502	JAKARTA
005	YOUR REF.	02 10 466686	INDONESIA
006	DESTINATION	JAKARTA	TEL: 021 338 103 44
007	Vessel	Everstar/P & O	E-Mail: info@seaair.id
008	Closing	04.04.20(0) – 24:00	
009	SLD	06.04.20(0)	
010	ETA	04.05.20(0)	
011	CONTAINER NO	**PANU 133462-4**	
012	KGS	18 400	
013	Free Time Jakarta Port	1 day	
014	Detention-Charges	USD 110,00/d	
015	FAC INTERSPED	2,5 %	
016	Container Movement	Merchants Haulage	

a Übersetzen Sie die in den Zeilen 004 bis 016 genannten Fachbezeichnungen.

b Übersetzen Sie die nachfolgenden, aus dem unten stehenden B/L entnommenen Begriffe (siehe Seite 308).

Fachbezeichnung/Abkürzung	Übersetzung
SHIPPER	
CONSIGNEE	
NOTIFY ADDRESS	
PRE-CARRIED BY	
PLACE OF RECEIPT BY PRE-CARRIER	
PORT OF LOADING	
PORT OF DISCHARGE	
FORWARDING AGENTS	
PLACE OF DELIVERY	
MODE OF ON-CARRIAGE	
SPACE FOR CARRIER'S AGENTS ENDORSMENTS	
OCEAN VESSEL	
AGENTS AT PORT OF DISCHARGE/DELIVERY	
SHIPPED ON BOARD	
FREIGHT PREPAID	
SAID TO CONTAIN	
CARGO DESCRIPTION	
MEASUREMENT	
FREIGHT PAYABLE AT	

Aufgabe 12

Die nachfolgende Tabelle stellt die 20 größten Häfen der Welt (gemessen am Containerumschlag) dar.

a Stellen Sie jeweils fest, in welchen Staaten sich die Häfen befinden.

Rang	Hafen	Container-Umschlag 2019 in Mio. TEU	Staat
1	Shanghai	43,3	
2	Singapur	37,2	
3	Ningbo	27,5	
4	Shenzen	25,8	
5	Guangzhou	22,8	
6	Busan	22,0	
7	Qingdao	21,0	
8	Hongkong	18,4	
9	Tianjin (→ Peking)	17,3	
10	Rotterdam	14,8	
11	Jebel Ali (→ Dubai)	14,1	
12	Port Kelang	13,0	
13	Antwerpen	11,9	
14	Xiamen	11,1	
15	Kaohsiung	10,4	
16	Los Angeles	9,3	
17	Hamburg	9,3	
18	Tanjung Pelepas	9,1	
19	Dalian	8,8	
20	Laem Chabang	8,0	

b Ermitteln Sie den prozentualen Anteil der Container aus China.

B/L zu Aufgabe 11

		Bill of Lading	
		Nr. P&O A3087344	
SHIPPER WAKIA-CHEMIE GMBH INDUSTRIESTRASSE 88 41460 NEUSS		**BOOKING NO** IN44502	**FWDR. REF. NO.** 02 10 466686
CONSIGNEE: TO THE ORDER OF NATIONAL BANK, JAKARTA		Carrier:	
NOTIFY ADDRESS: INDOCHEM JL. HAJI AGUS SALIM NO.115 BANDUNG INDONESIA		**P & O Rhenania Shipping** **Antwerpen**	
PRE-CARRIED BY TRUCK	**PLACE OF RECEIPT BY PRE-CARRIER** NEUSS	**FORWARDING AGENTS** INTERSPED GMBH MERKURSTRASSE 14 40223 DUESSELDORF Phone: 0049 211 56742 0	
PORT OF LOADING ANTWERP PORT	**PORT OF DISCHARGE** JAKARTA PORT		
PLACE OF DELIVERY: INDOCHEM BANDUNG	**MODE OF ON-CARRIAGE** TRUCK BY OVERLAND TRANSPORTATION	**SPACE FOR CARRIER'S AGENT'S ENDORSMENTS** P & O RHENANIA SHIPPING JL. PEKALONGAN 27 JAKARTA INDONESIA	
OCEAN VESSEL EVERSTAR	**AGENTS AT PORT OF DISCHARGE/ DELIVERY** SEA & AIR INTERNATIONAL JL THARIN 216 JAKARTA, INDONESIA		
CONTAINER NOS, MARKS AND NUMBERS. PANU 133462-4	**NUMBER AND KIND OF PACKAGES, CARGO DESCRIPTION** SAID TO CONTAIN: 1 x 20' STANDARD-CONTAINER CHEMICALS SHIPPED ON BOARD FREIGHT PREPAID	**CARGO GROSS WEIGHT (KG)** 18 400 KGS P & O RHENANIA SHIPPING 06.04.20(0) BVJL	**MEASUREMEN**

Received by the Carrier in apparent good order and condition the goods or packages specified herein and to be discharged at the above mentioned port of discharge. The weight, measure, marks, numbers, quality, contents and value, being particular furnished by the Shipper, are not checked by the Carrier on loading. The Shipper, Consignee and the Holder of this Bill of Lading hereby expressly accept and agree to all printed, written or stamped provisions, exceptions and conditions of this Bill of Lading, including those on the back hereof.
In witness whereof the Carrier or his Agent has signed Bills of Lading all of this tenor and date, one of which being accomplished, the others to stand void. Shippers are requested to note particularly the exceptions and conditions of this Bill of Lading with reference to the validity of the insurance upon their goods.

MOVEMENT: FCL/FCL	**TOTAL NO. OF CONTAINERS RECEIVED BY THE CARRIER:** - 1 -	**NO. OF ORIGINAL B/L:** 3/THREE
FREIGHT PAYABLE AT: ANTWERPEN	**PLACE AND DATE OF ISSUE:** ANTWERPEN, 06.04.20(0)	
Original	BVJL	P & O RHENANIA SHIPPING **Antwerpen**

Aufgabe 13

Die Seehafenspedition WESER TERMINAL GmbH in Bremerhaven belädt einen 40-Fuß-Container zur Verschiffung nach Shanghai. Die Innenmaße des Containers betragen 12,00 m Länge, 2,33 m Breite und 2,44 m Höhe. Nachdem bereits 5,2 Lademeter des Containers belegt sind, stehen für verschiedene Empfänger in Shanghai noch vier weitere Kisten mit folgenden Ausmaßen zur Verladung bereit (alle Kisten sind aufrecht zu verladen):

Kiste 1: LBH 245 × 240 × 190 cm
Kiste 2: LBH 320 × 110 × 185 cm
Kiste 3: LBH 290 × 125 × 250 cm
Kiste 4: LBH 225 × 210 × 205 cm

a Entscheiden Sie, welche Kisten von WESER TERMINAL noch in den Container geladen werden können und welche nicht.

b Skizzieren Sie Ihre Lösung mithilfe der nachstehenden Grafik.

c Füllen Sie den Rest des zur Verfügung stehenden Laderaumes mit beladenen Europaletten – nicht stapelbar – auf. Geben Sie die Zahl der Paletten an, die noch in den Container passen.

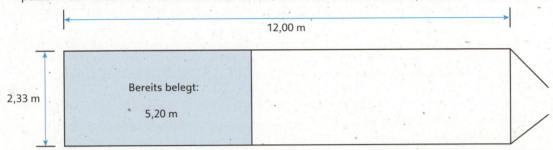

Aufgabe 14

Das Containerschiff „Capetown" startet eine „Round the world"-Tour mit nachstehend genannten Seehäfen als Stationen. Nennen Sie jeweils den Staat, in dem die angeführten Häfen liegen, und benennen Sie die Meerengen und Seeschifffahrtstraßen, die das Schiff auf dem jeweils kürzesten Weg durchquert.

	Hafen	Staat		Hafen	Staat
1	Kapstadt	Südafrika	22	**Schifffahrtsstraße**	
2	Montevideo	Uruguay	23	Tunis	
3	**Schifffahrtsstraße**	Magellanstraße	24	**Schifffahrtsstraße**	
4	Valparaiso	Chile	25	Konstanza	
5	Buenaventura		26	**Schifffahrtsstraße**	
6	**Schifffahrtsstraße**		27	Jiddah	
7	La Guaira/Caracas		28	**Schifffahrtsstraße**	
8	**Schifffahrtsstraße**		29	Dschibuti	
9	New Orleans		30	**Schifffahrtsstraße**	
10	**Schifffahrtsstraße**		31	Abu Dhabi	
11	Miami		32	Colombo	
12	**Schifffahrtsstraße**		33	**Schifffahrtsstraße**	
13	Toronto		34	Manila	
14	Bergen		35	**Schifffahrtsstraße**	
15	Göteborg		36	Quingdao	
16	**Schifffahrtsstraße**		37	**Schifffahrtsstraße**	
17	Kaliningrad		38	Busan	
18	**Schifffahrtsstraße**		39	**Schifffahrtsstraße**	
19	Amsterdam		40	Perth	
20	**Schifffahrtsstraße**		41	Mombasa	
21	Lissabon		42	Durban	

Aufgabe 17 (Prüfungsnahe Aufgabenstellung)

30 Punkte = 60 Minuten

Situation
Sie sind Mitarbeiter/-in der INTERSPED GmbH und erhalten den Auftrag, die Versendung von Spezialstahl von Siegen zum Industriepark Chakan in Maharashtra (Pune, Indien) zu besorgen.

Beteiligte
- Spediteur: INTERSPED GmbH, Merkurstraße 14, 40223 Düsseldorf
- Versender: Bauer Edelstahl AG, Philippstraße 25, 57078 Siegen
- Verfrachter: OCL Shipping, Kaistraße 54, 22609 Hamburg
- Empfangsspediteur in Nhava Sheva: SAV Group Shipping Services Pvt Ltd., Port Users Bldg, Nhava Sheva, India
- Empfänger: Automotive Components Group (ACG), E1MIDC, Chakan, Maharashtra 410501, India

Informationen zur Sendung
- 30 Kisten Spezialstahl
- Bruttogewicht: 300 kg je Kiste
- Versand in einem 20' Container
- Movement: FCL/FCL (CY/CY)
- Beförderungsablauf: Abholung des leeren Containers im Container-Depot in Duisburg, Beladen des Containers beim Versender, Lkw-Beförderung von Siegen bis Hamburg, Seebeförderung von Hamburg bis Hafen Nhava Shea, Nachlauf per Lkw zum Empfänger in Chakan
- Der Exporteur trägt alle Kosten bis zum Empfänger.

1 (3 Punkte)
Für die Abwicklung des Auftrages schließt die INTERSPED GmbH verschiedene Verträge ab. Begründen Sie anhand der Situationsbeschreibung, welche Vertragsbeziehungen zwischen
- der Bauer Edelstahl AG und der INTERSPED GmbH,
- der INTERSPED GmbH und der Reederei OCL Shipping sowie
- der INTERSPED GmbH und dem Empfangsspediteur SAV Group Shipping Services Pvt Ltd. bestehen.

2 (1,5 Punkte)
Die INTERSPED GmbH wird für den Versender als Seehafenspediteur tätig. Nennen Sie drei Aufgaben des Seehafenspediteurs.

3 (2 Punkte)
Der Containerrundlauf für den Auftrag wird mit
- FCL/FCL und
- Merchant's Haulage gekennzeichnet.

Erläutern Sie die Begriffe/Abkürzungen.

4 (5 Punkte)
Sie haben dem Versender für den Transport der Sendung einen 20'-Standard-Container empfohlen. Sendungsdaten:
- Bruttogewicht: 300 kg je Kiste
- Maße: 1,10 m × 0,65 m × 0,90 m (L × B × H), untergebracht auf Einwegpaletten, Stapelfaktor 1

4.1 Berechnen Sie die Anzahl der Lademeter, die die Sendung erfordert.

4.2 Begründen Sie anhand der nachfolgend abgebildeten Containermaße, dass ein 20'-Container für den Transport geeignet ist.

4.3 Nehmen Sie an, die Kisten wären nicht stapelbar. Prüfen Sie, inwieweit sich Ihre Lösung zu Aufgabe 4.2 ändern würde.

Containermaße

Art	Innenabmessungen (mm)			Gewichte (kg)			Vol. (m³)
	Länge	Breite	Höhe	Zul. Gesamtgewicht	Eigengewicht	Max. Zuladung	
20' Standard	5895	2350	2392	30480	2250	28230	33,2
40' Standard	12029	2350	2392	30480	3780	26700	67,7

5 (4 Punkte)

Im Speditionsauftrag verlangt der Versender, dass die Spedition INTERSPED GmbH vom Verfrachter ein Express Cargo Bill (ECB) über die Seebeförderung zu besorgen hat.

5.1 Erläutern Sie die zentrale Eigenschaft dieses Papiers anhand der Frage, wie die Güter an den im Papier genannten Empfänger ausgeliefert werden.

5.2 Nennen Sie eine andere Bezeichnung für ein Express Cargo Bill.

5.3 Als NVOCC hätte die INTERSPED GmbH ein Reederei-Konnossement ausstellen können. Begründen Sie diese Aussage.

6 (4 Punkte)

Auszug aus dem Express Cargo Bill

Container Nos, Marks and numbers.	Number and kind of packages; Description of goods	Gross weight	Measurement
TWSU 899837-0	1 20' DC 30 Cases CARBON PRECISION STRIP STEEL SLAC = Shipper's Load, Stow, Weight and Count	9 000 KGS	20,000 cbm
Automotive Components Group, CHACAN INDIA	SHIPPED ON BOARD: 25-APR-20(0) FREIGHT PREPAID		

6.1 Erläutern Sie die Bedeutung des Vermerks Shipped on board für den Befrachter.

6.2 Übersetzen Sie den SLAC-Vermerk und erläutern Sie die Bedeutung des Vermerks für den Verfrachter.

7 (5 Punkte)

Nach Erledigung des Besorgungsauftrages wird dem Versender die Rechnung als All-in-(Fix-)Preis übermittelt.

7.1 Errechnen Sie den Rechnungsbetrag für den Versender aufgrund folgender Daten:
- Lkw-Vorlauf: 540,00 EUR
- Die Reederei berechnet:
  – Pic-Up Container: 30,00 EUR
  – Verwiegen des Containers (VGM): 80,00 EUR
  – Basic Ocean Freight: 925,00 USD
  – Forwarding Agent Commission (FAC) – Origin: 2,5 %
  – BAF: 110,00 USD pro TEU
  – ISPS: 18,00 EUR
  – THC Origin: 225,00 EUR
  – THC Destination: 15 000,00 INR
- Lkw-Nachlauf ab Nhava Sheva (vom Empfangsspediteur in Rechnung gestellt): 22500,00 INR
- Zuschlag für Gemeinkosten und Gewinn: 20 %

Kursangaben:

1,00 EUR = 1,36 USD

1,00 EUR = 81,94 INR

7.2 Erläutern Sie die Position „Verwiegen des Containers" und den Ausdruck „VGM" in der Reedereiabrechnung.

8 (3 Punkte)

Erläutern Sie folgende Begriffe aus dem B/L und den Rechnungsdaten:
- 1 20' DC
- Pic Up Container
- THC
- ISPS
- BAF
- FAC

9 (2,5 Punkte)

Auf dem Weg von Hamburg nach Nhava Sheva passiert das Seeschiff folgende Wasserstraßen und Schifffahrtsgebiete:
- Arabisches Meer
- Straße von Gibraltar
- Golf von Aden
- Rotes Meer
- Suezkanal

Bringen Sie die Wasserstraßen und Schifffahrtsgebiete – ausgehend von Hamburg – in die geografisch richtige Reihenfolge.

SELBSTTEST LERNSITUATION 16

Diese **Prozesse** beherrsche ich (X):

- den Seetransport eines Containers organisieren
- einen Container bei einer Seereederei buchen
- den Ablauf eines FCL/FCL-Containerrundlaufs darstellen
- einen festen Angebotspreis für die Seebeförderung kalkulieren
- ein Bill of Lading einer Reederei daraufhin prüfen, ob es den Anforderungen des Versenders entspricht
- die Fahrtroute für die Strecke Bremen – Chicago bestimmen

Diese **Begriffe** kenne ich (✓):

Ablader ☐	ETS ☐	Seehafenspediteur ☐
BAF ☐	ISPS ☐	Short-Sea-Verkehr ☐
Befrachter ☐	konditionelle Buchung ☐	SLAC ☐
Bill of Lading ☐	Merchant's Haulage ☐	S.T.C. ☐
Bordkonnossement ☐	Namenskonnossement ☐	TEU ☐
CAF ☐	Orderkonnossement ☐	THC ☐
Carrier's Haulage ☐	Reeder ☐	Verfrachter ☐
Container-Rundlauf ☐	Schiffsregister ☐	VGM ☐
ETA ☐	Seefrachtbrief ☐	

Abschlussaufgabe Lernsituation 16

Situation

Die traditionsreiche Berliner Speditionsgesellschaft mbH (BSG) betreibt ein modernes Logistikzentrum in Berlin-Rudow im Südosten der Hauptstadt. Neben der Logistik gehören europäische Landverkehre sowie Containertransporte per Seeschiff zu den wichtigsten Geschäftsfeldern der BSG.

Ein bedeutender Kunde für die Seeschiffstransporte ist die Turbotron Kransysteme Deutschland AG. Der Stammsitz mit dem Werk I befindet sich im Südosten Berlins, ein weiteres Werk im niedersächsischen Wolfsburg.

Am 08.06.20(0) liegt der bislang größte Auftrag des Unternehmens für die BSG vor, es geht dabei um den Transport unterschiedlicher Turbotron-Produkte per Seefracht nach Guadalajara in Mexiko. Den Speditionsauftrag (siehe Seite 314) für diese Sendung hat Turbotron soeben an die Berliner Speditionsgesellschaft übermittelt. Der zuständige Disponent hat bereits die entsprechende Schiffsliste sowie die Container-Preisliste der Reederei Hamburg-Süd vorliegen:

Nord- und Mittelamerika – Westküste				
Schiff	Nordatlantic	Cap Preston	Bahia Laura	Dublin Express
Reise	**114N**	**117N**	**118N**	**120N**
Hamburg	05.06.	09.06.	12.06.	16.06.
Antwerpen	06.06.	10.06.	13.06.	17.06.
Panama	23.06.	27.06.	30.06.	
Puntarenas	24.06.	28.06.	01.07.	
Manzanillo	26.06.	30.06.	03.07.	
Long Beach	30.06.	04.07.	07.07.	
Oakland	01.07.	05.07.	08.07.	
Vancouver	04.07.	08.07.	11.07.	
Seattle	05.07.	09.07.	12.07.	

Ladeschluss im Seehafen im FCL/FCL-Verkehr ein Tag vor Schiffsabfahrt

Relation Nordrange – Mexiko		
Container-Preisliste*	**20 Fuß**	**40 Fuß**
Standardbox	550,00 USD	890,00 USD
Opentop	950,00 USD	1 420,00 USD
Hardtop	980,00 USD	1 490,00 USD
High Cube	860,00 USD	1 300,00 USD
High Cube Opentop	1 200,00 USD	1 600,00 USD
High Cube Hardtop	1 300,00 USD	1 720,00 USD
Zuschläge	BAF: 225,00 USD/TEUR CAF: 9% auf Seefracht	

*Preise inklusive Gestellung und Rückführung ins Depot

BSG			Speditionsauftrag		
1 Versender/Lieferant		2 Lieferanten-Nr.	3 Speditionsauftrag-Nr.		
Turbotron Deutschland AG Neuköllner Straße 206 12357 Berlin-Johannisthal			0741-20(0) 4 Nr. Versender beim Versandspediteur		
5 Beladestelle	siehe unten		6 Datum 07.06.20(0)	7 Relations-Nr.	
8 Sendungs-/Ladungs-Bezugs-Nr.			9 Versandspediteur 10 Spediteur-Nr. Berliner Speditionsgesellschaft mbH Waßmannsdorfer Chaussee 15 12355 Berlin-Rudow		
11 Empfänger 12 Empfänger-Nr. Abastecedora Tecnológica Especializada SA de CV Campo Polo Avenida Justo Sierra 100 44600 Guadalajara, Jalisco, Mexico			Telefon: 030 977 144-01 E-Mail: info@bsg.de 13 Bordero-/Ladeliste-Nr.		
14 Anliefer-/Abladestelle			15 Versendervermerke für den Versandspediteur Packstückmaße in cm (LBH) Unbedingt aufrecht transportieren		
			16 Eintreff-Datum	06.07.20(0)	17 Eintreff-Zeit
18 Zeichen und Nr.	19 Anzahl	20 Packstücke	21 SF	22 Inhalt	23 Lade-mittel-gewicht in kg	24 Brutto-gewicht in kg
TT-S/01-08	8	EWP je 110 × 110 × 150	0	Seilwinden		5 360
TT-E/1-4	4	Holzkisten je 240 × 105 × 230	0	Elektro-Bandzüge		6 880
SK/1-2	2	Verschläge je 270 × 220 × 190	0	Schwenkkransystem		7 500
BS/01-03	3	Verschläge je 230 × 90 × 255	0	Elektrohebezeuge		6 600
25 Summe:	15	26 Rauminhalt cdm/Lademeter		Summen:	27	28 26 340

29 Gefahrgut-Klassifikation Nettomasse kg/l
UN-Nr. offizielle Benennung
Nummer Gefahrzettel Verpackungsgruppe

30 Frankatur CFR Manzanillo	31 Warenwert für Güterversicherung (Ziff. 21 ADSp) 490 000,00 EUR	32 Versender-Nachnahme

33
Teilsendung TT-S/01-08 steht in Werk 1 – **Berlin-Johannisthal** zur Abholung bereit (Mo-Fr 8–18 Uhr)
Teilsendung TT-E/1-4 ist in Werk 2 – Mühlenweg 55, 38444 **Wolfsburg** abholbereit (Mo-Sa 7–15 Uhr)
Teilsendung SK/1-2 ist abzuholen ab 09.06.20(0) bei Fa. Stahl Kranbau, Im Hakenhof 35, 49078 **Osnabrück** (ganztägig)
Teilsendung BS/01-03 steht bei der Berger & Sohn GmbH, Planckstr.1–3, 24537 **Neumünster** abholbereit;
Kontakt: Hr. Schäfer, Tel. 04321 878 801

Datum 08.06.20(0)	Unterschrift Herrmann

Wir arbeiten ausschließlich auf Grundlage der Allgemeinen Deutschen Spediteurbedingungen 2017 – ADSp 2017 –.
Hinweis: Die ADSp 2017 weichen in Ziffer 23 hinsichtlich des Haftungshöchstbetrages für Güterschäden (§ 431 HGB) vom Gesetz ab, indem sie die Haftung bei multimodalen Transporten unter Einschluss einer Seebeförderung und bei unbekanntem Schadenort auf 2 SZR/kg und im Übrigen die Regelhaftung von 8,33 SZR/kg zusätzlich auf 1,25 Millionen Euro je Schadenfall sowie 2,5 Millionen Euro je Schadenereignis, mindestens aber 2 SZR/kg, beschränken.

Lernsituation 16 zum Informationshandbuch Seite 281–315   **315**

Bestimmungshafen Manzanillo   Bestimmungsort Guadalajara

1

a Wählen Sie das geeignete Containerschiff für eine termingerechte Verladung nach Mexiko aus.
b Stellen Sie fest, welchen Seeweg das Schiff von Hamburg aus zum Zielhafen Manzanillo nehmen wird.
c Nennen Sie die Staaten, in denen die auf der gesamten Reise angelaufenen Seehäfen liegen.

2

Ermitteln Sie die Anzahl der Container sowie die Container-Typen, die für die vorliegende Sendung benötigt werden. Erstellen Sie dazu einen Beladeplan.

3

Organisieren Sie die Abwicklung des Vorlaufes aller Sendungsbestandteile zum Hafen Hamburg.
a Bestimmen Sie die Anzahl der einzusetzenden Lkw.
b Erstellen Sie einen Tourenplan unter Berücksichtigung der Lenk- und Ruhezeiten gemäß den EG-Sozialvorschriften. Die Entfernungen zwischen den betreffenden Orten entnehmen Sie nachstehender Entfernungstabelle.

km	Berlin	Wolfsburg	Osnabrück	Neumünster	Hamburg
Berlin		238	427	347	301
Wolfsburg	238		219	234	174
Osnabrück	427	219		287	233
Neumünster	347	234	287		68
Hamburg	301	174	233	68	

Als Durchschnittsgeschwindigkeit werden 68 km/h kalkuliert, auf den Strecken Wolfsburg – Hamburg und Wolfsburg – Neumünster wegen des großen Bundesstraßen-Anteils (B 4) nur 60 km/h.
c Listen Sie die Bundesautobahnen auf, die im Rahmen der Vorlauftransporte befahren werden.

4

Ermitteln Sie die gesamten Kosten des Transportes bis zum Bestimmungshafen unter Berücksichtigung der Container-Preisliste sowie folgender Kalkulationsdaten:

- **Kalkulationsdaten BSG-Lkw:**
  - km-Kosten: 0,32 EUR/km
  - Tagessatz: 310,00 EUR/Tag
  - Stundensatz (bei 10 Einsatzstunden): 31,00 EUR/Std.
  - Der mautpflichtige Streckenanteil an den Gesamt-Kilometern beträgt auf allen Strecken 95 %, mit Ausnahme der Strecken Wolfsburg – Hamburg mit 30 % und Wolfsburg – Neumünster mit 50 % Mautanteil.
  - Die Mautgebühren für die eingesetzten fünfachsigen Container-Sattelzüge der BSG mit EURO-6-Abgasnorm betragen 0,187 EUR/km.

- Weitere Daten:
  - THC Hamburg: 165,00 EUR pro Container
  - ISPS-Zuschlag: 18,00 EUR pro TEU
  - Kurs: 1,00 EUR = 1,30 USD

5

Ermitteln Sie die 100-kg-Preise für die von Ihnen disponierten Lkw-Transporte.

6

Laut Kaufvertragsbestimmungen soll die Sendung über einen Hafen der sogenannten Nord-Range verladen werden. Nennen Sie die Häfen, die zu diesem Verbund gerechnet werden.

7

Die Position 1 des obigen Speditionsauftrages, die Einwegpaletten mit Seilwinden, sollen zukünftig häufiger von der Turbotron AG zur *Abastecedora Tecnológica Especializada* nach Mexiko exportiert werden. Um die zuweilen knappen Terminvorgaben erfüllen zu können, erwägt Turbotron alternativ den Versand per Luftfracht. Erläutern Sie Ihrem Kunden den Aufbau des nachstehenden Tarifs von Lufthansa Cargo und berechnen Sie die Luftfrachtkosten für **eine einzelne** der im Speditionsauftrag aufgeführten Einwegpaletten. Geben Sie Ihrem Kunden anschließend eine Transportempfehlung auf Basis des ermittelten Ergebnisses.

Lufthansa Cargo
Berlin-Schönefeld SXF

Mexico City		KGS	EUR
MEX		M	92,00
		N	14,50
		45	11,85
		100	9,33
		300	8,08
		500	6,92
		700	5,85
	4235	100	7,50
	9998	45	6,25

4235 = motor scooters, motorcycles, cycles
9998 = household goods, personal effects

Lernsituation 17
Am See-Sammelgutverkehr teilnehmen

Heute, am 09.08.20(0), ist in der Spedition INTERSPED ein Auftrag für eine Beförderung im Seeverkehr eingetroffen. Frau Theben wird sich um den Auftrag kümmern.
Besonderheit: Der Versender wünscht für den multimodalen Transport ein FBL (**F**IATA Multimodal Transport **B**ill of **L**ading) als Liefernachweis.

Weitere Sendungsdaten

Versender	MAC-Anlagenbau, Richardstraße 44, 40231 Düsseldorf
Empfänger	MUMBAI ENGINEERING, 10 Canning Road, Mumbai (Bombay) 400 002, Indien
Termin	Sofort
Versand	Lkw Düsseldorf – Bremerhaven, Seeschiff Bremerhaven – Nhava Sheva, Lkw bis Mumbai (Bombay)
Warenbeschreibung	Gear-Sets
Markierung	MUMBAI ENGINEERING, Mumbai, MAC-Anlagenbau, Germany, MAC 1–2
Bruttogewicht	1 800 kg
Volumen	zweimal 150 cm × 140 cm × 130 cm
Verpackung	zwei Kisten
Wert der Sendung	26 250,00 EUR
Sped.-Versicherung	Verzichtskunde
Dokumente	FIATA-FBL als multimodales Transportdokument (drei Originale)
Rechnung	an Versender (übernimmt Kosten bis Ankunft Bestimmungshafen)
Nachrichten	Versendungsdaten (Abholung, voraussichtliche Ankunft)

Die Sendung ist von geringem Gewicht, sodass sie als See-Sammelladung befördert wird. Der Vorlauf wird im Rahmen des Lkw-Sammelgutverkehrs bis Bremerhaven durchgeführt. Danach übernimmt der Partnerspediteur in Bremerhaven, die INTERPORT Seehafenspedition, Steubenstraße 43, 27568 Bremerhaven, die weitere Besorgung der Sendung. Die Spedition hat Sammelgutrelationen zu den bedeutendsten Seehäfen der Welt, unter anderem auch nach Nhava Sheva. In Bremerhaven wird INTERPORT die Sendung der Relation Nhava Sheva zuordnen und in einem Container verstauen. Der Container wird einer Reederei übergeben, die das Fahrgebiet bedient. In Nhava Sheva übernimmt ein Empfangsspediteur den Container von den Reedereien, leert ihn und verteilt die Sendungen weiter an die Endempfänger.

Jawaharlal Nehru Port = Nhava Sheva Port

Über den Sammelgutcontainer stellt der Verfrachter ein See-Konnossement aus, das an den Empfangsspediteur adressiert ist.
Gegen Vorlage des Dokuments erhält der Empfangsspediteur im Bestimmungshafen den Container.

INTERSPED stellt auf Wunsch für die einzelnen Sammelgutsendungen, die das Unternehmen von seinen Versendern erhält, ein Spediteurversanddokument aus (FCR oder FBL). Da der Versender MAC-Anlagenbau ein FBL wünscht, wird INTERSPED das Papier „As Carrier" unterschreiben.

Preisvereinbarungen

Preisvereinbarungen mit	Versender	Seehafenspediteur
Lkw-Vorlauf Düsseldorf – Bremerhaven	350,00 EUR	
Seefracht	120,00 USD M/G	110,00 USD M/G
CAF	8 % von der Grundfracht	7 % von der Grundfracht
BAF	10,00 USD pro Frachttonne (frt)	9,00 USD pro Frachttonne (frt)
THC Bremerhaven	25,00 EUR pro 1 000 kg	20,00 EUR pro 1 000 kg
FBL-Spesen	15,00 EUR	
ISPS-Zuschlag	3,00 EUR	3,00 EUR
Kurs: 1,00 EUR = 1,295 USD		

M/G = Maß oder Gewicht in Reeders Wahl

Lernsituation 17 zum Informationshandbuch Seite 281–315, 342–349

Zu erledigende Arbeiten

1. Die Sendung ist in einem internationalen Speditionsauftrag zu erfassen. Dabei ist die Referenznummer 1088/20 zu vergeben. Unter dieser Nummer wird der Auftrag bei INTERSPED geführt.
2. Die Schiffsliste ist mit Blick auf einen geeigneten Verschiffungstermin zu prüfen.
3. INTERPORT ist ein Besorgungsauftrag zu erteilen. Dabei ist ihm der gewünschte Verschiffungstermin zu nennen. Den Speditionsauftrag erhält der Seehafenspediteur zur Information als Kopie.
4. Die Sendung wird abgeholt und in den Sammelgut-Güterkreislauf überführt. Am darauffolgenden Tag wird sie bei INTERPORT in Bremerhaven zugestellt.
5. Sobald INTERPORT die Verladung des Gutes an Bord des Seeschiffs bestätigt, wird das FBL unterschrieben und die drei Originale werden dem Versender übersandt. Eine Kopie verbleibt in den Akten der INTERSPED GmbH.

   Im Einzelnen sind folgende Gesichtspunkte bei der Erstellung des FBL zu beachten:
   - Marks and numbers: MUMBAI ENGINEERING, Mumbai, MAC-Anlagenbau, Germany, MAC 1–2
   - „Freight Prepaid"
   - Die Container-Nr. ist anzugeben („Loaded in container no. ...").
   - Die Warenbeschreibung ist mit dem Zusatz „S.T.C." zu versehen.
   - Der Verladetermin in das Seeschiff ist gesondert festzuhalten („Shipped on board ... at ... on ..."); Firmenstempel und Unterschrift.
6. INTERPORT möchte nach der Bestätigung eine Kopie des FBL per E-Mail erhalten, damit auch der Empfangsspediteur darüber informiert werden kann, dass ein solches Papier präsentiert wird.
7. Dem Versender wird die Rechnung zugestellt.
8. Das Rohergebnis des Auftrages wird ermittelt (die anteiligen Kosten der Sendung an der Lkw-Sammelladung betragen 290,00 EUR).

Schiffsliste Monat August 20(0)			
Indien/Pakistan	Reise-Nr.	Bremerhaven	Nhava Sheva
Contship Pacific	1951	06.08.	02.09.
CMB Melody	1399	20.08.	16.09.
Contship New Zealand	1954	02.09.	29.09.
Ladeschluss im Seehafen: drei Tage vor Schiffsabfahrt			

Bestätigung von INTERPORT

SLD = Sailing Date
ETA = Estimated Time of Arrival

L35: Schiffsname/Reederei

```
L00    TO                  INTERSPED GMBH
L05    ATTN                MRS THEBEN                  AGENT:
L10    RE                  CONFIRMATION                CORPORATE SHIPPING LTD
L15                                                    44 NETAJI SUBANA ROAD
L20    OUR REF.            224679.22
L25    YOUR REF.           1088/20                     Mumbai - 400 023
L30    DESTINATION         Nhava Sheva                 INDIA
L35    MS.                 CMB MELODY/Mitsui Lines     TEL: 91-32-220498
L40    SLD                 20(0)-08-20                 E-Mail: info@cs.in
L45    ETA                 20(0)-09-16
L50    CONTAINER NO        TEXU 512886-3
L55    CBM                 5,46
L60
L65    WE KINDLY REQUEST YOU TO LET US HAVE A COPY OF YOUR FBL BY RETURN E-Mail
```

Siehe Lernsituation 16

Bereits am 07.08.20(0) hatte Frau Theben einen Anruf von Herrn Häuser (DEGENER & LUTZ) erhalten. Er teilte mit, dass es mit der Containersendung Kfz-Zubehörteile für Chicago ein Problem gegeben habe. Teile der Sendung seien stark beschädigt in Chicago angekommen. Die vorgelegten Fotos vom Innenraum des Containers zeigen ein großes Durcheinander. Kollisionsspuren außen am Container deuten auf einen kräftigen Stoß hin. Der Empfänger hat den Schaden reklamiert. DEGENER & LUTZ hat die Transportversicherung eingeschaltet.

Nun trifft folgendes Schreiben der Transportversicherung ein:

CARGO VERSICHERUNG

Cargo-Versicherung, Klaraſtraße 44, 60433 Frankfurt/Main

Klarastraße 44
60433 Frankfurt/Main

INTERSPED GmbH
Merkurstraße 14
40223 Düsseldorf

12.08.20(0)

Daten
Versicherter: DEGENER & LUTZ, Holzheimer Weg 33, 41464 Neuss
Versicherungsart: Transportversicherung Haus-Haus
Transport: Neuss – Chicago über Bremerhaven
Güter: 15 500 kg Kfz-Zubehör, Wert 190 000,00 EUR
Schaden: Güterschaden über 55 250,00 EUR/4 500 kg

Regress

Sehr geehrte Damen und Herren,

an der Sendung ist vom Empfänger ein Güterschaden festgestellt worden. Nach § 428 HGB nehmen wir Sie für den Schaden wie folgt in Regress:

4 500 kg · 8,33 SZR · 1,0521 EUR = **39 437,97 EUR**

Das Schadensprotokoll und das Gutachten des Schadensachverständigen sind beigefügt. Eine ausführliche Begründung unseres Anspruchs geht Ihnen in den nächsten Tagen durch unsere Rechtsabteilung zu. Reichen Sie diese Vorabinformation bitte Ihrer Versicherung weiter.

Mit freundlichen Grüßen

CARGO-Versicherungsgesellschaft

Niermann

Frau Theben ist skeptisch, ob die Forderung der Transportversicherung berechtigt ist. Der Regress über § 428 HGB nimmt die INTERSPED GmbH als Frachtführer in Anspruch, nicht als Spediteur. Außerdem liegt eine See-Beförderung vor, sodass ihr eine Ersatzleistung mit 8,33 SZR/kg überhöht erscheint.

Auf jeden Fall wird sich Frau Theben zunächst selbst einen Überblick über die Ansprüche verschaffen, die auf die INTERSPED GmbH zukommen, bevor sie die Unterlagen zur Versicherung weiterreicht.

Siehe Ziffer 23.1.2 ADSp

Liegt multimodaler Verkehr vor?

Hinweis: Die INTERSPED GmbH ist haftungsversichert.

Arbeitsauftrag (Vorschlag)
Erledigen Sie die Arbeiten, die mit der Teilnahme am See-Sammelgutverkehr verbunden sind:
1. Besorgung der Sendung abwickeln:
   a Speditionsauftrag schreiben,
   b Besorgungsauftrag an den Seehafenspediteur,
   c FBL erstellen,
   d Rechnung ausstellen,
   e Rohergebnis ermitteln,
   f Zeitschiene für die Organisation der Sendung entwickeln,
   g Fahrtroute des Seeschiffes von Bremerhaven nach Nhava Sheva darstellen.
2. Regressansprüche der Transportversicherung prüfen.

Lernsituation 17 zum Informationshandbuch Seite 281–315, 342–349

Speditionsauftrag International					
☐ Land	☐ Luft	☐ See		☐ Direktsendung	☐ Sammelladung

Versender/Shipper Beladestelle	**INTERSPED GmbH**
	Internationale Spedition
	Merkurstr. 14
	40223 Düsseldorf
	Tel.: 0211 56742-0
	E-Mail: info@intersped.de
Empfänger/Consignee Entladestelle	Notify/zur Weiterleitung an:

Datum Abholung:	Frankatur/Incoterm®
Datum Anlieferung:	Warenwert:
Verschiffungs-/Abflughafen, Verladung:	Transportversicherung: ☐ Ja ☐ Nein
Bestimmungs(flug)hafen, Ankunft:	Referenz-Nr.:

Zeichen/Nummern	Anzahl	Verpackung	Inhalt	Gewicht	Maße/Volumen
Gesamt:					

Gefahrgut gemäß ADR/IMDG/DGR:	☐ Nein ☐ Ja, gemäß beiliegender Erklärung
Hinweise/weitere Vorschriften:	Papiere/Anlagen:
	Ort, Datum, Unterschrift

Wir arbeiten ausschließlich auf Grundlage der Allgemeinen Deutschen Spediteurbedingungen 2017 – ADSp 2017 –.
Hinweis: Die ADSp 2017 weichen in Ziffer 23 hinsichtlich des Haftungshöchstbetrages für Güterschäden (§ 431 HGB) vom Gesetz ab, indem sie die Haftung bei multimodalen Transporten unter Einschluss einer Seebeförderung und bei unbekanntem Schadenort auf 2 SZR/kg und im Übrigen die Regelhaftung von 8,33 SZR/kg zusätzlich auf 1,25 Millionen Euro je Schadenfall sowie 2,5 Millionen Euro je Schadenereignis, mindestens aber 2 SZR/kg, beschränken.

Von	disposition@intersped.de
An	post@interport.de
Betreff	Speditionsauftrag

Sehr geehrte Damen und Herren,

wie telefonisch besprochen, erhalten Sie folgenden Auftrag:

INTERSPED GmbH
Internationale Spedition
Merkurstr. 14
40223 Düsseldorf
Tel.: 0211 56742-0

Wir arbeiten ausschließlich auf Grundlage der Allgemeinen Deutschen Spediteurbedingungen 2017 – ADSp 2017 –.
Hinweis: Die ADSp 2017 weichen in Ziffer 23 hinsichtlich des Haftungshöchstbetrages für Güterschäden (§ 431 HGB) vom Gesetz ab, indem sie die Haftung bei multimodalen Transporten unter Einschluss einer Seebeförderung und bei unbekanntem Schadenort auf 2 SZR/kg und im Übrigen die Regelhaftung von 8,33 SZR/kg zusätzlich auf 1,25 Millionen Euro je Schadenfall sowie 2,5 Millionen Euro je Schadenereignis, mindestens aber 2 SZR/kg, beschränken.

Consignor		Emblem of National Association	**FBL**
			NEGOTIABLE FIATA MULTIMODAL TRANSPORT BILL OF LADING issued subject to UNCTAD / ICC Rules for Multimodal Transport Documents (ICC Publication 481).

Consigned to order of

Notify address

Place of receipt

Ocean vessel	Port of loading
Port of discharge	Place of delivery

Marks and numbers	Number and kind of packages	Description of goods	Gross weight	Measurement

according to the declaration of the consignor

Declaration of Interest of the consignor in timely delivery (Clause 6.2.)	Declared value for ad valorem rate according to the declaration of the consignor (Clauses 7 and 8).

The goods and instructions are accepted and dealt with subject to the Standard Conditions printed over leaf.
Taken in charge in apparent good order and condition, unless otherwise noted herein, at the place of receipt for transport and delivery as mentioned above.
One of these Multimodal Transport Bills of Lading must be surrendered duly endorsed in exchange for the goods. In Witness whereof the original Multimodal Transport Bills of Lading all of this tenor and date have been signed in the number stated below, one of which being accomplished the other(s) to be void.

Freight amount	Freight payable at	Place and date of issue
Cargo Insurance through the undersigned ☐ not covered ☐ Covered according to attached Policy	Number of Original FBL's	Stamp and signature
For delivery of goods please apply to:		

Text authorized by FIATA. Copyright reserved. ©FIATA / Zurich- Switzerland 6.92

specimen

Rechnung			
Position	Text	USD	EUR
Spediteurrechnungen sind sofort und ohne Abzug fällig.			
Bankverbindung: Commerzbank Düsseldorf, IBAN: DE02 3004 0000 4865 0510 00, BIC: COBADEDDXXX			

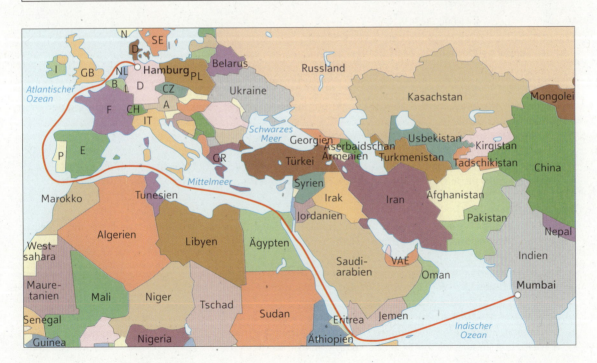

Aufgabe 1
Die INTERSPED GmbH hat im Eingangsfall ein FBL ausgestellt.
a Bei einer Seebeförderung legen See-Konnossement und FBL unterschiedliche Wege im Transportablauf zurück.

Stellen Sie den Weg des FBL für Sendung 1 und den Weg des See-Konnossements in der Grafik auf Seite 325 dar. Nehmen Sie aus Gründen der Übersichtlichkeit an, dass die Sammelladung aus drei Teilsendungen besteht.

b Beschreiben Sie die Rechtsposition, die die INTERSPED GmbH durch die Ausstellung des FBL einnimmt.
c Prüfen Sie, ob auch das FCR im Eingangsfall hätte verwendet werden können.
d Nehmen Sie an, im Eingangsfall wäre ein FCR ausgestellt worden. Erläutern Sie die Unterschiede zwischen FCR und FBL unter folgenden Gesichtspunkten:

   da im papiermäßigen Ablauf,
   db in der Rechtsposition der INTERSPED GmbH,
   dc im Charakter des Papiers,
   dd in der Vertragsgrundlage,
   de in der Versicherung des Spediteurs.

Aufgabe 2
Die WENDERS AG, Düsseldorf, erteilt der INTERSPED GmbH den Auftrag, eine Sendung mit Getriebeteilen nach Bukarest zu befördern. Es handelt sich um eine Ab-Werk-Lieferung. Für die Lieferungs- und Zahlungssicherung benötigt der Versender einen international anerkannten Ablieferungsnachweis, weil nach der Präsentation des Papiers die Zahlung fällig wird.

Sendungsdaten:
Versender: WENDERS AG, Königsberger Straße 44, 40231 Düsseldorf
Empfänger: CUBE ENERGY S.R.L, Calea Victoriei 122, 030026 Bukarest, Romania
Güterbeschreibung: fünf Paletten Getriebeteile, Zeichen WEN01-05
Gewicht: 3 500 kg
Wert: 45 600,00 EUR
Frankatur: ab Werk (Ex Works Düsseldorf)
Tag der Sendungsübernahme: 22.04.20(0)

INTERSPED erstellt für den Versender ein FCR. Das Papier muss den Hinweis tragen, dass die Fracht nachzunehmen ist („Freight Collect"). Nr. des FCR: 25499-09 DE, Ref.-No. 7204100.09.

a Begründen Sie, wer bei einer Ab-Werk-Lieferung gewöhnlich den Spediteur mit der Besorgung der Versendung beauftragt.
b Erstellen Sie das FCR (Formular siehe Seite 326).
c Erläutern Sie, welche Sicherheit das FCR dem Empfänger bietet.
d Stellen Sie den Ablauf der Güterbeförderung beim Einsatz eines FCR grafisch.
e Geben Sie an, welche Organisation in Deutschland für die Herausgabe von FCR verantwortlich ist.

Aufgabe 3
In der Lösung des 2. Arbeitsauftrages haben Sie die Regressansprüche der Transportversicherung geprüft. Dabei sind Sie von einem **unbekannten** Schadensort ausgegangen.
Nehmen Sie an, der Schadensort wäre **bekannt**.

a Erläutern Sie, wie die Haftung geregelt ist, wenn der Schaden
   aa während des Lkw-Vorlaufs von Düsseldorf nach Bremerhaven,
   ab während der Seebeförderung oder
   ac während des Nachlaufs in den USA entstanden wäre.
b Begründen Sie, ob und wie sich Ihre Lösung des Arbeitsauftrages zur Regressforderung der Transportversicherung ändert, wenn der Schadensort ermittelt werden kann.

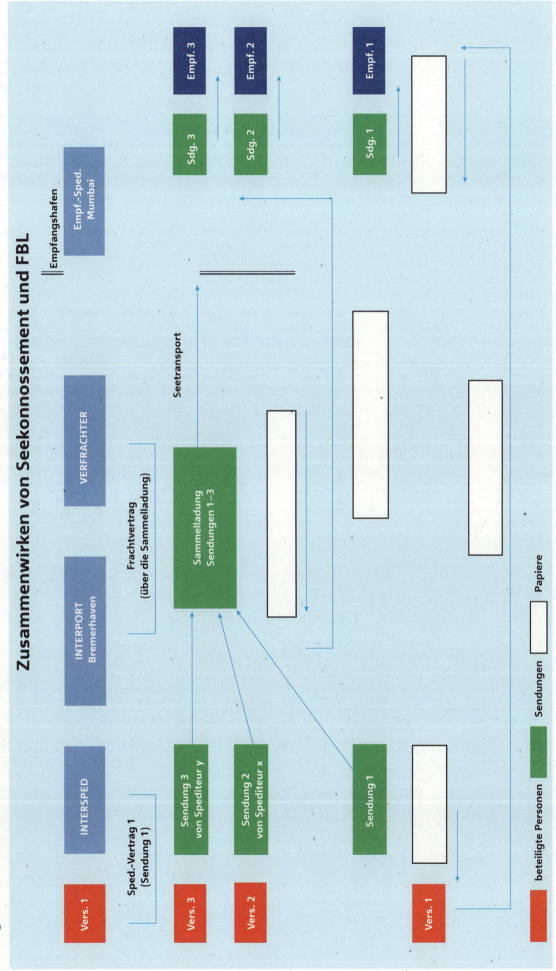

Zu Aufgabe 2

Suppliers or Forwarders Principals	Emblem of National Association	**FIATA FCR**	
		No.	Country Code
		Forwarders Certificate of Receipt	
		ORIGINAL	Forw. Ref.

Consignee

Marks and numbers	Number and kind of packages	Description of goods	Gross weight	Measurement

according to the declaration of the consignor

The goods and instructions are accepted and dealt with subject to the General Conditions printed overleaf

We certify having assumed control of the above mentioned consignment in external apparent good order and condition

☐ at the disposal of the consignee

with irrevocable instructions*

☐ to be forwarded to the consignee

* Forwarding instructions can only be cancelled or altered if the original Certificate is surrendered to us, and then only provided we are still in a position to comply with such cancellation or alteration.

Instructions authorizing disposal by a third party can only be cancelled or altered if the original Certificate of Receipt is surrendered to us, and then only provided we have not yet received instructions under the original authority.

Place and date of issue

Stamp and signature

Remarks

Instructions as to freight and charges

Text authorized by FIATA. Copyright FIATA / Zurich - Switzerland 2.82

specimen

Aufgabe 4
Stellt ein Spediteur ein FBL aus, gelten die Standard Conditions als Rechtsgrundlage.

Erläutern Sie die Haftungsbestimmungen anhand des nachfolgenden Auszugs aus den Standard Conditions.

> **Standard Conditions (1992) governing the FIATA Multimodal transport Bill of Lading (FBL)**
>
> **8. Limitation of Freight Forwarder's Liability**
> 8.3. [...] the Freight Forwarder shall in no event be or become liable for any loss of or damage to the goods in an amount exceeding the equivalent of 666.67 SDR per package or unit or 2 SDR per kilogramme of gross weight of the goods lost or damaged, whichever is the higher, unless the nature and value of the goods shall have been declared by the Consignor and accepted by the Freight Forwarder [...] and such value is stated in the FBL by him, then such declared value shall be the limit.
> [...]
>
> 8.5. Notwithstanding the above mentioned provisions, if the multimodal transport does not, according to the contract, include carriage of goods by sea or by inland waterways, the liability of the Freight Forwarder shall be limited to an amount not exceeding 8.33 SDR per kilogramme of gross weight of the goods lost or damaged.
> 8.6. a) When the loss of or damage to the goods occurred during one particular stage of the multimodal transport, in respect of which an applicable international convention or mandatory national law would have provided another limit of liability if a separate contract of carriage had been made for that particular stage of transport, then the limit of the Freight Forwarder's liability for such loss or damage shall be determined by reference to the provisions of such convention or mandatory national law [...]

SDR = Special Drawing Right = Sonderziehungsrecht = SZR

Aufgabe 5
Über eine See-Sammelladungssendung wurde ein FBL ausgestellt.

a Auf dem Formular finden Sie die nachfolgend genannten Angaben. Erläutern Sie diese Angaben näher.
- NEGOTIABLE
- CLEAN ON BOARD
- Number of Original FBL's: 3/THREE
- FREIGHT PREPAID
- SLAC
- AS CARRIER

b Erläutern Sie folgenden Texte aus dem FBL:

Text 1
> The goods and instructions are accepted and dealt with subject to the Standard Conditions printed overleaf.

Text 2
> One of these Multimodal Transport Bill of Lading must be surrendered duly endorsed in exchange for the goods. In witness whereof the original Multimodal Transport Bill of Lading all of this tenor and date have been signed in the number stated below, one of which being accomplished the other(s) to be void.

c Über die Sendung hätte auch ein Seefrachtbrief (Express Cargo Bill, ECB, Short Term Bill of Lading) ausgestellt werden können.
   ca Erläutern Sie zwei Gründe, die Frachtvertragspartner veranlassen, auf ein B/L zu verzichten.
   cb Erläutern Sie den grundlegenden Unterschied zwischen einem B/L und einem Seefrachtbrief.

> **SEA WAYBILL**   SWB No.
> **NON-NEGOTIABLE**
> for Port to Port Shipment or Combined Transport

Aufgabe 6
Ein Container mit Sammelgut ist durch das Verschulden der Reederei völlig zerstört worden. Ein Versender, der eine Sendung im Gewicht von 4 000 kg in dem Container verladen hatte, macht nun seine Schadenersatzansprüche gegenüber der Reederei geltend.

Ermitteln Sie anhand der nachfolgenden Daten, welchen Schadenersatz der Versender fordern wird.

Gewicht des Containerinhalts	22 000 kg
Gewicht der Teilsendung	4 000 kg in 40 Packstücken
Konnossement	Alle Packstücke sind in einem Anhang (Manifest) zum B/L aufgeführt worden.

Beachten Sie die Bruttokilogramm-Haftung und die Stückhaftung (Haftung pro Einheit).

1 SZR = 1,1255 EUR

Aufgabe 7
In der Spedition INTERSPED trifft heute, am 18.05.20(0), ein Auftrag des Versenders JEVIC-Medizintechnik, Münsterstraße 14, 40476 Düsseldorf, über den Transport von 4 200 kg (9,485 m³) medizinischen Geräts als Sammelgut per Seeschiff von Düsseldorf über Hamburg in die Vereinigten Arabischen Emirate ein.

Weitere Daten
- Seehafenspediteur ist INTERPORT, Hamburg.
- Der Versender wünscht die Ausstellung eines FBL.

Lernsituation 17 zum Informationshandbuch Seite 281–315, 342–349

- Es gelten die Preisvereinbarungen vom 03.01.20(0) (siehe unten).
- Frachtkosten bezahlt der Exporteur.
- Der Frachtführer EUROTRANS erhält den Auftrag, die Sendung vom Versender abzuholen und zum Hamburger Hafen zu befördern.

Erstellen Sie die Rechnung für den Versender und ermitteln Sie das Rohergebnis für diesen Auftrag. Berücksichtigen Sie hierzu die nachstehenden
- Preisvereinbarungen mit dem Auftraggeber,
- Eingangsrechnungen von EUROTRANS und INTERPORT.

Preisvereinbarungen vom 03.01.20(0) mit der JEVIC-Medizintechnik	
Vorlauf Düsseldorf – Hamburg, 410 km	300,00 EUR
Seefracht	60,00 USD M/G
CAF	9 %
BAF	4 USD M/G
THC	25,00 EUR/1 000 kg
FBL-Spesen	15,00 EUR
ISPS-Zuschlag	
■ Stückgut (LCL)	3,00 EUR pro Sendung
■ Container (FCL)	15,00 EUR pro Container
Maut für 390 Kilometer	nach INTERSPED Haustarif

Haustarif der INTERSPED GmbH (Auszug)
Mautgebühren* für Sendungen ab 3 001 kg

Gewicht** in kg	Entfernung in km									
	1–100	101–200	201–300	301–400	401–500	501–600	601–700	701–800	801–900	901–1000	1001–1100
3 001–4 000	2,91	8,75	14,60	20,41	26,25	32,10	37,91	43,75	49,60	55,41	61,25
4 001–5 000	3,74	11,25	18,77	26,24	33,75	41,27	48,74	56,25	63,77	71,24	78,75
5 001–6 000	4,57	13,75	22,94	32,07	41,25	50,44	59,57	68,75	77,94	87,07	96,25
6 001–7 000	5,40	16,25	27,11	37,90	48,75	59,61	70,40	81,25	92,11	102,90	113,75
7 001–8 000	6,23	18,75	31,28	43,73	56,25	68,78	81,23	93,75	106,28	118,73	131,25
8 001–9 000	7,06	21,25	35,45	49,56	63,75	77,95	92,06	106,25	120,45	134,56	148,75
9 001–10 000	7,89	23,75	39,62	55,39	71,25	87,12	102,89	118,75	134,62	150,39	166,25
10 001–11 000	8,72	26,25	43,79	61,22	78,75	96,29	113,72	131,25	148,79	166,22	183,75
11 001–12 000	9,55	28,75	47,96	67,05	86,25	105,46	124,55	143,75	162,96	182,05	201,25
12 001–24 000	10,00	30,00	50,00	70,00	90,00	110,00	130,00	150,00	170,00	190,00	210,00

* Beträge in Euro ohne Umsatzsteuer   ** frachtpflichtiges Gewicht

Auszug aus der Rechnung EUROTRANS

	Euro
Düsseldorf – Hamburg	
Lkw-Fracht für 4,4 Lademeter, 4 200 kg	209,00
Maut für 390 Autobahnkilometer	21,02
Zwischensumme	230,02
19 % Umsatzsteuer	43,70
Bruttobetrag	273,72

Auszug aus der Rechnung INTERPORT Hamburg

		Euro
OCEAN FREIGHT LCL 9,485 CBM · 50.00 USD	474,25 USD	369,61
CAF 9 %	42,68 USD	33,26
BAF 4 USD · 9,485 CBM	37,94 USD	29,57
1,00 EUR = 1,283109 USD		
THC	4,2 · 20,00 EUR	84,00
ISPS SURCHARGE		3,00
		519,44

Aufgabe 8

Sie sind Mitarbeiter/-in der INTERSPED GmbH und bearbeiten folgenden Auftrag zur Versendung von Stückgut:

Sendung: ein seemäßig verpacktes Getriebe, 105 000 kg, 51,129 m³
sechs Kisten mit Zubehörteilen für das Getriebe, 5 894,300 kg, 31,407 m³

Transport: von Antwerp Seaport nach Xingang, China

Mit der Reederei Rickmers-Line wurden für den Seetransport folgende Konditionen vereinbart:

- Getriebe (als Schwergut): 175,00 USD M/G
- Kisten mit Zubehör: 65,00 USD M/G
- CAF: 8 % von der Grundfracht
- BAF: 36 USD M/G
- ISPS: 0,60 EUR pro Tonne tatsächliches Gewicht
- FAC: 2,5 % von Fracht und CAF

Kurs: 1,00 EUR = 1,253600 USD

Heute trifft die nachfolgend als Ausschnitt dargestellte Rechnung der Reederei ein. Prüfen Sie die Rechnung daraufhin, ob sie den vereinbarten Konditionen entspricht und rechnerisch richtig ist.

Rechnung (Ausschnitt)

Text	Basis	Rate	Betrag/Währung	Betrag/Euro
GETRIEBE	105,00 m/w	175,00	18 375,00 USD	14 657,79
ZUBEHOER	31,407 m/w	65,00	2 041,46 USD	1 628,48
CURRENCY ADJUSTMENT FACTOR	8,00 %	20 416,46	1 633,32 USD	1 302,90
BUNKER ADJUSTMENT FACTOR	136,407 m/w	36,00	4 910,65 USD	3 917,24
ISPS SURCHARGE	110,894 TON	0,60	66,54 EUR	66,54
				21 572,95
FAC		−2,5 %	26 960,43	−674,01 USD	−537,66
				21 035,29

Aufgabe 9

Eine Sendung mit folgenden Daten ist von Hamburg nach Shanghai zu verschiffen:

- zwei Kisten je 250 cm × 180 cm × 140 cm, je 2 500 kg brutto,
- zwei Kisten je 180 cm × 90 cm × 30 cm, je 500 kg brutto.

Für Seebeförderung stellt die Reederei folgende Beträge in Rechnung:

Seefracht Hamburg – Shanghai: 53,00 USD M/G
CAF: 9 % von der Grundfracht
BAF: 16,00 USD M/G
ISPS: 0,70 EUR pro Tonne tatsächliches Gewicht

Berechnen Sie

a das frachtpflichtige Gewicht in FRT,

b die Kosten für die Seebeförderung in EUR (1,00 EUR = 1,2532 USD).

Aufgabe 10

Die Spedition INTERSPED verschifft zwei Kolli Ersatzteile von Antwerpen nach Port Kelang/Malaysia.

Die Sendungsdaten lauten:

	Bruttogewicht	Maße
1. Kollo	2 405 kg	240 cm × 120 cm × 90 cm
2. Kollo	1 450 kg	220 cm × 170 cm × 80 cm

Es liegen folgende Ratenangaben der Reederei vor:

Hamburg – Port Kelang	145,00 USD W/M.
CAF:	8,5 % von der Grundfracht
BAF:	12,00 USD W/M
ISPS:	0,60 EUR pro Tonne tatsächliches Gewicht

Kurs: 1,2944 USD

Berechnen Sie

a das frachtpflichtige Gewicht in FRT,

b die Sperrigkeit der Kolli (x-mal messend),

c die Kosten für den Seetransport.

Aufgabe 11

Die Reederei Hamburg Nord AG verschifft ab Hamburg vier seemäßig verpackte Kisten Turbinen nach Melbourne (Australien). Jede Kiste hat die Maße 8,00 m × 3,00 m × 2,50 m und ein Gewicht von 20 000 kg. Die Reederei gibt folgende Preise an:

- Frachtrate: (siehe Preistabelle rechts)
- Heavy Lift Additional: 25 USD/t
- CAF: 8 % von der Grundfracht
- BAF: 16,00 USD W/M
- ISPS: 0,60 EUR pro Tonne tatsächliches Gewicht

Kurs: 1,00 EUR = 1,2944 USD

Auszug Preistabelle:

x-mal messend	USD/FRT
ab 2	122,00
ab 3	112,00
ab 4	107,00

Berechnen Sie
a die Sperrigkeit der Sendung (x-mal messend),
b die gesamten Kosten für die Seebeförderung.

Aufgabe 12

In der Seehafenspedition INTERPORT werden Container für Seebeförderungen in alle Welt beladen.
Aufgabe der Mitarbeiterinnen und Mitarbeiter ist es, die Container so zu beladen, dass der Stauraum möglichst intensiv ausgenutzt wird.

Stellen Sie grafisch dar, wie viele Euroflachpaletten
a in einen 20'-Container,
b in einen 40'-Container
passen, Stapelfaktor „0".

Informationen zu Containerabmessungen

	Maße ausgewählter Container								
	Innenabmessungen			Türöffnungen		Gewichte			
Art	Länge mm	Breite mm	Höhe mm	Breite mm	Höhe mm	Zul. Gesamtgewicht	Eigengewicht	Max. Zuladung	Volumen m³
20' Standard (20'/8'6")	5 895	2 350	2 392	2 340	2 292	30 480	2 250	28 230	33,2
40' Standard (40'/8'6")	12 029	2 350	2 392	2 340	2 292	30 480	3 780	26 700	67,7

Aufgabe 13

Eine See-Sammelladung besteht aus sieben Kisten.
a Prüfen Sie, ob die nachfolgend aufgeführten Kisten in einen 40'-Standard-Container passen. Alle Packstücke sind nicht stapelbar (Stapelfaktor 0).
b Berechnen Sie die jeweilige Fracht, die den Versendern für ihre Sendungen in Rechnung gestellt wird. Frachtsatz: 110,00 USD M/G, 1,00 EUR = 1,2766 USD

Versender	Art	Maße Länge × Breite × Höhe in cm			Gewicht kg	Volumen m³	Frachttonne frt
A	Kiste 1	240	140	130	2 400		
A	Kiste 2	240	190	170	3 500		
B	Kiste 3	250	180	245	3 200		
B	Kiste 4	220	175	170	2 800		
C	Kiste 5	265	200	185	3 100		
C	Kiste 6	170	150	150	3 900		
C	Kiste 7	240	240	190	2 500		

Aufgabe 14
In der Spedition INTERPORT ist ein 20'-Standard-Container zu beladen. Folgende Packstücke sind in dem Container unterzubringen:

- Kiste 1: 225 cm × 150 cm × 160 cm,
- Kiste 2: 240 cm × 140 cm × 170 cm.

Der verbleibende Raum des Containers ist mit Euroflachpaletten aufzufüllen.
Ermitteln Sie, wie viele Euroflachpaletten im Container untergebracht werden können. Stellen Sie Ihre Lösung zeichnerisch dar.

Aufgabe 15
Ein Container-Vermieter bietet einen Container mit folgenden Maßen an:

Typ	Volumen m³		Länge mm	Breite mm	Höhe mm	Eigengewicht/kg	Max. Gesamtgewicht/kg
LC_40 Pallet Wide	ca. 79	außen innen	12 192 12 095	2 462 2 420	2 896 2 690	ca. 4 200	ca. 34 000

Berechnen Sie,
a mit wie vielen Europaletten dieser Container beladen werden kann,
b welches Durchschnittsgewicht die Paletten maximal haben dürfen.

Aufgabe 16
Nehmen Sie an, die CMB MELODY gerät auf dem Weg nach Nhava Sheva am Ausgang des Golfs von Aden in einen schweren Sturm. Das Schiff bekommt starke Schlagseite und droht zu kentern. Um Schiff, Treibstoff und Ladung zu retten, veranlasst der Kapitän, dass zwölf Container über Bord geworfen werden. Nach Umsetzung dieser Maßnahme gelingt es, trotz weiterer Schlagseite des Schiffes, den Hafen Salala im Oman als Nothafen anzulaufen.

a Prüfen Sie, ob in der vorliegenden Situation die Bedingungen für eine Große Haverei (Havarie Grosse) erfüllt sind.
b Entscheiden Sie, wer für den Schaden durch das Überbordwerfen der Container sowie die weiteren Kosten für das Einlaufen in den Nothafen aufkommen muss.
c Als das Schiff nach zwei Tagen Aufenthalt in Salala ohne Schlagseite die Weiterfahrt nach Nhava Sheva antreten kann, erstellt der Kapitän eine Dispache. Erläutern Sie, worum es sich dabei handelt und ob dies zu seinen Aufgaben als Kapitän gehört.

Aufgabe 17
Der technisch bedingte Ausfall einer Lkw-Waage im Container-Terminal in Bremerhaven hat zur Folge, dass nicht alle Lkw bzw. Container gewogen werden können. Dies ist gemäß der seit 2016 gültigen SOLAS-VGM-Richtlinie aber notwendig, um der Reederei das verifizierte Bruttocontainergewicht (Verified Gross Mass – VGM) rechtzeitig vor Verladung auf das Seeschiff übermitteln zu können.

Beschreiben Sie, wie der Seehafenspediteur das genaue Bruttocontainergewicht mithilfe der VGM-Methode 2 auch ohne Waage ermitteln kann.

Aufgabe 18
Stellen Sie fest, wodurch sich die beiden nachfolgend beschriebenen Speditionen in ihren Seefrachtaktivitäten unterscheiden:

BSG Global Forwarding GmbH, Bremen	INTERSPED GmbH, Düsseldorf
Diese Spedition wird als **NVOCC** (englisch non-vessel operating common carrier) tätig, d. h., sie kauft langfristig Schiffsraum von Reedereien ein und verkauft diesen in kleineren Teilen an ihre Kunden weiter. Gegenüber den Reedereien tritt die Spedition als Befrachter auf, gegenüber den Kunden allerdings als Verfrachter. Die Spedition ist demnach eine Reederei ohne eigenen Schiffsraum. Als Verfrachter stellt sie Reederei-Konnossemente aus (Ocean Bill of Lading). Die BSG Global Forwarding GmbH ist vorzugsweise im See-Sammelgutgeschäft (LCL) tätig, befördert aber auch komplette Container (FCL).	Diese Spedition erhält von ihren Kunden Besorgungsaufträge für Seebeförderungen. Dazu bucht sie bei Reedereien in eigenem Namen Schiffsraum, hat also die Position eines Befrachters. Mit den Versendern werden Festpreise vereinbart. Auf Wunsch des Kunden stellt die Spedition im Sammelladungsverkehr (LCL-Verkehr) Spediteurversanddokumente aus, vor allem FBL. Im FCL-Verkehr verwendet sie das B/L der Reederei. INTERSPED besorgt FCL- und LCL-Güterversendungen im Seeverkehr.

Aufgabe 19
Die Spedition Sammer GmbH befördert Keramikgeschirr von Koblenz nach Kopenhagen. Der Lkw benutzt auf einem Teil der Strecke die Fähre Puttgarden – Rödby.
Bei der Beladung der Fähre wird der Lkw durch das Fährpersonal nicht ausreichend gesichert, sodass der Lkw ins Rutschen kommt. Teile der Ladung werden dadurch beschädigt.
Sendungsdaten:

- 30 Paletten mit 19 500 kg Keramikgeschirr; Gewicht pro Palette: 650 kg
- Wert der Sendung: 258 000,00 EUR
- Wert pro Palette: 8 600,00 EUR
- beschädigter Teil der Sendung: 6 Paletten

Die Reederei hat den Schaden anerkannt.
Der Kunde macht einen Schaden in Höhe von insgesamt 51 600,00 EUR geltend.
Wert eines SZR: 1,275 EUR

Auszug aus dem CMR-Frachtbrief

6 Kennzeichen und Nummern	7 Anzahl der Packstücke	8 Art der Verpackung	9 Offiz. Benennung f. d. Beförderung	10 Statistiknummer	11 Bruttogewicht in kg	12 Umfang in m³
KER- 1-30	30	Europaletten	Keramikgeschirr Ceramic dishes		19 500	

Auszug aus der CMR

Artikel 2 CMR
1. Wird das mit dem Gut beladene Fahrzeug auf einem Teil der Strecke zur See, mit der Eisenbahn, auf Binnenwasserstraßen oder auf dem Luftwege befördert und wird das Gut - abgesehen von Fällen des Artikels 14 – nicht umgeladen, so gilt dieses Übereinkommen trotzdem für die gesamte Beförderung. Soweit jedoch bewiesen wird, dass während der Beförderung durch das andere Verkehrsmittel eingetretene Verluste, Beschädigungen oder Überschreitungen der Lieferfrist nicht durch eine Handlung oder Unterlassung des Straßenfrachtführers, sondern durch ein Ereignis verursacht worden sind, das nur während und wegen der Beförderung durch das andere Beförderungsmittel eingetreten sein kann, bestimmt sich die Haftung des Straßenfrachtführers nicht nach diesem Übereinkommen, sondern danach, wie der Frachtführer des anderen Verkehrsmittels gehaftet hätte, wenn ein lediglich das Gut betreffender Beförderungsvertrag zwischen dem Absender und dem Frachtführer des anderen Verkehrsmittels nach den zwingenden Vorschriften des für die Beförderung durch das andere Verkehrsmittel geltenden Rechts geschlossen worden wäre. Bestehen jedoch keine solchen Vorschriften, so bestimmt sich die Haftung des Straßenfrachtführers nach diesem Übereinkommen.

Auszug aus dem HGB

> **§ 504 HGB: Haftungshöchstbetrag bei Güterschäden**
>
> (1) Die nach den §§ 502 und 503 zu leistende Entschädigung wegen Verlust oder Beschädigung ist auf einen Betrag von 666,67 Rechnungseinheiten für das Stück oder die Einheit oder einen Betrag von 2 Rechnungseinheiten für das Kilogramm des Rohgewichts des Gutes begrenzt, je nachdem, welcher Betrag höher ist. Wird ein Container, eine Palette oder ein sonstiges Lademittel verwendet, das zur Zusammenfassung von Frachtstücken verwendet wird, so gilt jedes Stück und jede Einheit, welche in einem Beförderungsdokument als in einem solchen Lademittel enthalten angegeben sind, als Stück oder Einheit im Sinne des Satzes 1. Soweit das Beförderungsdokument solche Angaben nicht enthält, gilt das Lademittel als Stück oder Einheit.
> [...]

a Berechnen Sie den Schadenersatz.

b Nehmen Sie an, im CMR-Frachtbrief wären nicht nur 30 Paletten, sondern auch 720 Karton (24 Kartons pro Palette) aufgeführt gewesen. Begründen Sie die Auswirkung dieser Angabe auf die Haftung des Frachtführers.

c Nehmen Sie an, der Fahrer des Lkw verursacht während des Transports nach Kopenhagen einen Unfall auf der Autobahnstrecke von Koblenz nach Puttgarden. Berechnen Sie für diesen Fall den Schadenersatz für die sechs Paletten.

Aufgabe 20

Die Spedition Hetzler GmbH in Osnabrück besorgt für den Versender Rahren Metallbau KG den Transport einer Sendung von Minden nach Lancaster, USA. Mit dem Versender wurde ein fester Preis für die Gesamtstrecke vereinbart. Als Dokument ist ein FBL ebenfalls über die Gesamtstrecke zu erstellen.

Sendungsdaten: 700 kg Ersatzteile für Förderanlagen
Beförderungsweg:

- mit einem Lkw von Minden nach Amsterdam
- von Amsterdam per Flugzeug nach Philadelphia
- per Lkw von Philadelphia nach Lancaster

Begründen Sie, welche Rechtsgrundlage für die Haftung jeweils heranzuziehen ist.

a Ein Schaden tritt während des Lkw-Transports von Minden nach Amsterdam ein.

b Schadenseintritt während der Luftbeförderung Amsterdam – Philadelphia.

c Ein Schaden ist beim Lkw-Transport Philadelphia – Lancaster festzustellen.

d Nehmen Sie an, erst der Empfänger in Lancaster stellt fest, dass die Sendung beschädigt ist. Der Schadensort kann nicht festgestellt werden.

Aufgabe 21

Nachstehend sind die 15 größten Containerhäfen Europas (gemessen nach Umschlag in Mio. TEU 2020) aufgelistet.

a Ermitteln Sie die Staaten, in denen sich die Häfen befinden.

b Eine Gruppe von europäischen Häfen wird unter dem Namen „Nordrange" zusammengefasst. Ermitteln Sie, welche der aufgelisteten (und ggf. welche weiteren) Häfen zu dieser Gruppe gehören.

Rang	Hafen	Staat	Umschlag in Mio. TEU (2020)
1	Rotterdam		14,4
2	Antwerpen		12,0
3	Hamburg		8,5
4	Piräus		5,4
5	Valencia		5,4
6	Algeciras		5,1
7	Bremerhaven		4,8
8	Felixstowe		3,8

Rang	Hafen	Staat	Umschlag in Mio. TEU (2020)
9	Gioia Tauro		3,2
10	Barcelona		3,0
11	Le Havre		2,4
12	Marsaxlokk		2,4
13	Genua		2,3
14	St. Petersburg		2,1
15	Danzig		1,9

Aufgabe 22

In der internationalen Seeschifffahrt sind insbesondere die Seeschifffahrtswege zwischen den Meeren von Bedeutung. Diese Wege sind entweder Meerengen natürlichen Ursprungs oder wurden als Kanäle von Menschenhand geschaffen.

Ergänzen Sie die nachstehende Tabelle, indem Sie

a den jeweiligen Seeweg angeben, der die genannten (Teil-)Meere verbindet,

b den Staat bzw. die Staaten nennen, durch deren Hoheitsgewässer der jeweilige Seeweg führt.

Verbundene (Teil-)Meere	Seeschifffahrtsweg	Staat(en)
Nordsee/Ostsee	Nord-Ostsee-Kanal	Deutschland
Nordsee/Atlantik		
Mittelmeer/Rotes Meer		
Atlantik/Große Seen		
Indischer Ozean/Südchinesisches Meer		
Mittelmeer/Schwarzes Meer		
Karibik/Pazifik		
Persischer Golf/Indischer Ozean		
Atlantik/Mittelmeer		
Rotes Meer/Indischer Ozean		

Lernsituation 17 zum Informationshandbuch Seite 281–315, 342–349 **335**

Aufgabe 23 (Prüfungsnahe Aufgabenstellung)

Situation
Sie sind Mitarbeiter/-in der INTERSPED GmbH und erhalten den Auftrag, die Versendung von Ersatzteilen für landwirtschaftliche Maschinen von Siegen nach Alexandria (Ägypten) zu besorgen.

Beteiligte
- Spediteur: INTERSPED GmbH, Merkurstraße 14, 40223 Düsseldorf
- Versender: Agrarinvest GmbH, Industriestraße 94, 57076 Siegen
- Seehafenspediteur: INTERPORT Seehafenspedition, Am Ballinkai 75, 21129 Hamburg
- Seefrachtführer: OCL Shipping, Kaistraße 54, 22609 Hamburg
- Empfangsspediteur in Ägypten: ALEXA CARGO LTD., 45 Gamal Yassin St., El Raml Station, Alexandria, Egypt
- Empfänger: ACAMA, 82 Moustawsaf El Karmelet St., Saint Thereza, Cairo, Egypt

Informationen zur Sendung
- eine Palette Ersatzteile für Kartoffelvollernter, 800 kg, 200 cm × 110 cm × 110 cm (L × B × H), Wert 9 500,00 EUR
- Movement: LCL/LCL
- Beförderungsablauf: Per Lkw von Siegen bis Hamburg, Seebeförderung von Hamburg bis Alexandria, Lkw-Nachlauf bis zum Empfänger in Kairo
- Dokument: FBL
- Der Versender (Exporteur) trägt alle Kosten bis zum Bestimmungshafen Alexandria (Port).

1 (2 Punkte)
1.1 Sie bieten Ihrem Kunden den Transport auf Basis LCL/LCL an. Erläutern Sie den Containerrundlauf LCL/LCL.

1.2 Begründen Sie, warum im vorliegenden Fall ein FCL/FCL-Transport nicht sinnvoll ist.

2 (3 Punkte)
Begründen Sie, welche Vertragsbeziehungen zwischen
- der Agrarinvest GmbH und der INTERSPED GmbH,
- der INTERSPED GmbH und der Reederei OCL Shipping sowie
- der INTERSPED GmbH und dem Empfangsspediteur bestehen.

3 (1,5 Punkte)
Aus dem Speditionsauftrag und der Buchungsbestätigung des Seehafenspediteurs lässt sich folgender organisatorischer Ablauf für die Sendung nach Ägypten ableiten:

Datum	Ereignisse
02.09.	Speditionsauftrag der Agrarinvest GmbH
18.09.	Abholung der Sendung beim Versender, Umschlag bei INTERSPED, Beförderung nach Hamburg im Sammelgut-Hauptlauf mit anschließender Zustellung im Hafen
19.09.	Beladen des Sammelgutcontainers im Lager des Seehafenspediteurs INTERPORT
20.09.	Closing-Date
22.09.	ETS
02.10.	ETA

Beschreiben Sie den Ablauf mit eigenen Worten und gehen Sie insbesondere auf die Begriffe „Closing-Date", „ETS" und „ETA" ein.

4 (9 Punkte)

Auf Wunsch des Versenders ist über die Sendung ein FBL ausgestellt worden. Für den Sammelgut-Container liegt außerdem ein Bill of Lading vor.

Auszug aus dem FBL

4.1 Begründen Sie, wer das FBL und wer das B/L ausgestellt hat.

4.2 Erläutern Sie, welche Abschnitte der Beförderungsstrecke durch die beiden Dokumente jeweils abgedeckt werden.

4.3 Erläutern Sie die Ausdrücke „Multimodal" und „negotiable" im Kopf des FBL.

4.4 Im Feld „Number of Original FBL's" ist eingetragen: 3/THREE.

Machen Sie deutlich, was dieser Eintrag bedeutet.

4.5 Auf dem FBL befindet sich der Vermerk „FREIGHT PREPAID". Begründen Sie, warum dieser Eintrag korrekt ist.

4.6 Im FBL ist unter anderem folgender Text abgedruckt:

> One of these Multimodal Transport Bill of Lading must be surrendered duly endorsed in exchange for the goods. In witness whereof the original Multimodal Transport Bill of Lading all of this tenor and date have been signed in the number stated below, one of which being accomplished the other(s) to be void.

Geben Sie den Inhalt dieses Textes mit eigenen Worten wieder.

4.7 Nennen Sie die wesentliche Gemeinsamkeit von FBL und B/L.

5 (3 Punkte)

Der Versender hätte auch einen See Waybill verlangen können.

5.1 Geben Sie zwei weitere Bezeichnungen für dieses Dokument an.

5.2 Machen Sie anhand des folgenden Textauszuges aus einem See Waybill zwei wesentliche Eigenschaften des Dokuments deutlich.

> This non-negotiable Sea Waybill, which is issued instead of a Bill of Lading at the Merchant's request, is not a document of title to the Goods. Otherwise the contract evidenced by this Sea Waybill is deemed to be a contract as defined in Article 1 (b) of the Hague Rules. Carrier is to exercise due care ensuring that delivery is made to the Consignee or his authorised representative. However, the Carrier shall not be liable for misdelivery, unless caused by the Carrier's negligence.

5.3 Für die Beförderung der Ersatzteile hätte auch ein FCR eingesetzt werden können. Stellen Sie begründet fest, ob das FCR eher dem FBL oder dem Sea Waybill gleicht.

6 (6 Punkte)

Die Agrarinvest GmbH fragt an, ob es notwendig sei, die Sendung zu versichern.

6.1 Prüfen Sie, ob die Haftung der Beteiligten aufgrund der anzuwendenden Standard Conditions des FBL ausreicht, um den Güterwert im Schadensfall bei bekanntem Schadensort abzudecken. Betrachten Sie dazu
- den Vorlauf von Siegen bis Hamburg per Lkw,
- den Umschlag der Güter auf dem Lager der INTERSPED GmbH,
- die Beförderung per Seeschiff von Hamburg bis Alexandria. In einem Anhang zum B/L sind alle Einzelsendungen des Sammelgutcontainers aufgelistet. Es sind daher die Haftungsgrenzen aufgrund der Gewichts- und Stückhaftung zu ermitteln.

Der Wert eines Sonderziehungsrechts beträgt 1,255 EUR.

6.2 Erläutern Sie, wie sich Ihre Lösung zu 6.1 ändern würde, wenn der Schadensort nicht ermittelt werden könnte.

Die INTERSPED GmbH weist alle Versender darauf hin, dass sie nach ADSp arbeitet. Nehmen Sie an, bei einem multimodalen Transport unter Einschluss einer Seebeförderung wären die ADSp anzuwenden.

6.3 Begründen Sie mithilfe des nachfolgenden Textauszuges, ob sich bei unbekanntem Schadensort für die Haftung des Spediteurs eine Änderung im Vergleich zur Lösung 6.2 ergäbe.

Auszug aus den ADSp 2017

> 23 Haftungsbegrenzungen
>
> 23.1 Die Haftung des Spediteurs für Güterschäden in seiner Obhut [...] ist [...] der Höhe nach wie folgt begrenzt:
>
> 23.1.1 [...]
>
> 23.1.2 auf 2 statt 8,33 Sonderziehungsrechte für jedes Kilogramm, wenn der Auftraggeber mit dem Spediteur einen Verkehrsvertrag über eine Beförderung mit verschiedenartigen Beförderungsmitteln unter Einschluss einer Seebeförderung geschlossen hat und der Schadenort unbekannt ist.
>
> [...]

7 (1,5 Punkte)

Erläutern Sie folgende Begriffe, die in der Buchungsbestätigung der Reederei für den Sammelgutcontainer unter anderem aufgeführt sind:
- Consolidated Cargo
- Port to Port
- 1 x 40' HIGH CUBE

8 (2 Punkte)

8.1 Berechnen Sie aufgrund der folgenden Preisvereinbarungen den Betrag, den die Spedition INTERSPED GmbH dem Versender in Rechnung stellt.

8.2 Begründen Sie, warum in der Rechnung kein CAF ausgewiesen wird.

Preisvereinbarungen mit dem Versender	in Euro
Lkw-Vorlauf nach Haustarif	272,00
Seefracht	64,50 W/M
BAF	15,00 W/M
ISPS pro Sendung	16,00

9 (2 Punkte)

Beschreiben Sie den kürzesten Seeweg des Schiffes von Hamburg nach Alexandria, indem Sie fünf Meere/Wasserstraßen nennen, die das Schiff auf dieser Route passiert.

SELBSTTEST LERNSITUATION 17

Diese **Prozesse** beherrsche ich (X):

	voll	weit-gehend	eher nicht	gar nicht
eine Sendung im See-Sammelgutverkehr organisieren				
die erforderlichen Speditionsaufträge schreiben				
ein FBL erstellen				
das Zusammenwirken von B/L und FBL grafisch darstellen				
die Seefracht einschließlich Gebühren berechnen				
das Rohergebnis eines Auftrages ermitteln				
Regressansprüche der Transportversicherung prüfen				
die alternative Stück- und Kilogrammhaftung des HGB anwenden				
die ADSp bei multimodalen Transporten berücksichtigen				
das Netzwerkprinzip des HGB auf einen Haftungsfall beziehen				

Diese **Begriffe** kenne ich (✓):

FAK-Raten	☐	Gewichtsraten	☐	nautisches Verschulden	☐
FBL	☐	Große Haverei	☐	Netzwerkprinzip	☐
FCR	☐	Lumpsum-Raten	☐	Sperrigkeit (Seefrachtrechnen)	☐
Frachttonne	☐	Maßraten	☐	Standard Conditions	☐

Abschlussaufgabe Lernsituation 17

Situation
Sie sind Mitarbeiter/-in der Seehafenspedition Seaway International Shipping GmbH, Mattentwiete 25, 20457 Hamburg, und bearbeiten einen Besorgungsauftrag der MPT Präzisionstechnik GmbH, Liebknechtstraße 32, 39110 Magdeburg. Folgende Sendung soll per Seeschiff nach China befördert werden:
eine Kiste mit Prägewalzen, 1 480 kg brutto, 1 350 kg netto, Maße: 320 cm × 75 cm × 66 cm, Wert der Sendung: 18 500,00 EUR
Empfänger der Sendung ist die Move Industrial Co. Ltd., 21 Great Wall Factory Bldg., 18 Cheung Shun St., Cheung Sha Wan, Kowloon, Hongkong, China.
Die Spedition wird die Sendung im Rahmen ihres Lkw-Sammelgutverkehrs in Magdeburg abholen und in Hamburg über eine eigene regelmäßige See-Sammelgutverbindung Hamburg – Hongkong abfertigen. Den Nachlauf ab Hongkong übernimmt der Importeur.
Der Versender hat eine eigene Transportversicherung abgeschlossen. Er wünscht ein FBL als Liefernachweis.

1
a) Vor der Auftragserteilung haben Sie der MPT Präzisionstechnik GmbH einen Fixpreis Magdeburg – Bestimmungshafen aufgrund der nachfolgenden Angaben angeboten. Berechnen Sie den Angebotspreis.
Vorlauf: Als Haus-Haus-Entgelt sind 471,00 EUR und als anteilige Maut 7,99 EUR zu berücksichtigen.

Hauptlauf: Die **Reederei** bietet uns folgende Konditionen an:		Mit dem **Versender** haben wir vereinbart:	
Seefracht	110,00 USD W/M	130,00 USD W/M	
BAF	45,00 USD W/M	54,00 USD W/M	
CAF + (auf Grundfracht)	+ 8 % auf die Grundfracht	9 %	
ISPS	3,00 USD pro Sendung	3,00 USD pro Sendung	
Schiffskurs 1,00 EUR = 1,38 USD		FBL-Spesen: 15,00 EUR	
		THC Hamburg 26,00 EUR pro 1 000 kg	

b) Ermitteln Sie das Rohergebnis des Auftrages, wenn Sie für den Lkw-Vorlauf anteilmäßig 160,00 EUR Kosten (einschließlich Maut) ansetzen.

2
Für die Sendung haben Sie das auf Seite 341 abgebildete FBL ausgestellt.
a) Erläutern Sie folgende Angaben im Dokument:
- NEGOTIABLE,
- Clean on board,
- AS CARRIER,
- Freight prepaid,
- S.T.C.

b) Erläutern Sie folgende Texte aus dem FBL (Negotiable FIATA Multimodal Transport Bill of Lading):

ba)
> One of these Multimodal Transport Bill of Lading must be surrendered duly endorsed in exchange for the goods. In witness whereof the original Multimodal Transport Bill of Lading all of this tenor and date have been signed in the number stated below, one of which being accomplished the other(s) to be void.

bb)
> Declared Value for ad valorem rate according to the declaration of the consignor (Clauses 7 and 8).

c) Entwickeln Sie eine Abwandlung der Ausgangssituation, in der die Felder „Place of receipt" und „Place of delivery" sinnvoll ausgefüllt werden.

Lernsituation 17 zum Informationshandbuch Seite 281–315, 342–349

3

Über die gesamte Sammelladung, die in einem Container befördert wird, stellen wir einen Seefrachtbrief aus.

a Erläutern Sie drei Gründe, die uns veranlassen, auf ein B/L zu verzichten.
b Erläutern Sie den Text „Port to Port Shipment or Combined Transport" im Seefrachtbrief.
c Beschreiben Sie, wie der Seefrachtbrief und das FBL im Rahmen dieses Transportes miteinander verbunden sind.
d Machen Sie den grundlegenden Unterschied zwischen einem Seefrachtbrief und einem B/L deutlich.
e Übersetzen Sie folgenden Text aus dem Seefrachtbrief ins Deutsche:

SEA WAYBILL SWB No.
NON-NEGOTIABLE
for Port to Port Shipment
or Combined Transport

> This non-negotiable Sea Waybill, which is issued instead of a Bill of Lading at the Merchant's request, is not a document of title to the Goods. Otherwise the contract evidenced by this Sea Waybill is deemed to be a contract as defined in Article 1 (b) of the Hague Rules. Carrier is to exercise due care ensuring that delivery is made to the Consignee or his authorised representative. However, the Carrier shall not be liable for misdelivery, unless caused by the Carrier's negligence.

4

Die Seaway International Shipping GmbH arbeitet nach den ADSp und hat daher eine Haftungsversicherung abgeschlossen. In den Bedingungen der Versicherung wird aufgelistet, nach welchen gesetzlichen oder vertraglichen Vorschriften Schadenersatz geleistet wird, wenn entsprechende Haftungsansprüche an den Spediteur gestellt werden.

a Stellen Sie fest, auf welche Tätigkeitsbereiche der Spedition sich die nachfolgenden Vorschriften beziehen:
- HGB,
- CMR,
- MÜ,
- Haag-Visby-Rules,
- AGB (z. B. ADSp),
- CIM,
- WA,
- Standard Conditions.

b Begründen Sie, ob die Versicherung Schadenersatz leistet, wenn Seaway International Shipping GmbH aufgrund des vorliegenden Besorgungsauftrages für einen Schaden haften müsste.
c Alle Speditionsaufträge der Seaway International Shipping GmbH enthalten am Ende folgenden Text:

> Wir arbeiten ausschließlich auf Grundlage der Allgemeinen Deutschen Spediteurbedingungen 2017 – ADSp 2017 –. **Hinweis**: Die ADSp 2017 weichen in Ziffer 23 hinsichtlich des Haftungshöchstbetrages für Güterschäden (§ 431 HGB) vom Gesetz ab, indem sie die Haftung bei multimodalen Transporten unter Einschluss einer Seebeförderung und bei unbekanntem Schadenort auf 2 SZR/kg und im Übrigen die Regelhaftung von 8,33 SZR/kg zusätzlich auf 1,25 Millionen Euro je Schadenfall sowie 2,5 Millionen Euro je Schadenereignis, mindestens aber 2 SZR/kg, beschränken.

Begründen Sie, inwieweit dieser Hinweis für den aktuellen Besorgungsauftrag von Bedeutung ist.
d Die Spedition hat mit dem Versender einen festen Preis vereinbart. Stellen Sie dar, inwiefern die Spedition damit die Position des klassischen Spediteurs/Schreibtisch-Spediteurs aufgibt.

Consignor MPT Präzisionstechnik GmbH Liebknechtstraße 32 39110 Magdeburg Germany	Emblem of National Association **FBL** Referenz-Nr.: 1188/12 NEGOTIABLE FIATA MULTIMODAL TRANSPORT BILL OF LADING issued subject to UNCTAD / ICC Rules for Multimodal Transport Documents (ICC Publication 481).
Consigned to order of Move Industrial Co., Ltd. 21 Great Wall Factory Bldg. 18 Cheung Shun St., Cheung Sha Wan, Kowloon, Hongkong, China	
Notify address	Seaway International Shipping GmbH Mattentwiete 25 20457 Hamburg Telefon: (040) 3748 466-0 E-Mail: info@seaway.de

Place of receipt				
Ocean vessel **MING SOUTH**	Port of loading **Hamburg Port**			
Port of discharge **Hongkong**	Place of delivery			
Marks and numbers	Number and kind of packages	Description of goods	Gross weight	Measurement
Hongkong W10/2343 1 480 Kg Gross 1 350 Kg Net	1 case	One piece of steel embossing roll S.T.C. Loaded in container No. CLHU 822011-1 Clean on board 20(0)-08-13 Freight prepaid	1 480 kg	1,584 cbm

according to the declaration of the consignor

Declaration of Interest of the consignor in timely delivery (Clause 6.2.)	Declared value for ad valorem rate according to the declaration of the consignor (Clauses 7 and 8).

The goods and instructions are accepted and dealt with subject to the Standard Conditions printed overleaf.

Taken in charge in apparent good order and condition, unless otherwise noted herein, at the place of receipt for transport and delivery as mentioned above.

One of these Multimodal Transport Bills of Lading must be surrendered duly endorsed in exchange for the goods. In Witness where of the original Multimodal Transport Bills of Lading all of this tenor and date have been signed in the number stated below, one of which being accomplished the other(s) to be void.

Freight amount	Freight payable at **Hamburg**	Place and date of issue **Düsseldorf; 20(0)-08-13**
Cargo Insurance through the undersigned ☒ not covered ☐ Covered according to attached Policy	Number of Original FBL's 3/THREE	Stamp and signature Seaway International Shipping GmbH AS CARRIER Maurer
For delivery of goods please apply to: WBA Lines LTD. 22/F Western Centre, 4050 Des Voeux Road Hongkong Phone: 852 312 97655		

5

Auf der Reise von Hamburg nach China läuft das Schiff folgende asiatische Häfen an:
- Kelang (Malaysia)
- Jeddah (Saudi Arabien)
- Singapur (Singapur)
- Mumbai (Indien)

Geben Sie die richtige Reihenfolge an, in der das Schiff die Häfen anläuft.

6

Bei der Montage der Prägewalzen im Zielland wird festgestellt, dass Halterungen für die Befestigung der Walzen fehlen. Sie sollen per Luftfracht nachgeliefert werden. Der Versender möchte wissen, wie teuer der Versand wird. Die Kiste würde vom Versender per Pkw zum Umschlaglager des Spediteurs befördert.

a Berechnen Sie die Kosten bis Flughafen Hongkong unter Berücksichtigung folgender Daten:
- Sendungsdaten: 55 kg, 95 cm × 75 cm × 65 cm
- Nebengebühren:
  - Fuel Surcharge 0,85 EUR/kg tatsächliches Gewicht
  - Security Surcharge: 0,15 EUR/kg tatsächliches Gewicht
  - AWB-Gebühr: 20,00 EUR

HAMBURG		DE	HAM
EUR	EUR		KGS
HONGKONG		HK	
		M	94,50
		N	11,50
		45	10,37
		100	9,69
		300	8,10
		500	7,47
	9500	100	6,42
	/C		5,49
5	/B	2000	9850,00
9500 PAINTINGS, ENGRAVINGS			

b Erläutern Sie die im nebenstehenden Tarif dargestellten übrigen Frachtraten und begründen Sie jeweils, warum diese hier nicht angewendet werden.

c Beschreiben Sie, wie die Alternativrechnung mithilfe der Schnittmengenberechnung durchgeführt werden kann.

d Ergänzen Sie das Feld „Handling Information" im AWB, wenn gilt, dass die Spedition als reglementierter Beauftragter per Röntgen luftsicher gemacht hat.
Registrierungsnummer der Seaway International Shipping GmbH: DE/RA/36371-01/1025

e Erläutern Sie jeweils zwei Stärken der Verkehrsträger Seeschifffahrt und Luftfracht.

Lernsituation 18
Eine See-Exportsendung abfertigen

Die Maschinenfabrik DEGENER & LUTZ GmbH hat die Beziehung mit ihrem Kunden, BROWN & CO. Ltd., 584 South Maryland Avenue, Chicago, USA, gefestigt. Für die INTERSPED GmbH hat dies einen weiteren Besorgungsauftrag im internationalen Seeverkehr zur Folge. Der heutige Speditionsauftrag vom 01.10.20(0) weist allerdings einige Besonderheiten auf:

Siehe Lernsituation 16

1. Die Transportkosten sind gemäß INCOTERMS® 2020 CIF auf Exporteur und Importeur aufzuteilen.
2. Der Versender wünscht den Abschluss einer Transportversicherung durch INTERSPED.
3. Der Kaufvertrag zwischen DEGENER & LUTZ sowie BROWN & CO. Ltd. ist mit einem Dokumentenakkreditiv verbunden.

Sendungsdaten

Versender	DEGENER & LUTZ GmbH, Holzheimer Weg 33, 41464 Neuss
Empfänger	BROWN & CO. Ltd., 584 South Maryland Avenue, Chicago, USA
Güter	430 CARTONS MOTOR VEHICLE ACCESSOIRES – 110 CARTONS TACHOMETER, Art. 7440 – 120 CARTONS TANK INDICATOR, Art. 7321 – 200 CARTONS OIL PRESSURE INDICATOR, Art. 7843
Gewicht der Sendung	16 980 kg
Volumen der Sendung	25 m³
Wert	CIF-Wert 231 000,00 EUR
Transport	per Lkw von Neuss nach Bremerhaven Ende Oktober 20(0) per Seeschiff von Bremerhaven nach Chicago per Lkw vom Kai in Chicago zum Lager des Importeurs
Container-Rundlauf	FCL/FCL
Lieferbedingung	CIF Chicago, Harbour, gemäß INCOTERMS® 2020. Die Transportkosten sind gemäß INCOTERMS® 2020 CIF auf Exporteur und Importeur aufzuteilen. Abweichend von CIF ist durch INTERSPED eine Transportversicherung als Haus-Haus-Versicherung nach DTV-Güterversicherungsbedingungen 2000/2011, volle Deckung einschließlich DTV-Streik- und Aufruhrklausel, abzuschließen.
Zahlungsbedingung	Der Kaufvertrag zwischen DEGENER & LUTZ sowie BROWN & CO. Ltd. ist durch ein unwiderrufliches, bestätigtes Dokumentenakkreditiv der CHICAGO BANKING CORPORATION abgesichert. Zahlstelle ist die Hausbank der Maschinenfabrik, die COMMERZBANK in Düsseldorf.
Liefernachweis	reines An-Bord-Konnossement
Verpackung	Versand in einem Container

Tätigkeiten bei der Besorgung des Auftrags

29.09.20(0)	Vorbesprechung des Auftrags mit dem Versender
02.10.20(0)	Telefonische Anfragen bei folgenden Unternehmen: ■ Transportunternehmer FAHRLAND ■ Seehafenspediteur INTERPORT (INTERPORT Seehafenspedition, Steubenstraße 43, 27568 Bremerhaven). Niederlassung in Chicago: INTERPORT FORWARDERS AGENT, P.O.B. 34556, Chicago, USA; sie wird die weitere Behandlung der Sendung im Bestimmungshafen übernehmen. ■ Versicherungsgesellschaft SECURIA, Graacher Staße 15, 50969 Köln (Transportversicherung) ■ TRANS-WORLD-Reederei, Gustav-Adolf-Straße 78, 28217 Bremen

Für die Kalkulation (als Fixpreis für den Versender) erbrachten Anfragen folgendes Ergebnis:

1. Vorlaufkosten Neuss – Bremerhaven per Lkw:	425,00 EUR
2. Terminal-Handling-Charges (THC) in Bremerhaven (nicht Bestandteil der Seefracht):	175,00 EUR
3. Seefracht Autoteile Bremerhaven – Chicago einschließlich Container-Gestellung:	940 USD
4. CAF auf die Seefracht:	10 %
5. BAF pro Container:	160,00 USD
6. Terminal-Handling-Charges im Hafen Chicago (nicht Bestandteil der Seefracht):	250,00 USD
7. Nachlauf Hafen Chicago – Lager Importeur:	180,00 USD
8. B/L-Gebühr:	18,75 EUR
9. ISPS-Zuschlag Bremerhaven pro Container:	15,00 EUR
10. Transportversicherung (von 110 % des CIF-Wertes):	1 250,00 EUR

Lernsituation 18 zum Informationshandbuch Seite 381–393

Für die Umrechnung der US-Dollar ist ein Devisenkurs von 1,2400 USD für 1,00 EUR zugrunde zu legen.

Auf die entstehenden Kosten (ohne B/L- und ISPS-Gebühr) wird ein Zuschlag von 20 % für die Gemeinkosten aufgeschlagen. Der so ermittelte Zwischenwert wird noch um einen Gewinnzuschlag von 5 % erhöht. Die B/L-Gebühr und den ISPS-Zuschlag berechnet INTERSPED in gleicher Höhe an den Auftraggeber weiter. Die Versicherungsprämie enthält eine Vermittlungsprovision, die die Versicherungsgesellschaft an INTERSPED zahlt. Die Prämie wird daher dem Versender in der genannten Höhe berechnet.

Zum Schluss wird der kalkulierte Endbetrag auf die nächsten vollen 50,00 EUR aufgerundet.

In die Kalkulation sollen aber nur die Beträge einfließen, die auch tatsächlich vom **Exporteur** zu tragen sind (siehe INCOTERM® 2020 CIF). Kosten, die der **Importeur** übernehmen muss, werden vom Seehafenspediteur in Chicago in Rechnung gestellt.

Fragenkatalog als Formular, siehe Seite 351

Frau Theben macht sich mit dem INCOTERM® 2020 CIF vertraut, um die Aufgaben- und Kostenteilung zwischen Exporteur und Importeur zu überschauen. Mit folgendem Fragenkatalog geht sie gewöhnlich an den Text eines INCOTERMS® 2020 heran:

1. Wer hat die Güter seemäßig zu verpacken?
2. Wer hat den Frachtvertrag mit der Reederei abzuschließen und die Transportkosten für die Seefracht zu übernehmen?
3. Wer schließt die Transportversicherung mit welchem Leistungsumfang ab, wer trägt die Kosten?
4. Wer muss das Konnossement beschaffen und die Kosten für das Papier tragen?
5. Auf welche Benachrichtigung muss der Exporteur warten, welche Nachricht muss er erteilen?
6. Bis zu welchem Punkt trägt der Exporteur das Transportrisiko?
7. Wann hat der Exporteur seine Lieferverpflichtung erfüllt?
8. Wer hat die Ausfuhrabfertigung zu besorgen und zu bezahlen?
9. Wer hat die Kosten der Entladung im Bestimmungshafen zu tragen?

03.10.20(0)	Der Speditionsauftrag einschließlich Kalkulation des Festpreises wird an DEGENER & LUTZ übersandt.
05.10.20(0)	Der unterschriebene Speditionsauftrag mit akzeptiertem Preis trifft ein.
06.10.20(0)	Telefonischer Auftrag an die Reederei; Container-Nr. und Referenz-Nr. für das Abholen des Containers werden mitgeteilt: Container-Nr.: GRLU 343652-4 Referenz-Nr.: ST4377-84 (Containerlager Duisburg, Erzstraße 44, 47119 Duisburg) Seeschiff: Mette Maersk Abfahrt: 24.10.20(0) (Ladeschluss 23.10.20[0]) Voraussichtliche Ankunft: 06.11.20(0)

Eine Kopie des Akkreditivs trifft ein (Original in Englisch):

Chicago Banking Corporation
447 Mainstreet, Chicago USA

Unwiderrufliches Dokumentenakkreditiv Nr. 1289/G/177

Wir eröffnen hiermit dieses unwiderrufliche Dokumentenakkreditiv

zugunsten von	DEGENER & LUTZ GmbH, Holzheimer Weg 33, 41464 Neuss
Bezogener	BROWN & CO. Ltd., 584 South Maryland Avenue, Chicago, USA
Warenbeschreibung	430 CARTONS MOTOR VEHICLE ACCESSOIRES
	– 110 CARTONS TACHOMETER, Art. 7440
	– 120 CARTONS TANK INDICATOR, Art. 7321
	– 200 CARTONS OIL PRESSURE INDICATOR, Art. 7843
	16 980 kg
über einen Betrag von	231 000,00 EUR
gültig bis	20.11.20(0)
bestätigt durch	Commerzbank Düsseldorf, Nordstraße 108, 40223 Düsseldorf
Lieferbedingung	CIF Chicago Harbour, gemäß INCOTERMS® 2020
einzureichende Dokumente	• unterschriebene Handelsrechnung (dreifach)
	• Packliste (einfach)
	• Versicherungszertifikat als Inhaberpapier über 110 % des CIF-Wertes, Haus–Haus, volle Deckung nach DTV-Güterversicherungsbedingungen 2000/2011, zusätzlich DTV-Streik- und Aufruhrklausel, zweifach, Prämienzahlung ist nachzuweisen
	• voller Satz (3/3) reine An-Bord-Konnossemente mit vorausbezahlter Fracht zugunsten von BROWN & CO. Ltd., Chicago, USA, Order-B/L nicht zugelassen
Verladedatum	B/L datiert bis spätestens 30.10.20(0)
Transportweg	Neuss, deutscher/niederländischer/belgischer Hafen nach Chicago, USA; Umladen erlaubt, Teillieferungen nicht erlaubt
Vorlage der Dokumente bis	spätestens 21 Tage nach Verladung in das Seeschiff
bei (Zahlstelle)	Commerzbank Düsseldorf, Nordstraße 108, 40223 Düsseldorf

Wir verpflichten uns hiermit, dass Zahlung geleistet wird gegen Einreichung von Dokumenten in Übereinstimmung mit den Bedingungen dieses Akkreditivs.

CHICAGO BANKING CORPORATION *Mellow*
Chicago, 30.09.20(0)
Diesem Akkreditiv liegen die Einheitlichen Richtlinien und Gebräuche für Dokumenten-Akkreditive (ERA 600) zugrunde.

07.10.20(0)	Schriftliche Aufträge werden erteilt: ■ Reederei TRANS-WORLD (Containergestellung und Buchung der Reise) ■ Seehafenspedition INTERPORT (für Bremerhaven und Chicago) ■ Transportauftrag an FAHRLAND (Abholung und Transport des Containers) ■ Der Versicherungsgesellschaft SECURIA, Graacher Straße 15, 50969 Köln, wird eine Kopie des Akkreditivs übersandt mit der Bitte, ein entsprechendes Versicherungszertifikat auszustellen (Formular siehe unten).
19.10.20(0)	Nach unserer Anforderung trifft folgendes Versicherungszertifikat in zweifacher Ausfertigung (zwei Originale, jeweils in Englisch) bei der INTERSPED GmbH ein.

Original in Englisch (zwei Ausfertigungen)

SECURIA
Versicherungsgesellschaft Köln

Versicherungszertifikat

Versicherungssumme	Ausfertigungsort und -tag	Exemplare	General-Police-Nr.
254 100,00 EUR	Köln, 19.10.20(0)	zwei/zwei	ITR 0877654

Hiermit wird bescheinigt, dass aufgrund der oben genannten General-Police Versicherung übernommen worden ist

gegenüber **DEGENER & LUTZ GmbH, Holzheimer Weg 33, 41464 Neuss**
ab 19.10.20(0)

für Rechnung, wen es angeht, auf nachstehend näher bezeichnete Güter

> 430 CARTONS MOTOR VEHICLE ACCESSOIRES
> - 110 CARTONS TACHOMETER, Art. 7440
> - 120 CARTONS TANK INDICATOR, Art. 7321
> - 200 CARTONS OIL PRESSURE INDICATOR, Art. 7843
> Gewicht: 16 980 kg
> Akkreditiv-Nr. 1289/G/177
> Container-Nr. GRLU 343652-4

für folgende Reise (Transportmittel, Reiseweg):

> Lkw und/oder Bahn von Neuss nach Bremerhaven, Seeschiff von Bremerhaven nach Chicago (USA) bis Entladen im Seehafen Chicago, per Lkw bis zum Haus des Empfängers

gemäß DTV-Güterversicherungsbedingungen (DTV-Güter 2000/2011). Schäden zahlbar an den Inhaber dieses Papiers. Mit Schadenzahlung gegen eine Ausfertigung werden die anderen ungültig.

Bedingungen:
1. DTV-Güterversicherungsbedingungen 2000/2011
2. Bedingungen der oben genannten General-Police
3. Deckungsform: „volle Deckung"
4. Klauseln: DTV-Streik- und Aufruhrklausel

Im Schadensfall unverzüglich hinzuziehen:
Cargo Insurance-Company CIC
74, Commercial Area
P.O.Box 4487
Chicago/USA

Prämie bezahlt

SECURIA
Versicherungsgesellschaft
Graacher Straße 15
50969 Köln

Koldring

Prüfliste als Formular, siehe Seite 353

Das Papier ist nun anhand einer Prüfliste sorgfältig mit den Akkreditivbedingungen zu vergleichen:

Prüfliste Transportversicherungsdokument	
Prüfkriterien	**Anmerkungen**
1. äußere Aufmachung	Liegt das vorgeschriebene Transportversicherungsdokument vor (Police oder Zertifikat)?
2. Aussteller und Unterschrift	Hat die Versicherungsgesellschaft/ein Agent das Dokument unterschrieben?
3. voller Satz	Liegt der volle Satz an Dokumenten vor?
4. Art des Wertpapiers	Liegt das im Akkreditiv verlangte Wertpapier vor (Namens-, Order- oder Inhaberpapier)?
5. Versicherungssumme	Entspricht die Versicherungssumme den Vorschriften des Akkreditivs?
6. Währung	Falls nicht anders vorgeschrieben, muss die Währung des Versicherungsdokuments der Währung im Akkreditiv entsprechen.
7. Risiken	Sind die Risiken gemäß Akkreditiv eingedeckt?

Prüfliste Transportversicherungsdokument	
Prüfkriterien	Anmerkungen
8. Warenbeschreibung	Entspricht die Warenbeschreibung im Versicherungsdokument der Beschreibung im Akkreditiv?
9. Reiseroute	Stimmt die Reiseroute im Versicherungsdokument mit den Akkreditivbedingungen und mit dem Transportdokument überein?
10. Prämienzahlung	Ist dem Versicherungsdokument die Zahlung der Prämie zu entnehmen?
11. Versicherungsbeginn	Der Versicherungsbeginn darf nicht später liegen als am Tag der Übernahme der Sendung zum Transport.

22.10.20(0)	Der Container wird im Depot abgeholt, zu DEGENER & LUTZ transportiert und dort beladen. Die Sendung ist von DEGENER & LUTZ beim Zollamt in Düsseldorf für die Ausfuhr angemeldet worden. Die Zollpapiere werden dem Lkw-Fahrer mitgegeben, damit er sie beim Hafenzollamt in Bremerhaven vorlegen kann. Der Container trifft auf der Container-Freight-Station in Bremerhaven ein. Der Seehafenspediteur übernimmt die weitere Organisation. Er wird vor allem dafür sorgen, dass der Container am nächsten Tag, das ist der Ladetag, für die Beladung in das Schiff bereitsteht.
23.10.20(0)	Der Container wird auf das Seeschiff geladen; die Reederei erstellt das B/L und übergibt es dem Seehafenspediteur.
25.10.20(0)	Vom Seehafenspediteur erhalten wir folgendes Seekonnossement:

TRANS-WORLD-REEDEREI
Hamburg/Bremen

Bill of Lading
Nr. BR227-89-166

Shipper:
INTERSPED
MERKURSTRASSE 14
40223 DUESSELDORF
as Agent of
DEGENER & LUTZ GMBH
HOLZHEIMER WEG 33
41464 NEUSS

Voyage-No. 3974
ECB-No. HLCJ4-199943212
Shipper's Reference: 1075/6520

Carrier:
Trans-World-Reederei
Europe – North America Services

Consignee:
BROWN & CO. Ltd.
584 South Maryland Avenue
CHICAGO, USA

Ocean Vessel: METTE MAERSK
Port of loading: Bremerhaven
Notify address:

Port of Discharge: CHICAGO

Container Nos. Marks and Nos.: GRLU 343652-4

Number and kind of packages; Description of goods:
1 x 20' STANDARD-CONTAINER, S.T.C.
430 CARTONS MOTOR VEHICLE ACCESSOIRES
– 110 CARTONS TACHOMETER, Art. 7440
– 120 CARTONS TANK INDICATOR, Art. 7321
– 200 CARTONS OIL PRESSURE INDICATOR, Art. 7843

Gross weight (kg): 16 980

SHIPPED ON BOARD

AKKREDITIV-NR. 1289/G/177
FREIGHT PREPAID

TRANS-WORLD-REEDEREI
23.10.20(0)
Kaiser

Received by the Carrier in apparent good order and condition the goods or packages specified herein and to be discharged at the above mentioned port of discharge. The weight, measure, marks, numbers, quality, contents and value, being particular furnished by the Shipper, are not checked by the Carrier on loading. The Shipper, Consignee and the Holder of this Bill of Lading hereby expressly accept and agree to all printed, written or stamped provisions, exceptions and conditions of this Bill of Lading, including those on the back hereof.
In witness whereof the Carrier or his Agents has signed Bills of Lading all of this tenor and date, one of which being accomplished, the others to stand void. Shippers are requested to note particularly the exceptions and conditions of this Bill of Lading with reference to the validity of the insurance upon their goods.

Movement: FCL/FCL
Total No. of containers received by the Carrier: - 1 -
No. of original Bs/L: 3/3

Freight payable at: Bremerhaven
Place and date of issue: Bremerhaven, 23.10.20(0)

Original

Kaiser

Trans-World-Reederei
Bremen

Lernsituation 18 zum Informationshandbuch Seite 381–393

Außerdem hat uns DEGERNER & LUTZ in der Zwischenzeit die Handelsrechnung in dreifacher Ausfertigung sowie die Packliste übersandt.

Handelsrechnung (in drei Ausfertigungen)

Exporter			Invoice No: & Date	Exporter's Ref.
DEGENER & LUTZ GmbH HOLZHEIMER WEG 33 41464 NEUSS GERMANY			24.450.155 09.10.20(0)	450USA0077
			Buyers Order No. & Date 774-GE-21 26.09.20(0)	
			Other Reference(s) Order-No. 4.434.774.98	
Consignee BROWN & CO. Ltd. 584 SOUTH MARYLAND AVENUE CHICAGO, USA			**Buyer (if other than consignee)** As CONSIGNEE	
			Country to Origin of Goods GERMANY	**Country of Final Destination** USA
Pre-Carriage by TRUCK	**Place or Receipt by Pre-Carrier** NEUSS		**Terms of Delivery and Payment** CIF CHICAGO, 584 South Maryland Avenue, INCOTERMS® 2020	
Vessel/Flight No METTE MAERSK	**Port of Loading** Bremerhaven			
Port of Discharge CHICAGO	**Final Destination** USA			

Marks & Nos./ Container No.	No. & Kind of Pkgs.	Description of Goods	Quantity	Rate PCS	Amount EUR
GRLU 343652-4	430 CARTONS -------------------- 110 CARTONS 120 CARTONS 200 CARTONS -------------------- 430 CARTONS	MOTOR VEHICLE ACCESSOIRES --------------------------------- TACHOMETER, Art. 7440 TANK INDICATOR, Art. 7321 OIL PRESSURE INDICATOR, Art. 7843	 ----------- 8 800 12 000 12 924	 ----------- 7,30 7,65 5,80	 ------------ 64 240,00 91 800,00 74 960,00
TOTAL		TOTAL PCS TOTAL WEIGHT	33 724 16 980 KGS	TOTAL EUR	231 000,00

Amount Chargeable (in words)

TOTAL: EUR   TWOHUNDREDTHIRTYONETHOUSEND

Declaration
We declare that this invoice shows the actual price of the goods described
and that all particulars are true and correct.

Signature & Date
DEGENER & LUTZ
09.10.20(0)

Hauser

Packliste (Packing List)

Exporter: DEGENER & LUTZ GmbH, HOLZHEIMER WEG 33, 41464 NEUSS, GERMANY		Invoice No: & Date 24.450.155 09.10.20(0)	Exporter's Ref. 450USA0077
		Buyers Order No. & Date 774-GE-21 26.09.20(0)	
		Other Reference(s) Order-No. 4.434.774.98	
Consignee BROWN & CO. Ltd. 584 SOUTH MARYLAND AVENUE CHICAGO, USA		Buyer (if other than consignee) As CONSIGNEE	
		Country to Origin of Goods GERMANY	Country of Final Destination USA
Pre-Carriage by TRUCK	Place or Receipt by Pre-Carrier NEUSS	Terms of Delivery and Payment CIF CHICAGO, 584 South Maryland Avenue, INCOTERMS® 2020	
Vessel/Flight No METTE MAERSK	Port of Loading Bremerhaven		
Port of Discharge CHICAGO	Final Destination USA		

Marks & Nos./ Container No.	No. & Kind of Pkgs.	Description of Goods	Quantity PCS	Remarks NET WT.	GR.WT
GRLU 343652-4	430 CARTONS	MOTOR VEHICLE ACCESSOIRES			
	110 CARTONS (001 to 110)	TACHOMETER, Art. 7440 110 CARTONS X 80 PCS	8 800		
	120 CARTONS (111 to 230)	TANK INDICATOR, Art. 7321 120 CARTONS X 100 PCS	12 000		
	200 CARTONS (231 to 430)	OIL PRESSURE INDICATOR, Art. 7843, 200 CARTONS X 60 PCS	12 924		
TOTAL	430 CARTONS	TOTAL PCS	33 724	16 250	16 980

Signature & Date
DEGENER & LUTZ
09.10.20(0)
Häuser

Bevor die Dokumente bei der Bank des Exporteurs eingereicht werden, werden noch einmal alle Akkreditivbedingungen anhand der folgenden Prüfliste **sorgfältigst** kontrolliert:

Prüfliste Akkreditivbedingungen	
Prüfkriterien	**Anmerkungen**
Widerspruchsfreiheit	Die Dokumente müssen untereinander widerspruchsfrei sein (z. B. bei der Warenbeschreibung, bei den Mengenangaben u. Ä.).
Konnossement-Qualität: <ul><li>Aussteller</li><li>Bord-/Übernahmekonnossement</li><li>Namens-/Orderkonnossement</li><li>reines Konnossement</li><li>voller Satz</li><li>Absender/Empfänger/Notify</li></ul>	Wenn im Akkreditiv nicht anders vermerkt, sind nur Konnossemente zugelassen, die von einem Frachtführer (Reederei) ausgestellt worden sind. Weitere Anforderungen an das Dokument sind genauestens zu erfüllen.
Warenbeschreibung	Die Warenbeschreibung muss im Akkreditiv und in allen Dokumenten übereinstimmen. Im Konnossement darf die Beschreibung allgemeiner ausfallen. Ein Widerspruch zum Akkreditiv ist aber unzulässig.

Lernsituation 18 zum Informationshandbuch Seite 381–393

Prüfliste Akkreditivbedingungen	
Prüfkriterien	**Anmerkungen**
Lieferbedingung	Wurde der im Akkreditiv genannte INCOTERM® 2020 korrekt ausgeführt?
Frachtkosten/Prämien u. Ä.	Ist die Zahlung bestimmter Kosten nachzuweisen, muss dies aus den Dokumenten hervorgehen.
Reiseroute	Die im Akkreditiv vorgeschriebene Reiseroute muss mit der tatsächlichen Route übereinstimmen.
Verlade-/Löschhafen/Umladung	Wenn Vorschriften bestehen, sind sie durch die Dokumente nachzuweisen.
Verladedatum	Das Verladedatum ergibt sich aus dem Konnossement. Es muss den Akkreditivbedingungen („frühestens" – „spätestens") entsprechen.
Verfalldatum des Akkreditivs	Reicht die Laufzeit des Akkreditivs aus, um die Dokumente rechtzeitig vorlegen zu können?
Änderungen im Konnossement	Änderungen im Papier sind vom Frachtführer abzuzeichnen.

Die Rechnung (Nr. 4976) für den Versender wird erstellt und abgeschickt. (Der Empfänger erhält seine Rechnung über den Seehafenspediteur in Chicago.)

> **Arbeitsauftrag** (Vorschlag)
> Erledigen Sie die restlichen Arbeiten, die noch mit der Organisation des Seetransports verbunden sind:
> 1. Kalkulation des Auftrags (als Festpreis gemäß INCOTERMS® 2020 CIF Chicago),
> 2. Versicherungsantrag stellen,
> 3. Versicherungszertifikat prüfen,
> 4. Einhaltung der Akkreditivbedingungen feststellen,
> 5. Rechnung an Versender.

Formulare zur Erledigung des Arbeitsauftrags

Wesentliche Regelungen des INCOTERMS® 2020 CIF Chicago

1.	Wer hat die Güter seemäßig zu verpacken?	
2.	Wer hat den Frachtvertrag mit der Reederei abzuschließen und die Transportkosten für den Seetransport zu übernehmen?	
3.	Wer schließt die Transportversicherung mit welchem Leistungsumfang ab, wer trägt die Kosten?	
4.	Wer muss das Konnossement beschaffen und die Kosten für das Papier tragen?	
5.	Welche Nachrichten sind eventuell zu erteilen?	
6.	Bis zu welchem Punkt trägt der Exporteur das Transportrisiko?	
7.	Wann hat der Exporteur seine Lieferverpflichtung erfüllt?	
8.	Wer muss die Ausfuhrabfertigung besorgen und bezahlen?	
9.	Wer hat die Kosten der Entladung im Bestimmungshafen zu tragen?	

Empfänger

INTERSPED *GmbH*
Internationale Spedition
Merkurstraße 14
40223 Düsseldorf

Telefon: 0221 56742-0
E-Mail: info@intersped.de
Datum:

Versicherungsantrag Transportversicherung

Transportdaten

Versender	
Empfänger	
Transportbeginn	
Transportende	
Beförderungsmittel	
Verpackung (bei Containern die Nummer angeben)	
Warenart	
Wert der Sendung	
Leitungsweg/Länder	
Transportbeteiligte (Spediteure/Frachtführer)	
Versicherungsform/-umfang	
Versicherungsreichweite	
Unterschrift	

Wir arbeiten ausschließlich auf Grundlage der Allgemeinen Deutschen Spediteurbedingungen 2017 – ADSp 2017 –.
Hinweis: Die ADSp 2017 weichen in Ziffer 23 hinsichtlich des Haftungshöchstbetrages für Güterschäden (§ 431 HGB) vom Gesetz ab, indem sie die Haftung bei multimodalen Transporten unter Einschluss einer Seebeförderung und bei unbekanntem Schadenort auf 2 SZR/kg und im Übrigen die Regelhaftung von 8,33 SZR/kg zusätzlich auf 1,25 Millionen Euro je Schadenfall sowie 2,5 Millionen Euro je Schadenereignis, mindestens aber 2 SZR/kg, beschränken.

Prüfliste Transportversicherung

Prüfkriterien	Anmerkungen	Ergebnis der Prüfung
1. Äußere Aufmachung	Liegt das vorgeschriebene Transportversicherungsdokument vor (Police oder Zertifikat)?	
2. Aussteller und Unterschrift	Hat die Versicherungsgesellschaft oder ein Agent das Dokument unterschrieben?	
3. voller Satz	Liegt der volle Satz an Dokumenten vor?	
4. Art des Wertpapiers	Liegt das im Akkreditiv verlangte Wertpapier vor (Namens-, Order- oder Inhaberpapier)?	
5. Versicherungssumme	Entspricht die Versicherungssumme den Vorschriften des Akkreditivs?	
6. Währung	Falls nicht anders vorgeschrieben, muss die Währung des Versicherungsdokuments der Währung im Akkreditiv entsprechen.	
7. Risiken	Sind die Risiken gemäß Akkreditiv eingedeckt?	
8. Warenbeschreibung	Entspricht die Warenbeschreibung im Versicherungsdokument der Beschreibung im Akkreditiv?	
9. Reiseroute	Stimmt die Reiseroute im Versicherungsdokument mit den Akkreditivbedingungen und mit dem Transportdokument überein?	
10. Prämienzahlung	Ist dem Versicherungsdokument die Zahlung der Prämie zu entnehmen?	
11. Versicherungsbeginn	Der Versicherungsbeginn darf nicht später liegen als am Tag der Übernahme der Sendung zum Transport.	

Prüfliste Akkreditivbedingungen

Prüfkriterien	Anmerkungen	Ergebnis der Prüfung
1. Widerspruchsfreiheit	Die Dokumente müssen untereinander widerspruchsfrei sein (z. B. bei der Warenbeschreibung, bei den Mengenangaben u. Ä.).	
2. Konnossement-Qualität	Wenn im Akkreditiv nicht anders vermerkt, sind nur Konnossemente zugelassen, die von einem Frachtführer (Reederei) ausgestellt worden sind. Weitere Anforderungen an das Dokument sind genauestens zu erfüllen.	xxxxxxxxxxxxxxxxxxxxxxxxxxxxxxxxxxxxxxxxxxxxxxx
■ Aussteller		
■ Bord-/Übernahmekonnossement		
■ Namens-/Orderkonnossement		
■ reines Konnossement		
■ voller Satz		
■ Absender/Empfänger/Notify		
3. Warenbeschreibung	Die Warenbeschreibung muss im Akkreditiv und in allen Dokumenten übereinstimmen. Im Konnossement darf die Beschreibung allgemeiner ausfallen. Ein Widerspruch zum Akkreditiv ist aber unzulässig.	
4. Lieferbedingung	Wurde der im Akkreditiv genannte INCOTERM® 2020 korrekt ausgeführt?	
5. Frachtkosten/Prämien u. Ä.	Ist die Zahlung bestimmter Kosten nachzuweisen, muss dies aus den Dokumenten hervorgehen.	
6. Reiseroute	Die im Akkreditiv vorgeschriebene Reiseroute muss mit der tatsächlichen Route übereinstimmen.	
7. Verlade-/Löschhafen/Umladung	Wenn Vorschriften bestehen, sind sie durch die Dokumente nachzuweisen.	
8. Verladedatum	Das Verladedatum ergibt sich aus dem Konnossement. Es muss den Akkreditivbedingungen („frühestens" – „spätestens") entsprechen.	
9. Verfalldatum des Akkreditivs	Reicht die Laufzeit des Akkreditivs aus, um die Dokumente rechtzeitig vorlegen zu können?	
10. Änderungen im Konnossement	Änderungen im Papier sind vom Frachtführer abzuzeichnen.	

INTERSPED GmbH

Empfänger:

_____
_____
_____
_____
_____
_____
_____

Internationale Spedition
Merkurstraße 14
40223 Düsseldorf
Telefon: 0221 56742-0
ID-Nr.:   DE 458 977 344
E-Mail: info@intersped.de

Datum: _____

Rechnung Nr.

Position	Text	Euro	Euro
	Rechnungsbetrag		

Spediteurrechnungen sind sofort und ohne Abzug fällig.
Bankverbindung: Commerzbank Düsseldorf, IBAN: DE02 3004 0000 4865 0510 00, BIC: COBADEDDXXX

Aufgabe 1
Stellen Sie den Ablauf des Dokumentenakkreditivs aus dem Einstiegsbeispiel mithilfe der unten stehenden Übersicht (siehe Seite 356) dar.

Aufgabe 2
Im Arbeitsauftrag haben Sie den Versand des Containers bis zur Verladung des Containers in Bremerhaven verfolgt.
Beschreiben Sie die weiteren Abläufe des Exportgeschäfts nach dem Eintreffen des Seeschiffs in Chicago.

Lernsituation 18 zum Informationshandbuch Seite 381–393

Zu Aufgabe 1

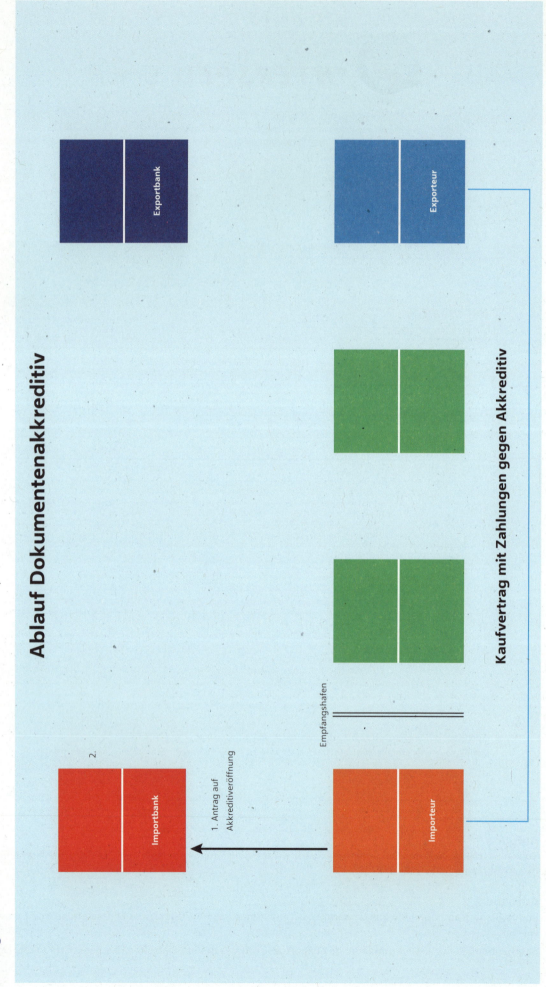

Aufgabe 3

Die INCOTERMS® 2020[1] lassen sich in vier Gruppen einteilen, beginnend mit der Abholklausel E. Jede weitere Klauseln erhöht den Pflichtenkatalog des Exporteurs.

Ordnen Sie den nachfolgenden Aussagen die INCOTERM®-2020-Gruppen E, F, C und D zu:

Gruppe	Beschreibung
	Der Verkäufer hat die Aufgabe, die Ware an einen vom Käufer beauftragten Frachtführer zu übergeben. Danach gehen Kosten und Gefahren des Transportes auf den Käufer über. Auch hier liegen die Übergangspunkte für Kosten und Gefahr nahe beim Verkäufer.
	Hier hat der Verkäufer alle Kosten und Gefahren zu tragen, bis die Ware am vereinbarten Bestimmungsort eingetroffen ist („Ankunftsklausel"). Diese Gruppe ist für den Käufer besonders vorteilhaft.
	Der Verkäufer muss bei INCOTERMS® 2020 dieser Gruppe den Beförderungsvertrag auf eigene Kosten abschließen, teilweise auch den Versicherungsvertrag. Der Gefahrenübergang liegt aber bereits dort, wo die Ware dem (ersten) Frachtführer übergeben worden ist. Kosten- und Gefahrenübergang(spunkte) fallen auseinander (Zwei-Punkt-Klauseln).
	Der Verkäufer hat die Ware lediglich am benannten Ort abholbereit zur Verfügung zu stellen. Diese Gruppe („Abholklausel") ist für den Verkäufer besonders vorteilhaft, weil der Kosten- und Gefahrenübergang aus seiner Sicht sehr früh liegt.

Aufgabe 4

Anhand zentraler Verpflichtungen (z. B. wer hat den Beförderungsvertrag abzuschließen, wo ist der Lieferort?) kann man die INCOTERMS® 2020 jeweils erkennen. Ordnen Sie alle INCOTERMS® 2020 den nachfolgend dargestellten wesentlichen Regelungen zu. Einmal sind drei INCOTERMS einzutragen.

Beförderungsvertrag	Lieferort	Gefahrenübergang	Kostenübergang	Transportversicherung	INCOTERM
Käufer	Schiff im Verschiffungshafen	Verladen an Bord	Verladen an Bord	keine Verpflichtung	
Verkäufer	Bestimmungsort	Bestimmungsort	Bestimmungsort	keine Verpflichtung	
Käufer	Werk des Verkäufers	Lieferort	Lieferort	keine Verpflichtung	
Verkäufer	Schiff im Verschiffungshafen	Verladen an Bord	Bestimmungshafen	Verkäufer (Mindestdeckung)	
Käufer	Ort der Übergabe an Frachtführer	Lieferort	Lieferort	keine Verpflichtung	
Verkäufer	Ort der Übergabe an den (ersten) Frachtführer	Lieferort	Bestimmungsort	keine Verpflichtung	
Verkäufer	Ort der Übergabe an den (ersten) Frachtführer	Lieferort	Bestimmungsort	Verkäufer	
Käufer	Längsseits Schiff im Verschiffungshafen	Lieferort	Lieferort	keine Verpflichtung	
Verkäufer	Schiff im Verschiffungshafen	Verladen an Bord	Bestimmungshafen	keine Verpflichtung	

Aufgabe 5

Die INCOTERMS® 2020 sind auch mit Blick auf ihre Eignung für bestimmte Transportarten, z. B. Seetransporte, formuliert worden. Geben Sie jeweils ein Beispiel für INCOTERMS® 2020, die sich eignen

a speziell für See- und Binnenschiffstransporte,

b besonders für den Luftverkehr,

c speziell für den Eisenbahnverkehr und

d für alle Transportarten einschließlich multimodaler Transporte.

---

[1] Für die Nutzung der Incoterms® in einem Vertrag empfiehlt sich die Bezugnahme auf den Originaltext des Regelwerks. Incoterms® ist eine eingetragene Marke der Internationalen Handelskammer (ICC). Incoterms® 2020 ist einschließlich aller seiner Teile urheberrechtlich geschützt. Die ICC ist Inhaberin der Urheberrechte an den Incoterms® 2020. Bei den vorliegenden Ausführungen handelt es sich um inhaltliche Interpretationen zu den von der ICC herausgegebenen Lieferbedingungen durch die Autoren. Diese sind für den Inhalt, Formulierungen und Grafiken in dieser Veröffentlichung verantwortlich. Der Originaltext kann über ICC Germany unter www.iccgermany.de und www.incoterms2020.de bezogen werden.

Aufgabe 6

INCOTERMS® 2020 kann man auch an ihren Formulierungen zu den Anfangs- und Endpunkten erkennen. Ergänzen Sie in der nachfolgenden Übersicht folgende Begriffe:
- Lieferort
- Bestimmungsort
- Verschiffungshafen
- Bestimmungshafen

EXW	ab Werk ... benannter	Lieferort
FCA	frei Frachtführer ... benannter	
FAS	frei Längsseite Schiff ... benannter	
FOB	frei an Bord ... benannter	
CFR	Kosten und Fracht ... benannter	
CIF	Kosten, Versicherung und Fracht ... benannter	
CPT	frachtfrei ... benannter	
CIP	frachtfrei versichert ... benannter	
DAP	geliefert ... benannter	
DPU	geliefert benannter ... entladen	
DDP	geliefert verzollt ... benannter	

Aufgabe 7

Die INCOTERMS® 2020 regeln unter anderem, wer den Beförderungsvertrag abzuschließen hat. Stellen Sie dar, wer sich nach den INCOTERM®-2020-Gruppen um den Abschluss des Beförderungsvertrages kümmern muss:

Gruppe E	
Gruppe F	
Gruppe C	
Gruppe D	

Aufgabe 8

Verkäufer und Käufer haben einen Kaufvertrag über Ware abgeschlossen, die einen kompletten Container füllt (FCL/FCL-Verkehr).

a Erläutern Sie anhand der nachfolgenden Ansicht des Hamburger Hafens (Umschlagterminal EUROKAI), warum es nicht sinnvoll ist, dass der Exporteur mit seinem Vertragspartner den INCOTERM® 2020 „FOB Hamburg Hafen" vereinbart.

b Begründen Sie, welcher alternative INCOTERM® 2020 sich in diesem Fall anbietet.

c Machen Sie auch deutlich, warum man die INCOTERMS® 2020 CFR und CIF im Regelfall ebenfalls nicht für den Versand ganzer Container im Seeverkehr (FCL) verwenden sollte.

d Beschreiben Sie eine Situation, in der der INCOTERM® 2020 „FOB Hamburg Hafen" sinnvoller Bestandteil eines Kaufvertrages wäre.

Aufgabe 9
Die INCOTERMS® 2020 haben Haupt- und Nebenfunktionen. Zu den Hauptfunktionen gehört die Regelung folgender Fragen:

Hauptfunktion	▪ Welche **Pflichten** übernehmen Verkäufer und Käufer für ihren Abschnitt des Warentransports? ▪ Welche **Kosten** tragen die Beteiligten? ▪ Wo ist der Punkt, an dem das **Risiko** des Transports vom Verkäufer auf den Käufer übergeht?

Nennen Sie drei weitere Pflichten (Nebenfunktionen), die die INCOTERMS® 2020 den Kaufvertragspartnern auferlegen.

Aufgabe 10
Die INCOTERMS® 2020 regeln u. a. die Frage der Verzollung Ausfuhr-/Einfuhrabfertigung bzw. Export-/Importfreimachung).
a Erläutern Sie, wie die INCOTERMS® 2020 grundsätzlich die Pflicht zur Verzollung verteilen.
b Beschreiben Sie, wie diese Pflicht in den INCOTERMS® 2020 EXW, FCA und DDP festgelegt ist.

Aufgabe 11
Ein Kunde der INTERSPED GmbH importiert Lederwaren aus Pakistan. Im Kaufvertrag wurde der INCOTERM® 2020 CFR Rotterdam Hafen vereinbart.
a Erläutern Sie, wie der Gefahrenübergang nach INCOTERMS® 2020 festgelegt ist.
b Der Kunde wünscht, dass Sie für ihn eine Transportversicherung abschließen. Empfehlen Sie dem Importeur begründet
  ba den Deckungsumfang und
  bb die Reichweite der Transportversicherung.

Aufgabe 12
Die nachstehende Aufstellung gibt die wichtigsten Kosten wieder, die bei einem Seetransport mit binnenländischem Vor- und Nachlauf anfallen. Markieren Sie mit einem Pfeil (wie im Beispiel FOB), wie weit der Exporteur in Abhängigkeit vom vereinbarten INCOTERM® 2020 jeweils die Kosten zu tragen hat.

Kosten eines Seetransports					
Kosten	Exporteur				
	FOB	CFR	CIF	DPU	DDP
Vorlaufkosten bis zum Seehafen					
FOB-Spesen (Umschlag, Anbordnahme, B/L-Spesen, Ausfuhrabfertigung)	↓				
Seefracht					
Seeversicherung					
Entladen im Bestimmungshafen (THC)					
Nachlaufkosten					
Verzollung im Bestimmungsland					
	Importeur				

Aufgabe 13
Im Rahmen eines Exportgeschäfts ist ein Lufttransport von Frankfurt nach Dubai Airport zu organisieren.
a Begründen Sie, ob folgende INCOTERMS® 2020 sinnvoll zwischen den Kaufvertragsparteien vereinbart werden könnten:
EXW, FOB, FCA, CPT, CIF, DDP.
b Nehmen Sie an, die Vertragspartner hätten den INCOTERM® 2020 CIP Dubai vereinbart.
  ba Nennen Sie den Lieferort für diese Sendung.
  bb Erläutern Sie den Gefahren- und den Kostenübergang bei diesem INCOTERM® 2020.

Lernsituation 18 zum Informationshandbuch Seite 381–393

bc Nehmen Sie an, die Sendung würde in der Obhut des Luftfrachtführers verlorengehen. Der Käufer verlangt daraufhin vom Verkäufer eine Nachlieferung. Stellen Sie fest, ob diese Forderung berechtigt ist.

bd Stellen Sie fest, welchen Versicherungsumfang und welche Versicherungsreichweite der INCOTERM® 2020 verlangt.

be Begründen Sie, wie die Versicherungsregelung im Kaufvertrag sinnvoll abgewandelt werden sollte (Umfang und Reichweite der Versicherung), damit im Schadensfall ein Maximum an Sicherheit besteht.

Aufgabe 14

Die INCOTERMS® 2020 DAP, DPU und DDP unterscheiden sich nur in wenigen Punkten.

a Stellen Sie die unterschiedlichen Regelungen zum Punkt „A 2 Lieferung" (durch den Verkäufer) dar, indem Sie die Originaltexte miteinander vergleichen.

„Beschaffen" bezieht sich auf mehrere hintereinander geschaltete Verkäufe (häufig im Rohstoffhandel).

DAP	A 2 Lieferung	DPU	A 2 Lieferung	DDP	A 2 Lieferung
Der Verkäufer muss die Ware liefern, indem er sie dem Käufer auf dem ankommenden Beförderungsmittel entladebereit an der ggf. benannten Stelle am benannten Bestimmungsort zur Verfügung stellt oder die so gelieferte Ware beschafft. In jedem Fall muss der Verkäufer die Ware zum vereinbarten Termin oder innerhalb der vereinbarten Frist liefern.		Der Verkäufer muss die Ware vom ankommenden Beförderungsmittel entladen und dann liefern, indem er sie an der ggf. benannten Stelle oder am benannten Bestimmungsort dem Käufer zur Verfügung stellt oder die so gelieferte Ware beschafft. In jedem Fall muss der Verkäufer die Ware zum vereinbarten Termin oder innerhalb der vereinbarten Frist liefern.		Der Verkäufer muss die Ware liefern, indem er sie dem Käufer auf dem ankommenden Beförderungsmittel entladebereit an der ggf. benannten Stelle oder am benannten Bestimmungsort zur Verfügung stellt oder die so gelieferte Ware beschafft. In jedem Fall muss der Verkäufer die Ware zum vereinbarten Termin oder innerhalb der vereinbarten Frist liefern.	

Quelle: © 2019 International Chamber of Commerce (ICC) (Hrsg.): INCOTERMS® 2020, S. 72, 82, 92.

b DDP enthält noch eine wesentliche Kostenübernahme durch den Verkäufer, die in „A 9/B 9 Kostenverteilung" festgelegt ist. Nennen Sie diese Kostenart.

c Ein Importeur in Delmenhorst hat mit seinem Lieferanten in den USA den INCOTERM® 2020 DAP Bremen vereinbart, weil die Waren im Bremer Lager des Importeurs (Adresse: Ascherfeld 72, 28757 Bremen) gelagert werden sollen. Im Beförderungspapier ist als Empfänger angegeben: W & C Autoglas, Lange Straße 166, 27749 Delmenhorst.

   ca Beschreiben Sie das Problem, vor dem der Exporteur steht, wenn er seine Lieferverpflichtung aufgrund des INCOTERMS® 2020 erfüllen will.

   cb Machen Sie einen Vorschlag, wie das Problem gelöst werden könnte.

d Begründen Sie, inwieweit der Käufer schlechter gestellt wäre, wenn anstelle von DAP

   da FCA oder

   db CPT

vereinbart worden wäre.

Aufgabe 15

Ein Spediteur berät seinen Kunden bei einem Importgeschäft. Es geht um die Einfuhr von Textilien aus Istanbul per Lkw.

Spediteur: „Sie sollten wenigstens versuchen, mit dem Exporteur den INCOTERM® 2020 FCA Istanbul anstelle von EXW Istanbul auszuhandeln."

Kunde: „Aber wo soll denn da der Unterschied liegen? Kosten und Gefahr gehen doch auch bei FCA Istanbul auf mich über, sobald die Sendung dem Frachtführer vom Exporteur an der Rampe seines Lagers übergeben worden ist."

Spediteur: „Schauen Sie sich bitte einmal die Formulierungen der INCOTERMS® 2020 zu Punkt A 2 Lieferung an. Dann sehen Sie einen wichtigen Vorteil durch die Vereinbarung von FCA. Sie müssen nur sicherstellen, dass der INCOTERM® 2020 das Lager des Exporteurs präzise als Übergabeort beschreibt. Wenn der Exporteur die Waren zunächst an einen anderen Ort befördern müsste, würde der Vorteil nicht wirksam."

Kunde: „Mein Vertragspartner liefert ab seinem Lager in Istanbul, Güney Yanyolu No. 38."

Spediteur: „Dann ist ja alles klar."

EXW	A 2 Lieferung	FCA	A 2 Lieferung
Der Verkäufer hat die Ware zu liefern, indem er sie dem Käufer am genannten Lieferort, an der gegebenenfalls vereinbarten Stelle, zur Verfügung stellt, jedoch ohne Verladung auf das abholende Beförderungsmittel [...]		Der Verkäufer hat die Ware an den Frachtführer oder eine andere vom Käufer benannte Person an der gegebenenfalls vereinbarten Stelle am benannten Ort zu liefern oder bereits so gelieferte Ware zu beschaffen... Die Lieferung ist abgeschlossen: a) falls der benannte Ort auf dem Gelände des Verkäufers liegt, sobald die Ware auf das vom Käufer bereitgestellte Beförderungsmittel verladen worden ist; oder b) in allen anderen Fällen, sobald die Ware dem Frachtführer oder einer anderen vom Käufer benannten Person auf dem Beförderungsmittel des Verkäufers entladebereit zur Verfügung gestellt wird. [...]	

Quelle: © 2019 International Chamber of Commerce (ICC) (Hrsg.): INCOTERMS® 2020, S. 28, 38.

a Erläutern Sie den Vorteil, der dem Kunden durch eine Vereinbarung des INCOTERMS® 2020 FCA Istanbul entsteht.

b Formulieren Sie den INCOTERM® 2020 so, dass die vereinbarte Stelle eindeutig benannt ist.

Aufgabe 16
Ein Exporteur bespricht mit seinem Spediteur geeignete INCOTERMS® 2020, um per Lkw Maschinen von Deutschland nach Kiew (Ukraine) in drei 40'-Containern zu befördern.

a Begründen Sie, welche der elf INCOTERMS® 2020 grundsätzlich infrage kommen.

b Gliedern Sie die INCOTERMS® 2020 zu a so, dass der für den Exporteur günstigste INCOTERM® 2020 am Anfang steht, der für den Importeur günstigste am Ende.

c Begründen Sie, von welcher Bedingung es vorzugsweise abhängt, welchen INCOTERM® 2020 die Vertragspartner letztlich in ihrem Kaufvertrag vereinbaren.

Aufgabe 17
Der INCOTERM® 2020 EXW hat im Punkt „B 4 Transport" (= Pflichten des Käufers) folgenden Wortlaut:

EXW	B 4 Transport
Es ist dem Käufer überlassen, auf eigene Kosten einen Vertrag über die Beförderung der Ware vom benannten Lieferort abzuschließen oder zu organisieren.	

Quelle: INCOTERMS® 2020, © 2019 International Chamber of Commerce (ICC) (Hrsg.): INCOTERMS® 2020, S. 29.

In den INCOTERMS® 2020 FCA, FAS und FOB wird der Käufer hingegen verpflichtet, „auf eigene Kosten den Vertrag über die Beförderung der Ware vom benannten Lieferort (bzw. Verschiffungshafen) abzuschließen". Begründen Sie, inwieweit die Verpflichtung in den INCOTERMS® 2020 FCA, FAS und FOB zum Abschluss eines Beförderungsvertrages mit der Regel zu „B 10 Benachrichtigungen" zusammenhängt, die in allen drei INCOTERMS® 2020 ähnlich formuliert ist.

FCA	B 10 Benachrichtigungen	FAS und FOB	B 10
Der Käufer muss den Verkäufer über folgende Einzelheiten in Kenntnis setzen: a) Name des Frachtführers oder einer anderen benannten Person, wobei diese Inkenntnissetzung innerhalb einer ausreichenden Frist erfolgen muss, um dem Verkäufer die Lieferung der Ware gemäß A2 zu ermöglichen; b) gewählter Zeitpunkt innerhalb des vereinbarten Lieferzeitraums, an dem der Frachtführer oder die benannte Person die Ware übernehmen wird; c) Transportart, die vom Frachtführer oder von der benannten Person genutzt wird, einschließlich aller transportbezogener Sicherheitsanforderungen; und d) die Stelle, an der die Ware am benannten Lieferort entgegengenommen wird.		Der Käufer muss dem Verkäufer in hinreichender Weise alle transportbezogenen Sicherheitsanforderungen, den Namen des Schiffs, die Ladestelle und ggf. den gewählten Lieferzeitpunkt innerhalb des vereinbarten Lieferzeitraums mitteilen.	

Quelle: © 2019 International Chamber of Commerce (ICC) (Hrsg.): INCOTERMS® 2020, S. 45, 109, 119.

Aufgabe 18

Neben dem Dokumentenakkreditiv wird auch das Dokumenteninkasso (D/P) zur Zahlungssicherung im internationalen Handel eingesetzt. Tragen Sie in die unten stehende Übersicht den Ablauf beim Dokumenteninkasso ein.

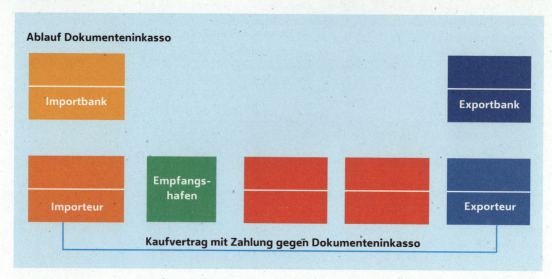

Aufgabe 19

Eine Luftfrachtspedition am Airport Düsseldorf tätigt Versendungen in die USA in Sammelladung. Für eine Exportverladung liegt dem Kaufvertrag die Klausel „EXW Düsseldorf" (gemäß INCOTERMS® 2020) zugrunde. Als Zahlungsbedingung wurde **Dokumenteninkasso** vereinbart.

Die Abwicklung wird als Consolidated Shipment über Ihren Partneragenten in New York (JFK) vorgenommen.

Beteiligte:

Verkäufer	Bank des Verkäufers	Käufer	Bank des Käufers
MDO Albertstr. 15 40233 Düsseldorf/Germany	Deutsche Bank AG Königsallee 45 – 47 40212 Düsseldorf/Germany	Winchester & Co. Ltd. Samual-Clark Road 45 New York City/USA	Federal Reserve Bank 44 Maiden Lane New York City/USA

Spediteur	Partnerspediteur
Intersped GmbH Merkurstr. 14 40223 Düsseldorf/Germany	City Carrier 11 Ltd. JFK Airport New York City/USA

a Beschreiben Sie die Kosten- und Gefahrenregelung für die genannte INCOTERM®-Klausel. Gehen Sie auch auf die besondere Problematik für den Käufer bei diesem INCOTERM® ein.

b Ergänzen Sie die Namen der Beteiligten in der nachstehenden Übersicht zum Dokumenteninkasso und erläutern Sie, wie und von wem MDO den Warenwert erhält.

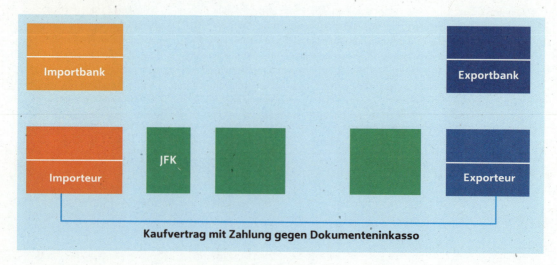

c Beschreiben Sie, welches wesentliche Risiko sowohl der Käufer als auch der Verkäufer bei der Zahlung gegen Dokumenteninkasso eingehen.

Aufgabe 20

Dokumentenakkreditiv und Dokumenteninkasso unterscheiden sich in in vier wesentlichen Punkten.

Erstellen Sie eine Übersicht der beiden Verfahren zur Zahlungssicherung nach folgendem Muster:

Merkmale	Dokumentenakkreditiv	Dokumenteninkasso
Wer ergreift die Initiative?		
Sicherheit für den Exporteur		
Zeitpunkt der Verschiffung		
Zeitpunkt der Gutschrift		

Aufgabe 21

Ein Versicherungsdokument beweist den Umfang des Versicherungsschutzes.

a Erläutern Sie, warum man ein Transportversicherungsdokument als Wertpapier bezeichnet.

b Das Transportversicherungsdokument ist in der Regel ein Inhaberpapier. Woran kann man das erkennen?

Aufgabe 22

Die GAZ-Anlagenbau GmbH & Co. KG, Düsseldorf, exportiert eine Futtermühle für die Geflügelzucht nach Saudi-Arabien. Mit der Besorgung der Versendung wird die Spedition INTERSPED, Düsseldorf, beauftragt. Die Sendungsdaten sind dem unten stehenden Bill of Lading und der nachfolgenden Tabelle zu entnehmen.

Bill of Lading

NR. HANJ B3087455

SHIPPER
GAZ-ANLAGENBAU GMBH & CO. KG
BUCHENSTRASSE 94, 40599 DUESSELDORF
GERMANY
PHONE 0049 211 36576 271

BOOKING NO
IN62702

FWDR. REF. NO.
04 10 498786

CONSIGNEE:
TO THE ORDER OF
NATIONAL COMMERCIAL BANK, JEDDAH

Carrier:
Hanjin Shipping Co. LTD
Antwerpen

NOTIFY ADDRESS:
AMDAL AL-KHASA FARM AGRICULTURE
P.O. BOX 3765 RIYADH 11453
SAUDI ARABIA
TEL 01 2314591

PRE-CARRIED BY	PLACE OF RECEIPT BY PRE-CARRIER	FORWARDING AGENTS
		INTERSPED GMBH MERKURSTRASSE 14 40223 DUESSELDORF PHONE: 0049 211 56742 0
PORT OF LOADING ANTWERP PORT	**PORT OF DISCHARGE** DAMMAM PORT	
PLACE OF DELIVERY: FARM SITE AL-KHASA	**MODE OF ON-CARRIAGE** TRUCK BY OVERLAND TRANSPORTATION	**SPACE FOR CARRIER'S AGENTS ENDORSMENTS** HANJIN SAUDI ARABIA G.M.S. CO. CORNICHE ROAD P.O. BOX 5288 DAMMAM 32664 K. S.A. PHONE: +966 3 774 07233
OCEAN VESSEL MSC ALESSIA	**AGENTS AT PORT OF DISCHARGE/DELIVERY**	

CONTAINER NOS, MARKS AND NUMBERS.	NUMBER AND KIND OF PACKAGES; CARGO DESCRIPTION	CARGO GROSS WEIGHT (KG	MEASUREMENT
HANU 137762-5	SAID TO CONTAIN: 1 x 40' STANDARD-CONTAINER FEED MILL SHIPPED ON BOARD FREIGHT PREPAID	15 400 KGS	HANJIN SHIPPING CO. LTD 09.11.20(0) Center

Received by the Carrier in apparent good order and condition the goods or packages specified herein and to be discharged at the above mentioned port of discharge. The weight, measure, marks, numbers, quality, contents and value, being particular furnished by the Shipper, are not checked by the Carrier on loading. The Shipper, Consignee and the Holder of this Bill of Lading hereby expressly accept and agree to all printed, written or stamped provisions, exceptions and conditions of this Bill of Lading, including those on the back hereof.

In witness whereof the Carrier or his Agent has signed Bills of Lading all of this tenor and date, one of which being accomplished, the others to stand void. Shippers are requested to note particularly the exceptions and conditions of this Bill of Lading with reference to the validity of the insurance upon their goods.

MOVEMENT: FCL/FCL	TOTAL NO. OF CONTAINERS RECEIVED BY THE CARRIER: - 1 -	NO. OF ORIGINAL B/L 3/THREE
FREIGHT PAYABLE AT: ANTWERPEN	**PLACE AND DATE OF ISSUE:** ANTWERPEN; 09.11.20(0)	
Original	Center	HANJIN SHIPPING CO. LTD Antwerpen

Weitere Sendungsdaten

Transport	per Lkw von Düsseldorf nach Antwerpen
	per Seeschiff von Antwerpen nach Dammam Port (Saudi-Arabien)
	per Lkw von Dammam Port zur Geflügelzuchtfarm Al-Khasa
Lieferbedingung	DAP Farm Site Al-Khasa, RIYADH 11453, gemäß INCOTERMS® 2020
Liefernachweis	reines An-Bord-Konnossement
Verpackung	Versand in einem Container
Versicherung	Der Kunde hat eine eigene Transportversicherung abgeschlossen.

Übersicht Seefrachtraten (Auszug)

Hanjin Shipping Co. / LTD
Düsseldorf Sales Office
Heinrichstraße 169 b - 40239 Düsseldorf - Germany

To INTERSPED GMBH, Düsseldorf
From Hartwig Lanvermann
Subject Raten ab Ladehafen Hamburg, Bremerhaven, Rotterdam und Antwerpen
Validity gültig ab Verschiffungsdatum 30.10. bis 31.12.20(0)

Saudi Arabia

Port of Discharge	via	20' Standard (USD)	40' Standard (USD)	40' High Cube (USD)
Jeddah	direkt	650,00	850,00	850,00
Dammam	Khor Fakkan	700,00	950,00	950,00
Riyadh	Dammam	875,00	1 300,00	1 300,00

Alle Raten zuzüglich des zum Zeitpunkt der Verladung gültigen BAF, CAF und WAR RISC SURCHARGE.

Am 09.11.20(0) beträgt der BAF 20,00 USD pro Container. Weitere Zuschläge werden nicht erhoben.

a Das Bill of Lading ist an die Order einer Bank gestellt.
  aa Aus welchem Grund haben die Kaufvertragspartner diese Regelung vermutlich getroffen?
  ab Wie kommt die Geflügelzuchtfarm Al-Khasa in den Besitz der Sendung?
b Begründen Sie, warum im B/L eine Notify-Adresse angegeben ist.
c Erläutern Sie den Zusammenhang zwischen dem INCOTERM® 2020 DAP Farm Site Al-Khasa und dem Vermerk „Freight prepaid" im B/L.
d Geben Sie an, ob der Verkäufer zur Nachlieferung verpflichtet ist – für den Fall, dass der Container während des Seetransportes verloren gehen sollte.
e Beschreiben Sie, wie der Exporteur die Anforderungen an den Liefernachweis erfüllt.
f Machen Sie deutlich, wofür der BAF erhoben wird.
g Berechnen Sie den Euro-Betrag, den der Spediteur dem Versender in Rechnung stellt. Die Spedition schlägt auf alle entstandenen Kosten 20 % für Gemeinkosten und auf die Zwischensumme 5 % Gewinn auf.

Entstandene Kosten:
See-(Grund-)fracht (siehe Auszug aus der Preisliste); THC Dammam Port 100,00 USD, Lkw-Nachlauf 530,00 USD, Lkw-Vorlauf 375,00 EUR, BAF, B/L-Gebühren für die Spedition Intersped 25,00 EUR, THC Antwerpen 110,00 EUR, ISPS-Zuschlag Antwerpen 15,00 EUR

Kurs: 1,00 EUR = 1,2385 USD

B/L, siehe Seite 364

Aufgabe 23

Sie erhalten am 18.10.20(0) von der BAU-CHEMIE AG, Düsseldorf, den Auftrag, eine Sendung mit Kunststoffprofilen von Düsseldorf nach Hongkong zu besorgen. Die Güter werden vom Versender in einen Container verladen. Der Transport soll per Seeschiff über Hamburg nach Hongkong durchgeführt werden. Vor- und Nachlauf werden mit Lkw abgewickelt. Zusammen mit dem Speditionsauftrag schickt Ihnen der Versender die unten abgebildete Mitteilung über eine Akkreditiveröffnung.

a Erläutern Sie anhand der Mitteilung über die Akkreditiveröffnung den Ablauf beim bestätigten Dokumenten-Akkreditiv und gehen Sie dabei auf die Rolle der Beteiligten (eröffnende Bank, Auftraggeber, Begünstigter, Akkreditivstelle, Spediteur) ein.
b Beschreiben Sie den Vorteil, der sich für den Exporteur dadurch einstellt, dass die Deutsche Bank in der Mitteilung über die Akkreditiveröffnung in der Zeile „Bestätigungsanweisung" den Vermerk „CONFIRMED" eingefügt hat.
c Erläutern Sie den Zusammenhang zwischen Datum der Eröffnung, letztem Verschiffungstag, Datum des Verfalls aus der Mitteilung über die Akkreditiveröffnung.

Lernsituation 18 zum Informationshandbuch Seite 381–393

Auszug aus einer Mitteilung der Akkreditivstelle über die Akkreditiveröffnung

\multicolumn{2}{c}{**DEUTSCHE BANK**}
\multicolumn{2}{c}{Königsallee 45 – 47, 40212 Düsseldorf}
\multicolumn{2}{c}{AKKREDITIVEROEFFNUNG / ISSUE OF A DOCUMENTARY CREDIT}
EROEFFNENDE BANK / ISSUING BANK	SHANGHAI COMMERCIAL BANK LTD., HONGKONG
FORM DES AKKREDITIVS / FORM OF DOKUMENTARY CREDIT	IRREVOCABLE
FREMDE AKKREDITIV-NR. / DOCUMENTARY CREDIT NO.	LC BF 048332
AUFTRAGGEBER / APPLICANT	MASTERING INVESTMENTS LTD., 2102, WANCHAI COMMERCIAL CENTRE, 134 JOHNSTON ROAD, WANCHAI, HONGKONG
BEGUENSTIGTER / BENEFICIARY	BAU-CHEMIE AG, DAIMLERSTRASSE 45, 40235 DUESSELDORF, GERMANY
AKKREDITIVSTELLE / NOMINATED BANC	DEUTSCHE BANK, KOENIGSALLEE 45 – 47, 40212 DUESSELDORF
DATUM DER EROEFFNUNG / DATE OF ISSUE	15.10.20(0)
DATUM UND ORT DES VERFALLS / DATE AND PLACE OF EXPIRY	30.11.20(0), DUESSELDORF, GERMANY
WAEHRUNGSCODE/BETRAG / CURRENCY CODE AND AMOUNT	USD/29 500,00
TEILVERLADUNG / PARTIAL SHIPMENT	ALLOWED
UMLADUNG / TRANSSHIPMENT	ALLOWED
LETZTER VERSCHIFFUNGSTAG / LATEST DATE OF SHIPMENT	09.11.20(0)
WARENBESCHREIBUNG / DESCRIPTION OF GOODS	PROFILES M-SRL 3 676 KGS PROFILES RED M-BR 3 200 KGS
INCOTERM® 2020	CIF HONGKONG
ERFORDERLICHE DOKUMENTE / DOCUMENTS REQUIRED	1. FULL SET OF CLEAN ON BOARD OCEAN BILLS OF LADING MADE OUT TO ORDER OF SHANGHAI COMMERCIAL BANK LTD., HONGKONG NOTIFY: L/C APPLICANT WITH FULL ADDRESS MENTIONING THIS L/C NO. MARKED ‚FREIGHT PREPAID' 2. …
BESTAETIGUNGSANWEISUNG / CONFIRMATION	CONFIRMED
USW.	

SOFERN NICHT AUSDRUECKLICH ETWAS ANDERES BESTIMMT IST, GELTEN FUER DIESES DOKUMENTEN-AKKREDITIV DIE „EINHEITLICHEN RICHTLINIEN UND GEBRAEUCHE FUER DOKUMENTEN-AKKREDITIVE (ERA 600)", WELCHE ZUM ZEITPUNKT DER AKKREDITIEROEFFNUNG GUELTIG SIND.

Aufgabe 24

Ergänzen Sie die Tabelle, indem Sie den Staat nennen, in dem die Häfen liegen, sowie die Häfen den jeweiligen Fahrtgebieten zuordnen (X).

Hafen	Staat	Süd-/Ost-Asien	Pakistan/Indien/Bangladesch	Nordamerika/Westküste	Australien/Neuseeland	Sonstige Fahrtgebiete
Auckland						
Oakland						
Karachi						
Manila						
Chittagong						
Lagos						
Madras/Chennai						
Brisbane						
Osaka						
Seattle						
Shenzen						
Sydney						

Aufgabe 25 (Prüfungsnahe Aufgabenstellung)

Situation
Sie sind Mitarbeiter/-in der Hanse-Logistik GmbH, Hamburg, und erhalten den Auftrag, die Versendung von Motoren von Magdeburg nach Springfield (USA) über die Seehäfen Hamburg und Boston (USA) zu besorgen.

Beteiligte
- Spediteur: Hanse-Logistik GmbH Hamburg, Brooktorkai 22, 20457 Hamburg
- Versender: Maschinenfabrik GmbH, Alt Fermersleben 16, 39122 Magdeburg
- See-Frachtführer: CMG Shipping, Elbchaussee 14, 22609 Hamburg
- Empfänger: Springfield Motors Ltd., 756 State St., Springfield, MA 01109, USA

Informationen zur Sendung
- 40'-Standard-Container mit 35 Motoren
- Gewicht: 22 000 kg
- Beförderungsablauf: per Lkw von Magdeburg bis Hamburg, Seebeförderung von Hamburg bis Boston, Lkw-Nachlauf bis zum Empfänger
- Containerrundlauf: FCL/FCL (CY/CY)
- Dokumente: Bill of Lading für die Seestrecke, multimodaler Seefrachtbrief über die gesamte Beförderungsstrecke
- Die Sendung ist durch ein Akkreditiv gesichert.

1 (5 Punkte)
Die Hanse-Logistik GmbH schließt verschiedene Verträge ab.

1.1 Zwischen der Hanse-Logistik GmbH und der Reederei CMG Shipping besteht ein Stückgutfrachtvertrag. Nennen Sie die Beteiligten dieses Frachtvertrages mit den seerechtlichen Begriffen.

1.2 Das Handelsgesetzbuch unterscheidet zwischen Stückgutfrachtvertrag und Reisefrachtvertrag. Erläutern Sie das wesentliche Unterscheidungsmerkmal eines Reisefrachtvertrages im Vergleich zum Stückgutfrachtvertrag.

1.3 Begründen Sie, welche Vertragsbeziehung zwischen der Maschinenfabrik GmbH und der Hanse-Logistik GmbH besteht.

1.4 Die Hanse-Logistik GmbH erteilt auch Beförderungsaufträge an die World Anchor Line, einem NVOCC. Erläutern Sie die Abkürzung und das wesentliche Merkmal eines NVOCC.

2 (1,5 Punkte)
Die Hanse-Logistik GmbH wird für den Versender als Seehafenspediteur tätig. Nennen Sie drei Aufgaben des Seehafenspediteurs.

3 (2 Punkte)
Das von der Reederei eingesetzte Seeschiff, die New York Express, fährt unter der Flagge von Liberia. Der abgeschlossene Frachtvertrag unterliegt dem HGB.

3.1 Erläutern Sie, was es bedeutet, wenn das Schiff unter liberianischer Flagge fährt.

3.2 Begründen Sie, ob die Hanse-Logistik GmbH oder der Auftraggeber, die Maschinenfabrik GmbH, aufgrund der Flaggenwahl Nachteile bei der Haftung der Reederei befürchten muss.

4 (4 Punkte)
Sie bieten Ihrem Kunden den Transport auf Basis FCL/FCL an. Dabei übernimmt die Hanse-Logistik GmbH den Vorlauf des Containers von Magdeburg nach Hamburg; der Nachlauf vom Hafen Boston zum Empfänger nach Springfield wird im Auftrag der Hanse-Logistik GmbH von der Reederei organisiert.

4.1 Erläutern Sie die vorliegende Art des Containerrundlaufs (Movement) FCL/FCL.

4.2 In der Seeschifffahrt wird die Organisation des Vor- und Nachlaufs zur Seebeförderung durch die Fachbezeichnungen „Carrier's Haulage" und „Merchant's Haulage" gekennzeichnet.
Erläutern Sie die beiden Begriffe und ordnen Sie sie der Beförderung von Magdeburg nach Springfield zu.

5 (4 Punkte)

Bei vorangegangenen Beförderungen hat die Maschinenfabrik GmbH mit ihrem Importeur den INCOTERM® CIP 756 State St., Springfield, MA 01109, USA, INCOTERMS® 2020 vereinbart. Nun verlangt der Importeur vom Exporteur, den Kaufvertrag auf der Basis von DAP abzuschließen. Der Versandleiter der Maschinenfabrik GmbH fragt Sie, ob sich durch die Wahl des neuen INCOTERMS® Nachteile für das Unternehmen ergeben.

5.1 Beschreiben Sie den Kosten- und Gefahrenübergang der beiden INCOTERMS®.

5.2 Beantworten Sie die Frage des Versandleiters. Begründen Sie Ihre Antwort.

6 (4 Punkte)

Die Maschinenfabrik GmbH wünscht von Ihnen einen Fixpreis für die gesamte Beförderung.
Von der Reederei erhalten Sie auf Anfrage folgendes Angebot für die Seebeförderung von Hamburg nach Boston und für den Lkw-Nachlauf bis zum Empfänger:

Lkw-Vorlauf	460,00	EUR
Seefracht 40'-Standard-Container einschließlich CAF	1 450,00	USD
BAF	300,00	USD
LSF	110,00	USD
ISPS	15,00	EUR
THC origin	220,00	EUR
THC destination	500,00	USD
Terminal Security Charge Destination	10,00	USD
Spediteurkommission (FAC)	2,50	% von der Grundfracht
Lkw-Nachlauf USA	610,00	USD
Schiffskurs: 1,00 EUR =	1,15	USD

Die errechneten Kosten erhöhen sich um einen Zuschlag für Gemeinkosten und Gewinn in Höhe von 25 %.
Berechnen Sie den Fixpreis für den Kunden.

7 (3 Punkte)

Für die Seestrecke ist als Beförderungspapier ein Bill of Lading ausgestellt worden, für die Gesamtstrecke ein multimodaler Seefrachtbrief zu besorgen.
Nachfolgend ist ein Auszug aus dem Bill of Lading abgebildet.

CONTAINER NOS, MARKS AND NUMBERS.	NUMBER AND KIND OF PACKAGES; DESCRIPTION OF GOODS	GROSS WEIGHT	MEASUREMENT
ECMU 454238-0 PUMPS SPRINGFIELD MOTORS LTD	1 40' DC 35 PACKAGES SLAC PUMPS SHIPPED ON BOARD FREIGHT PREPAID IRREVOCABLE DOCUMENTARY CREDIT NO.: 0012734/20(0)	22 000 KGS	

7.1 Beschreiben Sie den wesentlichen Unterschied eines Seefrachtbriefes zum Bill of Lading.

7.2 Übersetzen Sie den SLAC-Vermerk und erläutern Sie die Bedeutung des Vermerks für den Verfrachter.

7.3 Begründen Sie, ob der Vermerk „FREIGHT PREPAID" zum vereinbarten INCOTERM® DAP passt (siehe 5. Aufgabe).

8 (4,5 Punkte)

Die Sendung ist durch ein Akkreditiv der Boston Commercial Bank gesichert. Die Stadtsparkasse Magdeburg hat das Akkreditiv bestätigt.

8.1 Erläutern Sie die Art des Akkreditivs aufgrund des Eintrages im Bill of Lading (siehe auch Auszug in Aufgabe 7): IRREVOCABLE DOCUMENTARY CREDIT NO.: 0012734/20(0).

8.2 Stellen Sie dar, welche Bedeutung die Bestätigung des Akkreditivs durch die Stadtsparkasse Magdeburg für den Exporteur hat.

8.3 Die Anforderungen an die vorzulegenden Dokumente (Documents Required) werden im Akkreditiv unter Anderem wie folgt beschrieben:
- FULL SET OF CLEAN ON BOARD OCEAN BILL OF LADING (3/THREE)
- EVIDENCING SHIPMENT DATE

Beschreiben Sie, wie die vorzulegenden Dokumente beschaffen sein müssen.

9 (2 Punkte)

Das Seeschiff fährt auf seiner Reise folgende Häfen an:

Hamburg – Southampton – Le Havre – Boston

Ergänzen Sie die Tabelle mit den Meeren bzw. Wasserstraßen, an denen diese Häfen liegen.

	Meer/Wasserstraße
Hamburg	
Southampton	
Le Havre	
Boston	

SELBSTTEST LERNSITUATION 18

→ Diese **Prozesse** beherrsche ich (X):

	voll	weitgehend	eher nicht	gar nicht
abschließende Arbeiten zur Organisation eines Seetransports erledigen				
einen Festpreis gemäß INCOTERM® CIF Chicago kalkulieren				
fallbezogene Rechte und Pflichten des Exporteurs aus dem INCOTERM® ableiten				
einen Versicherungsantrag stellen				
die Deckungsform, die Reichweite und die Zusatzklauseln der Transportversicherung situationsgerecht bestimmen				
Dokumente auf Konformität mit dem Dokumentenakkreditiv prüfen				

→ Diese **Begriffe** kenne ich (✓):

- Abholklausel ☐
- Abnahmerisiko ☐
- All-Risks-Versicherung ☐
- Ankunftsklausel ☐
- Dokumentenakkreditiv ☐
- CIF ☐
- DAP ☐
- Dokumenteninkasso ☐
- Einzelpolice ☐
- ERA ☐
- EXW ☐
- FOB ☐
- Gefahrenübergang ☐
- Generalpolice ☐
- Haus-Haus-Versicherung ☐
- INCOTERMS® ☐
- Kostenübergang ☐
- Mindestdeckung ☐
- Transportversicherung ☐
- Versicherungszertifikat ☐
- volle Deckung ☐
- Zweipunktklausel ☐

Abschlussaufgabe Lernsituation 18

Situation

Sie sind Mitarbeiter/-in der Gebrüder Hertz Spedition GmbH, Marienplatz 12, 04103 Leipzig, und haben einen Besorgungsauftrag der Kunststoffwerk Leipzig AG, Erich-Zeigner-Allee 64, 04229 Leipzig, zu organisieren.
Empfänger der Sendung ist die LENEXPO Messegesellschaft, 199106 St. Petersburg, ul. Petrozavodskaya 120.

Sendungsdaten (Auszug aus dem Speditionsauftrag)

18 Zeichen und Nr.	19 Anzahl	20 Packstück	21 SF	22 Inhalt	23 Lademittelgewicht kg	24 Bruttogewicht kg
LEN 01–30	30	EUR-Paletten	0	Montageartikel		8 000
LEN 31	1	Kiste	0	Montageartikel 2,30 m × 1,40 m × 1,50 m		500
	25 Summe 31	26 Rauminhalt cdm/ Lademeter		Summen:	27	28 8 500

30 Frankatur	31 Warenwert für Güterversicherung	32 Versender-Nachnahme
DPU Northwest Customs Terminal, Bogatyrskiy Prospect 18, 197348 St. Petersburg, Russia INCOTERMS® 2020	92 450,00 EUR	

1

a Prüfen Sie, ob die Sendung auf einen Sattelauflieger (13,60 m Innenlänge) verladen werden kann.
b Prüfen Sie anhand des Auszugs aus dem INCOTERM® 2020 DPU, ob am Lieferort die Entladung der Sendung organisiert werden muss.

> **DPU A2 Lieferung**
>
> Der Verkäufer muss die Ware vom ankommenden Beförderungsmittel entladen und dann liefern, indem er sie an der ggf. benannten Stelle oder am benannten Bestimmungsort dem Käufer zur Verfügung stellt oder die so gelieferte Ware beschafft. In jedem Fall muss der Verkäufer die Ware zum vereinbarten Termin oder innerhalb der vereinbarten Frist liefern.

Quelle: © 2019 International Chamber of Commerce (ICC) (Hrsg.): INCOTERMS® 2020, S. 82.

c Stellen Sie den Kosten- und Gefahrenübergang aufgrund des vereinbarten INCOTERMS® 2020 dar.

2

Über die Durchführung der Beförderung ist eine Make-or-buy-Entscheidung zu treffen.
Ein weißrussischer Frachtführer bietet uns den Transport zu einem Preis von 3 100,00 EUR an.
Wir kalkulieren für unseren eigenen Lkw mit folgenden Daten:

	Kilometersatz	Tagessatz
Zugmaschine	0,55	402,46
Auflieger	0,03	24,32
Summe	0,58	426,78

Sie gehen von einer Beförderungszeit von sechs Tagen und einer Entfernung von 1950 km aus.
a Berechnen Sie die Transportkosten für den Selbsteintritt und entscheiden Sie über die Auftragsvergabe.
b Berechnen Sie aus den unten dargestellten Kalkulationsdaten für die Zugeinheit folgende Beträge:
　ba das Umlaufvermögen
　bb das betriebsnotwendige Vermögen
　bc die beiden Abschreibungsbeträge
　bd die Kfz-Kaskoversicherung (Jahresprämie 4 600,00 EUR, zwei Jahre lang Vollkasko)
　be den Kilometersatz
　bf den Tagessatz
　bg die Fahrzeugeinsatzkosten
　bh die fixen (zeitabhängigen) Kosten

Kalkulationsdaten der Zugeinheit

6	zul. Gesamtgewicht in t	18
9	Jahreslaufleistung/km	130 000
10	Jahreseinsatzzeit (Tage)	240
12	Nutzungsdauer/Jahre	9

C	Kapitalwerte	
16	Kaufpreis ohne Reifen	79 248,00 EUR
17	Kaufpreis Bereifung	1 752,00 EUR
18	Umlaufvermögen	
19	betriebsnotwendiges Vermögen	

20	Abschreibung (Abnutzung)	
36	Abschreibung (Entwertung)	
40	Kfz-Kaskoversicherung	

	Auswertung Gesamtübersicht	Euro/Jahr	Euro/km	Euro/Tag	%
50	km-abhängige Kosten	71 080,22			42,39
51	Fahrpersonalkosten	47 126,40			28,11
52	feste Fahrzeugkosten	14 865,39			8,87
53	Fahrzeugeinsatzkosten				79,37
55	Gemeinkosten	34 598,72			20,63
56	fixe (zeitabhängige) Kosten				57,61
57	Gesamtkosten				100,00

3

Exporteur und Importeur haben als Zahlungssicherung ein unwiderrufliches, bestätigtes Dokumentenakkreditiv vereinbart. Als Dokumente sind ein Versicherungszertifikat und ein FCR vom Spediteur zu besorgen und der Zahlstelle vorzulegen. Die Transportversicherung deckt die Spedition im Auftrag des Exporteurs ein.
a Prüfen Sie anhand des nachfolgenden Auszuges aus den ERA 600, ob ein FCR – ausgestellt von einem Spediteur – überhaupt als Sicherungsmittel einsetzbar ist.

> **Article 24 ERA 600**
> **Road, Rail or Inland Waterway Transport Documents**
>
> a A road, rail or inland waterway transport document, however named, must appear to
> 　i. indicate the name of the carrier and:
> 　　　• be signed by the carrier or a named agent for or on behalf of the carrier, or
> 　　　• indicate receipt of the goods by signature, stamp or notation by the carrier or a named agent for or on behalf of the carrier.
> 　　Any signature, stamp or notation of receipt of the goods by the carrier or agent must be identified as that of the carrier or agent.
> 　　Any signature, stamp or notation of receipt of the goods by the agent must indicate that the agent has signed or acted for or on behalf of the carrier.
> 　　[...]

Quelle: Internationale Handelskammer ICC – International Chamber of Commerce (Hrsg.): Einheitliche Richtlinien und Gebräuche für Dokumentenakkreditive (ERA 600), Hamburg: DVV Media Group GmbH 2007.

b Beschreiben Sie anhand des nachfolgenden Auszugs aus dem FCR, wie das Papier als Sicherungsmittel wirksam werden kann.

Auszug aus dem FCR

We certify having assumed control of the above mentioned consignment in external apparent good order and condition		* Forwarding instructions can only be cancelled or altered if the original Certificate is surrendered to us, and then only provided we are still in a position to comply with such cancellation or alteration. Instructions authorising disposal by a third party can only be cancelled or altered if the original Certificate of Receipt is surrendered to us, and then only provided we have not yet received instructions under the original authority.
at the disposal of the consignee		
with irrevocable instructions*		
to be forwarded to the consignee	X	
Special remarks Instructions as to freight and charges DPU Northwest Customs Terminal, Bogatyrskiy Prospect 18, 197348 St. Petersburg, Russia INCOTERMS® 2020		

c Erläutern Sie den Ablauf des Dokumentenakkreditivs. Machen Sie insbesondere die Rolle des Spediteurs und der bestätigenden Bank deutlich.

4

Sie haben für den Versender eine Transportversicherung eingedeckt. Mit der Versicherung haben Sie eine Prämie von 6,5 Promille für eine Haus-Haus-Versicherung bei voller Deckung vereinbart.
  a Berechnen Sie die Versicherungsprämie, wenn Sie 110 % des Güterwertes versichern sollen.
  b Erläutern Sie die Bedingungen „Haus – Haus" und „volle Deckung".
  c Unterscheiden Sie General-Police und Versicherungszertifikat.
  d Erläutern Sie die Bedeutung der unterstrichenen Textstellen im nachfolgenden Auszug aus dem Versicherungszertifikat für den Importeur. Bedenken Sie, dass das Zertifikat im Rahmen des Akkreditivgeschäftes letztlich dem Importeur zur Verfügung gestellt wird.

Auszug aus dem Versicherungszertifikat

Exemplare: 3/drei
Hiermit wird bescheinigt, dass aufgrund der oben genannten General-Police Versicherung übernommen worden ist
gegenüber **Kunststoffwerk Leipzig AG, Erich-Zeigner-Allee 64, 04229 Leipzig**
ab **15.03.20(0)**
für Rechnung, wen es angeht, auf nachstehend näher bezeichnete Güter
(...)
für folgende Reise (Transportmittel, Reiseweg):
(...)
gemäß DTV-Güterversicherungsbedingungen (DTV-Güter 2000/2011). Schäden zahlbar an den Inhaber dieses Papiers. Mit Schadenzahlung gegen eine Ausfertigung werden die anderen ungültig.

5

Berechnen Sie den Deckungsbeitrag I (Rohergebnis) aus dem Auftrag, wenn Sie mit dem Versender einen Preis von 270,00 EUR pro angefangenem Lademeter und eine FCR-Gebühr von 25,00 EUR vereinbart haben. Die Prämie für die Transportversicherung wird in gleicher Höhe an den Kunden weiterberechnet. Der Spediteur erhält eine Gebühr in Höhe von 10 % der Prämie von der Versicherung.

6

Der Versender möchte von Ihnen wissen, ob bei zukünftigen Aufträgen nach St. Petersburg überhaupt eine Transportversicherung notwendig ist.
  a Erläutern Sie dem Versenden den maximalen Schadenersatz im Falle einer Totalbeschädigung der oben genannten Sendung (1 SZR = 1,228 EUR).
  b Beschreiben Sie die Funktion Ihrer Haftungsversicherung für den Fall, dass die Sendung
    ba im Selbsteintritt befördert wird,
    bb ein fremder Frachtführer mit dem Transport beauftrag wird.
  In beiden Fällen haben Sie mit Ihrem Versender einen festen Preis über die Beförderungskosten vereinbart.

7

a Nennen Sie die Berechtigungen, die einsetzbar sind, wenn Sie die Fahrt
  aa im Selbsteintritt durchführen,
  ab einen weißrussischen Frachtführer beauftragen.
b Nennen Sie die Länder, die der Lkw-Fahrer auf dem Landverkehrsweg nach St. Petersburg ab deutsche Grenze durchfährt. Belarus ist dabei nicht betroffen.
c Beschreiben Sie, wie sich die Lösung zu a ändert, wenn Sie den Weg über Belarus wählen.

8

Der Versender ist vorzugsweise im Messebau tätig. Er erwartet, dass er zukünftig vermehrt Aufträge aus Russland erhält. Er möchte daher seine Marktpräsenz in Russland verstärken. Er bittet Sie, ihm behilflich zu sein, Informationen/Organisationen zu finden, die ihn dabei unterstützen.
Gehen Sie auf die Webseite **www.ixpos.de** und suchen Sie drei Adressen von Organisationen, die den Tätigkeiten des Versenders auf dem russischen Markt förderlich sind.

Lernsituation 19
Eine Luft-Exportsendung besorgen

Ausreichende Versicherung nach CIP gewährleisten

Am Donnerstag, dem 11.10.20(0) erhält INTERSPED von einem Kunden den Auftrag, eine eilige Sendung per Luftfracht nach Los Angeles zu befördern. Heute trifft folgender Speditionsauftrag ein mit der Bitte,

- vorab die Kosten der Beförderung als Festpreis mitzuteilen,
- für eine ausreichende Versicherung nach dem INCOTERM® 2020 CIP Sorge zu tragen,
- die Ausfuhrformalitäten zu erledigen:

Speditionsauftrag (Auszug)

Speditionsauftrag

1 Versender/Lieferant MDO Albertstraße 15 40233 Düsseldorf	2 Lieferanten Nr.	3 Speditionsauftrag-Nr. 01435-20(0)	
		4 Nr. Versender beim Versand-Spediteur	
5 Beladestelle		6 Datum 11.10.20(0)	7 Relations-Nr.
8 Sendungs-/Ladungs-Bezugs-Nr.		9 Versand-Spediteur	10 Spediteur-Nr.
11 Empfänger Sports Car 200 Century Blvd. Los Angeles California USA	12 Empfänger-Nr.	**INTERSPED GmbH Merkurstraße 14 40223 Düsseldorf**	
		Fax	Telefon
		13 Bordero-/Ladeliste-Nr.	
14 Anliefer-/Abladestelle		15 Versendervermerke für den Versandspediteur Notify: LCA-Transport, 991 California Street, Los Angeles, USA	
		16 Eintreff-Datum: 13.10.20(0)	17 Eintreff-Zeit:

18 Zeichen und Nr.	19 Anzahl	20 Packstück	21 SF	22 Inhalt	23 Lademittel-Gewicht kg	24 Brutto-Gewicht kg
MDO1	1	Paket		Automobile parts Wert der Sendung: 14 302,97 EUR		485,0
	25 Summe:	26 Rauminhalt cdm/Lademeter 140 × 140 × 100 CM Summen:			27	28

30 Frankatur CIP Los Angeles Airport, 1 world way, CA 90045, gemäß INCOTERMS® 2020	31 Warenwert für Güterversicherung	32 Versender-Nachnahme

Die Sendung ist so zu disponieren (abholen, im Rahmen der Sammelladung umschlagen, zum Flughafen zustellen), dass der Terminwunsch des Kunden eingehalten wird. Sendungen, die bis ca. 16:00 Uhr beim Versender abgeholt werden, können am nächsten Tag ab ca. 08:00 Uhr in die Zustellung zum Flughafen gehen.

Aufgrund des Speditionsauftrags macht sich Frau Theben mit dem INCOTERM® 2020 CIP vertraut, um die Aufgaben- und Kostenteilung zwischen Exporteur und Importeur zu überschauen. Mit folgendem Fragenkatalog geht sie gewöhnlich an den Text eines INCOTERMS® 2020 heran:

1. Wer hat die Güter zu verpacken?
2. Wer hat den Frachtvertrag abzuschließen und die Transportkosten zu übernehmen?
3. Wer schließt die Transportversicherung mit welchem Leistungsumfang ab, wer trägt die Kosten?
4. Wer muss das Beförderungspapier beschaffen und die Kosten für das Papier tragen?
5. Auf welche Benachrichtigung muss der Exporteur warten, welche Nachricht muss er erteilen?
6. Bis zu welchem Punkt trägt der Exporteur das Transportrisiko?

7 Wann hat der Exporteur seine Lieferverpflichtung erfüllt?
8 Wer hat die Ausfuhrabfertigung zu besorgen und zu bezahlen?

Folgende Kosten sind zu ermitteln und gemäß INCOTERM® 2020 CIP dem Exporteur in Rechnung zu stellen:
- Vorlaufkosten (nach dem INTERSPED-Haustarif, Entfernung 30 km)
- Luftfracht (nach IATA-Tarif: TACT); INTERSPED schließt den Luftfrachtvertrag mit der LUFTHANSA CARGO ab, weil sie ihr die höchsten Rabatte auf den TACT gewährt.
- Falls erforderlich: die Kosten für eine **Haftungserhöhung** oder Versicherung der Güter. Es kommen infrage:
  - Erhöhung der Luftfrachtführerhaftung durch **Lieferwertangabe** (Wertzuschlag); 1 SZR = 1,2228 EUR
  - Angebot eines **Transportversicherers** nach dem INCOTERM® 2020 CIP; die Prämie beträgt 3,2 Promille vom Warenwert. Ein imaginärer Gewinn (= 10% des Güterwertes) ist mitzuversichern.
  - Abschluss einer **Güterversicherung** durch INTERSPED; die Prämientabelle und der Versicherungsumfang sind unten dargestellt.
- Nebenentgelte:
  - AWB-Fee 20,00 EUR
  - Fuel Surcharge 0,45 EUR/kg (tatsächliches Gewicht)
  - Security Surcharge 0,15 EUR/kg (tatsächliches Gewicht)
- Kosten für die Ausfuhrabfertigung (37,50 EUR)

Sofern in US-Dollar gerechnet wird, ist folgender Kurs zu beachten: 1,00 EUR = 1,2417 USD.

Luftfracht: alternative Frachtberechnung beachten!

Beachten Sie: Grenzüberschreitende Transporte und Beförderungen im Ausland sind von der deutschen Versicherungssteuer befreit, siehe Stichwort „Versicherungssteuer" im Informationshandbuch.

Güterversicherung							
Prämien für allgemeine Speditionsgüter (Warengruppe A)/Einzeltransporte nach oder von Orten in Deutschland Prämie in ‰ – für See- und Landtransporte (Auszug)							
Region 0	Region 1	Region 2	Region 3	Region 4	Region 5	Region 6	Region 7
Europa ohne Staaten der ehemaligen UdSSR	Staaten der ehemaligen UdSSR	USA/ Kanada/ Ostküste	USA/ Kanada/ Westküste	Australien, Neuseeland, Ozeanien	Naher Osten, Fernost, Nordafrika, Südafrika	Mittlerer Osten	Mittelamerika, Südamerika/ Ostküste
0,45	zu vereinbaren	2,50	3,00	3,50	4,00	6,50	5,50
für Güterfolge- und Vermögensschäden, falls gewünscht, 10% Zuschlag auf die Prämiensätze							
Lufttransporte: auf die genannten Sätze ein Rabatt von 20%				Versicherungszertifikat (akkreditivfähig): 7,50 EUR			
Versicherungsumfang: ■ Der Versicherungsschutz gilt weltweit nach DTV-Güterversicherungsbedingungen 2000/2011 – **volle Deckung, von Haus zu Haus**, einschließlich eventueller Vor- und Nachreisen sowie einschließlich der Risiken des **Be- und Entladens**. ■ Disponierte Lagerungen sind bis zu einer Dauer von 60 Tagen mitversichert. ■ Krieg-, Streik- und Aufruhrklausel nach DTV: Erhöhung der Prämie um 0,275 ‰ (sofern kein Krisengebiet)				**Ausgeschlossene Güter:** ■ Umzugsgut, Kunstgegenstände, Edelsteine ■ explosive Güter, Waffen, Munition ■ lebende Tiere und Pflanzen ■ temperaturgeführte Güter, Tiefkühlgut ■ Glas, Porzellan, Elektronik, gebrauchte Güter			

Die genauen Flugzeiten ergeben sich aus nachfolgend abgebildetem Ausschnitt aus dem Air Cargo Guide:

Flugplan: Auszug aus dem Air Cargo Guide

Origin:	**DUS**	Earliest Departure:	12.10.20(0)
Destination:	**LAX**	Latest Departure:	...10.20(0)
Airline:			

No.	Flight		Origin	Dest	Date	Dept Time	Arr Time	Stops	Equipment	Days of Op	Elapsed
1	LH 8252	✈	DUS	LAX	12/10/..	07:50	13:50	1	M1F	--3----	15:00
2	UA 456 [LH]	✈	DUS	LAX	12/10/..	10:35	13:05	0	777	1234567	11:30
3	LH 3521	✈	DUS	LAX	12/10/..	10:35	13:05	0	777	1234567	11:30
4	UA 8250	✈	DUS	LAX	12/10/..	14:10	19:50	1	77F	------7	14:40

M1F = McDonnell Douglas MD-11 (freighter)
UA = United Airlines
UTC Los Angeles: –7 (Sommerzeit)

Danach kann der Luftfrachtbrief ausgefüllt und die Sendung für den Export (zolltechnisch) abgefertigt werden. Dazu werden der Luftfrachtbrief, die Handelsrechnung (siehe Seite 377) und die Ausfuhrerklärung dem Zollamt in Düsseldorf vorgelegt. Der Zoll verzichtet in diesem Fall auf eine Zollbeschau.

Auszug aus dem Luftfrachttarif TACT		
Düsseldorf	DE	DUS
	KGS	EUR
LOS ANGELES	M	76,69
US	N	4,90
	100	3,80
	300	3,10
	500	2,90

Hinweise zum Luftfrachtbrief:

- Die AWB-Nummer lautet 020 DUS 2440 3471.
- INTERSPED hat eine eigene IATA-Agentur am Düsseldorfer Flughafen eingerichtet, die alle Luftfrachtsendungen übernimmt: INTERSPED LUFTFRACHT GmbH, Flughafenstraße 68, 40474 Düsseldorf.
- Der IATA-Code der Agentur lautet 23-4 7445/3012.
- Luftfrachtführer: LUFTHANSA CARGO, Airport Düsseldorf, 40474 Düsseldorf
- Sicherheitsstatus der Sendung: SPX; die Sendung wurde durch INTERSPED luftsicher gemacht, LBA-Registrierung: DE/RA/48963-01/0326.

Hinweise zur Ausfuhrabfertigung:

- EORI-Nummern der Beteiligten
  MDO: DE4877432
  INTERSPED: DE4682334
- Folgende Felder des Einheitspapiers sind auszufüllen: 1, 2, 5, 8, 14 (INTERSPED ist direkter Vertreter), 17 (Bestimmungsland-Code), 19, 20, 21, 22, 24, 25, 26, 29, 31, 32, 33, 34 b, 35, 37, 38, 46, 54.
- Feld 33: Die statistische Warennummer lautet 87084020.
- Feld 46: statistischer Wert = Warenwert frei deutsche Grenze einschließlich Vertriebskosten bis zur Grenze. Die Beförderungskosten für die Teilstrecke Düsseldorf – deutsche Grenze sind mit den Vorlaufkosten und 2 % der Luftfracht (einschließlich Luftfrachtnebenkosten und Versicherung) anzusetzen. Der errechnete Betrag ist auf volle Euro aufzurunden.

Los Angeles — Deutsche Grenze — DUS
CIP-Preis Los Angeles 17 760,00 USD
Grenzübergangswert
minus 98 % der Vertriebskosten (Luftfracht, Nebengebühren, Versicherung) | 2 % der Vertriebskosten

- **Ausfuhr**zollstelle ist das Zollamt Düsseldorf-Reisholz (DE002607).
- **Ausgangs**zollstelle ist die Zollstelle am Düsseldorfer Flughafen (Feld 29: Die Nummer der Zollstelle lautet DE002601).

Am Flughafen Düsseldorf werden der Ausgangszollstelle das AWB und das Ausfuhrbegleitdokument (ABD) vorgelegt. Eine physische Gestellung der Güter ist nicht erforderlich. Anschließend (bis ca. zwei Stunden vor dem Abflug) wird die Sendung der LUFTHANSA Düsseldorf zum Transport übergeben.
Der Versender wird per Rechnung mit seinen Kosten belastet.

> **Arbeitsauftrag** (Vorschlag)
> Erledigen Sie die erforderlichen Arbeiten für die Organisation des Lufttransports.
> Mögliche Arbeitsschritte:
> 1. Beförderungspreis einschließlich Versicherung auf Grundlage des CIP-Fragenkatalogs berechnen und dem Versender mitteilen,
> 2. Arbeits- und Terminplan erstellen,
> 3. AWB ausstellen,
> 4. Ausfuhrabfertigung vornehmen.

Fragenkatalog siehe Seite 374/375

MDO

MDO Aktiengesellschaft Düsseldorf

450USA0077   09.10.20(0   ORDER-NO: 4.434.774.98

MDO, Albertstraße 15, 40233 Düsseldorf

Sports Car
200 Century Blvd.
Los Angeles
California
USA

INVOICE -   NO. 24.450.155   450USA0077

INCOTERM®:	CIP Los Angeles airport, 1 world way, CA 90045, INCOTERMS® 2020	Packing: 1 package
Payment:	90 days net	Net weight: 460 kg
Mode of dispatch:	by airfreight	Gross weight: 485 kg
Forwarding address:	INTERSPED GmbH Düsseldorf	Dimension: 140 × 140 × 100 cm
Marks:	4 434.774.98	

ArtNo.	Item	Quantity	Description	Price in USD
			Automobile parts	
890.44	33	10	tool holder NR CF 00109D	3 295,00
860.44	18	2	set centering device 130 h7	2 483,00
860.45	36	100	insert, 36.71.263 SPB 38	5 177.00
860.31	36	100	insert, 36.71.262 SPB 38	3 131,00
860.23	30	100	set jaw SZA 25–38	3 674,00
				17 760,00

17 760,00 USD
= CIP-Preis

MDO Düsseldorf
on behalf
Haider

Air Waybill

Shipper's Name and Address

Shipper's Account Number

Not Negotiable

Air Waybill
Issued by

Copies 1, 2 and 3 of this Air Waybill are originals and have the same validity.

Consignee's Name and Address

Consignee's Account Number

It is agreed that the goods described herein are accepted in apparent good order and condition (except as noted) for carriage SUBJECT TO THE CONDITIONS OF CONTRACT ON THE REVERSE HEREOF. ALL GOODS MAY BE CARRIED BY ANY OTHER MEANS INCLUDING ROAD OR ANY OTHER CARRIER UNLESS SPECIFIC CONTRARY INSTRUCTIONS ARE GIVEN HEREON BY THE SHIPPER, AND SHIPPER AGREES THAT THE SHIPMENT MAY BE CARRIED VIA INTERMEDIATE STOPPING PLACES WHICH THE CARRIER DEEMS APPROPRIATE. THE SHIPPER'S ATTENTION IS DRAWN TO THE NOTICE CONCERNING CARRIER'S LIMITATION OF LIABILITY. Shipper may increase such limitation of liability by declaring a higher value for carriage and paying a supplemental charge if required.

Issuing Carrier's Agent Name and City

Accounting Information

Agent's IATA Code

Account No.

Airport of Departure (Addr. of First Carrier) and Requested Routing

Reference Number

Optional Shipping Information

| To | By First Carrier | Routing and Destination | to | by | to | by | Currency | CHGS Code | WT/VAL PPD COLL | Other PPD COLL | Declared Value for Carriage | Declared Value for Customs |

Airport of Destination

Requested Flight/Date

Amount of Insurance

INSURANCE – If carrier offers insurance, and such insurance is requested in accordance with the conditions thereof, indicate amount to be insured in figures in box marked "Amount of Insurance".

Handling Information

SCI

(For USA only): These commodities, technology or software were exported from the United States in accordance with the Export Administration Regulations. Diversion contrary to USA law prohibited.

| No. of Pieces RCP | Gross Weight | kg lb | Rate Class / Commodity Item No. | Chargeable Weight | Rate / Charge | Total | Nature and Quantity of Goods (incl. Dimensions or Volume) |

| Prepaid | Weight Charge | Collect | Other Charges |

Valuation Charge

Tax

Total Other Charges Due Agent

Shipper certifies that the particulars on the face hereof are correct and that **insofar as any part of the consignment contains dangerous goods, such part is properly described by name and is in proper condition for carriage by air according to the applicable Dangerous Goods Regulations.**

Total Other Charges Due Carrier

_____
Signature of Shipper or his Agent

| Total Prepaid | Total Collect |

| Currency Conversion Rates | CC Charges in Dest. Currency |

Executed on (date) _____ at (place) _____ Signature of Issuing Carrier or its Agent

| For Carrier's Use only at Destination | Charges at Destination | Total Collect Charges |

ORIGINAL 3 (FOR SHIPPER)

Hinweis zu Feld 50: Der Begriff „Hauptverpflichteter" im Formular ist veraltet. Nach UZK handelt es sich um den „Inhaber des Verfahrens".

Lernsituation 19 zum Informationshandbuch Seite 393–424

Aufgabe 1
Im Arbeitsauftrag haben Sie den Versand einer Luftexportsendung organisiert und dabei auch die Ausfuhrabfertigung erledigt.

a Beschreiben Sie den zolltechnischen Ablauf bei einem Export von Gütern anhand des Einstiegsfalls. Verwenden Sie dabei folgende Begriffe:
- elektronische Ausfuhranmeldung
- Ausfuhrzollstelle
- Ausgangszollstelle
- Ausgangsvermerk
- MRN
- Gestellung
- Ausgangsbestätigung/Kontrollergebnis
- Überwachung des körperlichen Ausgangs
- Prüfung der Zulässigkeit der Ausfuhr
- Überleitung in das Ausfuhrverfahren
- Vorab-Ausfuhranzeige
- Abgleich gestellte und angemeldete Ware

b Geben Sie an, wer im Einstiegsfall zollrechtlich als Ausführer und wer als Anmelder anzusehen ist.

c Nehmen Sie folgende Variationen des Einstiegsfalls an:
  ca INTERSPED wird als indirekter Vertreter für MDO tätig. Erläutern Sie, wer in diesem Fall als Ausführer und wer als Anmelder gilt.
  cb MDO erledigt die Ausfuhranmeldung selbst und beauftragt INTERSPED ausschließlich mit der Besorgung des Transports. Begründen Sie, wer als Anmelder auftritt.
  cc INTERSPED hat versäumt, in Feld 14 das Vertretungsverhältnis durch Angabe der entsprechenden Ziffer in eckigen Klammern anzugeben. Begründen Sie, wer als Anmelder angesehen wird.

Aufgabe 2
Die Vereinbarung eines bestimmten INCOTERMS® 2020 hat Einfluss auf die Verteilung der Kosten.
Stellen Sie fest, wie sich die Verteilung der Kosten aus dem Einstiegsfall ändert, wenn die Vertragspartner des Kaufvertrags den INCOTERM® 2020 FCA Düsseldorf vereinbaren.

Aufgabe 3
Nachfolgend ist ein Auszug aus einer Ausfuhranmeldung abgebildet. Lösen Sie anhand des Auszugs folgende Teilaufgaben:

a Erläutern Sie den Inhalt der Felder 1, 14, 17, 19, 21, 31, 34, 35 und 37.
b Beschreiben Sie, wie man den Code für die Ausgangszollstelle Rielasingen (DE004103, Feld 29) ermittelt.
c Stellen Sie fest, wie man die Warennummer 39231000 (Feld 33) überprüfen kann.
d Erläutern Sie die Auswirkung des INCOTERMS® 2020 DAP Thun (Feld 20) auf die Einfuhrverzollung in der Schweiz.

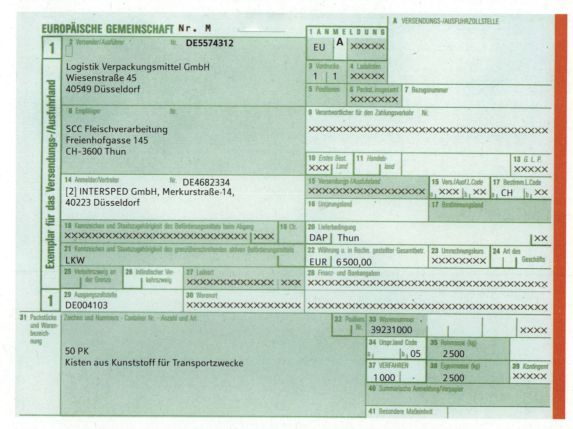

Aufgabe 4

Sie haben für die AMW-Motorenfabrik, Ellerstraße 117, 40227 Düsseldorf, eine Luftfrachtsendung nach Pakistan abzuwickeln. Der Kaufvertrag ist mit einem Dokumentenakkreditiv gesichert.

Zusammen mit dem Speditionsauftrag schickt Ihnen der Versender die unten abgebildete Mitteilung über eine Akkreditiveröffnung.

a Erläutern Sie den Ablauf dieses Dokumenten-Akkreditivgeschäfts und gehen Sie dabei auf die Rolle der Beteiligten (eröffnende Bank, Auftraggeber, Begünstigter, Akkreditivstelle, Spediteur) ein.
b Stellen Sie die Bedeutung der Zeile „CONFIRMATION INSTRUCTIONS" für den Exporteur dar.
c Begründen Sie, warum die Akkreditivbank als Empfänger der Sendung genannt wird
d Geben Sie an, welches AWB-Exemplar für das Akkreditiv Verwendung findet.
e Die Mitteilung über das Akkreditiv enthält eine weitere Bedingung, die unten gesondert aufgeführt ist. Erläutern Sie die Bedeutung dieser Formulierung für den organisierenden Spediteur.

Auszug aus einer Mitteilung der Akkreditivstelle über die Akkreditiveröffnung

NATIONAL BANK OF PAKISTAN, FRANKFURT
HOLZGRABEN 31, 60313 FRANKFURT/MAIN, GERMANY
ISSUE OF A DOCUMENTARY CREDIT

ISSUING BANK	BANK ALFALAH LIMITED, THE MALL, RAWALPINDI, PAKISTAN
FORM OF DOCUMENTARY CREDIT	IRREVOCABLE
DOCUMENTARY CREDIT NO.	SLCRWPO 22488-07
APPLICANT	MICRO BUSINESS MACHINES, 62/11 AL-FAISAL PLAZA, RAWALPINDI, PAKISTAN
BENEFICIARY	AMW-MOTORENFABRIK, ELLERSTRASSE 117, 40227 DUESSELDORF, GERMANY
NOMINATED BANK	NATIONAL BANK OF PAKISTAN, HOLZGRABENSTRASSE 31, 60313 FRANKFURT/MAIN
DATE OF ISSUE	05.10.20(0)
DATE AND PLACE OF EXPIRY	28.12.20(0) GERMANY
CURRENCY CODE AND AMOUNT	EUR (EUR) 12 455,70
LATEST DATE OF SHIPMENT	09.12.20(0)
PERIOD FOR PRESENTATION	DOCUMENTS MUST BE PRESENTED WITHIN 20 DAYS AFTER THE DATE OF ISSUANCE OF TRANSPORT DOCUMENTS, BUT NOT LATER THAN THE EXPIRY DATE OF THIS CREDIT
CONFIRMATION INSTRUCTIONS	WITHOUT
DESCRIPTION OF GOODS	JUNCTION BOX
INCOTERM	CFR KARACHI
DOCUMENTS REQUIRED	1. ORIGINAL AIRWAY BILL, BEARING THIS CREDIT NUMBER AND DATE OF ISSUE SHOWING BANK ALFALAH LIMITED, THE MALL, RAWALPINDI, PAKISTAN ... 2. PACKING LIST ... 3. ...
USW.	

Auszug aus dem AWB

Consignee's Name and Address	Consignee's account Number	Copies 1, 2 and 3 of this Air Waybill are originals and have the same validity
BANK ALFALAH LIMITED THE MALL RAWALPINDI PAKISTAN		

Für die Abholung der Sendung ist eine Freigabeerklärung der Bank notwendig.

Auszug aus der Mitteilung über das Akkreditiv

DOCUMENTS REQUIRED	A CERTIFICATE FROM THE AIRLINE COMPANY OR THEIR AGENTS IS REQUIRED THAT THE CARRYING CRAFT IS NOT OPERATING UNDER ISRAELI AND INDIAN AIRLINES OR CALL AT ANY OF THEIR AIRPORTS WHILE CARRYING THE GOODS

Aufgabe 5

Nehmen Sie an, INTERSPED hätte auf Wunsch des Versenders MDO (siehe Seite 374) die Kosten einer Transportversicherung durch den Luftfrachtführer (EXPRESS AIR) mit in die Vergleichsrechnung einbezogen.

a Ermitteln Sie die Kosten für diese Versicherung anhand des nachfolgenden Auszuges aus den Versicherungsbedingungen der EXPRESS AIR.

b Vergleichen Sie Ihre Lösung mit dem Ergebnis des Arbeitsauftrages von Seite 376.

4.3 AIR CARGO INSURANCE FROM DOOR TO DOOR

1. [...]

2. Duration of Insurance

The insurance is in effect from Door to Door.

- Transportation to the airport of departure is only covered if the insurance on the EXPRESS AIR Air Waybill was expressly requested at the EXPRESS AIR or IATA agent's office issuing the AWB, prior to commencement of transportation,
- Transportation of valuables (precious metals, currency, jewellery, objects of art, furs, etc.) to and from the airport is only insured if security precautions appropriate to the type of goods have been arranged.

3. Maximum Amount of Insurance

The maximum amount of insurance per shipment (AWB) is EUR 500 000,00 or equivalent in other currency. It is possible to exceed this maximum amount by requesting authorization from the insurer via the nearest EXPRESS AIR office prior to commencement of the transportation.

4. Premium Tariff and Insurance Zones

Base premiums (in %) for General Commodities* from/to

Zone	1	2	3	4
1	0.15	0.22	0.22	0.38
2	0.22	0.15	0.30	0.38
3	0.22	0.30	0.30	0.38
4	0.38	0.38	0.38	0.45

* except for cars/motorcycles, household goods, personal effects, perishable commodities and live animals.

Insurance Zones

Zone 1 Europe, Israel, (except Eastern Europe, Turkey and Canary Islands)
Zone 2 USA, Canada (continent only)
Zone 3 Australia, New Zealand, Hong Kong, Singapore, Japan, Chinese Taipei and South Korea
Zone 4 Eastern Europe, Turkey, Canary Islands and all other countries
Special arrangements are possible upon request.

Aufgabe 6

Sie erhalten den Auftrag, die Versendung von Stellmotoren nach Kuwait zu besorgen.

In den Auftrag eingeschlossen ist die Ausfuhrabfertigung für die Sendung. Vom Zoll erhalten Sie in diesem Zusammenhang ein Ausfuhrbegleitdokument mit einer MRN.

a Beschreiben Sie, an welcher Stelle im Ausfuhrverfahren Sie die MRN erhalten.
b Erläutern Sie die Aufgabe der MRN im Rahmen des Ausfuhrverfahrens.
c Der Versender wünscht von Ihnen einen Nachweis über die Ausfuhr.
  ca Erläutern Sie, auf welche Weise vom Zoll ein solcher Nachweis im Rahmen des Ausfuhrverfahrens erstellt wird.
  cb Nennen Sie den Grund, wofür der Versender einen solchen Nachweis benötigt.
d Eine Kollegin fragt Sie, ob es bei der Ausfuhr der Güter vielleicht Probleme geben könnte, weil es sich bei den Stellmotoren um Dual-use-Güter handeln könnte. Beschreiben Sie, was Dual-use-Güter auszeichnet, und erläutern Sie, wie man feststellen kann, ob es sich um solche Güter handelt.

Aufgabe 7

Für bestimmte Waren gelten bei der Ausfuhr und der Einfuhr Einschränkungen (Verbote und Beschränkungen, VuB). Diese können zu Problemen beim Zoll führen.

Ordnen Sie die nachfolgend aufgeführten Produktbeispiele den Bereichen (Nummern 1–7) der Verbote und Beschränkungen zu. Entscheiden Sie auch, ob die Ausfuhr oder Einfuhr vermutlich zulässig sein wird.

Produktbeispiele	Nr.
Champagner aus Chile	
Signalmunition für die Seenotrettung	
Einfuhr antiker Münzen aus Syrien	
Pflanzenschutzmittel ohne amtliche Zulassung	
Import von Meeresschildkröten	
Feuerwerkskörper aus China	
Ausfuhr lebender Pflanzen nach Australien	
Videos mit gewaltverherrlichenden Szenen	

	Bereich der Verbote und Beschränkungen
1	Schutz der öffentlichen Ordnung
2	Schutz der Umwelt
3	Schutz der menschlichen Gesund-heit
4	Schutz der Tierwelt
5	Schutz der Pflanzenwelt
6	gewerblicher Rechtsschutz
7	Schutz des Kulturgutes

Aufgabe 8

Die Spedition Bogner GmbH aus Berlin besorgt einen Gütertransport über Autoersatzteile einschließlich Ausfuhrabfertigung nach Minsk (Belarus). Der Rechnungspreis des Exporteurs lautet über 45 000,00 EUR. Die Kaufvertragspartner haben den INCOTERM® FCA vereinbart.

Folgende Kosten sind entstanden:

- Beförderungskosten:
  Berlin – Frankfurt/Oder (deutsch-polnische Grenze)   100,00 EUR
  Frankfurt/Oder – Bobrowniki (Grenze Polen-Belarus)   800,00 EUR
  Bobrowniki – Minsk   300,00 EUR
- Versicherungskosten   90,00 EUR

Berechnen Sie den statistischen Wert für die Ausfuhranmeldung.

Aufgabe 9

Der Unionszollkodex sieht in bestimmten Fällen Vereinfachungen bei der Ausfuhr von Waren in Drittländer vor:

- einstufiges Ausfuhrverfahren anstelle des zweistufigen,
- mündliche Ausfuhranmeldung anstelle der schriftlichen.

Begründen Sie, ob und wenn ja welche Vereinfachungen in folgenden Fällen möglich sind.

1 Ausfuhr von Bilderrahmen aus Holz,
  Rechnungspreis   24 750,00 EUR,   1 150 kg
2 Einlegesohlen für Schuhe,
  Rechnungspreis   840,00 EUR,   45 kg
3 Bienenwachs,
  Rechnungspreis   2 900,00 EUR,   1 100 kg
4 Quarzplatten,
  Rechnungspreis   1 400,00 EUR,   180 kg

Lernsituation 19 zum Informationshandbuch Seite 393–424

Aufgabe 10 (Prüfungsnahe Aufgabenstellung)

Situation

Sie sind Mitarbeiter/-in der Spedition Romberg in Wuppertal und erhalten von ihrem Kunden Skorpion AG den Auftrag, die Beförderung von 48 Handgabelhubwagen sowie einiger Ersatzteile von Wuppertal nach Minsk/Belarus zu besorgen (vgl. nachstehenden Auszug aus dem Speditionsauftrag).

18 Zeichen und Nr.	19 Anzahl	20 Packstücke	21 SF	22 Inhalt	23 Lademittelgewicht in kg	24 Bruttogewicht in kg
SKO 101–125	24	Einwegpaletten 105 × 115 cm	0	Handgabelhubwagen (je 2 St./Palette)		5 280
SK-E 1	1	Gitterbox	0	Ersatzteile		320
25 Summe:	25	26 Rauminhalt cdm / Lademeter		Summen: 27	28	5 600

1 (7 Punkte)

Für den Transport nach Minsk stehen der Disposition Sattelzüge (Euro-5-Fahrzeuge) mit 12,60 m bzw. 13,60 m Innenlänge zur Verfügung.

1.1 Ermitteln Sie, welcher der Sattelzüge unter Gesichtspunkten der Laderaumoptimierung eingesetzt werden sollte.

1.2 Begründen Sie, welche Rechtsgrundlage diesem Transport zwingend zugrunde zu legen ist.

1.3 Erläutern Sie, mit welchen Genehmigungen dieser Transport grundsätzlich durchzuführen ist.

2 (4 Punkte)

Der Lkw-Fahrer wählt für seine Fahrt von Wuppertal nach Minsk wie üblich die kürzeste Strecke.

2.1 Nennen Sie die Nummern von drei Bundesautobahnen, die der Sattelzug auf dieser Route befährt.

2.2 Führen Sie vier deutsche Großstädte an, die der Lkw auf seinem Weg passiert.

2.3 Geben Sie den Namen des deutsch-polnischen Grenzübergangs an.

3 (2 Punkte)

Die Skorpion AG hat im Kaufvertrag mit ihrem weißrussischen Kunden die Lieferung gemäß INCOTERM® FCA Wuppertal vereinbart.

3.1 Bestimmen Sie den Kosten- und Gefahrenübergang bei diesem INCOTERM®.

3.2 In einem Gespräch mit Ihnen behauptet der Versandleiter von Skorpion, man hätte ebenso den INCOTERM® EXW vereinbaren können.
Erläutern Sie, welche Folgen die Vereinbarung des INCOTERMS® EXW Wuppertal für den Käufer hätte.

4 (5 Punkte)

Die Spedition Romberg führt die Ausfuhranmeldung für die Skorpion AG durch.

4.1 Geben Sie an, welche drei Aufgaben mit einer Ausfuhranmeldung erfüllt werden.

4.2 Erläutern Sie in diesem Zusammenhang den Begriff „Dual-Use-Güter".

4.3 Während für die Handgabelhubwagen eine Handelsrechnung (Commercial Invoice) erstellt wurde, liegt für die Ersatzteile eine Pro-forma-Rechnung vor.
Beschreiben Sie die Bedeutung dieser Rechnungsart im Rahmen der Ausfuhranmeldung.

4.4 Bestimmen Sie, an welchen Orten sich die Ausfuhr- und die Ausgangszollstelle befinden.

5 (7 Punkte)

Der Fahrer des Lkw startet montags morgens um 05:30 Uhr nach Ableistung seiner Wochenruhezeit, um den Lkw ab 06:00 Uhr bei der Skorpion AG beladen zu lassen. Nach der einstündigen Beladung durch Lagerpersonal, die für den Fahrer als Ruhezeit gilt, startet er mit einer Durchschnittsgeschwindigkeit von 61 km/h bis zur 1 281 km entfernten polnisch-weißrussischen Grenze.

Am dortigen Grenzübergang erwartet er aufgrund seiner bisherigen Erfahrungen eine Verzögerung von drei Stunden, die er als Lenzzeitunterbrechung bzw. Ruhezeit einplanen kann. Für die restlichen 330 km in die weißrussische Hauptstadt rechnet er mit einer Durchschnittsgeschwindigkeit von nur noch 55 km/h.

Ergänzen Sie die nachstehende Tabelle und ermitteln Sie – unter Berücksichtigung der EG-Sozialvorschriften zu den Lenk- und Ruhezeiten – die Ankunftszeit des Lkw in Minsk. Eine Verlängerung der Tageslenkzeit und eine Verkürzung der Tagesruhezeit sind nicht vorgesehen.

(**Hinweis:** Lassen Sie eventuelle Zeitzonenunterschiede außer Acht.)

Tag	Zeit von ...	Tätigkeit	Zeit bis ...	Dauer	Kilometer	Kilometer kumuliert
Mo	05:30	Lenkzeit	06:00	0:30	*(Anfahrt zum Kunden)*	
Mo	06:00	Beladung = LZU	07:00	1:00	—	—
Mo	07:00	Lenkzeit				

6 (2 Punkte)

Nach Ankunft in Minsk stellt der Empfänger fest, dass sich nur 23 Paletten sowie die Gitterbox auf der Ladefläche befinden. Die Vermutung, dass die 24. Palette mit den zwei Hubwagen nicht verladen wurde, bestätigt sich nicht, die Palette im Wert von 1 700,00 EUR bleibt verschwunden. Eine Güterversicherung wurde nicht eingedeckt.

Berechnen Sie, mit welchem Schadenersatz die Skorpion AG in diesem Fall zu rechnen hat.
(1 SZR = 1,2118 EUR)

7 (3 Punkte)

Hinsichtlich seiner Ausrichtung in Sachen „Green Logistics" ist man bei der Skorpion AG am Carbon Footprint der einzelnen Transporte interessiert.

7.1 Erläutern Sie, was unter dem Carbon Footprint zu verstehen ist.

7.2 Ermitteln Sie den Carbon Footprint für den vorliegenden Transport, sowohl nach der **verbrauchsbezogenen** als auch nach der **leistungsbezogenen** Methode.

Folgende Daten liegen der Berechnung zugrunde:

- Entfernung Wuppertal – Minsk: 1 611 km
- Verbrauch: 26 l Diesel/100 km
- CO_2-Umrechnungsfaktoren:
  - 1 Liter Diesel = 2,6 kg CO_2
  - Lkw = 60 g CO_2/tkm

SELBSTTEST LERNSITUATION 19

→ Diese **Prozesse** beherrsche ich (X):

	voll	weit-gehend	eher nicht	gar nicht
einen Lufttransport organisieren				
den Beförderungspreis einschließlich Versicherung nach CIP berechnen				
dem Kunden eine angemessene Versicherungslösung unterbreiten				
die Kosten einer Haftungserhöhung des Luftfrachtführers berechnen				
einen Arbeits- und Terminplan erstellen, der die termingerechte Zustellung beim Empfänger deutlich macht				
einen Luftfrachtbrief ausstellen				
den Beförderungspreis gemäß INCOTERM® auf Absender und Empfänger verteilen				
eine Sendung zur Ausfuhr abfertigen				
eine Warennummer für die Ausfuhrabfertigung ermitteln und überprüfen				
den Grenzübergangswert der Sendung als statistischen Wert für die Ausfuhrerklärung errechnen				

→ Diese **Begriffe** kenne ich (✓):

- Ausfuhranmeldung ☐
- Ausfuhrzollstelle ☐
- Ausgangsvermerk ☐
- Ausgangszollstelle ☐
- ATLAS ☐
- Bestimmungslandprinzip (Umsatzsteuer) ☐
- direkte Vertretung ☐
- Dual-use-Güter ☐
- Einheitspapier ☐
- EORI-Nummer ☐
- Freizone ☐
- Gelangensbestätigung ☐
- Gestellung ☐
- Intrastat-Meldung ☐
- MRN ☐
- statistische Warennummer ☐
- VuB ☐
- WTO ☐
- Zollkodex ☐
- Zollunion ☐
- Zollverfahren ☐

Abschlussaufgabe Lernsituation 19

Situation

Die Saarsped GmbH in Saarbrücken hat sich in den letzten Jahren zum Osteuropa-Spezialisten entwickelt. Seit kurzem werden auch Transporte jenseits des Urals und bis in den Kaukasus von Saarsped durchgeführt. Unter anderem versendet das Unternehmen monatlich ein bis zwei Ladungen Bier und alkoholfreie Getränke per Lkw zum Importeur AVRA Company Ltd. nach Baku, Aserbaidschan. Die Touren werden von türkischen Lkw-Fahrern absolviert, die jeweils in Ankara einen Fahrerwechsel vornehmen. Für den Transport wurde folgender CMR-Frachtbrief ausgestellt:

1 Absender (Name, Anschrift, Land)
Drinks & More Vertriebs-GmbH
Bahnhofstr. 26-28
66333 Völklingen
Deutschland

INTERNATIONALER FRACHTBRIEF / LETTRE DE VOITURE INTERNATIONAL

2 Empfänger (Name, Anschrift, Land)
AVRA Company Ltd.
Ziya Bunyadov
1004 Baku
Aserbaidschan

16 Frachtführer (Name, Anschrift, Land)
SAARSPED GmbH
Kölnerstr. 13
66115 Saarbrücken
Deutschland

3 Auslieferungsort des Gutes
Ort/Lieu: Baku Cargo Terminal at Heydar Aliyev
Land/Pays: International Airport, Aserbaidschan

17 Nachfolgende Frachtführer (Name, Anschrift, Land)

4 Ort und Tag der Übernahme des Gutes
Ort/Lieu: Völklingen
Land/Pays: Deutschland
Datum/Date: 26.02.20(0)

18 Vorbehalte und Bemerkungen der Frachtführer

5 Beigefügte Dokumente
Ausfuhrbegleitdokument
Handelsrechnung

6 Kennzeichen und Nummern	7 Anzahl der Packstücke	8 Art der Verpackung	9 Offiz. Benennung f. d. Beförderung	10 Statistiknummer	11 Bruttogewicht in kg	12 Umfang in m³
D&M 1 – 36	36	EWP	Getränke		20 160	

UN-Nummer: UN
Ben. s. Nr. 9:
Gefahrzettelmuster-Nr.:
Verp.-Gruppe:
Tunnelbeschränkungscode:

13 Anweisungen des Absenders

19 Zu zahlen vom: Absender / Währung / Empfänger
Fracht
Ermäßigungen —
Zwischensumme
Zuschläge
Nebengebühren
Sonstiges +
Zu zahlende Gesamtsumme

14 Rückerstattung

15 Frachtzahlungsanweisungen
Frei/Franco / Unfrei/Non Franco: DPU Baku Cargo Terminal

20 Besondere Vereinbarungen

21 Ausgefertigt in: Saarbrücken am/le 26.02.20(0)

24 Gut empfangen / Datum

22 Drinks & More Vertriebs-GmbH
Bahnhofstr. 26-28
66333 Völklingen
Baumann
Unterschrift und Stempel des Absenders

23 SAARSPED GmbH
Kölnerstr. 13
66115 Saarbrücken
P. Deville
Unterschrift und Stempel des Frachtführers

Unterschrift und Stempel des Empfängers

Lernsituation 19 zum Informationshandbuch Seite 393–424

1

a Erläutern Sie anhand des ICC-Originaltextes, welche Lieferverpflichtung der Exporteur bei Vereinbarung des INCOTERMS® 2020 DPU eingeht.
b Übersetzen Sie sinngemäß Satz 2 („If a specific point ...") von Abschnitt A4.

> **DPU Delivered At Place Unloaded (Auszug)**
>
> **A2 Delivery**
> The seller must unload the goods from the arriving means of transport and must then deliver them by placing them at the disposal of the buyer at the agreed point, if any, at the named place of destination or by procuring the goods so delivered. In either case the seller must deliver the goods on the agreed date or within the agreed period.
>
> **A3 [...]**
>
> **A4 Carriage**
> The seller must contract or arrange at ist own cost fort he carriage oft he goods to the named place of destination or to the agreed point, if any, at the named place of destination. If a specific point is not determined by practice, the seller may select the point at the named place of destination that best suits its purpose. [...]

Quelle: © 2019 International Chamber of Commerce (ICC) (Hrsg.): INCOTERMS® 2020, S. 284.

2

a Listen Sie die Staaten auf, die der Lkw auf seiner Tour von Saarbrücken nach Baku durchquert, und nennen Sie deren Hauptstädte.
b Nennen Sie die zu durchfahrenden Staaten auf der Alternativ-Route nördlich des Schwarzen Meeres.
c Baku liegt am Kaspischen Meer. Stellen Sie fest, ob Baku von einem Nordrange-Hafen aus auch per Seeschiff erreichbar ist.

3

Die Ausfuhr der Sendung (Güterwert 21 600,00 EUR) verläuft zolltechnisch in einem zweistufigen Verfahren.

a Begründen Sie, warum für die Sendung das zweistufige Ausfuhrverfahren anzuwenden ist.
b Bringen Sie die nachstehend genannten Schritte des Ausfuhrverfahrens in die richtige Reihenfolge, indem Sie die Ziffern 1–9 in das jeweilige Kästchen eintragen.

- ☐ Annahme der Ausfuhranmeldung
- ☐ Ausgangsvermerk
- ☐ Gestellung bei der Ausgangszollstelle
- ☐ Überprüfung der Zulässigkeit der Ausfuhr (→ MRN)
- ☐ Erstellung der elektronischen Ausfuhranmeldung
- ☐ körperlicher Ausgang der Waren
- ☐ Gestellung bei der Ausfuhrzollstelle
- ☐ elektronische Ausgangsbestätigung/Kontrollergebnis
- ☐ Vorab-Ausfuhranzeige

c Die Ausfuhrzollstelle verlangt eine Zollbeschau, vermutlich, weil auch alkoholische Getränke Teil der Ladung sind.
  ca Stellen Sie fest, wo sich die Ausfuhrzollstelle sowie die Ausgangszollstelle für diesen Transport befinden.
  cb Beschreiben Sie den Ablauf einer Zollbeschau.
d Nennen Sie die drei Aufgaben der Ausfuhranmeldung.
e Begründen Sie, warum der „Ausgangsvermerk" für den Exporteur steuerlich von besonderer Bedeutung ist.

4

Ermitteln Sie, wann der Fahrer gemäß EG-Sozialvorschriften zum Fahrerwechsel in Ankara eintrifft, wenn er seine Tour nach Einhaltung seiner wöchentlichen Ruhezeit am Sonntag um 22:00 Uhr beginnt. Kalkulieren Sie mit einer Durchschnittsgeschwindigkeit von 64 km/h für die 2880 km lange Strecke. An allen Grenzen ab der EU-Außengrenze ist mit Wartezeiten von vier Stunden zu rechnen. Eine Verlängerung der täglichen Lenkzeiten und eine Verkürzung der Tagesruhezeiten sind nicht vorgesehen.

5

Bisher führt Saarsped die Transporte nach Baku mit den notwendigen bilateralen Genehmigungen durch. Ermitteln Sie, ob Transporte nach Aserbaidschan auch mit einer CEMT-Genehmigung durchgeführt werden können und welche Voraussetzungen Saarsped erfüllen muss, um eine solche Genehmigung zu erhalten.

6

Für die Rücktour des Lkw liegt der Saarsped GmbH ein lukratives Angebot für einen Transport von Erzurum im Osten der Türkei nach Istanbul vor. Beurteilen Sie, ob Saarsped diesen Transport durchführen darf.

7

Exporteur und Importeur der Sendung haben sich auf Zahlung per Dokumenteninkasso geeinigt. Beschreiben Sie den Ablauf bei dieser Art der Zahlungssicherung und beschreiben Sie die Risiken, welche die Beteiligten dabei eingehen.

8

Nach Ankunft des Lkw stellt der Empfänger fest, dass vier Paletten (je 560 kg) der Sendung durch Bruch komplett zerstört sind. Der Schaden beträgt 8400,00 EUR. Berechnen Sie die maximale Haftungssumme gemäß CMR (1 SZR = 1,1752 EUR).

Lernsituation 20
Eine Importsendung verzollen

Die ERNST KAULMANN KG bezieht für ihre Elektromotorproduktion Spannungswandler (Transformatoren) aus Südkorea, weil die Produkte dort zu besonders günstigen Preisen herzustellen sind. Von der KAULMANN KG erhalten wir heute folgende Mitteilung:

ERNST KAULMANN KG, Elektromotoren, Bismarckstraße 18, 42659 Solingen

Spedition
INTERSPED GmbH
Merkurstraße 14
40223 Düsseldorf

E-Mail: info@kaulmann.de
Telefon-Nr.: 0212 912567
Datum: 12.10.20(0)

Speditionsauftrag

Sehr geehrte Frau Theben,
übernehmen Sie bitte die Organisation folgender Importsendung ab FOB Busan (Südkorea):

Absender:	WON CHANG HIGH-TECH, 512-8 Guui-dong, 140860 SEOUL
Empfänger:	ERNST KAULMANN KG, Bismarckstr. 18, 42659 Solingen
Warenbeschreibung:	Spannungswandler, Typ TS-0-7-kVA (0,7 kVA)
Gewicht brutto:	3 200 kg
Gewicht netto:	2 370 kg
Wert:	FOB Busan (Südkorea) 23 226,00 USD
Transport:	ab Seehafen Busan per Seeschiff nach Hamburg, Nachlauf per Lkw nach Solingen
Lieferbedingung:	FOB Busan, B/D 79-9 4-ga, Jungang-dong, Jung-gu, gemäß INCOTERMS® 2020
Transportversicherung:	wird durch uns mit der laufenden Police eingedeckt
Versand:	per Container im LCL/LCL-Verkehr
Versanddatum:	02.11.20(0)
Ankunftsdatum:	voraussichtlich am 25.11.20(0)

Bitte verzollen Sie die Sendung unmittelbar nach Ankunft in Hamburg zum zoll- und steuerrechtlich freien Verkehr und veranlassen Sie den Transport nach Solingen. Stellen Sie für die Einfuhrabgaben bitte Ihr Aufschubkonto beim Zoll zur Verfügung. Teilen Sie uns für Kalkulationszwecke bitte mit, in welcher Höhe Zoll und Einfuhrumsatzsteuer anfallen. Beachten Sie bitte, dass mit Südkorea ein gegenseitiges Präferenzabkommen besteht. Die notwendige Ursprungserklärung befindet sich im Rahmen einer Selbstzertifizierung auf der Handelsrechnung.

Die Zolltarifnummer für die Spannungswandler lautet 8504 3121 90 0.

Mit freundlichen Grüßen
Lutz

Aufgrund des Auftrags hat INTERSPED mit der Seehafenspedition SOUTH EAST Forwarder, 15–34 Ga, Jungang-dong, Busan, Südkorea, Kontakt aufgenommen. Diese wurde vom Exporteur mit der Organisation der Sendung bis zur FOB-Lieferung im Seehafen Busan beauftragt. Unter anderem teilt INTERSPED mit, dass die Ware mit dem Containerschiff „HANJIN KEELUNG" der japanischen Reederei KIUSHU SHIPPING CORPORATION von Busan nach Hamburg befördert werden soll.
Der koreanische Seehafenspediteur hat die Sendung als Sammelgut in einem Container verstaut und über die Teilsendung ein FBL ausgestellt. Eine Kopie erhält INTERSPED am 03.11.20(0) per E-Mail. Die drei Originale übergibt er gemäß den Akkreditivvorschriften der Bank des Exporteurs. Außerdem übersendet der Seehafenspediteur eine Kopie der Handelsrechnung an die INTERSPED GmbH.
Mit der Abfertigung der Sendung im Hamburger Hafen wird die Seehafenspedition DEITERS von INTERSPED beauftragt. Über die Bank des Importeurs hat die INTERSPED GmbH in der Zwischenzeit ein Original-FBL erhalten (siehe Seite 391). Dies wird dem Seehafenspediteur DEITERS in Hamburg am 15.11.20(0) übersandt, damit die Sendung eingelöst werden kann.

Consignor WON CHANG HIGH-TECH 512-8 Guui-dong 140860 SEOUL/SOUTH KOREA	Emblem of National Association **FBL** Nr. 30689.96 NEGOTIABLE FIATA MULTIMODAL TRANSPORT BILL OF LADING issued subject to UNCTAD / ICC Rules for Multimodal Transport Documents (ICC Publication 481).
Consigned to order of ERNST KAULMANN KG BISMARCKSTRASSE 18 42659 SOLINGEN/GERMANY	
Notify address SAME AS CONSIGNEE	SOUTH EAST FORWARDER 15-34 Ga, Jungang-dong, BUSAN, SOUTH KOREA

	Place of receipt	
Ocean vessel HANJIN KEELUNG	Port of loading **BUSAN**	
Port of discharge HAMBURG	Place of delivery	

Marks and numbers WON 32 NOS 1 to 32	Number and kind of packages 32 CASES S.T.C. ELECTRICAL APPLIANCES LOADED IN CONTAINER NO: MISU 374887-0 FREIGHT COLLECT according to the declaration of the consignor	Description of goods	Gross weight 3 200 KGS	Measurement 1,584 cbm

according to the declaration of the consignor

Declaration of Interest of the consignor in timely delivery (Clause 6.2.)	Declared value for ad valorem rate according to the declaration of the consignor (Clauses 7 and 8)

The goods and instructions are accepted and dealt with subject to the Standard Conditions printed overleaf.

Taken in charge in apparent good order and condition, unless otherwise noted herein, at the place of receipt for transport and delivery as mentioned above.
One of these Multimodal Transport Bills of Lading must be surrendered duly endorsed in exchange for the goods. In Witness where of the original Multimodal Transport Bills of Lading all of this tenor and date have been signed in the number stated below, one of which being accomplished the other(s) to be void.

Freight amount	Freight payable at HAMBURG	Place and date of issue BUSAN, 02.11.20(0)
Cargo Insurance through the undersigned ☒ not covered ☐ Covered according to attached Policy	Number of Original FBL's 3/THREE	Stamp and signature
For delivery of goods please apply to: DEITERS Seehafenspedition Hafenbezirk 235 21079 Hamburg		**SOUTH EAST FORWARDER** 15-34 Ga, Jungang-dong, **BUSAN, SOUTH KOREA** *Namgung*

Lernsituation 20 zum Informationshandbuch Seite 425–444

Handelsrechnung einschließlich Ursprungserklärung

Exporter				
WON CHANG HIGH-TECH 512-8 Guui-dong 140860 SEOUL/SOUTH KOREA		**Invoice** No: & Date MCD/8/774 25.10.20(0)		Exporter's Ref. GER00457
		Buyers Order No. & Date SK77-09 14.08.20(0)		
		Other Reference(s) AD: 887455		
Consignee ERNST KAULMANN KG BISMARCKSTRASSE 18 42659 SOLINGEN/GERMANY		Buyer (if other than consignee) AS CONSIGNEE		
		Country to Origin of Goods SOUTH KOREA		Country of Final Destination GERMANY
Pre-Carriage by BY SEA	Place or Receipt by Pre-Carrier SEOUL	Terms of Delivery and Payment FOB BUSAN, B/D 79-9 4-ga, Jungang-dong, Jung-gu, D/P		
Vessel/Flight No	Port of Loading BUSAN			
Port of Discharge HAMBURG	Final Destination GERMANY			

Marks & Nos./ Container No.	No. & Kind of Pkgs.	Description of Goods	Quantity KGS	Rate	Amount FOB USD
WON NOS 1 to 32	32 CASES	TRANSFORMER Art.-No. TS73-CC4-070 Type: TS-0-7-kVA	3 200		23 226,00
TOTAL	32 CASES		TOTAL KGS 3 200		
				TOTAL FOB VALUE USD	23 226,00

Amount Chargeable (in words)   TOTAL USD 23 226,00

TOTAL: USD TWENTYTHREE THOUSAND TWOHUNDREDTWENTYSIX

Declaration
The exporter of the products covered by this document declares that, except where otherwise clearly indicated, these products are of South Korea preferential origin according to rules of origin of the Generalized System of Preferences of the European Union.

Busan, 25.10.20(0)

Yeon-Cheon Oh

Signature & Date
WON CHANG HIGH-TECH
25.10.20(0)

Won Dong Chang

Lernsituation 20 zum Informationshandbuch Seite 425–444   393

EZT-Online Einfuhr
Maßnahmen und Hinweise

Suchkriterien   Einreihung   Recherche   Texte   Verbrauchsteuern   Hilfe

zurück

eingegebene Suchkriterien:
Codenummer: 85043121900 (Endlinie)
Geografisches Gebiet: KR - Südkorea (Republik Korea)
[Suche starten]

Einfuhrumsatzsteuer: 19 %
Warenbeschreibung:

- ABS. XVI Kap. 84 bis 85: Maschinen, Apparate, mechanische Geräte und elektrotechnische Waren, Teile davon; Tonaufnahme- oder Tonwiedergabegeräte, Fernseh- Bild- und Tonaufzeichnungsgeräte oder Fernseh- Bild - und - Tonwiedergabegeräte, Teile und Zubehör für diese Geräte
  - Kap. 85 ELEKTRISCHE MASCHINEN, APPARATE, GERÄTE UND ANDERE ELEKTROTECHNISCHE WAREN, TEILE DAVON; TONAUFNAHME- ODER TONWIEDERGABEGERÄTE, BILD- UND TONAUFZEICHNUNGS- ODER -WIEDERGABEGERÄTE, FÜR DAS FERNSEHEN, TEILE UND ZUBEHÖR FÜR DIESE GERÄTE
    - Pos. FS[00] 8504 Elektrische Transformatoren, elektrische Stromrichter (z. B. Gleichrichter) sowie Drossel- und andere Selbstinduktionsspulen
      - FS[01] 8504 31 andere Transformatoren
        - FS[02] 8504 31 mit einer Leistung von 1 kVA oder weniger
          - FS[03] 8504 3121 Messwandler
            - FS[04] 8504 3121 Spannungswandler
              - FS[05] 8504 3121 10 0 für zivile Luftfahrzeuge
              - FS[05] 8504 3121 90 0 andere

Einfuhrmaßnahmen

Historie	ZC	Gebiets-code	MN-Schl.	Maßnahmeart	Maßnahmen	Beginn	Ende	Ordnungs.Nr.	Weitere Informationen
Historie	-	1011	103	Drittlandszollsatz	3,7	01.01.2006	-	-	-
Historie	-	KR	142	Zollpräferenz	1,6	01.07.2011	-	-	Präferenzpapier

Die Zollpräferenz ist fiktiv.

Das Seeschiff trifft planmäßig am 25.11.20(0) in Hamburg ein. Nach dem Löschen werden die Container in der Container Freight Station entladen und nach Empfängern aufgeteilt. Von DEITERS erhält INTERSPED am 26.11.20(0) die Nachricht, dass die Sendung für die KAULMANN KG am 27.11.20(0) abholbereit im Hamburger Hafen zur Verfügung steht.

Frau Theben erstellt daraufhin am 26.11.20(0) einen Abholauftrag (Adresse: Hamburg, Bei St. Annen 2, Schuppen 74) als Rückladung für den Lkw (Kennzeichen: D-MX-4872), der am 27.11.20(0) nach Hamburg fährt.

Die zolltechnische Abfertigung der Sendung zum freien Verkehr und die Angaben zum Zollwert erledigt Frau Theben über das Internet. Sie wird die ausgefüllte Zollanmeldung zweifach ausdrucken und dem Fahrer mitgeben. Dieser wird die Sendung am Stellplatz abholen, zum Zollamt befördern und sie dort für die Verzollung gestellen. Wenn die Güter zum zoll- und steuerrechtlich freien Verkehr abgefertigt worden sind, wird er sie als ordnungsgemäß verzollte Unionsware von Hamburg zum Empfänger nach Solingen transportieren.

Arbeitsauftrag (Vorschlag)
Fertigen Sie die Sendung der KAULMANN KG zum freien Verkehr in der EU ab. Mögliche Arbeitsschritte:
1. Maske zur Internet-Einfuhranmeldung ausfüllen,
2. Angaben zum Zollwert im D.V.1-Formular anmelden,
3. Mitteilung an den Auftraggeber über die Höhe des Zolls und der Einfuhrumsatzsteuer.

Hinweise zur Einfuhranmeldung und Zollwertanmeldung
- Die **Einfuhranmeldung** wird über das Internet abgewickelt (gekürzte Internet-Maske siehe Seite 395).
- Die USD-Beträge sind mit folgendem Kurs umzurechnen: 1,00 EUR = 1,25845 USD.
- Die Seefracht Seoul – Hamburg beträgt 180,00 USD; die Transportversicherung Seoul – Hamburg kostet 82,50 EUR; die Fracht Hamburg – Solingen wird mit 300,00 EUR (netto) in Rechnung gestellt.
- Die Felder 6–9 der **Zollwertanmeldung** sind alle mit NEIN zu beantworten.
- Der Einfuhrumsatzsteuersatz beträgt 19 %.

www.zoll.de (Internetzollanmeldung)

Ausführliche Informationen zu den Feldern des Einheitspapiers in „Merkblatt zu Zollanmeldungen, summarischen Anmeldungen und Wiederausfuhrmitteilungen", siehe www.zoll.de

Ausfüllhinweise zur Internet-Zollanmeldung (IZA)

Die Nummerierung des Formulars entspricht der Nummerierung der Felder des Einheitspapiers (siehe Informationshandbuch). Dort können Ausfüllhinweise zu den Feldern entnommen werden, eventuell mit Verweisen auf die Anhänge zum Einheitspapier. In der Internet-Zollanmeldung weisen die Feldnummern eine andere Reihenfolge auf als im Einheitspapier.

In der nachfolgenden Übersicht werden zusätzliche Erläuterungen zu den Feldern gegeben.

Feld 1	„Anmeldung" und „Anmeldeart" siehe Hinweise zu Feld 1 im Informationshandbuch. „Bearbeitende Dienststelle": Einzutragen ist die Nummer des Zollamts in Hamburg-Hafen, weil sich dort die Ware befindet, siehe Anhang 4 zum Einheitspapier (siehe auch Feld 29).
Feld 47/48	Das Aufschubkonto von INTERSPED hat die Nummer 71122. EORI-Nummer INTERSPED: DE4682334
Feld 54	Frau Marianne Theben wird die Einfuhranmeldung ausfüllen und unterschreiben.
Feld 2	Nationalitätskennzeichen: siehe Anhang 1A zum Einheitspapier.
Feld 14	KAULMANN ist Anmelder; INTERSPED handelt in direkter Vertretung für seinen Auftraggeber. EORI-Nummer KAULMANN: DE4931178
Feld 21	Art des aktiven Beförderungsmittels bei Überschreiten der Außengrenze der Union **Codierung:** 01 Lastkraftwagen, 02 Schiff, 03 Waggon, 04 Flugzeug, 05 Pkw, 06 ohne, 07 andere
Feld 25	In Anlehnung an den Eintrag in Feld 21 ist hier der Verkehrszweig anzugeben. Codierung: Siehe Erläuterungen zu Feld 25 im Informationshandbuch.
Feld 40	Hier ist anzugeben, welches Zollverfahren oder ob eine summarische Eingangsmeldung der Einfuhranmeldung vorangegangen ist. **Codierung** (Auszug): ESumA summarische Eingangsmeldung (Eingangs-SumA) TIR Versandschein T1 Versandschein Im vorliegenden Fall: Vom Beförderer (Reederei) ist bei Eintritt in die EU eine summarische Eingangsmeldung abgegeben worden.
Feld 33	Anzugeben ist die 11-stellige Zolltarifnummer
Feld 37	Die Ware soll in den zoll- und steuerrechtlich freien Verkehr überführt werden. Es ist kein weiteres Zollverfahren vorangegangen. Codierung nach Anhang 6 zum Einheitspapier.
Feld 36	Die Ware aus Südkorea ist zollbegünstigt (allgemeine Zollpräferenz, APS). Als Präferenznachweis gilt die Ursprungserklärung auf der Handelsrechnung.
Artikelpreis	Anzugeben ist der Rechnungspreis in der Währung wie in Feld 22 angegeben. Die nachfolgenden Felder (Zollwert, Kosten-EUSt., statistischer Wert) sind Euro-Beträge.
Zollwert	CIF-Wert EU-Grenze, Übernahme des mithilfe des Formulars D.V.1 errechneten Wertes
Kosten-EUSt.	Beförderungskosten vom Ort des Verbringens in die EU bis zum ersten inländischen Bestimmungsort (notwendig für die Ermittlung der Bemessungsgrundlage für die Einfuhrumsatzsteuer)

Internet-Eingabemaske (gekürzt) – Atlas/Einfuhr/allgemeine Anmeldedaten

1	Anmeldung		Anmeldeart	A	Bearbeitende Dienststelle	
24	Art des Geschäfts		22 Währung und in Rechnung gestellter Gesamtbetrag			

47	Zahlungsart		Zahlungsaufschub (E oder F)	
	Aufschub-Kontonummer		Aufschubnehmer (EORI-Nummer)	

54	Ort	
	Datum der Anmeldung	
	Name des Anmelders/Vertreters	

2 Versender/Ausführer
- EORI-Nummer
- Name, Vorname bzw. Firma
- Straße u. Hausnummer
- Postleitzahl – Ort   Nationalitätskennzeichen

8 Empfänger   Vorsteuerabzugsberechtigt ☐   Anmelder ist Empfänger ☐
- EORI-Nummer
- Name, Vorname bzw. Firma
- Straße u. Hausnummer
- Postleitzahl – Ort   Nationalitätskennzeichen

14 Anmelder
- EORI-Nummer
- Name, Vorname bzw. Firma
- Straße u. Hausnummer
- Postleitzahl – Ort   Nationalitätskennzeichen

14 Vertreter
- EORI-Nummer
- Name, Vorname bzw. Firma
- Straße u. Hausnummer
- Postleitzahl – Ort   Nationalitätskennzeichen

14 Vertretung
- Art der Vertretung   keine ☐   direkt ☐   indirekt ☐

Lernsituation 20 zum Informationshandbuch Seite 425–444

| 15 | Versendungs-/Ausfuhrland* | | 17 Bestimmungslandcode | | Bestimmungsbundesland | |
| 18 | Kennzeichen des Bef.-Mittels bei Ankunft | | 19 Container | | Cont.-Nr. | |

20	Lieferbedingung		Lieferort	
21	Art des grenzüberschreitenden aktiven Beförderungsmittels		Staatszugehörigkeit	
25	Verkehrszweig an d. Grenze		29 Eingangszollstelle	
40	Summarische Anmeldung/Vorpapier			

Positionen

31	Warenbezeichnung	
33	Warennummer		31 Art des Packstücks	
37	Verfahren		31 Anzahl der Packstücke	
34	Ursprungsland		35 Rohmasse (kg)	
36	Beantragte Begünstigung		38 Eigenmasse (kg)	
	Artikelpreis		Zollwert	
	Kosten-EUSt.		46 Statistischer Wert	

[Änderungen speichern] [weitere Positionen erfassen] [IZA abgeben]

ANMELDUNG DER ANGABEN ÜBER DEN ZOLLWERT D.V.1	
1 NAME UND ANSCHRIFT DES VERKÄUFERS	Für amtliche Zwecke
2a NAME UND ANSCHRIFT DES KÄUFERS	
2b NAME UND ANSCHRIFT DES ANMELDERS	
3 LIEFERUNGSBEDINGUNGEN	
4 NUMMER UND DATUM DER RECHNUNG	
5 NUMMER UND DATUM DES VERTRAGS	

6   Nummer und Datum der früheren Zollentscheidungen zu den Feldern 7 bis 9

7   a) Sind Käufer und Verkäufer verbunden im Sinne von Artikel 127 der Durchführungsverordnung (EU) 2015/2447?(falls „NEIN" weiter zu Feld 8) ☐ JA ☐ NEIN
    b) Hat die Verbundenheit den Preis der eingeführten Waren BEEINFLUSST? ☐ JA ☐ NEIN
    c) Kommt der Transaktionswert der eingeführten Waren einem der Werte in Artikel 134 Absatz 2 der Durchführungsverordnung (EU) 2015/2447 SEHR NAHE (Antwort fakultativ)? ☐ JA ☐ NEIN
    (Falls „JA", Einzelheiten angeben)

8   a) Bestehen EINSCHRÄNKUNGEN bezüglich der Verwendung und des Gebrauchs der Waren, ausgenommen solche, die
    - durch das Gesetz oder von den Behörden in der Union auferlegt oder verlangt werden oder
    - das Gebiet abgrenzen, innerhalb dessen die Waren weiterverkauft werden können oder
    - sich auf den Wert der Waren nicht wesentlich auswirken?
    ☐ JA ☐ NEIN
    b) Liegen hinsichtlich des Kaufgeschäfts oder des Preises BEDINGUNGEN vor oder sind LEISTUNGEN zu erbringen, deren Wert im Hinblick auf die zu bewertenden Waren nicht bestimmt werden kann? ☐ JA ☐ NEIN
    Art der Einschränkungen, Bedingungen und Leistungen angeben:
    Falls der Wert der Bedingungen oder Leistungen bestimmt werden kann, Betrag in Feld 11b) angeben.

9   a) Hat der Käufer unmittelbar oder mittelbar LIZENZGEBÜHREN für die eingeführten Waren nach den Bedingungen des Kaufgeschäfts zu zahlen? ☐ JA ☐ NEIN
    b) Unterliegt das Kaufgeschäft oder der Preis einer Vereinbarung, wonach ein Teil des Erlöses aus späteren WEITERVERKÄUFEN, VERFÜGUNGEN oder VERWENDUNGEN der Waren unmittelbar oder mittelbar dem Verkäufer zugutekommt? ☐ JA ☐ NEIN

Falls eine der vorstehenden Fragen mit „JA" beantwortet wird, die Umstände und, wenn möglich, in den Feldern 15 und 16 die Beträge angeben.

10 a) Anzahl der beigefügten Berechnungsbögen
    b) Ort, Datum und Unterschrift

Rückseite des Formulars

FÜR AMTLICHE ZWECKE		Berechnungsbogen Nr.		
			Ware	...
A Grundlage der Berechnung	11 a) Tatsächlich gezahlter Preis oder Preis bei Zahlung in der RECHNUNGSWÄHRUNG			
	b) Mittelbare Zahlungen (siehe Feld 8 b)			
	c) Umrechnungskurs			
	12 Summe A in NATIONALER WÄHRUNG			
B Hinzurechnungen	13 Für den Käufer entstandene Kosten:			
	a) Provisionen, ausgenommen Einkaufsprovisionen			
	b) Maklerlöhne			
	c) Umschließungen und Verpackung			
	14 Gegenstände oder Leistungen, die vom Käufer unentgeltlich oder zu ermäßigten Preisen für die Verwendung im Zusammenhang mit der Herstellung und dem Verkauf zur Ausfuhr der eingeführten Waren geliefert werden (die aufgeführten Werte sind gegebenenfalls entsprechend aufgeteilt):			
	a) in den eingeführten Waren enthaltene Materialien, Bestandteile, und dergleichen			
	b) bei der Herstellung der eingeführten Waren verwendete Werkzeuge, Matrizen, Gussformen und dergleichen			
	c) bei der Herstellung der eingeführten Waren verbrauchte Materialien			
	d) für die Herstellung der eingeführten Waren notwendige Techniken, Entwicklungen, Entwürfe, Pläne und Skizzen, die außerhalb der Union erarbeitet wurden			
	15 Lizenzgebühren (siehe Feld 9 a)			
	16 Erlöse aus späteren Weiterverkäufen, Verfügungen oder Verwendungen, die dem Verkäufer zugutekommen (siehe Feld 9 b)			
	17 Kosten der Lieferung bis zum Ort des Verbringens in die EU:			
	a) Beförderung			
	b) Ladekosten und Behandlungskosten			
	c) Versicherung			
	18 Summe B in NATIONALER WÄHRUNG			
C Abzüge	19 Beförderungskosten nach Verbringen in die EU			
	20 Zahlungen für den Bau, die Errichtung, die Montage, die Instandhaltung oder die technische Unterstützung nach der Einfuhr			
	21 andere Zahlungen (bitte angeben)			
	22 Zölle und Steuern, die in der Union aufgrund der Einfuhr oder des Verkaufs der Waren zu zahlen sind			
	23 Summe C in NATIONALER WÄHRUNG			
	24 ANGEMELDETER ZOLLWERT (A+B+C)			
Zusätzliche Angaben				

Aufgabe 1

Im Arbeitsauftrag (siehe Seite 393) haben Sie die Höhe des Zolls und der Einfuhrumsatzsteuer errechnet. Überprüfen Sie die Ergebnisse Ihres Arbeitsauftrags mithilfe des nachfolgend abgebildeten Steuerbescheids (Auszug):

Zollanmeldung/Steuerbescheid	
Zollanmeldung: 26.11.20(0)	Steuerbescheid: 27.11.20(0)
Reg.-Nr. ATB40/031944/21216/9377	Bezugsnummer: 4392287744IMPBS001
Zollamt: Hauptzollamt Hamburg Wendenstraße 21 20097 Hamburg	Art der Erledigung: abschließende Festsetzung der Einfuhrabgaben Art der Anmeldung: Einzelzollanmeldung (EZA)
Versender: WON CHANG HIGH-TECH 512-8 GUUI-DONG SEOUL SOUTH KOREA KR	**Empfänger:** DE4931178 0000 ERNST KAULMANN KG BISMARCKSTRASSE 18, 42659 SOLINGEN DE **Vertreter:** DE4682334 0000 INTERSPED GmbH Merkurstraße 14 40223 Düsseldorf DE

Zusammenfassung der Abgaben:

Abgabenart	Abgabenbetrag	Zahlungsart	Aufschubnehmer	Kontonummer		Fälligkeit
A000	298,91 EUR	E	71122	006413	F	16.12.20(0)
B000	3 663,29 EUR	E	71122	006413	F	16.12.20(0)

Legende:

Abgabenart	A000 = Zölle; B000 = Einfuhrumsatzsteuer
Zahlungsart	E = Zahlungsaufschub
Art des Aufschubantrags	F = Aufschubantrag für fremde Abgabenschulden

Aufgabe 2

Ein Kunde beauftragt INTERSPED, ein Oldtimer-Fahrzeug aus den USA zu importieren. Der Auftrag schließt die Verzollung ein.
Daten: 1968er Pontiac GTO, 6,5-l-V-8 Motor, 350 PS
Ein Mitarbeiter der Spedition hat sich auf der Internet-Plattform des Zolls über die Einordnung der Ware in den Zolltarif informiert. Das Ergebnis ist folgende Darstellung am Bildschirm (Kurzdarstellung als Pfad):

https://zoll.de
EZT-online
Auskunftsanwendung zur Einfuhr
Einreihung
Warennomenklatur

EZT-online Einfuhr

Pfad

Suchkriterien   **Einreihung**   Recherche   Texte   Verbrauchsteuern   Hilfe
Warennomenklatur   Stichwortverzeichnis

zurück

maßgeb. Zeitpunkt: 24.09.2010

- ABS. XVII Kap. 86 bis 89: Beförderungsmittel
  - Kap. 87 ZUGMASCHINEN, KRAFTWAGEN, KRAFTRÄDER, FAHRRÄDER UND ANDERE NICHT SCHIENENGEBUNDENE LANDFAHRZEUGE, TEILE DAVON UND ZUBEHÖR
    - Pos. FS[00] 8703 Personenkraftwagen und andere Kraftfahrzeuge, ihrer Beschaffenheit nach hauptsächlich zur Personenbeförderung bestimmt (ausgenommen solche der Position 8702), einschließlich Kombinationskraftwagen und Rennwagen
      - FS[01] 8703 21 andere Fahrzeuge mit Hubkolbenverbrennungsmotor mit Fremdzündung
        - FS[02] 8703 21 mit einem Hubraum von 1 000 cm³ oder weniger
        - FS[02] 8703 22 mit einem Hubraum von mehr als 1 000 cm³ bis 1 500 cm³
        - FS[02] 8703 23 mit einem Hubraum von mehr als 1 500 cm³ bis 3 000 cm³
        - FS[02] 8703 24 mit einem Hubraum von mehr als 3 000 cm³
          - FS[03] 8703 2410 00 0 neu
          - FS[03] 8703 2490 00 0 **gebraucht**

a Begründen Sie anhand des Suchpfades, dass die Warennummer 8703 2490 00 0 korrekt ist.

Lernsituation 20 zum Informationshandbuch Seite 425–444

EZT-online Einfuhr

Übersicht Maßnahmen

Suchkriterien | **Einreihung** | Recherche | Texte | Verbrauchsteuern | Hilfe
Warennomenklatur | Stichwortverzeichnis

zurück

maßgeb. Zeitpunkt: 24.09.2010   Codenummer: 87032490000   Meursing-Zusatzcode: ____   [Suche starten]

Übersicht Maßnahmen

Codelinie	Anz. FS	Nomenklaturtext	Drittlandszoll	Beschränkungen
8703 2490 00 0	03	gebraucht	10 (1011)	Einfuhrverbot (ZC: 4115) (1011) Vorherige Überwachung bei Abfertigung zum zollrechtlich freien Verkehr. (ZC: 4048) (IQ) Vorherige Überwachung bei Abfertigung zum zollrechtlich freien Verkehr. (ZC: 4099) (IQ) Abfertigung zum zollrechtlich freien Verkehr (Beschränkung) (ZC: 4999) (1011)

Die aufgeführten Beschränkungen treffen auf das einzuführende Fahrzeug nicht zu.

b Ermitteln Sie den Zollsatz für die Einfuhr des Oldtimer-Fahrzeuges.

c Ein weiterer Kunde möchte Kaffee aus den USA importieren. Ermitteln Sie mithilfe des elektronischen Zolltarifs die Warennummer und den Zollsatz für diese Ware.
Daten zum Produkt: Kaffee, geröstet, nicht entkoffeiniert

Aufgabe 3

Eine Spedition besorgt den Import von Audio-Anlagen aus den USA.

Berechnen Sie aus den nachfolgenden Daten die Einfuhrabgaben.
Die Güter werden in Frankfurt verzollt. Beachten Sie: Die Beförderungskosten sind nach dem Gewicht, die Versicherungskosten nach dem Güterwert aufzuteilen.

Importkosten
Seefracht New York – Bremerhaven: 450,00 USD   Zollsatz für Rundfunkgeräte: 14 %
Transportversicherung: 60,00 EUR   Zollsatz für Lautsprecher: 5,7 %
Fracht Bremerhaven – Frankfurt: 350,00 EUR   Einfuhrumsatzsteuer: 19 %
Umrechnungskurs: 1,00 EUR = 1,2585 USD

Handelsrechnung (Auszug)

Quantity	Article	Weight kg	Unit-Price USD	Total USD
50	Receivers RC442	150	150,00	7 500,00
100	Speakers SP321	1 500	90,00	9 000,00
			FOB-Delivery	250,00
			Sub-Total	16 750,00
		less 10 % quantity rebate (from 16 500,00 USD)		1 650,00
			Total	15 100,00

Berechnung der Einfuhrabgaben

		Receiver	Speaker
Warenwert laut Rechnung	USD		
Rabatt			
FOB Delivery	150 : 1 500		
Zwischensumme			
Seefracht			
	USD		
in Euro			
Transportversicherung			

		Receiver	Speaker
CIF-Wert EU-Grenze			
Zoll			
Umlage Fracht			
Summe EUSt-Wert			
EUSt.			
Summe Einfuhrabgaben			
Summe gesamt			

Aufgabe 4
Die untenstehende Grafik zeigt, wie Güter aus einen Drittland importiert, in Deutschland in einem Zolllager zwischengelagert und anschließend in ein Zolllager nach Italien transportiert werden.

Ordnen Sie die Ziffern 1–4 den unten stehenden Aussagen zu. Entscheiden Sie, ob bei den letztgenannten Vorgängen eine Zollschuld entsteht oder nicht.

◯ Eingang der Ware in die EU: Zollschuld entsteht für die eingeführte Ware.

◯ Einfuhr der Ware zur Zolllagerung: Stundung des Zolls während der Lagerdauer

◯ Ausfuhr in ein Drittland: Es entsteht eine/keine Zollschuld.

◯ Versand von Zolllager zu Zolllager: Es entsteht eine/keine Zollschuld.

Aufgabe 5
Von den „besonderen Zollverfahren" wird nachfolgend eine Auswahl beschrieben. Stellen Sie fest, welche Art von Zollverfahren jeweils vorliegt:

① Ein deutscher Importeur erwirbt Textilien aus China und veräußert sie nach kurzer Zwischenlagerung unverändert weiter in die GUS-Staaten.

② Südamerikanische Bananen werden im Hamburger Hafen entladen und in ein Warenverteilzentrum einer Lebensmittelkette transportiert. Die Güter werden bei einer Binnenzollstelle verzollt.

③ Zugeschnittene Textilien aus der Bundesrepublik werden nach Tunesien transportiert, dort zu Konfektionsware verarbeitet und anschließend nach Deutschland zurückexportiert.

④ Rohkaffee wird bis zur Verarbeitung in der Freizone Bremerhaven zwischengelagert. Die Ware wird erst verzollt, wenn der Röstprozess unmittelbar bevorsteht.

Aufgabe 6
Nachstehender Import – entsprechende Handelsrechnung liegt vor, siehe unten – soll zollrechtlich abgefertigt werden. Die Güter werden in Frankfurt verzollt.

Importkosten
Seefracht New York – Antwerpen: 520,00 USD   Kurs: 1,00 EUR = 1,2417 USD
Fracht Antwerpen – Frankfurt: 180,00 EUR

Zollsatz für Computerteile: 14 %
Einfuhrumsatzsteuer: 19 %

a Berechnen Sie in Euro
   aa den Zollwert,   ac den EUSt-Wert,
   ab den Zoll,   ad die EUSt.

b Erläutern Sie den Zahlungsvermerk D/P.

EXPORTER C.A. Miller Corp. 2000-03-13 768 North Columbus Avenue NEW YORK, NY 47110, USA		**Invoice** No. & Date FR/531/A	
		Buyers Order No. & Date BK 42-275 14.02.20(0)	
		Other Reference(s) PO: 74240	
Consignee Walter Lux KG Frankenallee 98 60327 Frankfurt/GERMANY		Buyer (if other than consignee) As CONSIGNEE	
		Country of Origin USA	Country of Final Destination GERMANY
Pre-Carriage by BY SEA	Place or Receipt by Pre-Carrier NEW YORK	FOB NEW YORK	
Vessel/Flight No Galveston	Port of Loading NEW YORK	D/P	
Port of Discharge ANTWERPEN	Final Destination FRANKFURT Germany		

Marks & Nos./ Container No	No. & Kind of Pkgs	Description of Goods	Quantity KGS	Rate FOB	Amount USD
Mil	16 Cartons	electronic components for computers	1600		16 800,00
TOTAL	16 Cartons	TOTAL KGS	1600		
			Total FOB Value USD		16 800,00

Amount Chargeable (in words)
TOTAL: SIXTEENTHOUSENDEIGHTHUNDRED

TOTAL USD 16 800,00

Declaration
We declare that this invoice shows the actual price of the goods described and that all particulars are true and correct

Signature & Date
C.A. Miller Corp.
13.03.20(0)

DOWNES

Aufgabe 7
Sie sind in der Spedition AEROSPED München tätig und haben für die IMPEX GmbH, München, die Einfuhrabfertigung für eine Sendung aus China zu besorgen, und zwar Überlassung zum zollrechtlich freien Verkehr. Der Versender möchte von Ihnen wissen, mit welchen Eingangsabgaben er zu rechnen hat.

Berechnen Sie anhand der Sendungsdaten die Höhe des Zolls und der Einfuhrumsatzsteuer.

Sendungsdaten
Warenwert (laut Handelsrechnung, EXW): 45 400,00 USD
Vorlaufkosten vom Exporteur zum Flughafen Guangzhou Baiyun: 360,00 USD
Luftfrachtkosten: 1 255,00 USD
Prozentsatz der in den Zollwert einzubeziehenden Luftfrachtkosten: 70 %

Kurs: 1,00 EUR = 1,25 USD
Zollsatz: 2,2 %
EUSt-Satz: 19 %

Aufgabe 8
Die Spedition Ellmer GmbH hat für einen Versender eine Importabfertigung durchgeführt. Die Spedition hat in direkter Vertretung für den Versender (= Anmelder) gehandelt. Zum Schluss erhält die Spedition von der Zollverwaltung einen Steuerbescheid über die Einfuhrabgaben (siehe Ausschnitt unten).
  a Erläutern Sie, inwieweit die Spedition von den Abgabenschulden betroffen ist.
  b Berechnen Sie aus den Abgabebeträgen
    ba den Einfuhrumsatzsteuerwert,
    bb die Höhe des Zollwertes und
    bc den Warenwert.
    Berücksichtigen Sie dabei die unten stehenden Daten zur Zollanmeldung.

Ausschnitt aus dem Steuerbescheid

Zusammenfassung der Abgaben:

Abgabenart	Abgabenbetrag	Zahlungsart	Aufschubnehmer	Kontonummer		Fälligkeit
A000	3 555,00 EUR	E	68132	006413	F	16.03.20(0)
B000	7 486,95 EUR	E	68132	006413	F	16.03.20(0)

Legende:

Abgabenart	A000 = Zölle; B000 = Einfuhrumsatzsteuer
Zahlungsart	E = Zahlungsaufschub
Art des Aufschubantrags	F = Aufschubantrag für fremde Abgabenschulden

Daten zur Zollanmeldung

Zollsatz	10 %
EUSt.	19 %
Seefracht	400,00 EUR
Transportversicherung	150,00 EUR
Beförderungskosten bis 1. inländischer Bestimmungsort	300,00 EUR

Aufgabe 9

Die Spedition SÜDSPED GmbH, Augustusstraße 112, 86179 Augsburg, hat von der Wolfgang Benning GmbH den Auftrag erhalten, eine Sendung mit Gleichrichtern nach China zu besorgen. Der Auftrag schließt die Ausfuhrabfertigung ein. Datum: 22.04.20(0), EORI-Nummer von SÜDSPED: DE6754331, Bearbeiter: Thomas Erler.

Füllen Sie die nachfolgend abgebildeten Felder 14 und 54 der Ausfuhrerklärung aus für den Fall, dass

a die Spedition als direkte Vertreterin für ihren Auftraggeber handelt,

b der Versender die Ausfuhrerklärung im eigenen Namen abgibt (Mitarbeiterin Stefanie Krüger; EORI-Nummer der Benning GmbH DE6432214).

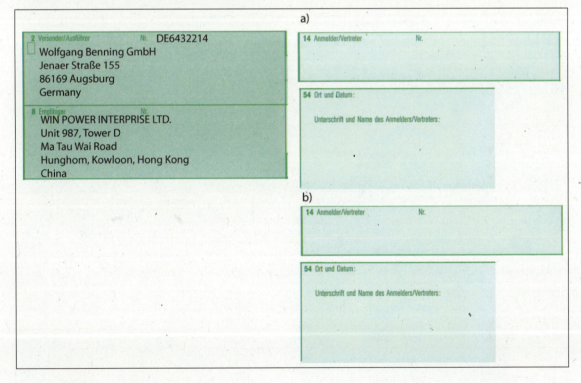

Aufgabe 10

Sie sollen Messgeräte aus Bern in der Schweiz nach Stuttgart importieren und an der Grenze in den zollrechtlich freien Verkehr überführen.

- Warenwert: 40 000,00 EUR; bei Zahlung innerhalb von 14 Tagen 2 % Skonto (nimmt der Käufer in Anspruch)
- Die Transportkosten der Messgeräte betragen 320,00 EUR (¼ entfallen auf die schweizerische Strecke bis Grenzübergang, ¾ auf die deutsche Strecke).

- In Bern entstehen nach Übergabe der Sendung an den Frachtführer noch Kosten für eine spezielle Transportverpackung aufgrund der empfindlichen Ware in Höhe von 50,00 EUR.
- Die Transportversicherung beträgt 85,00 EUR.
- Der INCOTERM® lautet FCA Bern gemäß INCOTERMS® 2020.

Berechnen Sie den Zollwert.

Aufgabe 11

Die Scheuer Logistik GmbH, Hannover, besorgt den Import von Industrie-Ventilatoren aus Australien. Die Sendung besteht aus drei Kisten. Der Auftrag umfasst auch die Einfuhrabfertigung. Der Drittlandszollsatz für die Güter beträgt 6 %, der Einfuhrumsatzsteuersatz 19 %. Der Rechnungsbetrag FOB Melbourne lautet über 95 000,00 EUR.

Es entstehen durch den Transport folgende Kosten:

Frachtkosten bis Seehafen Melbourne	320,00 EUR
Umschlagkosten (THC) in Melbourne	110,00 EUR
Seefracht Melbourne – Rotterdam	670,00 EUR
Transportversicherung	130,00 EUR
Entladekosten Rotterdam	125,00 EUR
Lkw-Fracht Rotterdam – Hannover	460,00 EUR

(davon ¼ Frachtkosten Rotterdam – deutsche Grenze, ¾ deutsche Grenze – Hannover)

a Berechnen Sie die Höhe des Zolls und der Einfuhrumsatzsteuer.
b Ermitteln Sie den statistischen Wert für die Angabe in der Einfuhranmeldung.

Aufgabe 12

Der Zweiradgroßhändler Bikes & More in Lüneburg erwartet erstmals eine Lieferung von Fahrrädern aus China. 100 Mountainbikes sollen in der kommenden Woche im Hamburger Hafen eintreffen.

Beim Blick in den EZT (siehe nachstehenden Auszug) stellt man fest, dass auf Fahrräder aus China neben dem normalen Importzoll auch ein Antidumpingzoll erhoben wird.

Codenummer	8712 0030							
Warenbeschreibung	Zweiräder mit Kugellager							
Historie	ZC	Gebiets-code	MN-Schl.	Maßnahme-art	Maß-nahmen	Beginn	Ende	Ord-nungs-Nr.	Weitere Informationen
Historie	–	1011	103	Drittlands-zollsatz	14 %	09.06.2006	–	–	Rechts-vorschrift
[...]									
Bedingungen: Vorlage eines Antidumping-/Ausgleichsdokuments									
Lfd. Nr.	Bedingungs-betrag	Aktion		Aktions-betrag		Dokument			
1	0,0	Der Aktionsbetrag ist anzuwenden (siehe Komponenten)		19,2 %		Antidumping-/Ausgleichszolldokument; Handelsrechnung mit unterzeichneter Erklärung (Codierung/Schlüssel: D008)			

a Geben Sie an, in welchen Fällen Antidumpingzölle erhoben werden und welchen Zweck sie erfüllen sollen.
b Berechnen Sie anhand der nachstehenden Informationen die Höhe der Einfuhrabgaben.

Warenwert FOB Quingdao	19 392,00 USD
Seefracht	935,00 USD
Seeversicherung	173,00 EUR
THC Hamburg	88,00 EUR
Lkw-Transport Hamburg – Lüneburg	285,00 EUR
Umrechnungskurs: 1,00 EUR = 1,2120 USD	

Aufgabe 13

Für die Verteilung der Beförderungskosten im Rahmen der Zollwertberechnung und der Ermittlung des Wertes für die Einfuhrumsatzsteuer ist bei der Einfuhr der Ort des Verbringens in die EU maßgebend. In Artikel 137 der Durchführungsrechtsakte des UZK (UZK-IA) ist der Ort des Verbringens geregelt (siehe nachfolgenden Auszug).

> **Artikel 137 UZK-IA**
> **Ort des Verbringens der Waren in das Zollgebiet der Union**
> (Artikel 71 Absatz 1 Buchstabe e des Zollkodex)
>
> (1) Für die Anwendung des Artikels 71 Absatz 1 Buchstabe e des Zollkodex gilt als Ort des Verbringens der Waren in das Zollgebiet der Union
> a) für im Seeverkehr beförderte Waren: der Hafen, in dem die Waren zuerst im Zollgebiet der Union eintreffen;
> b) [...]
> c) für Waren, die aus dem Seeverkehr ohne Umladung in den Binnenschiffsverkehr übergehen: der erste Hafen, in dem ein Entladen stattfinden kann;
> d) für im Eisenbahn-, Binnenschiffs- oder Straßenverkehr beförderte Waren: der Ort der ersten Eingangszollstelle;
> e) für mit anderen Beförderungsmitteln beförderte Waren: der Ort, an dem die Grenze des Zollgebiets der Union überschritten wird.
> [...]

Bestimmen Sie den Ort des Verbringens in die EU für folgende Situationen:

a Kairo – Genua (Seeschiff) – Schweizer Grenze (Lkw) – deutsche Grenze [= Rheinfelden] (Lkw) – Stuttgart (Lkw)

b Mexiko – Rotterdam (Seeschiff) – deutsche Grenze [= Elten] (Lkw) – Köln (Lkw)

c Minsk – polnische Grenze [= Bobrowniki] (Lkw) – deutsche Grenze [= Frankfurt/Oder] (Lkw) – Dresden (Lkw)

d Norwegen – Hamburg (Seeschiff) – Prag (Eisenbahn)

e New York – Frankfurt (Flugzeug)

f Shanghai – Antwerpen (Seeschiff) – deutsche Grenze [Emmerich] (Binnenschiff) – Duisburg (Binnenschiff)

Siehe auch die Karte mit Grenzübergängen auf Seite 175

Aufgabe 14

Die INCOTERMS® enthalten unter anderem Regelungen zur Verteilung der Transportkosten. Der vereinbarte INCOTERM® gibt daher Hinweise, wie Beförderungskosten bei der Berechnung des Zollwertes zu berücksichtigen sind.

Beispiel:
Exporteur (Pittsburgh, USA) und Importeur (Stuttgart) vereinbaren den INCOTERM® EXW Pittsburgh. Dann entstehen bis zum Ort des Verbringens in das Zollgebiet der EU Beförderungskosten, die als Plusfaktoren auf den Rechnungspreis aufgeschlagen werden müssen: z. B. Lkw-Transport von Pittsburgh bis Baltimore, Seetransport von Baltimore bis Hamburg (= Ort des Verbringens). Geht der vereinbarte INCOTERM® über den Ort des Verbringens hinaus, gehen die Transportkosten als Minusfaktoren in die Zollwertberechnung ein.

Ergänzen Sie die nachfolgende Tabelle mit den übrigen INCOTERMS®. Beziehen Sie Ihre Lösungen auf den Beispielfall und nennen Sie jeweils den Ort des Kostenübergangs im INCOTERM®.

	INCOTERMS®
INCOTERMS®, die den Kostenübergang **vor** dem Ort des Verbringens haben	EXW Pittsburgh
INCOTERMS®, die den Kostenübergang **am** Ort des Verbringens haben, wenn als Ort/Hafen des Kostenübergangs der Ort des Verbringens vereinbart wird	
INCOTERMS®, die den Kostenübergang **nach** dem Ort des Verbringens haben	

Aufgabe 15

Die Spedition GEBAUER GmbH hat einen neuen Kunden gewonnen, die IM&EX Handelsgesellschaft mbH, Hannover. Das Unternehmen importiert Elektronikartikel aus China und beliefert damit den Einzelhandel in Deutschland, aber auch zunehmend Onlineshops in Deutschland und in Europa.

Heute erhalten Sie von dem Versender zwei Aufträge, die die Zollabfertigung einschließen:

1 **Auftrag:** Besorgen eines Imports von Unterhaltungselektronik in einem 20 Fuß-Container aus Guangzhau (in der Nähe von Hongkong) via Hamburg nach Hannover. Der Versender hat mit seinem Lieferanten den INCOTERM® EXW Guangzhau vereinbart.

2 **Auftrag:** Besorgen eines Exports von 28 Paletten Sicherungsanlagen nach Kiew (Ukraine) per Lkw, vereinbarter INCOTERM® DDP Kiew

Beide INCOTERMS® sind nach Ihrer Meinung problematisch. Daher möchten Sie Ihren Kunden in einem Telefongespräch davon überzeugen, zukünftig alternative INCOTERMS® zu vereinbar.

a Begründen Sie, welches zolltechnische Problem aufgrund des INCOTERMS® EXW Guangzhau besteht.
b Begründen Sie ferner, welche zolltechnische Schwierigkeit mit dem INCOTERM® DDP Kiew verbunden ist.
c Geben Sie dem Kunden im Telefonat alternative INCOTERMS® an, die die Kostenverteilung ungefähr belässt.

Aufgabe 16

Die Spedition INTERLOGISTIK GmbH hat von einem Versender den Auftrag erhalten, Textilien als Rohware nach Marokko auszuführen und nach dem Veredelungsprozess im Rahmen der passiven Veredlung wieder nach Deutschland einzuführen.

Es handelt sich um Bettwäsche (Bezug und Kopfkissen), die in Marokko verkaufsfertig aufbereitet wird. Die Rohware besteht aus der Bettwäsche und „Zutaten": Einnäh-Etiketten, Kartonagen, Kartonaufkleber und Einleger (Abbildungen von Markenname und Bettwäsche im Verwendungszusammenhang).

Für die Verzollung werden dem Zoll folgende Daten zur Verfügung gestellt:

- Rechnung des marokkanischen Veredelungsbetriebes:
  - Veredlungslohn 120 000,00 EUR
  - weitere Zutaten (Knöpfe, Garn) 5 000,00 EUR
- statistischer Wert der ausgeführten Rohware über 24 600,00 EUR
- Beleg über die Beförderungskosten für die Wiedereinfuhr von Marokko bis zur EU-Außengrenze: 1 260,00 EUR

Der Zollsatz für das veredelte Erzeugnis beträgt 10 %.

Berechnen Sie den Zoll für die veredelte Ware nach der Mehrwertmethode.

Aufgabe 17

Die KAULMANN KG, Solingen, kauft auf dem Weltmarkt Rohstoffe ein und verkauft ihre Produkte auch weltweit. Bei jedem Geschäft ist die Frage zu klären, ob der Vorgang der Umsatzsteuer bzw. der Einfuhrumsatzsteuer unterliegt und in welchem Land die Steuer erhoben wird.

a **Situation 1:** Einfuhr (Import) und Ausfuhr (Export) von Gütern

Stellen Sie in beiden Fällen begründet fest, ob KAULMANN Umsatzsteuer/Einfuhrumsatzsteuer zu zahlen hat.

aa KAULMANN kauft Kupferdrähte bei dem Unternehmen COMPLEJO in Mexiko.
ab KAULMANN verkauft Elektromotoren an COMPLEJO.

b **Situation 2:** innergemeinschaftlicher Erwerb und innergemeinschaftliche Lieferung von Gütern
Ergänzen Sie zu den Fällen ba) bis bc) die unten stehende Tabelle.

ba KAULMANN kauft Kupferdrähte bei dem Unternehmen KUPFERHÜTTE in Österreich (beide Unternehmen verfügen über eine USt-IdNr.).
ba KAULMANN verkauft Elektromotoren an KUPFERHÜTTE.
bc Die Auszubildende Melanie Müller kauft während ihres Urlaubs in Österreich ein Snowboard (keine USt-IdNr.).

	Umsatzsteuerpflichtig? (ja/nein)	Besteuerungsland? D oder AT	Erhebungsart? (Ursprungs- oder Bestimmungslandprinzip)
ba			
bb			
bc			

c Situation 3: innergemeinschaftliche Beförderungen

Ergänzen Sie zu den Fällen ca) und cb) die unten stehende Tabelle.

ca KAULMANN (KAU) erteilt INTERSPED den Auftrag, die Beförderung von Elektromotoren zur SVENSKA MOTOR AB (SMAB) nach Schweden (S) zu besorgen.

cb Für den Rücktransport erhält INTERSPED von SMAB den Besorgungsauftrag, Motoren in ein Lager der SMAB in Deutschland zu befördern.

	Auftraggeber? KAU/SMAB	Leistungsempfänger? KAU/SMAB	Leistungsort? D oder S	Rechnungsempfänger? KAU/SMAB	Rechnung mit USt.? ja/nein	Erhebungsart?
ca						
cb						

d Unterscheiden Sie „Einfuhr" und „innergemeinschaftlichen Erwerb".

Aufgabe 18

Die Hamburger Spedition Schäfer & Schmidt GmbH hat den Auftrag erhalten, eine Importsendung aus China zum zollrechtlich freien Verkehr abzufertigen. Auftraggeber ist die ACS Klima-Bau KG. Der Container wird mit dem Schiff Qingdao der Reederei China Shipping befördert.

Bringen Sie die nachfolgend beschriebenen Abschnitte des Besorgungsauftrages in die richtige Reihenfolge, indem Sie in die Kästchen die Zahlen 1–9 eintragen.

☐ Der Container wird vom Seeschiff entladen. Die Ware befindet sich damit im Zollgebiet der EU und unterliegt der zollamtlichen Überwachung.

☐ Die Spedition Schäfer & Schmidt hat den Container gegen Vorlage eines Konnossements vom Seeschiff übernommen. Sie gestellt den Container als direkter Vertreter der ACS Klima-Bau KG beim Eingangszollamt unter Bezug auf die summarische Eingangsmeldung, die in eine summarische Anmeldung (SumA) umgewandelt wird.

☐ Der Zoll prüft bei den Daten der Zollanmeldung, ob sie inhaltlich richtig und gültig sind. Da alles in Ordnung ist, nimmt die Zollverwaltung die Zollanmeldung an.

☐ Das Eingangszollamt ermittelt die Einfuhrabgaben (Zoll und Einfuhrumsatzsteuer) und teilt dem Anmelder die Daten durch einen Steuerbescheid mit. Gleichzeitig wird das Aufschubkonto des Anmelders mit den Einfuhrabgaben belastet.

☐ Die Sendung hat den Status „vorübergehende Verwahrung".

☐ Das Seeschiff übermittelt 24 Stunden vor der Beladung im Abgangshafen dem Eingangszollamt in Hamburg eine summarische Eingangsmeldung (ESumA) mit den Daten der Sendung.

☐ Der Zoll überlässt dem Anmelder die Ware und beendet damit die zollamtliche Überwachung. Aus der Drittlandsware wird Unionsware (Statuswechsel).

☐ Die Spedition erstellt über ATLAS eine Zollanmeldung, in der sie das Zollverfahren „Überlassung zum zollrechtlich freien Verkehr" wählt.

☐ Es folgt nun die inhaltliche Prüfung der angenommenen Zollanmeldung. Der Zoll hat entschieden, die Waren auch körperlich zu überprüfen (Zollbeschau); das Ergebnis der Zollbeschau hält der Zollbeamte in einem Zollbefund fest.

Aufgabe 19 (Prüfungsnahe Aufgabenstellung)

Situation
Sie sind Mitarbeiter(in) der HTG GmbH, Hamburg, und erhalten den Auftrag, den Import von Schals in den Farben von Fußballvereinen aus China nach Bremen zu besorgen.

Auszug aus dem Speditionsauftrag

18 Zeichen und Nr.	19 Anzahl	20 Packstück	21 SF	22 Inhalt	23 Lademittel-gewicht in kg	24 Brutto-gewicht kg
20B211/134	160	Kartons	2	Schals, gestrickt		2 200
Summe:	25 160	26 Rauminhalt cdm / Lademeter 16,5 cbm		Summen:	27	28 2 200

29 Gefahrgut
UN-Nr.   Gefahrgut-Bezeichnung
Gefahrzettel-Nr.   Verpackungs-   Tunnelbeschrän-   Nettomasse
           gruppe   kungscode   kg/l
Hinweise auf Sondervorschriften

30 Frankatur INCOTERM®: FOB Shanghai, 89 Yanggao No.2 Road (N), Pudong New Area, gemäß INCOTERMS® 2020	31 Warenwert für Transportversicherung	32 Versender-Nachnahme

Beteiligte
- Spediteur: HTG GmbH, Am Windhukkai 12, 20457 Hamburg
- Auftraggeber/Empfänger: Sportgroßhandlung Hessler KG, Containerstraße 23, 28197 Bremen
- Verfrachter: CMG Shipping, Elbchaussee 14, 22609 Hamburg
- Exporteur: International Trading Limited, Business Building, No.441, Siping Rd, Yangpu, Shanghai, P.R. China

Weitere Informationen zur Sendung
- Versand in einem 20'-Container
- Container-Movement: FCL/FCL
- Der Auftrag umfasst die Besorgung des Transportes von Shanghai nach Hamburg, die Einfuhrabfertigung zum zoll- und steuerrechtlichen freien Verkehr in Hamburg und den Nachlauf des Containers per Lkw zum Empfänger in Hamburg.
- Beförderungsdokument: Bill of Lading (B/L)

1 (2 Punkte)

Begründen Sie, welche Vertragsbeziehungen zwischen
- der Sportgroßhandlung Hessler KG und der HTG GmbH sowie
- der HTG GmbH und der CMG Shipping bestehen.

2 (2 Punkte)

Der Versender wünscht aus Sicherheitsgründen (Diebstahlgefahr) eine FCL/FCL-Containerbeförderung.
2.1 Beschreiben Sie das zentrale Merkmal einer FCL/FCL-Beförderung anhand des vorliegenden Falls.
2.2 Erläutern Sie den Unterschied zu einer LCL/LCL-Containerbeförderung.

Lernsituation 20 zum Informationshandbuch Seite 425–444   **409**

3 (5 Punkte)

Verkäufer und Käufer haben im Kaufvertrag den INCOTERM® FOB Shanghai vereinbart.

3.1 Erläutern Sie den vereinbarten INCOTERM® hinsichtlich des Kosten- und Gefahrenübergangs.

In B10 des INCOTERMS® FOB werden die Benachrichtigungspflichten des Käufers formuliert.

3.2 Erläutern Sie anhand des nachfolgenden Textes die Anforderung, die vom Käufer zu erfüllen ist.

> **Auszug aus dem INCOTERM® FOB**
>
> **B10 Notices**
> The buyer must give the seller sufficient notice of any transport-related security requirements, the vessel name, loading point and, if any, the selected delivery date within the agreed period.

3.3 Begründen Sie, warum im Regelfall nur der **Käufer** diese Benachrichtigungspflicht erfüllen kann. Beachten Sie dazu Ihre Lösung zu Aufgabe 3.1.

4 (3 Punkte)

Das Schiff passiert auf seiner Reise von Shanghai nach Hamburg unter anderem die Staaten

(1) Indien,

(2) Südafrika,

(3) Marokko,

(4) Madagaskar,

(5) Portugal,

(6) Malaysia.

Ordnen Sie die Staaten in der Reihenfolge, in der das Schiff diese auf seiner Fahrt von Shanghai bis Hamburg passiert.

5 (4 Punkte)

Die Spedition HTG GmbH übernimmt die Einfuhrabfertigung der Sendung in Hamburg.

5.1 Gegenüber dem Zoll tritt der Versender (Sportgroßhandlung Hessler KG) als **Anmelder** auf. Die HTG GmbH ist **direkter Vertreter**.
Erläutern Sie die beiden Positionen aus zollrechtlicher Sicht.

5.2 Da der Versender keine Warennummer angeben kann, sind die Güter zunächst einzureihen. Der Importeur gibt Ihnen dazu folgende Produktbeschreibung:

Schal, Bekleidungszubehör, gestrickt

Begründen Sie anhand des untenstehenden Pfades, dass die Warennummer 6117 1000 00 0 korrekt ist.

> **EZT-online Einfuhr**
> **Warennomenklatur**
>
> Kap. 61 KLEIDUNG UND BEKLEIDUNGSZUBEHÖR, AUS GEWIRKEN ODER GESTRICKEN
> Maßnahmen Anmerkungen Erläuterungen
>
> Pos. FS[00] 6116 Fingerhandschuhe, Handschuhe ohne Fingerspitzen und Fausthandschuhe, aus Gewirken oder Gestricken
> Pfad Übersicht (Maßnahmen) Übersicht (Hinweise) Maßnahmen Erläuterungen
>
> Pos. FS[00] 6117 Anderes konfektioniertes Bekleidungszubehör, aus Gewirken oder Gestricken; Teile von Kleidung oder von Bekleidungszubehör, aus Gewirken oder Gestricken
> Pfad Übersicht (Maßnahmen) Übersicht (Hinweise) Maßnahmen Erläuterungen
>
> FS[01] 6117 1000 00 0 Schals, Umschlagtücher, Halstücher, Kragenschoner, Kopftücher, Schleier und ähnliche Waren
> Pfad Übersicht (Maßnahmen) Übersicht (Hinweise) Maßnahmen
>
> FS[01] 6117 80 anderes Bekleidungszubehör
> Pfad Übersicht (Maßnahmen) Übersicht (Hinweise) Maßnahmen

6 (7 Punkte)

Am 26.04.20(0) erhält die HTG GmbH vom Zoll den nachfolgenden Steuerbescheid über die Einfuhranmeldung.

6.1 Überprüfen Sie die vom Zoll berechneten Abgabenbeträge (Zoll, Einfuhrumsatzsteuer). Stellen Sie das Ergebnis Ihrer Prüfung rechnerisch dar.

6.2 Erläutern Sie die Buchstaben „E" (Zahlungsart) und „F" (Art des Aufschubantrags) in ihrer Bedeutung für die HTG GmbH.

Zollanmeldung/Steuerbescheid

Zollanmeldung: 24.04.20(0)	Steuerbescheid: 26.04.20(0)
Reg.-Nr. ATC54/021935/21018/4851	Bezugsnummer: 28789695406IMPCUS001

Zollamt Hamburg
Finkenwerder Straße 4
21129 Hamburg

Art der Erledigung: abschließende Festsetzung der Einfuhrabgaben
Art der Anmeldung: Einzelzollanmeldung (EZA)

Versender:	**Empfänger:**	**Vertreter:**
International Trading Limited	DE49234 0000	DE8119249 0000
Business Building No. 881 Jie	Sportgroßhandlung Hessler KG	HTG GmbH
Fang Northroad, Ningbo, 315020	Containerstraße 23	Am Windhukkai 12
Zhejiang, P.R. China	28197 Bremen	20457 Hamburg
CN	DE	DE

Zusammenfassung der Abgaben:

Abgabenart	Abgabenbetrag	Zahlungsart	Aufschubnehmer	Kontonummer		Fälligkeit
A000	2 688,52 EUR	E	2653944	006453	F	16.05.20(0)
B000	4 817,05 EUR	E	2653944	006453	F	16.05.20(0)

Legende:

Abgabenart	A000 = Zölle; B000 = Einfuhrumsatzsteuer
Zahlungsart	E = Zahlungsaufschub
Art des Aufschubantrags	F = Aufschubantrag für fremde Abgabenschulden

Weitere Daten aus dem Steuerbescheid

Warenwert	24 265,00	USD
Seefracht	1 500,00	USD
Lkw-Nachlauf	260,00	EUR
Kurs	1,00 EUR = 1,15 USD	
Drittlandszollsatz	12,00	%
EUSt-Satz	19,00	%

7 (2 Punkte)

Das Ende des Einfuhrverfahrens ist mit einem Statuswechsel der Ware verbunden.

Erläutern Sie diesen Statuswechsel.

8 (5 Punkte)

Das Einfuhrverfahren lässt sich in fünf Schritten abwickeln:

```
1. Vorabanmeldung
----------------------------------- EU-Grenze
2. Verbringen in die EU
3. Gestellen
4. vorübergehende Verwahrung
5. endgültige Bestimmung
```

8.1 Ordnen Sie die Dokumente ESumA und SumA den passenden Schritten zu.
8.2 Geben Sie die Abkürzungen ESumA und SumA in Langschrift wieder.
8.3 Erläutern Sie den Status „vorübergehende Verwahrung".

SELBSTTEST LERNSITUATION 20

→ Diese **Prozesse** beherrsche ich (X):

	voll	weit-gehend	eher nicht	gar nicht
eine Importsendung zum zoll- und steuerrechtlich freien Verkehr abfertigen				
die Maske zur Internet-Einfuhranmeldung ausfüllen				
den Zollwert im D.V.1-Formular berechnen				
die Höhe des Zolls und der Einfuhrumsatzsteuer unter Berücksichtigung eines Präferenznachweises ermitteln				
EZT-Informationen für die Verzollung nutzen				
die zolltechnische Einreihung von Waren im EZT nachvollziehen und einen Suchpfad interpretieren				
den Zoll beim Verfahren der passiven Veredlung berechnen				

→ Diese **Begriffe** kenne ich (✓):

Aufschubverfahren	☐	Nämlichkeit	☐	Zolllager	☐
Einfuhrabgaben	☐	Nicht-Unionswaren	☐	Zollfaktura	☐
Einfuhrumsatzsteuer	☐	passive Veredlung	☐	Zollwert	☐
ESumA	☐	Präferenznachweis	☐		
EZT	☐	SumA	☐		

Abschlussaufgabe Lernsituation 20

Situation
Sie sind Mitarbeiter/-in der INTERSPED GmbH, Düsseldorf, und haben einen Besorgungsauftrag über den Import von Computerteilen von Singapur nach Düsseldorf zu bearbeiten. Der Transport erfolgt auf dem Luftweg. Die Abfertigung in Singapur übernimmt unser Partnerspediteur ACME Global Logistics Pte Ltd. in Singapur.

Sendungsdaten
- Exporteur: SUNRISE PTE LTD, NO 21, Bishan Street, Singapore 577219
- Importeur: COMPUTER POINT GMBH, Immermannstraße 52, 40210 Düsseldorf; der Importeur ist Anmelder
- Sendung: ein Karton Computerteile (computer parts), Gewicht 134,0 kg, Volumen 1,267 m³
- Transport: Lkw-Vorlauf vom Lager des Exporteurs zum Flughafen Singapore Changi Airport, Flugzeugversand nach Düsseldorf, Nachlauf zur Immermannstraße durch INTERSPED
- INCOTERM® 2020: FCA Singapore Changi Airport, INCOTERM® 2020
- Die Sendung wird von INTERSPED in Düsseldorf zum zoll- und steuerrechtlich freien Verkehr verzollt. INTERSPED tritt in direkter Vertretung für den Importeur auf.
- Zolltarifnummer: 8471 7020 90

1

Für die Sendung hat unser Partnerspediteur ein House-AWB erstellt (Ausstellungsdatum 21.04.20[0]).

a Begründen Sie die Ausstellung eines House-AWB und stellen Sie die Verbindung zum Master-AWB und zum Cargomanifest her.

b Erläutern und – falls möglich – begründen Sie die Eintragungen in den nachfolgend abgebildeten Feldern des House-AWB (**Hinweise:** LUX = Luxemburg, CV = Cargolux, SGD = Singapur-Dollar).

Airport of Departure (Addr. of First Carrier) and Requested Routing						Reference Number			Optional Shipping Information	
SINGAPORE										
To	By First Carrier	Routing and Destination	to	by	to	by	Currency	CHGS Code	WT/VAL PPD COLL	Other PPD COLL	Declared Value for Carriage	Declared Value for Customs
LUX	CV 7844/23		DUS	CV			SGD	C	C	NVD	NCV
Airport of Destination		Requested Flight / Date				Amount of Insurance			INSURANCE	
DUESSELDORF		CV 9046/24				NIL				

c Begründen Sie anhand des weiteren AWB-Ausschnitts die Frachtberechnung.

No. of Pieces RCP	Gross Weight	kg/lb	Rate Class / Commodity Item No.	Chargeable Weight	Rate / Charge	Total	Nature and Quantity of Goods (incl. Dimensions or Volume)
1	134.0	K	Q	211.5	3.89	822.74	COMPUTER PARTS VOL.: 1.267 CMB
1	134.0					822.74	

2

Eine Arbeitskollegin, die Ihnen bei der Organisation des Auftrages hilft, hat die Zollanmeldung bereits in das Computerprogramm eingegeben, aber noch nicht zu ATLAS abgeschickt, damit Sie die Daten noch einmal kontrollieren können.
Überprüfen Sie die nachfolgenden Eingaben auf ihre Richtigkeit.
Hinweise: Das Aufschubkonto des Importeurs hat die Nr. 2745394; die Anmeldung geschieht im Standardverfahren (und z. B. nicht im vereinfachten Verfahren).

Bezeichnung des Eingabefeldes	Feld-Nummer des Einheitspapiers	Eintrag
Anmelder	14	[1] COMPUTER POINT GMBH; Immermannstraße 52, 40210 Düsseldorf [2] INTERSPED GmbH, Merkurstraße 14, 40223 Düsseldorf
Art der Anmeldung	1	IM/A
Verfahren	37	4000
Verkehrszweig an der Grenze	25	4
Verkehrszweig Inland	26	4
Versendungsland	15	SG
Bestimmungsland	17	05
Art des Geschäfts	24	11
Präferenz	36	100
Zahlungsart	47	E
Aufschubart	48	E, 2745394

3

a Beschreiben Sie die weitere zolltechnische Behandlung der Sendung, sobald INTERSPED sie am Flughafen übernommen hat.

b INTERSPED hat den Status des „zugelassenen Wirtschaftsbeteiligten" (AEO, Zertifikat C).

  ba Erläutern Sie die Statusbezeichnung.

  bb Begründen Sie, welche(n) Vorteil(e) die Spedition INTERSPED im vorliegenden Fall eventuell aus ihrem Status gewinnen könnte.

4

Nachdem die Sendung angemeldet worden ist und das Verfahren abgeschlossen wurde, erhalten Sie wenige Tage später vom Zoll einen Bescheid über die Höhe der Abgaben (Steuerbescheid).

Auszug aus dem Steuerbescheid

Zollamt Düsseldorf-Flughafen DE002601		**Steuerbescheid**		Erstellt am 29.04.20(0)	
Abgabenart	Buchungsschlüssel	in Euro	Zahlungsart (ZA, Feld 47)	Aufschubfrist	Aufschubkonto-Nr.
Zoll EU	A000	925,92	E	16.05.20(0)	2745394
EUSt	B000	1 682,72	E	16.05.20(0)	2745394
Gesamtabgabensumme		2 608,64			

Informationen zur Sendung

Rechnungspreis FCA Singapore Changi Airport	10 200,00 USD	Umrechnungskurs	1,00 EUR = 1,7884 SGD
Umrechnungskurs des Zolls	1,00 EUR = 1,4136 USD	anzurechnende Beförderungskosten bis CIF EU-Grenze	70 %
Luftfracht	822,74 SGD	Kosten bis zum ersten inländischen Bestimmungsort	30 %
Luftfrachtnebengebühren	455,73 SGD	EUSt-Satz	19 %

Der Zollsatz ist fiktiv.

Lernsituation 20 zum Informationshandbuch Seite 425–444

TARIC-Information [Anzeigen]

Geographisches Gebiet: Singapur - SG
Warencode: 84717000

1-12/12

ABSCHNITT XVI MASCHINEN, APPARATE, MECHANISCHE GERÄTE UND ELEKTROTECHNISCHE WAREN, TEILE DAVON; TONAUFNAHME- ODER TONWIEDERGABEGERÄTE, FERNSEH-BILD- UND -TONAUFZEICHNUNGSGERÄTE ODER FERNSEH-BILD- UND -TONWIEDERGABEGERÄTE, TEILE UND ZUBEHÖR FÜR DIESE GERÄTE

KAPITEL 84	KERNREAKTOREN, KESSEL, MASCHINEN, APPARATE UND MECHANISCHE GERÄTE; TEILE DAVON
8471	Automatische Datenverarbeitungsmaschinen und ihre Einheiten; magnetische oder optische Leser, Maschinen zum Aufzeichnen von Daten auf Datenträger in codierter Form und Maschinen zum Verarbeiten solcher Daten, anderweit weder genannt noch inbegriffen
8471 70	- Speichereinheiten
8471 70 20	- - Zentralspeichereinheiten
8471 70 20 10	- - - für zivile Luftfahrzeuge
8471 70 20 90	- - - andere

ERGA OMNES (ERGA OMNES)

→| Drittlandszollsatz (01-01-2000 -) : 12%   R2204/99

---

a Stellen Sie dar, wie der Zoll und die Einfuhrumsatzsteuer berechnet worden sind.
b „Der INCOTERM® 2020 FCA Singapore Changi Airport führt zu Hinzurechnungen (Plusfaktoren) bei der Zollwertermittlung." Erläutern Sie diese Aussage.
c Begründen Sie, warum die Beförderungskosten (Luftfracht und Luftfrachtnebengebühren) nur zu 70 % in die Zollwertberechnung eingehen.
d Erläutern Sie den Buchstaben „E" in der Spalte „Zahlungsart" (Feld 47 des Einheitspapiers).
e Stellen Sie die Unterschiede hinsichtlich der Stundung der Abgaben dar, wenn INTERSPED in indirekter Vertretung tätig geworden wäre.

5

Im Feld 46 („statistischer Wert") haben Sie den Betrag 7 715,00 EUR eingegeben, weil in Ihrem Unternehmen üblicherweise so verfahren wird und der Zoll das auch nicht beanstandet.
a Begründen Sie, warum dieser Wert nicht ganz korrekt ist.
b Unterscheiden Sie statistischer Wert, Zollwert und Einfuhrumsatzsteuerwert.

6

a Erläutern Sie den Zusammenhang zwischen dem Hinweis UNKNOWN SHIPPER und der Berechnung einer Luftfrachtnebengebühr MXA 10,04 (= Gebühr für das Röntgen der Sendung).
b Geben Sie an, woran man erkennen kann, in welcher Währung diese Gebühr ausgewiesen ist.

Handling Information
PROFORMA INVOICE NO.: 2021075A
UNKNOWN SHIPPER
(For USA only): These commodities, technology or software were exported from the United States in accordance with the Export Administration Regulations. Diversion contrary to USA law prohibited.

Other Charges
MYC 237,18
SCC   30,07
...
MXA 10,04
...

---

c Nennen Sie die Nebengebühren, die sich hinter den Abkürzungen MYC und SCC verbergen. Geben Sie auch an, wie man den Empfänger dieser Gebühren zum Ausdruck bringt.
d Beschreiben Sie die Aufgabe der PROFORMA INVOICE bei Verzollung der Sendung.

Lernsituation 21
Zollpflichtige Ware innerhalb der EU versenden

Die ERNST KAULMANN KG bezieht weiterhin regelmäßig Spannungswandler (Transformatoren) aus Südkorea. Die INTERSPED GmbH wird ebenso regelmäßig mit der Importabwicklung und dem Transport von Hamburg nach Solingen beauftragt. Allerdings war mit dem Versender abgesprochen worden, die Sendung nicht mehr im Hamburger Hafen zu verzollen, sondern die Güter im Versandverfahren unter zollamtlicher Überwachung nach Düsseldorf zu befördern und erst dort beim Zollamt zum freien Verkehr abfertigen zu lassen. Vor drei Wochen hat die INTERSPED GmbH folgende Mitteilung von der KAULMANN KG erhalten:

Siehe Seite 390

ERNST KAULMANN KG, Elektromotoren, Bismarckstraße 18, 42659 Solingen

INTERSPED GmbH
Merkurstraße 14
40223 Düsseldorf

E-Mail: info@kaulmann.de
Telefon-Nr.: 0212 912567
Datum: 07.01.20(0)

Speditionsauftrag

Sehr geehrte Frau Theben,
übernehmen Sie bitte die Organisation folgender Importsendung ab FOB Busan (Südkorea):

Absender:	WON CHANG HIGH-TECH, 512-8 Guui-dong, 140860 SEOUL
Empfänger:	ERNST KAULMANN KG, Bismarckstr. 18, 42659 Solingen
Warenbeschreibung:	Spannungswandler, Typ TS-0-7-kVA
Gewicht brutto:	4 800 kg / 37 Kartons / Zeichen: WON1-37
Gewicht netto:	4 100 kg
Wert:	FOB Busan, (Südkorea) 32 450,00 USD
Transport:	ab Seehafen Busan per Seeschiff nach Hamburg, Nachlauf per LKW nach Solingen
Lieferbedingung:	FOB Busan, B/D 79-9 4-ga, Jungang-dong, Jung-gu, gemäß INCOTERMS® 2020
Transportversicherung	Wird durch uns mit der laufenden Police eingedeckt.
Versand:	per Container im LCL/LCL-Verkehr
Versand-Datum:	22.01.20(0)
Ankunfts-Datum:	voraussichtlich am 13.02.20(0)

Bitte übernehmen Sie den Transport der Sendung von Hamburg über Düsseldorf (Verzollung zum zoll- und steuerrechtlich freien Verkehr) nach Solingen.

Mit freundlichen Grüßen

Der Transport der Sendung nahm den gewohnten Verlauf: Der Seehafenspediteur in Busan besorgte die Beförderung mit dem koreanischen Seeschiff „DANUBE" und stellte die notwendigen Papiere rechtzeitig zur Verfügung (FBL, Handelsrechnung, Präferenznachweis). Von der Seehafenspedition DEITERS in Hamburg erhalten wir heute, am 14.02.20(0), die Nachricht, dass die Güter eingetroffen sind und am 15.02.20(0) abholbereit im Hamburger Hafen zur Verfügung stehen. Folgende Arbeiten hat Frau Theben, die den Vorgang bearbeitet, bereits erledigt:
- den Abholauftrag für den Lkw-Fahrer erstellt (Adresse: Hamburg, Bei St. Annen 2, Schuppen 51); Kennzeichen des Lkw (Gliederzug): D-MX-4487,
- den Frachtbrief ausgefüllt.

Der Fahrer soll beauftragt werden, die Sendung im Hafen abzuholen, dem zuständigen Zollamt zu gestellen und als Zollverfahren das **Versandverfahren** zu beantragen. Frau Theben wird dazu die Daten für die Versandanmeldung über das Internet eingeben. Der Antrag richtet sich an die Abgangszollstelle, das Zollamt Hamburg. Ist das elektronische Antragsformular korrekt ausgefüllt worden, erhält Frau Theben eine Bestätigung vom Abgangszollamt, die mit einer Arbeitsnummer versehen ist. Der Fahrer kann dann die Waren unter Angabe dieser Arbeitsnummer in Hamburg gestellen. Anschließend sollen die Güter unter Zollüberwachung nach Düsseldorf transportiert und dem dortigen Zollamt erneut gestellt werden, um dort die Überlassung zum zoll- und steuerrechtlich freien Verkehr zu veranlassen.

Formular zur Internet-Versandanmeldung, siehe Seite 416

www.zoll.de (Internetzollanmeldung)

Arbeitsauftrag (Vorschlag)
Beantragen Sie beim Zollamt in Hamburg das Versandverfahren und stellen Sie fest, welche weiteren Arbeiten mit dem Versandverfahren verbunden sind.
Beachten Sie die Ausfüllhinweise auf Seite 417.

Lernsituation 21 zum Informationshandbuch Seite 445–454

Maske für die Internet-Versandanmeldung (Ausschnitt)

Onlineanmeldung: Postleitzahl = Pflichtfeld, z. B. „00000", eintragen

Art der Anmeldung	☒		Annahmedatum	
Arbeitsnummer			Überlassungsdatum	Ergebnis
MRN			Frist (letzter Tag)	

Versender **Empfänger**

- TIN
- Name
- Straße und HNr.
- Ort
- Postleitzahl   Land ☒

- TIN
- Name
- Straße und HNr.
- Ort
- Postleitzahl   Land ☒

Inhaber des Verfahrens

- TIN
- Name
- Straße und HNr
- Ort
- Postleitzahl   Land ☒

vertreten durch **Dienststellen**

- Name
- Stellung

- Abgangszollstelle
- Bestimmungszollstelle

Gesamtwerte

- Rohmasse gesamt
- Packstücke gesamt

beteiligte Länder

- Versendungsland ☒
- Bestimmungsland ☒

verbindliche Beförderungsroute

- Beschreibung

Beförderungsmittel am Abgang **Grenzüberschreitendes aktives Beförderungsmittel**

- Kennzeichen
- Staatszugehörigkeit ☒

- Verkehrszweig
- Art
- Kennzeichen
- Staatszugehörigkeit

Verschlüsse

- Anzahl   Art
- Zeichen und Nummern

Sicherheit

- Art   Betrag
- Referenznummer

[Position]   [Versandvorgang abschließen]

Maske für die Internet-Versandanmeldung (für die Warenpositionen)

```
                    Position
 Warenangaben
 Warenbezeichnung  [                                              ]
 Warennummer       [          ]

 Packstücke
 Verpackungscode   [        ] ☒   Anzahl [          ]

 Vorpapiere
 Typ               [      ] ☒ [      ]
```

Hinweise zum Ausfüllen der Internet-Versandanmeldung

- Art der Anmeldung: T1- oder T2-Verfahren
- Arbeitsnummer: vergibt die Zollverwaltung nach der Annahme der Versandanmeldung
- MRN: wird an der Abgangszollstelle nach Gestellung und Prüfung von Waren und Papieren eingetragen
- TIN (Teilnehmer-Identifikationsnummer) Versender: keine
  TIN Inhaber des Verfahrens: EORI-Nummer DE4682334
  TIN Empfänger: EORI-Nummer DE4931178
- Vertreten durch: Frau Marianne Theben
- Abgangszollstelle: siehe Anhang 4 zum Einheitspapier.
  Bestimmungszollstelle: DE002607 Düsseldorf-Reisholz
  Versendungs-/Bestimmungsland: siehe Anhang 1A zum Einheitspapier

Beförderungsmittel beim Abgang:	Grenzüberschreitendes aktives Beförderungsmittel:
Kennzeichen: Kennzeichen des Beförderungsmittels, auf das die Waren bei ihrer Gestellung unmittelbar verladen wurden. **Staatszugehörigkeit:** nach Ländercode (Anhang 1A zum Einheitspapier) Siehe auch Feld 18 des Einheitspapiers.	**Verkehrszweig:** Codierung: 1 Seeverkehr 3 Straßenverkehr 4 Luftverkehr usw. **Art:** Codierung: 10 Seeschiff 33 Lkw 40 Flugzeug (usw.) **Kennzeichen:** z. B. Lkw-Kennzeichen oder bei Seeschiffen der Name des Schiffs **Staatsangehörigkeit:** Ländercode nach Anhang 1A

- Verschlüsse: Anzahl 1, Art der Nämlichkeitssicherung = „Warenbeschreibung"
- Sicherheit: Art, siehe Anmerkungen zu Feld 52 im Einheitspapier, Betrag: 500 000,00 EUR.
- Referenznummer (der Sicherheit): 18DE0000000530631
- Warennummer (Zolltarifnummer): 8504 312190 0
- Verpackungscode: siehe Anhang 8 zum Einheitspapier.
- Vorpapiere: 0, keine

Nämlichkeitssicherung:
– Verplombung
– Warenbeschreibung
– zollamtliche Bewachung

Aufbau
Referenznummer:
18: Jahr der Erteilung (2018);
DE: Deutschland;
elf Ziffern: laufende Nummer;
3: Prüfziffer;
1: Art der Bürgschaft

Aufgabe 1
Die Spedition INTERSPED GmbH erhält Besorgungsaufträge für folgende Sendungen:
① Spielwaren aus China, die im Hamburger Hafer per Seeschiff eingetroffen sind, werden nach Berlin weiterbefördert und in Berlin dem Zollverfahren „Überlassung zum zollrechtlich freien Verkehr" unterworfen.
② Speichermedien der IT-Elektronik AG, Bonn, werden über Österreich, Slowenien und Kroatien nach Belgrad (Serbien) befördert und dort verzollt.
③ Der Lkw (siehe Nr. 2) übernimmt auf der Rücktour Textilien eines serbischen Herstellers und befördert sie in das Lager eines Handelsunternehmens in Frankfurt. Die Waren werden in Frankfurt verzollt.
④ Medikamente eines Schweizer Pharmaunternehmens werden von Basel nach Verona befördert und in Verona dem Zoll gestellt.
⑤ Ton- und Steingutgefäße werden aus Skopje (Nordmazedonien) per Lkw über Serbien, Ungarn und Österreich nach Nürnberg befördert und in Nürnberg verzollt.

Beantworten Sie die nachfolgenden Fragen zu den Fällen 1–4:

a Welchen Status hat die Ware jeweils (Unions-/Nichtunionsware)?

b Welches Versandverfahren ist jeweils anzuwenden (Unionsversandverfahren/gemeinsames Versandverfahren)?

c Welches Dokument ist einzusetzen (T1/T2)?

Aufgabe 2

Vom Zollamt Düsseldorf ist das nachfolgende T2-Dokument für einen Sammelguttransport von Düsseldorf nach Oslo im Rahmen des **gemeinsamen** Versandverfahrens ausgestellt worden.

a Begründen Sie, aus welchem Anlass INTERSPED die Waren mit einem T2 zu einem Spediteur in Norwegen versendet.

b Erläutern Sie den Inhalt der Felder 1 (einschließlich MRN), 18, 50, 51, 52 und 53.

c Der 01.06.20(0) ist vom Zollamt Düsseldorf als Gestellungsfrist festgesetzt worden. Begründen Sie, welche Bedeutung dieses Datum für den Inhaber des Verfahrens (INTERSPED) hat.

Auszug aus einem Versandbegleitdokument, Teil 1

EUROPÄISCHE GEMEINSCHAFT

A Versandbegleitdokument

2 Versender/Ausführer   Nr. **DE4682334**
INTERSPED GmbH
Merkurstraße 14
40223 Düsseldorf

1 Anmeldung **T2**

MRN 18DE830207144771M7

3 Vordrucke: 1 5 **4** Ladelisten

5 Positionen: 9   Packst. ingesamt: 9   **7** Bezugsnummer

8 Empfänger   Nr.
DFDS Logistic AS
Kongveien 152
NO 1411 Oslo Kolbotn

15 Versendungs-/Ausfuhrland **DE**

17 Bestimmungsland **NO**

18 Kennzeichen und Staatszugehörigkeit des Bef.-Mittels im Abgang: **LKW DFDS 243654**   **19** Ctr. **NO** 0

Auszug aus einem Versandbegleitdokument, Teil 2

51 vorgesehene Durchgangszollstellen (und Land)	**50** Hauptverpflichteter Nr **DE4682334** INTERSPED GmbH Merkurstraße 14 40223 Düsseldorf	**C** Abgangszollstelle Zollamt Düsseldorf DE002602 Düsseldorf 24.05.20(0)
Oslo toll – Hjortnes NO		
52 Sicherheit 05DE0000000030631 Düsseldorf	Code 1	**53** Bestimmungszollstelle (und Land) Oslo toll – Kongshavn (NO)

Aufgabe 3

Die nachfolgenden Abbildungen beschreiben das Unionsversandverfahren und das TIR-Verfahren.

a Beschreiben Sie die beiden Verfahren anhand der Abbildungen mit eigenen Worten.

b Machen Sie die Unterschiede der beiden Verfahren deutlich.

c Beurteilen Sie die Verfahrensabläufe unter dem Gesichtspunkt des organisatorischen Aufwands aus Sicht des Spediteurs (und des Lkw-Fahrers).

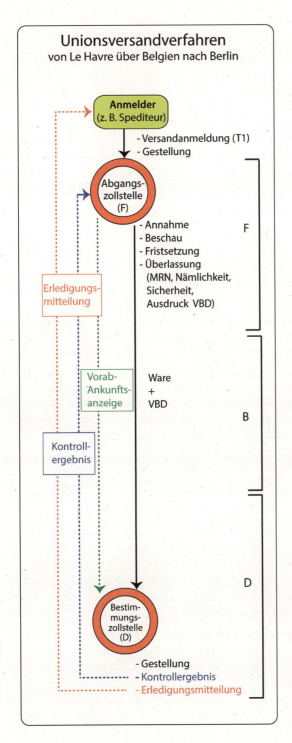
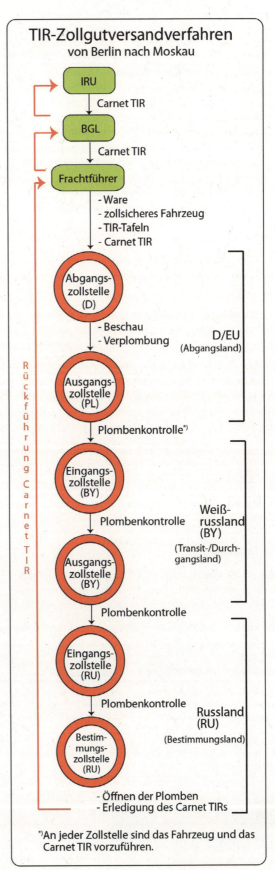

Aufgabe 4

Nachfolgend werden acht Situationen beschrieben, in denen zollpflichtige Güter versandt werden. Stellen Sie fest, welches Versandverfahren (Unionversandverfahren oder Carnet TIR bzw. ATA) anzuwenden ist:

1. Transport einer Sendung von Düsseldorf nach Moskau. Die Güter sollen in Moskau verzollt werden.
2. Soja-Produkte aus den USA werden in Hamburg entladen und in Frankfurt verzollt.
3. Wie 2., die Verzollung geschieht aber in Wien (Österreich)
4. Transport von Gütern zwischen Deutschland und Italien über die Schweiz
5. Transport einer Sendung von Düsseldorf nach Moskau. Die Güter sollen auf einer Messe in Moskau ausgestellt und anschließend wieder zum Exporteur zurückbefördert werden.
6. Amerikanische Motorräder werden per Luftfracht nach Frankfurt befördert. Sie sollen in Saarbrücken in ein Zolllagerverfahren überführt werden.
7. Die Motorräder aus Nr. 6 werden per Lkw nach Madrid transportiert. Dort ist die Überführung in den freien Verkehr vorgesehen.
8. Unionswaren werden per Lkw von Stuttgart über Bosnien und Albanien nach Griechenland befördert.

Aufgabe 5

INTERSPED hat eine Anfrage von einer Firma Sweets GmbH in Düsseldorf erhalten. Frau Theben bittet Sie zur Vorbereitung des Angebots eine zweckmäßige zollrechtliche Behandlung der zu importierenden Güter zu recherchieren.

Die Sweets GmbH plant den Import von Ahornsirup und anderen Süßstoffen aus Kanada und Mexiko über den Hamburger Hafen sowie den Transport der unverzollten Waren zu Produktionsstätten in Albanien und Russland.

Zu den Dienstleistungsaufgaben gegenüber der Sweets GmbH sollen die Empfangnahme in Hamburg, der Transport nach Düsseldorf (T1), die Einlagerung im Zolllager des Kunden und – nach Bündelung – der Weitertransport von Komplettladungen zu den Produktionsstätten gehören. Die Verzollung wird jeweils im Zielland durch Ihren Kunden abgewickelt. Der Transport zu den Sweets-Standorten im Ausland soll ab Düsseldorf mit reinen Lkw-Verkehren durchgeführt werden.

Klären Sie die zollrechtliche Behandlung ab Düsseldorf. Begründen Sie Ihre Wahl des einzusetzenden Zollversandverfahrens und erläutern Sie dabei die folgenden Aspekte:

a Stellen Sie fest, wo das Zollversandfahren beginnt und in welchen Staaten es gilt.

b Skizzieren Sie den groben Ablauf und die Möglichkeiten der Nämlichkeitssicherung.

c Erläutern Sie, wer die notwendigen Sicherheitsleistungen gewährt.

Aufgabe 6

Zugelassenen Versendern und Empfängern gewährt der Zoll im Zuge eines Bewilligungsverfahrens Erleichterungen beim Ablauf des Unionsversandverfahrens. In der unten stehenden Tabelle ist in der linken Spalte der Ablauf des normalen Versandverfahrens in Stichpunkten dargestellt.

Ergänzen Sie die rechte Spalte mit den Erleichterungen, die die Beteiligten nutzen können.

Ablauf Unionsversandverfahren	Erleichterungen für zugelassene Versender und Empfänger
Versandanmeldung	
Gestellung und Annahme	
Gestellungsfrist	
Überlassung	
Vorab-Ankunftsanzeige	
Warenversand	
Gestellung	
Eingangsbestätigung	
Erledigungsmitteilung	

Aufgabe 7 (Prüfungsnahe Aufgabenstellung)

Situation
Sie sind Mitarbeiter/-in der Spedition PLENSKE in Leipzig und haben die Aufgabe, den Import von exklusiven Weinen von Südafrika nach Chemnitz zu besorgen.

Informationen zum Auftrag
Nachstehende Daten hat Ihnen Ihr Kunde übermittelt:
- Exporteur: Eastern Cape Wines & Spirits Ltd., 45 Atlantic Lane, Port Elizabeth 6042, South Africa
- Importeur: Hotel Sächsischer Hof, Getreidemarkt 5, 09111 Chemnitz
- Sendungsdaten: vier Holzkisten mit je 48 Flaschen Rotwein
  Packstück 1+2: Maße 65 × 85 × 35 cm, 62 kg je Kiste
  Packstück 3+4: Maße 52 × 72 × 35 cm, 48 kg je Kiste
- Warenwert laut Handelsrechnung: 82 080,00 ZAR (Südafrikanische Rand)

Folgende weitere Informationen zur Abwicklung dieses Auftrages liegen Ihnen mittlerweile ebenfalls vor:
- Anzuwendender Zollsatz für Rotwein aus Südafrika: 6,4 %
- Prozentsatz für die in den Zollwert einzubeziehenden Luftfrachtkosten:
  Afrika/Zone G (u. a. Angola, Botswana, Namibia, Republik Südafrika, Swasiland): 74 %
- Frachtkosten Lkw-Vorlauf in Südafrika: 1 995,00 ZAR
- Frachtkosten Lkw-Nachlauf in Deutschland: 116,90 EUR
- Wechselkurs: 1,00 EUR = 14,25 ZAR
- 1 SZR = 1,1245 EUR

1 (2 Punkte)
Leipzig als Standort der Spedition und Chemnitz als Sitz des Importeurs befinden sich 85 km voneinander entfernt im selben Bundesland.

1.1 Geben Sie den Namen des Bundeslandes an und nennen Sie dessen Hauptstadt.

1.2 Stellen Sie fest, an welchen einstelligen Bundesautobahnen Leipzig und Chemnitz jeweils liegen.

2 (3 Punkte)
Exporteur und Importeur haben sich auf die Lieferung gemäß INCOTERM® 2020 „FCA Airport Capetown Cargo Terminal" geeinigt.

2.1 Bestimmen Sie den Kosten- und den Gefahrenübergang bei dem vorliegenden INCOTERM®.

2.2 Begründen Sie, ob für den Verkäufer bei dem oben genannten INCOTERM® eine Entladepflicht am Lieferort besteht.

2.3 Erläutern Sie, was in Zusammenhang mit der obigen INCOTERM®-Formulierung unter einer „Routing Order" zu verstehen ist.

3 (8 Punkte)

Mit dem Lufttransport von Südafrika nach Deutschland wird die Fluggesellschaft South African Airways (SAA) wird beauftragt. Die SAA ist Mitglied der Luftfahrtallianz „Star Alliance".

3.1 Führen Sie zwei Gründe an, weshalb sich Fluggesellschaften zu weltweit operierenden Allianzen zusammenschließen.

3.2 Ermitteln Sie die Luftfrachtkosten (in Euro) unter Verwendung des nachstehenden Tarifauszuges für die Relation Kapstadt – Leipzig/Halle.

Capetown Leipzig/Halle	CPT LEJ	KGS	ZAR
		M	1 257,70
		N	157,89
		45	131,38
		100	118,98
		300	105,73
		500	94,62
Class Rates Spices, Tea, Coffee, Tobacco Wines and Spirits in Barrels Wines and Spirits in Bottles		70 % 85 % 125 %	

SAA fasst die üblichen Luftfracht-Nebengebühren zu einer sogenannten Airfreight Surcharge zusammen. Diese beträgt 15,50 ZAR/kg act. Weight.

3.3 Ermitteln Sie die Nebengebühren (in Euro) für die vorliegende Sendung.

3.4 Geben Sie an, welche Kosten in der Airfreight Surcharge enthalten sind.

3.5 Begründen Sie, ob die Luftfrachtkosten im AWB unter „prepaid" oder unter „collect" einzutragen sind.

4 (4 Punkte)

Ihr Kunde möchte von Ihnen wissen, ob in Bezug auf den vorliegenden Auftrag die Haftung des Luftfrachtführers ausreichend ist.

4.1 Überprüfen Sie dieses Anliegen und teilen Sie Ihrem Kunden mit, welcher Betrag (in der Währung der Handelsrechnung) für eine eventuelle Haftungserhöhung der Fluggesellschaft gezahlt werden müsste.

4.2 Geben Sie an, welches Feld des AWB für Eintragungen hinsichtlich der Haftungserhöhung vorgesehen ist.

5 (6 Punkte)

Sie übermitteln Ihrem Kunden die Höhe der anfallenden Einfuhrabgaben.

5.1 Ermitteln Sie unter Berücksichtigung der vorliegenden Informationen sowie Ihrer Ergebnisse aus den Aufgaben 1–4 den Zollwert sowie den anfallenden Zoll für die vorliegende Sendung.

5.2 Berechnen Sie die Höhe der Einfuhrumsatzsteuer.

6 (6 Punkte)

Zwischen der Europäischen Union und Südafrika besteht ein zweiseitiges Präferenzabkommen.

6.1 Geben Sie an, welches Dokument zum Nachweis des Präferenzursprungs in diesem Fall vorgelegt werden muss.

6.2 Geben Sie an, was im Wesentlichen mit dem unter 6.1 genannten Dokument bescheinigt wird.

6.3 Beschreiben Sie, wie sich eine Zollpräferenz auf den normalen Drittlandszollsatz auswirkt.

6.4 Die Spedition PLENSKE möchte sich als Authorized Economic Operator (AEO) registrieren lassen. Nennen Sie zwei Maßnahmen im innerbetrieblichen Ablauf, die PLENSKE für den Erhalt dieses Status nachweisen muss.

7 (3 Punkte)

Die Holzkisten mit dem Rotwein werden am Standort des Importeurs in Chemnitz verzollt.

7.1 Begründen Sie, welches Versandverfahren daher anzuwenden ist.

7.2 Geben Sie an, an welchen Orten sich die Abgangs- und die Bestimmungszollstelle befinden.

7.3 Im Rahmen des anzuwendenden Versandverfahrens ist eine Nämlichkeitssicherung vorzunehmen. Beschreiben Sie eine Möglichkeit, wie dies erfolgt.

SELBSTTEST LERNSITUATION 21

→ Diese **Prozesse** beherrsche ich (X):

- ein Unionsversandverfahren bei der Abgangszollstelle beantragen
- das T1-/T2-Verfahren situationsgerecht anwenden

voll	weit-gehend	eher nicht	gar nicht

→ Diese **Begriffe** kenne ich (✓):

Carnet A.T.A.	☐	Inhaber des Verfahrens	☐	Unionversandverfahren	☐
Eingangsbestätigung	☐	MRN	☐	zugelassener Versender	☐
Gesamtsicherheit	☐	Nämlichkeit	☐	zugelassener Empfänger	☐
Gestellungsfrist	☐	TIR-Versandverfahren	☐		

Abschlussaufgabe Lernsituation 21

Situation
Sie sind Mitarbeiter/-in der INTERSPED GmbH, Düsseldorf, und haben einen Besorgungsauftrag über den Import von Textilien von Bangladesch nach Düsseldorf zu bearbeiten.

Sendungsdaten
- Exporteur: Karim Textiles Ltd., 74, Hati Jheel Link Road, Dhaka, Bangladesh
- Importeur: Fashion Import GmbH, Fichtenstraße 112, 40223 Düsseldorf
- T-Shirts (Damen, Herren, Kinder) in verschiedenen Ausführungen, 13 000 kg, 49,5 m³
- Transport: 40-Fuß-Container von Dhakar über den Seehafen Chittagong nach Rotterdam; Lkw-Transport von Rotterdam nach Düsseldorf unter zollamtlicher Überwachung
- INCOTERM®: FOB Chittagong Terminal, INCOTERMS® 2020; Sendung wird nicht von uns transportversichert.
- Die Sendung wird von INTERSPED in Düsseldorf zum zoll- und steuerrechtlich freien Verkehr abgefertigt.

1
a Bestimmen Sie den Kosten- und Gefahrenübergang beim INCOTERM® 2020 FOB Chittagong Terminal.
b Erläutern Sie den Zusammenhang zwischen dem INCOTERM® 2020 und dem Vermerk auf dem Bill of Lading „FREIGHT COLLECT".

2
Das Bill of Lading über die Seestrecke weist nebenstehende Beteiligte aus. Außerdem sind im Papier vermerkt: L/C NO: RM003IA000150. Please deliver to the order of Commerzbank Duesseldorf for National Bank LTD, Dhaka (Unterschrift).
a Stellen Sie fest, um welche Art Konnossement es sich handelt.
b Begründen Sie, warum eine Bank als Empfänger eingetragen worden ist.
c Beschreiben Sie, wie die Fashion Import GmbH in den Besitz der Güter gelangen kann.

Ausschnitt aus dem B/L

Shipper
KARIM TEXTILES LTD.
74, HATI JHEEL LINK ROAD
DHAKA, BANGLADESH

Consignee:
TO THE ORDER OF
NATIONAL BANK LIMITED
18 DILKUSHA COMMERCIAL AREA
DHAKA, BANGLADESH

3
Der Container wird unter zollamtlicher Überwachung von Rotterdam nach Düsseldorf befördert. Beim Zoll ist über ATLAS die Art des Verfahrens zu beantragen.
a Begründen Sie, welches Versandverfahren Sie in diesem Fall wählen.
b Schildern Sie den Ablauf des Verfahrens.
c Im Verlauf des Verfahrens erhalten wir eine MRN. Erläutern Sie die Funktion der MRN.

1 ANMELDUNG

4
Die Zollanmeldung für das Zollverfahren „Überlassung zum zoll- und steuerrechtlich freien Verkehr" geschieht ebenfalls über ATLAS. Im Computerprogramm, das diese Anmeldung durchführt, sind noch folgende Felder auszufüllen:

Feld laut Einheitspapier	Bezeichnung	Code/Begriff
14	Anmelder/Vertreter	
24	Art des Geschäfts	
33	Warennummer	

Feld laut Einheitspapier	Bezeichnung	Code/Begriff
36	Präferenz	
37	Verfahren (nach Anhang 6), Ziffer 1 und 2	
40	Vorpapier	

Hinweise zum Ausfüllen der Felder:
- Wir werden für unseren Kunden als direkter Vertreter tätig.
- Warennummer: Siehe Auszug aus dem Zolltarif unten.
- Präferenz: Bangladesch ist APS-Staat (Präferenznachweis über FORM A).

Ergänzen Sie in den oben stehenden Feldern die notwendigen Ziffern oder Begriffe.

5

Nachdem die Sendung angemeldet worden ist und das Verfahren abgeschlossen wurde, erhalten Sie wenige Tage später vom Zoll einen Bescheid über die Höhe der Abgaben (Steuerbescheid).

Auszug aus dem Steuerbescheid

Zollamt Düsseldorf-Reisholz 2607		**Steuerbescheid**		Erstellt am 12.07.20(0)	
Abgabenart	Buchungs-schlüssel	in Euro	Aufschubart (Feld 48)	Aufschubfrist	Aufschubkonto-Nr.
Zoll EU	A000	0,00	F		2744887
ESt.	B000	19 671,42	F	16.08.20(0)	2744887
Gesamtabgabensumme		19 671,42			

Informationen zur Sendung

Rechnungspreis FOB Chittagong	146 428,50 USD	Schiffskurs	1,00 USD = 0,71010 EUR
Umrechnungskurs des Zolls	1,00 EUR = 1,43970 USD	Kosten bis zum 1. inländischen Bestimmungsort	761,00 EUR
Seefracht	1 500,00 USD	EUSt-Satz	19 %

Präferenznachweis

1. Goods consigned from (exporter's business name, address, country) Karim Textiles Ltd. 74, Hati Jheel Link Road DHAKA, BANGLADESH	Referenz **EI No. 306/9337** **GENERALIZED SYSTEM OF PREFERENCES** **CERTIFICATE OF ORIGIN** (Combined declaration and certificate) **Form A** **Issued in** **BANGLADESH**
2. Goods consigned to (consignee's name, address, country) Fashion Import GmbH Fichtenstraße 112 40223 Düsseldorf, Germany	
3. Means of transport and route (as far as known) Chittagong BY SEA B/L NO: 4533-0210-134351, Date: 07/06/20(0) Vessel Name: Maers Dampier Container NO: PONU 1343306	4. For official use

5. Item number	6. Marks and numbers of packages	7. Number and kind of packages; description of goods	8. Origin criterion (see notes overleaf)	9. Gross weight or other quantity	10. Number and date of invoices
1.	AS PER COMMERCIAL INVOICE	812 CTNS 100 % Cotton BASIC T-Shirt	'P'	PCS 51 200 (FIFTY ONE THOUSAND TWO HUNDRED PCS)	MEG/CMM/DATE 24.05.20(0)

11. **Certification** It is hereby certified, on the basis of control carried out, that the declaration by the exporter is correct. Dhakar Chamber of Commerce & Industry *Gulshan Ara*	12 **Declaration by the exporter** The undersigned hereby declares that the above details and statements are correct: that all the goods were produced in ..... **Bangladesh** and that they comply with the origin requirements specified for those goods in the generalised system of preferences for goods exported to **Germany** Dhakar, 04.06.20(0) *Prashant Agarwal*

„P": Die Ware wurde vollständig im Ursprungsland erzeugt.

a Stellen Sie fest, wie die Gesamtabgabensumme von 19 671,42 EUR zustande kommt.
b Beschreiben Sie den Zusammenhang zwischen dem Präferenznachweis und dem unten stehenden Auszug aus dem Zolltarif.
c Nennen Sie zwei weitere Präferenznachweise.
d Erläutern Sie den Buchstaben „F" in der Spalte „Aufschubart" (Feld 48 des Einheitspapiers).
e Die Seefracht in US-Dollar wird zum Schiffskurs in Euro umgerechnet. Erläutern Sie das Zustandekommen und die Aufgabe des Schiffskurses.
f Der Importeur, die Fashion Import GmbH, ist zugelassener Empfänger im Sinne des Zollrechts. Erläutern Sie, welche Folgen das für den Abschluss des Unionversandverfahrens haben könnte.

Auszug aus dem Zolltarif (TARIC)

TARIC-Information [Anzeigen]

Geographisches Gebiet: Bangladesch - BD
Warencode: 6109100000

ABSCHNITT XI SPINNSTOFFE UND WAREN DARAUS
CHAPTER 61   KLEIDUNG UND BEKLEIDUNGSZUBEHÖR, AUS GEWIRKEN ODER GESTRICKEN
   6109   T-Shirts und Unterhemden, aus Gewirken oder Gestricken
   6109 10 ▼   - aus Baumwolle
   ERGA OMNES (ERGA OMNES)
      → Drittlandszollsatz (01-01-1997 -) : **12.00 %**   R1734/96
   APS (VO 12/978) - Anhang IV (SPGA)
      → Zollpräferenz (01-01-2014 -) : **0 %**   R0978/12

6

Das Containerschiff Maers Dampier durchfährt auf seinem Weg von Chittagong nach Rotterdam folgende Wasserstraßen/Meere: Rotes Meer, Golf von Aden, Golf von Bengalen, Straße von Gibraltar, Ärmelkanal, Indischer Ozean, Suezkanal.
Bringen Sie die Wasserstraßen/Meere in die richtige Reihenfolge.

Lernsituation 22
Ein Angebot für eine JIS-Belieferung entwickeln

Die AUTOMOBILWERKE AG plant die Produktion ihres neuen Kleinwagens XETRAX am Produktionsstandort in 99831 Creuzburg, Eisenacher Straße 53. Die INTERSPED GmbH beteiligt sich an der Ausschreibung eines JIS-Transports (Just In Sequence) für das Modul „Instrumententafel".

Der Hersteller des Moduls ist die STELLA FAHRZEUGTECHNIK GmbH in 37287 Oetmannshausen (Wehretal), Kasseler Straße 4. Die Strecke Creuzburg – Oetmannshausen beträgt 25 km.

Gegenstand der Ausschreibung ist die produktionssynchrone Versorgung des Herstellerwerks mit dem Fahrzeugmodul. Die Instrumententafeln variieren nach den verschiedenen Fahrzeugmodellen des XETRAX. Die Module sind demnach takt- und typengenau anzuliefern. Der Hersteller stellt allerhöchste Anforderungen an die Prozesssicherheit, weil eine Unterbrechung des Materialflusses zu einem Bandstillstand mit unüberschaubaren Kosten führt.

Der logistische Dienstleister hat die Güter beim Lieferanten abzuholen (Beladung durch den Fahrer), zum Herstellerwerk zu befördern, dort zu entladen (ein Gabelstapler ist zu stellen) und bis an das Produktionsband heranzuführen (Line Feeding mithilfe eines Schleppers).

Umgekehrt ist mit dem Leergut zu verfahren.

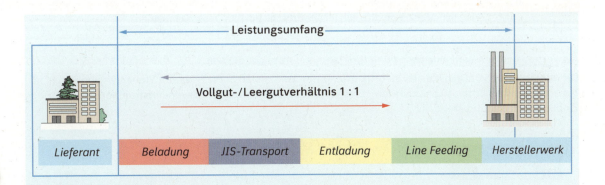

Der zu organisierende Rundlauf wird vom Hersteller wie folgt dargestellt:

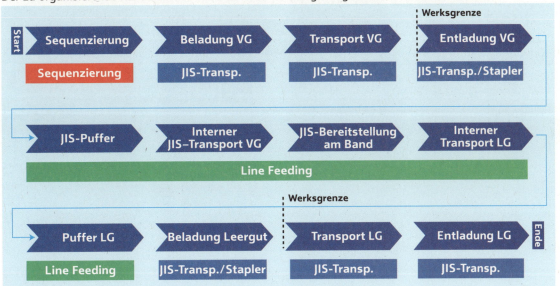

VG = Vollgut, LG = Leergut

Lernsituation 22 zum Informationshandbuch Seite 455–472

JIS-Behälter = Gestelle, auf denen die Module befördert werden

Reine Arbeitszeit: Arbeitszeit ohne Pausen u. Ä.

Die Automobilwerke AG stellt in ihrer Ausschreibung folgende Daten zur Verfügung:

Standort Systemlieferant	37287 Oetmannshausen
Standort Herstellerwerk	99831 Creuzburg
Produktionsangaben	
Anzahl Arbeitstage pro Jahr	250
Reine Arbeitszeit pro Woche und Schicht	40 Stunden
Arbeitstage pro Woche	5
Anzahl der Schichten	3 (3 · 8 Stunden)
Planstückzahl pro Jahr	90 000
Taktzeit (Minuten pro Fahrzeug)	4 Minuten
Be-/Entladen Systemlieferant	Gabelstapler (Lkw-Fahrer)
Be-/Entladen Herstellerwerk	Gabelstapler (Lkw-Fahrer)

Modul	
Gewicht pro Stück	75 kg
Anzahl pro Pkw	1
JIS-Behälter	
Länge	2,2 m
Breite	1,3 m
Höhe	2,6 m
Anzahl Module pro Behälter	2
Tara	150 kg

Pro Fahrzeug = pro Pkw

Der Hersteller erwartet ein Preisangebot für folgende Leistungen:

Leistungspaket	Beschreibung	Preis in Euro pro Fahrzeug
A	■ Be-/Entladung beim Systemlieferanten ■ Rundlauftransport zum Herstellerwerk ■ Be-/Entladung des JIS-Fahrzeugs im Werk	
B	■ Bereitstellung eines Gabelstaplers beim Pkw-Herstellerwerk (ohne Personal, Entladung durch den Fahrer) (ein Stapler im Dreischichtbetrieb)	
C	■ Line Feeding im Werk (ein Arbeiter pro Schicht, ein Elektroschlepper im Dreischichtbetrieb)	

Als Vertragslaufzeit wird eine Dauer von fünf Jahren in Aussicht gestellt.

Die vom logistischen Dienstleister zu organisierenden Zeiten sind in die gesamte Steuerzeit von 270 Minuten eingebunden. Er hat sicherzustellen, dass im Takt von 4 Minuten jeweils eine Instrumententafel für den Einbau zur Verfügung steht.

Takt x = Start der Produktion des Autos mit der Produktionsnummer x an diesem Tag. Alle 4 Minuten beginnt ein neuer Takt.

Steuerzeit = Zeit für das Einbringen des Moduls in den Pkw am Band (von der Produktion des Moduls bis zum Einbau)

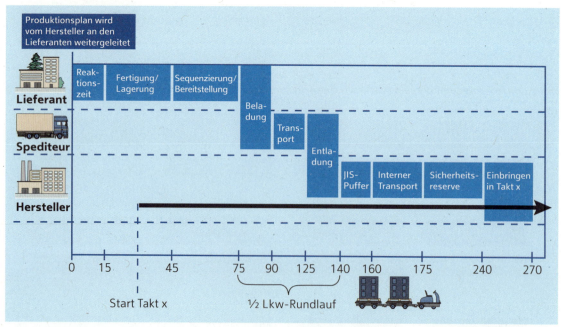

Ermittlung des Grundtaktes

Ausgangspunkt für die Planung der Taktzeiten sind die geplante Outputmenge an Pkws (Fahrzeugen) pro Tag sowie die zur Verfügung stehenden Produktionsminuten. Ausgehend von einem Dreischichtbetrieb mit 40 Stunden reiner Arbeitszeit pro Woche und 250 Arbeitstagen (= 50 Wochen) im Jahr ergibt sich folgende Gesamtanzahl an Produktionsminuten:

40 Stunden · 3 Schichten · 60 Minuten = 7 200 Minuten pro Woche

7 200 Minuten · 50 Wochen = 360 000 Minuten pro Jahr

Bei einer geplanten Jahresproduktion von 90 000 Pkw ergibt dies pro Pkw:

$$\text{Taktzeit} = \frac{360\,000 \text{ Minuten}}{90\,000 \text{ Pkw}} = 4 \frac{\text{Minuten}}{\text{Pkw}}$$

Dies bedeutet: Alle 4 Minuten muss ein Pkw fertiggestellt werden, um die Planproduktionsmenge zu erreichen. Da von einem kontinuierlichen Produktionsprozess ausgegangen wird, bedeutet dies auch, dass alle 4 Minuten mit einem neuen Fahrzeug begonnen werden muss und auch alle folgenden Produktionsstufen in diesem Takt durchlaufen werden. Folglich müssen alle Teile im Takt von 4 Minuten angeliefert werden.

Dieser Takt bestimmt daher auch den Takt, in dem Lkw-Ladungen in die Produktion geliefert werden müssen. In den Automobilwerken befinden sich die Entladezonen für gewöhnlich unter einem Vordach der jeweiligen Halle, in der die anzuliefernden Komponenten direkt nach Anlieferung verbaut werden. Dort werden die Lkw von der Seite entladen, um die mitunter zeitaufwendigen Rangiervorgänge, wie sie an Entladetoren notwendig sind, zu vermeiden.

Als besonders effektiv erweist sich in dieser Situation der Einsatz von Sattelzügen bzw. Megatrailern mit seitlichen Schiebeplanen, auch Tautliner oder Curtainsider genannt. Im Gegensatz zu Gliederzügen mit Motorwagen und Anhänger muss bei Sattelaufliegern nur eine Plane für den Entladevorgang geöffnet werden.

Auf dieser Grundlage können nun die Planungsüberlegungen des logistischen Dienstleisters einsetzen. Er hat folgende Daten zu ermitteln:

1. Lkw-Kapazität

Es ist zunächst festzustellen, wie viele JIS-Behälter, die die Module aufnehmen, in einem Lkw untergebracht werden können.

Daten des JIS-Behälters, siehe oben

Zur Verfügung stehende Lkw:

	Planen-Sattelzug	Megatrailer
Ladelänge innen	13,60 m	13,60 m
Breite innen	2,44 m	2,48 m
Höhe innen	2,55 m	3,00 m
Zuladung	ca. 25 t	ca. 24 t

2. Berechnung des Lkw-Taktes

Der Lkw-Takt ergibt sich aus der Multiplikation der Taktzeit im Herstellerwerk mit der Anzahl der Module pro Lkw.

3. Ermittlung der Rundlaufzeit

Die Rundlaufzeit setzt sich aus der Beladung (Dauer 15 Minuten pro Lkw), dem eigentlichen Transport und der Entladung (Dauer ebenfalls 15 Minuten pro Lkw) zusammen, und zwar jeweils für die Beförderung des Vollgutes und des Leergutes. Da die Güter über Bundesstraßen befördert werden, ist als Erfahrungswert für die Durchschnittsgeschwindigkeit des Lkw eine Zeit von 45 km/h anzunehmen. Zu prüfen ist auch, inwiefern die Vorschriften zu den Lenk- und Ruhezeiten bei der Planung zu berücksichtigen sind.

Tipp: 45 km/h in Kilometer pro Minute umrechnen

4. Anzahl der benötigten Lkw

Aus Rundlaufzeit und Lkw-Takt lässt sich die Anzahl der einzusetzenden Lkw berechnen. Es ist zu beachten, dass eine Pufferzeit als Sicherheitsreserve berücksichtigt werden sollte.

Aus den gewonnenen Daten sind für die weitere Kalkulation noch die Anzahl der Fahrer sowie die Zahl der Gesamtkilometer im Jahr ermitteln.

Lernsituation 22 zum Informationshandbuch Seite 455–472

Kalkulationsdaten zu Leistungspaket A

Die folgende Fahrzeugkalkulation geht von vereinfachten Zahlen aus; alle Angaben beziehen sich auf **ein** Fahrzeug.
Auf alle Kosten (Lkw, Fahrer, Stapler, Schlepper) sind 7,5 % allgemeine Verwaltungskosten aufzuschlagen. Die Zwischensumme wird um 2,5 % Gewinnzuschlag erhöht.

Lkw	
■ Anschaffungskosten Zugmaschine	55 000,00 EUR
■ Anschaffungskosten Auflieger	25 000,00 EUR
■ Reifenkosten Zugmaschine	0,015 EUR/km
■ Reifenkosten Auflieger	0,012 EUR/km
■ Versicherung/Steuern Zugmaschine	3 000,00 EUR
■ Versicherung/Steuern Auflieger	250,00 EUR
■ Treibstoffkosten (EUR/l)	0,85 EUR
■ Treibstoffverbrauch	25 l/100 km
■ Wartung Zugmaschine	2 200,00 EUR
■ Wartung Auflieger	1 000,00 EUR
■ Abschreibungsdauer	5 Jahre
■ Zinsen (von den halben Anschaffungskosten)	6 % pro Jahr

Fahrer			
Zahl der Schichten	3	Kosten pro Fahrer und Monat	2 375,00 EUR
Anzahl pro Schicht	noch zu ermitteln	Personalfaktor	1,2

Kalkulationsdaten zu Leistungspaket B

Gabelstapler	
■ Anschaffungskosten Stapler	28 000,00 EUR
■ Anschaffungskosten für zweite Batterie	4 500,00 EUR
■ Abschreibungsdauer	5 Jahre (kein Restwert)
■ Zinsen (von den halben Anschaffungskosten)	6 % pro Jahr
■ Wartung	2 400,00 EUR
■ Energiekosten	1 700,00 EUR

Kalkulationsdaten zu Leistungspaket C

Schlepper	
■ Anschaffungskosten Schlepper	13 000,00 EUR
■ Anschaffungskosten für zweite Batterie	4 000,00 EUR
■ Abschreibungsdauer	5 Jahre (kein Restwert)
■ Zinsen (von den halben Anschaffungskosten)	6 % pro Jahr
■ Wartung	1 920,00 EUR
■ Energiekosten	1 500,00 EUR

Fahrer			
Zahl der Schichten	3	Kosten pro Fahrer und Monat	2 250,00 EUR
Anzahl pro Schicht	1	Personalfaktor	1,2

Arbeitsauftrag (Vorschlag)
Arbeiten Sie das Angebot für die Automobilwerke AG aus.
Gliederungsvorschlag:
1. Berechnung von Lkw-Kapazität, Lkw-Takt, Rundlaufzeit und Anzahl Lkw
2. Beschreibung der Wegstrecke einschließlich Notfall-Alternative
3. Kalkulation und Preisermittlung für Leistungspaktete A, B und C
4. Angebotsschreiben an Kunden mit Leistungsumfang des Preisangebotes (siehe Muster unten)

Lernsituation 22 zum Informationshandbuch Seite 455–472

Kalkulationsformular (Beispiel)

Kalkulation Stapler	
Eingabe	**Euro**
Anschaffungskosten	
Anschaffungskosten für 2. Batterie	
Abschreibungsdauer/Jahre	
Zinsen in %	
Wartung	
Energiekosten	
allgemeine Verwaltungskosten in %	
Gewinnzuschlag	
Ausgabe	**Euro**
Abschreibung	
Zinsen (½ Anschaffungskosten)	
Wartung	
Energiekosten	
Summe	
allgemeine Verwaltungskosten	
Zwischensumme	
Gewinnzuschlag	
Gesamt-Angebotspreis	
Ausbringungsmenge (Fahrzeuge)	
Preis pro Fahrzeug (Angebotspreis)	

Muster: Leistungsumfang des Preisangebots

Leistungsgegenstand	Sequenzbelieferung und Line.Feeding Automobilwerke AG in Creuzburg
Fahrzeug	usw.
Fahrstrecke	
Lkw	
Jahresvolumen	
Anzahl Arbeitstage	
Arbeitsschichten	
Beladung	
Entladung	
Anzahl Fahrpersonal	
Anzahl der Module pro Lkw	
Anzahl der Umläufe pro Tag	
Zykluszeit (Lkw-Rundlauf)	
Stapler	
Schlepper	

Lernsituation 22 zum Informationshandbuch Seite 455–472

Aufgabe 1
Just-in-sequence-Dienstleister liefern Bauteile bis in die Fertigung.

a Beschreiben Sie die Tätigkeiten des logistischen Dienstleisters als JIS-Lieferant im Automobilwerk anhand der nachfolgenden Abbildung.

b Ordnen Sie die Beschaffungspolitik des Automobilwerkes den Beschaffungskonzepten „Single Sourcing", „Global Sourcing" oder „Modular Sourcing" zu.

EP = Einfügepunkt

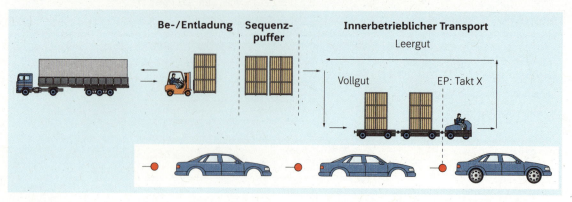

Aufgabe 2
Achtung: Aufgabe für Experten!

Während der Bearbeitung der Ausschreibung der AUTOMOBILWERKE AG schlägt der Disponent Herr Baumeister – abweichend von den Vorgaben der Ausschreibung – vor, den Rundlauf so zu gestalten, dass jeweils ein Sattelauflieger bei der STELLA FAHRZEUGTECHNIK GmbH und bei der AUTOMOBILWERKE AG an der Rampe zum Be- und Entladen bereitsteht und der Sattelzug somit ununterbrochen zwischen Oetmannshausen und Creuzburg hin- und herfahren würde. Herr Baumeister behauptet, mit diesem Modell eine Sattelzugmaschine sowie einen Fahrer einsparen zu können.

Konkretisieren Sie die Idee von Herrn Baumeister und berechnen Sie den neuen Angebotspreis unter gleichen Kalkulationsgrundbedingungen.

Aufgabe 3
INTERSPED hat mit dem Kunden OFFICEWORLD einen Logistikvertrag über die Lagerung und Verteilung von Büroartikeln abgeschlossen. Er enthält u. a. folgende Punkte:

Ø monatliche Einlagerung	240 t
Ø monatliche Auslagerung	240 t
Ø monatlicher Lagerbestand	380 t
vereinbartes Lagerentgelt (netto)	3,20 EUR je 100 kg Ø eingelagerter Ware im Monat

Folgende Kostensätze sind im Rahmen der Kalkulation bereits ermittelt worden:

Einlagerungskosten	0,60 EUR je 100 kg im Monat
Auslagerungskosten	0,70 EUR je 100 kg im Monat

Für die Berechnung der weiteren Lagerkostensätze gelten folgende Daten:

Ø Zahl der Arbeitstage im Monat	20
Arbeitszeit für Kommissionierung und Etikettierung	1 Stunde pro Arbeitstag
Kosten pro Arbeitsstunde eines Lagermitarbeiters	33,60 EUR
monatliche Kosten für das gesamte Lagergebäude	15 200,00 EUR
Lagerverwaltungsstunden für OFFICEWORLD	20 Stunden monatlich
Stundensatz für die Lagerverwaltung	38,00 EUR

a Zur Ermittlung der Selbstkosten berechnen Sie die weiteren Lagerkostensätze.
  aa Berechnen Sie die Kommissionierungs- und Etikettierungskosten je 100 kg im Monat.
  ab Berechnen Sie die Lagerungskosten je 100 kg im Monat, wobei der durchschnittliche Lagerbestand von OFFICEWORLD 20 % des gesamten Lagerbestandes beträgt.
  ac Berechnen Sie die Lagerverwaltungskosten je 100 kg im Monat.

b Ermitteln Sie den monatlichen Erlös von INTERSPED unter Zugrundelegung des durchschnittlichen Lagerbestandes von OFFICEWORLD.

Aufgabe 4
Der Geschäftsleitung der INTERSPED GmbH war folgende Anzeige in der DVZ ins Auge gefallen:

> **Gebietsspediteure**
> Führendes Unternehmen der Elektronikindustrie sucht zuverlässige und leistungsfähige Verkehrsunternehmen für die Abholung von Fertigungsmaterialien und Vorprodukten bei Lieferanten sowie für die gebündelte Zustellung der gesammelten Güter zur Produktionsstätte in Süddeutschland.
> Wir erwarten die Entwicklung eines geschlossenen Konzepts zur Beschaffungslogistik unter enger Anbindung an die Produktionsabläufe in unserem Unternehmen.
> Verkehrsunternehmen mit entsprechenden logistischen Erfahrungen und Kapazitäten, die diese Aufgabe durchführen können, werden gebeten, sich unter der Nr. 497 über die DVZ zu bewerben.

Die INTERSPED GmbH hatte sich auf diese Anzeige beworben und folgende Unterlagen erhalten:

Unternehmensbeschreibung	Die ELEKTROMATIK AG stellt im Werk Stuttgart Telefon- und Funkgeräte her. Mit 1 500 Mitarbeiterinnen und Mitarbeitern wurden im Jahre 20(-1) ca. fünf Millionen Geräte in mehr als 700 Varianten produziert.
Zielbeschreibung	Für die Produktion sind etwa 1 800 unterschiedliche Einzelteile erforderlich, die bisher direkt von rund 500 Lieferanten bezogen worden sind. Für die organisatorische Abwicklung des nationalen Einkaufs soll Deutschland in zehn Gebiete gemäß den Postleitregionen eingeteilt werden. Zukünftig sollen Gebietsspediteure nach einem zeitgemäßen Logistik-Konzept die Verantwortung für die Materialbeschaffung übernehmen.

Nach ersten Vorgesprächen ist die INTERSPED GmbH von der ELEKTROMATIK AG beauftragt worden, das Logistik-Konzept federführend zu entwickeln. Der Auftraggeber erwartet folgende Leistungen:

1. Festlegung der räumlichen Ausdehnung der Gebietsspeditionen
Dazu sind aus den unten stehenden Daten leistungsfähige Gebiete abzugrenzen. Die nachfolgend aufgeführten **Gesichtspunkte für die Gebietsbildung** sind zu beachten.

- Die Zahl der Gebiete sollte **maximal bei zehn** liegen, für die beteiligten Spediteure aber noch zu zumutbaren Vorlaufentfernungen führen. Eine generelle Orientierung an den Postleitzahlen ist aber weiterhin angebracht. Eine Gleichverteilung des Sendungsaufkommens ist zwar wünschenswert, aber angesichts der ungleichmäßigen Verteilung der Lieferanten kaum erreichbar.
- Das Sendungsaufkommen sollte möglichst so groß sein, dass die **Hauptläufe wirtschaftlich** abgewickelt werden können. Dies erfordert komplette Ladungen. In Gebieten mit geringer Lieferantenzahl sind allerdings Einschränkungen unumgänglich.
- Die **Vorläufe** sollten möglichst **kurz** sein.
- Für jedes Gebiet muss der Ausgangspunkt des Hauptlaufs festgelegt werden (der sogenannte **Konsolidierungspunkt**). Die Festlegung sollte den Schwerpunkt des Sendungsaufkommens im Gebiet berücksichtigen, damit möglichst viele Sendungen kurze Vorläufe haben und „rückläufiges" Vorholen gering gehalten wird.

Consolidation (englisch) = Zusammenlegung, Vereinigung

Beispiel:

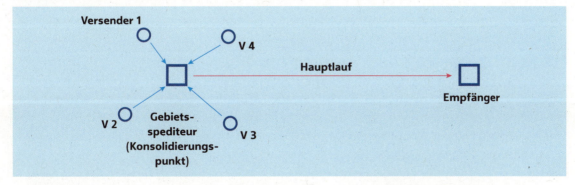

Problematisch sind die Sendungen von Versender 3 und 4, weil das Aufholen gegen die Hauptlaufrichtung stattfindet, der Transport auf einer Teilstrecke folglich „doppelt" durchgeführt wird.

In einer Güterstromanalyse wurde das Sendungsaufkommen nach Postleitregionen (Gebiete) erfasst. Nachfolgend werden beispielhaft die Gebiete der Postleitzonen 0, 3 und 6 darstellt.

Lernsituation 22 zum Informationshandbuch Seite 455–472

Gebiet	Anzahl der Lieferer	Sendg.	Gewicht kg	Gebiet	Anzahl der Lieferer	Sendg.	Gewicht kg	Gebiet	Anzahl der Lieferer	Sendg.	Gewicht kg
01	2	8	11 000	30	10	66	150 000	60	1	20	25 000
02	–	–	–	31	10	150	170 000	61			
03	–	–	–	32	8	60	110 000	63	10	150	60 000
04	2	7	2 000	33	11	120	140 000	64	4	15	22 000
06	3	8	4 000	34	7	25	85 000	65	5	30	21 000
07	3	7	5 000	35	7	30	90 000	66	6	35	280 000
				36	8	40	95 000	67	3	10	55 000
				37	9	45	135 000	68	4	40	30 000
				38	6	25	35 000	69	2	40	22 000
				39	2	8	4 000				
Su.:	10	30	22 000	Su.:	78	569	1 014 000	Su.:	35	340	515 000

Fasst man die Ergebnisse der Güterstromanalyse nach Postleitzonen zusammen, ergibt sich folgendes Bild:

Zusammenfassung			
Postleitzone	Anzahl der		Gewicht/kg
	Lieferer	Sendungen	
0	10	30	22 000
1	9	24	28 000
2	31	151	278 000
3	78	569	1 014 000
4	75	620	526 000
5	58	666	768 000
6	35	340	515 000
7	130	1 245	1 229 000
8	57	514	196 000
9	64	710	536 000
Summe		547	4 869	5 112 000

Lernsituation 22 zum Informationshandbuch Seite 455–472 **435**

Einteilung der Bundesrepublik Deutschland nach Postleitzahlen-Regionen

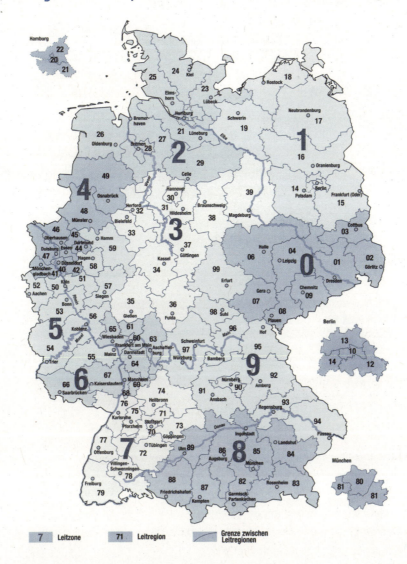

2. Vorschläge zur Organisation des Güter- und Informationsflusses

Standardprodukte werden täglich benötigt. Daher sind alle Materialien tagesgenau anzuliefern, d. h., sie müssen am Abend vor dem Produktionstag im Werk der ELEKTROMATIK AG zur Verfügung stehen.
Die Produktionszeit der Materialien bei den Lieferanten beträgt drei Tage; eine Sendung, die vom Lieferanten bis 16:00 Uhr avisiert wird, kann am nächsten Tag vom Spediteur abgeholt und auf dem Lager des Gebietsspediteurs zu einer Ladung zusammengefasst werden; der Hauptlauf vom Gebietsspediteur zum Werk in Stuttgart dauert per Lkw einen Tag.
Die ELEKTROMATIK AG kann ihren Lieferanten eine Produktionsvorschau für drei Monate geben (Grobsteuerung); konkrete Abrufmengen (Feinsteuerung) könnten ca. eine Woche vor der Produktion bereitgestellt werden. Als Kommunikationsmittel kommen E-Mail oder DFÜ infrage.
Das Unternehmen produziert sechs Tage in der Woche (montags bis samstags).

Tag	Aktionen zum Güterfluss	Aktionen zum Datenfluss
-6		
-5		
-4		
-3		
-2		
-1		
0	Produktionstag in der ELEKTROMATIK AG	

Grafische Darstellung des Güter- und Informationsflusses

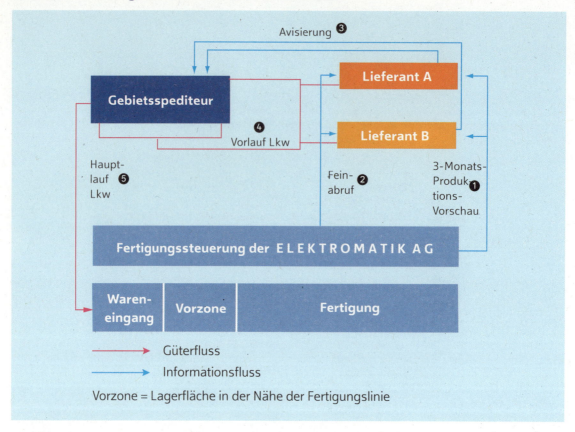

3. Preisvorstellungen entwickeln

Beispielhaft für ein Gebiet mit folgenden Kennzahlen:

- 100 Lieferanten
- Ein Lkw kann zehn Lieferanten pro Tag anfahren.
- paarige Verkehre durch Voll- und Leergut sowie durch die Übernahme von Fertigprodukten
- Vorlauf im Durchschnitt 100 km; Hauptlauf 400 km

Kalkulationsdaten

Kilometerabhängige Kosten: 0,30 EUR/km; Fahrpersonalkosten: 175,00 EUR pro Tag (jeweils Vor- und Hauptlauf); feste Fahrzeugkosten: 175,00 EUR pro Tag (jeweils Vor- und Hauptlauf); Übernahme in das Lager, Handling der Sendung, Disposition: 1,25 EUR pro Tonne; Ladungsgewicht des Lkw durchschnittlich 20 t; Gemeinkosten: 15 % der Einsatzkosten; Gewinn 10 %

Kalkulationsschema

I. Vorlaufkosten		
km-abhängige Kosten		
+ Fahrpersonalkosten		
+ feste Fahrzeugkosten		
II. Überlagernahme (Handling)		
Warenbewegung, Erfassung, Disposition u. Ä.		

III. Hauptlaufkosten

km-abhängige Kosten
+ Fahrpersonalkosten
+ feste Fahrzeugkosten

Einsatzkosten

IV. Gemeinkosten

anteilige Verwaltungskosten 15 %

Selbstkosten

V. Gewinn

10 % der Selbstkosten

Preis für eine Ladung

(10 Lieferanten, 100 km Vorlauf, 400 km Hauptlauf)

Aufgabe 5

In den untenstehenden Abbildungen (Modell 1 und 2) werden unterschiedliche Versorgungsmodelle der AUTOMOBIL AG dargestellt.

Beschreiben Sie die Unterschiede zwischen den Versorgungsmodellen und beurteilen Sie die Modelle.

Beurteilungsgesichtspunkte

- Vorzüge und Risiken, wenn die INTERSPED GmbH in die neue Beschaffungslogistik der AUTOMOBIL AG eingebunden ist
- Umweltproblematik

Die INTERSPED GmbH ist seit Jahren für die AUTOMOBIL AG in Ulm als Spediteur und Frachtführer tätig. Die INTERSPED GmbH holt im Rhein-Ruhr-Gebiet Vorprodukte für den Automobilbau bei den Serienlieferanten ab, sammelt sie und transportiert die Zulieferteile in das Wareneingangslager nach Ulm. Die Fertigungssteuerung des Automobilwerkes ruft die Teile bei Bedarf aus dem Lager ab und bringt sie in den Produktionsprozess ein. Dazu werden die Teile in der Nähe des Fertigungsbandes gelagert (Vorzone), bis sie von den Mitarbeiterinnen und Mitarbeitern in die Fahrzeuge eingebaut werden.

Modell 1

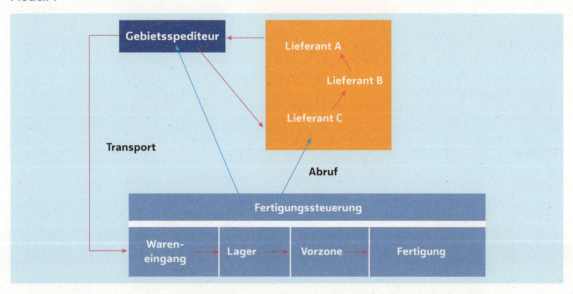

Die AUTOMOBIL AG möchte die Materialversorgung nach dem Just-in-time-Konzept modernisieren. Die nachfolgende Abbildung gibt das neue Versorgungskonzept wieder.

Modell 2

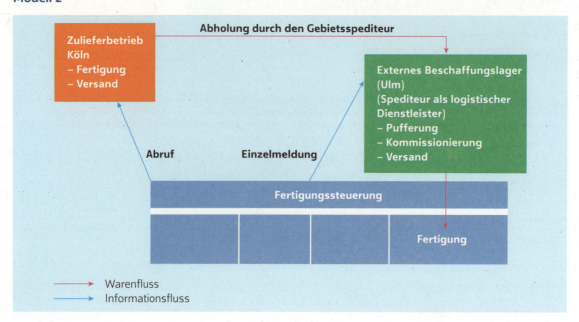

Beschaffungslogistik der AUTOMOBIL AG

Das Automobilwerk teilt seinen Lieferanten zwei Wochen im Voraus mit, welche Pkw-Typen produziert werden sollen. Nach diesen Angaben fertigt der Teilelieferant seine Vorprodukte (z. B. Lichtmaschinen, Sitzelemente). Anschließend werden die Teile in ein externes Beschaffungslager in der Nähe des Automobilwerks transportiert. Dort werden die Vorprodukte in der Reihenfolge der Pkw-Produktion zusammengestellt (kommissioniert) und zum vorgesehenen Bedarfszeitpunkt direkt an die Fertigungsstraße geliefert, wo die Teile eingebaut werden.

Der Vorlieferant fertigt die Produkte nach den gemeldeten Ausstattungsmerkmalen. Der Spediteur im externen Beschaffungslager übernimmt die entscheidende Verantwortung in der logistischen Kette, nämlich die reihenfolgegenaue Anlieferung der Teile. Das bedeutet im Einzelnen: Abholung der Einbauteile bei den Lieferanten, Transport zum Lager, kommissionieren, eventuell auch Vormontage, genaues Timing bei der Direktanlieferung. Das Beschaffungslager ist dabei nicht Lager im traditionellen Sinne, sondern nur kurzfristiger Puffer zwischen der Herstellung der Vorprodukte und ihrem Einbau in den Pkw.

Dieses logistische Konzept eignet sich besonders für Lieferer, die ihren Sitz nicht in der Nähe des Automobilproduzenten haben. Abnehmernahe Vorlieferanten können auch direkt an das Fertigungsband liefern.

Aufgabe 6

Im Modell 2 der Aufgabe 5 betreibt der Gebietsspediteur ein externes Lager in der Nähe des Automobilherstellers in Ulm. In der nachfolgenden Abbildung (Modell 3) befindet sich das Lager beim Gebietsspediteur in Düsseldorf.

Erläutern Sie Vor- und Nachteile des Konzepts für Vorlieferanten, Logistik-Dienstleister und den Automobilhersteller.

Modell 3

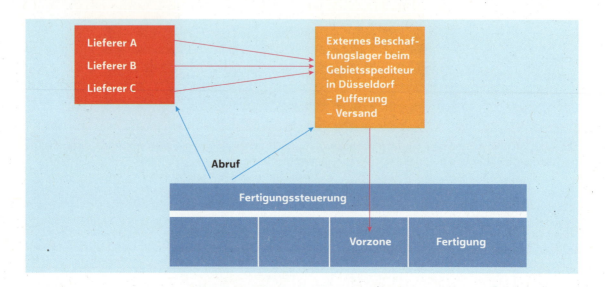

Aufgabe 7

Die TEKO GmbH stellt in ihrem Produktionswerk in Düsseldorf Telefongeräte her. Die INTERSPED GmbH versorgt das Werk mit Faltschachteln für die Fertigprodukte. Die Schachteln werden vom Telefonhersteller bei der Firma ZENTRAPACK, Berlin, eingekauft und dort von der INTERSPED GmbH abgeholt. Aufgrund der Fertigungskapazität benötigte das Werk 50 Paletten pro Monat. Wegen der stark angestiegenen Nachfrage nach Telefongeräten soll die Produktionskapazität durch zusätzliche Fertigungslinien erheblich ausgeweitet werden. Die nachfolgende Übersicht gibt die alten und neuen Zahlen wieder:

	Alt	Neu
Zahl der Fertigungslinien	1	4
Tagesproduktion	2 000 Geräte	8 000 Geräte
Zahl der Arbeitstage pro Monat (Durchschnitt)	25 Arbeitstage	25 Arbeitstage
Arbeitszeit	07:00 bis 15:00 Uhr (8 Std.)	07:00 bis 15:00 Uhr (8 Std.)
Ladekapazität der Palette	1 000 Faltschachteln	1 000 Faltschachteln

Weil die finanziellen und räumlichen Möglichkeiten der TEKO GmbH keine Erweiterung der Produktionsgebäude zulassen, muss die zusätzliche Produktion mit der vorhandenen Fläche bewältigt werden. Dazu sind folgende Maßnahmen vorgesehen:

1 Das bisher für Fertigprodukte und Rohstoffe/Vorprodukte verwendete Lager soll nur noch für Fertigprodukte und für elektronische Bausteine genutzt werden. Letztere nehmen aufgrund zunehmender Miniaturisierung kaum noch Lagerfläche in Anspruch.
2 Die Versorgung der Fertigungslinien mit Rohstoffen und Vorprodukten soll grundlegend geändert und auf das japanische KANBAN-System umgestellt werden. Dazu sind die umfangreichen Lagerflächen an der Fertigungslinie aufzulösen, um Platz für die neuen Fertigungslinien zu schaffen. Die Materialbereitstellung nach dem Bedarfsprinzip ist durch eine Materialversorgung nach dem Verbrauchsprinzip zu ersetzen.

Die Produktionsabläufe lassen sich wie folgt darstellen:

Alt

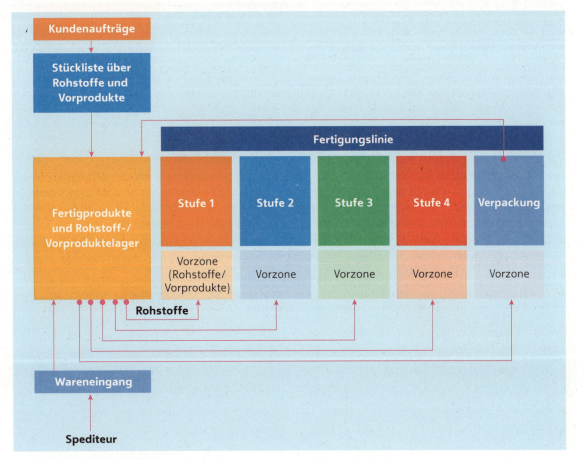

Beschreibung der Abläufe

Aufgrund von Kundenaufträgen wurde der Bedarf an Rohstoffen und Vorprodukten in Stücklisten ermittelt und dem Lager übergeben. Von dort wurde den einzelnen Stufen der Fertigungslinie das Material bereitgestellt, gewöhnlich mit einem gewissen zusätzlichen Bestand für Ausschuss und Fehldispositionen. Danach begann die Produktion der Telefongeräte. Zum Schluss wurde das nicht aufgebrauchte Material wieder zum Lager gebracht.

Neu

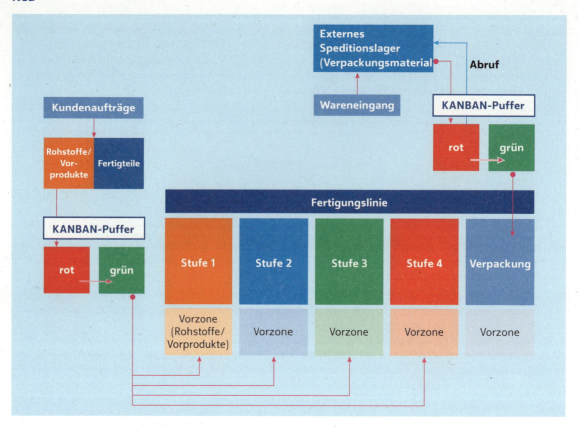

Durch Kundenaufträge wird die Produktionssteuerung veranlasst, Produktionsmaterial bereitzustellen, allerdings nicht in einem Umfang, der für die gesamte Produktionsmenge (Los) erforderlich wäre. Vielmehr wird nur der KANBAN-Puffer aufgefüllt. Für die Produktion wird aus dem grünen Teil des Puffers Material entnommen. Sobald dieser Vorrat aufgebraucht ist, werden die Rohstoffe und Vorprodukte aus dem roten Puffer in den grünen überführt und in die Produktion eingebracht. Der leere rote Puffer ist ein Signal, den Materialvorrat zu ergänzen. Bei dem hier betrachteten Versorgungsbeispiel mit Faltschachteln geht der Abruf an das externe Lager, das bei der INTERSPED GmbH unterhalten wird. Die TEKO GmbH behandelt das externe Lager wie ein eigenes. Der Spediteur füllt den roten Puffer auf; die Produktion läuft unterdessen mit den Materialien aus dem grünen Puffer weiter. Dieser Ablauf setzt sich fort, bis die geplante Produktionsmenge fertiggestellt worden ist.

Der Materialnachschub wird auf diese Weise allein von der Produktion bestimmt.

Die TEKO GmbH möchte nun die jeweiligen Liefermengen und Lieferintervalle mit der INTERSPED GmbH abstimmen. Dazu soll ein Zeitmodell entwickelt werden, das die Versorgung mit Verpackungsmaterial in Abhängigkeit von der Produktion sicherstellt. Außerdem soll eine Kostenübersicht für die Leistungen des Spediteurs erstellt werden. Dazu erhält die INTERSPED GmbH folgende Informationen:

- Die beiden KANBAN-Puffer für Faltschachteln an den Fertigungslinien werden mit Vorräten für jeweils vier Arbeitsstunden gefüllt.
- Der Abruf geschieht durch DFÜ, ist also zeitgleich beim Spediteur.
- Es dauert 30 Minuten, bis eintreffende Güter im Wareneingang der TEKO GmbH angenommen und in die KANBAN-Puffer der Fertigungslinien gebracht worden sind.

INTERSPED geht von folgenden Daten aus:

- Nach dem Eintreffen des DFÜ-Abrufs benötigt man 30 Minuten, um die Paletten zusammenzustellen.
- 60 Minuten sind für den Transport vom Speditionslager zum Wareneingang der TEKO GmbH anzusetzen.
- Die Materialien können bis 17:00 Uhr im Lager der TEKO GmbH angeliefert werden.

Hilfreich ist es, die Abläufe optisch darzustellen. Dazu eignen sich z. B. Zeitschienen nach folgendem Muster.

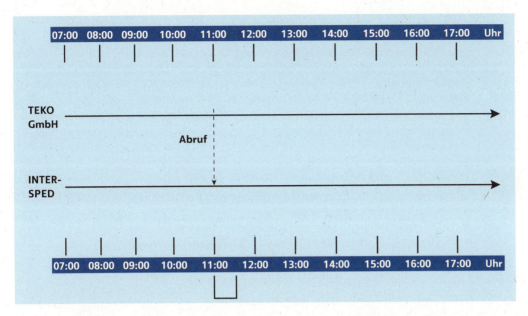

Für die Kalkulation der logistischen Dienstleistungen geht INTERSPED von folgenden Zahlen aus einem ähnlichen Projekt aus:

- Basis für die Abrechnung ist die Anzahl der Paletten.
- Die TEKO GmbH verlangt, dass ein Monatsverbrauch als Bestand im externen Spediteurlager vorrätig gehalten wird. Der Bestand wird zweimal im Monat durch Bestellungen der TEKO GmbH bei ZENTRAPACK aufgefüllt.
- Die Lagerhaltung des Vorrats an Faltschachteln (ein Monatsverbrauch) ist mit 1,50 EUR pro Palette zu kalkulieren.
- Einlagerungskosten: 2,50 EUR pro Palette
- Zusammenstellung der Sendung und auslagern: 5,00 EUR pro Palette
- Zustellung zur TEKO GmbH: 10,00 EUR pro Palette
- Gemeinkostenzuschlag: 20 % auf die Einzelkosten
- Gewinnzuschlag: 15 % auf die Selbstkosten

Aufgabe 8

Die TEKO GmbH wünscht, dass auch im externen Speditionslager die Lagerbestände möglichst niedrig gehalten werden. Das automatische Nachfüllen des Lagers an zwei Terminen im Monat soll zugunsten eines verbrauchsabhängigen Verfahrens aufgegeben werden.

a Bestimmen Sie den optimalen Bestellzeitpunkt unter Berücksichtigung der Verbrauchsdaten und folgender Informationen:
- Neue Faltschachteln sind zu bestellen, sobald ein bestimmter Bestellpunkt (Meldebestand) erreicht ist.
- Ein Mindestbestand von fünf Tagesverbräuchen (acht Paletten) ist als eiserne Reserve immer vorrätig zu halten.
- Die Lieferzeit vom Hersteller ZENTRAPACK, Berlin, bis nach Düsseldorf beträgt zwei Tage.
- Der Tagesverbrauch während der Lieferzeit ist bei der Berechnung des Bestellpunkts zu berücksichtigen.
- Die Bestellmenge soll zwei Sattelzüge füllen, das sind 66 Paletten.

b Übertragen Sie das KANBAN-System auf die Materialbewirtschaftung im Lager der INTERSPED GmbH. Gehen Sie davon aus, dass die Faltschachtel-Paletten in einem Hochregallager untergebracht sind. Das Hochregallager befindet sich in einem separaten Teil des INTERSPED-Lagers. Entwickeln Sie Vorschläge, wie im Lager ein automatischer Materialfluss in Gang gesetzt werden kann. Die Mindestbestellmenge beträgt 33 Paletten (ein Sattelzug).

Vgl. Lösung zu den Liefermengen und Lieferintervallen oben

Aufgabe 9

Die HABO Süßwaren AG hat die Verpackungsmaterialien für ihre Süßwaren (bedruckte Kunststoffrollen) bisher in einem angemieteten Lager in Duisburg gelagert. Ihre Produktionsstätte in Mönchengladbach wurde von diesem Lager aus versorgt. Mit der Beförderung wurden jeweils unterschiedliche Speditionen beauftragt. Hersteller der Verpackungen ist die LM PACKAGING B.V. in Utrecht.

Die HABO Süßwaren AG möchte das Lager aufgeben, um sich besser auf die Kernkompetenz konzentrieren zu können. Sie hat die Spedition Werner GmbH um ein Angebot für folgende Leistungen gebeten:

- Transport der Verpackungsmaterialien von Utrecht nach Duisburg
- Einlagerung in Duisburg
- Transport zur Produktionsstätte nach Mönchengladbach

Lernsituation 22 zum Informationshandbuch Seite 455–472

Die Spedition Werner hat ihren Sitz in Duisburg und verfügt über ausreichend Lagerfläche, um den Auftrag zu übernehmen.

Beteiligte:
Spedition: Spedition Werner GmbH, Kiffward 40, 47138 Duisburg
Kunde: HABO Süßwaren AG, Immermannstraße 24, 40210 Düsseldorf
Produktionsstätte: HABO Süßwaren AG, Neusser Str. 183, 41065 Mönchengladbach
Lieferant: LM PACKAGING B.V., Atoomweg 109, 3542 AB Utrecht

Sendungsdaten:
- Eingang: ca. 100 Europaletten pro Monat, sortenrein, Gewicht pro Palette 500 kg
- Ausgang ab Lager: durchschnittlich 5 Europaletten mit zusammen 2 500 kg Gewicht, sortenrein
- Wert pro Palette: 1 500,00 EUR
- Maße pro Europalette: 120 × 80 × 160 cm (L × B × H)

Ablauf:
- Abholen von ca. 100 Europaletten im Monat beim Hersteller LM PACKING B.V.
- Ankunft Lager Duisburg: Prüfarbeiten
- Einlagerung: Paletten-Hochregal oder Paletten-Blocklager
- Auslagerung: durchschnittlich 5 Paletten/2 500 kg per Sammelladung
- Auslagerungsaufträge täglich bei 5 Tagen pro Woche

Die HABO Süßwaren AG stellt in ihrer Anfrage folgende Anforderungen:

1. kontinuierliche Versorgung der Produktionsstätte nach Abruf
2. Tourenpläne für Abholung und Auslagerung (Laufzeiten)
3. Der Kunde erwartet einen Vorschlag für eilige Sendungen (falls Produktionsstillstand droht).
4. Notfallpläne (wegen Staugefahr auf der Autobahn)
5. Frachtpapiere bestimmen
6. Frankaturen festlegen
7. Im Speditionslager sind Prüfarbeiten durchzuführen.
8. Es ist begründet zu entscheiden, ob die Paletten im Paletten-Hochregallager der Spedition oder als Paletten-Blocklager gelagert werden sollen.
9. regelmäßiger Bestandsabgleich ist notwendig
10. Vorschläge für Sicherheitsmaßnahmen im Lager
11. Vorschläge für ein Retouren-Management sind zu entwickeln (bei geschätzter Retourenquote von 5 %). Vorgabe des Kunden: 98 % fehlerfreie Auftragsabwicklung.
12. Der Kunde erwartet einen Preis pro Palette, der alle Leistungen des Spediteurs bei monatlicher Abrechnung einschließt.

Kalkulationsdaten

- Lkw-Transporte: 1,50 EUR pro Kilometer einschließlich deutscher Maut
- Wareneingang: 2,80 EUR pro Palette (Paletten-Pic für Vollpalette)
- Warenausgang: 2,80 EUR pro Palette (Paletten-Pic für Vollpalette)
- Lagergeld: 5,50 EUR pro Palette und Monat
- Berechnung Paletten-Pics und Lagergeld: vom Durchschnittsbestand im Monat
- Preis Sammelladung: siehe Tabelle unten
- Zuschlag für Verwaltungskosten und Gewinn: 20 %

Entfernungen
Utrecht – Duisburg: 180 km
Duisburg – Mönchengladbach: 60 km
Durchschnittsgeschwindigkeit Lkw: 60 km/h

Haustarif Sammelgut (Beträge in Euro)

Entfernung in km	Gewicht in kg					
	901–1 000	1 001–1 250	1 251–1 500	1 501–2 000	2 001–2 500	2 501–3 000
1–100	151,70	165,40	179,35	184,50	184,95	185,30
101–200	187,10	207,35	227,35	236,35	246,65	255,90
201–300	193,00	214,40	235,50	245,00	256,90	267,60

Erstellen Sie ein Angebot für die HABO Süßwaren AG.

a Entwickeln Sie Vorschläge zu den Anforderungen des Kunden.
b Kalkulieren Sie einen Endpreis pro Palette.

Aufgabe 10

Bestellkosten und Lagerkosten beeinflussen den Rhythmus, in dem Güter nachbestellt werden.
Bestimmen Sie anhand nachfolgender Daten die optimale Bestellhäufigkeit und die optimale Bestellmenge.
Gehen Sie von einem kontinuierlichen Verbrauch der Netzkabel aus.

Produkt	Netzkabel
Jahresbedarf	10 000 Stück
Stückpreis	2,00 EUR
Kosten je Bestellung	100,00 EUR
Lagerkosten	10 % des durchschnittlichen Lagerbestandswertes

Anzahl Bestellungen	Bestellmenge Stück	Ø Lager-bestand Stück	Ø Lagerbe-standswert in Euro	Bestell-kosten in Euro	Lagerkosten in Euro	Gesamt-kosten in Euro
1	10 000	5 000				
2	5 000					
3	3 333					
4	2 500					
5	2 000					
6	1 667					
7	1 429					
8	1 250					
9	1 111					
10	1 000					

Aufgabe 11

Von einem Gut werden im Jahr 250 000 Stück (an 250 Werktagen) verbraucht. Vorgegeben ist ein Mindestbestand von 5 000 Stück, der nicht unterschritten werden soll. Ein einzelnes Gut verursacht im Jahr Lagerkosten von 1,40 EUR. Pro Bestellvorgang fallen fixe Kosten von 150,00 EUR, unabhängig von der Bestellmenge, an. Die Lieferzeit beträgt drei Werktage.

a Berechnen Sie den Meldebestand (optimaler Bestellzeitpunkt).

b Aufgrund des gleichmäßigen Verbrauchs befindet sich durchschnittlich stets die halbe Bestellmenge im Lager. Geben Sie an, wie die durchschnittliche Lagerbestandsmenge berechnet wird, wenn Bestellmenge und Mindestbestand bekannt sind. Stellen Sie dies auch grafisch dar.

ø-Lagerbestand = Mindestbestand + ?

c Ergänzen Sie folgende Tabelle und bestimmen Sie die optimale Bestellhäufigkeit und die optimale Bestellmenge:

Bestellmenge	Bestellhäufigkeit	Ø Lagerbestand in Stück	Bestellkosten in Euro	Lagerkosten in Euro	Gesamtkosten in Euro
	5				
	10				
	20				
	50				
	80				
	100				

Aufgabe 12

INTERSPED hat das regionale Beschaffungslager des Elektronik-Großhändlers JUPITER übernommen. Man möchte die optimale Bestellmenge an Elektromotoren für elektrische Fensterjalousien – in Abhängigkeit von Bestell-, Transport- und Lagerkosten – ermitteln. Folgende Informationen zur Berechnung liegen vor:

- Für einen Monatsbedarf von 12 000 Motoren sollen jeweils eine, zwei, drei, vier, sechs und zwölf Bestellungen berücksichtigt werden.
- Die fixen Kosten pro Bestellung betragen 45,00 EUR.

- Für die Unfrei-Transporte vom Lieferanten in Magdeburg zum Lager der INTERSPED in Düsseldorf gelten gemäß Vereinbarung mit JUPITER folgende Kosten:

Transport von	Kosten in Euro
2 Paletten	70,00
4 Paletten	116,00
6 Paletten	160,00
8 Paletten	202,00
12 Paletten	269,00
18 Paletten	340,00
24 Paletten	403,00
30 Paletten	485,00

- Jeweils 500 Elektromotoren können auf einer Europalette versendet werden.
- Die Lagerkosten pro Elektromotor betragen 0,55 EUR. Aufgrund des gleichmäßigen Verbrauchs befindet sich durchschnittlich stets die halbe Bestellmenge im Lager. Ein Mindestbestand ist nicht zu berücksichtigen.

Ermitteln Sie mithilfe des nachstehenden Kalkulationsschemas die optimale Bestellmenge und bestimmen Sie, wie viele Bestellungen INTERSPED pro Monat tätigen soll.

Anzahl Bestellungen/Monat	12	6	4	3	2	1
Bestellkosten						
Bestellmenge Elektromotoren						
= Anzahl Paletten						
Transportkosten je Bestellung						
Transportkosten gesamt						
durchschnittlicher Lagerbestand						
Lagerkosten						
Gesamtkosten						

Aufgabe 13

Der durchschnittliche Tagesumsatz an Laserdruckern in den JUPITER-Filialen beträgt 24 Stück. Der Höchstbestand im Lager bei INTERSPED beträgt 800 Drucker. Als Mindestbestand werden vier Tagesumsätze angesehen, die Lieferzeit beträgt sieben Werktage.

a Berechnen Sie den Meldebestand sowie die höchstmögliche Bestellmenge.
b Ermitteln Sie Meldebestand und höchste Bestellmenge, wenn die Lieferzeit auf vier Tage verkürzt werden kann.
c Ermitteln Sie Meldebestand und höchste Bestellmenge, wenn die Lieferzeit nach wie vor sieben Werktage beträgt, der durchschnittliche Tagesumsatz jedoch auf 35 Laserdrucker ansteigt.

Aufgabe 14

In der Spedition INTERSPED werden die Güter eines Versenders einer ABC-Analyse unterworfen, um die Güter nach ihrem Wert zu klassifizieren.

a Ordnen Sie den nachfolgenden Gütern die Klassifizierung A, B oder C zu (80 : 15 : 5).
b Stellen Sie die Konsequenzen dar, die dem Kunden für die Vorratshaltung dieser Produkte empfohlen werden.

Rang	Artikel-Nr.	Güterwert in Euro	Güterwert in %	Güterwert in % kumuliert	Kategorie A, B oder C
1	12-44-970	435 000,00	21,14		
2	12-44-978	390 200,00	18,96		
3	12-44-971	356 000,00	17,30		
4	12-44-973	309 000,00	15,01		
5	12-44-975	224 000,00	10,88		
6	12-44-977	125 000,00	6,07		
7	12-44-972	83 000,00	4,03		
8	12-44-974	54 000,00	2,62		
9	12-44-984	23 000,00	1,12		
10	12-44-980	15 000,00	0,73		
11	12-44-981	14 000,00	0,68		
12	12-44-976	12 000,00	0,58		
13	12-44-979	9 000,00	0,44		
14	12-44-983	6 000,00	0,29		
15	12-44-982	3 000,00	0,15		
		2 058 200,00	100,00		

Aufgabe 15

Für die Materialien eines Versenders wurde eine ABC-Analyse begonnen. Die Produkte werden nach Wert und Menge untersucht. Folgende Arbeitsschritte sind bereits erledigt worden:

1 Der wertmäßige Jahresverbrauch wurde errechnet.
2 Die Tabelle wurde nach dem wertmäßigen Jahresverbrauch absteigend sortiert.
3 Die wert- und mengenmäßigen Prozentanteile wurden ermittelt.

a Ergänzen Sie die freien Spalten der Tabelle und klassifizieren Sie die Materialien als A-, B- oder C-Produkte. Gehen Sie von folgenden Klassengrenzen aus:

	Wertanteil	Mengenanteil
A-Güter	≈ 70 %	≈ 10 %
B-Güter	≈ 20 %	≈ 20 %
C-Güter	≈ 10 %	≈ 70 %

Material-nummer	Einstands-preis in Euro	Menge (pro Jahr)	Jahresverbrauch (wertmäßig) in Euro	%-Anteil (wertmäßig)	Kumulierter %-Anteil (wertmäßig)	%-Anteil (mengenmäßig)	Kumulierter %-Anteil (mengenmäßig)	ABC-Klassifikation
M108	72,50	500	36 250,00	35,7		5,1		
M103	68,25	510	34 807,50	34,3		5,2		
M101	11,40	650	7 410,00	7,3		6,6		
M106	10,50	640	6 720,00	6,6		6,5		
M102	9,10	700	6 370,00	6,3		7,1		
M104	1,50	1 800	2 700,00	2,7		18,3		
M107	1,60	1 350	2 160,00	2,1		13,8		
M109	1,35	1 550	2 092,50	2,1		15,8		
M105	2,30	860	1 978,00	1,9		8,8		
M110	0,80	1 250	1 000,00	1,0		12,7		
		9 810	101 488,00	100,0		100,0		

b Ordnen Sie die nachfolgend aufgeführten Maßnahmen den A- oder C-Gütern zu.

Maßnahmen	A o. C	Maßnahmen	A o. C
geringer Aufwand bei der Bestandsüberwachung		niedrige Sicherheitsbestände	
bestandsminimierende Bewirtschaftung		Bestellung in kostenoptimalen Losgrößen	
einfache Bestellabwicklung		Stichprobeninventur	
permanente Inventur		exakte Disposition hinsichtlich Menge und Termin	
verbrauchsgesteuerte Materialversorgung (just in time)		bedarfsgesteuerte Materialversorgung (Monats-, Vierteljahres-, Jahresbedarf)	

Aufgabe 16

Für den Bau des Lkw-Typs MW 7065 wird das Stammwerk der Motorenwerke Heilbronn (MWH) täglich unter anderem mit folgenden Teilladungen beliefert:

Standort des Lieferanten	Lademeter	Standort des Lieferanten	Lademeter
Aschaffenburg	6,9	Mainz	5,7
Darmstadt	3,6	Mannheim	4,0
Ludwigshafen	4,2	Offenbach	3,2

Als langjähriger Logistikpartner von MWH erhält die Spedition HESSENKRAFT den Auftrag, die Belieferung des Heilbronner Werkes mit den obigen Teilladungen mit Hilfe des Beschaffungskonzeptes „Milkrun" zu organisieren.

Alle Teilladungen fallen genau einmal täglich mit den angegebenen Lademetern an. Jeder Milkrun beginnt morgens um 07:00 Uhr im Werk Heilbronn, nachdem die Lkw jeweils mit Leergut und Leergestellen für die Lieferanten beladen worden sind. Bei jedem Lieferanten ist mit einem Aufenthalt von 50 Minuten für die Entladung des Leergutes und die anschließende Beladung mit Vollgut zu rechnen, von denen der Fahrer 30 Minuten als Ruhezeit beanspruchen kann.

HESSENKRAFT stehen für die Transporte Sattelzüge mit Standard-Ladelänge sowie Gliederzüge mit Wechselbrücken nach BDF-Norm zur Verfügung. Die Durchschnittsgeschwindigkeit wird mit 60 km/h kalkuliert.

a Ermitteln Sie anhand der Lademeter-Angaben Anzahl und Art der für diesen Auftrag benötigten Lkw. Die Teilladungen sollen dabei nach Möglichkeit nicht auf zwei Ladeeinheiten verteilt werden.

b Erstellen mit Hilfe der km-Matrix sowie der Lageskizze für die unter a ermittelten Lkw eine kmoptimierte Tourenplanung nach dem Milkrun-Konzept.

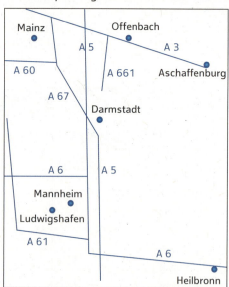

Entfernungen in km	Darmstadt	Heilbronn	Ludwigshafen	Mainz	Mannheim	Offenbach
Aschaffenburg	50	110	120	75	115	35
Darmstadt		120	60	40	60	40
Heilbronn			90	160	80	160
Ludwigshafen				80	15	95
Mainz					85	60
Mannheim						90

c Geben Sie die jeweilige Uhrzeit an, zu der die Lkw im MWH-Werk Heilbronn eintreffen.

d Überprüfen Sie, ob die von Ihnen geplanten Touren den Regelungen zu den Lenk- und Ruhezeiten nach den EG-Sozialvorschriften entsprechen.

e Erläutern Sie, woher der Begriff „Milkrun" für dieses Beschaffungskonzept stammt.

Aufgabe 17

Nach der Übernahme der JIS-Belieferung mit Armaturentafeln für die Automobilwerke AG wirbt INTERSPED auf seiner Homepage u.a. damit, dass man nunmehr auch als „3PL" aktiv ist.

a Geben Sie an, für welchen englischen Begriff das Kürzel „3PL" steht.

b Beschreiben Sie am Beispiel der Tätigkeit von INTERSPED für die Automobilwerke AG die Rolle eines 3PL in der Supply Chain für seinen Kunden.

c Grenzen Sie den „3PL" von den verwandten Begriffen „2PL" sowie „4PL" ab.

Aufgabe 18 (Prüfungsnahe Aufgabenstellung)

Situation

INTERSPED hat den Zuschlag der AUTOMOBILWERKE AG (AMW) erhalten und beliefert seit mittlerweile drei Monaten das Werk in Creuzburg mit den Instrumententafeln der STELLA FAHRZEUGTECHNIK GmbH. Im Zuge der Vertragsverhandlungen hatte man sich letztlich auf einen Preis von 3,17 EUR für das Leistungspaket A (Rundlauftransport zum Herstellerwerk sowie Be- und Entladung bei Systemlieferanten) geeinigt.

Für Gerd Berger ist es ein lohnendes Geschäft, da er seine ursprünglich geplante Gewinnspanne durch die Anwendung des Trailerkonzeptes erheblich erhöhen konnte. Dieses Konzept besagt, dass jeweils ein Sattelauflieger bei der STELLA GmbH sowie bei der AUTOMOBILWERKE AG an der Rampe zum Be- bzw. Entladen bereitsteht und ein Sattelzug ununterbrochen zwischen Oetmannhausen und Creuzburg pendelt.

1 (4 Punkte)

Berechnen Sie mit Hilfe des nachstehenden Auszuges aus der Kalkulation

1.1 den jährlichen Umsatz (= Gesamtpreis), den INTERSPED beim Leistungspaket A erzielt,
1.2 den Gewinn in Euro,
1.3 den Gewinnzuschlag in Prozent
1.4 den Mehrgewinn, den INTERSPED gegenüber dem ursprünglich geplanten Gewinnzuschlag von 2,5 % erzielt.

Gesamtbetrachtung Leistungspaket A		
Summe Kosten: 1 Sattelzugmaschine		69 037,50 EUR
Summe Kosten: 3 Auflieger		23 700,00 EUR
Summe Personalkosten: 4 Fahrer		136 800,00 EUR
Zwischensumme 1		229 537,50 EUR
Allgemeine Verwaltungskosten 7,5 %		17 215,31 EUR
Zwischensumme 2		246 752,81 EUR
Gewinnzuschlag	%	EUR
Gesamtpreis		EUR
Ausbringungsmenge (Pkw)		90 000 Stck.
Preis pro Fahrzeug		3,17 EUR

2 (3 Punkte)

Sämtliche Module „Instrumententafel" für den Kleinwagen XETRAX werden vom Systemhersteller STELLA FAHRZEUGTECHNIK GmbH ins 25 km entfernte Werk der AUTOMOBILWERKE AG geliefert.

Begründen Sie, welche drei Sourcing-Konzepte im Rahmen dieser Beschaffungssituation gleichzeitig Anwendung finden.

3 (3 Punkte)

Bei der Belieferung des Werkes der AUTOMOBILWERKE AG wird das JIS-Konzept angewendet. Beschreiben Sie, inwiefern es sich bei JIS um die Fortentwicklung der JIT-Konzeption handelt.

4 (6 Punkte)

Nach dem positiven Start in die neue Geschäftsbeziehung möchte Gerd Berger mittelfristig auch als Gebietsspediteur für die AUTOMOBILWERKE AG tätig werden.

Beschreiben Sie stichwortartig das Konzept der Gebietsspedition und nennen Sie je zwei Vorteile, die der Gebietsspediteur sowie der Automobilhersteller durch dieses Konzept erzielen.

5 (5 Punkte)

Im Rahmen einer weiteren Ausschreibung der AUTOMOBILWERKE AG geht es um die JIS-Belieferung des Moduls „Küchenblock" für das neue Transportermodell „T 16". Das Modul wird beim Systemlieferanten KOLBERG MOBILKONZEPTE GmbH in Mönchengladbach gefertigt und soll im AMW-Transporterwerk in Wesel produktionssynchron angeliefert werden.

Zwischen INTERSPED und der KOLBERG MOBILKONZEPTE GmbH besteht bereits eine Geschäftsbeziehung: die Kühlschränke, welche der Systemlieferant in das Modul „Küchenblock" für den Transporter „T 16" einbaut, werden in Novo Mesto (Slowenien) produziert. Von dort aus werden sie von INTERSPED nach Düsseldorf befördert und eingelagert, bis sie gemäß Abruf an KOLBERG nach Mönchengladbach geliefert werden. Bei Erreichen des Meldebestandes wird automatisch eine neue Bestellung in Novo Mesto zum Auffüllen des INTERSPED-Lagers ausgelöst.

5.1 Notieren Sie die Formel zur Ermittlung des Meldebestandes.

Neben den Kühlschränken lagert INTERSPED in der Lagerhalle 3 noch weitere Artikel verschiedener Kunden aus dem Automotive-Bereich. Für diese Halle hat INTERSPED eine ABC-Analyse angefertigt, aus der nachstehende graphische Darstellung resultiert.

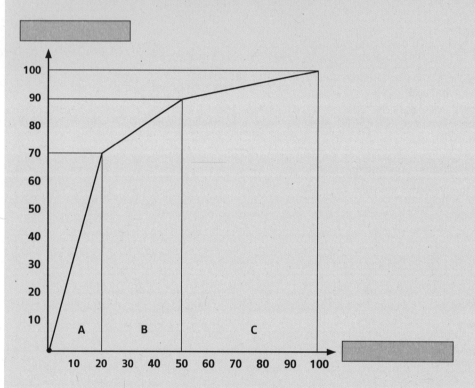

5.2 Beschriften Sie die beiden Achsen der Grafik.
5.3 Interpretieren Sie diese Darstellung inhaltlich.

6 (6 Punkte)

INTERSPED hat für das Lagergeschäft mit den Kühlschränken aus Novo Mesto eine Transaktionskostenrechnung erstellt. In nachstehendem Auszug ist die vierte Position dargestellt:

(1)	(2)	(3)	(4)	(5)	(6)	(7)
Lfd. Nr.	Transaktion	Min.	Faktor	Min./WE	Euro/WE	Euro/Palette
3.	(...)					
4.	Wareneingangskontrolle und Mengenprüfung	0,5	32	16	16 · 19,20 EUR / 60 Min. = 5,12 EUR	
5.	(...)					

6.1 Erläutern Sie anhand des Beispiels die Eintragungen in den Spalten 4 und 6.
6.2 Führen Sie die Berechnung in Spalte 7 durch.
6.3 Am Ende der Berechnung werden 14 % Verteilzeiten und 16 % Abwesenheitszeiten auf den ermittelten Wert aufgeschlagen.
Unterscheiden Sie Verteil- und Abwesenheitszeiten und erläutern Sie, warum diese Zeiten in einer Transaktionskostenrechnung unbedingt berücksichtigt werden müssen.

7 (3 Punkte)

Im Rahmen einer Sonderaktion hatte INTERSPED für die KOLBERG MOBILKONZEPTE GmbH den Auftrag zur Umrüstung von Kühlschränken für den britischen Markt übernommen: die Stecker sollten durch ein in britische Steckdosen passendes Modell ausgetauscht werden. INTERSPED hatte mit seinem Kunden für dieses Geschäft die Logistik-AGB vereinbart.

Während der Umrüsttätigkeiten ist den INTERSPED-Mitarbeitern ein Fehler unterlaufen, so dass die Gefahr eines Kurzschlusses in den mit den Kühlschränken ausgestatteten Fahrzeugen bestand. Im schlimmsten Fall hätten die Fahrzeuge dadurch komplett ausbrennen können.

Im Rahmen einer Rückrufaktion mussten 250 Fahrzeuge umgerüstet werden. Die Kosten für diese Aktion betrugen 480,00 EUR pro Fahrzeug.

7.1 Geben Sie die Schadensart an und ermitteln Sie den Schadenersatz, den INTERSPED zu leisten hat.

7.2 Nennen Sie zwei weitere typische logistische Dienstleistungen, für die die Logistik-AGB entwickelt worden sind.

SELBSTTEST LERNSITUATION 22

→ Diese **Prozesse** beherrsche ich (X):

	voll	weitgehend	eher nicht	gar nicht
ein Angebot für ein Projekt zur Beschaffungslogistik entwerfen				
Leistungspakete für eine Just-in-sequenz-Belieferung kalkulieren				
Schlepper- und Staplerkosten kalkulieren				
Liefertakte in einem Modell zur Fertigungssteuerung bestimmen				
einen Notfallplan entwickeln				
ein Gebietsspediteur-Konzept räumlich festlegen und ein Preismodell vorschlagen				
Verbrauchsstrukturen durch ABC-Analysen festlegen				
optimale Bestellmengen berechnen				

→ Diese **Begriffe** kenne ich (✓):

- 4 PL ☐
- ABC-Analyse ☐
- bedarfsgesteuerte Materialbereitstellung ☐
- Beschaffungslogistik ☐
- Bestellpunktverfahren ☐
- Bestellrhythmusverfahren ☐
- Gebietsspediteur-Konzept ☐
- Global Sourcing ☐
- Just in sequence ☐
- Just-in-time-Produktion ☐
- KANBAN ☐
- Kontraktlogistik ☐
- Lean Production ☐
- Logistikvertrag ☐
- Modular Sourcing ☐
- optimale Bestellmenge ☐
- Outsourcing ☐
- Pull-Prinzip ☐
- Transshipment-Konzept ☐
- verbrauchsgesteuerte Materialbereitstellung ☐

Abschlussaufgabe Lernsituation 22

Situation

Die HELLWEG Logistik GmbH aus Bochum hat in ihrem Kerngeschäft Automotive einen hervorragenden Ruf. Einer der größten Kunden in diesem Segment ist die SPORTWAGEN AG, für die HELLWEG insbesondere auf der beschaffungslogistischen Seite aktiv ist.
Ein wichtiger Lieferant der SPORTWAGEN AG ist die BRINKER GmbH in Wuppertal. BRINKER produziert Elektromotoren für unterschiedliche Einsatzgebiete in Kraftfahrzeugen. Die neueste Entwicklung ist ein extrem leichter und kleiner Motor für elektrische Fensterheber, wie sie u. a. im neuen Mittelklasse-Cabrio „C 90" der SPORTWAGEN AG verwendet werden. Für jeden Pkw werden zwei Fensterheber-Motoren benötigt. Diese werden in Kleinladungsträgern auf Europaletten zum Modullieferanten KORMANN GmbH im sächsischen Grimma geliefert, welcher die kompletten Türinnenverkleidungen des „C 90" zusammensetzt und sie dann produktionssynchron in das 35 km entfernte Cabrio-Produktionswerk der SPORTWAGEN AG nach Leipzig liefert.

1

Die takt- und typengenaue Versorgung des SPORTWAGEN-Werkes in Leipzig mit den Modulen „Türinnenverkleidung" der Kormann GmbH ist Gegenstand einer aktuellen Ausschreibung des Automobilherstellers SPORTWAGEN AG. Diesbezüglich liegen HELLWEG nachstehende Informationen vor:

I. Arbeitszeit
- 37,5 Std./Woche; 3-Schicht-Betrieb Mo-Fr
- bei Schichtwechsel ruht das Band für laufende Wartungsarbeiten; 250 Arbeitstage/Jahr

II. Produktionsplanung
67 500 Cabrios „C 90" pro Jahr

III. Transportgestelle
- je ein Modul „Türinnenverkleidung links/rechts" pro Transportgestell
- Maße: 0,82 m × 2,34 m × 1,55 m
- Stapelfaktor: 0; Taragewicht: 62 kg

Im Falle eines Zuschlags plant die HELLWEG Logistik GmbH, für den Transport der Module ausschließlich Sattelzüge mit einer Aufliegerlänge von 12,60 m (Innenmaß) einzusetzen. HELLWEG legt als Erfahrungswert für die Strecke von der KORMANN GmbH in Grimma zum SPORTWAGEN-Werk in Leipzig über die gut ausgebaute Bundesstraße einen Schnitt von 60 km/h zugrunde. Für die Be- bzw. Entladung per Gabelstapler – jeweils durch Lagerpersonal durchzuführen – wird pro Modul jeweils eine Minute eingeplant.

Ermitteln Sie anhand der gegebenen Informationen
a den Grundtakt, d. h. die Frequenz der Pkw-Produktion bzw. Lieferabrufe in Minuten,
b die Lkw-Kapazität sowie den Lkw-Takt in Minuten,
c die Rundlaufzeit,
d die Anzahl der benötigten Lkw und Fahrer.

2

Entscheiden Sie, welches der drei nachstehenden Sourcing-Konzepte die SPORTWAGEN AG im Rahmen der Beschaffung der Türinnenverkleidungen betreibt:
- Global Sourcing,
- Single Sourcing,
- Modular Sourcing.

Beschreiben Sie die beiden anderen Sourcing-Konzepte, indem Sie je zwei Vor- und Nachteile auflisten.

3

Ermitteln Sie die Bundesautobahnen, die ein Lkw, beladen mit den Elektromotoren der BRINKER GmbH, auf dem kürzesten Weg von Wuppertal nach Grimma befährt, sowie die Autobahnkreuze, an denen die Autobahnen gewechselt werden.

4

HELLWEG betreibt für die SPORTWAGEN AG am Standort Bochum ein Lager mit Standard-Produkten, die für unterschiedliche Modelle des Herstellers verwendet werden. Für einige Artikel liegen nachstehende Daten vor:

Artikel	Umschlagmenge/Jahr in Stk.	Ø Lagerbestand in Stk.	Umschlaghäufigkeit	Ø Lagerdauer in Tagen	Lagerabgang pro Tag in Stk.	Lagerreichweite in Tagen
Batterien	18 500	1 850	10,0	36,0	74	
Edelstahlfelgen	37 500	1 250			150	8,3
Alufelgen		2 200	25,0	14,4	220	10,0
Navigationsgeräte	14 000		35,0	10,3	56	
Anhängerkupplungen	4 500	900		72,0		50,0
Warndreiecke	30 000	2 000			120	16,7
Wagenheber	7 500		7,5			

Berechnen Sie die fehlenden Werte anhand der vorliegenden Daten (250 Arbeitstage pro Jahr).

5

Für die Lagerung der Artikel für die SPORTWAGEN AG hat HELLWEG ein Lagergebäude angemietet. Die Bruttolagerfläche beträgt 7 800 m² bei einer Monatsmiete von 15 000,00 EUR. Folgende Lagerkosten fallen zusätzlich an:
- Versicherungskosten jährlich: 9 800,00 EUR,
- Energiekosten monatlich: 2 600,00 EUR,
- Instandhaltungskosten jährlich: 6 000,00 EUR,
- Verwaltungskosten vierteljährlich: 8 200,00 EUR.

a Berechnen Sie die jährlichen Lagerungskosten für das Gebäude.
b Berechnen Sie die monatlichen Lagerungskosten je Quadratmeter, wenn die nutzbare Lagerfläche 75 % der Bruttolagerfläche beträgt.

6

HELLWEG hat die Preise für die SPORTWAGEN AG in einigen Bereichen mithilfe der Transaktionskostenrechnung kalkuliert. Im Folgenden ist als Auszug aus dieser Berechnung für den Wareneingang die erste Position dargestellt:

Transaktion	Min.	Faktor	Min./WE	Euro/WE	Euro/Palette
1. Büro: Meldung Fahrer, Koordinierung und Zuweisung der Rampe	2	1	2	2 · 21,00 EUR/60 Min. = 0,70 EUR	0,70 EUR/35 Paletten = 0,02 EUR
2. ...	...	...	...	...	...

a Erläutern Sie anhand des Beispieles die Eintragungen in den einzelnen Spalten.
b Nennen Sie je zwei wesentliche Vorteile der Transaktionskostenrechnung für den Auftraggeber sowie für den Logistikdienstleister.

7

Nachstehend ein Auszug aus dem Lagervertrag zwischen HELLWEG und der SPORTWAGEN AG:

> **§ 6 Lagerung**
>
> Die Anlieferung der Waren an die SPORTWAGEN AG erfolgt auf artikelreinen bzw. **Sandwichpaletten**. Im HELLWEG-Lager werden die Paletten in Regallagerung im **Freiplatzsystem** oder in **Boden-Zeilenlagerung** nach dem **FIFO-Verfahren** gelagert. Folgende **Value-added Serices** sind Bestandteil des Vertrages:
> – Bestandsführung inkl. eventuelle Überprüfung von MHD
> – Kommissionierung [...]

Erklären Sie die markierten lagerlogistischen Fachbegriffe.

8

Im Zuge der Inventurarbeiten fällt eine Palette mit 48 Alufelgen à 2 kg im Wert von 2 400,00 EUR aus großer Höhe aus dem Palettenregal. Aufgrund der Beschädigungen gelten die Felgen als Totalschaden (1 SZR = 1,1542 EUR).

a Berechnen Sie Haftungssumme, für die HELLWEG nach ADSp haften muss.
b Beurteilen Sie, ob es sich um einen Inventurschaden handelt, und erläutern Sie die Regelungen für Inventurdifferenzen gemäß Ziffer 24 ADSp.
c Nennen Sie die Haftungsgrenzen für einen Schadensfall bzw. ein Schadensereignis bei verfügter Lagerung nach ADSp.

Lernsituation 23
Ein Angebot für ein Distributionslogistik-Projekt abgeben

Die INTERSPED GmbH ist seit einigen Monaten für einen Versender tätig, der Fernsehgeräte aus China importiert und an Elektronik-Märkte in Europa verkauft. Das Unternehmen, die FE-IMPEX GmbH, Bergstraße 15, 40627 Düsseldorf, ist noch sehr jung.

Die INTERSPED GmbH hat bisher den Import und den Transport zum Importeur übernommen. Dort wurden die Geräte ausgepackt, mit landesspezifischen Decodern, Netzgeräten, Kabeln und Bedienungsanleitungen versehen und dann nach den Wünschen der Elektronik-Märkte typengerecht kommissioniert. Die Geräte stehen in vier Varianten zur Verfügung. Anschließend übernahm INTERSPED wieder den Transport zu den Empfängern über das nationale und internationale Sammelgutnetz.

Nun ist der Leiter des Unternehmens, Herr Bremer, am Telefon.

Herr Bremer: „Die Geschäfte laufen immer besser, es wächst mir langsam über den Kopf. Ich habe mir daher Folgendes überlegt: Warum schaffen wir die Geräte erst zu mir, da sie doch ohnehin wieder auf Ihrem Lager landen? Einfacher wäre es, die Fernsehapparate blieben auf Ihrem Lager. Dann müssten Sie nur die länderspezifische Umrüstung der Fernsehapparate übernehmen. Das ist aber völlig unproblematisch und dauert pro Gerät eine Viertelstunde. Meine Teilzeitkräfte könnten Sie übernehmen. Dann habe ich mit dem Vertrieb nichts mehr zu tun. Sie bekommen die Aufträge für den Import und die Kommissionieraufträge für die Auslagerung."

Herr Berger: „Wir wollen Sie gerne beim Outsourcing unterstützen. Freie Lagerkapazitäten stehen zur Verfügung."

Herr Bremer: „Sehr schön. Ich benötige dann von Ihnen einen Preis pro Palette sowie pro Gerät."

Herr Berger: „Ich erstelle Ihnen ein Angebot für die Einlagerung, die eigentliche Lagerung, die Kommissionierung und die Auslagerung, sowohl auf Palettenbasis als auch bezogen auf jeweils ein Gerät. Hinsichtlich des Mengengerüstes und für die Kalkulation der logistischen Zusatzleistungen benötige ich von Ihnen noch ein paar Details."

Herr Bremer: „Die maile ich Ihnen gleich zu."

Herr Berger: „Dann erhalten Sie von mir auch sehr schnell das Angebot."

Der kurz darauf eintreffenden E-Mail sind folgende Daten zu entnehmen:

- ca. 200 Vollpaletten pro Monat im Eingang; 18 Kartons pro Palette
- zusätzlich ca. zwei Paletten mit Zubehör pro Monat (Decoder, Netzteil, Kabel, Bedienungsanleitungen)
- Im Ausgang befinden sich durchschnittlich 14 Kartons auf einer Palette.
- Die Umrüstung dauert pro Gerät 15 Minuten. Die Teilzeitkräfte kosten pro Stunde 14,00 EUR (einschließlich Lohnnebenkosten).

Für den Auftrag mit den TV-Geräten steht das Getränkelager mit den Raab-Produkten zur Verfügung. Es ist daher zu prüfen, wie dieses Geschäft in die bestehenden Abläufe in dieser Lagerhalle eingebunden werden kann.

Siehe Lernsituation 13

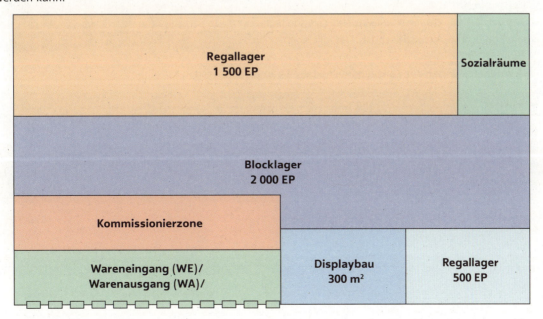

Lernsituation 23 zum Informationshandbuch Seite 473–483

Herr Berger im Gespräch mit Herrn Baumeister, der das Angebot erstellen soll:

Herr Berger: „Halten Sie bitte auch die Haftungsproblematik im Auge, weil wir hier ja nicht nur als Spediteur tätig sind."

Herr Baumeister: „Wir arbeiten nach ADSp – steht auf jedem Papier, das aus dem Haus geht – und wir sind haftungsversichert. Die Versicherung tritt für alle Haftungsansprüche ein, die nach ADSp oder HGB an uns gestellt werden."

Herr Berger: „Schauen Sie einmal in Ziffer 2 ADSp. Wir haben es hier auch mit logistischen Nebenleistungen zu tun, die nach meiner Meinung nicht unter die ADSp fallen. Ich denke, wir müssen zusätzlich die Logistik-AGB vereinbaren und eine entsprechende Versicherung abschließen."

Herr Baumeister: „Aber was soll denn bei diesem Auftrag passieren?"

Herr Berger: „Erinnern Sie sich noch an die Umtauschaktion bei unseren frisch gekauften Laptops? Die Netzteile wurden ausgetauscht, da unter ungünstigen Bedingungen ein Gerätebrand möglich sein sollte. Stellen Sie sich einmal vor, unsere Aushilfen bauen falsche Netzteile in die Fernseher ein."

Logistik-AGB/Versicherung

Nach Auskunft unserer Versicherung kostet der Abschluss einer Versicherung im Zusammenhang mit den Logistik-AGB ca. 2 500,00 EUR im Jahr. Wegen des hohen Risikos bei der Umrüstung der TV-Geräte sind 2 000,00 EUR davon in den Palettenpreis einzukalkulieren. Die restlichen 500,00 EUR entfallen auf Nebenleistungen, die in der Getränkelogistik für Raab erbracht werden.

> **Arbeitsauftrag** (Vorschlag)
> Unterbreiten Sie der FE-IMPEX GmbH ein Angebot für die Lagerung und Distribution der Fernsehgeräte:
> 1. Beschreiben Sie, wie der Auftrag in die vorhandene Lagerlogistik von INTERSPED eingebunden werden kann (siehe Lernsituation 13).
> 2. Kalkulieren Sie den Preis pro Palette für das Kommissionieren der Fernsehgeräte.
> 3. Ermitteln Sie den Preis für die logistische Zusatzleistung (Umrüstung der Geräte nach landesspezifischen Anforderungen).
> 4. Prüfen Sie, ob die Logistik-AGB für diesen Auftrag vereinbart werden sollten und welchen Deckungsschutz die zugehörige Versicherung bietet.
> 5. Entwerfen Sie ein Schreiben an die FE-IMPEX GmbH, in dem Sie das Angebot unterbreiten.

Preiskalkulation

- Für das Einlagern und Auslagern können die Preise aus der Getränkelogistik übernommen werden:
  - Einlagerung: pro Palette 2,74 EUR (als Ergebnis einer Prozesskostenrechnung),
  - Auslagerung: pro Palette 6,68 EUR (ebenfalls aus einer Prozesskostenrechnung).
- Für die Lagerung berechnet INTERSPED 4,00 EUR pro Palette und Monat.
- Der Preis für das Kommissionieren ist neu zu kalkulieren, weil er produktspezifisch ist. Das gilt ebenso für das Umrüsten.

Einige Vorüberlegungen zur Kalkulation sind bereits angestellt worden.

Basisdaten	
Gehalt kaufmännische Mitarbeiterinnen und Mitarbeiter (pro Stunde inklusive Lohnnebenkosten)	22,00 EUR
Lohn gewerblicher Mitarbeiterinnen und Mitarbeiter (pro Stunde inklusive Lohnnebenkosten)	16,00 EUR
Verteilzeiten	19 %
Zeiten der Abwesenheit	18 %
Kosten Stapler je Stunde	5,00 EUR
Kosten für Kommissionierfahrzeug je Stunde	6,00 EUR
allgemeine Verwaltungskosten	10 %
Gewinn	5 %

Lernsituation 23 zum Informationshandbuch Seite 473–483

Kommissionieren			
Tätigkeit/Transaktion	Minuten pro Palette	Kosten pro Std./Euro	Euro pro Palette
Bereitstellung der Produkte in der Kommissionierzone (kontinuierliche Bestandshaltung für den Kommissionierprozess)	2	16,00	0,53
Staplereinsatz für die Bereitstellung	2	5,00	0,17
Auslagerungsauftrag entgegennehmen, Kommissionierauftrag erstellen		22,00	
Bereitstellung der erforderlichen Kommissionierhilfsmittel und Entnahme der Ladeeinheit			
Aufsuchen der Bereitstellplätze in der Kommissionierzone			
Kommissionierfahrzeugeinsatz für Entnahme der Ladeeinheit und Aufsuchen der Bereitstellplätze			
Kommissionierung der Ladeeinheit und Abschlussmeldung an das Lagerverwaltungssystem			
Abgabe der Palette an die Umrüstfläche			
Kommissionierfahrzeugeinsatz für das Kommissionieren und die Abgabe der Palette an die Umrüstfläche			
Aufsuchen der Umrüstfläche, Übernahme der Palette und Bereitstellung im Warenausgang			
Staplereinsatz für das Aufsuchen der Palette am Umrüstplatz und das Bereitstellen im Warenausgang			
Buchung der Kommissionierung und zeitnahe Übertragung der Daten an das Warenwirtschaftssystem des Auftraggebers			
Kfm. Mitarbeiter/-innen: Verteilzeiten [19%] + Abwesenheit [18%] = 37% auf die kaufm. Einsatzzeit		22,00	
Gewerbliche Mitarbeiter/-innen: Verteilzeiten [19%] + Abwesenheit [18%] = 37% auf die gewerbl. Einsatzzeit*		16,00	
		Euro pro Palette	

* ohne die Einsatzzeiten von Stapler und Kommissionierfahrzeug

Allgemeine Verwaltungskosten 10%	
Zwischensumme	
Gewinn 5%	
Nettopreis pro Palette	

Umrüstung

Tätigkeiten	Kalkulationsdaten
■ Entnahme des Kartons von der Palette ■ Öffnen des Kartons, Entnahme des Geräts ■ Öffnen des Geräts ■ Einbau von Decoder und Netzteil ■ Schließen des Geräts, Rücklage in den Karton ■ Hinzufügen von Kabeln und Bedienungsanleitung ■ Schließen des Kartons, Rücklage auf die Palette	■ durchschnittlich 14 Kartons pro Palette ■ Arbeitszeit = 15 Minuten pro Gerät ■ Lohnkosten 14,00 EUR pro Stunde ■ anteilige Versicherungskosten ■ 10% allgemeine Verwaltungskosten ■ 5% Gewinn

Angebotspreis

Tätigkeit	Preis pro Palette in Euro	Ø Anzahl Kartons pro Palette	Preis pro Karton in Euro
Einlagern			
Lagern			
Kommissionieren			
Umrüsten			
Auslagern			
Summe			

Lernsituation 23 zum Informationshandbuch Seite 473–483

Aufgabe 1
Nachfolgend werden Arbeitsschritte bei der Kommissionierung von Getränken beschrieben. Die Schritte sind ungeordnet. Bringen Sie die Arbeitsschritte in die richtige Reihenfolge:

a  Der Kommissionierer erhält die Aufforderung, das Packstück an einem definierten Bereitstellungsplatz abzustellen.

b  Der Kommissionierer wird mittels Information auf seinem Touchscreen zu einem Kommissionierplatz geführt und erhält den Pickauftrag mit Angabe der Artikelnummer, Artikelkurzbezeichnung, Greifeinheit (Karton) und Greifmenge.

c  Ausdruck des Transportlabels

d  Kommissionierung der Einzelpositionen

e  Auftragseingang vom Hersteller

f  Onlineverwiegung zur Qualitätskontrolle des Kommissioniervorgangs

g  Automatische Information an das Lagerverwaltungsprogramm: Status „verpackt"

h  Wickeln der kommissionierten Palette

i  Scannen des Lagerplatzes

Aufgabe 2
Nun ist genau das eingetreten, was Herr Berger befürchtet hatte: In England sind zwei Fernsehgeräte wegen falscher Netzteile reklamiert worden.
Der Importeur verlangte daraufhin eine Rückrufaktion, weil er hohe Schadenersatzansprüche befürchtete. 820 Geräte mussten abgeholt, repariert und erneut zugestellt werden. Kosten der Aktion: 26 000,00 EUR. Prüfen Sie, wer für den Schaden aufzukommen hat, wenn die INTERSPED GmbH die Logistik-AGB vereinbart und die zugehörige Versicherung abgeschlossen hat.

Aufgabe 3

INTERSPED hat mit dem Kunden FE-IMPEX die Logistik-AGB vereinbart, da die Umrüstung der TV-Geräte nicht von einem Verkehrsvertrag nach Ziffer 2.1 der ADSp erfasst wird, jedoch im wirtschaftlichen Zusammenhang mit den speditionellen Dienstleistungen von INTERSPED steht (vgl. Ziffer 1.1 Logistik-AGB).

LOGISTIK-AGB

Nach einigen Monaten der Zusammenarbeit haben sich u. a. folgende Ereignisse und Fragen ergeben, bei denen die Beteiligten zu prüfen haben, ob und ggf. in welcher Art die Logistik-AGB jeweils greifen:

a Gleich zu Beginn der Zusammenarbeit hat FE-IMPEX die Bestätigung eines Versicherers über den Abschluss einer Haftungsversicherung durch INTERSPED verlangt.

b Die Datenfernübertragung zwischen FE-IMPEX und INTERSPED war drei Tage lang nicht möglich, weil FE-IMPEX ein neues IT-System installiert hatte.

c Während der Montagetätigkeit fielen zwei TV-Geräte vom Arbeitstisch. Es entstand ein Schaden in Höhe von 1 800,00 EUR.

d Ein Disponent von INTERSPED hat Dateien mit den Lagerbeständen der verschiedenen Gerätetypen an einen Subunternehmer weitergegeben, der mit dem Transport der Fernseher zu den Elektronik-Märkten beauftragt werden soll.

e Wegen einer Bombenentschärfung auf einem Nachbargrundstück von INTERSPED musste das gesamte Betriebsgelände für 5 Stunden geräumt werden. FE-IMPEX verlangte eine unentgeltliche Nacharbeit am darauffolgenden Samstag.

f Beim Beladen eines Fernverkehrs-Lkw rutschte eine Palette mit 15 Fernsehern vom Stapler und stürzte die Rampe herunter. Gesamtschaden 13 800,00 EUR.

g Als FE-IMPEX neue – stark verschärfte – Qualitätskontrollen einführte, bestand INTERSPED auf Nachverhandlungen, um eine Preisanpassung durchzusetzen.

h Im Rahmen von Stichproben stellte FE-IMPEX fest, dass häufig die Bedienungsanleitungen in den Kartons fehlen. Dies wurde Herrn Berger telefonisch mitgeteilt.

i Die Reklamation falscher Netzteile in Großbritannien führte zu einer Rückrufaktion von 2 800 Geräten. Die gesamten Kosten dieser Aktion betrugen 130 000,00 EUR.

j Als eine fällige FE-IMPEX-Zahlung trotz mehrmaliger Mahnung ausblieb, lieferte INTERSPED zwölf Paletten mit Fernsehern aus und behielt diese zunächst als Pfand.

Rufen Sie die Logistik-AGB im Internet auf und prüfen Sie unter Nennung der jeweiligen Ziffer, in welcher Form die Bestimmungen in den oben genannten Fällen heranzuziehen sind.

Aufgabe 4

In der Spedition INTERSPED soll auf allen Geschäftspapieren der Hinweis auf die ADSp ergänzt werden, und zwar um eine Formulierung, die auf die Logistik-AGB verweist.

a Formulieren Sie den nachfolgenden Text entsprechend um:

> Wir arbeiten ausschließlich auf Grundlage der Allgemeinen Deutschen Spediteurbedingungen 2017 – ADSp 2017 –. **Hinweis**: Die ADSp 2017 weichen in Ziffer 23 hinsichtlich des Haftungshöchstbetrages für Güterschäden (§ 431 HGB) vom Gesetz ab, indem sie die Haftung bei multimodalen Transporten unter Einschluss einer Seebeförderung und bei unbekanntem Schadenort auf 2 SZR/kg und im Übrigen die Regelhaftung von 8,33 SZR/kg zusätzlich auf 1,25 Millionen Euro je Schadenfall sowie 2,5 Millionen Euro je Schadenereignis, mindestens aber 2 SZR/kg, beschränken.

b Erläutern Sie, wie Allgemeine Geschäftsbedingungen unter Kaufleuten wirksam werden.

Aufgabe 5

Um die Logistik-AGB anwenden zu können, müssen zwei Bedingungen erfüllt sein. Bestimmen Sie anhand des nachfolgenden Auszugs aus den Logistik-AGB die beiden Bedingungen.

> **Auszug aus den Logistik-AGB**
>
> 1. **Anwendungsbereich, Vorrang der ADSp**
> 1.1 Diese Logistik-AGB gelten für alle logistischen (Zusatz-)Leistungen, die nicht
> – von einem Verkehrsvertrag nach den Allgemeinen Deutschen Spediteurbedingungen (ADSp) oder
> – von einem Fracht-, Speditions- oder Lagervertrag erfasst werden,
> jedoch vom Auftragnehmer im wirtschaftlichen Zusammenhang mit einem solchen Vertrag erbracht werden; [...]

Quelle: Deutscher Speditions- und Logistikverband e. V. (DSLV)/Institut für Logistikrecht und Riskmanagement (ILRM) (Hrsg.): Logistik-AGB. In: www.dslv.org. Online verfügbar unter: https://www.dslv.org/dslv/web.nsf/gfx/DSLV%20Logistik%20AGBs%20 2006%20deutsch.pdf/$file/DSLV%20Logistik%20AGBs%202006%20deutsch.pdf [16.08.2021].

Aufgabe 6

Frau Theben befindet sich im Gespräch mit dem Versandleiter des italienischen Kofferherstellers FIRENZE, Herrn Steffens. Herr Steffens ist für den Vertrieb in Deutschland verantwortlich und hatte um ein Gespräch gebeten. DIE INTERSPED GmbH unterhält für das italienische Unternehmen das Distributionslager. Die gesamte Produktpalette wird im Lager der INTERSPED GmbH vorrätig gehalten und nach Anweisung des Herstellers an die Kunden, vorzugsweise Einzelhändler, versandt. Im Durchschnitt trifft jeden Tag ein Lkw mit Koffern bei der INTERSPED GmbH ein. In der Verteilung bestehen die Sendungen im Regelfall aus ein bis drei Koffern, die Warenhauskette METRA erhält täglich ca. 100 Koffer, die in das Warenverteilzentrum nach Dortmund zu befördern sind. Das durchschnittliche Volumen eines im Karton verpackten Koffers beträgt 0,1 m³.

Herr Steffens: „Wenn wir die Vertriebszahlen der einzelnen europäischen Länder vergleichen, müssen wir leider feststellen, dass der Versand in Deutschland zu teuer und zu langsam ist.

Die Lagerbestände sind einfach zu hoch, die Umschlagsgeschwindigkeiten der einzelnen Produkte sehr niedrig. Da wir auch modisch orientierte Koffer herstellen, entsteht für uns ein großes Risiko."

Frau Theben: „Wir beobachten die Entwicklung auch mit Sorge, müssen aber feststellen, dass Aufträge, die von Ihnen bis 16:00 Uhr eintreffen, noch am selben Tag zum HUB unserer Sammelgutkooperation gehen und auch die Sendungen der METRA am nächsten Tag zugestellt werden. Schneller geht es nicht."

Herr Steffens: „Das ist auch in Ordnung. Das Problem ist der Lagerbestand. Wir stellen uns vor, das Lager komplett aufzulösen und nur noch ein bestandsloses Transitlager zu unterhalten. Aufträge, die bei uns eintreffen, werden aus dem Fertigwarenlager in Florenz artikelbezogen abgearbeitet, hierher befördert und von Ihnen sendungsbezogen kommissioniert.

Hinzu kommt, dass die METRA nun ein eigenes Mehrwegbehältersystem eingeführt hat. Man verlangt von uns, dass die Koffer in diesen Behältern im Zentrallager angeliefert werden. Außerdem müssen Koffer mit einem Wert ab 50,00 EUR mit einem Sicherungsetikett versehen werden. Das ist ein Chip, der mit einer kleinen Plastikschlaufe am Koffergriff befestigt wird. Zunächst sollte das während der Produktion geschehen – im Grunde für uns kein Problem. Wir kaufen allerdings auch Fertigprodukte aus Fernost hinzu, die wir eigentlich nicht mehr auspacken wollen. Die Arbeit könnte auch im Zentrallager der METRA gemacht werden oder hier bei Ihnen."

Frau Theben: „Ich kann Ihnen versichern, dass wir die drei Probleme zu Ihrer Zufriedenheit lösen werden. Ich mache Ihnen detaillierte Vorschläge."

Herr Steffens: „Gut. Sie müssen natürlich auch den Rücklauf der Mehrwegbehälter organisieren.

Problem Nr. 4: Wir geben auf unsere Qualitätsprodukte eine Garantie von vier Jahren – eine Verdopplung der gesetzlichen Gewährleistungsfrist. Wenn allerdings ein Käufer einen Koffer bei seinem Einzelhändler reklamiert, wird er von Ihnen abgeholt, umgeschlagen, zu uns geschickt, repariert, wieder zu Ihnen befördert, umgeschlagen, zu Ihrem HUB oder dem HUB eines Paketdienstleisters befördert und dem Einzelhändler zugestellt – insgesamt vergehen 14 Tage bis drei Wochen; im Zeitalter der Kundenorientierung eine Katastrophe."

Frau Theben: „Ich nehme an, Sie wünschen, dass wir diese Arbeit hier übernehmen."

Herr Steffens: „Oder sehen Sie eine andere Lösung, die Reparaturzeit auf drei Tage zu verkürzen?"

Frau Theben: „Drei Tage – das ist sehr kurz!"

Herr Steffens: „Sie benötigen eine spezielle Näh- und Kunststoffklebemaschine, Ersatzteile und ausgebildete Mitarbeiterinnen und Mitarbeiter. Bei 25 000 Koffern im Jahr und der langen Lebensdauer unserer Produkte sind das rund 750 Reparaturen im Monat mit einer Durchschnittsreparaturzeit von zehn Minuten. Koffer sind allerdings saisonabhängig."

Frau Theben: „Wir werden diesen Punkt in unsere Überlegungen einbeziehen."

Herr Steffens: „Sehr schön. Wir erwarten von Ihnen ein geschlossenes Konzept, das unsere Geschäftsleitung überzeugt."

Das Umschlaglager von INTERSPED hat den nachfolgend abgebildeten Grundriss. Palettiertes Sammelgut wird mithilfe der Unterflurkettenanlage auf die Relationen verteilt und im Direktverkehr oder über das HUB befördert. Einzelstücke laufen über einen Paketdienst. Die FIRENZE-Koffer treffen als Kartonware bei der INTERSPED GmbH ein und müssen für die jeweilige Relation kommissioniert werden (HUB- oder Direktverkehr).

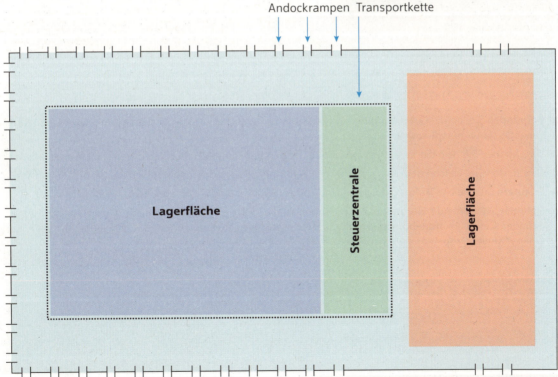

Entwickeln Sie ein Distributionskonzept für die oben beschriebene Situation. Gehen Sie dabei auf folgende Kernüberlegungen ein:

- Transitlager
- Mehrwegbehälterrundlauf
- Mehrwertdienst-Sicherungsetikett
- Mehrwertdienst-Kofferreparatur

Aufgabe 7

Bei INTERSPED wird bisher ausschließlich nach dem Kommissioniersystem „Mann-zur- Ware" kommissioniert. Im Zuge der Modernisierung des Lagers wird erwogen, künftig auch nach dem System „Ware zum Mann" zu arbeiten.

Beschreiben Sie, wie sich die Arbeitsabläufe bei diesen beiden Kommissioniersystemen unterscheiden.

Aufgabe 8

Weiterhin beschäftigt man sich bei INTERSPED auch mit Kommissioniermethoden, die dem neuesten Stand der Technik entsprechen.

a Bei der beleglosen Kommissionierung unterscheidet man unter anderem zwischen einer optisch und einer sprachgesteuert unterstützten Methode. Nennen Sie die – aus dem Englischen stammenden – Bezeichnungen für diese Methoden.

b Beschreiben Sie zwei Vorteile einer sprachgesteuerten Kommissionierung.

c Erläutern Sie, für welche Art von Waren die optisch unterstützte Kommissionierungsmethode besonders geeignet ist.

d Bei einer weiteren modernen beleglosen Methode ist das zentrale Element eine Datenbrille. Nennen Sie dafür den Fachbegriff und beschreiben Sie den Ablauf bei dieser Methode.

e Begründen Sie, ob es sich bei der unter 8 d beschriebenen Methode um Augmented Reality oder um Virtual Reality handelt.

Aufgabe 9

Die M. Schader GmbH ist ein bekannter Hersteller von Tierfiguren, die über den Spielwarenhandel vertrieben werden. Das Unternehmen hat sich entschlossen, einen Onlineshop als zweiten Vertriebskanal zu nutzen, um sich direkt an die Endkunden zu wenden. Gleichzeitig will der Hersteller die eigene Lagerhaltung und den Versand aufgeben und stattdessen einen Spediteur mit dem Fulfillment beauftragen. Die Sasser Spedition GmbH hat das Ausschreibungsverfahren für sich entscheiden können, weil sie auch die Einrichtung des Onlineshops und die Übernahme des Bestellmanagements für den Shops anbieten konnte. Im Einzelnen sieht der Vertrag mit der Sasser Spedition GmbH folgende Leistungen vor:

1 Einrichtung und Betrieb des Onlineshops
2 Lagerung und Bestandsverwaltung der Waren
3 Auftragsabwicklung der Shopbestellungen
4 Kommissionierung und Versand der B2B- und B2C-Bestellungen
5 Sendungsverfolgung für die Endkunden
6 Retourenmanagement für Endkunden
7 Inkasso der Onlineverkäufe

Durchschnittliche Sendungsdaten:

- Lieferungen an Spielwarengeschäfte (B2B): 4 Karton, Gesamtgewicht 28 kg
- Bestellungen von Kunden im Onlineshop (B2C): 1 Karton, 1 kg

a Begründen Sie, ob die Güter der B2B- und B2C-Kunden über das eigene Stückgutsystem oder einen KEP-Dienstleister versandt werden sollen.

b Beschreiben Sie, wie die Sendungsverfolgung bei den B2B- und B2C-Kunden organisiert werden könnte.

c Begründen Sie, welche der oben genannten Leistungen als speditionsuntypisch anzusehen sehen sind.

d Erläutern Sie, welche Haftungsfolgen sich aus der Lösung zu b für die Spedition ergeben.

e Nehmen Sie folgende Situation an: Ein Onlinehändler für Spielwaren hat auch die Tierfiguren der M. Schader GmbH im Angebot. Beschreiben Sie die Auftragsabwicklung eines Onlinekunden, wenn der Onlinehändler Dropshipping einsetzt.

Aufgabe 10 (Prüfungsnahe Aufgabenstellung)

Situation

Das Unternehmen Neo-Brush B.V. ist gegründet worden mit dem Ziel, ein neues Produkt auf den deutschen und niederländischen Markt zu bringen. Es handelt sich um ein Zahnhygiene-Set, das ein einfaches und schnelles elektrisches Reinigen der Zähne ermöglicht. Das Produkt gibt es in zwei Varianten: Neo-Brush Basic und Neo-Brush-Pro. Die Sets werden in China produziert und in Containern nach Rotterdam befördert.
Die Neo-Brush B.V. hat die logistischen Leistungen für die Beschaffung, die Lagerung und den Vertrieb der Zahnhygiene-Sets als Fulfillment-Projekt ausgeschrieben. Die Spedition Werner GmbH, Duisburg, wird sich an der Ausschreibung beteiligen.

Lernsituation 23 zum Informationshandbuch Seite 473–483

Beteiligte
- Spedition: Spedition Werner GmbH, Kiffward 40, 47138 Duisburg
- Kunde: Neo-Brush B. V., Amperestraat 27, 5928 PE Venlo
- Empfänger: Endkunden in Deutschland und Distributor in den Niederlanden
- Distributor: De Waard Expeditie B. V., Hoekerweg 11, 8042 PH Zwolle, Niederlande

Sendungsdaten:
- Paletten: sortenreine Paletten für jede der beiden Produktvarianten (15 Paletten Neo-Brush Basic, zehn Paletten Neo-Brush Pro)
- Die Sets bestehen aus Kartons. Die Größe ist für beide Sorten identisch. Maße: je Karton: 40 cm × 30 cm × 20 cm (L × B × H); pro Palette sind acht Lagen Kartons gestapelt. Jeder Karton wiegt 2 kg brutto.
- Das Leergewicht einer Palette beträgt 25 kg.
- Ankunft in Rotterdam in einem 40-Fuß-Container.

Entfernungen/Geschwindigkeit
Lkw Rotterdam – Duisburg: 210 km
Lkw Spedition Werner Duisburg – Distributor in Zwolle: 170 km
Durchschnittsgeschwindigkeit Lkw: 60 km/h

1 (5 Punkte)

Abholung: In der Phase der Markteinführung ist zunächst ein 40-Fuß-Container mit 25 Europaletten pro Woche in Rotterdam abzuholen. Je nach Markterfolg kann die Zahl der Container gesteigert werden.
Kalkulationsdaten: Kosten für den Lkw pro km einschließlich deutscher Maut: 1,50 EUR (für den Hinweg nach Rotterdam liegen Aufträge vor, sodass keine Leerfahrten notwendig sind).

1.1 Beschreiben Sie, wie die Abholung des Containers in Rotterdam und der Transport nach Duisburg organisiert werden können.

1.2 Berechnen Sie die Kosten für die Abholung pro Palette und pro Karton.

2 (3 Punkte)

Wareneingang: Die Europaletten sind aus dem Container zu entladen und im Wareneingang abzustellen. Die Entladung dauert 45 Minuten. Es entstehen Kosten für den Stapler-Fahrer und das Stapler-Fahrzeug.
Kalkulationsdaten: Lohn- und Lohnnebenkosten des Staplerfahrers: 18,00 EUR pro Stunde; Kosten für den Stapler: 6,00 EUR pro Stunde.
Der Staplerfahrer überprüft die Ware auf Stückzahl und Unversehrtheit. Er benötigt dafür 15 Minuten.

2.1 Ermitteln Sie die Kosten für das Entladen der Europaletten.

2.2 Berechnen Sie die Kosten für die Warenprüfung.

3 (6 Punkte)

Einlagern

Die Spedition Werner hat ihr Lager bisher in Boden-Block- und Boden-Zeilen-Lagerung geführt. Der neue Auftrag, aber auch weitere bereits erhaltene Aufträge machen es notwendig, ein Hochregallager einzurichten. Dieses ist bereits fertiggestellt. Die im Wareneingang abgestellten Paletten müssen zum Hochregallager befördert und dort eingelagert werden. Dauer für 25 Paletten: 1 Stunde, 30 Minuten.
Für die Bedienung des Hochregallagers ist ein Schubmaststapler anzuschaffen. Der Anschaffungspreis beträgt 35 000,00 EUR.
Kalkulationsdaten: Kosten für den Fahrer des Schubmaststaplers 18,00 EUR pro Stunde. Der Stundensatz für den Schubmaststapler ist noch mit nachfolgendem Formular zu kalkulieren.

Stapler-Kalkulation

		Euro
Anschaffungskosten:		35 000,00
Abschreibungsdauer/Jahre	5	
Anschaffungskosten pro Jahr		
Laufende Kosten:		
– Wartung pro Jahr		2 500,00
– Energiekosten pro Jahr		3 500,00
Kosten pro Jahr		
Arbeitsstunden pro Jahr	1 800	
Kosten pro Stunde		

Berechnen Sie die Kosten des Einlagerns jeweils für eine Palette und für einen Karton.

4 (3 Punkte)

Lagerung
Die Paletten mit den beiden Sorten können nach dem Festplatz- oder dem Freiplatzsystem einsortiert werden.
Die Lagerbestände sollen monatlich mit dem Kunden abgeglichen werden. Dem Kunden ist ein Vorschlag zu machen, wie der Abgleich technisch durchgeführt werden könnte.
Dem Kunden wird ein Preis pro Stellplatz (Europalette) und Monat berechnet.
Kalkulationsdaten: Das Lagergeld beträgt 5,50 EUR pro Palette und Monat. Durchschnittlich befinden sich die Paletten für einen Monat im Lager. Die Kosten für den monatlichen Abgleich des Lagerbestandes mit den Aufzeichnungen des Kunden sind im Lagergeld enthalten.

4.1 Entscheiden Sie, ob die Waren nach dem Festplatz- oder dem Freiplatzsystem gelagert werden sollen.

4.2 Entwickeln Sie einen Vorschlag, wie die Lagerbestände monatlich zwischen der Spedition und dem Versender abgeglichen werden könnten.

4.3 Berechnen Sie die Kosten pro Stellplatz und Monat.

5 (5 Punkte)

Kommissionierung der B2C-Sendungen
Die B2C-Sendungen sind zu kommissionieren. Es ist eine Kommissionierzone einzurichten, aus der die einzelnen Kundenbestellungen abgearbeitet werden können. Vom Onlineshop, über den die Kunden die Sets bestellen können, treffen täglich Aufträge ein. Die Aufträge sind innerhalb von 24 Stunden zu erledigen.
Die Sendungen sind zu labeln und Lieferscheine sind auszudrucken. Die kommissionierten Sendungen sind dem KEP-Dienstleister auf Rollwagen zur Verfügung zu stellen. Sie werden am Nachmittag vom KEP-Dienstleister abgeholt. Kommissionierfahrzeuge stehen zur Verfügung.
Kalkulationsdaten: Pro Stunde können 20 Pakete kommissioniert werden; Kosten für das Kommissionierfahrzeug 7,00 EUR pro Stunde, für den Fahrer 18,00 EUR pro Stunde. Die Kommissionierarbeiten schließen folgende Tätigkeiten ein: Sendung mit Label versehen, Lieferschein ausdrucken und an den Karton kleben, Sendung im Warenausgang auf Rollwagen für die Abholung bereitstellen. Der Kunde erwartet für die B2C-Sendungen einen Preis pro Karton.

5.1 Erläutern Sie, wie der Kommissionierprozess organisiert werden könnte.

5.2 Berechnen Sie die Kommissionierkosten pro Karton für die B2C-Sendungen

6 (2 Punkte)

B2B-Sendungen
Einmal pro Woche trifft die Bestellung des Distributors aus Zwolle ein. Dem Distributor werden komplette Europaletten (Vollpaletten) aus dem Hochregallager über den Sammelladungsverkehr der Spedition Werner zugestellt. Die Sendungen werden also nicht kommissioniert. Die Paletten sind bereits gewickelt. Die Lieferbedingung lautet frei Haus.
Kalkulationsdaten: Der Kunde erwartet einen Preis pro Palette. Für die B2B-Sendungen können die Kosten aus der nachfolgenden Tabelle „Kosten für Sammelgut" entnommen werden. Die Kosten decken alle Leistungen von der Auslagerung aus dem Hochregallager über das Label bis zur Ausstellung der Frachtpapiere ab (ohne Allgemeine Verwaltungskosten und Gewinn).
Berechnen Sie die Kosten für den Versand einer Palette.

Kosten für Sammelgut

Entfernung in km	Gewicht in kg				
	1–50	51–100	101–200	201–300	301–400
	Euro	Euro	Euro	Euro	Euro
1–100	16,08	27,30	38,58	55,86	71,70
101–200	17,40	30,12	44,28	65,46	85,02
201–300	17,70	30,66	45,18	67,02	87,24
301–400	17,76	30,84	45,66	67,86	88,38
401–500	17,83	40,05	45,95	68,10	88,46

7 (6 Punkte)

Angebotspreise

Auf die errechneten B2C- und B2B-Kosten sind **15 % für Allgemeine Verwaltungskosten** aufzuschlagen. Die Selbstkosten sind um **7 % Gewinn** zu erhöhen, um den Angebotspreis pro Palette und pro Karton zu erhalten. Alle Angebotspreise sind **Nettopreise** (ohne Umsatzsteuer).

Berechnen Sie die Angebotspreise für die B2C-Sendungen (Kartonpreis) und die B2B-Sendungen (Palettenpreis). Verwenden Sie die bisher errechneten Preise für Teilleistungen (Abholung, Wareneingang, Einlagern usw.).

SELBSTTEST LERNSITUATION 23

→ Diese **Prozesse** beherrsche ich (X):

	voll	weitgehend	eher nicht	gar nicht
ein Angebot für die Lagerung und Distribution von Fernsehgeräten entwerfen				
die Prozesskostenrechnung zur Preisermittlung anwenden				
den Preis für eine logistische Zusatzleistung berechnen				
entscheiden, ob die Logistik-AGB für diesen Auftrag vereinbart werden sollen				
den Deckungsschutz der zugehörigen Versicherung ermitteln				

→ Diese **Begriffe** kenne ich (✓):

- Distributionslogistik ☐
- Dropshipping ☐
- E-Commerce ☐
- FIFO-Verfahren ☐
- Fulfillment ☐
- kommissionieren ☐
- Lieferbereitschaftsgrad ☐
- Logistik-AGB ☐
- Pick by Light ☐
- Pick by Vision ☐
- Supply-Chain-Management ☐
- Transaktionskostenrechnung ☐

Abschlussaufgabe/Testklausur Lernsituation 23
(120 Punkte, 120 Minuten)

Situation 1

Die Spedition INTERSPED hat von der Automobil-Handels GmbH, Neuss, den Auftrag erhalten, die Beförderung einer Sendung mit Automobilzubehör von Neuss zum Warenverteilzentrum der METRA AG in Nürnberg zu besorgen.

Auszug aus dem Speditionsauftrag

Bruttogewicht – Nettomasse!

18 Zeichen und Nr.	19 Anzahl	20 Packstück	21 SF	22 Inhalt	23 Lademittel-gewicht in kg	24 Brutto-gewicht in kg
ATHA 01 - 04	4	Euroflach-paletten	0	Dachgepäckträger		je 400 kg
ATHA 05	1	Industrie-flach-palette	0	10 Stahlkanister à 30 l Felgenreiniger (Gefahrgut)		300 kg
Summe:	25	26 Rauminhalt cdm/Lademeter		Summen:	27	28

29 Gefahrgut

UN-Nr. __UN 3266__   Gefahrgut-Bezeichnung __ÄTZENDER BASISCHER ANORGANISCHER FLÜSSIGER STOFF N.A.G.__

Gefahrzettel-Nr. __8__   Verpackungsgruppe __III__   Tunnelbeschränkungscode __(E)__   Nettomasse kg/l __280 kg__

Hinweise auf Sondervorschriften

30 Frankatur	31 Warenwert für Güterversicherung	32 Versender-Nachnahme
frei Haus	5 800,00 EUR	

33

Datum, Unterschrift

34 Wir arbeiten ausschließlich auf Grundlage der Allgemeinen Deutschen Spediteurbedingungen 2017 – ADSp 2017 –.
Hinweis: Die ADSp 2017 weichen in Ziffer 23 hinsichtlich des Haftungshöchstbetrages für Güterschäden (§ 431 HGB) vom Gesetz ab, indem sie die Haftung bei multimodalen Transporten unter Einschluss einer Seebeförderung und bei unbekanntem Schadenort auf 2 SZR/kg und im Übrigen die Regelhaftung von 8,33 SZR/kg zusätzlich auf 1,25 Millionen Euro je Schadenfall sowie 2,5 Millionen Euro je Schadenereignis, mindestens aber 2 SZR/kg, beschränken.

1 (2 Punkte)

Begründen Sie, welche Vertragsart zwischen der AUTOMOBILHANDELS GmbH und INTERSPED abgeschlossen worden ist.

2 (8 Punkte)

a Berechnen Sie, wie viel Lademeter die Sendung aus dem Speditionsauftrag erfordert.
b Ermitteln Sie die Zahl der Lademeter (Wechselbehälter mit 7,30 m Innenlänge) für vier Kisten mit folgenden Maßen:
- zwei Kisten je 1,15 × 1,50 m
- zwei Kisten je 2,20 × 1,00 m

Lernsituation 23 zum Informationshandbuch Seite 473–483

3 (6 Punkte)

Die Sendung wird per Sammelladung, aber im Direktverkehr zum Empfangsspediteur in Nürnberg befördert.

a Geben Sie zwei Vorteile an, die eine Direktbeförderung im Sammelgutverkehr zur Folge hat.
b Nennen Sie zwei Voraussetzungen, damit solche Direktverkehre im Sammelgutverkehr durchgeführt werden können.
c Nennen Sie den entscheidenden Vorteil von Sammelgutverkehren, die über eine Sammelgutkooperation und im HUB and SPOKE-Verkehr laufen.

4 (6 Punkte)

Die Angabe eines Warenwertes im Speditionsauftrag wird gemeinhin als Versicherungsauftrag an den Spediteur verstanden.

a Nennen Sie die Versicherungsart, die der Spediteur für seinen Kunden abschließt.
b Begründen Sie, warum der Abschluss dieser Versicherung für den Versender sinnvoll ist.

5 (16 Punkte)

a Stellen Sie anhand der nachfolgenden Auszüge aus dem ADR dar, wie zu prüfen ist, ob es sich bei den Felgenreinigern im Speditionsauftrag um eine freigestellte Menge von Gefahrgut je Beförderungseinheit handelt. Nennen Sie auch das Ergebnis Ihrer Prüfung.

Verzeichnis der gefährlichen Güter (Auszug)

UN-Nr.	Benennung u. Beschreibung	Klasse	Verpackungsgruppe	Begrenzte Mengen	Beförderungskategorie	Nr. zur Kennzeichnung der Gefahr
3266	ÄTZENDER BASISCHER ANORGANISCHER FLÜSSIGER STOFF N.A.G	8	III	5 l	3	80

Tabelle freigestellter Mengen Gefahrgut je Beförderungseinheit

Beförderungskategorie	Stoffe oder Gegenstände Verpackungsgruppe oder Klassifizierungscode/-gruppe oder UN-Nummer	Höchstzulässige Gesamtmenge je Beförderungseinheit (in kg oder l)	Multiplikationsfaktor
...			
3	Stoffe und Gegenstände, die der Verpackungsgruppe III zugeordnet sind und nicht unter die Beförderungskategorie 0, 2 oder 4 fallen	1 000	1
...			

b Stellen Sie dar, ob es sich bei den Gefahrgütern eventuell um eine begrenzte Menge (Limited Quantity) handelt.
c Erläutern Sie die Konsequenzen für die Beförderung, wenn
  ▪ eine freigestellte Menge Gefahrgut je Beförderungseinheit,
  ▪ eine begrenzte Menge
  vorliegt.
d Beschreiben Sie die Bedeutung der Spalte „Nr. zur Kennzeichnung der Gefahr" (80) im Verzeichnis der gefährlichen Güter.

6 (6 Punkte)

Bei der Besorgung des Transportes kam es zu folgenden Ereignissen:
1. Beim Umschlag auf dem Speditionslager von INTERSPED wurde ein Kanister Felgenreiniger beschädigt, sodass er auslief.
2. Aufgrund eines Fehlers des Lkw-Fahrers kam es zu einem leichten Auffahrunfall, bei dem eine Palette mit Dachgepäckträgern so beschädigt wurde, dass die Produkte nicht mehr zu verkaufen waren.
   a Begründen Sie, wer für die Schäden zu haften hat.
   b Berechnen Sie den Schadenersatz nach ADSp.

Hinweise: INTERSPED hat mit seinem Versender einen Fixpreis vereinbart, Wert eines Sonderziehungsrechts am Tag der Sendungsübergabe: 1,2455 EUR. Jede Palette mit Dachgepäckträgern hat einen Wert von 1 200,00 EUR; die zehn Kanister haben einen Lieferwert von 1 000,00 EUR.

Situation 2

Sie sind Mitarbeiter/-in der INTERSPED GmbH, Düsseldorf. Für Ihren Versender, die SEIFERT TEXTIL-MASCHINENFABRIK GmbH, Düsseldorf, haben Sie eine Sendung mit Textilmaschinen von Düsseldorf zum Empfänger, der XION Textiles Ltd. in Nanjing, China, zu besorgen. Die Sendung wird im Vor- und Nachlauf per Lkw befördert; der Hauptlauf wird mit einem Seeschiff abgewickelt. Entladehafen ist Nanjing. INTERSPED hat mit dem Versender für die Organisation des Transportes einen festen Betrag als Entgelt vereinbart.
Der Spedition liegt das nachfolgende Bill of Lading vor, das als Auszug abgebildet ist:

Auszug aus dem Bill of Lading

Marks and numbers	Number and kind of packages	Description of goods	Gross weight	Measurement
CPWU 103145-8 CPWU 154678-9 CPWU 885023-1 CPWU 871991-5	4 x 40'	Textile Machines S.T.C.	105 700 KGS	251,09 cbm
	FREIGHT PREPAID		SHIPPED ON BOARD TRANS-WORLD-REEDEREI 23.10.20(0) *Walther*	
Received by the Carrier in apparent good order and ...				
Movement: FCL/FCL	Total no. of containers received by the carrier: - 4 -	No. of original Bs/L: 3/three		
Freight payable at: Bremerhaven	Place and date of issue: Bremerhaven 24.10.20(0)			
COPY **NON-NEGOTIABLE**		**Trans-World-Reederei** **Bremen** *Walther*		

7 (4 Punkte)

Erläutern Sie die Abkürzungen:
a 3/three
b S.T.C.
c SLD
d FAC

8 (8 Punkte)

Begründen Sie aufgrund des B/L-Auszugs bzw. der Situationsbeschreibung,
a an welchem Ort der Container beladen wird,
b an welchem Ort und an welchem Tag die Container auf das Seeschiff geladen worden sind,
c wie aus dem vorliegenden B/L ein Orderpapier werden kann (zwei Möglichkeiten),
d welchen INCOTERM® 2020 die Kaufvertragspartner vereinbart haben sollten, damit der Kosten- und Gefahrenübergang in Nanjing liegt, die Importverzollung aber vom Importeur durchgeführt wird,
e ob das oben abgebildete B/L in seiner vollständigen Form (es ist nur als Auszug abgebildet) für ein Dokumentenakkreditiv eingesetzt werden kann.

9 (6 Punkte)

Erklären Sie die folgenden Angaben auf einem der eingesetzten Container:

a Max. Gross
b Tare
c Payload
d cubic capa.
e CPWU
f 103145-8

CPWU 103145-8	
Max. Gross	30 480 KGS
	67 200 LBS
Tare	3 880 KGS
	8 550 LBS
Payload	26 600 KGS
	58 640 LBS
cubic capa.	750 CU. M.
	2 680 CU. FT.

10 (6 Punkte)

Prüfen Sie, ob im beschriebenen Fall multimodaler Verkehr vorliegt. Gehen Sie dabei auf die drei Voraussetzungen nach dem Handelsgesetzbuch ein, die gegeben sein müssen, um von multimodalem Verkehr zu sprechen.

Situation 3

Die INTERSPED erhält von der SASSE GmbH, Düsseldorf, den Auftrag, den Versand von Messinstrumenten von Köln nach Johannesburg zu besorgen.

Auszug aus dem Speditionsauftrag

18 Zeichen und Nr.	19 Anzahl	20 Packstück	21 SF	22 Inhalt	23 Lademittel-gewicht in kg	24 Brutto-gewicht in kg
SAS 01 – 03	3	Kisten	0	Messinstrumente		
				150 cm × 100 cm × 160 cm		215
				120 cm × 80 cm × 150 cm		195
				110 cm × 90 cm × 170 cm		200
Summe:		25	26 Rauminhalt cdm/Lademeter	Summen:	27	28

Hinweise auf Sondervorschriften
Direktflug Flughafen Köln nach Johannesburg

30 Frankatur	31 Warenwert für Güterversicherung	32 Versender-Nachnahme
DAP Johannesburg	keine Versicherung	

11 (10 Punkte)

INTERSPED hat vom Versender auch den Auftrag zur Ausfuhrabfertigung erhalten.

a Beschreiben Sie den Ablauf des Ausfuhrverfahrens anhand folgender (ungeordneter) Begriffe bezogen auf die Situation und die Beteiligten. Berücksichtigen Sie noch folgende Angaben:

- Wert der Sendung: 360 000,00 EUR
- Zollamt: Flughafen Köln/Bonn

Begriffe

- Ausfuhranmeldung
- Warenwert
- Ausfuhrzollstelle
- erneute Gestellung
- Gestellung
- zweistufiges Verfahren
- Ware + MRN
- Vorab-Ausfuhranzeige
- Ausfuhr
- Ausgangsvermerk
- Ausgangsbestätigung/Kontrollergebnis
- Ausgangszollstelle

b Erläutern Sie die drei Aufgaben des Ausfuhrverfahrens.
c INTERSPED wird für den Versender als direkter Vertreter tätig. Grenzen Sie dieses Vertretungsverhältnis gegenüber der indirekten Vertretung ab.

12 (8 Punkte)

a Berechnen Sie mithilfe der nachfolgenden Vereinbarungen die Höhe der Luftfracht, vereinbarte Frachtrate: 1,25 EUR pro Kilogramm Abrechnungsgewicht.

Nebengebühren:
- Fuel Surcharge 0,85 EUR/kg tatsächlichem Gewicht
- Security Surcharge 0,15 EUR/kg tatsächlichem Gewicht

b Ergänzen Sie die nebenstehend abgebildeten Felder des Luftfrachtbriefes mit den Abrechnungsangaben.

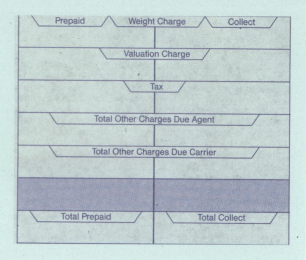

13 (6 Punkte)

a Erläutern Sie den Kosten- und Gefahrenübergang beim INCOTERM® 2020 DAP Johannesburg.
b Machen Sie den Unterschied zwischen Einpunkt- und Zweipunktklauseln deutlich.
c Nennen Sie die für Johannesburg zuständige Traffic Conference.

14 (4 Punkte)

Die Kiste Nr. 3 (Wert 4 400,00 EUR) ist dem Frachtführer gegen Quittung übergeben worden, sie konnte dem Empfänger aber nicht ausgeliefert werden.
Der Empfänger reklamiert den Verlust beim Luftfrachtführer.
Berechnen Sie die Höhe des Schadenersatzes, mit dem der Anspruchsteller rechnen kann (1 SZR = 1,2554 EUR).

15 (4 Punkte)

Im Speditionsauftrag der Situation 1 wird in Feld 34 auf Allgemeine Geschäftsbedingungen verwiesen.
a Erläutern Sie den unterschiedlichen Geltungsbereich der beiden erwähnten AGBs.
b Machen Sie deutlich, wie die Logistik-AGB hinsichtlich der Versicherung einen Grundgedanken der ADSp aufgreifen.

Situation 4
Seit einem Jahr ist INTERSPED als Gebietsspediteur für einen Lkw-Hersteller tätig. INTERSPED organisiert in diesem Zusammenhang die Abholungen bei den Lieferanten, die (Zwischen-)Lagerung sowie die JIT-Anlieferung im Werk des Lkw-Herstellers.

16 (2 Punkte)

Nennen Sie die zwei logistischen Teilbereiche, in denen INTERSPED für seinen Kunden, den Lkw-Hersteller, tätig wird.

17 (3 Punkte)

Erläutern Sie den Grundgedanken des Gebietsspediteurkonzeptes unter Verwendung des Kürzels JIT.

18 (4 Punkte)

Einige der für den Auftraggeber gelagerten Waren werden von INTERSPED vor der Anlieferung im Werk kommissioniert. Bisher wurde das Pick-by-Barcode-Verfahren angewendet. Für die Zukunft erwägt man, auf das Verfahren Pick-by-Vision umzustellen.
Erläutern Sie die beiden Verfahren und nennen Sie zwei Vorteile, die man sich von der Umstellung verspricht.

19 (4 Punkte)

INTERSPED setzt in seinem Lager sowohl Stetig- als auch Unstetigförderer ein. Unterscheiden Sie diese beiden Fördermittel und geben Sie je ein Beispiel an.

20 (7 Punkte)

Für diverse Artikel, die INTERSPED für seinen Kunden einlagert, liegen die Lagerkennzahlen aus dem ersten Jahr vor (Jahreswerte).

a Ergänzen Sie die nachstehende Übersicht, indem Sie die fehlenden Werte in den freien, mit 1) bis 5) markierten Feldern berechnen.

b Vergleichen Sie die Kennzahlen der Artikel 25-004 und 25-006 und begründen Sie, welcher der beiden Artikel die wirtschaftlicheren Werte aufweist.

Artikel-Nr.	Ø-Lagerbestand in Stück	Umschlagsmenge in Stück	Umschlagshäufigkeit pro Jahr	Ø-Lagerdauer in Tagen
25-001	90	2 610	29	12,4
25-002	170	1)	8	45,0
25-003	350	5 250	15	2)
25-004	3)	4 810	26	13,8
25-005	625	4)	20	18,0
25-006	950	13 300	14	25,7
25-007	790	7 900	5)	36,0

Lernsituation 24
Schadstoffemissionen ermitteln und nachhaltig handeln

Gerd Berger begrüßt in seinem Büro Herrn Hoffmann, den Geschäftsführer des Kunststoffproduzenten BESOPLAST AG in Dormagen. Seit einem Jahr ist die INTERSPED GmbH für die Sammelgutsendungen von BESOPLAST zuständig. Durchschnittlich werden täglich ca. 15 Sendungen befördert.

Nach der Begrüßung und dem Smalltalk über eine staureiche Anreise lenkt Gerd Berger das Gespräch auf das eigentliche Thema.

Herr Berger: „Kommen wir zur Sache, Herr Hoffmann. Sie sagten, Sie wollten mit mir über den CO_2-Ausstoß sprechen?"

Herr Hoffmann: „Ja. Genauer gesagt geht es darum, dass BESOPLAST ein neues Unternehmensleitbild entwickelt hat, in dem das Thema Nachhaltigkeit eine zentrale Position einnimmt. Wir streben unter anderem an, unsere Transporte möglichst zu 100 % CO_2-neutral durchführen zu lassen."

Herr Berger: „Da sind Sie bei der INTERSPED GmbH genau an der richtigen Adresse. Wir haben vor Kurzem eine Methode entwickelt, mit der sich für jede Beförderung anhand des Gewichts einer Sendung sowie der Entfernung zum Zielort die jeweilige CO_2-Emission ermitteln lässt. Das Ergebnis spiegelt sich in einer Tabelle wider. Schauen Sie selbst."

Herr Berger überreicht Herrn Hoffmann den Ausdruck einer Tabelle.

INTERSPED GmbH CO_2-Emission nach Gewicht und Entfernung Angaben in kg								
Entfernung in km	< 100	< 200	< 300	< 400	< 500	< 600	< 700	< 800	< 900
Gewicht < 50 kg	5,97	6,42	6,88	7,30	7,84	8,29	8,77	9,19	10,02
< 100 kg	6,89	7,24	7,95	8,50	9,23	9,99	10,78	11,69	12,64
< 200 kg	8,41	9,33	10,28	11,37	12,67	13,78	14,97	16,09	17,38
< 300 kg	10,22	10,99	12,24	13,69	15,36	17,56	19,77	22,04	25,03
< 400 kg	12,12	13,35	14,51	16,05	18,01	20,54	22,60	25,36	29,00
< 500 kg	14,05	15,20	16,39	17,91	19,44	22,49	25,91	29,01	33,52
< 600 kg	15,87	17,69	19,71	21,21	23,40	25,80	28,86	33,37	38,69
< 700 kg	17,70	20,21	23,77	26,53	28,82	31,11	34,47	37,19	43,88
< 800 kg	19,54	22,74	26,11	29,26	32,71	35,43	38,95	42,42	53,09
< 900 kg	21,31	25,00	29,57	33,79	37,60	41,79	46,17	51,43	60,80
< 1000 kg	23,15	27,63	30,93	35,90	41,07	47,04	53,88	59,71	83,92
< 1250 kg	26,38	35,64	41,28	47,60	55,58	63,68	72,07	81,85	118,43
< 1500 kg	29,48	41,23	52,07	63,72	76,01	89,22	101,71	115,23	130,30
< 1750 kg	32,67	49,54	61,16	73,56	85,37	98,03	111,56	127,80	158,55
< 2000 kg	35,70	58,05	77,63	92,31	107,19	122,29	137,24	153,02	221,17
< 2500 kg	41,44	68,67	89,22	108,66	135,41	161,71	188,28	212,46	249,25

Herr Hoffmann: „Das klingt sehr gut und sieht zudem recht einfach aus. Fast wie bei einer Mauttabelle, oder?"

Herr Berger: „Die Anwendung ist in der Tat mit der einer Mauttabelle vergleichbar. Allerdings war der Weg bis zur Erstellung dieser Tabelle sehr lang und mitunter steinig."

Herr Hoffmann: „Sie machen mich neugierig."

Herr Berger: „Nun, hinter der Aussage, dass eine Sendung mit 220 kg bei einer Entfernung von 450 km 15 kg CO_2 verursacht, stecken zahlreiche Parameter, deren genaue Ermittlung und Zuordnung sehr komplex ist."

Herr Hoffmann: „Mir fällt da als wichtiger Faktor vor allem der Dieselverbrauch ein."

Herr Berger: „Sie haben recht, das ist die zentrale Größe. Nur ist diese wiederum von vielen weiteren Faktoren abhängig, wie z. B. dem Gesamtgewicht des Lkw, der Fahrweise des Fahrers, dem Streckenprofil und nicht zuletzt sogar vom Reifendruck jedes einzelnen Lkw-Reifen."

Herr Hoffmann: „Das leuchtet ein. Das bedeutet dann wohl, dass es hier zu großen Differenzen kommen kann, oder?"

Herr Berger: „Das kann es in der Tat, zumal noch die jeweilige Auslastung des Lkw, die **eventuelle** Beiladung von Teilpartien und auch der Anteil der Leerfahrten eine Rolle spielen. Weiterhin muss berücksichtigt werden, ob z. B. ein Begegnungsverkehr zwischen den Partnern stattfindet oder eine Sendung über den Zentral-HUB verladen wird.

Wir haben daher bei INTERSPED über einen repräsentativen Zeitraum von vier Wochen die Daten sämtlicher Nah- und Fernverkehre akribisch aufgezeichnet, um sie anschließend einem auf dem Gebiet der Nachhaltigkeit renommierten Institut zur Auswertung weiterzuleiten. Aus der Vielzahl der Daten ist dann letztlich die Tabelle entstanden, die die individuellen Gegebenheiten der INTERSPED GmbH berücksichtigt."

Herr Hoffmann: „Ich sehe schon, das ist ein sehr hoher Aufwand. Aber jetzt sind Sie in der Lage, mir konkrete Auskunft über den CO_2-Ausstoß unserer Ausgangssendungen zu geben?"

Herr Berger: „Grundsätzlich ja. Wir müssen Ihre Sendungsstruktur genau analysieren und können Ihnen dann für einen bestimmten Zeitraum oder auch für jede einzelne Sendung die CO_2-Emission mitteilen."

Herr Hoffmann: „Genau so etwas suchen wir. Sagen Sie mir, was Sie brauchen, dann lasse ich Ihnen die entsprechenden Daten zukommen."

Zwei Tage später erhält Gerd Berger von Herrn Hoffmann einen Stapel Unterlagen, mit deren Hilfe er für seinen Kunden die von ihm verursachte CO_2-Belastung ermitteln kann.

Bei Durchsicht der Unterlagen stößt Gerd Berger in einem Unternehmensprospekt der BESOPLAST AG auf das Unternehmensleitbild. Dort nimmt das Thema Nachhaltigkeit einen zentralen Punkt ein.

Unternehmensleitbild der BESOPLAST AG (Auszug)

BESOPLAST AG – Kunststoffe für die Welt

Nachhaltigkeit und Verantwortung

Für die BESOPLAST AG ist es eine unternehmerische Pflicht, die Umwelt und die Gesundheit unserer Mitarbeiter und Mitarbeiterinnen nachhaltig zu schützen. Als mittelständisches Unternehmen sind wir ein fairer Partner und tragen zur gesellschaftlichen Entwicklung und zur Unterstützung von sozialen Projekten bei.

Der schonende Umgang mit Ressourcen steht stets im Mittelpunkt unserer Arbeit. Unsere Unternehmenstätigkeit ist darauf ausgerichtet, die Umwelt nicht über das unvermeidbare Maß hinaus zu belasten. Der CO_2-Ausstoß, der durch die Tätigkeiten der BESOPLAST AG verursacht wird, wird durch die Förderung von Kompensationsprojekten zu 100 % neutralisiert.

Nach der Lektüre denkt sich Gerd Berger, dass es auch für die INTERSPED GmbH an der Zeit ist, sich ein strukturiertes Unternehmensleitbild zuzulegen; nicht zuletzt aus dem Grund, den vermehrten Anfragen von Kunden zum Thema Nachhaltigkeit gerecht zu werden.

In den Unterlagen der BESOPLAST AG finden sich auch Informationen zu Umweltschutzorganisationen, die es sich zum Ziel setzen weltweit Klimaschutzprojekte zum Ausgleich von CO_2-Emissionen zu fördern.

Offensichtlich hatte sich der Geschäftsführer der BESOPLAST AG bereits nach Möglichkeiten zum CO_2-Ausgleich erkundigt.

Herr Berger beschließt, sich umgehend im Internet über entsprechende Kompensationsprojekte zu informieren.

Schließlich sichtet Herr Berger die Ladelisten von der BESOPLAST AG aus der vergangenen Woche. Um seinem Kunden eine konkrete Berechnung der durch die Transporte verursachten CO_2-Belastungen zu liefern, sucht er das jeweilige Sendungsgewicht und den Empfangsort heraus. Ein Tourenplanungsprogramm liefert ihm die benötigten Kilometer ab Versandort Dormagen.

Mithilfe der für die INTERSPED GmbH gültigen Tabelle der CO_2-Werte nach Gewicht und Entfernung hat Herr Berger für die ersten vier Tage der vergangenen Woche (Montag bis Donnerstag) bereits die CO_2-Belastung der BESOPLAST-Transporte ermittelt:

Mo, 12.10.20(0)	748,06 kg CO_2
Di, 13.10.20(0)	813,44 kg CO_2
Mi, 14.10.20(0)	866,57 kg CO_2
Do, 15.10.20(0)	698,71 kg CO_2

Lernsituation 24 zum Informationshandbuch Seite 484–492

Jetzt liegt ihm noch die Ladeliste vom vergangenen Freitag, dem 16.10.20(0) vor:

BESOPLAST Ladeliste national			Datum: Fr, 16.10.20(0)	
Sdg.-Nr.	Empfänger	Empfangsort	Packstücke	Gewicht in kg
1005847	Erlanger Plastikwerke	Erlangen	2 Euroflachpaletten	652
1005848	Reifen Krawinkel	Cottbus	1 Euroflachpalette	280
1005849	Niederrheinische Telefonbau	Mönchengladbach	4 Euroflachpaletten	1 300
1005850	Steinle & Sohn	Lörrach	2 Euroflachpaletten	587
1005851	Heuser & Klein GmbH	Göttingen	1 Euroflachpalette	110
1005852	Pedersen-Werft	Wilhelmshaven	3 Euroflachpaletten	945
1005853	Oltmanns AG	Zwickau	7 Euroflachpaletten	2 150
1005854	Verfürth GmbH	Neubrandenburg	6 Euroflachpaletten	1 870
1005855	Kunststoffwerke Würzburg	Würzburg	2 Euroflachpaletten	448
1005856	Freitag & Co.	Passau	3 Kartons	83
1005857	Westfälische Gummiwerke	Hamm	5 Euroflachpaletten	1 420
1005858	Moseltal-Institut	Trier	1 Euroflachpalette	396

Die Entfernungskilometer ab Dormagen für die ersten vier Sendungen hat Herr Berger bereits ermittelt:

Sdg.-Nr.	Empfangsort	Gewicht in kg	km	CO_2-Verbrauch
1005847	Erlangen	652	428	
1005848	Cottbus	280	662	
1005849	Mönchengladbach	1 300	36	
1005850	Lörrach	587	519	
1005851	Göttingen	110		
1005852	Wilhelmshaven	945		
1005853	Zwickau	2 150		
1005854	Neubrandenburg	1 870		
1005855	Würzburg	448		
1005856	Passau	83		
1005857	Hamm	1 420		
1005858	Trier	396		
Summen:				

Während Herr Berger noch mit den Sendungsdaten beschäftigt ist, klopft Bernd Fischer an seine Bürotür. Herr Fischer ist seit sechs Wochen als Fahrer bei der INTERSPED GmbH beschäftigt.

Herr Fischer: „Entschuldigung, Herr Berger, kann ich Sie kurz sprechen?"

Herr Berger: „Ja, kommen Sie herein. Um was geht es?"

Herr Fischer: „Ich fahre nun seit sechs Wochen den alten 12,60-m-Sattelzug und gerade musste ich mir vom Disponenten anhören, dass ich mit meinem Dieselverbrauch um fast 20 % über dem der anderen Fahrer liege."

Herr Berger: „Nun, wo Sie mir das gerade so offen sagen, frage ich mich natürlich auch, woran das liegt."

Herr Fischer: „Das kann ich Ihnen genau erklären: Erstens handelt es sich noch um ein EURO-4-Fahrzeug, zweitens sind die Reifen schon uralt und drittens fahre ich vorrangig in der Eifel und im Sauerland, wo es kurvenreich und hügelig ist. Ich würde auch gerne mit konstant 80 km/h auf der Autobahn nach München fahren."

Herr Berger: „Ob das wirklich spannender ist, sei mal dahingestellt ... Aber sicherlich sind das Umstände, die den Verbrauch beeinflussen. Unser firmeninternes Fahrertraining haben Sie zu Beginn Ihrer Tätigkeit aber absolviert, oder?"

Herr Fischer: „Welches Fahrertraining? Die letzte Schulung in dieser Richtung hatte ich vor ca. fünf Jahren."

Herr Berger: „Im Ernst? In diesem Fall sehe ich einen großen Handlungsbedarf."

Gerd Berger nimmt sich vor, sowohl seine Fahrer als auch die Disponenten kurzfristig zu einer Schulungsreihe einzuladen, um sie für einen umweltschonenden Lkw-Einsatz zu sensibilisieren.

Lernsituation 24 zum Informationshandbuch Seite 484–492

Arbeitsauftrag (Vorschlag)
Erledigen Sie für die INTERSPED GmbH und die BESOPLAST AG die notwendigen Arbeiten in Bezug auf nachhaltiges Handeln.

1. Ermitteln Sie den CO_2-Ausstoß für Freitag, den 16.10.20(0), sowie für die gesamte zu betrachtende Woche. Rechnen Sie die CO_2-Emissionen auf ein ganzes Kalenderjahr (50 Wochen) hoch.
2. Ermitteln Sie den Geldbetrag, der sich aus dem Jahres-CO_2-Ausstoß ergibt und schlagen Sie ein Klimaschutzprojekt vor, das zum Ausgleich der Emissionen von der BESOPLAST AG finanziert werden sollte.
3. Entwerfen Sie einen Aushang für das „Schwarze Brett", in dem Herr Berger auf die Schulungsreihe für die Fahrer bzw. die Disponenten hinweist. Stellen Sie drei Schwerpunktthemen in den Mittelpunkt der Schulung.
4. Formulieren Sie einen Text für das Unternehmensleitbild der INTERSPED GmbH, in dem unter der Überschrift „Nachhaltigkeit" auf die ökonomische, die soziale sowie die ökologische Verantwortung des Unternehmens hingewiesen wird.

Aufgabe 1

Um sich mit der Ermittlung des Carbon Footprints näher vertraut zu machen, betrachtet Gerd Berger beispielhaft einige Transporte, die neben dem Lkw-Verkehr auch andere Verkehrsträger einbeziehen. Zudem möchte er den CO_2-Fußabdruck einer Lagerhalle ermitteln.

Berechnen Sie den CO_2-Ausstoß für die Fälle 1 bis 7 unter Verwendung nachstehender Umrechnungsfaktoren:

Verbrauchsbezogen		Leistungsbezogen, in CO_2 pro Tonnenkilometer (tkm)			
Diesel	2,6 kg CO_2/Liter	Lkw	60 g	Eisenbahn	21 g
elektrische Energie	0,621 kg CO_2/kWh	Flugzeug	810 g	Seeschiff	14 g
Gas	0,219 kg CO_2/kWh				

1. Lkw-Ladung mit 24 t Papier von Düsseldorf nach Berlin, 536 km, Dieselverbrauch 32 l/100 km

2. 22 t Zellulose im 20'-Container vom Seehafen Rotterdam per Lkw nach Gliwice in Polen, Entfernung 1 275 km, Dieselverbrauch 32 l/100 km

3. 22 t Zellulose vom Seehafen Rotterdam nach Gliwice (PL) im Kombinierten Verkehr:

   - Lkw-Vorlauf vom Seehafen Rotterdam zum Rail Service Center Rotterdam (Containerumschlag), 15 km
   - Bahn-Beförderung vom Bahn-Umschlagterminal Rotterdam bis zum Umschlagterminal Kontenerowi, Gliwice, Polen, 1 150 km
   - Lkw-Nachlauf vom Umschlagterminal zum Empfänger, 8 km

4. Emissionsbilanz für den gesamten Lkw-Fuhrpark der INTERSPED GmbH nach folgenden Daten:
   - Anzahl der Lkw: 22
   - Ø Einsatztage pro Jahr: 230 Tage
   - Ø Laufleistung pro Tag: 480 km
   - Ø Dieselverbrauch: 32 l/100 km

5. 12 t Textilien werden in einem Container per Seeschiff von Shanghai nach Hamburg und von dort per Lkw nach Berlin befördert.

   Entfernungen: Vorlauf Lkw 140 km, Seetransport 19 900 km, Lkw-Nachlauf 410 km

6. Wie Nr. 5, allerdings per Eisenbahn von Shanghai nach Berlin (siehe nebenstehende Grafik)

   Daten: Entfernung Shanghai – Berlin 10 600 km, Beförderungszeit 17 Tage (Seeschiff 35 Tage)

   Versender und Empfänger verfügen über einen Gleisanschluss.

7. Die CO_2-Emissionen einer Lagerhalle sind zu berechnen und auf einen Palettenstellplatz zu beziehen.

Leistungsgrößen			Gesamt	Ware klimatisiert	Ware Standard
Wareneingang Paletten pro Jahr			577 000	232 000	345 000
Palettenstellplätze			55 000	25 000	30 000
Fläche in m²			45 000	17 000	28 000
CO_2-Emission	Energie-verbrauch	Energie-art	CO_2-Emission/kg	CO_2-Emission/kg	CO_2-Emission/kg
Klimaanlage	1 500 000 kWh	elektrisch			
Fördertechnik	500 000 kWh	elektrisch			
Beleuchtung usw.	550 000 kWh	elektrisch			
Wärmebedarf	2 010 000 kWh	Gas			
Summe pro Jahr	4 560 000 kWh				
Kennzahlen					
CO_2 je Palettenstellplatz in kg					

Hinweise:

- Die CO_2-Emissionen für die Klimaanlage beziehen sich nur auf den klimatisierten Teil des Lagers.
- Weitere Bezugsgrößen:
  Fördertechnik: Wareneingang
  Beleuchtung, Wärmebedarf: Fläche

Aufgabe 2

Im Internet steht eine kostenlose Software zur Verfügung, mit der man die Emissionen von Beförderungsleistungen ermitteln kann.

www.ecotransit.org/de/

Überprüfen Sie die Ergebnisse Ihrer Berechnungen zu den Fällen 1, 2 und 6 der Aufgabe 1 mithilfe von EcoTransit-World.

Aufgabe 3

Nach dem Abschluss eines langfristigen Logistikvertrages mit einem Großkunden sollen bei der INTERSPED zwei neue Sattelzüge beschafft werden. Im Zuge der Kaufentscheidung wird der Dieselverbrauch der Sattelzugmaschine ein wesentliches Argument darstellen.

In der Preisliste eines der infrage kommenden Hersteller findet Gerd Berger folgende Informationen:

Modell P 580 Listenpreis 184 800,00 EUR		
Serienausstattung	**EURO 6**, Elektronisches Stabilitätsprogramm (ESP), **Tempomat**, Differenzialsperre, Zusatzmotorbremse, **Energiesparreifen**, Scheibenbremsen, **Bugspoiler**, elektr. Fensterheber, elektr. Dachluke, [...]	inklusive
Sonderausstattung	Abbiegelicht (inkl. Fern- und Nebelleuchten)	550,00 EUR
	Standklimaanlage	3 950,00 EUR
	ADR-Ausstattung	1 585,00 EUR
Sicherheitspaket	Retarder, Notbremsassistent, Abstandstempomat, Fahrer-Airbag, Aufmerksamkeitsassistent, [...]	10 400,00 EUR
Umweltpaket	**Spoilerpaket, Seitenverkleidung am Rahmen, Reifendruck-Kontrolle**, [...]	11 150,00 EUR
Fahrertraining (eintägig)	bei persönlicher Abholung in unserem Auslieferungszentrum	inklusive

a Erläutern Sie, inwiefern die in Fettdruck markierten Ausstattungsmerkmale zur Senkung des Dieselverbrauchs beitragen und somit die Umweltverantwortung des Unternehmens beeinflussen.

b Diskutieren Sie, inwiefern weitere Ausstattungsmerkmale, wie das Sicherheitspaket oder die Standklimaanlage, die soziale Verantwortung des Unternehmens berühren.

Aufgabe 4

Die CO_2-Emissionen der Lagerhalle (siehe Fall 7 der Aufgabe 1 auf Seite 473) sollen laufend gesenkt werden. Folgende Maßnahmen hat die Geschäftsleitung der Spedition INTERSPED bisher ins Auge gefasst:

- sorgfältige Beobachtung der Temperaturführung im klimatisierten Lager,
- Verbesserung der Isolierung und Abdichtung des Gebäudes,
- Anschaffung moderner Elektrostapler, die Energie beim Bremsen und Absenken der Last zurückgewinnen.

a Geben Sie zwei weitere Maßnahmen an, mit denen der CO_2-Ausstoß im Lager verringert werden kann.

b Nennen Sie fünf Maßnahmen, mit denen sich der CO_2-Ausstoß in einer Spedition generell vermindern lässt.

Aufgabe 5

Eine Analyse des Stellenplans der INTERSPED GmbH hat zum Ergebnis, dass Führungspositionen (Inhaber, Abteilungsleitung) zu 30 % mit Frauen besetzt sind.

In einigen Monaten wird Herr Klaßen in den Ruhestand gehen. Seine Position soll innerbetrieblich ausgeschrieben werden. Es ist zu entscheiden, ob die Position unter dem Gesichtspunkt der Frauenförderung besetzt werden soll. Folgende Möglichkeiten bestehen:

1 Die Stelle wird auf jeden Fall mit einer Frau besetzt.

2 Frauen sollen den Vorzug erhalten, wenn sie die gleichen Voraussetzungen erfüllen wie männliche Bewerber.

3 Es gelten für alle Bewerberinnen und Bewerber die gleichen Bedingungen.

Es ist eine Entscheidung zu treffen, welche Möglichkeit bei der Neubesetzung der Stelle verwirklicht werden soll.

Aufgabe 6

Die Geschäftsleitung der INTERSPED GmbH möchte im nächsten Geschäftsjahr im Sinne nachhaltigen Handels auch Maßnahmen für die Mitarbeiterinnen und Mitarbeiter ergreifen. Zwei Schulungsmaßnahmen sind in die engere Wahl genommen worden:

1 Schulung der Mitarbeiter/-innen über Energiesparmaßnahmen. Alle Mitarbeiter/-innen sollen sich bewusst machen, wie sie durch eigenes verantwortliches Handeln Energie einsparen können. Tagesveranstaltung unter Anrechnung auf die Arbeitszeit.

2 Gesundheitsschulung – „Fit bleiben! – Rückenschule und mehr"
- Einseitige Belastungen durch schweres Heben und Tragen, Dauerstehen, Dauersitzen oder einseitige Bewegungsabläufe sollen durch Übungen ausgeglichen werden.
- Sechs-Wochen-Veranstaltung, jeweils zweistündig, freiwillig, donnerstags nach Feierabend, keine Anrechnung auf die Arbeitszeit

Stellen Sie heraus, inwiefern das Unternehmen, die Mitarbeiter selbst sowie die Kunden von INTERSPED von der Durchführung dieser beiden Maßnahmen profitieren.

Aufgabe 7
35 % der Mitarbeiter/-innen der Spedition INTERSPED haben einen Migrationshintergrund. Konflikte hat es bisher nicht gegeben. Trotzdem soll überlegt werden, durch welche Aktivitäten diese Mitarbeiter/-innen stärker in die Belegschaft integriert werden können.

Entwickeln Sie zwei Vorschläge, die dem Ziel verbesserter Integration in die Belegschaft dienen.

Aufgabe 8
INTERSPED hat einen neuen Disponenten eingestellt, der von den geschäftlichen Gepflogenheiten des Inhabers seiner alten Firma berichtet:

a Im gewerblichen Bereich wurden grundsätzlich keine Frauen eingestellt.

b Jeden Abend wurde ein umfangreicher Check im Umschlaglager angeordnet.

c Die Fahrer wurden angehalten, die Lkw jeden Samstag gründlich per Hand zu waschen.

d Die Sicherheitsschuhe wurden direkt von einem Billiganbieter aus Bangladesch bezogen.

e Bewerber, vor allem aus osteuropäischen Ländern, wurden nur eingestellt, wenn sie ausreichende Deutschkenntnisse aufwiesen.

f Motorölflecken auf dem Betriebsgelände wurden immer sofort mit einem Wasserschlauch gründlich entfernt.

g Zwei Fahrer, denen für einen Monat der Führerschein entzogen wurde, mussten in dem Zeitraum als Kommissionierer arbeiten.

h Aushilfskräfte im Lager wurden mit maximal 7,50 EUR pro Stunde entlohnt.

i Im Vorfeld eines Geschäftsabschlusses wurden Kunden häufig für eine Woche in die Villa des Firmenchefs in der Toskana eingeladen.

Beurteilen Sie, ob in den dargestellten Situationen ggf. gegen den Compliance-Begriff gemäß Ziffer 32 ADSp 2017 verstoßen wurde.

Aufgabe 9
Nehmen Sie an, die 34 Paletten und die drei Kartons der BESOPLAST-Ladeliste vom 16.10.20(0) würden direkt vom Lager des Kunden BESOPLAST in Dormagen mit einem Sattelzug in einem Rundlauf an die Empfänger geliefert.

a Erstellen Sie einen Tourenplan, indem Sie die zwölf Empfangsorte in eine geeignete Reihenfolge bringen.

b Nennen Sie die ein- und zweistelligen Bundesautobahnen, die der Lkw auf der von Ihnen ermittelten Tour benutzt.

c Ermitteln Sie die reine Fahrtzeit, wenn der Lkw mit einer Durchschnittsgeschwindigkeit von 68 km/h unterwegs ist.

d Berechnen Sie den CO_2-Verbrauch, wenn der Lkw (EURO 5) 28,8 Liter Diesel pro 100 km verbraucht.

Aufgabe 10 (Prüfungsnahe Aufgabenstellung)

Situation

Sie sind Mitarbeiter/-in der Spedition ELBLOG GmbH, Dresden, und bearbeiten eine Anfrage der CTS Elektronik GmbH, Freiberg. Das Unternehmen erhält wöchentlich einen 40'-Container aus China. Die Container sind bisher im Nachlauf per Lkw vom Hamburger Hafen nach Freiberg transportiert worden. Die ELBLOG GmbH hat diese Transporte in der Vergangenheit besorgt.

Mit dem chinesischen Exporteur hat die CTS Elektronik den INCOTERM® CIF Hamburg Seehafen gemäß INCOTERMS® 2020 vereinbart.

Um die CO_2-Emissionen zu verringern, plant das Unternehmen, die Eisenbahn für den Nachlauf des Containers einzusetzen. Der Ablauf würde sich wie folgt darstellen:

- Übernahme der Container ab Eurogate-Terminal in Hamburg
- Transport per Eisenbahn bis zum Bahn-Umschlagterminal in Dresden
- Lkw-Nachlauf vom Bahn-Umschlagterminal in Dresden zum Empfänger in Freiberg
- Rückführung des Leercontainers zum Container-Depot nach Leipzig

1 (1 Punkte)

Begründen Sie, warum die CTS Elektronik GmbH aufgrund des vereinbarten INCOTERMS für den Nachlauf des Containertransportes von Hamburg nach Freiberg verantwortlich ist.

2 (3 Punkte)

Die CTS Elektronik GmbH nennt als Grund für den Containertransport per Eisenbahn CO_2-Einsparungen.

2.1 Erläutern Sie zwei weitere Vorteile des Verkehrsträgers Eisenbahnverkehr.

2.2 Nennen Sie zwei Nachteile von Eisenbahnbeförderungen.

3 (6 Punkte)

Die CTS Elektronik GmbH wünscht von Ihnen einen Nachweis über die tatsächlich erzielten CO_2-Einsparungen, wenn der Nachlauf im Wesentlichen mit der Bahn durchgeführt wird.

Sie haben zu diesem Zweck verschiedene Daten zusammengestellt:

Sendungsgewicht	Angenommen wird ein Brutto-Durchschnittsgewicht für
	■ die Ladung: 17 t
	■ das Leergewicht des Containers: 3,8 t
Entfernungen	Lkw-Entfernung Hamburg – Freiberg: 490 km
	Lkw-Entfernung Freiberg – Leipzig: 115 km
	Eisenbahn-Entfernung Hamburg – Dresden: 450 km
	Lkw-Entfernung Dresden – Freiberg: 55 km
Umrechnungsfaktoren CO_2-Belastung	■ Eisenbahnbeförderungen 21 g CO_2/Tonnenkilometer
	■ Lkw-Beförderung: 60 g CO_2/Tonnenkilometer

3.1 Berechnen Sie die CO_2-Einsparung, wenn beim Transport eines Containers von Hamburg bis Freiberg auf der Hauptstrecke die Eisenbahn eingesetzt wird.

3.2 Beurteilen Sie das Ergebnis aus Aufgabe 3.1 unter dem Gesichtspunkt, ob der Einsatz der Eisenbahn zu einer relevanten CO_2-Reduktion führt.

4 (6 Punkte)

Die CTS Elektronik GmbH wäre bereit, die Eisenbahn im Seehafen-Hinterlandverkehr einzusetzen, wenn die Kosten mit der reinen Lkw-Beförderung ungefähr vergleichbar wären. Das Unternehmen hat sich Mehrkosten in Höhe von 5 % als Maximum gesetzt.

Bisher hat die ELBLOG GmbH für vergleichbare Transporte einen Fixpreis von 1 295,00 EUR berechnet. Darin enthalten waren:

- Umschlagkosten im Seehafen Hamburg
- Lkw-Beförderung
- Maut

Lernsituation 24 zum Informationshandbuch Seite 484–492

4.1 Berechnen Sie anhand nachfolgender Daten den Fixpreis unter Einschluss einer Eisenbahnbeförderung.

- Containerumschlag im Hamburger Hafen: 75,00 EUR
- Bahnbeförderung von Hamburg bis Dresden: 650,00 EUR
- Lkw-Transporte:
  Kilometersatz (fixe und variable Kosten) 1,40 EUR
- Maut pro km 0,194 EUR
  Entfernungen:
  Dresden – Freiberg: 55 km, davon 50 km mautpflichtig
  Freiberg – Leipzig: 115 km, davon 112 km mautpflichtig
- Zuschlag für Verwaltungskosten und Gewinn auf die errechneten Selbstkosten 25 %

4.2 Prüfen Sie, ob der neue Fixpreis die Kostenvorgabe der CTS Elektronik GmbH einhält.

5 (5 Punkte)

Die ELB-LOG GmbH veröffentlich jährlich einen Nachhaltigkeitsbericht. An einer Stelle des Berichts werden folgende Maßnahmen aufgeführt:

- flexibles Homeoffice
- Rückkehrbetreuung für Frauen nach längerer Familienphase
- Kinderbetreuung für Notfälle
- Eltern-Kind-Büro
- Unterstützung für Mitarbeiter/-innen, die Angehörige pflegen
- Vorbereitung auf den Ruhestand
- Betreuung von jungen Mitarbeitern mit Migrationshintergrund durch ehemalige Mitarbeiter/-innen

5.1 Begründen Sie, inwiefern diese Maßnahmen mit „Nachhaltigkeit" zu tun haben.

5.2 Geben Sie an, zu welcher „Säule" der Nachhaltigkeit die Maßnahmen zu rechnen sind.

5.3 Erläutern Sie zwei weitere Maßnahmen, die an dieser Stelle in einen Nachhaltigkeitsbericht aufgenommen werden könnten.

6 (6 Punkte)

Der Nachhaltigkeitsbericht der ELBLOG GmbH enthält u. a. folgenden Text:

Ressourcenmanagement

Mit einem Prämiensystem für unsere Lkw-Fahrer möchten wir durch eine nachhaltige Fahrweise den Dieselverbrauch minimieren. Zusätzlich werden punktuell E-Autos und E-Lkw für Kurzstreckenfahrten eingesetzt. Außerdem achten wir auf einen jungen Fuhrpark, der durchgängig die Abgasnorm EURO 6 erfüllt. Wir setzen uns dafür ein, dass der durchschnittliche Dieselverbrauch in l/100 km pro Lkw reduziert wird. Dafür werden wir für die Dieselverbräuche die Kennzahl „durchschnittlicher Dieselverbrauch in l/100 km pro Lkw" einführen, um künftig unabhängig von der Größe des Fuhrparks eine vergleichbare Größe zu haben. Künftig werden wir anhand dieser Kennzahl die Entwicklung des Dieselverbrauches steuern.

Mit einem Anteil von rund 23% am gesamten Energieverbrauch sehen wir in diesem Bereich großes Optimierungspotenzial.

Durchschnittlicher Dieselverbrauch in l/100 km pro Lkw

Beschreibung	20(-1)	20(0)	Steigerung/Reduzierung
gefahrene km Lkw	2 769 000	5 519 200	
Anzahl Lkw	69	102	
Dieselverbrauch Lkw gesamt in l	606 150	1 406 200	
durchschnittlicher Dieselverbrauch in l pro Lkw	8 785	13 786	
durchschnittlich gefahrene Kilometer pro Lkw	40 130	54 110	
durchschnittlicher Dieselverbrauch l/100 km pro Lkw			

6.1 Nennen Sie die Maßnahmen, die die ELBLOG GmbH in ihrem Nachhaltigkeitsbericht zur Verringerung des Dieselverbrauchs eingeführt hat.

6.2 Nennen Sie die zentrale Vergleichsgröße für den Dieselverbrauch im Unternehmen und begründen Sie, warum sich die Größe für einen Vergleich des Dieselverbrauchs eignet.

6.3 Berechnen Sie die Veränderungen der in der Tabelle aufgeführten Werte im Jahresvergleich.

6.4 Berechnen Sie den durchschnittlichen Dieselverbrauch l/100 km pro Lkw im Jahresvergleich.

6.5 Beurteilen Sie, ob die ELBLOG ihr Ziel, den Dieselverbrauch zu minimieren, erreicht hat.

7 (3 Punkte)

Die ELBLOG GmbH lässt die Lkw-Transporte von Hamburg nach Freiberg, aber auch viele andere innerdeutsche Beförderungen von polnischen Lkw-Frachtführern durchführen. Der Hauptgrund sind Kosteneinsparungen, weil die Löhne der polnischen Fahrer deutlich unter den Löhnen für deutsche Fahrer liegen.

Zunehmend verlangen Versender von der ELBLOG GmbH eine schriftliche Bestätigung, dass Mindestlohnvorschriften bei der Auftragsabwicklung eingehalten werden. Das Unternehmen befindet sich daher in einer schwierigen Situation, weil es einerseits wettbewerbsfähige Preise anbieten muss, andererseits aber durch ADSp-Bestimmungen und aufgrund des eigenen Unternehmensleitbilds Selbstverpflichtungen eingegangen ist.

ADSp (Auszug)

32 Compliance

32.1 Der Spediteur verpflichtet sich, Mindestlohnvorschriften und Vorschriften über Mindestbedingungen am Arbeitsplatz einzuhalten und bestätigt dies auf Verlangen des Auftraggebers in Textform ...

32.4 Beide Parteien verpflichten sich, die für ihr Unternehmen geltenden gesetzlichen Vorschriften einzuhalten. [...] Insbesondere werden beide Parteien in ihren Unternehmen

32.4.1 [...]

32.4.2 die jeweiligen nationalen Gesetze und Regelungen über Arbeitszeiten, Löhne und Gehälter und sonstige Arbeitgeberverpflichtungen einhalten [...]

Unternehmensleitbild der ELBLOG GmbH (Auszug)

Ein verantwortungsvolles und ethisch einwandfreies Verhalten gegenüber Mitarbeitern, Kunden, Lieferanten, Geschäftspartnern, der Gesellschaft und der Umwelt ist für die ELBLOG GmbH selbstverständlich. Dies gilt ebenso für die Einhaltung aller geltenden lokalen, nationalen und internationalen Rechtsvorschriften.

Ebenso erwarten wir von unseren Geschäftspartnern, Lieferanten und Kunden, dass sie geltende Gesetze und Normen einhalten. Ziel ist es, gute Arbeitsbedingungen und ökologische Verantwortung in der gesamten Wertschöpfungskette zu fördern.

7.1 Beurteilen Sie, ob die Auftragsvergabe der ELBLOG GmbH an polnische Frachtführer mit Ziffer 32 ADSp und mit dem eigenen Unternehmensleitbild vereinbar ist.

7.2 Begründen Sie, wie sich das Unternehmen verhalten soll, wenn ein Versender eine Bescheinigung über die Einhaltung von Mindestlohnvorschriften verlangt.

SELBSTTEST LERNSITUATION 24

→ Diese **Prozesse** beherrsche ich (X):

	voll	weit-gehend	eher nicht	gar nicht
die CO_2-Emissionen einer Woche für einen Kunden berechnen				
den Ausgleichsbetrag in Euro für ein Klimaschutzprojekt ermitteln				
Vorschläge für ein Engagement in Klimaschutzprojekten entwickeln				
einen Aushang zur Fahrerschulung entwerfen				
den Text für das Unternehmensleitbild des Modellunternehmens zum Thema „Nachhaltigkeit" formulieren				
die CO_2-Emission von Lkw-Beförderungen berechnen				
den CO_2-Fußabdruck von kombinierten Transporten ermitteln				
die verbrauchs- und leistungsbezogene Methode zur CO_2-Ermittlung anwenden				
die CO_2-Emission einer Lagerhalle berechnen und auf einzelne Paletten normieren				
Vorschläge zu ökonomisch verantwortlichem Handeln entwickeln				

→ Diese **Begriffe** kenne ich (✓):

- ☐ Berechnungsmethoden für CO_2-Emissionen
- ☐ CO_2-Fußabdruck
- ☐ CO_2-Kompensation
- ☐ Compliance
- ☐ Nachhaltigkeit im Unternehmen
- ☐ ökonomische Verantwortung
- ☐ soziale Verantwortung
- ☐ Umweltmanagement
- ☐ Umweltverantwortung

Abschlussaufgabe/Testklausur Lernsituation 24
(120 Punkte, 120 Minuten)

Situation 1
Die Maschinenfabrik DEGENER & LUTZ hat der Spedition INTERSPED einen Speditionsauftrag erteilt, der nachfolgend abgebildet ist. Die Beförderung wird im Selbsteintritt durchgeführt. Dafür stehen Lastzüge mit Wechselbrücken (Ladelänge = 7,30 m) zur Verfügung.
Mit dem Versender wurde ein Preis von 55,00 EUR pro angefangenem Lademeter vereinbart. Kosten für Maut und Versicherung werden gesondert berechnet.

Speditionsauftrag

1 Versender/Lieferant 2 Lieferanten-Nr.
Degener & Lutz
Holzheimer Weg 33
41464 Neuss

3 Speditionsauftrag-Nr.

4 Nr. Versender beim Versandspediteur

6 Datum 06.05.20(0)   7 Relations-Nr.

5 Beladestelle
Holzheimer Weg 33,
frühestens 08.05.20(0), 08:00 Uhr

9 Versandspediteur   10 Spediteur-Nr.

**INTERSPED GmbH
Merkurstraße 14
40223 Düsseldorf**

8 Sendungs-/Ladungs-Bezugs-Nr.

Telefon: 0211 56742-0
E-Mail: info@intersped.de

11 Empfänger 12 Empfänger-Nr.
Heinz Anlagenbau GmbH
Kruppstraße 210
70469 Stuttgart

13 Bordero-/Ladelisten-Nr.

14 Anliefer-/Abladestelle
Kruppstraße 210

15 Versendervermerke für den Versandspediteur

16 Eintreff-Datum   17 Eintreff-Zeit
08.05.20(0)   **17:00 Uhr**

18 Zeichen und Nr.	19 Anzahl	20 Packstück	21 SF	22 Inhalt	23 Lademittel-gewicht in kg	24 Brutto-gewicht in kg
HE-001-002	2	Holzkisten	0	Antriebsmotoren M44-Z je 2,20 m × 2,60 m		4 400
HE-003-023	21	Euroflach-paletten	0	Stellmotoren S17GS		12 650
Summe:	25 23	26 Rauminhalt cdm/Lademeter		Summen:	27	28 17 050

29 Gefahrgut
UN-Nr. _____   Gefahrgut-Bezeichnung
Gefahrzettel-Nr. _____   Verpackungsgruppe ____   Nettomasse kg/l _____
Hinweise auf Sondervorschriften

30 Frankatur	31 Warenwert für Güterversicherung 190 000,00 EUR	32 Versender-Nachnahme

33
Preis: 55,00 EUR pro angefangenen Lademeter

06.05.20(0)   *Mauser*
Datum, Unterschrift

34 Wir arbeiten ausschließlich auf Grundlage der Allgemeinen Deutschen Spediteurbedingungen 2017 – ADSp 2017 –.
Hinweis: Die ADSp 2017 weichen in Ziffer 23 hinsichtlich des Haftungshöchstbetrages für Güterschäden (§ 431 HGB) vom Gesetz ab, indem sie die Haftung bei multimodalen Transporten unter Einschluss einer Seebeförderung und bei unbekanntem Schadenort auf 2 SZR/kg und im Übrigen die Regelhaftung von 8,33 SZR/kg zusätzlich auf 1,25 Millionen Euro je Schadenfall sowie 2,5 Millionen Euro je Schadenereignis, mindestens aber 2 SZR/kg, beschränken.

Lernsituation 24 zum Informationshandbuch Seite 484–492

1 (2 Punkte)

Dem Speditionsauftrag war die Anfrage des Versenders vorausgegangen, ob die gesetzliche Haftung des Spediteurs bei einem Güterwert von 190 000,00 EUR ausreichend sei. Dem Versender wurde empfohlen, eine Güterversicherung abzuschließen.
Begründen Sie diese Empfehlung (1 SZR = 1,0700 EUR).

2 (4 Punkte)

Der Versender wünscht vorab eine Information über die Kosten der Versicherung.
Berechnen Sie die Versicherungsprämie mithilfe der nachfolgenden Prämientabelle:

Prämientabelle		
Warengruppe A allgemeine Speditionsgüter, die nicht in der Warengruppe B gesondert aufgeführt sind		
Warengruppe B		
■ elektrische Haushaltsgeräte ■ Nahrungsmittel ■ Flüssigkeiten in Flaschen ■ Kosmetikartikel ■ Tabakwaren ■ Spirituosen ■ Arzneien ■ Neumöbel ■ Daten-, Ton- und Musikträger	■ Foto- und Filmapparate ■ Unterhaltungselektronik (z. B. Fernseh-, Video-, Rundfunkgeräte) ■ Weiße Ware (z. B. Waschmaschinen, Kühlschränke etc.) ■ Maschinen mit hohem Elektroanteil ■ Computer (Hardware und Software) und Peripheriegeräte ■ temperaturgeführte Güter ■ medizinisch-technische Geräte	

		Prämien in Promille	
		Warengruppe A	**Warengruppe B**
1.1	Deutschland	0,70	1,85
1.2	...		
7.	Mindestprämie je Transport	2,50 EUR	
	bei innerdeutschen Transporten zuzüglich der gesetzlichen Versicherungssteuer von zurzeit 19 %		

3 (4 Punkte)

Beschreiben Sie zwei Möglichkeiten, wie der Speditionsvertrag (dokumentiert im Speditionsauftrag) rechtswirksam zustande gekommen sein könnte.

4 (4 Punkte)

Begründen Sie,
a ob INTERSPED aufgrund des bestehenden Speditionsvertrages als Spediteur oder als Frachtführer anzusehen ist,
b ob sich an der Rechtsposition von INTERSPED etwas ändert, wenn ein Frachtführer mit dem Transport der Sendung nach Stuttgart beauftragt wird.

5 (4 Punkte)

In Feld 34 des Speditionsauftrages wird auf die Ziffer 23 ADSp verwiesen, die die Haftung des Spediteurs auf mindestens 2 SZR/kg festlegt. Erläutern Sie die entsprechende HGB-Regelung, die zu dieser Haftungsuntergrenze in der gesetzlichen Haftung des Spediteurs führt.

6 (8 Punkte)

Stellen Sie fest, ob die Sendung auf einen Gliederzug mit zwei Wechselbehältern verladen werden kann. Begründen Sie Ihre Lösung rechnerisch oder durch eine grafische Darstellung.

7 (12 Punkte)

Der Versender hat im Speditionsauftrag die Abhol- und Zustellzeit vorgeschrieben. Prüfen Sie, ob die Zeiten unter folgenden Bedingungen einzuhalten sind:

- Fahrt Düsseldorf – Neuss (15 km): 30 Minuten (der Fahrer hat mit Fahrtbeginn seine Tagesruhezeit beendet)
- Beladen in Neuss: 30 Minuten (der Fahrer stellt das digitale Kontrollgerät auf Lenkzeitunterbrechung)
- Entfernung Neuss – Stuttgart 450 km
- Durchschnittsgeschwindigkeit: 60 km/h

Ergänzen Sie den nachfolgenden Tourenplan entsprechend:

Tourenplanung Düsseldorf – Neuss – Stuttgart					
Datum	Uhrzeit	Ortsangaben	km	Fahrzeit (Std:Min)	Pause (Std:Min)
08.05.20(0)	07:30	Abfahrt Düsseldorf	15	0:30	
	08:00	Ankunft Degener & Lutz			
	08:30	Ende Beladen			0:30
		Summe			

8 (6 Punkte)

a Bei Antritt der Fahrt in Düsseldorf (siehe Aufgabe 7) wird unserem Fahrer im digitalen Kontrollgerät die UTC-Zeit angegeben. Berechnen Sie die UTC-Zeit unter Beachtung der Sommerzeit.

b Der Fahrer wählt die Autobahnen A 46, A 3, A 67, A 6 und A 81 für den Weg nach Stuttgart. Seine Fahrt führt ihn daher an folgenden Städten vorbei:

Darmstadt, Bonn, Ludwigsburg, Wiesbaden, Mannheim, Köln, Heilbronn, Koblenz.

Bringen Sie die Städte auf der Strecke von Neuss nach Stuttgart in die geografisch richtige Reihenfolge.

9 (10 Punkte)

Berechnen Sie

a den Betrag (brutto), den INTERSPED dem Versender in Rechnung stellt. Beachten Sie dabei:
- Die Fracht wird aufgrund der Preisvereinbarung ermittelt.
- Die Maut wird mithilfe der unten stehenden Mauttabelle an den Versender weitergereicht. Der Autobahnanteil beträgt 460 km.

b das Rohergebnis aus diesem Auftrag, wenn INTERSPED mit folgenden Kostensätzen kalkuliert:
- Tagessatz: 480,00 EUR (für den Auftrag wird ein voller Tagessatz angesetzt),
- Kilometersatz: 0,42 EUR.

Die Mautkosten laut Tabelle gehen in die Kostenrechnung von INTERSPED ein. Die Versicherungsprämie bleibt unbeachtet.

Mautgebühren* für Sendungen über 3 Lademeter

Lademeter	Entfernung in km										
	1–100	101–200	201–300	301–400	401–500	501–600	601–700	701–800	801–900	901–1000	1001–1100
3,10–4,00	2,80	8,40	14,00	19,60	25,20	30,80	36,40	42,00	47,60	53,20	58,80
4,10–5,00	3,60	10,80	18,00	25,20	32,40	39,60	46,80	54,00	61,20	68,40	75,60
5,10–6,00	4,40	13,20	22,00	30,80	39,60	48,40	57,20	66,00	74,80	83,60	92,40
6,10–7,00	5,20	15,60	26,00	36,40	46,80	57,20	67,60	78,00	88,40	98,80	109,20
7,10–8,00	6,00	18,00	30,00	42,00	54,00	66,00	78,00	90,00	102,00	114,00	126,00
8,10–9,00	6,80	20,40	34,00	47,60	61,20	74,80	88,40	102,00	115,60	129,20	142,80
9,10–10,00	7,60	22,80	38,00	53,20	68,40	83,60	98,80	114,00	129,20	144,40	159,60
10,01–14,00	8,00	24,00	40,00	56,00	72,00	88,00	104,00	120,00	136,00	152,00	168,00

* Beträge in Euro ohne Umsatzsteuer

Situation 2

Sie haben den Auftrag, in der INTERSPED Luftfracht GmbH eine Luftfrachtsammelladung von Düsseldorf nach Sydney, Australien, abzuwickeln. Die Sendung besteht aus sechs Teilsendungen mit nebenstehenden Maßen und Gewichten.
Mit der Beförderung der Sammelgutsendung wird die LUFTHANSA beauftragt.

Sendung Nr.	Gewicht kg	Maße cm
1	320	150 × 80 × 53
2	5	40 × 40 × 20
3	45	80 × 60 × 55
4	1 100	160 × 120 × 110
5	120	110 × 110 × 80
6	80	100 × 60 × 70

10 (7 Punkte)

Zur Sendung 1 hat INTERSPED den nachfolgenden Speditionsauftrag (Auszug) vom Versender LANDMASCHINEN WEHMEIER KG erhalten.

a Erläutern Sie, welche Vertragsart und welche Vertragsgrundlage
  - zwischen dem Versender und INTERSPED,
  - zwischen INTERSPED und der LUFTHANSA
  besteht.
b Durch den Hinweis in Feld 33 des Speditionsauftrages wird INTERSPED zum vertraglichen Frachtführer. Begründen Sie diese Aussage.
c Begründen Sie, wem die Kosten für die Luftfrachtbeförderung in Rechnung gestellt werden.
d Nehmen Sie an, der Speditionsauftrag enthielte die Frankatur „FCA Duesseldorf Airport". Machen Sie die Unterschiede zwischen den INCOTERMS® 2020 DAP Sydney und FCA Duesseldorf Airport hinsichtlich des Kosten- und Gefahrenübergangs deutlich.

Speditionsauftrag (Auszug)

18. Zeichen und Nr.	19 Anzahl	20 Packstück	21 SF	22 Inhalt	23 Lademittel-gewicht in kg	24 Brutto-gewicht in kg
WEH01	1	Kiste	0	Farm machine parts DIM 150 × 80 × 53 cm		320
Summe:	25	26 Rauminhalt cdm/Lademeter		Summen: 27		28

29 Gefahrgut

30 Frankatur DAP Sydney	31 Warenwert für Güterversicherung	32 Versender-Nachnahme

33
Preis: laut Sammelgutpreisliste vom 01.03.20(0)

06.05.20(0)   *Schneider*

Datum, Unterschrift

34 Wir arbeiten ausschließlich auf Grundlage der Allgemeinen Deutschen Spediteurbedingungen 2017 – ADSp 2017 –.
Hinweis: Die ADSp 2017 weichen in Ziffer 23 hinsichtlich des Haftungshöchstbetrages für Güterschäden (§ 431 HGB) vom Gesetz ab, indem sie die Haftung bei multimodalen Transporten unter Einschluss einer Seebeförderung und bei unbekanntem Schadenort auf 2 SZR/kg und im Übrigen die Regelhaftung von 8,33 SZR/kg zusätzlich auf 1,25 Millionen Euro je Schadenfall sowie 2,5 Millionen Euro je Schadenereignis, mindestens aber 2 SZR/kg, beschränken.

11 (10 Punkte)

Für den Flug nach Sydney steht die unten aufgeführte Flugverbindung zur Verfügung.

a Erläutern Sie die einzelnen Positionen des Flugplans.
b Der Versender möchte wissen, wann das Flugzeug nach Ortszeit Düsseldorf in Sydney landet. Errechnen Sie die Ankunftszeit nach localtime Düsseldorf (Wochentag, Uhrzeit). Wählen Sie als Abflugtag die erste Verbindung ab Düsseldorf.

Auszug aus dem Cargo-Flugplan

Origin:	DUS		Earliest Departure:	07.05.20(0)
Destination:	SYD		Latest Departure:	...05.20(0)
Airline:				

No.	Flight		Origin	Dest	Date	Dept Time	Arr Time	Stops	Equipment	Days of Op	Elapsed
1	LH 815	✈	DUS	FRA	07/05/..	18:35	19:30	0	321	1-3----	00:55
↳	Via QF6	✈	FRA	SYD	07/05/..	23:30	06:25 +2	1	747	1234567	22:55

Hinweise: FRA = Frankfurt, SYD = Sydney, LH = Lufthansa, QF = Quantas Airways
Zeitverschiebung Sydney: UTC +10; Düsseldorf = Sommerzeit
321 = Airbus 321, 747 = Boeing 747 passenger

12 (8 Punkte)

Als Beförderungspapiere werden verschiedene AWB ausgestellt (House-/Master-AWB).

a Beschreiben Sie, wie diese Papiere in der Luftfrachtsammelladung eingesetzt werden.
b Geben Sie jeweils an, wer als Absender, Frachtführer und Empfänger
- im House-AWB,
- im Master-AWB
eingetragen wird.

13 (2 Punkte)

In der Luftfrachtsammelladung wird auch ein Cargo-Manifest verwendet. Erläutern Sie den Inhalt und die Aufgabe dieses Papiers.

14 (9 Punkte)

a Berechnen Sie mithilfe der nebenstehenden Preisliste und der unten stehenden Tabelle die Erlöse, die die Spedition INTERSPED für die Sendungen 1–6 nach Sydney von den Versendern erhält.

b Mit der Luftverkehrsgesellschaft hat INTERSPED für ihre Sammelgutsendungen eine Gewichtsrate von 4,60 EUR/pro kg vereinbart. Ermitteln Sie das Rohergebnis, das die Spedition allein aus den Frachterlösen erzielt.

c Erläutern Sie drei weitere Abrechnungspositionen mit den Kunden.

Düsseldorf EURO	DE KGS	DUS EUR
Sydney	**AU**	
	M	84,00
	N	11,50
	45	9,20
	100	5,70
	300	4,85
	500	4,30

Sdg.-Nr.	Gewicht	Maße L × B × H	Volumengewicht	Anzuwenden	Rate	Ergebnis	Alternativ	Betrag
	kg	cm	kg	kg/Vol.-kg	Euro	Euro	Euro	Euro
1	320	150 × 80 × 53						
2	5	40 × 40 × 20						
3	45	80 × 60 × 55						
4	1 100	160 × 120 × 110						
5	120	110 × 110 × 80						
6	80	100 × 60 × 70						

Situation 3

In der Spedition INTERSPED trifft heute, am 06.05.20(0), ein Auftrag des Versenders HANS BRAUNER, Lüftungstechnik, GmbH, Münsterstraße 142, 40476 Düsseldorf, ein.

Speditionsauftrag (Auszug)

18 Zeichen und Nr.	19 Anzahl	20 Packstück	21 SF	22 Inhalt	23 Lademittelgewicht in kg	24 Bruttogewicht in kg
BR-DU01-04	4	Euroflachpalette	0	Filteranlagen 7,650 m³		3 800
Summe:	25	26 Rauminhalt cdm/Lademeter Summen:			27	28

29 Gefahrgut

30 Frankatur CIF Dubai	31 Warenwert für Güterversicherung 85 000,00 EUR	32 Versender-Nachnahme

33
Festpreis über 1 050,00 EUR (ohne Transportversicherungsprämie)
Transportversicherung über 110 % des Güterwertes, Haus-Haus, volle Deckung
FBL als Beförderungsdokument mit dem Vermerk „Shipped on board"
Versicherungszertifikat als Inhaberpapier

06.05.20(0) *Graf*

Datum, Unterschrift

Die Sendung wird als Sammelgut per Seeschiff von Hamburg nach Dubai befördert. Die Organisation in den Seehäfen wird die CHRISTIANSEN SEEHAFEN-SPEDITIONSGESELLSCHAFT mbH, Hamburg, übernehmen. Den Lkw-Vorlauf Düsseldorf – Hamburg organisiert INTERSPED.

15 (6 Punkte)

Klären Sie anhand des INCOTERMS® 2020 folgende Fragen:

a Wer trägt die Beförderungskosten bis Dubai?
b Wem werden die Kosten für die Transportversicherung in Rechnung gestellt?
c Wer hat das Beförderungs- und Versicherungsdokument zu besorgen?

16 (6 Punkte)

Mit dem Versender war ein Festpreis in Höhe von 1 050,00 EUR vereinbart worden (die Prämie für die Transportversicherung wird in gleicher Höhe, wie von der Versicherungsgesellschaft berechnet, weitergereicht).
Stellen Sie das Zustandekommen des Betrages anhand folgender Angaben fest:

Preisvereinbarungen vom 05.05.20(0) mit der HANS BRAUNER GmbH	
Vorlauf Düsseldorf – Hamburg, 410 km	280,00 EUR (einschließlich Maut)
Seefracht CAF BAF THC	65,00 USD M/G 10 % 8 USD M/G 22,00 EUR/1 000 kg
FBL-Spesen	25,00 EUR
ISPS-Zuschlag ■ Stückgut (LCL) ■ Container (FCL)	 3,00 EUR pro Sendung 15,00 EUR pro Container
Gemeinkostenzuschlag (auf die Summe der Kosten)	20 %
Gewinnzuschlag (auf den um die Gemeinkosten erhöhten Betrag) Zum Schluss wird der Festpreis auf volle 50,00 EUR gerundet.	10 %

Kurs: 1,00 EUR = 1,55765 USD

17 (4 Punkte)

Beschreiben Sie den Weg des FBL im Rahmen der Beförderungsorganisation.

18 (2 Punkte)

Stellen Sie dar, inwieweit die vereinbarten Anforderungen an die Transportversicherung die Ansprüche an die Transportversicherung gemäß INCOTERM® 2020 CIF übersteigen.

19 (2 Punkte)

Der Versender wünscht ein Versicherungszertifikat als Inhaberpapier. Erläutern Sie die beiden Fachbegriffe.

Situation 4

Die Spedition INTERSPED wird von einem wichtigen Versender, der Ziegler Vertriebs GmbH, Hamburg, gedrängt, die Geschäftsprozesse umweltgerecht zu gestalten und auf allen Ebenen den CO_2-Ausstoß zu dokumentieren. Für regelmäßige Beförderungen zu einem Warenverteilzentrum in Landshut wird daher als Alternative zu den bisherigen Lkw-Transporten die Beförderung im kombinierten Verkehr Lkw – Bahn in Erwägung gezogen.

Auftragsdaten:

■ Versendung von zwei Wechselbrücken pro Woche vom Versandlager in Hamburg zum Empfänger nach Landshut per Lkw; Gewicht der Ladung: je 9 Tonnen
■ wie 1., aber Versand im Kombinierten Verkehr Lkw – Bahn

Entfernungen:

■ Lkw
  Hamburg – Landshut: 770 km
■ Bahn
  – Lkw: Hamburg – Umschlagterminal Kombiverkehr Hamburg: 25 km
  – Bahn: Hamburg – München: 787 km
  – Lkw: Umschlagterminal Kombiverkehr München – Landshut: 90 km

CO_2-Emissionen:
Lkw: 60 g CO_2 pro Tonnenkilometer (tkm)
Eisenbahn: 21 g CO_2/tkm

20 (4 Punkte)

Errechnen Sie die CO_2-Belastung in Kilogramm (kg) für die beiden Beförderungsalternativen nach den Angaben in der Situationsbeschreibung und ermitteln Sie die CO_2-Einsparung bei einer Entscheidung für den Kombinierten Verkehr.

21 (6 Punkte)

a Erläutern Sie zwei mögliche Motive des Versenders, auf umweltfreundliche Beförderungen zu drängen.
b Beschreiben Sie zwei Beispiele für CO_2-Einsparungen in einer Lkw-Spedition.
c Definieren Sie den Begriff „CO_2-Fußabdruck" (Carbon Footprint).

Lernsituation 25
Einen Kundenbesuch vorbereiten

Der Leiter der Vertriebsabteilung, Herr Schober, erhält vom Disponenten die Mitteilung, dass nach einem Fahrerbericht einer unserer Mitbewerber, die Spedition MAAS LOGISTIK, beim Versender GIERMEX BODENBELÄGE einen Lkw beladen hat. Da sich GIERMEX mittlerweile zu einem wichtigen Kunden entwickelt hat, ist Herr Schober alarmiert. Sofort wählt er die Telefonnummer von Herrn Baumann, dem Versandleiter von GIERMEX.

Herr Schober: „Guten Morgen, Herr Baumann, wie geht es Ihnen?"

Herr Baumann: „Guten Morgen, Herr Schober – danke, es könnte schlimmer sein."

Herr Schober: „Ich habe von unserem Fahrer gehört, dass Sie jetzt auch Aufträge an die Spedition Maas Logistik geben."

Herr Baumann: „Ja, das ist richtig. Wir haben von Ihrem Mitbewerber ein interessantes Angebot erhalten, das wir zurzeit testen."

Herr Schober: „Ich bin natürlich sehr interessiert, die Angebotsbedingungen von Maas kennenzulernen, um auf dieser Basis unsere Konditionen in einem Gespräch zu vergleichen."

Herr Baumann: „Normalerweise dürfte ich die Daten ja nicht einfach so weitergeben. Aber da wir ja offen und vertrauensvoll zusammenarbeiten, mache ich bei Ihnen eine Ausnahme und maile Ihnen das Angebot gleich zu. Ein Gespräch halte ich auch für sinnvoll."

Herr Schober: „Vielen Dank. Als Termin schlage ich Mittwoch, also übermorgen, 10:00 Uhr vor."

Herr Baumann: „Augenblick – ja, das geht, einverstanden."

Kurze Zeit später trifft die E-Mail von GIERMEX ein:

Haustarif der MAAS LOGISTIK (Auszug)

Entfernung in km	Gewicht in kg							
	1–50	51–100	101–200	201–300	301–400	401–500	501–600	...
1–100	22,37	37,91	53,68	77,82	99,76	119,21	138,88	...
101–200	24,21	41,89	61,70	91,09	118,29	143,21	167,99	...
201–300	24,64	42,67	62,91	93,29	121,41	146,97	172,89	...
301–400	24,71	42,96	63,47	94,50	122,97	148,82	175,23	...
401–500	24,85	43,31	64,26	95,57	124,53	150,95	177,64	...
501–600	25,35	43,95	65,46	97,70	127,52	155,14	182,54	...
601–700	25,77	45,30	68,09	102,03	133,84	162,87	192,27	...
701–800	26,20	45,94	69,44	104,30	136,75	166,78	197,17	...
801–1000	26,63	47,22	72,07	108,77	143,21	174,80	206,75	...

Beträge in Euro ohne Umsatzsteuer

Nebengebühren der MAAS LOGISTIK (Auszug)

Palettentauschgebühr für
- genormte Flachpaletten je Palette 2,60 EUR
- genormte Gitterboxpaletten je Palette 10,20 EUR

Lernsituation 25 zum Informationshandbuch Seite 493–517

Mautgebühren* der MAAS LOGISTIK für Sendungen von 1 bis 3000 kg (Auszug)

Gewicht** in kg	Entfernung in km									
	1–100	101–200	201–300	301–400	401–500	501–600	601–700	701–800	801–900	901–1000	1001–1100
1–50	1,00	1,00	1,00	1,00	1,00	1,00	1,00	1,00	1,00	1,00	1,00
51–100	1,00	1,00	1,00	1,00	1,00	1,00	1,01	1,16	1,31	1,47	1,62
101–200	1,00	1,00	1,00	1,08	1,39	1,70	2,01	2,32	2,63	2,94	3,25
201–300	1,00	1,00	1,29	1,81	2,32	2,84	3,35	3,87	4,38	4,90	5,42
301–400	1,00	1,08	1,81	2,53	3,25	3,97	4,69	5,41	6,14	6,86	7,58
401–500	1,00	1,39	2,32	3,25	4,18	5,10	6,03	6,96	7,89	8,82	9,75
501–600	1,00	1,70	2,84	3,97	5,10	6,24	7,38	8,51	9,64	10,77	11,91
...	...	...	...	...	...	...	...	...	...	...	...

* Beträge in Euro ohne Umsatzsteuer ** frachtpflichtiges Gewicht

In der Zwischenzeit hat sich Herr Schober auch das Kundenprofil von GIERMEX am PC ausgeben lassen:

	A	B	C	D	E	F	G
1							
2	Versender	Giermex	Bodenbeläge	Ludwig-Beck-Straße 24, 41466 Neuss			
3	Jahr	20(-1)					
4	Sendungen	Gewicht	Paletten	Umsatz	Schäden		
5	Anzahl/Stück	t/gesamt	Anzahl/Stück	EUR	Zahl	Summe	Eigenregulierung
6	820	895	1 845	175 481,00	3	2 510	640,00
7							
8	Durchschnittsgewicht kg pro Palette		485	kg			
9	Laufzeiten:	24-Std.-Zustellung	96	%			
10	Konditionen:	Haustarif, Minusmarge 20 %					
11		Nebengebühren nach Haustarif, Mindestgewicht pro Palettenstellplatz (nicht stapelbar) 300 kg					
12		Keine Palettentauschgebühren					
13		Mautgebühren nach Haustarif					

Alle Schäden waren zu 100 % durch die Haftungsversicherung (eigene oder von Frachtführern/Empfangsspediteuren) ersetzt worden. Von MAAS LOGISTIK ist bekannt, dass es sich um eine kleinere, aber aufstrebende Spedition handelt. Ihre Sendungen gehen zum größten Teil über ein HUB bei Kassel, während die INTERSPED GmbH die Relation Berlin wegen des hohen Sendungsaufkommens weitgehend im Direktverkehr zum Empfangsspediteur HOMBERG bedient.

Da die Bodenbeläge zum Teil nur ein geringes Gewicht haben, wurde das Mindestgewicht in Abweichung vom normalen INTERSPED-Haustarif auf 300 kg heruntergesetzt. Überpackte Paletten (Überschreitung der Europalettennorm) werden nur in Ausnahmefällen als „sperrig" abgerechnet, auch wenn dadurch nicht – wie in der Kalkulation vorgesehen – 34 Paletten pro Lkw geladen werden können.
Herr Schober plant, die Konditionen von MAAS LOGISTIK mit denen der INTERSPED anhand einer Mustersendung zu vergleichen. Es handelt sich dabei um den Transport einer Europalette (485 kg) von Neuss nach Berlin (565 km).

Erträge
Siehe Haustarif der MAAS LOGISTIK oben sowie INTERSPED Haustarif. (Die Haus-Haus-Entgelte und Mautgebühren befinden sich im Anhang des Informationshandbuches.)
Über die Vereinbarung von Margen auf den Haustarif ergibt sich ein Preisspielraum für das Kundengespräch.

Kalkulation

Erträge	Marge/%	EUR
1. Haus-Haus-Entgelte		
2.		
Summe Erträge		
Aufwendungen		
1. Vorlauf		
2.		
Summe Aufwendungen		
Summe Erträge		
– Summe Aufwendungen		
Rohergebnis (DB I)		
DB I in % der Erträge		

Lernsituation 25 zum Informationshandbuch Seite 493–517

Aufwendungen

Zur Ermittlung des Rohergebnisses liegen Herrn Schober nachstehende Informationen vor. Die Aufwendungen der MAAS LOGISTIK sind nicht bekannt.

- Vorlauf: 5,00 EUR pro **angefangene** 100 kg
- Hauptlauf: 800,00 EUR für 34 Paletten einschließlich Maut
- Entladen und Verteilen (EuV): 1,50 EUR pro **angefangene** 100 kg
- Nachlauf (Verteilkosten): 0,07 EUR pro Kilogramm

Bei der Prüfung des Preisspielraums für die Verhandlungen mit GIERMEX hat Herr Schober zu beachten, dass ein Mindestdeckungsbeitrag (Deckungsbeitrag I) von 30 % erzielt werden muss.

Siehe Lernsituation 3 und 4.

> **Arbeitsauftrag** (Vorschlag)
> Bereiten Sie das Gespräch mit dem Versandleiter der Firma GIERMEX BODENBELÄGE vor.
> Mögliche Arbeitsschritte:
> 1. Konditionen von MAAS LOGISTIK und der INTERSPED GmbH anhand der Mustersendung vergleichen,
> 2. Preisspielraum ausloten, z. B. durch Anpassung der Marge auf den Haustarif,
> 3. Weitere Argumente sammeln, mit denen man das Angebot des Mitbewerbers infrage stellen kann.

Eine interessante Ergänzung: das Gespräch im Rollenspiel darstellen

Aufgabe 1

Bei der wöchentlichen Überprüfung der besten 30 Kunden stellt Herr Schober einen deutlichen Rückgang der Sendungszahlen beim Versender HANDELSHOF fest.

	A	B	C	D	E	F	G	H	I	J
1										
2	Auswertung	TOP 30								
3	Zeitraum	37. Woche								
4	Selektion	Sendungen								
5	Versender		Sendungen/Anzahl		Gewicht/t		Paletten/Anzahl		Umsatz/EUR	
6	Kunden-Nr.	Name	Vorwoche	37. Woche	Vorwoche	37. Woche	Vorwoche	37. Woche	Vorwoche	37. Woche
7	D140004	Kaulmann	30	34	47	55	95	105	4 280,00	4 810,00
8	D140003	Seidlitz	31	33	50	51	92	100	4 210,00	4 633,00
9	D140031	Mussold	24	28	42	45	89	95	3 940,00	4 623,00
10	D140001	Wendering	23	23	47	49	88	89	4 156,00	3 990,00
11	D140002	Degener & Lutz	23	22	47	43	94	88	4 339,00	4 112,00
12	D140112	Rasmussen	20	19	36	36	81	81	3 798,00	3 732,00
13	D140233	WOPEX	22	19	44	37	78	60	3 698,00	2 855,00
14	D140028	Giermex	17	18	29	30	68	69	3 118,00	3 100,00
15	D140044	Baier	14	17	33	33	64	69	2 922,00	3 210,00
16	D140155	Scherer	12	17	29	31	62	64	2 815,00	2 866,00
17	...	...								
18	D140008	Handelshof	21	8	39	15	81	34	3 844,00	1 588,00
19	usw.									

a Bereiten Sie ein Telefongespräch vor, in dem Sie den Versender auf das Problem ansprechen: Beachten Sie die Regeln des Telefonmarketings. Stellen Sie sich in der Vorbereitung auf mögliche Ursachen des Auftragsrückgangs ein, z. B.:
- Verkaufsförderaktion in der Vorwoche,
- Inventur in der 37. Woche,
- Mitbewerber ist beim Kunden aktiv geworden (eventuell Kundenverlust),
- saisonale Schwankungen.

Vorschlag: Telefongespräch als Rollenspiel

b Begründen Sie, was den Versandleiter der INTERSPED GmbH veranlassen könnte, wöchentlich eine Top-30-Liste zu analysieren.

Aufgabe 2

Der Versender MUSSOLD bereitet zunehmend Sorgen. Dass es dem Kunden geschäftlich nicht besonders gut geht, ist seit Monaten bekannt. Die Monatszahlen bei der INTERSPED GmbH und auch die aufgelaufenen Zahlen Januar bis Juli vermitteln ein eindeutiges Bild.

	A	B	C	D	E	F	G	H	I
1									
2	Auswertung	TOP 30							
3	Zeitraum	Juli							
4	Selektion	Umsatz/EUR							
5	Versender		Umsatz Juli in EUR			Umsatz aufgelaufen Januar - Juli in EUR			Umsatz Plan/EUR
6	Kunden-Nr.	Name	Plan	Vorjahresmonat	Ist	Plan	Vorjahr	Ist	Jahr 20(0)
7	...								
8	D140031	Mussold	26 500,00	25 268,00	17 840,00	185 500,00	176 432,00	122 378,00	310 000,00
9	...								
10	usw.								

Mit dem Kunden waren aufgrund der hohen Umsätze der vergangenen Jahre und wegen des für das laufende Jahr prognostizierten Umsatzes von 310 000,00 EUR eine spezielle Bonusregelung, eine Minusmarge von 20 % auf den Haustarif und ein verlängertes Zahlungsziel vereinbart worden.

Bonusregelung	
Umsatz	Bonus
über 200 000,00 EUR	1 %
über 300 000,00 EUR	2 %
über 400 000,00 EUR	3 %

Zahlungsbedingung
Die Rechnungen sind – abweichend von den ADSp – zahlbar innerhalb von 30 Tagen.

Mit dem Kunden ist ein Gespräch zu vereinbaren, das folgende Zielsetzungen hat:
- Verkürzung der Zahlungsfrist auf zehn Tage, um das Ausfallrisiko zu vermindern
- Alternativ kann dem Kunden eine Reduzierung der Minusmarge auf die Kundensätze von 20 % auf 17 % angeboten werden.
- Um die bisherige Bonushöhe zu erhalten, soll dem Kunden vorgeschlagen werden, zusätzliche Geschäfte mit uns zu tätigen. Uns ist bekannt, dass der Kunde ein Lager mit rund 6 000 Paletten Fertigprodukten unterhält. Über ein Outsourcing der Lagerhaltung könnte der Kunde Kosten sparen und gleichzeitig den höheren Bonus realisieren.

Für einen Kostenvergleich könnten dem Kunden unsere Standardsätze für Lagerhaltung mitgeteilt werden:

Einlagerung: 2,74 EUR pro Palette,
Lagerhaltung: 4,00 EUR pro Palette und Monat,
Kommissionierung: zwischen 1,00 und 12,00 EUR pro Palette je nach Arbeitsaufwand,
Auslagerung: 7,03 EUR pro Palette.

Als Vorteile des Outsourcings könnten dem Kunden u. a. genannt werden:
- verringerte Kapitalbindung,
- Variabilisierung fixer Kosten,
- Kostentransparenz,
- kein Auslastungsproblem hinsichtlich der Lagerkapazität,
- Lagerhaltung durch einen spezialisierten Dienstleister,
- größere Flexibilität bei Nachfrageschwankungen.

Letztlich muss man sich in dem Gespräch auch darauf einstellen, dass der Umsatzrückgang mit Auftragsverschiebungen zugunsten von Mitbewerbern zusammenhängen kann. Dann ist ein Konditionenvergleich durchzuführen und dem Kunden sind Preis- und Serviceangebote zu unterbreiten (siehe Arbeitsauftrag oben).

Aufgabe 3

Die TELE-ELEKTRONIK GmbH ist ein aufstrebendes Unternehmen für Telekommunikationsgeräte. Über die Außendienstmitarbeiterin, Frau Schneider, hat man in der Spedition INTERSPED erfahren, dass das bisher eher regional tätige Unternehmen seinen Wirkungsbereich auf ganz Deutschland ausdehnen möchte. Frau Schneider regt an, Kontakt mit dem Unternehmen aufzunehmen und sich um die zu erwartenden Transporte zu bewerben. Bisher hat die INTERSPED GmbH keine Aufträge der TELE-ELEKTRONIK GmbH erhalten.

a Entwerfen Sie einen zunächst allgemein gehaltenen Werbebrief, in dem Sie die Spedition INTERSPED vorstellen und sich um die Übernahme von Stückgutbeförderungen für Deutschland bewerben. Machen Sie in dem Schreiben bereits einen Terminvorschlag.

b Fassen Sie telefonisch nach, weil Sie bis kurz vor Ablauf des Terminvorschlags noch keine Antwort erhalten haben. Ihr Ziel muss es sein, in ein persönliches Gespräch zu kommen, in dem folgende Sachverhalte geklärt werden können:
- Sendungsstrukturdaten (Mengen pro Jahr/pro Sendung, Relationen, palettiert/unpalettiert u. a.),
- Informationen über den Mitbewerber, der bisher die Beförderungen erbracht hat,
- Besonderheiten wie Abholzeiten, Laufzeiten, Terminvorgaben.

Am Ende sollte die Abgabe eines Angebots stehen.
Adresse: TELE-ELEKTRONIK GmbH, Dürener Straße 77, 40223 Düsseldorf

Aufgabe 4

Die Spedition INTERLOGISTIK ist noch jung am Markt, hat sich aber bereits einen Namen gemacht. Der kleine Mitarbeiterstamm in der Verwaltung zwingt dazu, die Kundenbetreuung auf die wichtigsten Kunden zu konzentrieren. Aus diesem Grunde sollen mithilfe einer ABC-Analyse die A-Kunden bestimmt werden, die man zukünftig besonders intensiv betreuen möchte. Sofern noch personelle Kapazitäten übrig bleiben, will man sich auch um die B-Kunden kümmern. In der nachfolgenden Tabelle sind die Kunden von INTERLOGISTIK mit ihren Umsätzen aufgelistet:

	A	B	C	D	E
1	ABC-Analyse				
2	Auswertung:	Kundenumsätze			
3	Versender		Umsatz	Summierter	Kundengruppe
4	Kunden-Nr.	Name	EUR	Umsatzanteil/%	
5	1.	ITC	110 349,00		
6	2.	Sindern	95 476,00		
7	3.	Dürer	85 768,00		
8	4.	Kramer	79 364,00		
9	5.	Sinop	75 322,00		
10	6.	Wächter	68 300,00		
11	7.	Bauer	65 388,00		
12	8.	Dehn	58 398,00		
13	9.	Wehmeier	52 897,00		
14	10.	SOUND	48 300,00		
15	11.	BIO-Gen	25 400,00		
16	12.	Seller	18 477,00		
17	13.	Schorn	16 423,00		
18	14.	Bieler	12 300,00		
19	15.	C-Tech	10 455,00		
20			822 617,00		

Bestimmen Sie die A-, B- und C-Kunden nach ihren Umsatzanteilen im Verhältnis 70 : 20 : 10.

Aufgabe 5

Herr Berger, der Geschäftsführer der INTERSPED GmbH, zeigt seinem Vertriebsleiter, Herrn Schober, eine Ausgabe der Logistik-Zeitung:

Herr Berger: „Herr Schober, schauen Sie mal, an allerbester Stelle zwei Anzeigen der Schwarz-Spedition. So sollten wir unseren Firmennamen auch einmal bekannt machen."

Deutschland fährt Schwarz!
www.schwarzsped.com

Logistik-Zeitung

Nicht schwarz ärgern - Schwarz beauftragen!
www.schwarzsped.com

Lernsituation 25 zum Informationshandbuch Seite 493–517

Herr Schober: „Das wird sicherlich einiges kosten – auf der ersten Seite und dann noch hervorragend platziert."

Herr Berger: „Ich denke, es sollte uns 5 000,00 EUR wert sein, dort einige Male im Jahr zu erscheinen, z. B. einmal pro Monat für ein Jahr, wenn es zu teuer ist, etwas weiter nach hinten. Und Sie müssten sich noch gute Slogans einfallen lassen – witzig und Interesse weckend."

Herr Schober: „Und was sollen wir unseren Kunden mitteilen?"

Herr Berger: „Wir sind auf vielen Speditionsgebieten tätig, vom Straßengüterverkehr bis zur Luftfahrt, wir organisieren weltweit, wir sind mittlerweile ein führender Logistikdienstleister – daraus muss sich doch etwas Griffiges machen lassen. Wir wollen doch nur, dass man uns bundesweit zur Kenntnis nimmt. Also – stellen Sie mal fest, was solche kleinen Anzeigen kosten. Dann benötige ich noch einen Platzierungsplan und natürlich zündende Textideen."

Herr Schober: „Mm?"

Hinweise zum Format und zu den Anzeigenpreisen

www.dvz.de

Basispreis: Eine Zeitungsseite ist in fünf Spalten aufgeteilt.
Ein Millimeter Höhe in einer Spalte kostet 3,70 EUR.
Die oben abgebildeten Anzeigen haben eine Höhe von 42 mm und sind eine Spalte breit.
Rabatte: Mengenstaffel: ab 1 000 mm pro Jahr 3 %, ab 2 000 mm 5 % (Rabatte nur vom Bruttopreis)
Malstaffel: drei Anzeigen (dreimal) 5 %, sechsmal 10 %, zwölfmal 15 %
Farbzuschlag: pro weitere Farbe neben Schwarz (Cyan, Magenta, Gelb) 25 % vom Bruttopreis (ohne Rabatte, die Anzeigenbeispiele sind vierfarbig)

Erscheinungsweise: dreimal wöchentlich

Berechnungsbeispiel:
Anzeige über zwei Spalten, 80 mm hoch: 80 mm · 2 · 3,70 EUR = 592,00 EUR (= Bruttopreis)
zwei Zusatzfarben: 50 % von 592,00 EUR = 296,00 EUR
Gesamtpreis: 892,00 EUR

a Entwerfen Sie eine Anzeige (eine Anzeigenserie) für die Logistik-Zeitung.
b Stellen Sie anhand der Situation die Teilschritte einer Werbeplanung zusammen.
① Werbeziel
② Zielgruppe
③ Werbegebiet
④ Werbebotschaft
⑤ Werbeetat
⑥ Werbemedien
⑦ Timing

Siehe Informationshandbuch, Stichwort „Werbeplan"

Aufgabe 6

Im Rahmen der Neugestaltung seines Internet-Auftritts möchte Gerd Berger seine Kunden möglichst gezielt ansprechen. In diesem Zusammenhang trifft er immer wieder auf die Kürzel **B2B** und **B2C**.

a Erläutern Sie, wofür diese beiden Abkürzungen stehen.
b Begründen Sie, ob diese Unterscheidung für die Geschäftstätigkeit von INTERSPED sinnvoll anwendbar ist.
c Zuweilen wird auch das Kürzel **B2G** verwendet. Erläutern Sie auch dieses anhand eines Beispiels.

Aufgabe 7

In der Lernsituation 1 hatten Sie folgende Aufgabe zu lösen:

Siehe Seite 15

> In der Abteilung Kundenservice der Spedition GESTNER findet eine Schulung statt.
>
> **Gespräch Nr. 1**
> *Herr Arnold:* „Heute bis um 12:00 Uhr sollte eine Sendung bei mir eintreffen. Jetzt ist es 16:00 Uhr."
> *Mitarbeiterin:* „Bitte Ihre Sendungsnummer."
> *Herr Arnold:* „8455-241-04."
> *Mitarbeiterin:* „Da müsste ich einmal nachschauen, ob ich Ihre Sendung im System finden kann. Einen Augenblick bitte."
>
> **Gespräch Nr. 2**
> *Herr Arnold:* „Heute bis um 12:00 Uhr sollte eine Sendung bei mir eintreffen. Jetzt ist es 16:00 Uhr."
> *Mitarbeiterin:* „Sagen Sie mir bitte Ihre Sendungsnummer, dann kann ich Ihre Frage sofort klären."
> *Herr Arnold:* „8455-241-04."
> *Mitarbeiterin:* „Haben Sie bitte einen kleinen Augenblick Geduld, Herr Arnold. Das System gibt mir gleich den Status Ihrer Sendung an. Wir können dann sofort überlegen, wie Sie schnellstens an Ihre Sendung kommen."

Entwickeln Sie aus Ihren eigenen Praxiserfahrungen eine Sammlung von Beispielen kundenfreundlichen und kundenunfreundlichen Verhaltens, die Auszubildenden ausgehändigt werden könnte, wenn sie in der Abteilung Kundenservice eingesetzt werden.

Aufgabe 8
Unternehmen unterscheiden sich aus Kundensicht vorzugsweise durch sogenannte „weiche Faktoren" (z. B. in der Erreichbarkeit von Mitarbeiterinnen und Mitarbeitern).

Geben Sie Beispiele aus der Praxis, in denen sich Speditionen in den Augen der Kunden gegenüber Mitbewerbern profilieren.

Aufgabe 9
In einer Spedition möchte man die Aktivitäten in der Distributionspolitik ausweiten. In der Geschäftsleitung ist man der Ansicht, dass man den Weg über die Verkaufsleiter großer Handelsunternehmen wählen sollte:

a Ermitteln Sie geeignetes Adressmaterial von Handelsunternehmen im Einzugsbereich Ihres Ausbildungsbetriebs.

b Legen Sie mindestens drei Kommunikationskanäle fest.

c Treffen Sie eine Entscheidung über ein notwendiges Werbebudget.

d Bestimmen Sie messbare Größen für die Erfolgsbewertung.

e Setzen Sie mindestens zwei Beispiele zur Nutzung bestimmter Werbemedien um (z. B. persönliches Gespräch durch den Außendienstmitarbeiter, Werbebrief, Anzeige, Gestaltung der Internetseite).

Aufgabe 10
In der Spedition Süd-Logistik werden Angebotspreise für Güterbeförderungen seit jeher wie folgt kalkuliert:

Mit einer Fahrzeugkostenrechnung werden die Tages- und Kilometersätze errechnet und auf die Angebotsbedingungen angewendet. Die ermittelten Kosten werden um einen Gewinnzuschlag erhöht.

Frau Giffard, die neue Leiterin des Marketings, ist der Meinung, dass mit einer solchen Preispolitik nicht alle Marktchancen realisiert werden können.

a Beschreiben Sie, welche Art von Preispolitik die Spedition Süd-Logistik anwendet.

b Erläutern Sie zwei Marktfaktoren, die bei der Preisfestsetzung berücksichtigt werden sollten.

Aufgabe 11
Im Rahmen des Managementkonzeptes „Efficient Consumer Response" (ECR) kooperieren Hersteller, Handel und Logistikdienstleister eng miteinander, um eine effiziente Befriedigung der Kundenbedürfnisse zu erreichen.

Bringen Sie die nachfolgenden Abläufe, die dementsprechend bei einem ECR-Konzept anfallen, durch Eintragen der Ziffern 1 bis 5 in die richtige Reihenfolge.

◯ Der Einzelhändler sendet die verdichteten Verkaufsdaten an den Großhändler bzw. Hersteller.

◯ Bei Erreichen des Meldebestandes wird eine konkrete Bestellung beim Hersteller veranlasst.

◯ Einkäufe der Kunden werden über die Kasse im Warenwirtschaftssystem des Einzelhändlers registriert.

◯ Die Bestellung wird vom Logistikdienstleister ausgeführt und die Regale beim Einzelhändler werden aufgefüllt.

◯ Gemäß der Übermittlung von Verkaufs- und Bestandsdaten an den Hersteller steuert dieser seine Produktion.

Aufgabe 12
Im Zuge der Anwendung von Efficient Consumer Response (ECR) lassen große Handelsunternehmen ihre Filialen häufig durch die Einschaltung von sogenannten „Cross-Docking"-Lagern beliefern.

Auf der Suche nach neuen Geschäftsfeldern beschäftigt sich auch Gerd Berger mit dieser Form der Beschaffungslogistik im Handelssegment.

a Erklären Sie den Begriff „Cross-Docking".

b Unterscheiden Sie zwischen dem einstufigen und dem zweistufigen Cross-Docking-Konzept.

c Beurteilen Sie, ob eine Spedition wie INTERSPED ein Cross-Docking-Lager betreiben könnte.

Aufgabe 13 (Prüfungsnahe Aufgabenstellung)

Situation

In den letzten Monaten hat die Verkaufsmannschaft der INTERSPED GmbH sehr erfolgreich um Sendungen ihrer Kunden ins europäische Ausland geworben. So fährt INTERSPED mittlerweile auch täglich mit mindestens einem Lkw voller Sammelgut und Teilladungen nach Großbritannien zum dortigen Speditionspartner EASTERN THAMES TRANSPORTS Ltd. nach Barking, im Osten Londons gelegen.

Da es nicht immer einfach ist, geeignete Rückladungen aus England zu akquirieren, plant Gerd Berger die Gründung einer eigenen Niederlassung auf der britischen Insel. Die Erschließung eines neuen Gewerbeparks in Folkestone auf der englischen Seite des EUROTUNNELS erscheint Berger als geeignete Gelegenheit, um auf der britischen Insel Fuß zu fassen.

Bereits frühzeitig schaltet Berger eine Stellenanzeige, um eine geeignete Führungskraft für den neuen Standort zu finden.

Die INTERSPED GmbH gehört zu den führenden Speditions- und Logistikdienstleistern in Nordrhein-Westfalen. Sammelgutabwicklung, internationale Lkw-Landverkehre sowie die Abwicklung von Luft- und Seefracht gehören zum speditionellen Kerngeschäft, in der Logistik erarbeiten wir zusammen mit unseren Kunden flexible Lösungen zur Optimierung ihrer Supply Chain.

Zur Stärkung der internationalen Aktivitäten unternimmt INTERSPED einen weiteren Schritt und errichtet im neuen EUROLOGISTICS-Gewerbepark in Folkestone die erste Niederlassung auf der britischen Insel. Für diesen strategisch wichtigen Standort suchen wir zum nächstmöglichen Termin den

Niederlassungsleiter / Sales Manager (m/w/d) GB

Nach dem Einstieg in unserer Unternehmenszentrale in Düsseldorf übernehmen Sie am 1. September 20(0) in Folkestone die Führung unseres britischen Standortes. Sie stellen ein schlagkräftiges Team zusammen, dessen Hauptaufgabe die Koordination der Verkehre zwischen der britischen Insel und dem europäischen Festland sein wird. Im Rahmen des Sales Management übernehmen Sie die Verantwortung vor allem für die Gewinnung von Neukunden.

Neben sehr guten Marktkenntnissen und verhandlungssicherem Englisch erwarten wir von Ihnen [...]

1 (2 Punkte)

Die Stellenanzeige erscheint zunächst in der örtlichen Düsseldorfer Tageszeitung sowie in der Deutschen Verkehrszeitung (DVZ). Berger möchte die **Streuverluste** möglichst gering halten. Beurteilen Sie, ob ihm das mit diesen beiden Maßnahmen gelingen kann.

2 (3 Punkte)

Die einzustellende Führungskraft muss über wesentliche **persönliche Eigenschaften** und **kommunikative Kompetenzen** verfügen. Nennen Sie je drei Eigenschaften und Kompetenzen, welche der neue Niederlassungsleiter mitbringen sollte.

3 (2 Punkte)

Berger möchte sowohl den gegenwärtigen Zustand des britischen Transportmarktes erforschen als auch über Veränderungen im Markt informiert sein. Unterscheiden Sie diesbezüglich die Begriffe **Marktbeobachtung** und **Marktanalyse**.

4 (3 Punkte)

Natürlich muss sich Gerd Berger auch intensiv über seine Wettbewerber in Großbritannien informieren. Dazu stehen ihm neben zahlreichen **externen** auch einige **interne Quellen** zur Verfügung. Schlagen Sie vier externe und zwei interne Quellen vor, die Herr Berger für sein Projekt zurate ziehen sollte.

5 (3 Punkte)

Gerd Berger möchte seine künftige Niederlassung vor allem seinen **A-Kunden** nahe bringen. Zeigen Sie auf, wodurch A-Kunden gekennzeichnet sind und grenzen Sie diese von den B- und C-Kunden ab.

6 (4 Punkte)

Gerd Berger möchte seine wichtigsten Kunden mit einem Werbebrief auf seine neue Dienstleistung in Großbritannien aufmerksam machen. Den Brief gestaltet er nach den Erkenntnissen der **AIDA-Formel**. Formulieren Sie für jede Stufe des AIDA-Konzeptes einen Satz, den Berger in seinen Werbebrief aufnehmen sollte.

7 (2 Punkte)

Um erfolgreich in das neue Geschäftsfeld starten zu können, muss Gerd Berger alle marketingpolitischen Instrumente einsetzen. Ordnen Sie die nachstehenden Maßnahmen den vier **Teilbereichen des Marketing** (Produktpolitik, Preispolitik, Vertriebspolitik, Kommunikationspolitik) zu.

① INTERSPED gewährt in den ersten zwei Wochen nach Eröffnung des neuen Standortes eine Marge von 25 % auf alle Lkw-Transporte von und nach Großbritannien.
② Auf der Homepage von INTERSPED wird der neue Standort ausführlich vorgestellt; ein dazugehöriges Gewinnspiel lockt mit einer 5-tägigen London-Reise als Hauptpreis.
③ Im Monat vor der Eröffnung sollen eigens geschulte Telefonverkäufer insgesamt 1 000 Kontakte herstellen, um Sendungen für England zu akquirieren.
④ Mit einer Lkw-Waschstraße und einer kleinen Servicewerkstatt wird INTERSPED sein Angebot am neuen Standort erweitern.

8 (4 Punkte)

Die geplante Niederlassung in Folkestone soll die gleichen Kriterien zur **Corporate Identity** (CI) erfüllen wie die Hauptniederlassung in Düsseldorf. Beschreiben Sie vier mögliche Ausprägungen, wie eine CI am neuen Standort umgesetzt werden kann.

9 (1,5 Punkte)

Public Relations (PR) kann auch definiert werden als „Tue Gutes und rede darüber!" Schlagen Sie drei geeignete PR-Maßnahmen vor, mit denen Gerd Berger in Großbritannien auftreten könnte.

10 (1,5 Punkte)

Weil es sich bei dem britischen Markt für INTERSPED um ein bisher eher fremdes Territorium handelt, möchte Gerd Berger seinen Kunden eine intensive Betreuung anbieten, u. a. mittels **Aftersales-Maßnahmen**. Erläutern Sie diesen Begriff, indem Sie drei mögliche konkrete Maßnahmen vorschlagen.

11 (4 Punkte)

Langfristig plant Gerd Berger, halbjährlich eine Werbekampagne für sein neues Geschäftsfeld durchzuführen. Nennen und erläutern Sie vier Inhalte des zu erstellenden **Werbeplans**.

SELBSTTEST LERNSITUATION 25

Diese **Prozesse** beherrsche ich (X):

	voll	weit-gehend	eher nicht	gar nicht
ein Gespräch mit dem Versandleiter eines Kunden vorbereiten				
die Konditionen eines Mitbewerbers mit den eigenen vergleichen				
den Preisspielraum ausloten, der im Kundengespräch zur Verfügung steht				
Kundendaten auswerten				
Frühindikatoren erkennen, die ein Tätigwerden der Marketingabteilung notwendig machen				
Instrumente der Marktforschung situationsbezogen anwenden				
eine Kunden-ABC-Analyse durchführen				
Verkaufsgespräche mit Kunden planen				

Diese **Begriffe** kenne ich (✓):

- Corporate Identity ☐
- ECR ☐
- Kommunikationspolitik ☐
- Marketing ☐
- Marktanalyse ☐
- Marktbeobachtung ☐
- Marktforschung ☐
- Preispolitik ☐
- Produktpolitik ☐
- Public Relations ☐
- Sponsoring ☐
- Unternehmensleitbild ☐
- Verkaufsförderung ☐
- Werbemedien ☐
- Werbeplan ☐

Abschlussaufgabe/Testklausur Lernsituation 25
(120 Punkte, 120 Minuten)

Situation 1

Die Spedition INTERSPED hat von der HABO Werke GmbH, Düsseldorf, den Auftrag erhalten, die Beförderung einer Sendung mit Kehrmaschinen zur AEC Haus-Service GmbH, Otto-Mohr-Straße 6, 01237 Dresden, zu besorgen. INTERSPED führt den Transport mit eigenen Wechselbrücken (Innenlänge 7,30 m, übliche Ladebreite) durch. Mit dem Versender ist ein Preis von 35,00 EUR pro **angefangenem** Lademeter vereinbart worden.

Auszug aus dem Speditionsauftrag

18 Zeichen und Nr.	19 Anzahl	20 Packstück	21 SF	22 Inhalt	23 Lademittelgewicht in kg	24 Bruttogewicht in kg
HA32 01-21	21	Euro-Flachpalette	0	Bodenkehrmaschinen HA32		3 150
HA35 01-15	10	Industrieflachpalette 100 cm × 120 cm	0	Bodenkehrmaschinen HA35		2 100
	2	Kisten (115 cm × 70 cm)	0	Zubehörteile		400
Summe:	25 33	26 Rauminhalt cdm/Lademeter		Summen:	27	28 5 650

1 (2 Punkte)
Begründen Sie, warum zwischen INTERSPED und der HABO Werke GmbH ein Speditionsvertrag vorliegt, obwohl INTERSPED die Beförderung im Selbsteintritt durchführt.

2 (2 Punkte)
Im Speditionsauftrag hat der Versender das Feld „30 Frankatur" nicht ausgefüllt. Begründen Sie, warum es rechtlich angebracht ist, die Frankatur „frei Haus" nachzutragen.

3 (8 Punkte)
Ermitteln Sie die Zahl der Wechselbrücken, die Sie für diesen Auftrag bereitstellen müssen. Machen Sie den Rechenweg deutlich.

4 (4 Punkte)
Der Versender erteilt im Speditionsauftrag die Weisung, dass die Sendung spätestens am 07.11.20(0) um 16:00 Uhr beim Empfänger eintreffen muss.
Stellen Sie fest, wann unser Fahrer seine Fahrt spätestens antreten muss. Berücksichtigen Sie dabei die nachfolgenden Bedingungen:

- Der Fahrer hat zum Arbeitsbeginn eine volle Tagesruhezeit hinter sich.
- Die erforderliche Lenkzeitunterbrechung ist zu beachten.
- Die Entfernung beträgt 560 km.
- Der Fahrer kann pro Stunde durchschnittlich 64 km zurücklegen.

5 (2 Punkte)
Berechnen Sie die Versicherungsprämien einschließlich Versicherungsteuer für die Güterversicherung. Der Versender hat einen Güterwert von 32 500,00 EUR angegeben.
Versicherungsprämie: 0,7 Promille.

6 (14 Punkte)

Für die Beförderung der Sendung im Güterkraftverkehr ist eine Berechtigung erforderlich.

a Zwei Arten von Berechtigungen stehen für den Transport zur Verfügung. Erläutern Sie die beiden Arten und geben Sie eine Empfehlung, welche Berechtigung für diesen Transport eingesetzt werden sollte.

b Geben Sie für die nachfolgenden Lkw-Transporte an, welche Berechtigungen (Erlaubnis, Genehmigung) für die Beförderung erforderlich sind. Nennen Sie auch Alternativlösungen, sofern sie gegeben und sinnvoll sind.
Das zulässige Gesamtgewicht des Lkw beträgt in jedem Fall mehr als 3,5 t.
Fall 1: INTERSPED befördert Güter von Düsseldorf nach Flensburg.
Fall 2: Ein portugiesischer Frachtführer befördert Güter von Hamburg nach Stuttgart.
Fall 3: Güterbeförderung eines deutschen Frachtführers von Berlin nach Bukarest
Fall 4: Ein bulgarischer Frachtführer befördert Güter von Sofia nach Amsterdam.
Fall 5: Gütertransport von Rom nach Düsseldorf durch einen italienischen Frachtführer
    a. über Österreich,
    b. über die Schweiz
Fall 6: Gütertransport von Moskau nach Hamburg durch einen russischen Frachtführer
Fall 7: Lkw-Transport von Düsseldorf nach Madrid und von Madrid nach Barcelona (deutscher Frachtführer)
Fall 8: Gütertransport von Berlin nach Minsk durch einen deutschen Frachtführer

c Begründen Sie, bei welchem der oben angeführten Transporte es sich um einen Kabotage-Transport handelt.

7 (4 Punkte)

Ermitteln Sie den Netto-Rechnungsbetrag, den der Versender aufgrund der Preisvereinbarung und der Güterversicherung zu bezahlen hat.

Situation 2

Sie erhalten am 29.08.20(0) von der SEHLER GmbH, Düsseldorf, den Auftrag, eine Sendung mit Kunststoffprofilen nach Jeddah (Saudi Arabien) zu besorgen.

Sendungsdaten

- Zwischen Exporteur und dem Importeur wurde der INCOTERM® 2020 CIF Jeddah vereinbart.
- Transport per Seeschiff von Hamburg nach Jeddah
- Vorlauf per Lkw
- Das Exportgeschäft ist durch ein Dokumentenakkreditiv gesichert. Eröffnende Bank (Akkreditivbank) ist die Jeddah Commercial Bank.

Von der Reederei, mit der Sie sich in Verbindung gesetzt haben, erhalten Sie folgende Buchungsbestätigung.

Buchungsbestätigung (Auszug)

Booking Confirmation				
Booking no.:	KASA045			
Vessel: JILFAR	**ETS:** 09.09.20(0)	**Port of loading:**		Hamburg
Voyage: BC310H	**ETA:** 20.09.20(0)	**Port of discharge:**		Jeddah
Pickup reference/depot:				
Pickup reference	Quantity	Size type	Depot	Release date
DAS47554JED310	1	20 ft Standard	CDH, Jaffestraße 28, Hamburg	04.09.20(0)
Delivery address:				
Terminal		Closing date	Closing time	Reference
EUROKAI City Terminal, Eckelmann-Straße 1, 21129 Hamburg		06.09.20(0)	21:00:00	DAS44JED310
Booking items				
Item	No. of pack.	Kind of packages	Commodity	Gross weight (tons) / Measurement (cbm)
1	1	20' Standard Container	Profiles	21,3

Surcharges			
Positions for DAS47554JED310	Currency	Rate	Per
FREIGHT	USD	600,00	20 ft. Container
BUNKER ADJUSTMENT FACTOR	USD	220,00	20 ft. Container
TERMINAL HANDLING CHARGES	EUR	150,00	20 ft. Container
SECURITY CHARGE	EUR	15,00	20 ft. Container
CURRENCY ADJUSTMENT FACTOR	USD	7,5 %	
FORWARDING AGENT COMMISSION	USD	−2,50 %	

Am 03.09.20(0) beauftragen Sie das Transportunternehmen EUROTRANS, einen leeren 20'-Container im Container-Depot abzuholen, zum Versender zu befördern und nach der Beladung zum Hamburger Hafen zu transportieren. Am 10.09.20(0) trifft von der Reederei das B/L über die Verschiffung in dreifacher Ausfertigung ein.

Bill of Lading (Auszug)

Container nos, Marks and nos. Seal nos.	Number and kind of packages; Description of goods	Gross weight	Measurement
UACU 332 224-1	1 x 20' STANDARD-CONTAINER, S.T.C. 15 Pallets Profiles Delivery Terms: CIF Jeddah Seaport As per INCOTERMS® 2020 Irrevocable Documentary Credit Nb. DF04434338774IMHA Shipped on board Jilfar in Hamburg on 09.09.20(0) Freight prepaid Clean on board	21 300 KGS	

Received by the Carrier in apparent good order and condition the goods or packages specified herein and to be discharged at the above mentioned port of discharge. The weight, measure, marks, numbers, quality, contents and value, being particular furnished by the Shipper, are not checked by the Carrier on loading. The Shipper, Consignee and the Holder of this Bill of Lading hereby expressly accept and agree to all printed, written or stamped provisions, exceptions and conditions of this Bill of Lading, including those on the back hereof.
In witness whereof the Carrier or his Agents has signed Bills of Lading all of this tenor and date, one of which being accomplished, the others to stand void. Shippers are requested to note particularly the exceptions and conditions of this Bill of Lading with reference to the validity of the insurance upon their goods.

Movement: FCL/FCL	Total no. of containers received by the carrier: - 1 -	No. of original Bs/L: 3/three
Freight payable at: Hamburg	Place and date of issue: HAMBURG, 09.09.20(0)	

8 (6 Punkte)

Erklären Sie folgende Begriffe/Abkürzungen aus der Buchungsbestätigung:
- ETS
- pickup reference
- closing date
- bunker adjustment factor
- security Charge (ISPS-Zuschlag)
- forwarding agent commission

9 (4 Punkte)

Der eingesetzte Container ist mit 15 Paletten beladen worden. Beschreiben Sie anhand der nachfolgend angegebenen Maße eines 20'-Containers das Problem, das sich aus der Normung von Containern und Europaletten ergibt:

Maße	Länge innen	Breite innen	Höhe innen	Volumen	Zulademöglichkeit
20'	5,895 m	2,350 m	2,392 m	31,2 m³	28 230 kg

10 (4 Punkte)

Erläutern Sie den Zusammenhang zwischen den Hinweisen „CIF Jeddah Seaport" und „Freight prepaid" aus dem B/L.

11 (6 Punkte)

Das Bill of Lading enthält einen fett gedruckten Text („In witness whereof the Carrier ..."). Erläutern Sie den Inhalt dieser Textpassage und machen Sie die Bedeutung dieser Klausel für den Einsatz des B/L deutlich.

12 (4 Punkte)

Auszug aus dem Dokumentenakkreditiv

ERFORDERLICHE DOKUMENTE DOCUMENTS REQUIRED	1. FULL SET OF CLEAN ON BOARD OCEAN BILLS OF LADING MADE OUT TO ORDER OF THE OPENING BANK NOTIFY: L/C APPLICANT WITH FULL ADDRESS MENTIONING THIS L/C NO. MARKED ‚FREIGHT PREPAID' 2. ...

Erläutern Sie zu den erforderlichen Dokumenten folgende Positionen:
- FULL SET
- CLEAN ON BOARD
- OCEAN BILLS OF LADING
- MADE OUT TO ORDER OF THE OPENING BANK

13 (4 Punkte)

Erläutern Sie zwei Vorteile, die dem Exporteur dadurch entstehen, dass das Geschäft mit einem Dokumentenakkreditiv verbunden ist.

14 (7 Punkte)

Berechnen Sie aus den Angaben in der Buchungsbestätigung die Kosten, die die Reederei uns in Rechnung stellt. Berücksichtigen Sie noch folgende Angaben:

- CAF und FORWARDING AGENT COMMISSION werden von der reinen Seefracht berechnet.
- Der Umrechnungskurs für US-Dollar lautet: 1,00 EUR = 1,2500 USD.

Situation 3

Die OPTIMA GmbH erteilt der Spedition INTERSPED am Freitag, dem 06.11.20(0), den Auftrag, optische Geräte zu einer internationalen Messe in Tokio (Flughafen Narita) zu besorgen. Die Sendung muss spätestens am Dienstag, dem 10.11.20(0) (Ortzeit Tokio) in Tokio eintreffen.

Sendungsdaten

- Kiste Nr. 1: 120 cm × 110 cm × 80 cm, Gewicht 80 kg
- Kiste Nr. 2: 110 cm × 100 cm × 100 cm, Gewicht 120 kg
- Kiste Nr. 3: 80 cm × 80 cm × 90 cm, Gewicht 110 kg
- INCOTERM®: FCA Düsseldorf
- Wert der Sendung: 21 500,00 EUR

Auszug aus dem Cargo-Flugplan

Origin:	DUS	Earliest Departure:	09.11.20(0)
Destination:	TYO	Latest Departure:	...11.20(0)
Airline:			

No.	Flight		Origin	Dest	Date	Dept Time	Arr Time	Stops	Equipment	Days of Op.	Elapsed
1	LH 8022	✈	DUS	NRT	09/11/..	11:10	11:25 +1	1	77F	--3----	17:15
2	YL 6422	✈	DUS	NRT	09/11/..	11:10	11:25 +1	1	77F	--3----	17:15
3	LH 710	✈	DUS	NRT	09/11/..	13:50	07:50 +1	0	77F	1234567	11:00
4	LH 4962	✈	DUS	NRT	09/11/..	16:20	16:40 +1	1	777	----5--	17:20
5	LH 714	✈	DUS	NRT	09/11/..	17:10	11:00 +1	0	777	----5--	10:50

15 (8 Punkte)

a Wählen Sie aus dem Flugplan eine Flugverbindung aus, die die Terminvorgabe des Versenders beachtet. Gehen Sie davon aus, dass die Sendung am Freitag, dem 06.11.20(0), nicht mehr abgefertigt werden kann. Begründen Sie Ihre Entscheidung.

b Unterscheiden Sie die 77F und 777 und ergänzen Ihre Begründung zu a entsprechend. Schließen Sie auch die „Stops" aus dem Flugplan in Ihre Begründung ein.

16 (3 Punkte)

Begründen Sie, wie die Flugzeit im Cargo-Flugplan oben berechnet worden ist.
Zeitverschiebung: DUS UTC +2, NRT UTC +9

17 (10 Punkte)

a Berechnen Sie die Fracht, die laut TACT an den Luftfrachtführer zu bezahlen ist. Berücksichtigen Sie noch folgende Nebengebühren:
- Fuel Surcharge: 0,65 EUR/kg (vom tatsächlichen Gewicht),
- Security Surcharge: 0,15 EUR/kg (vom tatsächlichen Gewicht).

b Der Versender wünscht Auskunft über den Preis für eine nachfolgende Luftfrachtsendung nach Tokio mit einem Abrechnungsgewicht von 1 100 kg, die wegen der Empfindlichkeit der Geräte in einem Container versandt werden soll.
Berechnen Sie die reinen Luftfrachtkosten nach TACT für eine solche Sendung ohne Nebengebühren und ohne eine kundenbezogene Preiskalkulation.

c Begründen Sie, ob die ermittelten Beträge zu a (Fracht, Nebengebühren) im Luftfrachtbrief unter „Prepaid" oder unter „Collect" eingetragen werden.

Auszug aus dem TACT			
Düsseldorf		DE	DUS
		KGS	EUR
Tokyo		M	76,69
TYO		N	15,18
		45	10,96
		100	7,62
		200	5,54
		300	4,48
		500	4,30
	/C		4,10
2Q	/B	3 000	14 400,00
5	/B	2 000	9 700,00
8	/B	1 000	4 800,00

18 (6 Punkte)

a Begründen Sie, ob für die Sendung die Regelhaftung des Luftfrachtführers nach Montrealer Übereinkommen im Falle von Verlust oder Beschädigung ausreichend ist, um den gesamten Güterwert zu ersetzen. Wert eines Sonderziehungsrechts am Tag der Sendungsübergabe: 1,1005 EUR

b Sollte die Haftung des Luftfrachtführers nicht ausreichen, nennen Sie zwei Möglichkeiten, die Sie dem Kunden empfehlen können, um eine vollständige Absicherung für Güterschäden zu erhalten.

Situation 4

Der Hersteller von Computerspielen, GAMEPLAY GmbH, betreibt ein eigenes zentrales Versandlager für Deutschland. Das Unternehmen möchte das Lager nun aufgeben und Lagerung sowie Versand an einen Logistikdienstleister übertragen. Die INTERSPED GmbH hat sich an der Ausschreibung beteiligt und den Wettbewerb gewonnen.

19 (5 Punkte)

a Der in der Situation beschriebene Sachverhalt wird als Outsourcing bezeichnet. Erläutern Sie den Begriff.
b GAMEPLAY verspricht sich von dem Outsourcing folgende Vorteile:
   ba verringerte Kapitalbindung,
   bb kein Auslastungsproblem hinsichtlich der Lagerkapazität,
   bc Kostentransparenz,
   bd Variabilisierung von Fixkosten.
   Erläutern Sie diese vier Vorteile näher.

20 (4 Punkte)

Der Auftrag ist für INTERSPED auch deshalb interessant, weil mit ihm logistische Zusatzleistungen verbunden sind. Geben Sie vier Beispiele für Value-added Services.

21 (4 Punkte)

Dem Logistikvertrag zwischen der GAMEPLAY GmbH und der Spedition INTERSPED sind nicht die Logistik-AGB zugrunde gelegt worden. Vielmehr wurde ein eigener Logistikvertrag ausgearbeitet. Begründen Sie diese Vorgehensweise der Vertragspartner.

22 (6 Punkte)

Nach einem Jahr werden in der INTERSPED GmbH folgende Daten aus dem Logistik-Vertrag mit GAMEPLAY zusammengestellt:

- Insgesamt wurden 45 000 Paletten umgeschlagen.
- 180 Paletten verlassen pro Tag durchschnittlich das Lager.
- Der durchschnittliche Lagerbestand beträgt 9 000 Paletten.
- Die Gesamtkosten der Lagerung betragen 400 000,00 EUR.

Berechnen Sie
a die Umschlagshäufigkeit,
b die durchschnittliche Lagerdauer,
c die durchschnittlichen Lagerkosten pro Palette und Monat.

23 (3 Punkte)

Durch das Verschulden eines Lagermitarbeiters von INTERSPED werden zwei Paletten von GAMEPLAY völlig zerstört. Jede Palette hatte ein Gewicht von 400 kg; der Wert pro Palette betrug 3 400,00 EUR. Im Logistikvertrag ist die Haftung nach ADSp vereinbart worden.
Ermitteln Sie die Höhe des Betrages, mit dem INTERSPED haften muss (1 SZR = 1,1233 EUR).

Lernsituation 26
Eine Verfahrensanweisung entwerfen

Immer wieder wiesen große Unternehmen in der Vergangenheit darauf hin, dass man als Geschäftspartner zertifizierte Unternehmen wünscht. Aktuell war die INTERSPED GmbH von einem Ausschreibungsverfahren für ein großes Logistikprojekt ausgeschlossen worden, weil kein dokumentiertes Qualitätsmanagementsystem nachgewiesen werden konnte. Die Geschäftsführung der INTERSPED GmbH hat daher beschlossen, ein Qualitätsmanagementsystem einzurichten.

> **INTERSPED GmbH**
> Information für+ alle Mitarbeiter
>
> Das Unternehmen wird ein **Qualitätsmanagementsystem** nach DIN EN ISO 9000 einführen.
>
> Das Qualitätsteam wird Sie näher informieren.
>
> Wir hoffen auf Ihre Unterstützung.
>
> *Berger*

Unter der Leitung von Frau Keller wird nun ein Qualitätsteam gebildet, das aus den Abteilungsleitungen besteht. Das Team hat die Aufgabe, die Einrichtung und Anwendung des Systems in die Wege zu leiten und kontinuierlich zu begleiten. Auch die Auszubildenden werden in die Arbeit eingebunden.

Karin Albers, die zurzeit in der Abteilung Verwaltung ausgebildet wird, soll einen Geschäftsprozess für das Qualitätsmanagementhandbuch aufbereiten, indem sie eine Verfahrensanweisung für die Wareneingangskontrolle formuliert. Die Anweisung soll beschreiben, wie sich Mitarbeiter zu verhalten haben, wenn Ware im Unternehmen eintrifft. Diese Verfahrensanweisung wird für das gesamte Unternehmen Gültigkeit besitzen.

Die Gliederung einer Verfahrensanweisung hat Karin Albers von dem Qualitätsteam erhalten, zusammen mit dem Hinweis, dass die Arbeiten bei der Wareneingangskontrolle in einer Checkliste dokumentiert werden müssen (siehe unten).

Um Informationen über den genauen Ablauf der Wareneingangskontrolle zu bekommen, führt die Auszubildende ein Interview mit dem Mitarbeiter Herrn Schrader, der regelmäßig bei der INTERSPED GmbH Wareneingangskontrollen durchführt. Sie erklärt ihm, welche Aufgabe sie für das Qualitätsteam zu erledigen hat.

Karin Albers:	„Es geht also darum, aufzuschreiben, wie die Abläufe beim Wareneingang sind."
Herr Schrader:	„Dann legen Sie mal los."
Karin Albers:	„Nehmen wir einmal an, ein Lkw-Fahrer steht am Lagereingang und möchte fünf Pakete abliefern. Wie gehen Sie in diesem Fall vor?"
Herr Schrader:	„Also, der Fahrer kommt zunächst mit dem Lieferschein und übergibt ihn mir. Ich nehme den Lieferschein, gehe in mein Büro und schaue in der Auftragsverwaltung nach, ob wir eine solche Sendung überhaupt erwarten. Trifft das zu, sage ich ihm, er soll die Pakete abladen. Andernfalls verweigere ich die Annahme der Sendung. Sie ist ja offensichtlich nicht für uns bestimmt."
Karin Albers:	„Gut. Jetzt stehen die Pakete auf der Laderampe."
Herr Schrader:	„Dann muss ich zunächst prüfen, ob jedes einzelne Paket für uns bestimmt ist. Die Pakete haben ein Label mit Absender- und Empfängeranschrift. Falsch adressierte Pakete gehen zurück. Anschließend muss ich feststellen, ob die Anzahl der Packstücke stimmt. Im Regelfall sind die Pakete durchnummeriert. In unserem Beispiel müssten die Nummern 1/5 bis 5/5 auf den Paketen erscheinen. Daran kann ich sehen, ob die Sendung vollständig ist."
Karin Albers:	„Was machen Sie, wenn ein Paket fehlt?"
Herr Schrader:	„Das vermerke ich dann auf dem Lieferschein."
Karin Albers:	„Jetzt stehen die richtigen Pakete in der richtigen Anzahl vor Ihnen."
Herr Schrader:	„Genau. Nun muss ich noch die äußere Verpackung prüfen. Wenn die Verpackung beschädigt ist, dann ist auch oft die Ware nicht in Ordnung.
	Stelle ich fest, dass die Verpackung nur leicht beschädigt ist, schreibe ich das auf den Lieferschein. Dann kann sich der Lieferant schon mal darauf einstellen, dass eventuell in Kürze eine Reklamation bei ihm eintrifft. Ist die Verpackung stark beschädigt, nehme ich das Paket oder die ganze Sendung nicht an."
Karin Albers:	„Das ist alles?"
Herr Schrader:	„Nicht ganz. Der Fahrer will von mir noch eine Unterschrift auf dem Lieferschein haben.
	Ich bekomme vom Fahrer außerdem eine Kopie des Lieferscheins. Darauf vermerke ich für mich alle Besonderheiten und lasse sie vom Fahrer mit unterschreiben. Das ist dann für meine Akten. Und Sie sollen ja jetzt ein neues Formular entwerfen – eine Checkliste."

Karin Albers:	„Ja, und die soll vom Fahrer und von Ihnen unterschrieben werden. Dann erst sollen Sie den Lieferschein unterzeichnen."
Herr Schrader:	„Meinetwegen. Ich habe in der Vergangenheit schon immer Qualitätsarbeit abgeliefert, dafür brauche ich eigentlich kein Qualitätsmanagement und schon gar nicht diesen ganzen Papierkram."
Karin Albers:	„Man hofft, dass durch das Qualitätsmanagement vieles noch besser laufen wird. Vielen Dank für Ihre Unterstützung."

Arbeitsauftrag (Vorschlag)

Entwerfen Sie die Verfahrensanweisung „Wareneingangskontrolle" nach DIN EN ISO 9001.

Hinweis: Kopfdaten Verfahrensanweisung: QM-Element: 08, QM-V-Nr. 8-12

1. Verfassen Sie anhand der vorliegenden Informationen (Gliederung, Mitarbeiter-Interview, sonstige Angaben) den Text der Verfahrensanweisung.
2. Entwickeln Sie eine „Checkliste Wareneingangskontrolle" nach den unten stehenden Angaben.

Folgende Daten sollte die **Checkliste** enthalten:
- Liegt eine Bestellung vor? (ja/nein)
- Begleitpapiere vorhanden? (ja/nein)
- Korrekte Empfängeranschrift? (ja/nein)
- Stimmen Packstücke laut Lieferschein mit tatsächlicher Anzahl überein? (ja/nein)
- Äußere Verpackung einwandfrei? (ja/nein)
- Feld für Vermerke (Abweichungen, Beschädigungen usw.)
- Unterschriftenfelder für Mitarbeiter und Frachtführer
- Datum

Muster Verfahrensanweisung

INTERSPED GmbH	Verfahrensanweisung	QM-Element: QM-V-Nr. Freigegeben:
1. Zweck		
2. Begriffe		
3. Vorgehensweise		
4. Mitgeltende Unterlagen		
Revision:	Änderungsdatum:	Seite 1 von 1

Aufgabe 1

In Verfahrensanweisungen werden die Grundzüge von organisatorischen Abläufen im Unternehmen festgelegt. Schreiben Sie eine Verfahrensanweisung für Mitarbeiterinnen und Mitarbeiter im Lager, die die Arbeiten bei der Schnittstellenkontrolle erledigen.

Kopfdaten Verfahrensanweisung: QM-Element: 08, QM-V-Nr. 8-22

Gliederungspunkte: siehe Muster Verfahrensanweisung oben

Aufgabe 2

Die Spedition QUICK-SPED verfügt über ein modernes Sendungsverfolgungssystem, das es erlaubt, über Barcoding jederzeit Auskunft über den Verbleib einer Sendung zu geben. Bereits bei der Abholung können die Sendungsdaten mit einem mobilen Datenerfassungsgerät (MDE) aufgenommen werden. Ebenso verfahren die Empfangsspediteure bei der Auslieferung der Sendung.

Erstellen Sie den Text einer Verfahrensanweisung zur Sendungsverfolgung, die einen lückenlosen Statusreport ermöglicht.

Gliederungspunkte: Zweck, Begriffe, Vorgehensweise, Mitgeltende Unterlagen

Aufgabe 3

Betrachten Sie noch einmal den Schluss des Interviews mit Herrn Schrader.

Karin Albers:	„Ja, und die soll vom Fahrer und von Ihnen unterschrieben werden. Dann erst sollen Sie den Lieferschein unterzeichnen."
Herr Schrader:	„Meinetwegen. Ich habe in der Vergangenheit schon immer Qualitätsarbeit abgeliefert, dafür brauche ich eigentlich kein Qualitätsmanagement und schon gar nicht diesen ganzen Papierkram."
Karin Albers:	„Man hofft, dass durch das Qualitätsmanagement vieles noch besser laufen wird. Vielen Dank für Ihre Unterstützung."

a Beschreiben Sie die Einstellung von Herrn Schrader zur Einführung des Qualitätsmanagementsystems mit eigenen Worten.

b Stellen Sie Vermutungen darüber an, wie die Mitarbeiter/-innen reagieren werden, wenn durch ein Qualitätsmanagementsystem das gesamte Unternehmen systematisch und dauerhaft verändert werden soll.

c Erläutern Sie zwei Kritikpunkte am Qualitätsmanagement.

d Beschreiben Sie zwei positive Gesichtspunkte des Qualitätsmanagements.

Aufgabe 4
Zur Normfamilie DIN EN ISO 9000 gehören drei Normen:

1. DIN EN ISO 9000
2. DIN EN ISO 9001
3. DIN EN ISO 9004

Ordnen Sie den Kurzbeschreibungen die jeweilige Norm-Nummer zu.

Nr.	Kurzbeschreibung
	Festlegung der Anforderungen an ein Unternehmen, das eine Begutachtung des Qualitätsmanagementsystems durch neutrale Dritte (externes Audit) erreichen möchte
	Anleitung, um alle Bereiche eines Unternehmens einem kompletten und kontinuierlichen Verbesserungsprozess zu unterziehen
	beschreibt Grundlegendes zum Qualitätsmanagementsystem

Aufgabe 5
Die INTERSPED GmbH hat nach erfolgreichem Qualitätsaudit das Zertifikat über die Einrichtung eines Qualitätsmanagementsystems erhalten (siehe nebenstehend).

a Entwerfen Sie einen Brieftext, mit dem Sie die Kunden über die Zertifizierung werbewirksam informieren.

b Entwickeln Sie weitere Vorschläge, wie das Unternehmen auf die Zertifizierung verweisen kann, um seine Marktposition zu stärken.

Aufgabe 6
Die Walter-Logistik GmbH wirbt auf ihrer Internetseite mit ihrem zertifizierten Qualitätsmanagement.

a Unterscheiden Sie interne und externe Audits.

b Das Unternehmen will den nachgewiesenen Qualitätsstandard dauerhaft erhalten und verbessern. Begründen Sie die Chance, dieses Ziel zu erreichen, mit dem in der DIN 9001 verankerten PDCA-Kreislauf.

c Nennen Sie zwei Vorteile, die sich für das Unternehmen durch die Zertifizierung ergeben.

Q-CERT

ZERTIFIKAT

Die Q-Cert-Zertifizierungsgesellschaft mbH bescheinigt hiermit, dass das Unternehmen

INTERSPED GmbH,
Merkurstraße 14, 40223 Düsseldorf

für den Geltungsbereich

nationale und internationale Spedition, Lagerhaltung, Logistik

ein Qualitätsmanagementsystem eingeführt hat und anwendet.

Durch ein Audit, Bericht Nr. QM-3016 wurde der Nachweis erbracht, dass die Forderungen der

DIN EN ISO 9001

erfüllt sind.

Dieses Zertifikat ist gültig bis

15.03.20(+3)

Zertifkat-Registrier-Nr.

09 200 3016

Q-Cert-Zertifizierungs-   Köln, den 15.03.20(0)
gesellschaft mbH   gez. Lammert

Lernsituation 26 zum Informationshandbuch Seite 517–524 **509**

Ausschnitt aus der Webseite der Walter-Logistik GmbH

Wir sind erfolgreich nach DIN EN ISO 9001:2015 zertifiziert worden. Das heißt: Unser gesamtes Unternehmen arbeitet nach hohen Qualitätsrichtlinien. Unser Ziel ist es, diesen Standard dauerhaft zu erhalten und zu verbessern. Deshalb werden jährlich interne und externe Audits durchgeführt. Die Kundenzufriedenheit steht für uns immer an erster Stelle.

Muster für eine Verfahrensanweisung, siehe Seite 507

Aufgabe 7

Entwerfen Sie eine Verfahrensanweisung, die im Qualitätsmanagementhandbuch Ihrer Ausbildungsbetriebes verwenden werden könnte.

a Wählen Sie einen (überschaubaren) Prozess aus Ihrem Arbeitsumfeld aus.
b Schreiben Sie den Text der Verfahrensanweisung mit den Gliederungspunkten Zweck, Begriffe, Vorgehensweise und mitgeltende Unterlagen.

SELBSTTEST LERNSITUATION 26

→ Diese **Prozesse** beherrsche ich (X):

	voll	weit-gehend	eher nicht	gar nicht
eine Verfahrensanweisung schreiben				
für die Wareneingangskontrolle eine Checkliste als Formular entwerfen				
eine normgerechte Arbeitsanweisung für das Verhalten von Nahverkehrs-Fahrern erstellen				
Kunden werbewirksam über eine erfolgreiche Zertifizierung informieren				

→ Diese **Begriffe** kenne ich (✓):

- Arbeitsanweisung ☐
- DIN EN ISO 9000 ☐
- PDCA-Zyklus ☐
- Qualität ☐
- Qualitätsaudits ☐
- Qualitätsmanagement ☐
- Qualitätsmanagementhandbuch ☐
- TQM ☐
- Verfahrensanweisung ☐
- Zertifizierung ☐

Abschlussaufgabe/Testklausur Lernsituation 26
(120 Punkte, 120 Minuten)

Situation 1

Gerd Berger konnte seine Expansionspläne in Großbritannien verwirklichen: Seine erste Auslands-Niederlassung ist nun die INTERSPED GREAT BRITAIN FORWARDERS LTD. Auf seine Stellenanzeige hin hatte sich unter anderem Ingo Hansen, der bisherige Marketingleiter von MAAS-Logistik, beworben – nun ist er Gerd Bergers Statthalter im EUROLOGISTICS-Gewerbepark in Folkestone an der britischen Kanalküste.

Der bisher größte Kunde, den Hansen auf der britischen Insel akquirieren konnte, ist die SCORPION FORKLIFT PLC, ein Hersteller von Gabelstaplern und weiteren Flurfördermitteln aller Art mit Sitz in Reading, westlich von London gelegen. INTERSPED beliefert das SCORPION-Werk vom europäischen Festland aus mit Komponenten für die Produktion, im Gegenzug werden komplette Fördermittel von Reading aus auf den Kontinent transportiert.

Aktuell liegt ein Auftrag von SCORPION FORKLIFT über den Transport von 48 Handgabelhubwagen plus einiger Ersatzteile von Reading nach Stettin (Polen) vor.

Auszug aus dem Speditionsauftrag

18 Zeichen und Nr.	19 Anzahl	20 Packstücke	21 SF	22 Inhalt	23 Lademittelgewicht in kg	24 Bruttogewicht in kg
SCO 101 – 124	24	Einwegpaletten 104 × 115 cm	0	Handgabelhubwagen (je 2 Stk./Palette)		4 960
SC-SP 1-2	2	Gitterboxen 124 × 84 cm	1	Ersatzteile		640
	25 Summe: 26	26 Rauminhalt cdm/Lademeter Summen:			27	28 5 600

1 (4 Punkte)

Für den Transport von Reading nach Stettin stehen der Disposition Sattelzüge mit 13,60 m Innenlänge sowie Gliederzüge nach BDF-Norm zur Verfügung.
Ermitteln Sie, welcher Lkw-Typ unter Gesichtspunkten der Laderaumoptimierung eingesetzt werden sollte.

2 (9 Punkte)

Der Fahrer des Lkw startet dienstagsmorgens um 08:00 Uhr nach Ableistung seiner Wochenruhezeit zu seiner Tour nach Stettin. Auf den 189 Kilometern von Reading bis zum Fährhafen in Dover ist er genau 3 Stunden unterwegs. Nach 2 Stunden und 15 Minuten Aufenthalt auf der Fähre hat er noch weitere 1 071 km von Calais bis Stettin vor sich. Er kalkuliert mit einer Durchschnittsgeschwindigkeit von 63 m/h. Ergänzen Sie die nachstehende Tabelle und ermitteln Sie unter Berücksichtigung der EG-Sozialvorschriften die frühestmögliche Ankunftszeit des Lkw in Stettin.
(**Hinweis:** Lassen Sie eventuelle Zeitzonenunterschiede außer Acht.)

Tag	Zeit von ...	Tätigkeit	Zeit bis ...	Kilometer	Kilometer kumuliert
Di	08:00	Lenkzeit	11:00	189	189
Di	11:00	Fähre (=LZU)	13:15	–	189
Di	13:15				

3 (3 Punkte)

a Entscheiden Sie, welche Genehmigung für diesen Transport notwendig ist.
b Nennen Sie die Staaten, die der Lkw auf dem kürzesten Weg nach Stettin durchfährt, nachdem er den Ärmelkanal mit der Fähre Dover-Calais überquert hat.

4 (4 Punkte)

Berechnen Sie das Rohergebnis für den vorliegenden Transport unter Berücksichtigung nachstehender Kalkulationsdaten:

- Preisvereinbarung mit dem Kunden: 94,00 GBP pro angefangenem Lademeter
- Tagessatz: 395,00 EUR
- Kilometer-Satz: 0,38 EUR/km
- Fährkosten: 115,00 GBP
- Umrechnungskurs: 1,00 GBP = 1,21 EUR

5 (4 Punkte)

Nach Ankunft in Stettin stellt der Empfänger fest, dass eine der beiden Gitterboxen fehlt. Die Vermutung, dass sie in Reading nicht verladen wurde, bestätigt sich nicht, die Gitterbox mit Ersatzteilen im Wert von 4 200,00 EUR bleibt verschwunden. Eine Güterversicherung wurde nicht eingedeckt.
Nennen Sie die Rechtsgrundlage und berechnen Sie den Schadenersatz für SCORPION FORKLIFT. Welcher Betrag bleibt ggf. ungedeckt? *(1 SZR = 1,2118 EUR)*

6 (4 Punkte)

Hinsichtlich der Ausrichtung von INTERSPED in Richtung *Green Logistics* ist Ingo Hansen am *Carbon Footprint* der einzelnen Transporte interessiert. Ermitteln Sie den CO_2-Fußabdruck (in kg) für den vorliegenden Transport von Reading nach Stettin nach der leistungsbezogenen Methode.
Folgende Daten liegen der Berechnung zugrunde:

- Straßenentfernung Reading – Stettin: 1 260 km
- Fährstrecke Dover – Calais: 39 km
- CO_2-Umrechnungsfaktoren:
  - Seeschiff: 14 g CO_2/tkm
  - Flugzeug: 810 g CO_2/tkm
  - Lkw (Euro-5): 60 g CO_2/tkm
  - Eisenbahn: 21 g CO_2/tkm

Situation 2

Im Zuge einer strategischen Partnerschaft der SCORPION FORKLIFT PLC mit dem japanischen Hersteller YAMABASHI werden wichtige elektronische Bauteile wie Steuerplatten, Transistorkarten und Lenkungseinheiten gemeinsam entwickelt und im vietnamesischen Da Nang produziert. Die elektronischen Bauteile werden per Luftfracht von Da Nang über Singapur nach London-Heathrow befördert und anschließend bei INTERSPED in Folkestone eingelagert. Von dort aus werden die Teile gemäß Kundenabruf in das SCORPION-Produktionswerk nach Reading geliefert.

Lernsituation 26 zum Informationshandbuch Seite 517–524

7 (6 Punkte)

Die elektronischen Bauteile aus Vietnam werden einmal wöchentlich auf einer Palette mit den Maßen 80 × 60 × 115 cm (Gewicht: 288 kg) importiert. Nach einer Erhöhung des Luftfrachttarifes durch Singapur Airlines zum 01.11.20(0) (vgl. nachstehenden Tarif) ermitteln Sie die neuen Luftfrachtkosten in Euro pro Palette *(Umrechnungskurs: 1,00 EUR = 1,6737 SGD/ Singapur Dollar).*

Da Nang International/Vietnam DAD London-Heathrow/England LHR	KGS	SGD
	M	128,00
	N	16,60
	45	14,85
	100	13,29
	300	11,81
	500	10,60

Nebenkosten:

- Fuel Surcharge: 0,74 SGD/kg tatsächliches Gewicht
- Security Surcharge: 0,25 SGD/kg tatsächliches Gewicht
- AWB-Ausstellung: 20,00 EUR/AWB

8 (2 Punkte)

Aufgrund der zu erwartenden Aktivitäten im Luftfrachtgeschäft strebt die INTERSPED GREAT BRITAIN FORWARDERS LTD. den Status eines reglementierten Beauftragten an.
Nennen Sie zwei Voraussetzungen, die das Unternehmen dafür erfüllen muss.

9 (5 Punkte)

Für die regelmäßige Sendung aus Da Nang ist zwischen Exporteur und Importeur der INCOTERM® *CPT London* vereinbart worden.

a Stellen Sie fest, wo sich der Kosten- und der Gefahrenübergang bei diesem INCOTERM® befinden.
b Begründen Sie, ob die Kosten für die Luftfrachtbeförderung im AWB unter „prepaid" oder unter „collect" eingetragen werden müssen.
c Geben Sie den vergleichbaren INCOTERM® an, der für einen Seetransport von Vietnam nach Großbritannien anzuwenden wäre.

10 (7 Punkte)

Nachstehend ist der Flugplan der Verbindung Da Nang – London-Heathrow wiedergegeben:

| Origin: | DAD | | Earliest Departure: | 12.11.20(0) |
| Destination: | LHR | | Latest Departure: | 15.11.20(0) |

No.	Flight		Origin	Dest	Date	Dept Time	Arr Time	Stops	Equipment	Days of Op	Elapsed
(…)											
4	SQ 1681	✈	DAD	SIN	12/11	16:20	18:55	0	310	12-456-	
↳	Via SQ 714	✈	SIN	LHR	12/11	23:30	01:30 +1	1	74F	12-456-	
(…)											

a Erklären Sie **inhaltlich** die Bedeutung der dritten Spalte mit den stilisierten Flugzeugen sowie **allgemein** die Spalte „Equipment".
b Ermitteln Sie die **reine Flugzeit** (= Flugzeug in der Luft) dieser Transferverbindung, (**Hinweis:** Da Nang liegt in der Zeitzone UTC +7 und Singapur in UTC +8, die Länge des angegebenen Stopps beträgt genau 2 Stunden.)
c Geben Sie an, in welchem IATA-Konferenzgebiet Vietnam und Singapur liegen.

Lernsituation 26 zum Informationshandbuch Seite 517–524

11 (7 Punkte)
Aufgrund des hohen Wertes (USD 45 000,00) der wöchentlichen Palette aus Vietnam soll eine Haftungserhöhung des Luftfrachtführers vorgenommen werden.
a An welcher Stelle im Luftfrachtbrief muss der Versender dafür welchen Eintrag vornehmen?
b Berechnen Sie die Prämie (in Euro), die für die Haftungserhöhung zu entrichten ist.
(1,00 EUR = 1,2542 USD; 1 SZR = 1,2118 EUR)

Situation 3
INTERSPED GREAT BRITAIN FORWARDERS LTD. liegt ein Auftrag von SCORPION FORKLIFT PLC für den Transport von 3 elektrobetriebenen Gabelstaplern von Reading nach Vancouver (Kanada) vor. Die Stapler mit einem Gewicht von je 3,1 Tonnen werden im Werk Reading in einen 20'-Container geladen und von dort aus zum größten englischen Containerhafen Felixstowe befördert. Mit der MS ATLANTIC STAR der Reederei MSC wird die Ladung direkt zur amerikanischen Westküste und weiter nach Vancouver transportiert.

12 (3 Punkte)
a Felixstowe wird zuweilen zu den sogenannten NORDRANGE-Häfen gezählt. Nennen Sie zwei weitere Häfen, die zu dieser Gruppe gehören.
b Bringen Sie die Häfen *Los Angeles, Le Havre, Seattle* und *Panama-Stadt*, die das Seeschiff auf seiner Reise anläuft, in die richtige Reihenfolge.

13 (6 Punkte)
Die Mediterranian Shipping Company (MSC) stellt als Eigner der MS ATLANTIC STAR ein *reines An-Bord-Konossement* aus.
a Erläutern Sie, was diese Art von Konossement bedeutet.
b Beschreiben Sie den Weg des Konossements im vorliegenden Fall; verwenden Sie dabei u. a. die Begriffe *Befrachter* und *Verfrachter*.

14 (9 Punkte)
Bezüglich der Container-Bestellung stellen sich bei SCORPION FORKLIFT PLC noch einige Fragen. Entscheiden Sie, ob die nachstehend genannten Aussagen richtig oder falsch sind, und korrigieren Sie die falschen Aussagen.

a Für überbreite Sendungen kommen Flat Rack oder Bulk-Container infrage.
Richtig ☐ Falsch ☐ Korrektur: _____

b Ein 40-Fuß-Container entspricht 1 TEU.
Richtig ☐ Falsch ☐ Korrektur: _____

c Beim Hardtop- und beim Opentop-Container ist das Dach zu öffnen.
Richtig ☐ Falsch ☐ Korrektur: _____

d FCL/LCL bedeutet, dass der Container beim Versender beladen wird und erst beim Empfänger entladen wird.
Richtig ☐ Falsch ☐ Korrektur: _____

e Die Beladung eines Standard-Containers mit Europaletten ist problematisch, weil relativ viel Stauraum ungenutzt bleibt.
Richtig ☐ Falsch ☐ Korrektur: _____

f Ein High-Cube-Container hat im Prinzip die gleichen Maße wie ein Standard-Container, er ist nur etwas länger.
Richtig ☐ Falsch ☐ Korrektur: _____

g TEU bedeutet „Twenty Dollar European Unit".
Richtig ☐ Falsch ☐ Korrektur: _____

h Merchant's Haulage bedeutet, dass der Spediteur den Vor- und Nachlauf des Containers organisiert.
Richtig ☐ Falsch ☐ Korrektur: _____

15 (2 Punkte)

Nach Ankunft in Vancouver stellt der Empfänger fest, dass ein Gabelstapler im Wert von 34 500,00 EUR derartige Beschädigungen aufweist, dass er als Totalschaden zu bezeichnen ist. Der Schaden ist der Reederei MSC zuzuordnen.
Ermitteln Sie den Höchstbetrag, mit dem die Reederei haften muss. *(1 SZR = 1,2118 EUR)*

Situation 4
Um sich mit der Niederlassungs-Neugründung am britischen Markt zu behaupten, setzen Gerd Berger und Ingo Hansen auf ein breites Spektrum unterschiedlicher Marketing-Instrumente.

16 (4 Punkte)

Ordnen Sie die nachstehenden Maßnahmen den vier Feldern des Marketingmix zu, indem Sie jeweils die passende Ziffer notieren:

1 = Produktpolitik   2 = Preispolitik   3 = Vertriebspolitik   4 = Kommunikationspolitik

a _____ INTERSPED GREAT BRITAIN FORWARDERS LTD. wird im kommenden Monat der Sammelgutkooperation BRITAIN´S 24 beitreten.
b _____ Aufgrund niedrigerer Fährpreise für Lkw gibt INTERSPED im Januar bei Transporten von England auf den Kontinent einen Rabatt von 10 %.
c _____ Die Fußball-B-Jugend des F.C. Folkestone trägt jetzt Trikots mit dem Aufdruck „INTERSPED – your freight connection to Europe".
d _____ Ingo Hansen hat zwei Mitarbeiterinnen eingestellt, die im Verkaufs-Innendienst den Telefonverkauf ankurbeln sollen.

17 (3 Punkte)

Gerade bei den britischen Neukunden hält es Ingo Hansen für außerordentlich wichtig, Aftersales-Maßnahmen anzuwenden.
Erläutern Sie diesen Begriff und schlagen Sie Hansen eine geeignete Maßnahme vor.

18 (3 Punkte)

Eine Anzeige, in der sich INTERSPED GREAT BRITAIN FORWARDERS LTD. seinen potenziellen Kunden präsentiert, wird in der Zeitschrift „England Transport News" geschaltet sowie in den Kinos im Großraum Dover–Brighton–London unmittelbar vor Beginn des Hauptfilms auf die Leinwand projiziert.
Beurteilen Sie diese Vorgehensweise unter Berücksichtigung möglicher Streuverluste.

19 (4 Punkte)

In Großbritannien sind insbesondere im B2B-Bereich verschiedenen Ausprägungen des Onlinemarketings sehr verbreitet. Ingo Hansen plant, in diesem Segment ebenfalls aktiv zu werden.
a Erläutern Sie, was unter der Abkürzung B2B zu verstehen ist.
b Schlagen Sie drei Instrumente des Onlinemarketing vor, die Hansen in Großbritannien anwenden sollte.

20 (7 Punkte)

Das Unternehmensleitbild der britischen Niederlassung hat Ingo Hansen von der deutschen Zentrale der INTERSPED in Düsseldorf übernommen. Hinsichtlich der Aspekte
- Corporate Behaviour,
- Corporate Communications und
- Corporate Design

sieht Hansen eventuellen Anpassungsbedarf an den britischen Markt.
a Nennen Sie zu jedem der drei angeführten Bereiche zwei Beispiele, die von der INTERSPED-Geschäftsleitung vorgegeben werden könnten.
b Fassen Sie die drei genannten Bereiche unter einem Begriff zusammen.

Situation 5

Immer häufiger erhält die INTERSPED GREAT BRITAIN FORWARDERS LTD. Aufträge, die eine Zustellung in der Londoner Innenstadt mit sich bringen. Aufgrund des hohen Verkehrsaufkommens ist eine Tour in die City immer mit sehr großen Verzögerungen durch Staus und Wartezeiten verbunden.
Da es den anderen Speditionen im Umfeld von London genauso ergeht, erwägt Ingo Hansen, sich mit den Wettbewerbern an einen Tisch zu setzen, um ein Konzept zu entwickeln, von dem alle Beteiligten gleichermaßen profitieren können.

21 (1 Punkt)

Hansen denkt bei seinen Planungen an bestehende Konzepte, die in einigen deutschen Städten zur Optimierung der Innenstadtbelieferungen bereits existieren.
Nennen Sie das Schlagwort, unter dem diese Konzepte betrieben werden.

22 (8 Punkte)

Im Rahmen der Gespräche mit den Wettbewerbern stellt sich heraus, dass alle häufig identische Empfänger in London mit eher kleinen Sendungen beliefern. Aufgrund der einzuplanenden Zeitverluste sind die Lkw daher zumeist auch nicht ausgelastet.

a Schildern Sie je eine Auswirkung, die diese Umstände
  - auf die ausliefernden Speditionen,
  - auf die anderen Verkehrsteilnehmer in London,
  - auf die Empfänger in der Londoner City
  - sowie auf die Umwelt haben.
b Beschreiben Sie, wie die Zusammenarbeit der beteiligten Speditionen geregelt werden müsste, damit die unter a) benannten negativen Auswirkungen verringert werden können.

23 (8 Punkte)

Zur Vorbereitung des Konzepts der Innenstadtbelieferung planen die Speditionen eine Befragung der Warenempfänger in der Londoner City. Über die Form der Befragung bzw. Art der Kommunikation ist man sich allerdings noch nicht einig.

a Unterscheiden Sie drei mögliche Befragungsformen und führen Sie jeweils einen Vorteil und einen Nachteil an.
b Die Befragung gehört im Rahmen der Marktforschungsaktivitäten zur Primärforschung. Grenzen Sie diese von der Sekundärforschung ab.

24 (7 Punkte)

Die neu zu gestaltenden Abläufe hinsichtlich der gemeinsamen Belieferung der Londoner Innenstadt sollen im Qualitätsmanagementsystem (QM-System) der INTERSPED GREAT BRITAIN FORWARDERS LTD. verankert werden.

a Erläutern Sie diesbezüglich den Begriff Qualitätsmanagement.
b Geben Sie an, welcher ISO-Normfamilie das Qualitätsmanagement zugeordnet wird.
c Das Qualitätsmanagementsystem befasst sich grundsätzlich mit sämtlichen Abläufen in allen Abteilungen der INTERSPED. Benennen Sie für nachstehende Bereiche je eine Tätigkeit, welche durch ein QM-System geregelt werden kann.
  - Umschlaglager
  - Disposition
  - Transportdurchführung per Lkw
  - Kundenservice

Inhaltsübersicht zu den Lernsituationen

Lern-situation	Kernthema	Inhalte	
1	Modellspedition	■ Unternehmensbeschreibung	– Marketing – Kunden-/Lieferantenbeziehung
2	Spediteur	■ Speditionsvertrag ■ Besorgen ■ ADSp ■ Sonderfälle	– Rechte, Pflichten – AGB/Rechtsebenen – Selbsteintritt – Sammelladung – Fixkostenspedition
	Frachtführer	■ Frachtvertrag ■ Durchführen	– Vertraglicher Frachtführer – Ausführender Frachtführer
3	Sammelladung (Planung)	■ Ablauf ■ Beteiligte ■ Abrechnung ■ Papiere	
4	Sammelladung (Durchführung)	■ Abwicklung ■ Schnittstellenkontrolle ■ Sendungsverfolgung ■ Kooperationen ■ City-Logistik	– HUB-and-SPOKE-System – Direktverkehr, Direktrelationsverkehr – Micro Hub – Multi-Hub
5	Selbsteintritt	■ Fahrzeugdisposition ■ Rechte/Pflichten ■ EG-Sozialvorschriften ■ Berechtigungen ■ Papiere (Frachtbrief)	– Be- und Entladen – Frachtüberweisung – Nachnahme – Fahrzeuge – Ladungssicherung
6	Selbsteintritt	■ Make-or-buy-Entscheidung ■ Fahrzeugkostenrechnung ■ Maut	– Kilometersatz – Tagessatz – 100-kg-Preis
7	Versicherungen	■ Versicherungen	– Haftungsversicherung – Güterversicherung – Versicherungsprämie – Vorsorgeversicherung
8	Haftung/Schadenersatz	■ Besorgungsschäden (Spediteur) ■ Umschlagschäden (Spediteur) ■ Beförderungsschaden (Spediteur/Frachtführer) ■ Haftungsprinzipien	– Vermögensschäden – Güterschäden – HGB/ADSp – Güterfolgeschäden – Gefährdungs-/Verschuldenshaftung
9	Grenzüberschreitende Transporte	■ CMR	– Güterschäden – Vermögensschäden – (Lieferfristüberschreitung, Nachnahmefehler)
	Kombinierter Verkehr	■ Straße/Schiene ■ Netzwerkprinzip	
10	Gefahrgut	■ Gefahrgutklassen ■ Abwicklung ■ Gefahrgutbeauftragter ■ Freistellungen	1 bis 9 – Kennzeichnung – Bezettelung – Dokumentation – Qualifikation des Fahrzeugführers – Ausrüstung des Fahrzeugs – Durchführungsbesonderheiten – geringe Mengen je Beförderungseinheit – begrenzte Mengen (LQ) – freigestellte Mengen (EQ) – pro Beförderungseinheit
11	Eisenbahnverkehr	■ Kombinierter Verkehr Straße/Schiene ■ Einzelwagenverkehr	– Fahrpläne – Beförderungszeiten – Kalkulation – AGB UIRR – Anschriftenbild – ABC-Raster
12	Binnenschifffahrt	■ Auftragsabwicklung	– Ladeschein – Liefer-/Löschbereitschaft – AGB (IVTB) – Kalkulation
13	Lagerlogistik	■ Lagerfunktionen ■ Lagerarten ■ Einlagerung ■ ABC-Analyse	– Ausgleich/Sicherung/Spekulation/Veredlung/Sortierung/Sortimentsbildung – Umschlag-/Dauer-/Verteilungslager – Wareneingang

Inhaltsübersicht zu den Lernsituationen

Lern-situation	Kernthema	Inhalte	
13	Lagerlogistik	■ Bestandsüberwachung ■ Auslagerung ■ Förder- und Förderhilfsmittel ■ Mehrwertdienste (Value-added Serices) ■ Zentrallager/Cross Docking ■ Kalkulation ■ Lagerkennzahlen ■ rechtliche Grundlagen	– Identifizierung – Positionierung (Festplatz-/Freiplatzsystem) – technische Einlagerung (Boden-, Regallagerung) – Lieferbereitschaft – Regel-/Mindest-, Melde-, Höchstbestand – Auftragsvorbereitung – Kommissionierung – Warenausgang – Verbrauchsfolgeverfahren – Cost-Plus-Rechnung – Transaktionskostenabrechnung – 100-kg-Preis – HGB (Rechte/Pflichten) – ADSp (Rechte/Pflichten) – Lagerschein – Haftung – Versicherung

14	Luftverkehr	■ Abwicklung
		■ Flugzeuge und Lademittel
		■ rechtliche Grundlagen
		■ Flugplan
		■ Haftung des Luftfrachtführers
		■ Versicherung
		■ Luftfrachtberechnung
		■ Multimodale Luftfrachttransporte
			– ICAO
			– IATA
			– IATA-Agent
			– IATA-Konferenzgebiete/Zeitzonen
			– Montrealer Übereinkommen
			– HGB-Frachtrecht – IATA-DGR
			– Luftfrachtvertrag
			– Luftfrachtbrief
			  – national
			  – international
			– M/N/Q/C/R/S/B/C
			– Haus-Haus-Verkehre
			– Sea-Air-Verkehre

15	Luftfracht-Sammelladung	■ Abwicklung ■ Gefahrgut	– House-AWB – Master-AWB – Cargo-Manifest
16	Seeschifffahrt	■ Containerversand ■ rechtliche Grundlagen ■ Betriebsformen ■ Schiffstypen ■ Flaggenrecht ■ Schiffsregister ■ Container ■ Abwicklung ■ Papiere ■ Haftung ■ Seefrachtrechnen	– Arten von Seefrachtverträgen – Beteiligte am Seefrachtvertrag – NVOCC – Linien-/Trampschifffahrt – FCL/FCL (CY/CY) – Konnossement – Seefrachtbrief (Express Cargo Bill/ECB, Short Term Bill of Lading) – HGB – Haag-Visby-Rules – Haverei
17	See-Sammelladung	■ Stückgutversand ■ Spediteurversanddokumente	– LCL/LCL – Pflichten der Beteiligten – FBL – FCR
18	See-Export	■ Auftragsabwicklung ■ INCOTERM® 2020 CIF ■ Dokumentenakkreditiv ■ Transportversicherung	– INCOTERMS® 2020 – Kalkulation – Versicherungszertifikat – Handelsrechnung/Packliste
19	Luft-Export	■ Auftragsabwicklung ■ INCOTERMS® 2020 CIP ■ Ausfuhrabfertigung	– Transportversicherung – Einheitspapier – Luftfracht-Akkreditiv
20	Import	■ Einfuhrabfertigung ■ Internetzollanmeldung (ATLAS) ■ passive Veredelung	– Handelsrechnung – Ursprungs- und Präferenznachweis – Zollwertberechnung (DV1)
21	Zollgutversand	■ Internet-Versandanmeldung	– T1/T2 – Unionversandverfahren – Carnet TIR/ATA
22	Beschaffungs-logistik	■ JIS-Belieferung ■ Kalkulation von Logistikleistungen	– Logistikangebot – Gebietsspediteur – Beschaffungsmodell
23	Distributions-logistik	■ Outsourcing ■ Angebotserstellung ■ Logistik-AGB ■ Kommissionieren ■ Haftung	– Value-added Services – Speditionsuntypische Leistungen – Schadensabwicklung – Lagergeldberechnung – Fulfillment
24	Nachhaltigkeit	■ Ökonomie ■ Umwelt ■ soziale Verantwortung ■ Compliance	– Energieeffizienz – Transportverlagerung – CO_2-Fußabdruck – Unfall-/Gesundheitsschutz
25	Marketing	■ Kundenbesuch vorbereiten ■ Werbung	– Kundendaten analysieren – Anzeigengestaltung – Internetauftritt
26	Qualitäts-management	■ Qualitätsmanagementhandbuch	– Verfahrensanweisung – Arbeitsanweisung – DIN EN ISO 9001

Bildquellenverzeichnis

Brauner, Angelika, Hohenpeißenberg: 5.1, 33.1, 47.1, 48.1, 48.2, 51.1, 52.1, 52.2, 72.1, 72.2, 72.3, 74.1, 75.1, 76.1, 104.1, 112.1, 120.1, 133.1, 157.1, 159.1, 160.2, 161.1, 176.1, 177.1, 193.1, 202.1, 203.1, 207.1, 207.2, 214.1, 235.1, 235.2, 238.1, 238.2, 240.1, 240.2, 240.3, 256.1, 257.1, 270.1, 274.1, 278.1, 287.1, 288.1, 306.1, 315.1, 317.1, 323.1, 374.2, 376.1, 426.2, 427.2, 427.3, 427.4, 428.1, 430.1, 430.2, 432.1, 473.1, 473.2, 496.1.

Bundesministerium für Verkehr und digitale Infrastruktur, Berlin: 191.1.

CargoLine GmbH & Co. KG, Frankfurt: 54.1.

Continental AG, Hannover: 91.1, 102.1.

Europäische Kommission, Berlin: © Europäische Union, 1995-2019 379.1, 380.1.

Fiata, Glattbrugg: FIATA Forwarders Certificate of Receipt; Document for specific use of FIATA Members. Reproduction authorized by FIATA. Copyright reserved © FIATA / Zurich – Switzerland 2.82. 326.1; – Negotiable FIATA Multimodal Transport Bill of Lading; Document for specific use of FIATA Members. Reproduction authorized by FIATA. Copyright reserved © FIATA / Zurich – Switzerland 6.92. 322.1, 341.1, 391.1.

fotolia.com, New York: Dron 232.1; jonnysek 471.1.

Generaldirektion Wasserstraßen- und Schifffahrtsverwaltung (WSV), Mainz: Quelle: Fachstelle für Geoinformationen Süd, Regensburg (Kartographie), zur Verfügung gestellt gemäß GeoNutzV 229.1.

Generalzolldirektion, Bonn: Zoll 393.1, 393.2, 397.1, 398.1, 399.2, 400.1, 409.1, 416.1, 417.1.

Hild, Claudia, Angelburg: 26.1, 60.1, 192.1, 192.2, 192.3, 435.1.

International Air Transport Association (IATA), Montreal H4Z 1MI: 259.1, 260.1, 261.1, 262.1, 266.1, 267.2, 267.3, 276.1, 282.1, 283.1, 286.1, 289.1, 342.1, 378.1, 412.1, 412.2, 414.1, 414.2, 468.1, 504.1.

iStockphoto.com, Calgary: Bradbury, Paul 54.2; deepblue4you 427.1; Schulz, Reuben 11.1; shilh 213.1.

IVE Ingenieurgesellschaft für Verkehrs und Eisenbahnwesen mbH, Hannover: 474.1.

JadeWeserPort Realisierungs GmbH & Co. KG, Wilhelmshaven: JadeWeserPort-Marketinggesellschaft / JadeWeserPort Wilhelmshaven 135.1.

Jouve Germany GmbH & Co. KG, München: 7.1, 12.1, 13.1, 18.1, 19.1, 21.1, 22.1, 23.1, 23.2, 40.1, 43.1, 45.1, 53.1, 55.1, 56.2, 59.1, 67.1, 88.1, 97.1, 107.1, 112.2, 113.1, 123.1, 129.1, 139.1, 139.3, 141.1, 141.2, 142.1, 143.1, 146.1, 146.2, 160.3, 175.1, 189.1, 204.1, 204.2, 204.3, 210.1, 210.2, 222.1, 223.1, 242.1, 281.1, 297.1, 299.1, 300.1, 301.2, 302.1, 303.1, 304.1, 308.1, 309.1, 319.1, 325.1, 332.1, 336.1, 345.1, 346.1, 347.1, 348.1, 349.1, 352.1, 355.1, 356.1, 362.1, 362.2, 364.1, 365.1, 366.1, 374.1, 377.1, 381.1, 387.1, 392.1, 399.1, 401.1, 402.1, 403.1, 415.1, 418.1, 418.2, 424.1, 426.1, 433.1, 436.1, 437.1, 438.1, 438.2, 439.1, 440.1, 441.1, 453.1, 459.2, 464.1, 467.1, 481.1, 485.1, 486.1, 490.1, 490.2, 491.1, 491.2, 493.1, 493.2, 499.1, 508.1.

Kombiverkehr GmbH & Co. KG, Frankfurt/Main: 173.1.

Kraftfahrt-Bundesamt KBA, Flensburg: 91.2.

Shutterstock.com, New York: Maximumvector 160.1.

stock.adobe.com, Dublin: Boyes, Tyler 457.1; goir 458.1; klyaksun 471.2; lesniewski 296.1; Raths, Alexander 1.1; stockphoto mania Titel, Titel; Tavani, Romolo 13.2, 13.3, 19.2, 21.2, 53.2, 56.1, 59.2, 129.2, 139.2, 142.2, 242.2, 298.1, 299.2, 300.2, 301.1, 301.3, 320.1, 321.1, 352.2, 355.2, 481.2.

Voth, Martin, Heiden / Köln: 30.1, 37.1, 45.2, 46.1, 89.1, 100.1, 100.2, 100.3, 119.1, 170.1, 184.1, 206.1, 216.1, 217.1, 230.1, 267.1, 330.1, 358.1, 419.1, 419.2, 454.1, 456.1, 456.2, 456.3, 456.4, 456.5, 456.6, 456.7, 456.8, 456.9, 458.2, 458.3, 458.4, 459.1, 461.1, 489.1.

York Publishing Solutions Pvt. Ltd., Noida: 446.1.